中国煤矿生态技术与管理

国家出版基金项目

关闭矿山土地建设利用关键技术

郭广礼　查剑锋　邓喀中　夏军武
吴圣林　常　江　郭庆彪◎著
崔继宪　滕永海　李树志◎主　审

中国矿业大学出版社
·徐州·

内 容 提 要

我国是煤炭生产大国，在煤炭开发过程中遗留了大量的采空区，矿山关闭后采空区场地的建设利用是区域可持续发展面临的难题。本书全面阐述了采空区场地勘察、活化变形机理、残余变形预测、地基稳定性评价和建设适宜性分析、抗变形建筑和采空区场地变形监测等方面的研究成果，以及采空区废弃土地建设利用的工程案例。

本书可作为关闭矿山采空区场地建设利用、采空区治理方面的参考资料，也可作为采矿工程、测绘工程、地质工程等相关专业的研究生教材，以及有关生产技术人员、设计人员和科学研究人员的参考资料。

图书在版编目(CIP)数据

关闭矿山土地建设利用关键技术/郭广礼等著. —徐州：中国矿业大学出版社，2023.12

ISBN 978-7-5646-6062-8

Ⅰ. ①关… Ⅱ. ①郭… Ⅲ. ①矿区—土地利用—研究—中国 Ⅳ. ①F321.1

中国国家版本馆 CIP 数据核字(2023)第 248669 号

书　　名　关闭矿山土地建设利用关键技术

著　　者　郭广礼　查剑锋　邓喀中　夏军武　吴圣林　常　江　郭庆彪

责任编辑　王美柱　耿东锋　满建康

出版发行　中国矿业大学出版社有限责任公司

（江苏省徐州市解放南路　邮编 221008）

营销热线　(0516)83885370　83884103

出版服务　(0516)83995789　83884920

网　　址　http://www.cumtp.com　**E-mail**:cumtpvip@cumtp.com

印　　刷　苏州市古得堡数码印刷有限公司

开　　本　787 mm×1092 mm　1/16　**印张** 25.75　**字数** 643 千字

版次印次　2023 年 12 月第 1 版　2023 年 12 月第 1 次印刷

定　　价　168.00 元

《中国煤矿生态技术与管理》丛书编委会

丛书序言

中国传统文化的内核中蕴藏着丰富的生态文明思想。儒家主张“天人合一”，强调人对于“天”也就是大自然要有敬畏之心。孔子最早提出“天何言哉？四时行焉，百物生焉，天何言哉?”(《论语·阳货》)，“君子有三畏：畏天命，畏大人，畏圣人之言。”(《论语·季氏》)。他对于“天”表现出一种极强的敬畏之情，在君子的“三畏”中，“天命”就是自然的规律，位居第一。道家主张无为而治，不是说无所作为，而是要求节制欲念，不做违背自然规律的事。佛家主张众生平等，体现了对生命的尊重，因此要珍惜生命、关切自然，做到人与环境和谐共生。

中国共产党在为中国人民谋幸福、为中华民族谋复兴的现代化进程中，从中华民族永续发展和构建人类命运共同体高度，持续推进生态文明建设，不断强化“绿水青山就是金山银山”的思想理念，生态文明法律体系与生态文明制度体系得到逐步健全与完善，绿色低碳的现代化之路正在铺就。党的十七大报告中提出“建设生态文明，基本形成节约能源资源和保护生态环境的产业结构、增长方式、消费模式”，这是党中央首次明确提出建设生态文明，绿色发展理念和实践进一步丰富。这个阶段，围绕转变经济发展方式，以提高资源利用效率为核心，以节能、节水、节地、资源综合利用和发展循环经济为重点，国家持续完善有利于资源能源节约和保护生态环境的法律和政策，完善环境污染监管制度，建立健全生态环保价格机制和生态补偿机制。2015 年 9 月，中共中央、国务院印发了《生态文明体制改革总体方案》，提出了建立健全自然资源资产产权制度、国土空间开发保护制度、空间规划体系、资源总量管理和全面节约制度、资源有偿使用和生态补偿制度、环境治理体系、环境治理和生态保护市场体系、生态文明绩效评价考核和责任追究制度等八项制度，成为生态文明体制建设的“四梁八柱”。党的十八大以来，习近平生态文明思想确立，“绿水青山就是金山银山”的理念使得绿色发展进程前所未有地加快。党中央把生态文明建设作为统筹推进“五位一体”总体布局和协调推进“四个全面”战略布局的重要内容，提出创新、协调、绿色、开放、共享的新发展理念，污染治理力度之大、制度出台频度之密、监管执法尺度之严、环境质量改善速度之快前所未有。

面对资源约束趋紧、环境污染严重、生态系统退化加剧的严峻形势，生态文明建设成为关系人民福祉、关乎民族未来的一项长远大计，也是一项复杂庞大的系统工程。我们必须树立尊重自然、顺应自然、保护自然，发展和保护相统一，“绿水青山就是金山银山”“山水林田湖草沙是生命共同体”的生态文明理念，站在推进国家生态环境治理体系和治理能力现代化的高度，推动生态文明建设。

国家出版基金项目“中国煤矿生态技术与管理”系列丛书，正是在上述背景下获得立项支持的。

我国是世界上最早开发和利用煤炭资源的国家。煤炭的开发与利用，有力地推动了社会发展和进步，极大地便利和丰富了人民的生活。中国2 500年前的《山海经》，最早记载了煤并称之为“石湟”。从辽宁沈阳发掘的新乐遗址内发现多种煤雕制品，证实了中国先民早在6 000～7 000年前的新石器时代，已认识和利用了煤炭。到了周代（公元前1122年）煤炭开采已有了相当发展，并开始了地下采煤。彼时采矿业就有了很完善的组织，采矿管理机构中还有“中士”“下士”“府”“史”“胥”“徒”等技术管理职责的分工，这既说明了当时社会阶层的分化与劳动分工，也反映出矿业有相当大的发展。西汉（公元前206—公元25年）时期，开始采煤炼铁。隋唐至元代，煤炭开发更为普遍，利用更加广泛，冶金、陶瓷行业均以煤炭为燃料，唐代开始用煤炼焦，至宋代，炼焦技术已臻成熟。宋朝苏轼在徐州任知州时，为解决居民炊爨取暖问题，积极组织人力，四处查找煤炭。经过一年的不懈努力，在元丰元年十二月（1079年初）于徐州西南的白土镇，发现了储量可观、品质优良的煤矿。为此，苏东坡激动万分，挥笔写下了传诵千古的《石炭歌》：“君不见前年雨雪行人断，城中居民风裂骭。湿薪半束抱衾裯，日暮敲门无处换。岂料山中有遗宝，磊落如磐万车炭。流膏迸液无人知，阵阵腥风自吹散。根苗一发浩无际，万人鼓舞千人看。投泥泼水愈光明，烁玉流金见精悍。南山栗林渐可息，北山顽矿何劳锻。为君铸作百炼刀，要斩长鲸为万段。”《石炭歌》成为一篇弥足珍贵的煤炭开采利用历史文献。元朝都城大都（今北京）的西山地区，成为最大的煤炭生产基地。据《元一统志》记载：“石炭煤，出宛平县西十五里大谷（峪）山，有黑煤三十余洞。又西南五十里桃花沟，有白煤十余洞”“水火炭，出宛平县西北二百里斋堂村，有炭窑一所”。由于煤窑较多，元朝政府不得不在西山设官吏加以管理。为便于煤炭买卖，还在大都内的修文坊前设煤市，并设有煤场。明朝煤炭业在河南、河北、山东、山西、陕西、江西、安徽、四川、云南等省都有不同程度的发展。据宋应星所著的《天工开物》记载：“煤炭普天皆生，以供锻炼金石之用”，宋应星还详细记述了在冶铁中所用的煤的品种、使用方法、操作工艺等。清朝从清初到道光年间对煤炭生产比较重视，并对煤炭开发采取了扶持措施，至乾隆年间（1736—1795年），出现了我国古代煤炭开发史上的一个高潮。17世纪以前，我国的煤炭开发利用技术与管理一直领先于其他国家。由于工业化较晚，17世纪以后，我国煤炭开发与利用技术开始落后于西方国家。

中国正式建成的第一个近代煤矿是台湾基隆煤矿，1878年建成投产出煤，1895年台湾沦陷时关闭，最高年产为1881年的54 000 t，当年每工工效为0.18 t。据统计，1875—1895年，我国先后共开办了16个煤矿。1895—1936年，外国资本在中国开办的煤矿就有32个，其产量占全国煤炭产量总数的1/2～2/3。在同一时期，中国民族资本亦先后开办了几十个新式煤矿，到1936年，中国年产5万t以上的近代煤矿共有61个，其中年产达到60万t以上的煤矿有10个(开滦、抚顺、中兴、中福、鲁大、井陉、本溪、西安、萍乡、六河沟煤矿)。1936年，全国产煤3 934万t，其中新式煤矿产量2 960万t，劳动效率平均每工为0.3 t左右。1933年，煤矿工人已经发展到27万人，占当时全国工人总数的33.5%左右。1912—1948年间，原煤产量累计为10.27亿t[①]。这期间，政府制定了矿业法，企业制定了若干管理章程，使管理工作略有所循，尤其明显进步的是，逐步开展了全国范围的煤田地质调查工作，初步搞清了中国煤田分布与煤炭储量。

我国煤炭产量从1949年的3 243万t增长到2021年的41.3亿t，1949—2021年累计采出煤炭937.8亿t，世界占比从2.37%增长到51.61%(据中国煤炭工业协会与IEA数据综合分析)。原煤全员工效从1949年的0.118 t/工(大同煤矿的数据)提高到2018年全国平均8.2 t/工，2018年同煤集团达到88 t/工；百万吨死亡人数从1949年的22.54下降到2021年的0.044；原煤入选率从1953年的8.5%上升到2020年的74.1%；土地复垦率从1991年的6%上升到2021年的57.5%；煤矸石综合利用处置率从1978年的27.0%提高到2020年的72.2%。从2014年黄陵矿业集团有限责任公司黄陵一矿建成全国第一个智能化示范工作面算起，截至2021年年底，全国智能化采掘工作面已达687个，其中智能化采煤工作面431个、智能化掘进工作面256个，已有26种煤矿机器人在煤矿现场实现了不同程度的应用。从生产效率、百万吨死亡人数、生态环保(原煤入选率、土地复垦率以及煤矸石综合利用处置率)、智能化开采水平等视角，我国煤炭工业大致经历了以下四个阶段。第一阶段，从中华人民共和国成立到改革开放初期，我国煤炭开采经历了从人工、半机械化向机械化再向综合机械化采煤迈进的阶段。中华人民共和国成立初期，以采煤方法和采煤装备的科技进步为标志，我国先后引进了苏联和波兰的采煤机，煤矿支护材料开始由原木支架升级为钢支架，但还没有液压支架。而同期西方国家已开始进行综合机械化采煤。1970年11月，大同矿务局煤峪口煤矿进行了综合机械化开采试验，这是我国第一个综采工作面。这次试验为将综合机械化开采确定为煤炭工业开采技术的发展方向提供了坚实依据。从中华人民共和国成立到改革开放初期，除了1949年、1950年、1959年、1962年的百万吨死亡人数超过10以外，其余年份均在10以内。第二阶段，从改革开放到进入21世纪前后，我国煤炭工业主要以高产高效矿井建设为标志。1985年，全国有7个使用国产综采成套设备的

① 《中国煤炭工业统计资料汇编(1949—2009)》，煤炭工业出版社，2011年。

综采队，创年产原煤100万t以上的纪录，达到当时的国际先进水平。1999年，综合机械化采煤产量占国有重点煤矿煤炭产量的51.7%，较综合机械化开采发展初期的1975年提高了26倍。这一时期开创了综采放顶煤开采工艺。1995年，山东兖州矿务局兴隆庄煤矿的综采放顶煤工作面达到年产300万t的好成绩；2000年，兖州矿务局东滩煤矿综采放顶煤工作面创出年产512万t的纪录；2002年，兖矿集团兴隆庄煤矿采用“十五”攻关技术装备将综采放顶煤工作面的月产和年产再创新高，达到年产680万t。同时，兖矿集团开发了综采放顶煤成套设备和技术。这一时期，百万吨死亡人数从1978年的9.44下降到2001年的5.07，下降幅度不大。第三阶段，煤炭黄金十年时期(2002—2011年)，我国煤炭工业进入高产高效矿井建设与安全形势持续好转时期。煤矿机械化程度持续提高，煤矿全员工效从21世纪初的不到2.0 t/工上升到5.0 t/工以上，百万吨死亡人数从2002年的4.64下降到2012年的0.374。第四阶段，党的十八大以来，煤炭工业进入高质量发展阶段。一方面，在“绿水青山就是金山银山”理念的指引下，除了仍然重视高产高效与安全生产，煤矿生态环境保护得到前所未有的重视，大型国有企业将生态环保纳入生产全过程，主动履行生态修复的义务。另一方面，随着人工智能时代的到来，智能开采、智能矿山建设得到重视和发展。2016年以来，在落实国务院印发的《关于煤炭行业化解过剩产能实现脱困发展的意见》方面，全国合计去除9.8亿t产能，其中7.2亿t(占73.5%)位于中东部省区，主要为“十二五”期间形成的无效、落后、枯竭产能。在淘汰中东部落后产能的同时，增加了晋陕蒙优质产能，因而对全国总产量的影响较为有限。

虽然说近年来煤矿生态环境保护得到了前所未有的重视，但我国的煤矿环境保护工作或煤矿生态技术与管理工作和全国环境保护工作一样，都是从1973年开始的。我国的工业化虽晚，但我国对环保事业的重视则是较早的，几乎与世界发达工业化国家同步。1973年8月5—20日，在周恩来总理的指导下，国务院在北京召开了第一次全国环境保护会议，取得了三个主要成果①：一是做出了环境问题“现在就抓，为时不晚”的结论；二是确定了我国第一个环境保护工作方针，即“全面规划、合理布局、综合利用、化害为利、依靠群众、大家动手、保护环境、造福人民”；三是审议通过了我国第一部环境保护的法规性文件——《关于保护和改善环境的若干规定》，该法规经国务院批转执行，我国的环境保护工作至此走上制度化、法治化的轨道。全国环境保护工作首先从“三废”治理开始，煤矿是“三废”排放较为突出的行业。1973年起，部分矿务局开始了以“三废”治理为主的环境保护工作。“五五”后期，设专人管理此项工作，实施了一些零散工程。“六五”期间，开始有组织、有计划地开展煤矿环境保护工作。“五五”到“六五”煤矿环保

① 《中国环境保护行政二十年》，中国环境科学出版社，1994年。

工作起步期间，取得的标志性进展表现在[①]：① 组织保障方面，1983 年 1 月，煤炭工业部成立了环境保护领导小组和环境保护办公室，并在平顶山召开了煤炭工业系统第一次环境保护工作会议，到 1985 年年底，全国统配煤矿基本形成了由煤炭部、省区煤炭管理局(公司)、矿务局三级环保管理体系。② 科研机构与科学研究方面，在中国矿业大学研究生部环境工程研究室的基础上建立了煤炭部环境监测总站，在太原成立了山西煤管局环境监测中心站，也是山西省煤矿环境保护研究所，在杭州将煤炭科学研究院杭州研究所确定为以环保科研为主的部直属研究所。“六五”期间的煤炭环保科技成效包括：江苏煤矿设计院研制的大型矿用酸性水处理机试运行成功后得到推广应用；汾西矿务局和煤炭科学研究院北京煤化学研究所共同研究的煤矸石山灭火技术通过评议；煤炭科学研究院唐山分院承担的煤矿造地复田研究项目在淮北矿区获得成功。③ 人才培养方面，1985 年中国矿业大学开设环境工程专业，第一届招收本科生 30 人，还招收 17 名环保专业研究生和 1 名土地复垦方向的研究生。“六五”期间先后举办 8 期短训班，培训环境监测、管理、评价等方面急需人才 300 余名。到 1985 年，全国煤炭系统已经形成一支 2 500 余人的环保骨干队伍。④ 政策与制度建设方面，第一次全国煤炭系统环境保护工作会议确立了“六五”期间环境保护重点工作，认真贯彻“三同时”方针，煤炭部先后颁布了《关于煤矿环保涉及工作的若干规定》《关于认真执行基建项目环境保护工程与主体工程实行“三同时”的通知》，并起草了关于煤矿建设项目环境影响报告书和初步设计环保内容、深度的规定等规范性文件。“六五”期间，为应对煤矿塌陷土地日益增多、矿社(农)矛盾日益突出的形势，煤炭部还积极组织起草了关于《加强造地复田工作的规定》，后来上升为国务院颁布的《土地复垦规定》。⑤ 环境保护预防与治理工作成效方面，建设煤炭部、有关省、矿务局监测站 33 处；矿井水排放量 14.2 亿 m^3，达标率 76.8%；煤矸石年排放量 1 亿 t，利用率 27%；治理自然发火矸石山 73 座，占自燃矸石山总数的 31.5%；完成环境预评价的矿山和选煤厂 20 多处，新建项目环境污染得到有效控制。

回顾我国煤炭开采与利用的历史，特别是中华人民共和国成立后煤炭工业发展历程和煤矿环保事业起步阶段的成就，旨在出版本丛书过程中，传承我国优秀文化传统，发扬前人探索新型工业化道路不畏艰辛的精神，不忘“开发矿业、造福人类”的初心，在新时代做好煤矿生态技术与管理科技攻关及科学普及工作，让我国从矿业大国走向矿业强国，服务中华民族伟大复兴事业。

针对中国煤矿开采技术发展现状和煤矿生态环境管理存在的问题，本丛书包括十二部著作，分别是：井工煤矿土地复垦与生态重建技术、露天煤矿土地复垦与生态重建

① 《当代中国的煤炭工业》，中国社会科学出版社，1988 年。

技术、煤矿水资源保护与污染防治技术、煤矿区大气污染防控技术、煤矿固体废物利用技术与管理、煤矿区生态环境监测技术、绿色矿山建设技术与管理、西部煤矿区环境影响与生态修复、煤矿区生态恢复力建设与管理、矿山生态环境保护政策与法律法规、关闭矿山土地建设利用关键技术、中国煤炭资源型城市转型发展。

丛书编撰邀请了中国矿业大学、中国地质大学(北京)、河南理工大学、安徽理工大学、中煤科工集团等单位的专家担任主编,得到了中煤科工集团唐山研究院原院长崔继宪研究员,安徽理工大学校长、中国工程院袁亮院士,中国地质大学校长、中国工程院孙友宏院士,河南理工大学党委书记邹友峰教授等的支持以及崔继宪等审稿专家的帮助和指导。在此对国家出版基金表示特别的感谢,对上述单位的领导和审稿专家的支持和帮助一并表示衷心的感谢!

丛书既有编撰者及其团队的研究成果,也吸纳了本领域国内外众多研究者和相关生产、科研单位先进的研究成果,虽然在参考文献中尽可能做了标注,难免挂一漏万,在此,对被引用成果的所有作者及其所在单位表示最崇高的敬意和由衷的感谢。

卞正富

2023 年 6 月

本书前言

煤炭是我国一次能源的主体，在煤炭资源开发后，我国遗留了大量的采空区，如何开发利用采空区场地是区域可持续发展面临的难题，其中，建设利用是当前采空区场地开发利用的主要方向。采空区场地是一种不良地基，在各种内外荷载因素的协同作用下，采空区场地可能会发生显著的移动与变形，从而会导致其上方的建(构)筑物产生变形与破坏，准确预测、评估、控制采空区地基变形是采空区场地建设利用的前提。本书系统总结了我们课题组围绕采空区场地建设利用研究的相关成果，阐述了采空区场地勘察方法、活化变形机理、残余变形预测、地基稳定性评价和建设适宜性分析、抗变形建筑、采空区场地变形监测以及工业广场再利用建设规划等内容，同时将我们课题组完成的相关工程案例编入其中，形成了采空区场地建设利用关键技术体系。

本书可作为关闭矿山采空区场地建设利用、采空区治理方面的参考资料，也可作为采矿工程、测绘工程、地质工程等相关专业的研究生教材，以及有关生产技术人员、设计人员和科学研究人员的参考资料。

本书共分为十章，由郭广礼、查剑锋、邓喀中担任主编。第一章由郭广礼编写；第二章由吴圣林编写；第三章由郭庆彪、郭广礼编写；第四章由邓喀中编写；第五章由郭庆彪、郭广礼编写；第六章由郭广礼编写；第七章由夏军武编写；第八章由查剑锋编写；第九章、第十章由常江编写。全书由查剑锋、郭广礼统稿，同时书稿编写、插图绘制、文字录入等工作得到了郭松、孟亚辉、杨默含、杨熙聪、陈红凯、罗锦等博士、硕士研究生的大力协助。

由于作者水平所限，书中难免存在疏漏之处，敬请读者批评指正。

著　者

2023年7月

目　录

第一章 绪 论

一、矿山开采沉陷问题

煤炭在我国一次能源消费中的占比达到55%以上，是我国能源安全的根本保证。当地下煤炭资源被采出后，其上覆岩层的原始平衡状态遭到破坏，从而造成应力重新分布，进而使周围岩体产生应力集中、移动变形、离层、裂缝，甚至破坏垮落。岩层的移动和变形从采区向周围扩展，岩层的移动传播到地表，会产生地表移动和变形，岩层和地表的移动变形过程将持续发展到所有受采动岩层都达到新的力学平衡和相对稳定为止，最终会在地表形成地表移动盆地，这个过程称为“矿山岩层和地表移动”或“矿山开采沉陷”。作为地下采矿工程的副效应，国内外对开采沉陷的研究已有相当长的历史。由于开采沉陷研究的重要性，各国矿山工程技术人员都投入了大量的时间、技术和经费来进行该项研究。苏联、波兰、德国、澳大利亚、英国、加拿大、日本和美国等国家，对开采沉陷的理论和控制技术都进行了深入的研究，并取得了丰硕的成果。我国对开采沉陷的研究工作是从中华人民共和国成立后开始的，经过几十年的努力，也已取得了很大的成绩，积累了丰富的经验，达到了国际先进水平，部分研究成果处于国际领先水平。

二、采空区场地稳定性与建设利用的潜在威胁

煤炭开采打破了其上覆岩层原有的应力平衡状态，采场周围岩体破裂、残留空洞、离层裂隙和塌陷盆地、塌陷坑、台阶、裂缝等破坏会造成地面采空区场地（采空区指地下开采引起的岩体和地表，如果单纯指地表，一般说采空区场地）存在安全隐患，从而可能会导致地面出现不均衡沉降、倾斜岩体沿层面或断层面产生滑动变形、空洞垮落而引起地面突然塌陷等环境地质灾害问题，进而会导致地面建（构）筑物产生沉降、局部开裂、倾斜等破坏，突然性的塌陷可能会造成严重的人员伤亡和财产损失。

大量研究表明，采用非全部开采方法（如房柱法、条带开采法或穿巷开采法等）开采的废弃采区，采空区顶板垮落、煤柱坍塌，由此造成的上覆岩层冒落、移动破坏、地面沉陷在开采之后几十年甚至上百年后都可能发生，沉陷量和沉陷时间难以准确预测。我国许多老矿区有几百年的采矿历史，古代和近代的采矿方法远没有现在这样高的采出率，采煤方法主要为老式的巷柱式、房柱式或钟形矿洞式等，由于不充分开采和围岩的非充分变形，老采区的欠充填空洞（矿洞）长期存在，从而会形成“活化”和塌陷沉降的隐患，对地面建筑物构成极大威胁。在采用全部开采法（如长壁冒落开采）的采区，上覆岩层移动和地表沉陷随开采推进基本上同时发生，其沉陷量和沉陷时间能够较准确地预测出来。但采空区边缘的欠充填空洞、冒落岩块的欠压密现象和覆岩中离层裂缝的存在，使得开采后的多年中，在受到外来荷载作用或干扰时，老采空区地表仍有一定的残余沉降发生。

大量的实测资料和模拟研究表明，在地下煤炭开采后的采空区上覆岩层中会形成一定

的岩体结构，如在长壁开采过程中裂隙带岩体形成的动态砌体梁式平衡结构、在部分开采（条带开采或房式开采）过程中形成的桥拱式平衡结构等，即使在开采结束很长时间，岩层和地表移动稳定后，在老采空区覆岩中的各种岩体结构依然存在。不同的采矿方法、采场布置和覆岩条件，形成的覆岩中的采动破裂岩体平衡结构也不相同。由于这些处于相对平衡状态的采动破裂岩体结构的存在，伴随岩体结构形成的空洞、裂缝、离层和破碎岩块欠压密现象也会一直存在，在受到地下水作用、地应力变化、外力或岩体材料强度衰减等因素作用或其联合作用下，这种岩体系统平衡将再次被打破，从而产生应力再分布，造成岩层和地表的再次移动、变形，即老采空区的“活化”。尤其是对于日益增多的关闭矿井，由于停止抽排矿井水，废弃采空区将逐步被地下水充满，这进一步加剧了废弃采空区破裂岩体的二次变形问题。

由于采矿方法、技术水平、覆岩性质和地质构造等情况的差异，不同地质采矿条件下的采空区及其覆岩的破坏情况、受力状况是极其复杂的，因此废弃老采空区活化具有隐蔽性、复杂性、突然性和长期性等显著特点。隐蔽性主要是指老采空区位于地下深处，其特征一般难以弄清，其活化过程难以直接观察。复杂性是指老采空区的活化受多种自然和人为因素影响，其活化机理、过程及其对地表的影响规律非常复杂。突然性是指许多存在较大残留矿洞的浅部老采空区，其失稳破坏常常是突然性的，塌陷的时间难以准确估计。长期性是指老采空区活化是一个长期的过程，可能在采后几年至几十年内，甚至上百年后发生，也可能是长期的缓慢变形过程；在发生过明显活化的老采空区仍有再次活化的可能。如房柱式开采的老采空区下沉可能在开采完以后许多年才发生，一半以上的下沉是在采后 50 a 或更长的时间内发生。许多关闭矿井采空区由于年代久远，缺少必要的技术资料和文献记载。采空区塌陷常给当地居民居住和财产安全带来严重影响，虽然大部分老矿区地面塌陷造成的损害一般不会形成房倒屋塌的严重灾难，但给在采空区场地生活的居民带来的心理恐慌更为可怕，居民会感觉似乎生活中每一刻都有可能发生地面沉降。

老采空区活化及其诱发的场地二次变形是影响采空区场地利用和采空区场地新建建筑物遭到破坏的关键因素，是制约矿业城市转型和采空区场地现代化工程建设的主要技术难题。

三、关闭矿山土地建设利用的意义和挑战

煤炭开发和煤炭工业发展推动了矿区快速城镇化和现代化，矿业城市规模的迅速扩大使几乎所有的矿业城市都面临着采空区场地上的城市建设问题。大规模开采后造成的地形地貌改变、区域水环境扰动、固体废弃物排放、建（构）筑物损害以及采煤后形成的采空区破裂岩体不良地基等问题对矿区生态安全、国土开发形成了严重制约；同时，近年来在我国煤炭产业供给侧结构性改革的背景下，资源枯竭和衰老矿井关停数量逐年增多，废弃矿井及其采空区场地不良地基等问题进一步凸显；矿业城市发展建设用地极度紧张的局面日益严重，极大地影响了资源枯竭型城市的可持续发展。因此，对矿山采空区场地进行建设利用就成了解决矿业城市建设用地紧张问题的重要途径之一。

开发利用废弃老采空区土地，对于提高矿区土地利用率、缓解矿区土地资源紧张的局面来说是一种有效的途径。目前山东、安徽、山西、江苏、河南、河北、陕西等煤炭大省的众多矿业城市都已将采空塌陷区场地纳入了城市建设用地规划。采空区场地稳定性和次生

地质灾害已经成了制约矿区建设发展的主要安全问题之一。

四、废弃采空区场地建设利用现状与问题

近三十年来，我国在矿山废弃采空区地基稳定性评价、地基处理和建(构)筑物抗变形设计等方面取得了长足进步，已经形成了比较成熟的煤矿采空区岩土工程勘察技术和采空塌陷区注浆充填治理技术，在采空区场地稳定性和建设适宜性评价方面取得了较大进展。我国先后在各类采空区场地上建设了高等级公路、大型工业厂房、高层居民住宅、特高压输电线路等各类建(构)筑物，从而缓解了矿区建设用地紧张的局面。我国已经制定了关于煤矿采空区场地稳定性评价的多部规程规范和行业标准，包括《煤矿采空区岩土工程勘察规范》(GB 51044—2014)、《采空塌陷防治工程设计规范(试行)》(T/CAGHP 012—2018)、《采空区公路设计与施工技术细则》(JTG/T D31-03—2011)和《建筑物、水体、铁路及主要井巷煤柱留设与压煤开采规范》等，这些标准和规范为开展采空区场地稳定性评价和地面建设利用提供了重要的设计依据。

但是，由于采空区地质采矿及环境条件的复杂性，各种类型的采空区破裂岩体处于地质环境变化影响和地面动、静荷载作用之下，采空区场地能否保证长时期的稳定，在什么条件下采空区可能产生活化变形，活化变形对地面可能产生多大的不均匀移动量和建(构)筑物损害，如何采取工程技术措施来控制或抵抗采空区活化造成的不均匀沉降或变形以保护地面建(构)筑物安全，这些问题无论是在理论研究还是在实践研究方面均有待于进一步开展大量的工作。目前采空区破裂岩体在地下水渗流-应力等多场耦合条件下的变形机理及动态过程、采空区塌陷场地稳定性和建设适宜性综合评价等方面的理论和关键技术研究还远远不能满足我国经济建设发展的需要，仍需要在理论和工程实践中不断探索研究、创新发展。

第二章 矿山地下采空区及覆岩赋存状态勘察技术

查明地下采空区及覆岩赋存状态，评价采空区场地自身的稳定性和采空区对拟建工程的影响以及拟建工程对采空区稳定性的影响，是关闭矿山土地建设利用的前提。在采空区场地上建设的工程在设计和施工前，应按照基本建设程序分阶段进行采空区岩土工程专项勘察。

采空区岩土工程专项勘察一般可分为可行性研究勘察、初步勘察、详细勘察和施工勘察。采空区作为影响场地稳定性的不良地质作用范围，对拟建场地稳定性和工程建设适宜性评价的影响很大，评价结果可以为城乡规划、场址选择、工程建设的可行性和方案设计提供依据，在初步勘察阶段应完成采空区的主要勘察评价工作，并给出明确结论。若到工程的详细勘察阶段再进行场地稳定性和工程建设适宜性评价，一旦评价为不稳定或不适宜，必将造成前期投入的浪费。在已建场地或拟建工程施工及运营过程中发生新采或复采时，应进行补充勘察。当采空区场地稳定，且采空区对拟建工程及工程建设对采空区稳定性影响较小时，可合并勘察阶段。

采空区的勘察技术主要包括采空区调查与测绘、地球物理勘探和采空区钻探。采空区勘察应遵循采空区调查与测绘为主、物探与钻探验证为辅的原则。

采空区勘察应充分收集区域及场地地质资料、矿产及其采掘资料、邻近场地工程勘察资料等，并调查当事人或知情人，对收集到的资料的完整性、可靠性进行分析和验证。然后在此基础上进行物探先行、钻探取证和探查，查明采空区的分布和覆岩破坏情况，为采空区稳定性和建设适宜性评价提供依据。

第一节 采空区调查技术与方法

采空区调查应重点关注可采资源的分布、矿区和采空区分布以及地面沉陷变形特征等方面的内容。调查方法以收集资料和调查访问为主，应特别重视调查访问，尽可能地走访矿井开采期间的技术人员，以掌握、核实实际开采情况。

一、采空区调查的技术路线

采空区调查的技术路线，首先应从基础地质和构造条件入手，通过搜集资料、调查测绘摸清形成采空区源头的可采资源分布情况；再通过搜集资料和调查知情人摸清矿井分布和开采情况，查明对工程有影响的采空区分布；最后通过地面沉陷调查，验证或反向推演采空区分布与开采历史，摸清地面损毁情况或反演矿区移动参数，为评价和预测采空区影响提供依据。采空区调查的技术路线可参照图 2-1。

二、采空区调查的内容

采空区调查应该在收集整理有关资料的基础上进行，重点是了解可采资源的分布和井

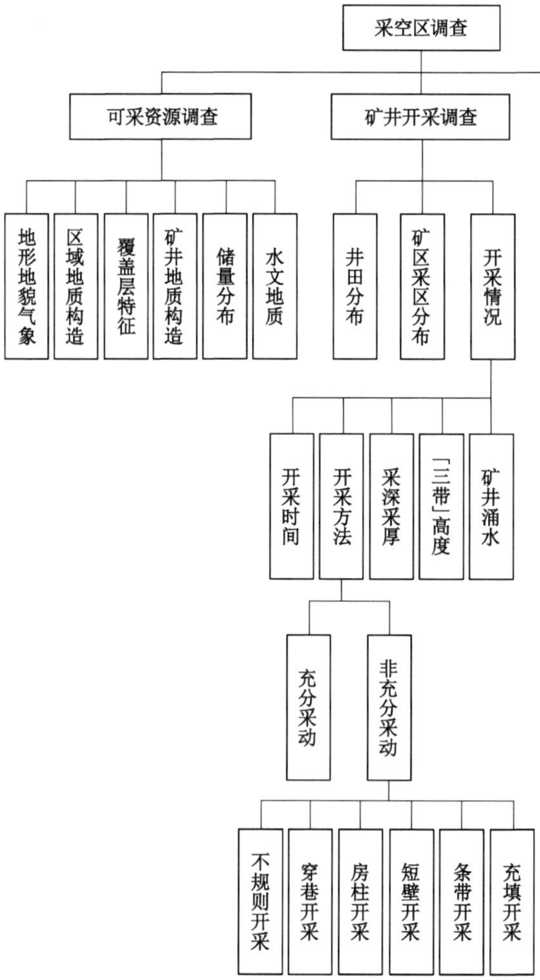

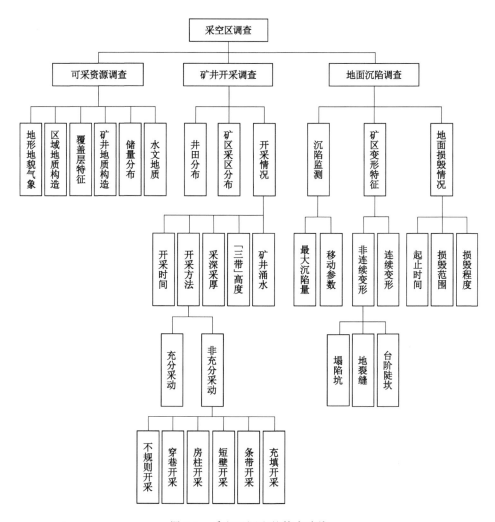

图 2-1　采空区调查的技术路线

田的分布，通过调查矿井的分布和矿井的开采历史与现状，查明采空区的分布。可采资源调查主要包括调查区域地质构造、地层岩性、可采资源情况和水文地质条件等；矿井开采调查重点关注矿井的分布、开采历史、开采方法、开采的层位和厚度、开采时间等内容；地面沉陷调查主要关注矿区变形特征、地面沉陷参数和地面损毁特征等内容。

（一）采空区调查资料搜集

资料搜集是采空区调查的基础，可以到矿山企业、政府主管部门、地质勘探部门、地质档案馆等单位搜集获取相关资料。一般应收集和整理下列资料：

① 资源勘察资料（初步勘察、详细勘察、补充勘察）。

② 储量核实报告。

③ 矿井地质报告。

④ 水文地质报告。

⑤ 矿山地质环境保护与治理恢复方案。

⑥ 矿区地形地质图。

⑦ 煤层底板等高线图。

⑧ 矿区井上、下对照图。

⑨ 矿层采掘工程平面图。

⑩ 矿层“三带”高度探查资料。

⑪ 矿区地面移动监测资料。

（二）采空区调查的内容

采空区调查的内容主要包括地质矿产和工程地质条件、采矿和采空区情况、地面沉陷和损毁情况三个方面。一般应包括下列内容：

① 地形地貌、气象、水文、地质构造、地层时代、成因、岩性、产状及厚度分布。

② 主要可采矿层的分布。

③ 主要含水层的分布，地下水的埋深、补径排及动态变化，矿井涌水情况等。

④ 矿井的分布及经营性质、开采矿种、开采规模、开采层位和厚度、开采方式、采出率、顶板管理方式及开采的起止时间。

⑤ 矿区突水、冒顶和产生有害气体等灾害性事故的情况。

⑥ 采空区的埋深、采高、范围、空间形态、顶板支护方式、顶板垮落情况（冒落垮落带、裂隙断裂带高度和垮落物充填情况）。

⑦ 采空区的充水状况、水质和补给状况。

⑧ 采空区地表的变形程度、影响范围和地表移动盆地的特征。

⑨ 采空区地表建（构）筑物的类型、基础形式、变形破坏情况及其原因。

⑩ 矿井口、巷道口的稳定状况。

⑪ 地表塌陷坑、陡坎、地裂缝等的形状、走向、宽度、深度等。

⑫ 对有条件的矿区，可深入井下，对巷道和采空区的内部进行测绘，并描述巷道的断面及其支护衬砌情况和采空区顶板的垮落状况。

⑬ 矸石等矿渣堆放的位置、规模及其对地面拟建工程的影响。

三、工程地质调查与测绘

工程地质调查与测绘是采空区勘察的重要手段之一。通过调查和测绘，可以将查明的矿区地形地貌、地质构造、工程地质与水文地质条件、采空区特征及矿区地面沉陷与损毁情况等矿区地质环境条件及其他有关内容如实地反映在一定比例尺的地形底图上。

工程地质调查与测绘的基本任务：查明与研究建筑场地及其相邻有关地段的地形、地貌、地层岩性、地质构造、不良地质现象、地表水与地下水情况、矿区开采情况及采空区的分布特征、地面沉陷及地表损毁情况与当地的建筑经验以及人类活动对地质环境造成的影响，结合区域地质采矿资料和当地经验，分析采空区场地的稳定状态及可能存在的主要地质问题，为合理确定与布置采空区勘探和测试工作提供依据。高精度的工程地质调查与测绘成果，不但可以直接用于工程设计，而且为其他类型的勘察工作奠定了基础，同时能够大大缩短工期，节约投资，提高勘察工作的效率。因此，采空区勘察应遵循采空区调查与测绘为主、物探与钻探验证为辅的原则。

（一）工程地质调查与测绘范围

采空区工程地质调查与测绘需要合理选择测绘范围。测绘范围过大会增加工作量，范围过小则不能有效查明工程地质条件和采空区分布，满足不了采空区评价和工程建设要求，甚至留下安全隐患。

采空区工程地质测绘与调查的范围应包括：拟建工程场地范围及其周边对场地稳定性有影响的采空区。范围的确定可结合保护煤(岩)柱的宽度，依据开采移动角计算采动影响范围，且一般不宜小于场地外扩 500～1 000 m。

对于开采情况复杂且采矿资料不充足的场地，其调查与测绘范围应在一般情况下的测绘范围基础上适当扩大，以能充分查明资源地质条件、采矿情况及采空区分布，解决工程地质问题为原则。

(二) 工程地质调查与测绘的比例尺

工程地质调查与测绘的比例尺主要取决于勘察阶段的建筑类型、规模和工程地质条件复杂程度。一般应符合下列要求：

① 可行性研究阶段测绘的比例尺宜为 1∶2 000～1∶5 000。

② 初勘阶段测绘的比例尺宜为 1∶500～1∶2 000。

③ 其他阶段或采空区分布复杂的地段或为解决某一特殊地质问题时，比例尺可放大。

表征采空区分布的井上、下对照图的比例尺一般不宜超过 1∶2 000，针对地面沉陷情况和由不连续变形所产生的塌陷坑、陡坎、地裂缝以及地面建(构)筑物损毁情况等，应采用扩大比例尺(1∶200～1∶500)进行表示。

(三) 工程地质调查与测绘精度

所谓调查和测绘精度，系指野外地质现象观察、描述及表示在图上的精确程度和详细程度。原则上地质界线和地质观测点的测绘精度，在图上不应低于 2 mm，界线误差不应超过 0.5 mm。

在野外观察描述工作中，不论采用何种比例尺，一般要求整个图幅上平均 2～3 cm 范围内应有观测点。例如，比例尺 1∶50 000 的测绘，野外实际观察点为 0.5～1 个/km^2。在实际工作中，视条件的复杂程度和观察点的实际地质意义，观察点间距可适当加密或加大，不必平均布点。在由不连续变形所产生的塌陷坑、陡坎、地裂缝分布区以及已有地面建(构)筑物损坏的分布区，在图幅面积为 10 cm×10 cm 的范围内，调查控制点不应该少于 5 个。

为了达到精度要求，通常要求在调查与测绘填图时，采用比提交成图比例尺大一级的地形图作为填图的底图，例如，在进行 1∶10 000 比例尺测绘时，常采用 1∶5 000 的地形图作为外业填图底图。待外业填图完成后再缩成 1∶10 000 的成图，以提高测绘的精度。

(四) 工程地质调查与测绘方法要点

工程地质测绘方法与一般地质测绘方法基本一样，在测绘区合理布置若干条观测路线，沿线布置一些观察点，对有关地面沉陷、地裂缝、建(构)筑物损坏及其他地质现象进行观察描述。观察路线布置应以最短路线观察最多的地质现象为原则。在野外工作中，要注意点与点、线与线之间地质现象的联系，最终形成对整个测区空间(沉陷区)总体的认识。同时，还要注意把工程地质条件、地表沉陷特征等和拟建工程的作用特点联系起来分析研究，以便初步判断可能存在的工程地质问题。

地质观测点的布置、密度和定位应满足下列要求。

① 除在地质构造线、地层接触线、岩性分界线、标准层位和每个地质单元体上应有地质

观测点外，沉陷盆地的外边缘区、内边缘区、盆地中间等典型部位也应有观测点。

② 地质观测点的密度应根据场地的地貌、地质条件、变形损坏情况、成图比例尺及工程特点等确定，并应具有代表性。

③ 地质观测点应充分利用天然和人工露头，加大调查访问工作的力度，可根据具体情况布置一定数量的勘探工作点。在条件适宜时，还可配合布置物探工作点，探测地层、岩性、构造、不良地质作用、地裂缝深度等。

④ 地质观测点的定位标测对成图的质量影响很大，应根据精度要求和地质环境条件的复杂程度选用半仪器法和仪器法。地裂缝、地面陡坎、塌陷坑、受损建(构)筑物、井田位置和水位及地层接触线、岩性分界线、软弱夹层、地下水露头、有重要影响的不良地质现象等特殊地质观测点，宜用仪器法定位。

为了保证测绘工作更好地进行，在工作开始前应做好充分准备，如地质矿产、采矿资料的查阅分析工作，圈定可能的采矿影响范围，进行现场踏勘，编制工作部署，规划调查线路等。在测绘过程中，要切实做好地质现象记录，资料及时整理、分析等工作。

在进行大面积中小比例尺测绘或者在工作条件不便等情况下进行工程地质测绘时，可以借助航片、卫片解译，也可以利用 InSAR(合成孔径雷达干涉测量)技术圈定地面沉陷移动的范围和时间，有针对性地规划调查范围、路线等，这对于提高测绘精度和工作进度，将会起到良好作用。

(五) 地质矿产和工程地质条件调查与测绘

地质矿产的调查与测绘目的是查清可采资源的分布特征。可采资源分布的层位是矿井开采的基础，也是采掘活动的主要场所以及采空区的溯源目标层位，同时是后期所有勘探工作的目标层位。地质矿产调查的内容包括区域地质、矿井地质构造、储量勘察和核实报告等。

对工程地质条件进行客观、全面的调查是整个地质勘察工作的基础和地质测绘的先决条件。工程地质条件，包括勘察区的地形地貌、地层岩性、地质构造、地震、水文、气象及不良地质现象等。

1. 地质矿产调查

通过地质矿产调查，可以查明形成采空区源头的可采资源分布，从而能够圈定采空区可能分布的层位、深度、范围等，具体调查内容如下：

① 收集区域地质资料，包括矿区地质勘探报告、地质图、勘探线剖面图、综合柱状图，以查明含矿地层及其位置、产状、厚度等。

② 调查区域地层产状、岩性、厚度及其与含矿地层的关系。

③ 调查区域地质构造、断层和新构造运动特征。

④ 调查区域资源分布和储量勘察、核查情况。

2. 工程地质调查

通过工程地质调查，可以查明地形地貌、地质构造、松散层性质及厚度、覆岩类型等，从而能够为工程地质评价和采空区物探、钻探工作提供指导。具体调查内容如下：

① 调查区域地形地貌、地层结构、地质构造。

② 调查区域松散层厚度、土层类型及其工程性能。

③ 调查矿层顶板岩性、岩体工程类别及物理力学性质。

④ 调查区域地震、冻土等特殊岩土、不良地质类型及分布情况等。

3. 水文地质调查

通过水文地质调查，可以查明采空区的地下水分布和补、径、排情况，从而能够为采空区稳定性评价和后续施工提供依据。具体调查内容如下：

① 调查并收集区域水文、气象资料。

② 调查区域地表水的分布及流向、流量。

③ 调查主要含水层的分布、地下水的类型、水位埋深、补径排及水的动态变化。

④ 采取地表水及地下水水样，对其进行水质分析，判定水的类型、腐蚀性等。

（六）采矿和采空区调查

采矿和采空区调查包括收集采矿资料、走访调查采矿情况、采空区踏勘、井下测量、地表变形及地面建筑物破坏情况验证等，其中应收集的采矿资料主要包括采掘工程平面图、井上下对照图、巷道分布平面图等。

利用区域地质和矿产资料能够分析可能的采矿活动层位和范围，通过搜集矿井开采资料以及调查走访知情人或群访、实地调查等主要手段，可以对矿井口、巷道口等地面洞口进行核定和调查编录，从而能够确定洞口和采矿方式的关系。矿井开采情况调查内容参见表2-1。有条件的矿区在能保证工作人员人身安全的前提下，可结合井口和巷道情况进行采空区内部测绘，描述巷道断面及支护衬砌情况和采空区顶板、边帮的破损垮落情况，并测绘采空区充填情况、塌落情况。采空区（地下空洞）现场勘察内容参见表2-2。在采空区的调查期间应结合地面沉陷损毁情况进行反向分析核实。

矿井开采和采空区调查的内容如下：

① 可采资源的分布、井田的分布、矿区的分布及矿区的历史变迁等。

② 矿层的开采历史、开采范围、深度、厚度、倾角、层数及间距等。

③ 矿井井口、井筒、井底车场、主要运输和回风巷道等主要采掘系统的分布。

④ 开采方法和顶板管理方式，采掘工作面的分布、尺寸、标高、工作面宽度、回采高度、延伸方向、终采时间，采空区的塌落情况等。

⑤ 矿井充水和采空区排水、抽水情况。

⑥ 矿井未来可能的开采规划。

表 2-1　采矿情况调查内容一览表

开采方法	顶板管理方式	开采时间及其他
a. 巷道式：巷道分布、主巷道位置和走向、巷道切面形状和尺寸、有无支护； b. 长壁式：平面分布、采高、工作面长度、开采掘进方向； c. 房柱式：开采顺序、平面分布、采高	a. 垮落法：垮落后顶板破坏情况； b. 矿柱支撑法：矿柱截面尺寸、分布，垮落区分布； c. 填充法：充填区分布、充填效果	a. 开采起始时间； b. 开采结束时间； c. 各时间区段采出率； d. 开采规模； e. 采空区（空洞）面积； f. 采空区（空洞）位置； g. 地表变形特征； h. 未来开采计划； i. 开采中发现的断层、裂隙等地质构造情况； j. 有无采掘工程图
调查方法：收集资料；走访踏勘		

表 2-2 采空区(地下空洞)现场勘察内容一览表

采空区(空洞)成因	采空区(空洞)分布	采空区(空洞)稳定性
a. 地质作用成因：碳酸盐岩溶洞、黄土溶洞； b. 人类活动成果：采矿、地下防空设施、隧道； c. 其他原因：有人类采掘的地下空洞	a. 采空区(空洞)埋深、高度、宽度、空间形态； b. 采空区(空洞)平面分布	a. 对于采空区(空洞)，要注意顶板支护情况、顶板垮落情况、规模、平面分布、采空区(空洞)内垮落物质的充填情况、有无近期垮落痕迹、采空区(空洞)内可见断层等构造形迹、采空区内(空洞)地下水的滴漏情况； b. 对于溶洞，要注意洞体有无近期崩塌痕迹、洞底有无近期崩塌物、洞壁是否胶结完整
调查方法：现场踏勘；走访；工程测绘；绘制采空区(空洞)平面图		

(七) 开采沉陷和地面损毁调查与测绘

当地下矿产被采出后，其周围原有的应力关系遭到破坏，从而引起应力重分布，当其内部应力超过岩层的极限抗拉强度时，直接顶首先断裂、破碎并相继发生垮落。当采空区上覆岩层破坏、移动发展到地表时，地表便会产生移动和破坏。

1. 覆岩破坏类型

由于矿层的赋存条件、覆岩性质及其组合类型、采空区深度、采煤方法和顶板管理方法不同，因此覆岩的移动与破坏形式也不相同。刘天泉院士总结概况出了覆岩移动与破坏形式分为“三带”型、拱冒型、弯曲型、切冒型和抽冒型等五种基本类型(见表 2-3)。在进行采空区勘察时，应综合上述因素，综合判别采空区覆岩破坏类型，结合地表地面调查预测采空区场地的地面变形特征。

表 2-3 覆岩破坏类型

序号	覆岩类型	垮落类型	变形特征
1	覆岩全部为可垮落岩层，一般以软岩～较硬岩为主	“三带”型	覆岩破坏可分为垮落带、断裂带和弯曲带。当垮落带和断裂带未达到地表时，地表应为连续性变形；当垮落带和断裂带能达到地表时，地表应为非连续性变形
2	矿层以上某一高度存在一定厚度的坚硬岩层	拱冒型	在进行长壁式开采时，随着采空区的扩大，坚硬岩层以下的岩层发生拱形垮落，垮落达到坚硬岩层时可形成悬顶。围岩可形成“自然拱”或无支撑“砌体拱”“板拱”。近矿层的顶板岩层受到破坏，远离顶板的岩层不受破坏，地表只产生微小下沉
3	全部为坚硬覆岩	弯曲型	在进行条带法开采或刀柱法开采时，坚硬岩层可形成悬顶。当煤(岩)柱面积占 30%～35%时，覆岩一般不发生垮落破坏，地表变形最大值一般不超过矿层采高的 5%～15%
4	全部为坚硬覆岩	切冒型	当开采深度较小、煤(岩)柱面积的比例小于 30%～35%且坚硬岩层未形成悬顶时，煤(岩)柱不能形成稳定支座。当地表突然陷落时，地表裂缝会直通采空区，且地表会形成“断陷”式盆地
5	全部覆岩为极软弱的急倾斜岩层或土层	抽冒型	当开采深度较小或接近冲积层开采时，覆岩变形不能形成悬顶。当采空区内无垮落矸石支撑时，覆岩会发生抽冒型破坏，地面会形成漏斗状陷坑

2. 地表变形特征

不同的地质采矿条件下，地表移动和破坏形式是不相同的，地表变形特征总体有以下两种形式：以连续变形为主的沉陷盆地型和以非连续变形为主的地面塌陷坑、台阶或陡坎、地裂缝等。

(1) 沉陷盆地型

当采动充分、采深采厚比较大（一般大于 30）且没有大的地质构造时，地表移动在空间上和时间上是连续的、渐变的，具有明显的规律。一般来说，在开采影响波及地表后，受采动影响的地表从原有的标高向下沉降，从而在采空区上方形成一个比采空区范围大得多的沉陷区域，呈中心沉降大四周沉降小的盆地形式。

(2) 地裂缝、台阶及塌陷坑

当采动不充分、采深采厚比较小或具有较大的地质构造作用时，地表移动在空间上和时间上是不连续的，没有严格的规律。此时，地表可能出现地裂缝、台阶或塌陷坑。

地面变形和损毁是由于地下开采所引起的。它是采空区调查的重要内容，也是分析评价和预测采空区对拟建工程建设和运营影响的基础。地表移动变形和破坏的形式是进行采空区场地稳定性和建设适宜性评价的依据，也为进一步的采空区勘察的物探、钻探工作提供了基本指导。

采空区地表移动变形调查内容参见表 2-4。

表 2-4　采空区地表移动变形调查内容

地表变形特征值 （观测或收集观测资料）	地表变形特征及分布规律	地表变形盆地特征 （仅对大面积采空区）
a. 最大下沉值； b. 最大倾斜值； c. 最大曲率值； d. 最大水平移动值； e. 最大水平变形值	a. 地表塌陷坑、台阶和地裂缝的形状、宽度、分布规律； b. 地表变形分布与地质结构（岩层产状、主要节理、断层、软弱层）的关系； c. 地表变形分布与采矿方式（开采边界、工作面推进方向、巷道分布）的关系	a. 均匀下沉区； b. 移动区； c. 轻微变形区
调查方法：收集资料；现场踏勘、走访；测绘；变形观测；航、卫片解释		

地面变形监测是判断地表采空区变形最直观的手段，当工作区内无直接可用的变形监测资料时，应扩大调查范围，取得类似采矿条件下的对比资料，判断工作区可能出现的地表塌陷形式，如较浅地下水位地区的采空区塌陷易形成积水坑塘，地形起伏大的山区易造成次生的崩塌、滑坡地质灾害，并在此基础上展开野外考察、调查走访、历史卫星影像对比、追踪调查等工作。

对通过调查得到的塌陷坑、台阶和地裂缝的形状、走向、密度、深度等变形要素要进行核定和编录。调查成果应及时上图，并与地质构造、采矿布置进行对比分析，适当推断可能的塌陷影响范围并进行追踪调查。

针对地面塌陷历史和造成的地面建(构)筑物开裂、倾斜等情况，需开展以单体建(构)筑物为单位的调查工作，同时走访附近可能知情的居民或工人，重点关注建(构)筑物建设的时间，建(构)筑物开裂的起止时间，裂缝的产状、规模和延伸情况，以及裂缝分布的规律，并对比实测的开裂、倾斜情况，适当推断可能的扩大影响范围并追踪核实。在调查过程中要根据裂缝的特征区分采动损害裂缝和由于房屋自身质量或年久失修而产生的损坏。

采空区地面建(构)筑物损坏情况调查与测绘内容参见表 2-5。在进行地面损毁和裂缝调查与测量时，要注意判断危险区并注意避开，一般采用的调查表形式见表 2-6。

表 2-5 采空区地面建(构)筑物损坏情况调查与测绘内容

变形情况	建(构)筑物情况	地基土情况
a. 地面建(构)筑物地基不均匀下沉情况：不同位置下沉量、相邻柱间差异沉降、局部倾斜值； b. 建(构)筑物裂缝情况：裂缝性质、裂缝形态、裂缝分布规律及与地基不均匀下沉的关系等	a. 建(构)筑物类型、整体刚度，对地基变形的适应能力； b. 地基基础解决方式、类型、尺寸、埋深，地基处理情况(查阅有关设计资料，必要时布设探井)	a. 地基持力层承载能力； b. 地基压缩层变形特征； c. 建(构)筑物建成以来地基条件改变情况； d. 基础下与基础外土性差异(定性)(查阅有关勘察资料，必要时布设探井)
调查方法：收集资料；现场踏勘、走访；裂缝统计；摄影；小型坑探		

表 2-6 地表塌陷调查表

<table>
<tr><td>编号</td><td></td><td>相关人</td><td></td></tr>
<tr><td>建造时间</td><td></td><td>开裂时间</td><td></td></tr>
<tr><td>房屋结构
基础形式</td><td>□土窑洞 □石窑洞 □砖窑洞
□砖混结构 □砖木结构 □______</td><td>调查时间</td><td>年 月 日</td></tr>
<tr><td>建(构)筑物
损坏等级</td><td>□Ⅰ □Ⅱ □Ⅲ □Ⅳ</td><td>损坏分类</td><td>□极轻微 □轻度 □中度
□严重 □极严重 □___</td></tr>
<tr><td>结构处理</td><td>□未处理 □ ______</td><td>调查人</td><td></td></tr>
<tr><td colspan="4">塌陷坑、台阶、地裂缝、建(构)筑物开裂、倾斜情况(位置、方向、密度、强度)：</td></tr>
<tr><td colspan="4">其他要说明的情况如下。
(1) 附属结构物的开裂情况：
(2) 与其他建(构)筑物的关系：
□独立 □相邻 □ ________</td></tr>
<tr><td colspan="2">相关人员签字</td><td colspan="2"></td></tr>
<tr><td colspan="2">调查人签字</td><td colspan="2"></td></tr>
</table>

注：表中建(构)筑物损坏等级按照《建筑物、水体、铁路及主要井巷煤柱留设与压煤开采规范》第二十条的表 3 的规定执行。

第二节　采空区及覆岩赋存状态的地球物理勘探技术

对采空区的探测原来主要借助于钻探，随着各种工程物探方法开始应用于探测采空区，探测技术的有效性、重要性、经济性和优越性变得越来越受到关注。对于资料缺乏或资料可靠性较差且稳定性较差或受影响较大的采空区场地，应遵循物探先行、钻探验证的原则，选择有效的物探方法进行工程物探。目前国内外用于采空区勘探的地球物理方法主要分为地面物探和井内(间)物探两大类。地面物探主要包括电法、电磁法、地震法、重力法、放射法(氡气)等；井内(间)物探包括孔间层析成像(CT)、测井、孔内地质雷达、孔内电视摄像、孔内成像、孔内(地下)三维激光扫描测量等。

一、物探方法选择与工作布置

地球物理勘探方法的选择，应在收集调查地质、采矿等资料的基础上，初步确定采空区的深度、可能的平面分布范围、冒落及充水状态、覆岩类型和特性、周围介质的物性差异等，然后综合考虑现场地形、地质条件、干扰要素、勘探目的和要求等因地制宜地综合选择有效的方法。采空区地球物理勘探可根据勘探的目的和要求不同参照表 2-7 选择相应的地面物探或井内(间)物探方法。

表 2-7　工程物探方法及应用范围

<table>
<tr><th colspan="3">方法名称</th><th>成果形式</th><th>适用条件</th><th>有效深度/m</th><th>干扰及缺陷</th></tr>
<tr><td rowspan="6">地面物探</td><td rowspan="3">电法</td><td>高密度电阻率法</td><td>平、剖面</td><td>任何地层及产状，其上方没有极高阻或极低阻的屏蔽层；地形平缓，覆盖层薄</td><td>≤200</td><td rowspan="5">高压电线、地下管线、游散电流、电磁干扰</td></tr>
<tr><td>电剖面法</td><td>平、剖面</td><td>被测岩层有足够的厚度，岩层倾角小于 20°；相邻层电性差异显著，水平方向电性稳定；地形平缓</td><td>≤500</td></tr>
<tr><td>充电法</td><td>平面</td><td>充电体相对围岩来说应是良导体，要有一定规模，且埋深不大</td><td>≤200</td></tr>
<tr><td rowspan="3">电磁法</td><td>瞬变电磁法</td><td rowspan="2">平、剖面</td><td>被测目标相对规模较大，且相对围岩呈低阻；其上方没有极低阻屏蔽层</td><td>50～600</td></tr>
<tr><td>可控源音频大地电磁法</td><td>被测目标有足够的厚度及显著的电性差异，电磁噪声比较平静；地形开阔、起伏平缓</td><td>500～1 000</td></tr>
<tr><td>探地雷达法</td><td>剖面</td><td>被测目标与周围介质有一定的电性差异，且埋深不大或基岩裸露区</td><td>一般≤50</td><td>极低阻屏蔽层、地下水、较浅的电磁场源</td></tr>
</table>

表 2-7(续)

方法名称			成果形式	适用条件	有效深度/m	干扰及缺陷
地面物探	地震法	折射波法	平、剖面	适用于被测目标的波速大于上覆地层的波速	深部采空区探测	黄土覆盖层较厚、古河道砾石、浅水面埋深大的区域
		反射波法	平、剖面	要求地层具有一定的波阻抗差异，且采空区面积较大	100～1 000	
		瑞雷波法	平、剖面	覆盖层较薄，采空区埋深浅，地表平坦、无积水	≤40	
		地震映像法	剖面	覆盖层较薄，采空区埋深浅	≤150	
	重力法	微重力勘探法	平面	地形平坦，无植被，透视条件好	≤100	地形、地物干扰
	放射法	放射性勘探法	平、剖面	探测对象要具有放射性		
井内(间)物探	地层析成像（弹性波、电阻率、电磁波、声波）		平、剖面	井况良好、井径合理，激发与接收配合良好	等效钻孔深度的 2/3	游散电流、电磁干扰
	测井（电、声波、反射性）		剖面	在无套管、有井液的孔段进行	等效钻孔深度	
	井间层析成像（弹性波、电阻率、电磁波、声波）		剖面	井况良好、井径合理，激发与接收配合良好		
	孔内电视摄像		视频图像	在无套管的干孔和清水钻孔中进行		井液污浊干扰
	孔内三维激光扫描测量		测量图像			
	孔内光学成像		柱状	在无套管、有井液的孔段进行		
	孔内超声波成像		柱状			

注：① 工程物探的质量控制应符合《城市工程地球物理探测标准》(CJJ/T 7—2017)或其他适宜的有关物探规范的规定。

② 有效性和有效深度宜经现场试验确定。

地面物探主要用于探查采空区的分布范围和深度，定性判定采空区的密实和充水状态。井内(间)物探主要用于探查采空区的冒落裂隙带高度、采空区的密实和充水状态、地下巷道等空洞的分布以及进行采空区孔隙率的估计等。

对于单一方法不易判定的采空区，可采用两种或两种以上的物探方法。

在野外作业中，工作参数的选择，检查点的数量，观测精度，测点、测线平面布置和高程的测量精度，仪器的定期检查、操作和记录等，应遵循《城市工程地球物理探测标准》(CJJ/T 7—2017)或其他适宜的有关物探规范的要求。

物探方法的相关工作参数应根据地区经验初步确定，并在现场选择典型部位进行相关参数和方法有效性的试验。

物探工作的布置宜符合下列要求：

① 当地面物探用于场地内采空区资料验证时，验证线(点)应不少于 3 处；当用于探明采空区分布、范围时，应至少选择一种物探方法覆盖全部拟建工程场地及可能影响的采空区范围。

② 地面物探线的布置宜垂直于地貌单元、地质构造、地层界线和采空区的走向或倾向，

探测有效范围不应小于拟建工程场地及可能影响的采空区范围。井内(间)物探应选择在典型部位的钻孔内进行。物探线、点的间距应按照选择的地面物探方法的要求及相关规范、规程的规定,选择较高的要求进行确定。

③ 物探点、线距的选择应根据采出率、采深采厚比等综合确定,选择的地面物探方法的有效探测深度应大于预估的采空区底板深度 20～50 m。井内(间)物探钻孔应深入采空区底板适当深度,同时采取可靠措施维护井壁。孔径(孔间距)应与探头(仪器)相匹配,以保证测试效果。同一场地内测试的钻孔不宜少于 2 个(对)。

二、物探成果解译

在进行地球物理勘探成果解译时,应结合采矿和钻探资料,考虑其多解性,从而区分有用信息与干扰信号。地球物理勘探成果均应布置适量钻孔进行验证,一般验证钻孔不宜少于 3 个。未经钻探验证的物探成果不宜直接作为工程设计的依据。

(一) 物探资料解译

物探资料解译应按下列要求进行:

① 在分析各项物性参数的基础上,按照从已知到未知、先易后难、点面结合的原则进行。

② 所需物性参数宜通过多种方法求得,必要时可选择典型断面做正演计算;解译深度应达到采空区底板以下 15～25 m。

③ 应说明探测对象的形态、产状、延伸等要素,解译结论要明确。

④ 物探解译的结果应相互补充、相互验证,当解译结果不一致时应分析原因,并说明推断的前提条件。

⑤ 充分利用钻孔资料对解译成果进行修正。

⑥ 物探解译的成果应重点关注采空区的空间分布情况、冒落裂隙带高度、采空区密实及充水状态等影响采空区稳定性评价的关键要素。

(二) 物探成果报告

物探成果报告应内容全面、重点突出、立论有据、逻辑严谨、结论明确、附图附表等资料齐全。物探成果资料的编制应符合下列要求:

① 物探成果报告包括项目概况、任务来源和要求、地形、地质、矿层及采空区分布、工作方法的选择与确定、工作参数、仪器设备、完成的工程量、采空区的地球物理特征、资料的解释推断、成果资料的验证情况或要求、结论和建议。

② 图件比例尺应符合工程和物探方法的要求,图式图例应符合相关规定。附图应包括探测方法原理图、工程布置图、成果平面图和剖面图、测试成果曲线图、解释成果图等。其中,解释成果图至少应包括工程物探异常区域、采空区平面分布及剖面图(含“三带”分布、埋深等)。附表应包括工作量表、物性参数表、成果解释表、精度表等。

第三节　钻探勘探技术

采空区勘探工作应在采空区调查、测绘和地球物理勘探成果的基础上进行,以验证采空区调查查明的采空区、巷道的分布范围资料的可靠性和物探成果,查明其覆岩破坏类型的发育特征、地表裂缝的埋深和延展状况，并应开展稳定性评价计算参数确定所需的原位测试和试验工作。

在进行采空区勘探前需要查明塌陷坑的分布和发展情况，预判在现场勘探过程中可能发生的危险，在实际勘探过程中应重点防止采空区内有害气体和地面裂缝、隐伏塌陷坑等对人员、设备和环境等造成的潜在危害。

一、钻探目的与钻孔布置设计

（一）钻探目的

进行钻探工作，除了对地质测绘资料、采空区调查资料及采空区的地球物理探测成果进行验证和控制外，还有如下目的：

① 查明工作区的地层结构，建立采空区场地评价的地质剖面。

② 查明地下采空区的埋深、厚度、顶底板岩性。

③ 查明采空区引起的垮落带、裂缝带和弯曲带的埋深及具体高度和发育状况。

④ 查明采空区中是否赋存瓦斯等有害、有毒气体及存在煤层自燃情况。

⑤ 查明采空区的水文条件和采空区覆岩的地下水分布、水位及其对混凝土的侵蚀性。

⑥ 通过采集岩、土试样，测试岩土物理力学性质，特别是采空区顶板及上覆岩层的岩性及其物理力学性质，进而提供空洞、采空区发展演化分析的参数。

⑦ 通过进行必要的原位测试及抽水或压水试验，测试基岩的物理力学性质、裂隙发育及风化程度。

⑧ 利用钻孔进行井中物探或成像、井底物探等，进一步查明采空区的分布、密实程度、孔隙率等。

（二）钻探点位置的确定

勘察区的钻孔布设及钻孔数量，直接关系到勘察精度和经济效益。钻孔布置应根据搜集资料的完整性和可靠性、物探成果、采空区的影响程度、建（构）筑物的平面布置及其重要程度等综合确定，可按照下列方法确定。

（1）根据工程地质测绘资料确定

在工程地质测绘中，常能访问了解到当地采空区及空洞分布情况，诸如采矿位置、深度、采矿层高度，还可以收集到采矿平面图、矿井分布图、巷道分布图等资料。在地表也会发现裂缝、塌陷坑、大面积沉陷及采矿遗留洞口等与采空区（空洞）有关的地表地质现象，通过这些资料大致可确定采空区位置，据此可初步选择典型的采空区位置，然后结合钻探目的确定钻孔位置及钻孔数量。

对于资料丰富、可靠性强的采空区场地，经过初步评价，认为属充分采动的采空区场地，当采空区对拟建工程影响程度较小时，除重要建筑物外可不布置钻探孔；对于非充分采动的采空区或当采空区对拟建工程影响程度中等或影响较大时，应布置一定数量的钻探验证孔。对于资料缺乏、可靠性差的采空区场地，应根据物探成果，对异常地段加密布置。

（2）根据物探异常确定

物探异常是地下介质物性异常的反映。在仪器操作解释人员工作经验丰富、仪器正常工作的情况下，两种以上的物探手段共同反映出来的异常，可能就是探测对象的异常反应。

如果与地质测绘资料吻合，就可确定钻孔位置。有时为了检验探测效果，除在异常区打钻验证外，还要在非异常区布置适量钻孔。在经费许可的情况下，各种物探异常地段均可布置钻孔探查，以积累经验，建立物探异常解释标准。

钻探孔的间距尚应满足孔间物探测试的需要。

(3) 根据拟建工程的平面位置、类型、荷载要求及其重要程度确定

经过初步评价，对于非充分采动的采空区或当采空区对拟建工程影响程度中等或影响较大时，钻探验证孔的数量，对于单栋高层建筑物的场地不宜少于 2 个，对于多栋高层建筑物的场地来说，宜每栋建筑物布置 1 个或整个场地不少于 5 个；采空区桥梁范围内宜隔墩布孔，采空区隧道范围内不宜少于 2 个。

钻探孔的深度应达到对工程建设有影响的开采矿层底板以下不少于 3 m，且应满足孔内测试的需要。

(4) 根据形变观测资料确定

在勘探区布设形变观测点，进行长期形变观测，以确定采空区形成的地表沉陷。也可以根据 InSAR(合成孔径雷达干涉测量)资料分析地表沉陷变形及形变的演变过程。根据初步观测资料，形变沉降中心可能是空洞及采空区的位置，可布设钻孔验证。需要强调的是，在确定钻孔位置时，必须对地质勘探等各种资料进行综合分析，以提高验证钻孔的命中率，减少钻孔数量。

(三) 各勘察阶段的钻孔布置

采空区属于人为工程活动产生的不良地质作用，与其他不良地质作用一样，按照岩土工程勘察的一般规定，各勘察阶段工作的内容和深度是有所差别的。作为不良地质作用之一，在初步勘察阶段，应完成采空区勘察的主要工作，查明采空区的特征，并分析评价场地稳定性和建设适宜性。

1. 可行性研究阶段

在可行性研究阶段一般不进行钻探，应尽可能收集已有的钻孔资料，如资源勘察钻孔资料、水文地质勘察钻孔资料等钻孔柱状图或矿区综合柱状图，并加以鉴别和利用。若无现成的资料，可在物探工作的基础上根据需要布置 1～2 个钻孔，以取得工作区地层岩性、矿层埋深、矿层厚度及产状等资料。

2. 初勘阶段

按照岩土工程勘察的一般要求，初勘阶段需查明场地的不良地质作用，评价场地的稳定性和建设适宜性并提出关于不良地质作用处理措施的建议。采空区属于人为工程活动产生的不良地质作用，在项目初步设计阶段，即对应的初勘阶段应根据规划总平面布置和采空区的分布及其特征，针对拟建建(构)筑物布置相应的钻孔，完成采空区勘察的主要工作，准确查明采空区的特征，并评价采空区稳定性及其对拟建建(构)筑物的影响，提出处置措施的建议。采空区勘察评价的主要工作应在初勘阶段完成。

3. 详勘阶段

采空区详细勘察主要针对的是对工程影响程度中等或较大且需要采取工程措施或地基处理措施的采空区场地。对于影响程度较小或影响程度中等，仅需要采取适当的上部结构措施而无须采取采空区处理措施的采空区场地可不进行详细勘察。

对于需要进行采空区处理的采空区，应进一步详细查明采空区(空洞)及其“三带”分布

情况，以及建(构)筑物主要受力层范围内由于采空区(空洞)的影响而造成的地层结构破坏和岩土工程性质变化，补充查明初勘阶段未查明而又必须查明的问题，从而为工程施工图设计及采空区处置工程施工图设计提供地质依据。详细勘察可与采空区治理施工相结合，在大面积治理施工之前或治理试验阶段，可以布置适量的取芯钻孔作为详细勘察钻孔，并遵循边勘察边施工、边施工边勘察，信息化治理动态设计的原则。钻孔布置应考虑以下几个因素：

① 初勘阶段对勘察区了解的程度。对初勘阶段已查明采空区(空洞)分布情况的场地，钻孔应布置在采空区(空洞)分布范围的边缘附近，以便进行边界控制和验证。

② 钻孔必须结合拟建工程的位置及采空区处置工程位置布置。

③ 如果场地复杂，钻孔应相应加密。

④ 在重要建筑物、特大型桥和隧道等范围内要适当增加技术性钻孔数量。

二、采空区钻探施工要点与技术要求

在钻探位置确定后，钻探施工及地质描述至关重要，这不但需要精细的施工工艺，而且需要钻探记录人员认真负责地操作和编录，施工过程中稍有疏忽，就有可能遗漏空洞或埋深位置记录不准。

地质勘探描述除应满足常规工程地质描述的要求外，尚应重点描述冲洗液耗损、钻进速度、掉钻情况、地下水位及岩芯采取率等反映采空区覆岩破坏特征的相关要素。

工程地质钻探设备应根据采空区所处的地形地貌、埋深、地层岩性和地质构造等进行选用。钻探施工要点与技术要求如下。

(一) 工程地质钻探工艺的选择

一般完整地层可采用普通单管钻具钻进；软硬互层、破碎松散地层可采用双层岩芯管钻头钻进；坚硬岩层可采用双管钻具、喷射式孔底反循环钻进；对于需要验明采空区覆岩破坏类型特征层位的重点部位，应采用双层岩芯管连续取芯钻进。

钻孔冲洗液应根据地层岩性、结构、完整程度、水理性质等进行选择。致密稳定地层宜采用清水钻进；黄土地层可采用无冲洗液钻进。对于需要判定覆岩破坏类型及其分布特征和进行简易水文观测、预留灌注充填试验、水文地质试验的孔段，应选用清水或易于洗孔的泥浆作为冲洗液；当钻进松散、掉块、裂隙地层或胶结较差的地层时，可选用植物胶泥浆、聚丙烯酰胺泥浆等作为冲洗液。当钻进页岩、铝土岩、黏土岩等遇水膨胀地层时，可选用钙处理泥浆或不分散低固相泥浆作为冲洗液。

松散层、破碎岩层、垮落裂缝带可采用套管护壁、绳索取芯。在完成注水试验、孔内物探、成像等工作后，也可以采取注浆封堵加固孔壁等堵漏措施。

当采空区内有垮落物时，宜采用双层岩芯管钻进或单层岩芯管无泵反循环钻进；当采空区内无垮落物或垮落物充填不满时，在钻进时可根据采空区(空洞)大小及时埋设相应长度的护壁套管。

(二) 现场钻探施工技术要求

采空区现场钻探施工应严格遵守有关规范、规程的规定，施工前应明确钻孔的目的和要求，采取严格的措施保证孔位、孔斜和终孔层位，及时揭露并记录采空区特征和地下水变化。其主要技术要求如下。

① 孔位平面误差：布置在采空区工作面的钻孔不应大于 5.0 m，布置在巷道、巷采工作面的钻孔不应大于 1.0 m；高程误差不应大于 0.01 m。

② 应采取措施保证钻孔垂直，当孔深大于 50 m 时，应进行孔斜测量，斜度每 100 m 不应大于 2°。

③ 成孔孔径应根据采空区埋深、覆岩岩性以及岩芯试验、孔内测试、监测和钻进工艺的要求确定，一般不应小于 75 mm。

④ 地下水位、标志地层界面及采空区顶底板的测量误差应小于±0.2 m。

⑤ 对于垮落裂缝带段应全取芯，取芯钻进的回次进尺不应大于 2.0 m。对于全取芯段应保证取芯率，坚硬完整岩层的取芯率应不低于 80%，强风化、破碎的岩石的取芯率应不低于 65%。

⑥ 应及时观测孔内地下水位，并宜进行简易水文地质观测；遇钻孔漏水后应记录浆液消耗量并测量孔内水位，终孔后应测量采空区水位。

⑦ 采空区勘察钻孔终孔后应进行严格的封孔，以防止钻孔导通上下含水层和污染采空区内的地下水。

（三）钻孔编录要求

现场钻探情况及钻探揭露的岩性、地层结构、地下水及其变化等需要如实、及时、准确地记录下来，作为后期分析的依据。其准确性、可靠性特别重要。因此现场钻孔编录需要严格遵守如下要求。

① 现场记录应在勘探进行过程中同时完成，记录内容包括钻进过程和岩性描述及地下水两部分。

② 现场记录应按钻进回次填写。现场记录的内容，不得事后追记或转抄，误写之处可用横线划去并在旁边更正，不得在原处涂抹修改。

③ 描述内容应规范、完整、清晰。

④ 钻探记录和岩芯编录应由专业技术人员承担，编录员、机长及工程负责人应验收签字。

⑤ 应准确记录采空区顶、底板的深度，并应描述采空区内垮落物的性质、成分、粒径及充水情况等。

⑥ 应及时整理钻孔记录绘制钻孔柱状图，并应及时与钻孔预想柱状图进行对比分析。

（四）岩芯的保留与存放要求

钻孔岩芯是最直接的原始资料，既是编录的依据，也是后期资料复核分析的唯一证据。因此采空区勘察获得的岩芯应妥善保留和存放。

① 除做试验的岩芯外，剩余岩芯应存放到岩芯盒内，并应按照钻进回次先后顺序排列，注明深度和名称，且每一回次应用岩芯牌隔开。

② 易冲蚀、风化、软化、崩解的岩芯应进行封存。

③ 存放岩芯的岩芯盒应平稳安放，不得日晒、雨淋和融冻，搬运时应加盖并轻拿轻放。

④ 岩芯应拍摄彩色照片或录像保存。

⑤ 岩芯保留时间可根据勘察要求确定，宜保留至钻探工作检查验收完成。

三、现场钻探“三带”的判别要点

“三带”分布的探测与确定是采空区钻探的重要目的，也是进行采空区稳定性评价和工程建设适宜性评价的重要前提条件。采空区覆岩破坏类型及分布是预测采空区未来变形特征和进行采空区与拟建工程相互影响评价的重要依据，一般宜根据矿层顶底板岩性、开采方式等结合经验定性分析确定；“三带”高度可根据矿区已有探测资料和经验公式估计，对于采空区与拟建工程相互影响较大的采空区场地应通过钻探验证确定。现场钻探可以直观地揭露裂缝带、垮落带、弯曲带，在钻探的过程中，通常表现出一些特征，供钻探现场描述与判别。

（一）钻探揭露垮落带的特征

由于采空区垮落带空洞大，岩体破碎、松散，与在采工作面、巷道等连通，因此钻探揭露该层位时，往往表现出如下特征：

① 突然掉钻且掉钻次数频繁。

② 钻机速度时快时慢，有时发生卡钻或埋钻、钻具振动加剧的现象。

③ 进尺特别快。

④ 孔口水位突然消失。

⑤ 孔口有明显的吸风现象。

⑥ 岩芯破碎，层理、倾角紊乱，混杂有岩粉、淤泥、坑木、煤屑等。

⑦ 瓦斯等有害气体上涌。

（二）钻探揭露裂缝带的特征

裂缝带位于垮落带的上部，在裂隙发育过程中，裂隙与其下部垮落带、采空区相连通，因此钻探揭露该层位时，往往表现出如下特征：

① 突然严重漏水或漏水量显著增加。

② 钻孔水位明显下降。

③ 岩芯有纵向裂纹或陡倾角裂隙。

④ 钻孔有轻微吸风现象。

⑤ 瓦斯等有害气体上涌。

⑥ 岩芯采取率小于75%。

（三）钻探揭露弯曲带的特征

弯曲带位于裂缝带的上部，基本表现为正常地层特征，相对于垮落裂缝带而言，钻探揭露该层位时，往往表现出如下特征：

① 全孔返水。

② 无耗水量或耗水量小。

③ 取芯率大于75%。

④ 进尺平稳。

⑤ 岩芯完整，无漏水现象。

四、孔内摄像探测技术

钻孔孔内摄像或孔内成像技术是近年来发展的新技术，适用于垂直孔和倾斜孔（俯角、仰角)，可以清晰地观测到地质钻孔、水文孔、锚索(杆)孔和混凝土钻孔等各类钻孔的孔壁岩性、岩体结构、节理裂隙、空洞形态、地下水流等。该技术既可以通过图像处理和分析获得各类地质信息，还可形成数字化钻孔岩芯，永久保存。该技术特别适用于岩芯破碎、裂隙发育、空洞分布较多的无法取得实际岩芯的破碎带地层，近年来在采空区勘察中获得了较广泛的应用。

(一) 工作原理

仪器由主机、探头、深度计数器和视频传输电缆组成。深度计数器用来记录探头在钻孔内行进的深度，探头内带 LED(发光二极管)和摄像机，用来摄取孔壁图像。探头获得的视频信号通过视频传输电缆传到主机，在主机接收深度计数器传来的深度脉冲信号和探头传来的视频信号后，计算探头所在的深度位置。在开始采集后仪器可以对钻孔内的实际情况进行实时视频录制和成图。

主机在对图像进行录制的同时，能够显示实时监视图像。保存后的视频和图像可以通过 U 盘传输到 PC 机(个人计算机)上做进一步的分析。

(二) 测试要求

① 钻孔孔径要大于探测头直径，一般不小于 75 mm。

② 钻孔应合理掌握钻进压力，尽量保持平直，力求保持孔壁的完整性，避免出现台阶孔。

③ 采用泥浆钻进的钻孔应进行清水洗孔，为保证测试深度，钻孔适当延深以供岩粉沉淀。

④ 对于采用潜孔锤成孔的情况，在到达设计孔深后，应用高压气或水将孔冲洗干净，以保证钻孔内没有积水与粉尘。钻孔打完后要放置 10～20 min，待孔中雾气消失后再进行探测，以保证探头视窗不会凝结水汽。

⑤ 探头下放前应密封紧固视频传输电缆与探头接头，待调节好光源后，再慢速平稳推入钻孔。电缆应匀速通过深度编码器，探头的下放速度一般控制在 3～5 m/min。

⑥ 在测试至孔底后，应校正钻孔深度与测试深度。

⑦ 如遇孔壁结构不稳定，可分段进行孔内测试。完成测试的上部孔壁可以采取注浆加固或套管护壁等措施予以保护。

(三) 成果分析

① 测试过程中应全程观看测试效果，确保测试数据有效。

② 测试结束后应处理好图像，解译标注孔壁裂隙、空洞、标志地层、矿层分布。

③ 根据图像解译成果，确定“三带”高度，描述采空区特征，并估计采空区孔隙率。

五、钻孔成果资料整理

钻探成果资料整理既要保留钻探原始记录，也要整理分析出钻探综合成果，综合成果主要包括柱状图，“三带”分布，采空区充水、密实程度等特征，与物探成果的比对等。具体内容如下。

(1) 钻探记录整理及编制柱状图

① 分析研究整理钻探编录、钻探班报表等原始记录资料；整理钻探获取的岩芯，测量岩

芯长度，描述其成分、结构、构造特征等。

② 绘出该钻孔的地层柱状图。

(2) 划分采空区“三带”

根据钻孔岩芯特征及钻探过程中的观察分析情况划分采空区“三带”，钻孔资料包括地层岩性及其结构、构造、岩芯采取率，钻进过程中出现的水位变化、卡钻、掉钻、吸风现象的深度数据，从这些资料中可以分析确定采空区垮落带、裂缝带和弯曲带的特征。

(3) 钻探资料与物探资料的对比

将钻探资料与物探资料进行对比分析，以确定采空区的范围、埋藏深度，划分“三带”的界面。

第四节 采空区赋存状态勘察工程实例

徐州城区西部某大型社区的采空区勘察项目位于徐州原某煤矿井田范围内，该项目场地下分布有多层采空区。为服务工程建设，需要对该项目场地进行采空区赋存状态勘察，为此，勘察单位通过采空区调查、物探、钻探、钻孔成像等多种手段对采空区赋存状态进行了详细勘察。

(一) 采空区调查

在勘察过程中，勘察单位收集了涉及煤矿的闭坑地质报告、储量核实报告、矿井地质报告、水文地质报告等报告及其附图，矿区地形地质图，各煤层底板等值线图以及井上、下对照图和矿层采掘工程平面图，并以此为基础，调查走访了矿井开采知情人，开展了采空区勘察工作。

(1) 可采资源分布情况

项目场地所在区域的含煤地层主要有上石炭统太原组、下二叠统山西组、下二叠统下石盒子组。

上石炭统太原组厚为 137.02～166.44 m，含 12～14 层薄煤，可采煤层为 20 煤、21 煤，平均厚度分别为 0.85 m 和 0.65 m。下二叠统山西组厚为 106.2～141.03 m，可采煤层为 7 煤、9 煤、10 煤，平均厚度分别为 3.6 m、0.9 m、0.6 m。下二叠统下石盒子组厚为 164.29～230 m，可采煤层为 1 煤、2 煤、3 煤，平均厚度分别为 1.0 m、2.0 m、0.9 m。

(2) 矿井分布和采矿情况

通过收集整理资料确定该项目涉及矿井为 1 个国有大矿：原徐州矿务局某矿，该矿为连续生产矿井，于 1962 年投产，设计产能为 30 万 t/a，主采煤层为 2 煤、3 煤、7 煤、9 煤、10 煤、20 煤、21 煤，于 2008 年闭矿，有 46 年的开采历史。

矿井开拓方式为立井暗斜井多水平、分区式开拓，涉及该煤矿的 2 煤、3 煤、7 煤、9 煤、10 煤、20 煤、21 煤多层采空区，开采方法主要为走向长壁炮采，少量 7 煤采用房柱式开采，少量 20 煤和近一半的 21 煤采用条带式开采，并采用全部垮落法管理顶板。项目涉及的局部 3 煤、7 煤采空区为急倾斜采空区，其余均为倾斜、缓倾斜采空区。

(3) 对工程有影响的采空区分布

根据收集的资料，拟建项目场地大部分区域即东南部区域、西北角区域均无采空区分布，西北部位于某煤矿范围内的区域分布有 2 煤、3 煤、7 煤、9 煤、10 煤、20 煤、21 煤采空区，其中2煤、3煤采空区仅在项目场地中部北侧分布有少量工作面，整个矿界内除工业广场位置外的其他区域的7煤全部开采，9煤、10煤、20煤、21煤仅在矿界内局部区域开采，开采情况复杂。对项目场地稳定性可能有影响的各煤层工作面开采情况见表2-8，各煤层工作面平面位置如图2-2所示。

表2-8 调查确定的项目场地及附近采空区一览表

<table>
<tr><th>煤层编号</th><th>开采时间</th><th>顶板岩性</th><th>底板</th><th>采空区位置</th><th>采厚/m</th><th>采深/m</th><th>开采深厚比</th><th>采出率</th></tr>
<tr><td>2煤</td><td>1963年</td><td>页岩</td><td>页岩</td><td>仅有一个工作面，大部分位于项目场地外，项目场地下分布面积极小</td><td>1.28</td><td>91～100.3</td><td>71～78</td><td>—</td></tr>
<tr><td>3煤</td><td>1964—1971年</td><td rowspan="2">砂岩及页岩</td><td rowspan="2">泥岩或砂质泥岩</td><td>项目场地中部北侧（A-3-1与A-2地块之间的北侧区域）</td><td>2.7～3.61</td><td>88～191</td><td>28～60</td><td rowspan="2">86%</td></tr>
<tr><td>3煤急倾斜</td><td>1970年</td><td>A-3-1地块西北侧</td><td>3.13</td><td>94～150</td><td>30～47</td></tr>
<tr><td>7煤</td><td>1962—1994年</td><td rowspan="2">中细砂岩或粉砂岩（局部泥岩）</td><td rowspan="2">粉砂岩</td><td>普遍分布在矿界内的项目场地下</td><td>2.29～4.5</td><td>76～328</td><td>21～91</td><td rowspan="2">85%</td></tr>
<tr><td>7煤急倾斜</td><td>1976—1977年、1980—1982年</td><td>项目场地中部北侧（A-5与A-3-1地块区域）</td><td>4.5～4.93</td><td>186～245</td><td>38～50</td></tr>
<tr><td>9煤</td><td>1981—2002年</td><td>中细砂岩（局部泥岩）</td><td>粉砂岩</td><td>项目场地西南部区域（A-3-1、A-5、S4、A-12一线以北区域）</td><td>0.45～1.0</td><td>81～200</td><td>81～200</td><td>87%</td></tr>
<tr><td>10煤</td><td>1988—2001年</td><td>粉砂岩、泥岩</td><td>砂岩或粉砂岩</td><td>项目场地西南部区域（A8、A-11、A-10-1、S-4地块区域）</td><td>1.0～1.54</td><td>87.5～178.5</td><td>70～143</td><td>90%</td></tr>
<tr><td>20煤</td><td>1995—2001年</td><td>石灰岩</td><td>砂岩</td><td>项目场地西南部区域（A8、A-10-1、A-11、A-12、S-4地块区域）</td><td>0.67～1.0</td><td>201.3～369.7</td><td>201～370</td><td rowspan="2">100%</td></tr>
<tr><td>21煤</td><td>2004—2006年</td><td>石灰岩</td><td>砂页岩</td><td>项目场地西南部区域（A8、A-10-1、A-11、A-12地块区域）</td><td>0.8～0.95</td><td>289～361</td><td>304～380</td></tr>
</table>

（4）地面沉陷现场调查

2016年5月初勘察单位对项目场地进行了现场调查。

由于该矿区距离市区较近且已闭坑近十年，矿区的采空塌陷地已建设大量工业厂房，其项目场地大部分区域已拆迁，现堆放大量建筑垃圾，项目场地大部分区域已无明显的采空地面塌陷痕迹，仅在场地西南角遗留少量因采空区地面塌陷而形成的水塘。项目场地内未拆迁的厂房多建于2010年以后，未发现有房屋裂缝等地面塌陷迹象。

根据现状调查成果及收集的采矿资料，项目场地西部位于原某煤矿范围内的部分区

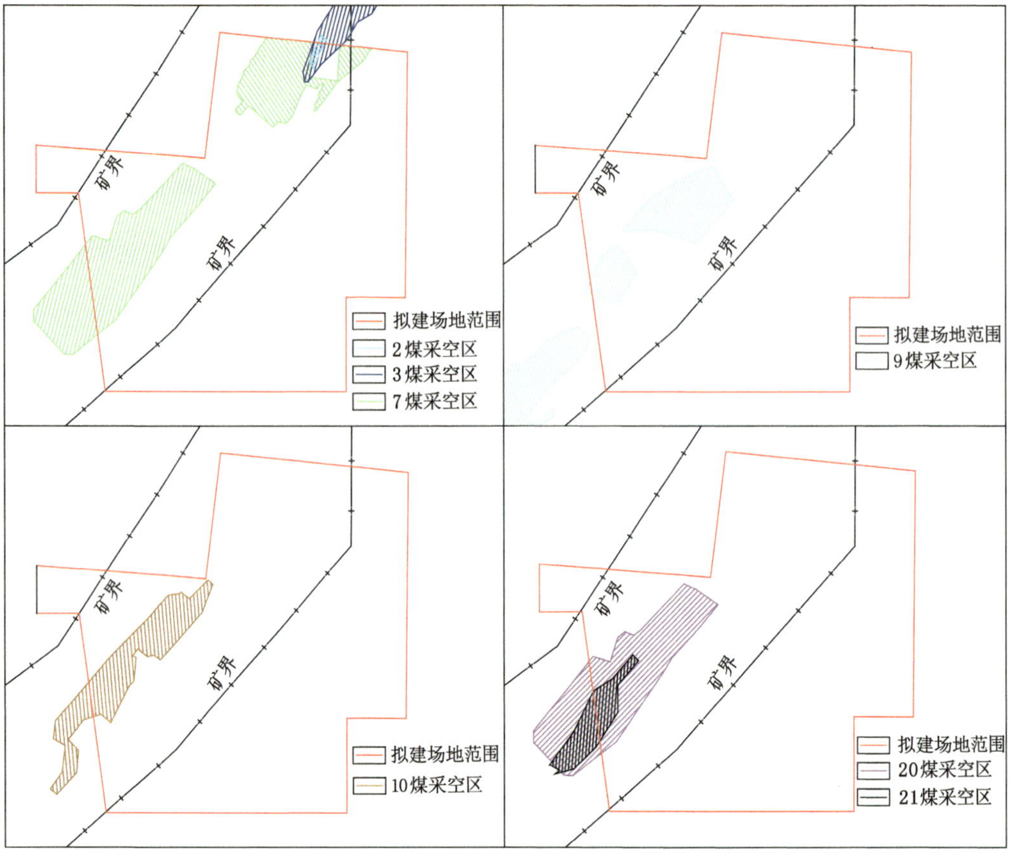

图 2-2 调查确定的项目场地各煤层采空区分布图

域，由于煤层开采而曾发生过大规模的地面塌陷，最大塌陷深度达 3～5 m(根据 2014 年实测地形图：水塘底标高为 34.57～36.59 m、水面标高为 37.67 m，正常地面标高约为 39.5 m)，由于场地潜水位仅 1～2 m，故在塌陷较严重区域形成大面积水塘，部分水塘后经人工改造成鱼塘，根据项目场地 2003 年 8 月的航拍图，项目场地及附近水塘面积约为 51.27 hm^2。经过多年的开发利用，部分水塘通过填埋治理作为工业用地进行厂房建设，现已无明显的地面塌陷痕迹(见图 2-3、图 2-4)，但在项目场地西南角仍保留有部分塌陷形成的水塘，面积约为 25.53 hm^2。

(二) 采空区物探勘察

(1) 物探勘察方法

2016 年 5 月，勘察单位根据项目场地采空区分布特征，结合拟建建筑物的重要性和场地条件，采用瞬变电磁法对项目场地采空区区域进行物探勘察，以查明、验证项目场地下的采空区分布情况。

(2) 物探工作布置

根据项目场地采空区分布情况及场地条件结合拟建建筑物分布情况，本次物探共布置了 20 条测线 L1～L20，测线的详细参数见表 2-9，物探测线布置及异常区分布情况如图 2-5 所示。

图 2-3　项目场地经塌陷地改造后形成的水塘

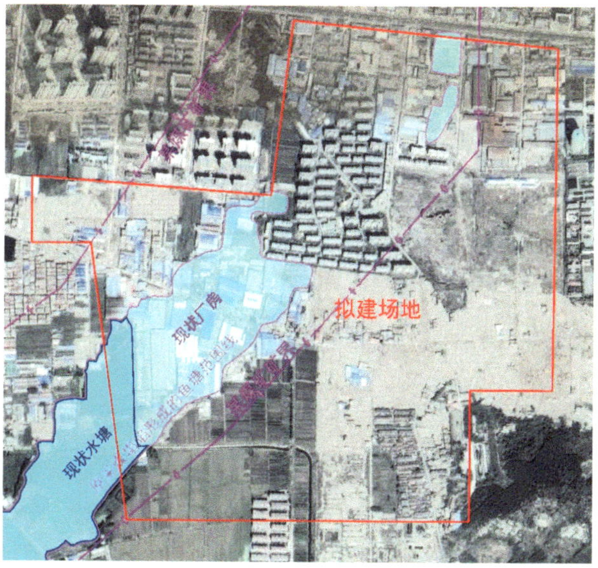

图 2-4　项目场地 2016 年 2 月的航拍图

表 2-9　测线参数

测线编号	测线长度/m	测点数/个
L1	500	51
L2	520	53
L3	240	25
L4	240	25
L5	220	23
L6	320	33
L7	620	63
L8	400	41

表 2-9(续)

测线编号	测线长度/m	测点数/个
L9	400	41
L10	700	71
L11	620	63
L12	360	37
L13	220	23
L14	760	77
L15	1 220	123
L16	720	73
L17	1 160	117
L18	1 160	117
L19	1 020	103
L20	1 000	101
试验点	/	8
质量检测点	/	15
合计	12 400	1 283

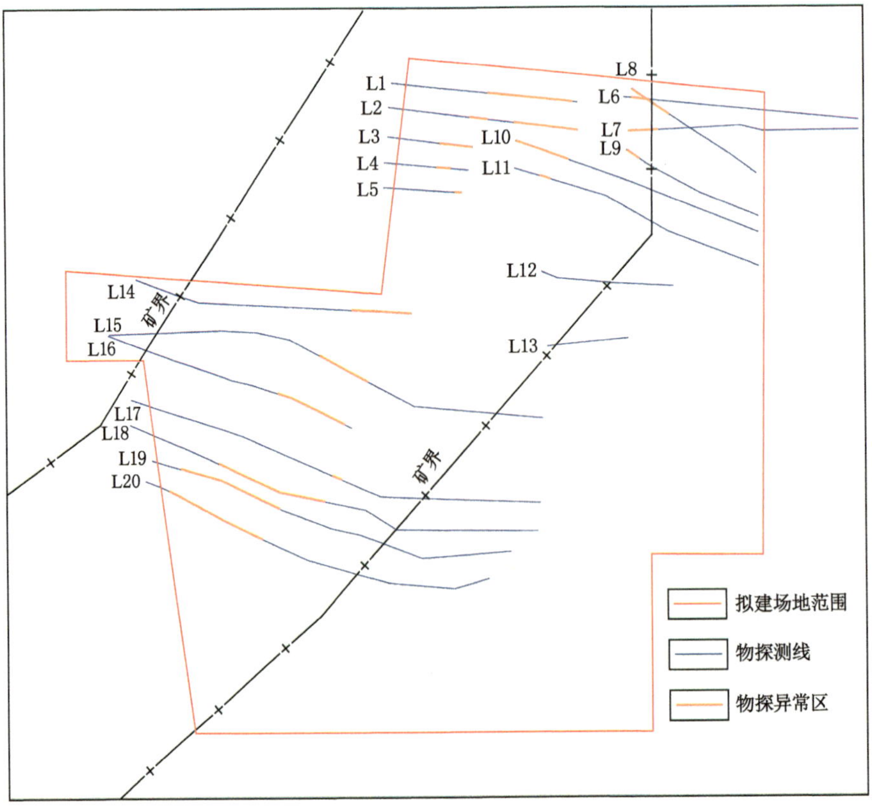

图 2-5　物探测线布置及异常区分布情况

(3) 物探成果

地层不受采空区、富水区域、含导水构造影响的正常情况下，煤系地层的电性变化有一定的规律，反映在视电阻率剖面图上为视电阻率值变化稳定，等值线呈似层状分布，变化平缓；相反，当存在采空区、富水区域、含导水构造时，则视电阻率等值线发生扭曲、变形或呈密集条带状等。根据收集的资料，项目场地采空区及其垮落断裂带若已充水，反映在视电阻率值剖面图上应为相对低阻区。根据以上原则对20条瞬变电磁测线的成果进行分析，分析结果见表2-10和图2-6(以L1为例)。根据瞬变电磁探测成果，各测线低阻异常区位置与收集的项目场地采矿图的煤层开采位置基本一致，除收集的采矿图的开采区域，未发现其他采空区，说明收集的采矿资料可信度较高。

表2-10　瞬变电磁物探测试成果

测线编号	异常位置/m		对应采空区
	水平位置/m	深度/m	
L1	260～490	70～160	7煤
L2	220～270	70～160	3煤、7煤
L3	140～240	80～150	7煤
L4	140～180	80～150	7煤
L5	200～220	70～150	7煤
L6	20～70	100～160	3煤、7煤
L7	0～80	100～160	7煤
L8	0～120	120～160	3煤、7煤
L9	0～40	120～160	7煤
L10	0～150	90～160	7煤
L11	70～100	50～160	7煤
L12	—	—	—
L13	—	—	—
L14	600～760	100～160	7煤、10煤
L15	590～740	50～160	7煤、9煤、10煤
L16	500～700	50～160	7煤、9煤、10煤
L17	580～610	50～160	7煤
L18	260～570	50～160	7煤、9煤
L19	80～370	50～160	7煤、9煤、10煤
L20	70～350	50～160	7煤、9煤、10煤

(三) 采空区钻探勘察

2016年5月至7月，勘察单位根据收集的资料结合物探成果进行了采空区钻探勘察。

根据收集的资料，项目场地下分布有2煤、3煤、7煤、9煤、10煤、20煤、21煤采空区，根据物探对80～160 m范围内的采空区勘察验证结果，各测线低阻异常区位置与收集的项目场地采矿图的煤层开采位置基本一致。采空区勘察评价结合拟建建筑物的分布和重要性，

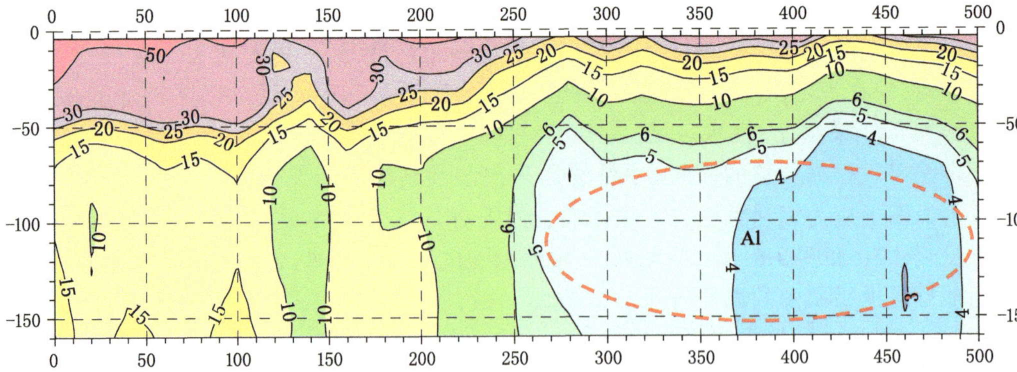

注：测线 L1 自西向东，全长为 500 m；测线为 260～490 m、深为 70～160 m 的区域为相对低阻区 A1，属于 7 煤采空区。

图 2-6 测线 L1 的视电阻率值剖面图

选择了采用不同采矿方法的典型的采空区部位，在场地内布置了 16 个钻孔，钻孔的布置见表 2-11 和图 2-7。

表 2-11 钻孔布置情况

孔号	孔深/m	布孔目的	主要工作
Z1	100	查明 7 煤采空区垮落情况	钻探取芯
Z2	190	查明 7 煤采空区垮落情况	钻探取芯、水位观测
Z3	150	查明 3 煤急倾斜采空区垮落情况	钻探取芯
Z4	250	查明 7 煤急倾斜采空区垮落情况	钻探取芯、水位观测、钻孔成像
Z5	100	查明 7 煤采空区垮落情况	钻探取芯
Z6	160	查明 7 煤采空区垮落情况	钻探取芯、水位观测、钻孔成像
Z7	220	查明 3 煤、7 煤采空区垮落情况	钻探取芯、水位观测、钻孔成像
Z8	200	查明 7 煤急倾斜采空区垮落情况	钻探取芯、水位观测、钻孔成像
Z9	90	查明 7 煤采空区垮落情况	钻探取芯
Z10	260	查明 7 煤、9 煤、10 煤、20 煤采空区垮落情况	钻探取芯、水位观测、钻孔成像
Z11	140	查明 7 煤采空区垮落情况	钻探取芯、水位观测、钻孔成像
Z12	105	查明 7 煤、9 煤、10 煤采空区垮落情况	钻探取芯
Z13	100	查明 7 煤、9 煤、10 煤采空区垮落情况	钻探取芯、水位观测、钻孔成像
Z14	195	查明 7 煤、9 煤、10 煤采空区垮落情况	钻探取芯、水位观测、钻孔成像
Z15	90	查明 7 煤、9 煤、10 煤采空区垮落情况	钻探取芯
Z16	190	查明 7 煤、9 煤、10 煤采空区垮落情况	钻探取芯、水位观测、钻孔成像

(1) 钻探孔布置

为验证收集的采矿图纸资料及物探成果的准确性，查明不同煤层的分布和不同采矿方法形成的采空区分布、塌落密实情况及采空区裂缝带高度，本次评价结合拟建建筑物的分布和重要性在场地内布置了 16 个钻孔，并对其中 9 个钻孔孔壁进行了钻孔成像。

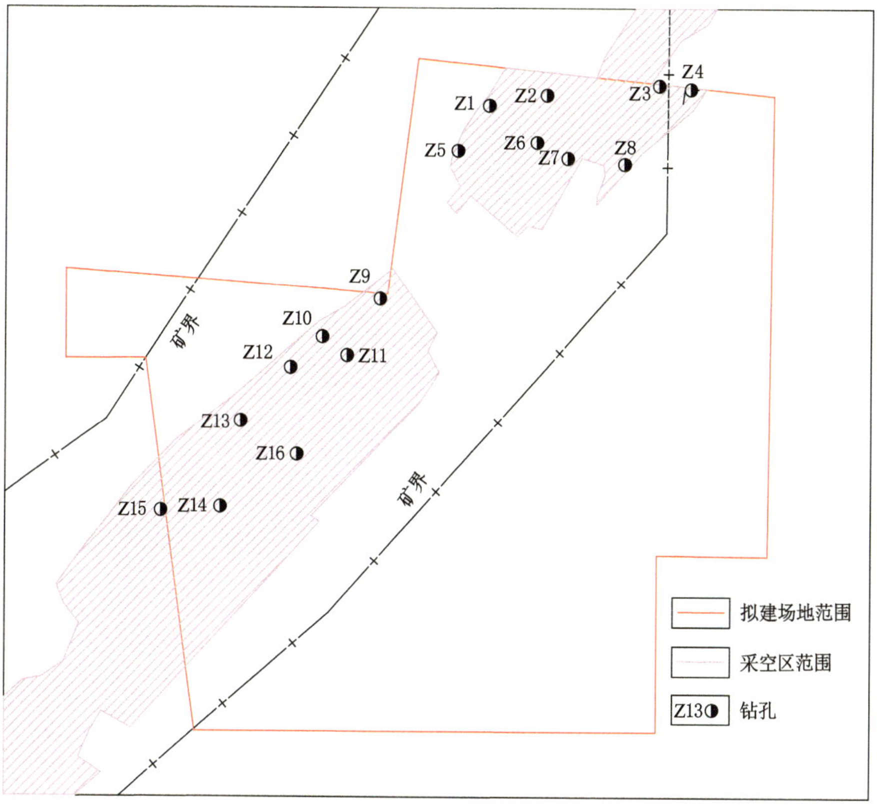

图 2-7　钻孔布置图

(2) 孔内摄像

在本次采空区勘察钻孔施工过程中对 9 个钻孔进行了孔内摄像，摄像成果直观清晰地展示了项目场地采空区的状态及采空区断裂带的发育情况（见表 2-12 和图 2-8）。摄像结果显示，在项目场地 7 煤、9 煤、10 煤采空区中仍然存在明显空洞，尚未完全垮落密实，各煤层采空区已完全充水。

表 2-12　钻孔及钻孔成像揭露的采空区情况

钻孔编号	3 煤	7 煤	9 煤	10 煤	20 煤
Z1		钻探：98.0～100.0 m 进尺极快，岩芯极破碎，为 7 煤采空区			
Z2		钻探：140.0～143.0 m 掉钻 3 m，岩芯极破碎，为煤渣，为 7 煤采空区			
Z3	钻探：142.0～143.0 m 进尺快，岩芯破碎，为 3 煤采空区				

表 2-12(续)

钻孔编号	3 煤	7 煤	9 煤	10 煤	20 煤
Z4		钻探:226.0～228.0 m,岩芯极破碎、卡钻,226.5～226.8 m 掉钻,为 7 煤采空区; 成像:226.0～226.5 m 孔壁破碎、不完整、局部有空洞,为 7 煤采空区			
Z5		钻探:98.0～100.0 m 进尺极快,岩芯极破碎,为 7 煤采空区			
Z6		钻探:168.6～174.0 m 为煤层,为 7 煤; 成像:168.4～174.0 m 为煤层,为 7 煤			
Z7	钻探:101.0～102.3 m 为煤层,为 3 煤; 成像:101.0～102.3 m 为煤层,为 3 煤	钻探:219.0～223.0 m 进尺快,岩芯极破碎,为 7 煤采空区; 成像:220.0～223.0 m 孔壁破碎、不完整、局部有泥状充填物、局部有空洞,为 7 煤采空区			
Z8		钻探:209.0～212.0 m 进尺极快,岩芯极破碎、卡钻,为 7 煤采空区			
Z9		钻探:106.0～108.0 m 进尺快,岩芯极破碎,为 7 煤采空区			
Z10		钻探:86.0～89.0 m 进尺快,岩芯极破碎,为 7 煤采空区	钻探:104.2～105.3 m 进尺快,岩芯破碎,为 9 煤采空区; 成像:104.2～105.3 m 孔壁极破碎、局部有空洞,为 9 煤采空区	钻探:109.3～110.5 m 进尺快,岩芯破碎,为 10 煤采空区; 成像:109.3～110.4 m 孔壁破碎、有泥质充填,为 10 煤采空区	钻探:261.5～262.0 m 掉钻,为 20 煤采空区
Z11		钻探:116.0～119.0 m 进尺快,116.5～117.0 m 掉钻,岩芯极破碎; 成像:116.5～121.6 m 孔壁极破碎、不完整、局部有空洞,为 7 煤采空区			

表 2-12(续)

钻孔编号	3 煤	7 煤	9 煤	10 煤	20 煤
Z12		钻探:79.0～80.0 m 为煤层,为 7 煤	钻探:97.0～98.0 m 岩芯破碎,为 9 煤采空区	钻探:107.5～108.5 m 岩芯破碎,为 10 煤采空区	
Z13		钻探:88.5～90.0 m 进尺快,岩芯极破碎,88.5 m 见 0.1 m 木块,为 7 煤采空区	钻探:105.0～106.0 m 进尺快,岩芯极破碎,为 9 煤采空区; 成像:105.0～106.8 m 孔壁极破碎、不完整、局部有空洞,为 9 煤采空区	钻探:112.0～113.5 m 进尺快,岩芯极破碎,为 10 煤采空区; 成像:112.3～114.2 m 孔壁极破碎、不完整、局部有空洞,为 10 煤采空区	
Z14		钻探:132.5～135.0 m 进尺快,岩芯破碎,为 7 煤采空区; 成像:132.5～135.4 m 孔壁极破碎、不完整、局部有空洞,为 7 煤采空区	钻探:151.3～152.5 m 进尺快,岩芯破碎,为 9 煤采空区; 成像:151.3～152.5 m 孔壁极破碎、不完整、局部有空洞,为 9 煤采空区	钻探:157.6～158.2 m 进尺快,岩芯破碎,为 10 煤采空区; 成像:157.6～158.2 m 孔壁极破碎、不完整、局部有空洞,为 10 煤采空区	
Z15		钻探:71.5～74.0 m 岩芯破碎,见木块。71.5～71.8 m 掉钻,为 7 煤采空区	钻探:89.0～90.5 m 掉钻、岩芯极破碎,为 9 煤采空区	钻探:96.0～97.0 m岩芯极破碎,为 10 煤采空区	
Z16		钻探:153.0～158.0 m 进尺极快,155.5～156.0 m 掉钻 0.5 m,岩芯破碎; 成像:153.0～157.5 m 孔壁破碎、不完整、局部有空洞,为 7 煤采空区	钻探:179.4～180.0 m 为煤层,为 9 煤	钻探:183.1～184.0 m 为煤层,为 10 煤	

(3) 现场钻探“三带”判别

在各钻探孔钻进过程中,勘察单位通过观察钻孔漏水情况、钻孔水位高度变化以及统计孔内摄像成果中的钻孔孔壁裂隙率确定了采空区断裂带的高度,通过岩芯结合顶底板岩性及各煤层开采资料、进尺速度、掉钻与否确定了各煤层采空区垮落带的位置及垮落密实情况。煤层或采空区钻孔的揭露情况详见表 2-13(因为 21 煤采空区在初步评价中对本项

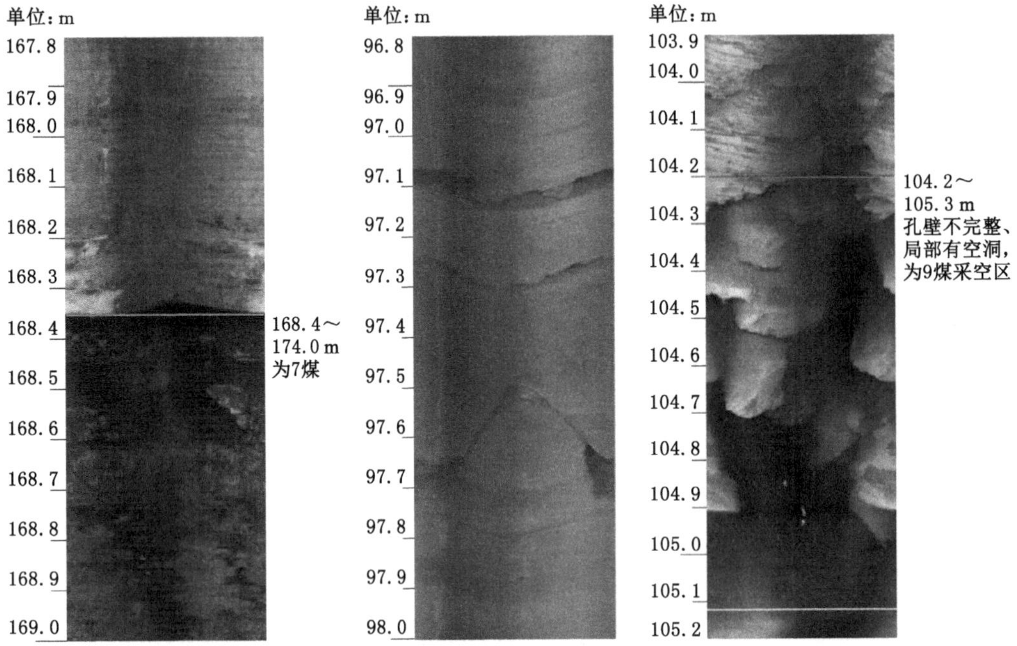

(a) Z6孔：7煤层　(b) Z10孔：9煤断裂带　(c) Z10孔：9煤采空区

图 2-8　典型采空区成像成果

目的影响较小，所以本次勘察未布置钻探揭露）。

表 2-13　断裂带发育高度的统计数据

钻孔编号	套管深度/m	稍漏水水位/m	采空区水位/m	稍漏水位置/m	7 煤采空区埋深/m	断裂带发育高度/m
Z8	94	18.5～20.0	63.0～66.5	145	209	64
Z14	68	18.3～22.5	62.5～63.0	85	133	48
Z16	98	22.6～25.5	62.9～63.2	118	153	35

① 通过钻孔漏水情况及钻孔水位高度变化确定采空区断裂带的高度

通过测量 Z8、Z14、Z16 孔施工过程中的水位变化确定 7 煤断裂带的发育高度，观测结果见表 2-13 和图 2-9。钻孔在正常、完整地层中钻进时，钻孔水位保持在 2.3～13.5 m，在钻进至采空区断裂带后，钻孔便出现循环液轻微漏失现象、钻孔水位明显下降至 18.5～25.5 m，待钻孔揭露 7 煤或 9 煤、10 煤采空区垮落带后，钻孔便出现循环液全部漏失（不返水）现象、孔内稳定水位骤降至 63.0～64.0 m。

根据观测钻孔水位确定 7 煤缓倾斜采空区断裂带的发育高度为 35～48 m，7 煤急倾斜采空区断裂带的发育高度为 64 m，详见表 2-13。

② 采空区断裂带孔隙率统计

通过统计摄像成果中的单位长度孔隙率确定采空区断裂带的发育高度，根据统计结果，7 煤缓倾斜采空区断裂带的发育高度为 51.5 m，7 煤急倾斜采空区断裂带的发育高度为 61.5 m，统计结果见表 2-14 和图 2-10。

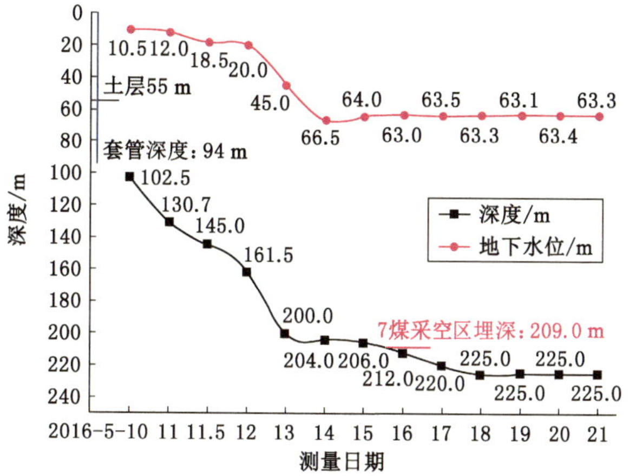

(a) Z8孔水位

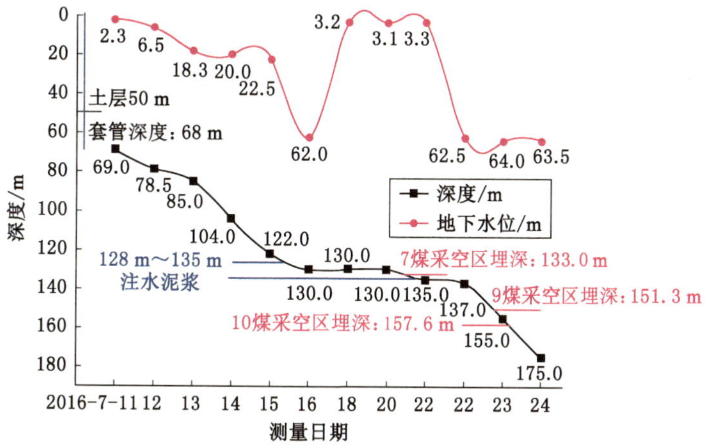

(b) Z14孔水位

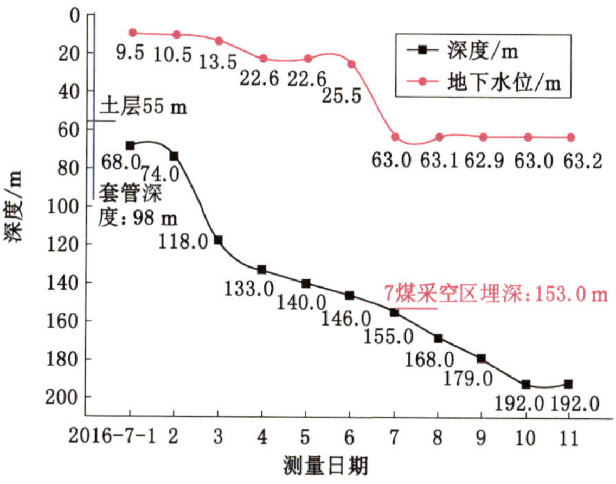

(c) Z16孔水位

图 2-9　钻孔水位记录

表 2-14 7 煤采空区断裂带发育高度的统计数据

钻孔编号	采空区位置/m	断裂带发育位置/m	断裂带高度/m
Z6	168.4～174.0(为煤层、未开采)	122.5～162.5	51.5
Z8	209.0～212.0	150.0～182.5	59.0
Z16	153.0～157.5	120.0～153.0	33.0

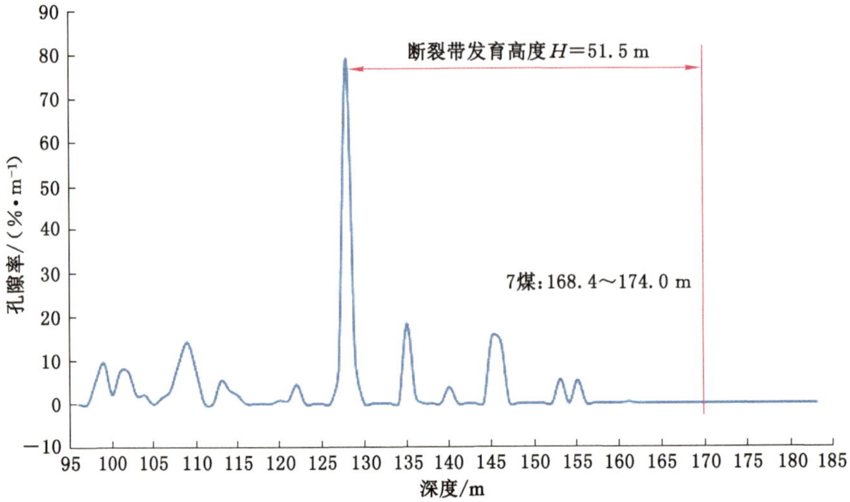

(a) Z6孔裂隙统计图

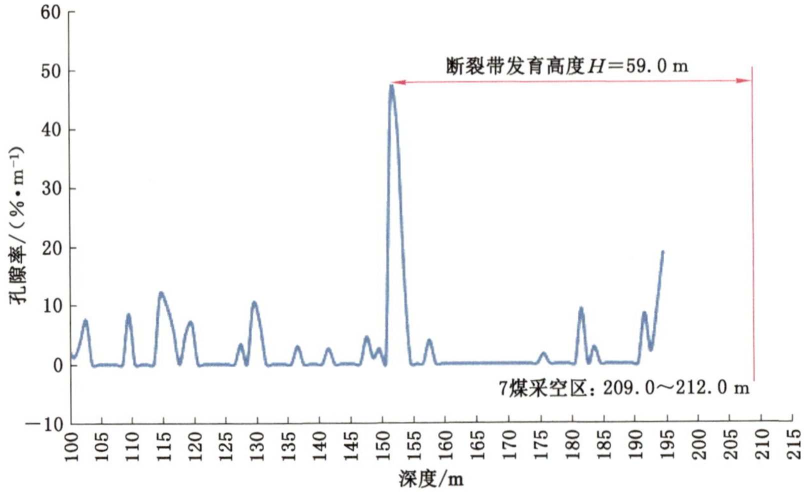

(b) Z8孔裂隙统计图

图 2-10 7 煤采空区孔隙率统计图

根据 Z13、Z14、Z16 孔的采空区成像成果，对成像揭露的 7 煤、9 煤、10 煤采空区的剩余孔隙率进行统计，采空区的剩余孔隙率统计结果见表 2-15，7 煤、9 煤、10 煤采空区的剩余孔隙率平均值分别为 22.09%、21.02%、19.47%。

表 2-15　各煤层采空区孔隙率的统计数据

采空区	钻孔编号	采空区深度/m	各孔孔隙率/%	采空区的剩余孔隙率平均值/%
7 煤	Z14	132.5～135.4	24.53	22.09
	Z16	153.0～157.5	19.64	
9 煤	Z13	105.0～106.8	23.1	21.02
	Z14	152.1～153.0	18.94	
10 煤	Z13	112.3～114.2	21.32	19.47
	Z14	157.9～158.6	17.62	

(4) 采空区赋存状态勘察成果

根据钻孔揭露情况，各煤层采空区范围、深度与物探结果基本一致，与收集到的资料的吻合度较高；在钻孔揭露 3 煤、7 煤、9 煤、10 煤、20 煤采空区时均出现掉钻、全漏水、进尺快等现象，说明 3 煤、7 煤、9 煤、10 煤、20 煤采空区局部存在空洞。

钻孔成像成果表明 7 煤、9 煤、10 煤采空区局部存在空洞，根据钻孔成像成果进行断裂带裂隙统计确定 7 煤缓倾斜采空区断裂带的发育高度为 51.5 m，7 煤急倾斜采空区断裂带的发育高度为 59.0 m。

根据观测到的钻孔水位高度变化确定 7 煤缓倾斜采空区断裂带的发育高度为 35～48 m，7 煤急倾斜采空区断裂带的发育高度为 64 m，采空区水位为 56.1～63.9 m，各煤层采空区已充水。

第三章　采空区覆岩结构特征与残余变形机理

分析采空区覆岩结构特征和揭示采空区残余变形机理是关闭矿山土地建设利用的重要内容。不同的煤矿开采方法形成的采空区上覆岩层垮落带、断裂带和弯曲带，其结构特征也不同。研究长壁垮落法与柱式开采的采空区覆岩结构失稳与地表残余变形机理可以为后续采空区场地残余变形预测与稳定性和建设适宜性评价提供理论支撑。

第一节　煤矿开采方法与采空区覆岩结构特征

我国煤层赋存条件多样，煤矿开采历史悠久，最早可追溯至先秦时期，到唐朝，已初具开采规模。发展至今，现已形成采煤方法多元化共存的局面，如长壁式垮落法开采、充填开采方法、煤炭地下气化开采方法等。我国是世界上采煤方法种类最多的国家。采场覆岩对不同开采方法的响应差异较大，不同的开采方法会使覆岩产生不同形式、程度的变形破坏，进而形成多样化的采空区。本节主要从煤矿采空区的形成与分类出发，对由不同开采方法形成的采空区覆岩结构特征展开研究，为后续揭示煤矿采空区的残余变形演变机理奠定基础。

一、不规则开采方法下的老窑采空区覆岩结构特征

1. 老窑常见的不规则开采方法

小煤窑的井田范围大多没有明确的划分，开拓方式混乱，开采方法也不规范。纵观我国采矿历史，从古代老窑到现代的小煤窑，其基本特征是大多位于煤田的浅部边缘地带；开拓系统简单，不正规；缺少完整的地质、采矿及采空区处理等基础资料；开采随意性较大；采空区埋深较小，一般在 200 m 以内，多数在 100 m 以内；开采煤层的厚度大多不稳定，矿层厚度一般较薄；开采后形成的采空区形态不规则，一般不加任何处理措施，任其自然垮落。老窑和小煤窑的常见采煤方法有以下几种。

(1) 树枝式采煤

树枝式采煤是指遇见煤层就开掘一些沿煤层的巷道，不分走向、倾向，见煤就挖，无煤就停，以掘进代替采煤，采煤巷道形成放射的树枝形，采空区空洞多为随意折线状弯曲的坑道。现今，该非正式采煤法在不稳定极薄煤层复采时仍有应用，适用于煤层赋存条件不稳定、无法贯通上运巷且煤层厚度在 0.5 m 以下的缓倾-倾斜煤层工作面，用以延长矿井的服务年限，如福建省永安煤业有限责任公司某煤矿曾采用树枝式采煤法开采 C1、C2、C3、C4、C5、C6 六个煤层，其采煤工作布置如图 3-1 所示。

(2) 挂牌式采煤

挂牌式采煤是指沿煤层走向掘进主巷，每隔一定距离沿倾向开上、下山，在上、下山两侧回采，采空区形状多近似圆形，就像在主巷上挂的牌子一样，其采煤工作布置如图 3-2 所示。

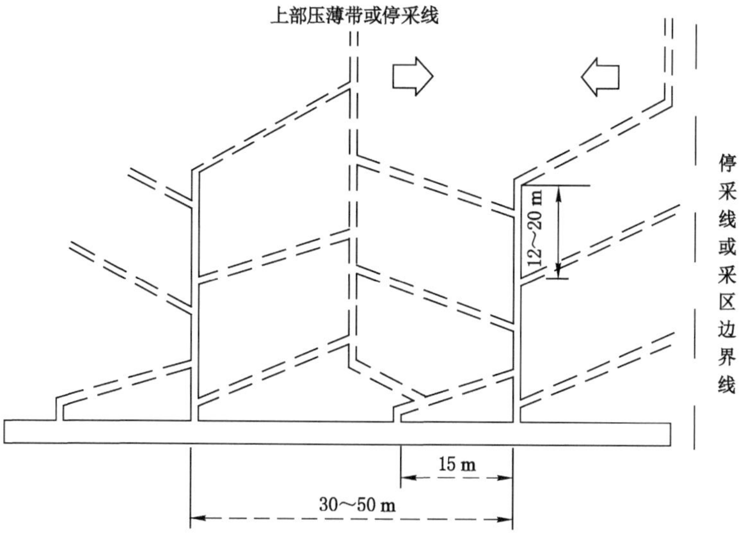

图 3-1 福建省永安煤业有限责任公司某煤矿树枝式采煤工作布置示意

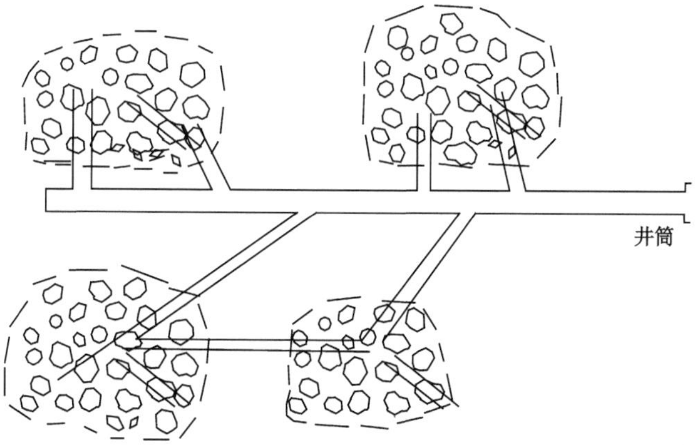

图 3-2 挂牌式采煤工作布置示意

(3) 残柱式采煤

残柱式采煤是指井筒穿到煤层后，沿着煤层的走向开掘主要运输平巷，再在已经控制的煤层里开掘许多纵横交错的巷道，把煤层分割成许多方形或长方形的煤柱，然后从边界往后退，顺次采各个煤柱。煤柱的大小，要根据煤层厚度及倾角大小来确定，一般是 10 m×10 m 或 10 m×15 m。采一块煤柱时，就在这块煤柱里再做些纵横交错的巷道，把煤柱又细化成几个小块煤柱，然后把巷道中的煤采出来，留下小煤柱支承顶板。其采煤工作布置如图 3-3 所示。

(4) 短壁采煤法

短壁采煤法是柱式体系采煤法的总称，一般以短工作面采煤为主要标志。短壁采煤法包括：房式采煤法、房柱式采煤法和巷柱(切块)式采煤法及在特定条件下的短壁式采煤法。根据不同的煤层赋存条件和开采技术条件，每类采煤方法又有多种变化。

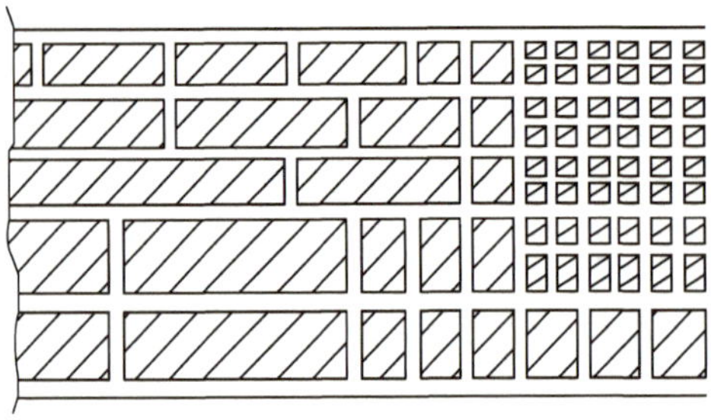

图 3-3 残柱式采煤工作布置示意

① 房式及房柱式采煤法的实质是在煤层内开掘一系列宽为 5～7 m 的煤房，煤房间用联络巷相连，形成近似长条形的煤柱，煤柱宽度由数米至十多米不等。回采在煤房中进行。煤柱可根据条件留下不采，或在煤房采完后再将煤柱按要求尽可能采出，前者称为房式采煤法，后者称为房柱式采煤法。巷柱（切块）式采煤法的实质，是在采区（盘区）范围内，首先开掘大量沿走向及倾向的巷道，把煤层切割成较大的方形或矩形煤柱，如（20～30）m×（20～30）m，然后有计划地回采这些煤柱。随着机械化水平的不断提高和连续采煤机的应用，巷道断面不断加大，巷与房已无差别。过去的巷柱式采煤法，现在也有人将其称为房柱式采煤法。典型的柱式体系短壁采煤法主要指的是房柱式采煤法，即上述几种方法的总称。

② 柱式体系采煤法中的美国短壁法是不同于房柱式采煤法的一种短工作面采煤法。这种采煤方法的巷道布置、通风系统和工作面液压支架等均与长壁式采煤法相似，不同的是工作面短（30～75 m），采煤设备采用房柱式采煤法使用的连续采煤机，有时也使用梭车。因此，这种方法实质是柱式与壁式体系相结合的一种采煤方法。

2. 老窑采空区覆岩结构特征

小煤窑和老窑大多开采时间较早，而且多数为私人或集体开采，因此，此类采空区无完整的地质、采矿资料，仅可依据可查到的文献资料对其覆岩结构特征进行粗略的总结。

老窑和小煤窑开采的煤层厚度大多不稳定，平面上变化明显，且矿层厚度一般较薄，矿层埋深大多在 100 m 以内，少数可达到 200～300 m，平面延伸达 100～200 m。小煤窑和老窑开采系统极不规范，在房式系统中，采矿、通风巷道形态变化多样，所留矿柱的位置、大小具有很大的随意性。在巷道系统中，巷道横切面形态多变，有圆形、矩形或不规则形态，分叉、合并现象较多。由于残留煤柱大小不一，采空区范围小且不规则，因此上覆岩层破坏规律性差，开采空洞常常欠充填或垮落岩块压密程度差。此外，老窑和小煤窑开采深度一般较浅，形态极不规则，并且一般不加任何处理措施，任其自由垮落，因此其“三带”发育一般较好。

二、采用长壁垮落法采煤后的采空区覆岩结构特征

长壁垮落法开采是壁式开采体系的主要方法，其特点是工作面较长，在采煤工作面两端至少有一条回采巷道用于通风和运输，落煤沿平行于采煤工作面煤壁的方向运出工作面，随工作面的推进能及时有计划地处理采空区。长壁垮落法开采后，采场附近围岩会发生垮落、弯曲、沿岩层面的滑移、石块滚落、底鼓、片帮等形式的运动。不同层位的岩层，在

这一过程中会发生不同程度的采动破坏。大量的实地勘探及室内模拟结果表明，在使用长壁垮落法开采后，上覆岩层可分为垮落带、断裂带和弯曲带，如图 3-4 所示。各带的结构特征分述如下。

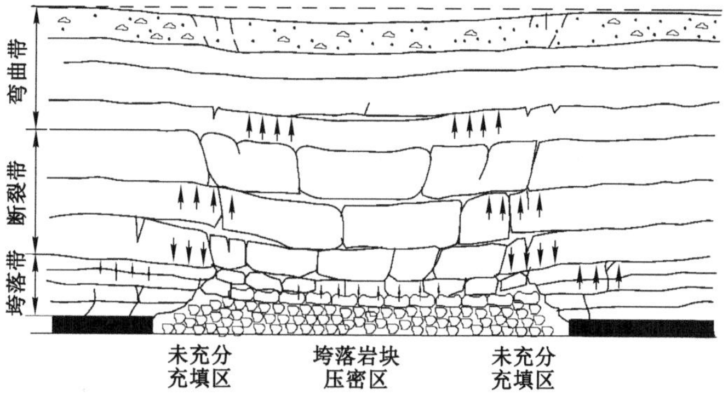

图 3-4 采用长壁垮落法开采时的采空区上覆岩层变形破坏示意

1. 垮落带

垮落带又称冒落带，是指工作面开采后，上覆顶板岩层发生断裂、垮落进入采空区的岩层移动区域。垮落带内的岩块具有一定的碎胀性，其总体积大于原岩体积，其碎胀的程度取决于岩体的性质，岩体越坚硬其碎胀程度越高。垮落带内的岩体破裂充分，在上方岩体荷载的长期作用下，这些空隙可以在一定程度上被压实。

垮落带具有一定的分区性，依据垮落岩块的破坏和堆积情况可以分为规则垮落带和不规则垮落带。在不规则垮落带内，岩体完全失去原有层位，破碎的岩块无序地堆积在采空区当中。规则垮落带位于不规则垮落带之上，此范围内的岩块基本保持着原有的层位关系。在采空区边界处，即开切眼和停采线处存在大量的空洞、空隙，为此，沿着采空区边界向中央方向，可将垮落带划分为未充分充填区、垮落岩块堆积区、垮落岩块压密区。

垮落带的高度一般是采煤厚度的 3～5 倍，其中不规则垮落带一般是采高的 0.915～0.975 倍。

2. 断裂带

断裂带位于垮落带之上，是指受采动影响后，岩层发生弯曲、断裂和下沉，但仍保持其层状结构的岩层移动区域。断裂带内的岩体裂缝较多，透水性强，但不利于泥沙通过。断裂带和垮落带一起称为导水裂缝带。

断裂带中的裂缝有两类，一类是沿法向贯穿岩体的裂缝，另一类是沿层面的离层裂缝。离层裂缝是由于软、硬岩层的弯曲程度不同而导致的，一般位于上硬下软的岩层之间。在断裂带中，岩体断裂处的两相邻岩块之间存在着比较强的铰接作用。采空区上方煤壁一侧的岩体是主要承载区域，断裂带由采空区边缘至中心可大致分为边界空洞区和中部压实区。

3. 弯曲带

弯曲带一般位于断裂带上方直至地表，弯曲带各岩层在下沉过程中因为刚度和强度的差异，在一些上硬下软的岩层交界面处会产生岩层间的离层，并且在采空区边界上方或地表外侧会出现上宽下窄的裂缝，到一定的深度会自行愈合。当开采深度比较小、表层厚度小时，这些地表裂缝会和断裂带连接起来，形成地表水系的导水通道。

需要说明的是，采用长壁垮落法开采后的老采空区的覆岩移动破坏特征与地质采矿条件密切相关，当顶板管理方法、采空区大小、开采厚度、岩石性质及开采深度等因素不同时，上述“三带”在老采空区中不一定同时存在。

三、充填采煤后的采空区覆岩结构特征

在充填开采过程中应对采空区进行充填处理，常用的充填材料有膏体、煤矸石、河沙等。充填开采按照充填材料的不同，可分为综合机械化矸石(固体)充填、膏体充填、垮落带注浆充填以及覆岩离层注浆充填等。在充填采煤过程中，由于及时对采空区进行了充填处理，从而减少了覆岩顶板的下沉空间，所以在整个移动变形过程中，覆岩顶板不会出现大范围、大程度的垮落破坏，仅可能出现可控的断裂现象。因此，在充填体和周边煤体的共同支撑作用下，充填开采后的覆岩结构体主要为完整的层状结构，岩层的移动变形类似于梁或板的弯曲变形，覆岩形态主要以层状结构的弯曲带为主。如图 3-5 所示为相似材料模拟试验揭示的充填采煤后的覆岩结构变形破坏特征。

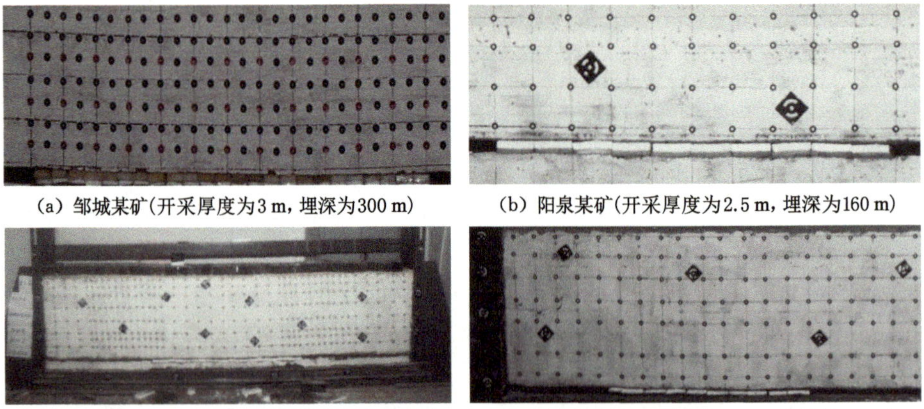

(a) 邹城某矿(开采厚度为3 m，埋深为300 m)　(b) 阳泉某矿(开采厚度为2.5 m，埋深为160 m)

(c) 鄂尔多斯某矿(开采厚度为2.5 m，埋深为400 m)　(d) 济宁某矿(开采厚度为3.0 m，埋深为550 m)

图 3-5　固体密实充填开采后的覆岩结构形态特征

四、柱式开采后的采空区覆岩结构特征

柱式开采又可细分为房式开采和条带开采，两种开采方法的示意如图 3-6 所示。在房式开采或条带开采中，随着采空区面积的不断扩大，顶板下位岩层达到极限跨距后，会出现断裂、垮落。当垮落矸石不能完全充填采空区时，覆岩会出现悬空状态，而未垮落的悬空岩层则通过板或梁的形式将其重量传递到采空区的周围煤体或煤柱上。

房式开采以房柱间隔进行采煤为主要标志，其特点为：在煤层内布置一系列宽为 5～7 m 的煤房，在采煤房时形成窄(短)工作面成组向前推进。房与房之间留设煤柱，煤柱宽数米至二三十米不等，每隔一定距离用联络巷贯通，构成生产系统，并形成条状或块状煤柱支承顶板。由于煤柱和煤房的设计不合理，可能会导致结构的失稳从而引起覆岩破坏和地表塌陷。

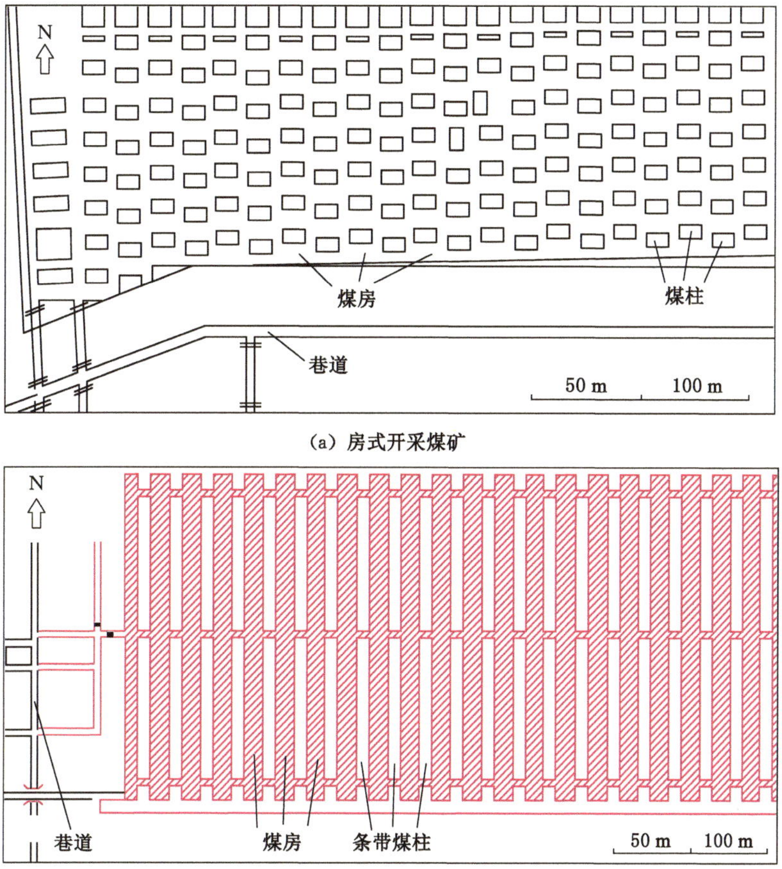

图 3-6　柱式开采示意

条带开采可有效控制覆岩和地表移动，根据国内外大量条带开采研究的成果，条带开采后的上覆岩层移动可以划分为岩体波浪移动带和整体弯曲下沉带，可自下而上根据岩体破坏程度划分为垮落带、断裂带和非断裂弯曲下沉带，其岩体结构自下而上分别为散体或碎裂结构、块裂层状结构和较完整层状结构。由于采出条带宽度的限制，这三带的发育程度常常不足，整体弯曲下沉带的岩体为较完整层状结构，并形成弹性的基板式弯曲型平衡状态。其采空区基本上以空洞形式存在于地下，不会剧烈地反映到地表上。

第二节　采空区覆岩结构失稳机理与地表残余变形特征

由于老窑采煤方法多样且不规则，所形成的采空区范围小且无规则，从而导致对老窑采空区的地表残余变形演变机理难以进行统一描述。现代矿井充填采煤后的采空区覆岩结构体主要为完整的层状结构，形态主要以层状结构的弯曲带为主，充填采煤后的采空区的地表残余变形过程缓和，且一般残余变形较小。为此，本节将主要叙述采用长壁垮落法和柱式开采后的采空区覆岩结构失稳与地表残余变形特征。

一、采用长壁垮落法开采后的采空区覆岩结构失稳机理与地表残余变形特征

（一）采用长壁垮落法开采后的采空区覆岩结构失稳机理

老采空区在经过了长时间的自然压实后，采空区上覆岩层和地表将进入相对稳定的状态，但在采空区及其周围一定范围岩体内的空洞、离层、裂缝及岩体间欠压密等现象仍然存在。由于裂隙的欠压密、覆岩离层及采空区部分未充填等现象的存在，在外界附加荷载的作用下，上述平衡状态可能被再次打破，老采空区将出现活化现象。从采空区覆岩结构特征来看，采空区活化的主要原因如下。

① 冒落带岩体结构为散体结构或碎裂结构，存在较大的残余碎胀系数和孔隙率。自采空区边界向采空区中央可将冒落带划分为未充分充填区、冒落岩块堆积区、冒落岩块压密区，在采空区边缘存在未被冒落岩块充分充填的空洞，煤壁上方顶板形成了一定的悬臂梁结构和砌体梁结构。由于悬臂梁结构和砌体梁结构的存在，冒落带不同位置破裂岩体的压密程度有较大差异，其活化的主要形式为空隙、裂隙和空洞的再压密，及压密过程中岩块的转动和蠕变。

② 裂隙带岩体结构为块裂结构，块体间相互咬合、铰接，形成一定的铰接砌体岩梁半拱形结构和悬臂梁结构。其上部的软弱岩层可视为坚硬岩层上的荷载，同时又是上层坚硬岩层组与下部结构联结的垫层，多组坚硬岩层的存在形成了上覆岩层的复合砌体梁结构，邻近采空区边界上方裂隙带各砌体梁之间常出现明显的离层区。该区域采空区覆岩活化的主要形式为煤体强度弱化或外力作用下的岩块结构失稳及由此造成的裂隙和离层的压密。下层岩体结构的失稳将诱发上方各层岩体结构的相继失稳和离层裂隙的压密，从而会导致建筑物地基出现较大的不均匀沉降。

③ 采空区中部为充分下沉区，冒落断裂岩块主要承受竖向压力的作用，其自然压密程度较好，但由于破裂岩块不可复原的性质，岩块之间的裂隙将会长期存在，在受到上部附加荷载作用时，主要产生再压密，地表沉陷量相对较小，也比较均匀。

综上所述，采空区覆岩结构的失稳和各种采动裂隙、空隙压密是造成采用长壁垮落法开采后的采空区失稳的主要原因。

（二）建筑荷载作用下的长壁采空区覆岩变形特征

建筑荷载是扰动采空区，致其活化的主要原因之一。在建筑荷载的作用下，地基土体中将产生附加应力，并按一定规律向下传递，从而会改变采空区上方覆岩体的受力状态，进而会导致采空区覆岩移动变形。

1. 建筑荷载的扰动深度

在地面未修建建筑物以前，地基土中可近似认为只有土的自重应力存在。在经过长期的自然固结稳定后，土体的自重应力一般不会引起地基变形。在修建建筑物后，建筑物荷载将通过基础传递给地基，在地基中产生附加应力，不同基础形式和不同荷载作用下的地基扰动深度不同。结合国内外目前的研究成果可知，一般情况下，当地基中建（构）筑物的附加应力为土体自重应力的10%时，可认为附加应力对该深度处地基的压缩影响甚微，这个深度称为地基受压层深度，在受压层以下的土层中附加应力很小，其对地基沉降的影响可忽略不计。但考虑到采动破损岩土地基活化沉降问题的复杂性，为安全起见，建议采用

地基中附加应力等于土体自重应力的5%作为附加应力对采动破裂岩体活化变形影响可忽略不计的标准，并以此来确定老采空区上方建筑物荷载对地基的扰动深度 D_z。

D_z的确定可根据不同基础形式地基中的竖向应力计算公式采用反分析法进行估计，下面简要介绍集中荷载和线荷载作用下地基扰动深度的估算方法。

设地基土的重力密度为 γ，则深度为 z 处的地基土自重应力为：

$$\sigma_{cz} = \gamma z \tag{3-1}$$

即

$$D_z \rightarrow \sigma_z = 0.05\sigma_{cz} \tag{3-2}$$

$$\frac{3P}{2\pi D_z^2} = 0.05\sigma_{cz} \tag{3-3}$$

式中　σ_z——深度为 z 处的地基土附加应力，MPa；

P——施加在地基土上的集中荷载，MPa。

同理，可推导出线荷载作用下地基扰动深度的估计公式为：

$$D_z = 2 \times \sqrt{\frac{10p}{\pi\gamma}} \tag{3-4}$$

式中　p——施加在地基土上的线荷载，MPa。

若考虑基础埋深为 d，则地面建筑荷载对地基的最大扰动深度 h_{max}为：

$$h_{max} = d + D_z \tag{3-5}$$

2. 荷载作用下的采空区覆岩移动变形

模拟研究结果表明，在采空区地表加载后，覆岩的残余变形值随着其埋深的增加逐渐减小，同一深度位置处的残余变形值随荷载的增加逐渐增加。在几组模拟试验中，发现模型加载后浅部地层中的离层裂隙宽度减小。在模拟试验中，由于所加载的外荷载并未波及采场四周的三角形空洞，所以未能在此区域发现覆岩的移动变形，说明在一定的开采深度条件下，长壁工作面四周开切眼、收作线和上下平巷处的三角形空洞区经长时间压实后是比较稳定的。在一定的开采深度条件下，地表附加荷载作用不会导致其产生突然性的再次垮落和剧烈位移，但这并不能说明此区域就是稳定的、安全的，若荷载波及采场四周的三角形空洞就会引起采空区覆岩结构失稳，进而导致覆岩移动变形，这可结合采空区覆岩结构予以进一步的分析，钱鸣高提出可采用砌体梁结构描述断裂带岩体的结构（钱鸣高 等，1995）。根据砌体梁的全结构力学分析结果，此结构中第一、二断裂岩块对采空区上方岩体相对稳定结构的稳定性起关键作用。若保持砌体梁结构的稳定，需要防止该结构的滑落失稳和回转失稳，即需要满足以下S-R稳定条件。

$$h + h_1 \leqslant \frac{\sigma_c}{30\rho g}\left(\tan\varphi + \frac{3}{4}\sin\theta_1\right)^2 \quad \text{(S 条件)}$$

$$h + h_1 \leqslant \frac{0.15\sigma_c}{\rho g}\left(i^2 - \frac{3}{2}i\sin\theta_1 + \frac{1}{2}\sin^2\theta_1\right) \quad \text{(R 条件)} \tag{3-6}$$

式中　σ_c——承载层抗压强度；

ρg——岩体容重；

$h+h_1$——承载层与负载岩层厚度；

i——断裂度；

θ_1——岩块转角；

$\tan\varphi$——岩块间摩擦系数。

由式(3-6)可以看出，$h+h_1$ 及 θ_1 都是影响砌体梁结构稳定性的关键因素，其中 θ_1 的增大将导致回转失稳，$h+h_1$ 的增大将诱发滑落失稳。在采空区地表建设建(构)筑物，由此产生的附加外荷载的作用等同于间接地提高砌体梁结构的 $h+h_1$，也就是说，附加外荷载衍生的 $h+h_1$ 增加值若仍能保持式(3-6)中的稳定条件，则采空区覆岩结构仍是稳定的，地表附加荷载作用就不会导致其产生突然性的再次垮落和剧烈位移。

此外，荷载加载位置对地表变形也有影响，模拟研究结果表明：当荷载加载点与采空区的相对位置不同时，地表残余变形具有明显差异，在采空区正上方加载时，产生的残余沉降量与影响范围最大，属于整体下沉；在开切眼或终采线偏向采空区侧加载时，产生的不均匀沉降较明显；在偏向煤柱侧加载时，产生的沉降量较小。

（三）采用长壁垮落法开采后的采空区地表实测变形规律

采用长壁垮落法开采后的废弃采空区的残余沉降主要表现为采动空隙的再压密、采空区边缘煤柱和顶板岩体结构失稳引起的边界空洞充填和离层压密。模拟和现场实测结果表明，其残余沉降特征为采空区中部沉降量大且均匀，采空区边界上方沉降量次之且沉降差异较大，而采空区外侧沉降量最小，即采用长壁采煤法开采后的废弃采空区残余沉降的分布近似呈中部大、边缘小的似盆形。图 3-7 和图 3-8 分别为河南某矿和陕西榆林某矿采空区地表残余沉降实测结果。

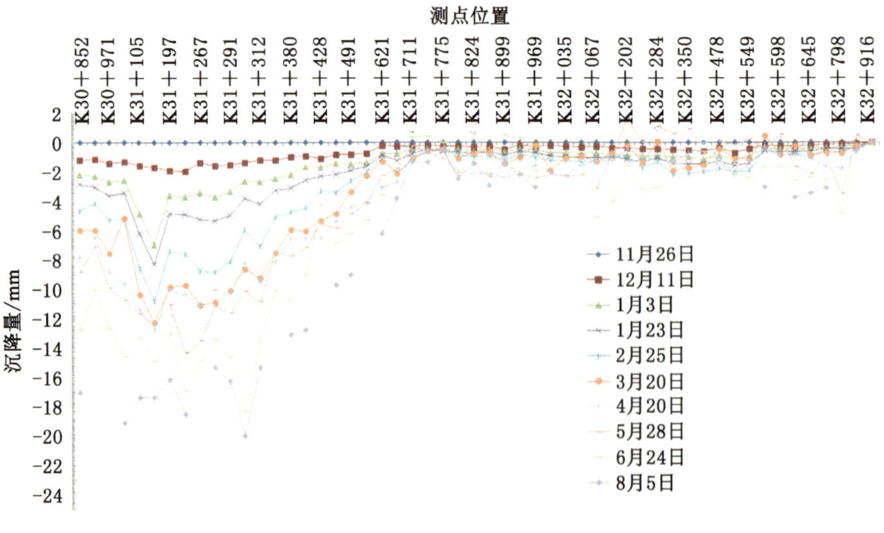

图 3-7　河南某矿采空区地表残余沉降实测曲线

实测结果表明，采用长壁采煤法开采后的废弃采空区的残余沉降速率呈现周期变化，如图 3-9 和图 3-10 所示，分析其原因，主要有以下两个方面：① 老采空区内采动次生岩体经过积水弱化、腐蚀、空气氧化等一系列物理化学作用后，强度降低，在上覆岩体的重力作用下，其内部产生空洞、空隙压密，进而诱发上覆岩层产生移动，直至达到新的暂稳状态，伴随着上述过程的持续发生，废弃采空区地表下沉速度呈现周期性变化；② 废弃采空区内的破裂岩体之间形成点-点、点-面、线-面及面-面接触的暂时平衡状态，在上覆岩体应力作用下，接触面失稳、空隙压密，破碎块体之间的接触方式向更稳定的面-面接触方式发展，进而诱发

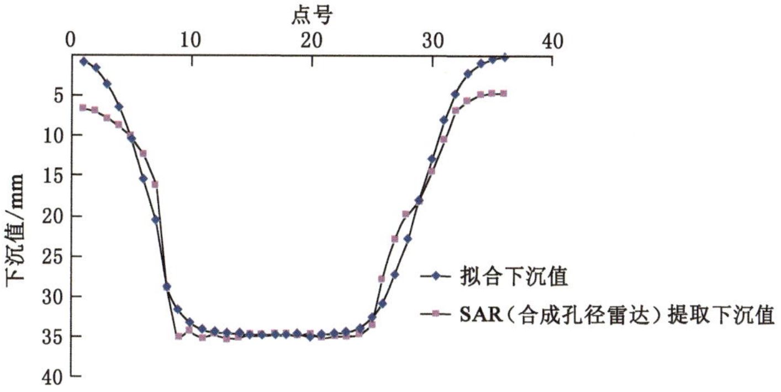

图 3-8 基于 InSAR 技术提取的陕西榆林某矿采空区地表残余沉降值

覆岩产生移动，直至达到新的平衡。如此反复，致使地表下沉速度呈现周期性变化。

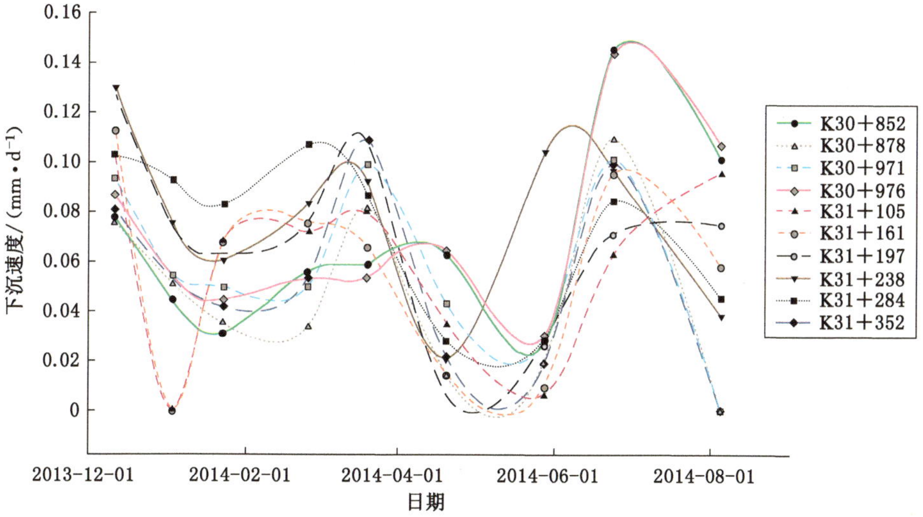

图 3-9 河南某矿采空区地表残余沉降速率曲线

如图 3-10 所示，残余沉降速率的波动周期在逐渐增大，下沉速度第 1 次递减的时间间隔为 33 d，下沉速度第 2 次递减的时间间隔为 66 d，下沉波动周期逐渐增大，这说明废弃采空区的破裂岩体空隙减小，破裂岩体的稳定时间加长，随着时间的增长，采空区逐渐进入稳定状态。

二、柱式开采后的采空区覆岩结构失稳机理与地表残余变形特征

（一）柱式开采后的采空区覆岩结构失稳机理

大量调查研究和理论分析成果表明，柱式开采后的采空区失稳破坏的主要机理为：煤柱压入底板和底鼓、煤柱破坏、顶板坍塌。

（1）煤柱压入底板和底鼓

由于沉积环境的原因，煤层底板一般为泥岩类软弱岩层，尤其是在房柱法开采中，通过留设方形或矩形煤柱支承顶板，使底板的受力状态由原来的相对均匀的荷载转变为相对集

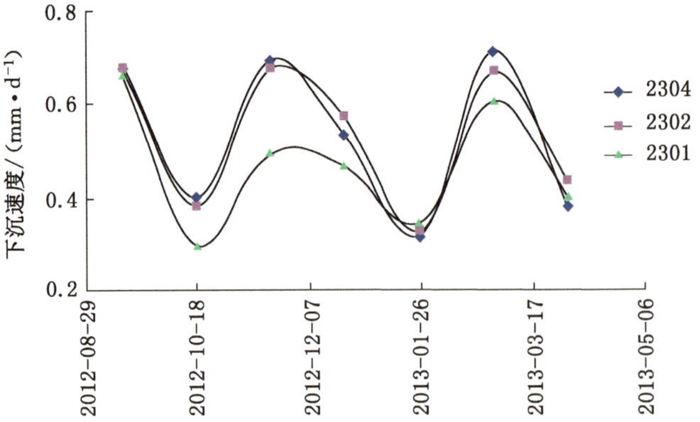

图 3-10 陕西榆林某矿采空区地表残余沉降速率曲线

中的荷载，上覆岩层的重量通过煤柱传递到底板上，而煤房中的底板则失去约束产生卸载。底板的加载和卸载共同作用，导致底板产生剪切破坏和塑性流动，从而造成煤房内底鼓和煤柱压入底板。对于废弃采空区，地下水和地面附加荷载的作用，将加剧煤柱压入底板和底鼓。大面积煤柱压入底板和底鼓将造成采空区地表形成平缓的塌陷盆地。

(2) 煤柱破坏

煤柱破坏是房柱式开采后废弃采空区活化的主要原因。煤柱失稳的原因可归纳为以下两类：一类是煤柱所受压力超过自身强度；另一类是在采空区中的地下水、风化和采动等多因素的作用下，煤柱尺寸减小，煤柱自身强度降低。在柱式开采后的采空区中，单一煤柱的失稳会导致采空区上覆岩层中已稳定的应力重新分布，从而可能会造成多米诺骨牌式的煤柱群的垮塌，进而会造成地表大范围、突发性的塌陷，如图 3-11 所示。我国山西大同矿区侏罗系煤层曾发生煤柱坍塌失稳，对当地生活附属设施、生态环境等造成了严重损坏。

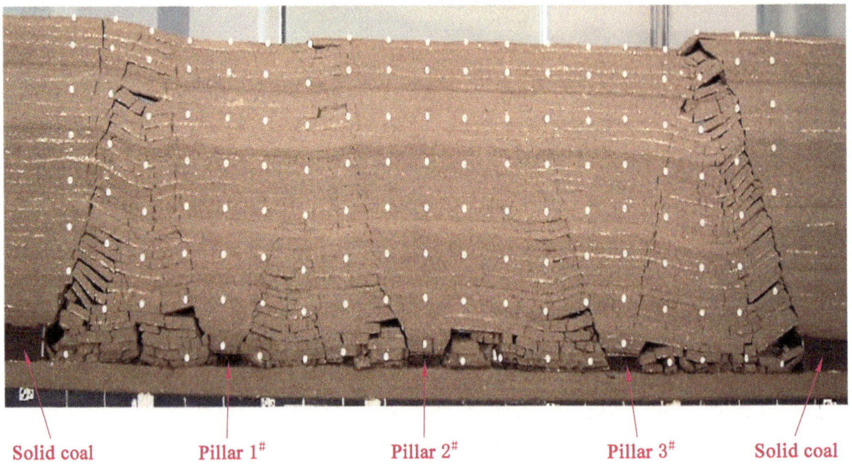

图 3-11 煤柱破坏诱发采空区失稳示意图

(3) 顶板坍塌

顶板坍塌主要是由于上覆岩层强度较差和煤房过宽所造成的。顶板的坍塌破坏可分为逐层垮落和整体坍塌两种形式。顶板坍塌一直发展到地表将形成塌陷坑。覆岩中的硬岩层可能限制坍塌继续向上发展。在开采深度较大的区域,岩层的坍塌发展到一定高度后将终止,上方的岩层可能只产生弯曲下沉,最终在地表形成一个下沉盆地。

（二）柱式开采后的采空区地表变形破坏形式

柱式开采后的采空区岩体结构一般为煤柱支承的上部较完整的层状结构岩体,煤柱和煤房设计不合理,可能导致结构发生失稳而引起覆岩破坏和地表塌陷,图 3-12 为典型的柱式开采后的采空区覆岩移动和地表沉陷特征。柱式开采后的采空区地表残余沉降形式主要有塌陷坑和塌陷盆地两种。

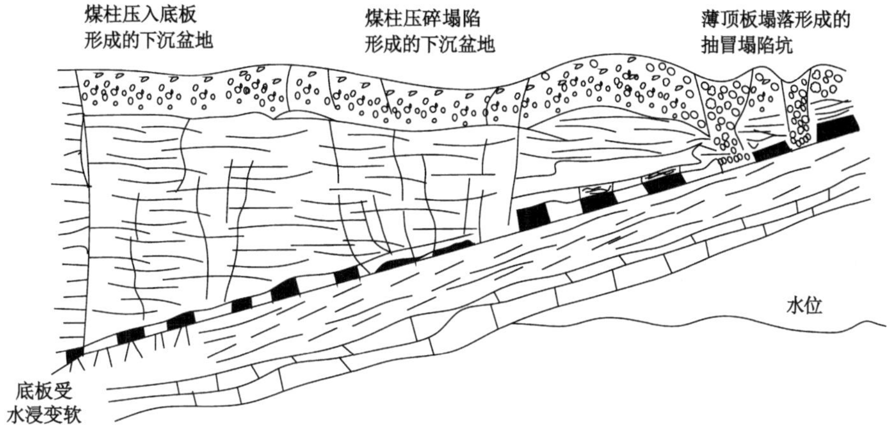

图 3-12 柱式开采后的采空区覆岩移动和地表沉陷特征

局部煤房顶板相继垮落、坍塌,并穿过上覆岩层直至到达松散层后在地表形成塌陷坑。塌陷坑的边缘一般是比较陡的,在剖面上塌陷坑为漏斗状的锥形陷落洞。在平面上呈圆形或椭圆形,后者常反映出矿房的几何形态。塌陷坑一般形成于覆岩较薄的地方,上覆岩层主要为软弱的风化层和松散层,或者发生在具有垂直张裂隙的岩石中,大部分原因是采后顶板垮落形成空穴和采出的煤房过宽,若覆岩中有较硬的稳定岩层,将会限制塌陷坑的发展。

塌陷盆地一般是不深的、开阔的、盘状的凹地,它的形成是由于煤柱被压坏或压入顶底板从而导致覆岩向下垮落和弯曲下沉。煤柱的强度因受地下水位升降或风化作用的影响而降低,应力集中使煤柱片帮而变小,如果所承受的煤柱荷载超过煤柱强度,则煤柱可能会破坏。一个煤柱破坏后会引起顶板成拱而使应力重新分布,从而会导致相邻煤柱遭压垮或压入顶底板。煤柱压入顶底板发生在软岩层,一般是黏土岩的地方。

大部分塌陷坑和塌陷盆地呈圆形或椭圆形。塌陷发生的时间受上覆岩层结构、性质和煤柱破坏速度及其他如地下水、周围采动、上部附加荷载等多种因素的影响。

（三）柱式开采后的采空区煤柱稳定性分析

在柱式开采中,煤柱承担了支承上覆岩体的作用,是控制覆岩稳定性的重要结构之一,煤柱稳定性分析是柱式开采煤柱设计及采空区稳定性评价的主要内容之一。常采用安全系数法评定煤柱的长期稳定性,理论上煤柱安全系数等于 1 时煤柱即可保持稳定,但为了增强煤柱的安全性,通常情况,煤柱安全系数应不小于 1.5。需要说明的是,在采用安全系数评价煤柱是否稳定时,若评价结果为煤柱不稳定,并不代表被评价的煤柱目前已经失稳或短期内必定失稳，而是表示该煤柱面临长期稳定性的问题，这些煤柱的强度受自然风化、蠕变等因素的影响而逐渐降低，其未来存在很大的失稳风险。式(3-7)即为煤柱稳定性评价的安全系数法，式中煤柱应力和煤柱强度的计算方法如下文所述。

$$SF=\frac{S_p}{S_L} \tag{3-7}$$

式中 SF——煤柱安全系数；

S_p——煤柱强度；

S_L——煤柱应力。

(1) 煤柱应力

常用的煤柱应力计算方法基于从属面积理论(Tributary Area Theory，TAT)和压力拱理论(Pressure Arch Theory，PAT)。TAT 理论认为覆岩全部荷载 PT 均匀地分布在煤柱上方，可以理解为煤柱所支承的区域包括煤柱上方和外侧相当于煤房或巷道一半的区域，如图 3-13 所示，图中正方形煤柱支承的总荷载和平均应力如式(3-8)和式(3-9)所示；而 PAT 理论认为工作面开挖后会形成压力拱，压力拱上方覆岩荷载由煤柱承担，而压力拱下方覆岩垮落或覆岩荷载由更小的煤柱承担，如图 3-14 所示，盘区煤柱承担更多的覆岩荷载，盘区上方覆岩内形成压力拱，压力拱上方覆岩荷载 PA 作用在盘区煤柱上，而压力拱下方荷载 PC 则作用在盘区内的小煤柱上。

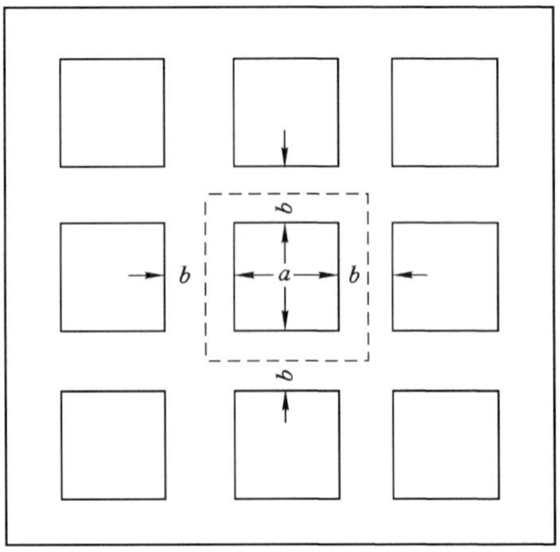

图 3-13 TAT 理论煤柱支承的荷载区域

$$P=(a+b)^2\gamma H \tag{3-8}$$

$$\sigma_a=\left(1+\frac{b}{a}\right)^2\gamma H \tag{3-9}$$

式中 P——总荷载；

σ_a——平均应力；

a——煤柱边长；

b——煤房宽度；

γ——覆岩平均重力密度；

H——覆岩厚度。

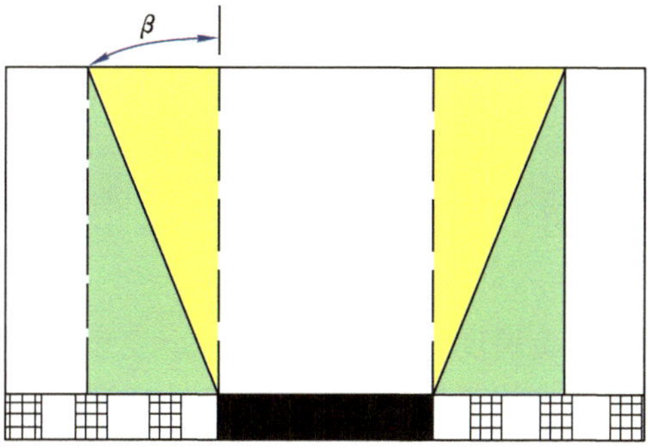

图 3-14 PAT 理论煤柱支承的荷载区域

(2) 煤柱强度

煤柱强度受多种因素影响，主要包括煤体结构、煤柱尺寸与形状、煤柱与顶底板的结合力、顶底板刚度、煤体的侧限力等。准确测定煤柱的强度是很困难的，当前常采用与煤柱宽度、高度有关的线性或非线性经验公式，具有代表性的主要有以下几种。

① 欧伯特-德沃尔/王(Obert-Dwvall/Wang)公式

$$\sigma_p = \sigma_m \left(0.778 + 0.222 \frac{W}{h}\right) \tag{3-10}$$

式中 σ_p——煤柱强度；

σ_m——现场临界立方体煤柱的单轴抗压强度；

W——煤柱的宽；

h——煤柱的高。

有研究表明，该公式适用于宽高比为 1～8 的煤柱。

② 浩兰德(Holland)公式

$$\sigma_p = \sigma_m \sqrt{\frac{W}{h}} \tag{3-11}$$

有研究表明，该公式适用于宽高比为 2～8 的煤柱。

③ 比涅乌斯基(Bieniawski)公式

$$\sigma_p = \sigma_m \left(0.64 + 0.36 \frac{W}{h}\right) \tag{3-12}$$

该公式是根据南非 Witbank 煤田宽高比为 0.5～34 的 66 个煤柱试件大规模现场测试求出的。

上述即为采用安全系数法评定煤柱稳定性的相关内容。但众所周知，地下水侵蚀、风化和采动等因素都可能导致煤柱发生渐进性破坏，进而导致煤柱尺寸缩减，煤柱强度降低。目前的柱式开采后的采空区留设煤柱稳定性评价理论未考虑煤柱随时间剥离的行为和剥离体对煤柱稳定性的影响。风化作用、应力扰动、煤柱内部裂纹、损伤扩展等因素均可能导致煤壁破碎剥离，不论煤柱剥离由何因素引起，从煤柱上剥离的煤块将堆积在煤柱附近，为煤柱的侧向变形提供一定的约束，从而可以减小煤柱的侧向膨胀和进一步剥离，同时，堆积体将包围煤柱使其与外界环境隔离，从而可以降低风化作用对煤壁的风化影响。因此，在分析留设煤柱稳定性时，应尽可能考虑煤柱的实际剥离、片帮特征、时间效应等因素对其产生的影响。

第四章　采空区场地残余变形预测方法

基于工作面停采后实测下沉速度揭示的采空区残余变形时间效应和变化规律，本章主要介绍长壁开采后的采空区和柱式开采后的采空区场地残余变形预测方法，预测结果可以为后续采空区场地稳定性和建设适宜性评价提供基础依据。

第一节　采空区残余变形

一、采空区残余变形规律及时间效应

采空区残余变形大小、变形时间长短是评价采空区场地稳定性的基础，国内外对此研究不多，舒尔茨通过对沙尔伯留坎煤田的观测，得到在采用全陷法管理顶板时，地表移动过程可以延续 5 a，有时可达 10～12 a。伊米茨在分析了五十年来鲁尔煤田的资料后，发现主要下沉发生在最初的 1～3 a，移动过程在 5～6 a 后完全终止。苏联为区分地表移动对建筑物的影响程度，按地表移动盆地最大下沉点的移动速度，将地表移动分为 3 个时段：开始期（从地表下沉 10 mm 到下沉速度小于 50 mm/月）、活跃期（下沉速度大于 50 mm/月）、衰退期（下沉速度小于 50 mm/月到 6 个月内下沉不大于 30 mm）。这 3 个时期的总和称为地表移动延续时间。

据国外报道，房柱式开采后的老采空区下沉可能在开采完以后许多年才发生，一半以上的下沉是在采后 50 a 或更长的时间后发生，苏格兰的一个报废矿在 118 a 后才发生地表下沉破坏。

国外学者通过对采空区冒落岩石的特性进行研究，得到了采空区冒落岩石随时间 t（单位：年）的变化规律。

冒落矸石密度：

$$\rho = 1\,600 + 800(1 - e^{-1.25t})$$

冒落矸石弹性模量：

$$E = 15 + 175(1 - e^{-1.25t})$$

冒落矸石泊松比：

$$\mu = 0.05 + 0.2(1 - e^{-1.25t})$$

根据以上公式计算得到，当工作面结束 5 a 后，冒落矸石弹性模量达到原始弹性模量的 99.8%，再次说明在工作面开采结束 5 a 后，岩层移动已经基本结束。

根据英国的煤田监测资料，残余沉陷有以下特征：① 残余沉陷大小一般为最大沉陷的 5%～10%，并且常常小于这个范围的值；② 在长壁工作面停止作业后，残余沉陷处于最大值，然后以指数形式衰减；③ 在长壁开采边缘处观测到的最大残余沉陷随着接近沉陷边界线而逐渐减小至零；④ 残余沉陷历时可能需要 12 个月左右，有的仅 3～4 个月，个别的可以

延续到 4～6 a。国外部分长壁开采后的沉陷历时见表 4-1。

表 4-1　长壁开采后的最终沉陷历时

序号	采矿情况	最终沉陷历时
1	英国煤田	当残余沉陷为 5%时，沉陷在几个月内完成。有时残余沉陷为 5%～6%，则沉陷在 12 个月或稍长时间内完成
2	英国煤田，对不同长壁开采情况的测量结果	采矿的主要影响实际上是瞬时的，在很短的滞后时间以后，残余沉陷就可以完成。个别情况下历时较长。例 1：沉陷为 94 mm(最大沉陷的 9%)，历时 6 a，最初 4 年为 89 mm。例 2：沉陷为 33 mm(最大沉陷的 6.8%)，历时 3.7 a，约一半的沉陷发生在最初的 3 个月内
3	英国东部 Midland 煤田，开采深度为 260 m	当测点不受工作面开采影响后，至多 4 个月停止移动
4	德国西部煤田	5 a 内每年的沉陷(时间系数)分别为 75%、15%、5%、3%和 2%
5	德国西部煤田	在工作面停止作业后，沉陷在 6 个月至 5 a 内完成
6	澳大利亚南部煤田，开采深度为 226 m，开采厚度为 1.9 m	沉陷在 200 d 内完成(在与时间有关的沉陷中包括由于工作面位置所引起的沉陷，如果考虑到影响区半径，残余沉陷大约在 3 个月内完成)

由表 4-1 可知，地表残余沉陷大部分发生在 5 a 以内，5 a 以上的沉陷量相当小，因此可以认为当工作面停采 5 a 后，地表移动基本稳定。

国内很多煤矿区通过对实测资料进行分析发现，地表移动延续时间与开采深度、工作面推进速度及上覆岩层的性质等有关，开采深度越大、工作面推进速度越慢、上覆岩层越坚硬，则地表移动延续时间越长。很多矿区建立了地表移动延续时间与开采深度等的关系(见表 4-2)。

表 4-2　国内部分矿区地表移动延续时间的回归关系式

矿区	地表移动延续时间的回归关系式	备注
本溪矿区	$T=2.103H_0+417$(天)	T—移动延续时间； H_0—平均开采深度，m； S—回采工作面面积，m^2； D_1—工作面斜长，m； M—开采厚度，m； C—工作面推进速度，m/d
抚顺矿区	$T=69.42-0.35S/H_0$(月)	
双鸭山矿区	$T=0.95H_0+262$(天)	
鹤岗矿区	$T=D_1(0.562-0.003\ 53H_0/M)$	
淮北矿区	$T=81.5+1.11H_0\pm 74.9$(天)	
相关规程推荐	$T=2.5H_0$(天)	
临涣矿区	$T=2.87H_0+8$(天)	
东煤矿区	$T=2.28H_0+43$(天)	
兖州矿区	$T=0.628H_0/C+269$(天)	

在地表移动的不同时间段内，地表移动量不同。在地表移动开始期内的地表移动量占地表最大下沉量的5%左右，在活跃期内的地表下沉量为最大下沉量的90%左右，在衰退期内的地表下沉量为最大下沉量的5%左右，因此地表移动主要发生在活跃期内。从移动时间的长短来看，衰退期内的地表移动时间最长，比开始期和活跃期的总和还长。老采空区的移动主要应考虑衰退期结束后的地表移动。这一移动主要是破裂岩体和上覆岩层结构在覆岩重力作用下的逐步变形的结果，这一变形受覆岩地质环境条件的影响，如覆岩结构在水等条件下弱化，从而使结构失稳、强度降低而引起地表移动变形，这一时间过程比较长。

上面从总的方面分析了覆岩移动时间，在长壁开采结束5 a后，地表移动基本进入稳定期，但上述研究对于5 a内地表移动的变化规律研究较少，对于老采空区建筑利用存在局限性，为此，通过实测资料来研究工作面停采后的覆岩及地表移动变化规律变得十分重要。

二、工作面停采后的实测下沉速度

（一）原徐州矿务局张小楼煤矿706工作面的覆岩下沉速度变化规律

原徐州矿务局张小楼煤矿706工作面的上覆岩层分别为第四系冲积层，厚约104 m；二叠系石盒子组与山西组的砂岩、页岩和砂质页岩，厚约252 m，松散层与岩层的厚度比值为0.4。区内地下含水层按照地层含水性分为：第四系松散地层中的孔隙水，二叠系石盒子组和山西组地层中的砂岩裂隙水（涌水量小，对开采无影响）。在距离工作面开切眼40 m和60 m处各有一条较大的正断层K1和K2，工作面内有一落差为2.25 m的走向斜交逆断层。巷道距离地表深约286 m，采前巷道未加固。

该煤矿706工作面的地面标高为+36 m，工作面标高为−298～−342 m，平均标高为−320 m，走向长为270 m，倾向长为96 m，煤层厚度为2.30 m，倾角为24°，直接顶为27 m厚的石英砂岩，底板为7.3 m厚的砂质页岩。

为了解山西组煤层回采对下石盒子组煤层的底板巷道破坏的影响程度，探讨上行开采的可行性，为以后开展巷下采煤积累经验，同时为了解岩层内部的移动变形规律，原徐州矿务局于1985年在西翼采区山西组706工作面上方的−250 m水平大巷内设立了岩层移动巷道观测站（岩移观测站），如图4-1所示。

−250 m大巷的观测线总长为450 m，在观测线上共计有22个点，其中21号、22号两点为控制点，19号、13号、8号、5号四点为转折点，其他点为工作点。

在观测线布置范围内，支护形式大部分为料石碹，仅在12～17号点之间为普通水泥支架和水泥背板支护。706工作面上方为704工作面的采空区，该面于1985年3月至8月进行回采。706工作面下方为接续的708工作面。708工作面、704工作面距离观测巷的距离均在50 m以上。观测线上部为西翼下石盒子组采区，已于1980年底以前回采，对大巷的影响已经结束。

张小楼煤矿706工作面从1985年11月开始回采，1986年年底回采结束，其间因故于1985年12月停采一个月。观测站于1985年12月设置，1986年1月1日首次进行观测，于1988年5月全部观测结束，因此自1986年12月开始的观测值均可作为工作面停采之后的观测资料使用。

根据对张小楼煤矿706工作面上方−250 m水平大巷内的岩层移动观测站观测资料的处

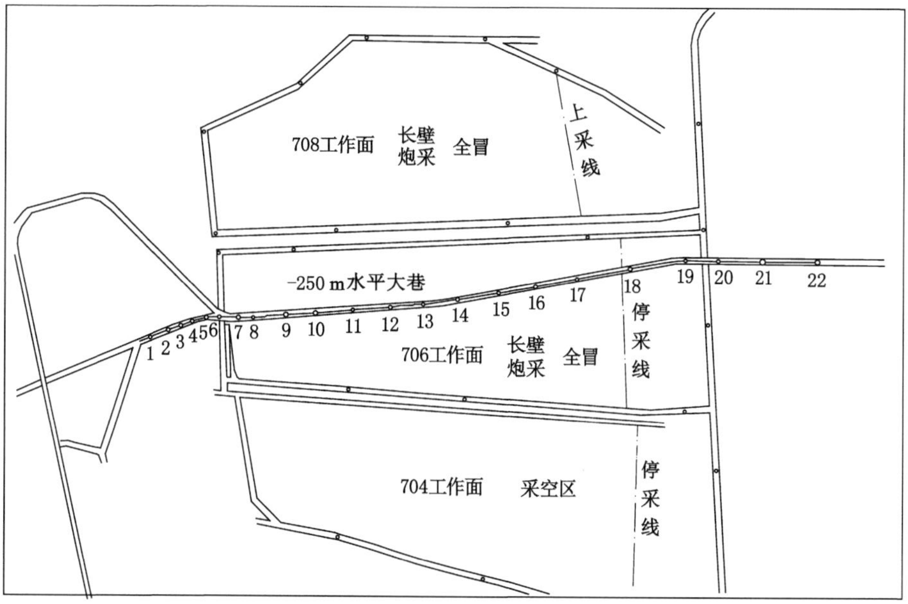

图 4-1　张小楼煤矿 706 工作面上方－250 m 水平大巷内的岩移观测站示意图

理，得出了该工作面上方巷道工作测点的下沉速度曲线(见图 4-2～图 4-4)。

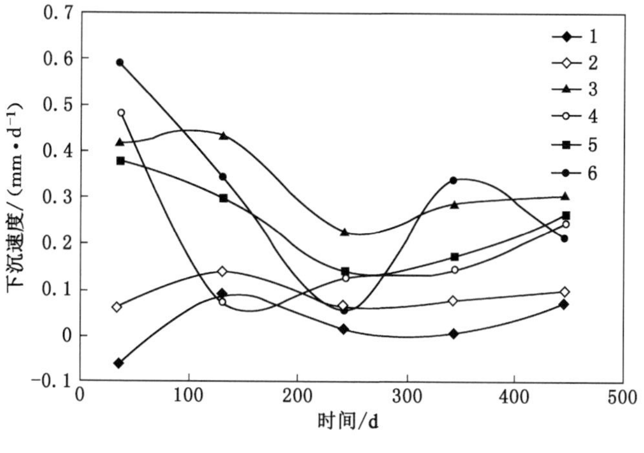

图 4-2　开切眼左侧煤柱上方工作测点的下沉速度曲线

1. 采空区上方区域

从图 4-2～图 4-4 中可见，在工作面停采之后，采空区中部上方和采空区边缘上方的巷道下沉速度变化存在差异，因此应该对它们分别进行分析。其中位于开切眼煤柱上方的工作测点是 2～5 号，位于采空区上方区域的测点是 8～17 号，位于工作面停采线上方的工作测点是 18～20 号。

根据图 4-3 中的下沉速度曲线可以看出，在工作面停采之后，地表下沉盆地大部分范围的下沉已经进入衰退阶段，只有靠近工作面的区域还未进入衰退期，但该区域此时的下沉速度也已经基本接近 1.67 mm/d，而在靠近开切眼这一侧，也就是采空区左侧上方的下沉

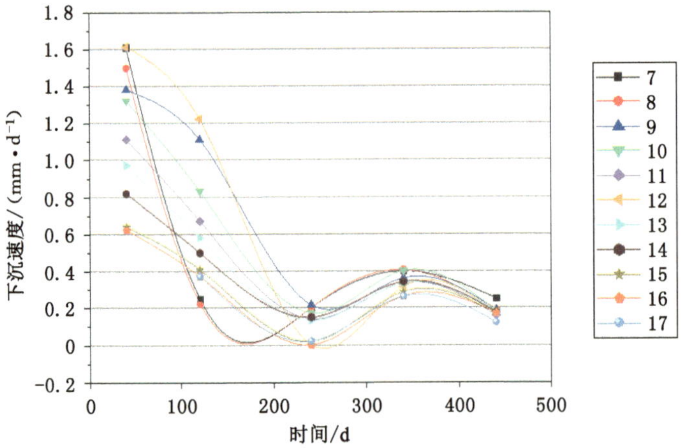

图 4-3 采空区上方巷道工作测点的下沉速度曲线

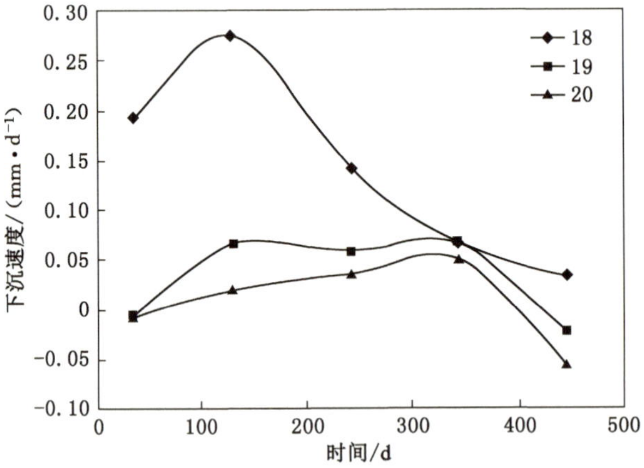

图 4-4 停采线煤柱上方巷道工作测点的下沉速度曲线

速度很小，基本上在 1 mm/d 左右。这是由于远离工作面的区域此时所受到的影响很小，并且该区域破碎岩体已经基本被压实，从而导致下沉的空间很小。尽管此时工作面已经停采，但由于在停采之前工作面开采造成的影响依然在地下岩层中传播，并且顶板垮落的破碎岩石还没有完全被压实，各个碎块之间仍有较大的空隙，所以下沉的空间较大。

总体来说在工作面停采后一个短的时期内地表下沉盆地中间区域的下沉速度在 1.67 mm/d 左右，距离工作面较近一侧区域的下沉速度大于距离工作面较远一侧区域的下沉速度。

分析所得到的下沉速度曲线，可以看出在工作面停采之后地表的下沉速度变化可以分为以下 3 个阶段。

(1) 突降阶段

地表下沉盆地中间区域在工作面停采结束两个月左右，地表下沉速度发生了急剧的下降，此后这种趋势一直持续直至地表下沉盆地中间区域所有点的下沉速度都下降到了 0.2 mm/d 以下，此时距离工作面停采已经有将近 10 个月的时间。地表移动衰退期的标志是在6个月内地表连续下沉总量不超过30 mm,因此有必要对地表的下沉情况进行继续观测,张小楼煤矿也正是对该观测站进行了继续观测。

(2) 缓慢上升阶段

由数据分析结果可以看到,地表下沉速度在出现突降之后又出现了缓慢上升的趋势,但是上升的幅度不大,上升的最大值达到了0.4 mm/d左右,该最大值点为16号点和17号点,均位于采空区中间区域右侧上方(见图4-3)。此时距离工作面停采时间是13个月左右。在此阶段中,地表下沉速度从0.2 mm/d上升到0.4 mm/d所用的时间是100 d左右,此阶段是由于破裂岩体初期处于相对稳定阶段,在上覆岩层的压力和水作用下,破裂岩体接触点面出现破坏,其空隙逐渐被压实,从而导致地表下沉速度增大。

(3) 缓慢下降阶段

地表下沉速度在上升到0.4 mm/d之后,又出现了缓慢下降的趋势,直至下沉速度又下降至0.2 mm/d左右,在这个阶段中,下沉速度由0.4 mm/d下降至0.2 mm/d也用时100 d左右。

综合以上三个阶段的分析,在工作面停采之后,覆岩的下沉速度首先出现突降,突降后整个工作面中间部分上方区域的下沉均进入了衰退期。但在下沉出现突降之后,巷道地表的下沉速度出现了有规律的起伏,首先是下沉速度在经历将近300 d的时间降至0.2 mm/d左右之后缓慢(100 d)上升至0.4 mm/d左右,然后又缓慢(100 d)下降至0.2 mm/d左右。

由于当时对工作面停采之后地表的下沉规律研究较少,所以此观测站在工作面停采之后时间不久就停止了观测,从而导致数据不够完整。但是从对已有数据的分析中可以看出,第三阶段结束之后采空区中间部分上方区域各个工作测点的下沉均未停止,因此可以推断在第二阶段和第三阶段中所出现的下沉速度反复升降的趋势还会出现,直至下沉完全停止。也就是说,在工作面停采之后,地表的下沉速度首先短暂出现一个突降过程,使得地表下沉进入衰退期,然后地表的下沉速度就会出现缓慢的反复上升下降的循环过程,这个循环过程将会持续到地表下沉停止为止。根据对已有资料的分析可以得到这个循环的周期是200 d左右。相似模拟试验也获得了相同的结果(见图4-5)。

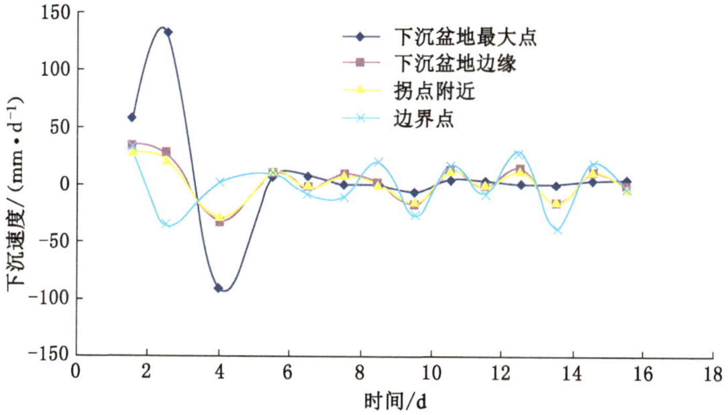

图4-5 工作面停采后地表下沉速度与时间的关系

2. 开切眼煤柱上方区域

根据已有的观测站数据可知,在工作面停采之前一段时间,开切眼附近上方巷道工作测点的下沉已经进入衰退期，甚至测点 1 和测点 2 的下沉已经停止，出现了不规律的上升现象(见图 4-2)。这是由于这个区域率先受到采动影响，随着工作面远离，受到的工作面采动影响会逐渐减小，破碎的覆岩会逐渐被压实，所以该区域下沉的空间很小，但受破裂岩体稳定和失稳的影响，出现一些周期性的下沉增大或者减小的移动现象。

从数据处理所得的下沉速度曲线中可以看出，3、4、5 号测点在工作面停采之后下沉速度也会有一个突降过程，之后也会有一个缓慢上升的趋势，6 号测点出现下沉速度周期性变化就说明了该问题。

3. 停采线煤柱上方区域

在停采线煤柱上方区域一共有 3 个工作测点(18、19、20 号)和 1 个控制点(21 号)，其中测点 19 和测点 20 在工作面停采之前就已经到达了下沉的衰退期，也就是说，这两个测点所在的区域基本上不受 706 工作面开采的影响。只有测点 18 距离工作面停采位置较近，在工作面停采之后出现了下沉速度上升的趋势，这是由于受到了工作面采动的影响，但是其下沉量很小，下沉速度的最大值也没有超过 0.3 mm/d。在距离工作面停采 7 个月左右之后，测点 18 的下沉速度也开始出现了明显的下降，到观测工作结束之时，测点 18 的下沉速度已经很小，但由于观测数据的缺乏，未观测到 18 号点下沉速度出现周期性变化的现象。

(二) 原淮北矿务局杨庄矿 641 工作面的地表下沉速度变化规律

杨庄矿煤层上覆岩层为第四系冲积层和二叠系岩层。第四系冲积层分为黏土(厚为 21.5 m)、流沙(厚为 28.5 m)和黏土夹砾石(厚为 19 m)，总厚度为 69 m；二叠系岩层为砂质岩层，厚度为 30 m。松散层与岩层的厚度比值为 2.3。

杨庄矿 641 工作面的岩移观测站在工作面停采之后就停止了观测工作，从而造成了可用数据严重不足的现象，给对停采后地表移动变形规律的研究带来了较大的困难。为了充分利用该观测站已经观测的成果，尤其是位于倾向主断面上的倾向观测线各点的观测结果，将倾向主断面不受工作面采动影响的日期作为工作面的停采日期(此日期仅限于 641 工作面的地表沉陷盆地倾向主断面)。

经井上、下对比分析知，对倾向观测线不影响的位置是 1979 年 4 月 30 日工作面所在的位置。因此，可以将倾向观测线自 1979 年 4 月 30 日起的地表移动变形观测数据作为工作面停采之后的地表变形观测资料。走向观测线上的工作测点(2～14 号)的地表变形观测值也可以作为此用，但由于该观测站的走向观测线的观测资料较少，观测时间也很短，不利于进行分析，所以只使用倾向观测线自 1979 年 4 月 30 日起的观测资料。

经数据处理，得到了 641 工作面地表观测站倾向观测线上的各个工作测点的下沉速度曲线，由于测点 31 的下沉速度曲线出现了异常：位于采空区上方的测点出现上升速度达到了 4 mm/d 的情况，在地质条件简单的情况下，出现这种情况很有可能是测量过程中出现了错误，所以将此测点剔除。测点 28 和 32 在工作面停采将近 80 d，大多数测点的下沉量都很小的情况下，下沉速度还达到了 2 mm/d，所以也可以认为是测量误差，将其舍掉。

1. 采空区上方地表下沉变化规律

根据采空区上方地表工作测点下沉速度曲线(图 4-6 和图 4-7)可以看出，在工作面停采之时，采空区上方各个测点的下沉速度在 1～3 mm/d 之间，其中大部分点的下沉速度都在 2 mm/d 之上，这说明此时该区域的下沉还没有进入衰退期。究其原因是该工作面开采深度浅，平均开采深度仅为 114 m；上覆松散层和岩层的厚度比值为 2.3，松散层占有较大比

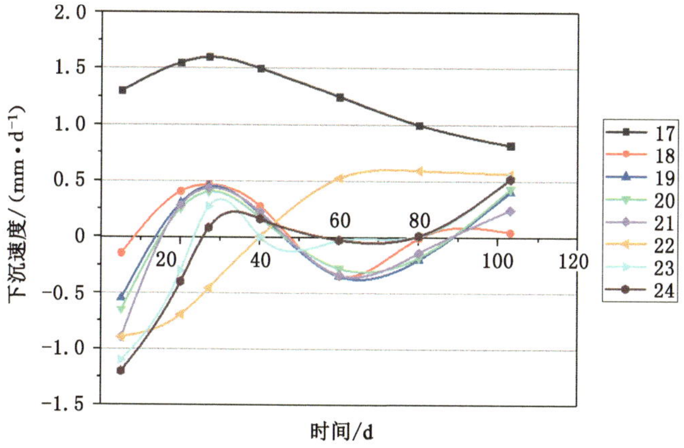

图 4-6　下山方向上方地表工作测点的下沉速度曲线

重，导致该工作面上方地表下沉速度很大。

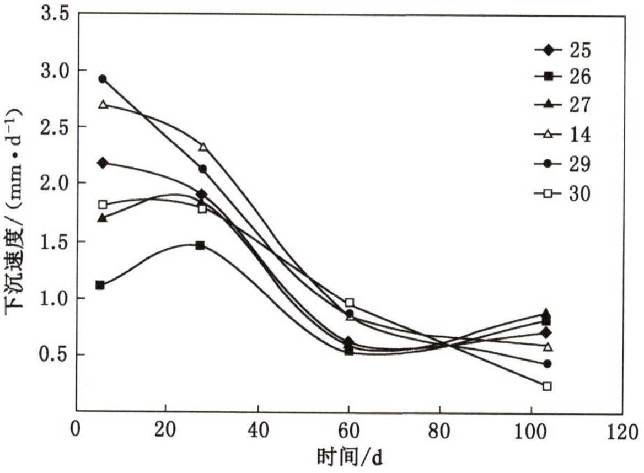

图 4-7　采空区上方地表工作测点的下沉速度曲线

在工作面停采之后，采空区上方地表工作测点的下沉速度马上就出现了一个幅度很大的突降过程，然后就是比较缓慢的变化过程，可以分两个阶段来分析。

(1) 突降阶段

从数据处理得到的下沉速度曲线(图 4-7)中可以看出：经过 76 d 左右，测点 25、26、27、30 的下沉速度从 2 mm/d 左右突降至 0.5 mm/d 左右；测点 14、29 的下沉速度从 3 mm/d 左右突降至 1 mm/d 左右。总之在工作面停采之后，采空区上方地表工作测点的下沉速度出现了较大幅度的下降，直至所有点的下沉都进入了衰退期。

结合测站平面图和下沉速度曲线可得，位于采空区正上方的测点在这个阶段结束时的下沉速度依然较大(1 mm/d 左右)，而位于采空区边界上方的测点在这个阶段结束时的下沉速度已经很小(0.5 mm/d 左右)。

(2) 缓慢变化阶段

在经历了一个突变的过程之后，各个测点的下沉速度变化进入了缓慢阶段。两个月之后，各点的下沉速度变化幅度很小，基本上在 0.5 mm/d 之内，部分测点的下沉速度也出现上升现象，但由于观测资料缺乏，后续下降阶段无法得出。

2. 煤柱上方地表下沉变化规律

从图 4-8 中可以看出，煤柱上方地表工作测点的下沉速度在工作面停采之后出现负值，这表明地表出现上升的现象。煤柱上方地表下沉是采动附加应力使煤柱上方岩体受压，从而导致煤柱压缩和地表沉陷，当破裂岩体逐渐被压实，煤柱上方的附加压力会逐渐减小，从而使煤柱上方岩体受力减小，出现回弹现象，上山方向煤柱上方出现两次下沉速度为负的现象就说明了这点。

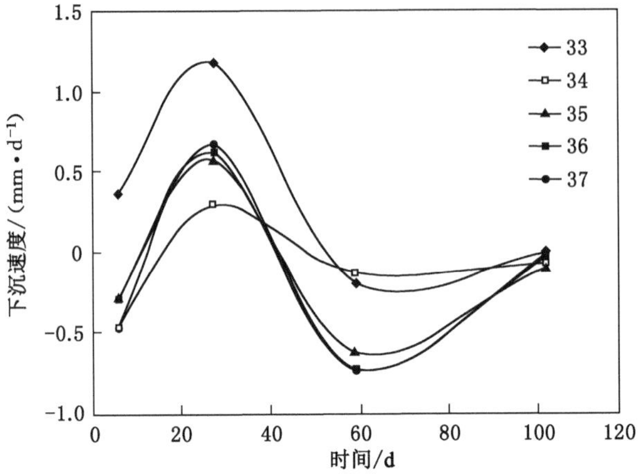

图 4-8 煤柱上方地表工作测点的下沉速度曲线

（三）原皖北矿务局任楼煤矿 7222 工作面的地表下沉速度变化规律

原皖北矿务局任楼矿 7222 工作面位于矿井一水平中二采区的北翼（一水平标高为 −520 m），南北走向长约为 800 m，倾向宽为 120～160 m，平均宽为 140 m，煤层平均厚度为 2.3 m。工作面上方地势平坦，高程约为 25 m。

7222 工作面自 1995 年 7 月 1 日开始开采，至 1996 年 2 月 7 日因淋水太大而停采改造，工作面推进长度为 224 m。该工作面上方地表移动观测站的观测时间为 1995 年 9 月 23 日至 1997 年 2 月 7 日，因此自 1996 年 2 月 12 日第 9 次观测开始均可作为工作面停采之后的地表移动变形观测。

该工作面设一条走向观测线和两条倾向观测线，本次数据处理使用一条走向观测线和一条右倾向观测线。走向观测线的工作测点为：12～37（本次分析用到的观测点）；右倾向观测线的工作测点为：50～73（距离停采线外 75 m）。

由于该观测站采区面积较小，且倾向线位于采空区外，走向线也没能位于倾向方向的最大下沉点处，所以存在下沉值较小和移动角较大的情况。

由于右倾向观测线距离停采线外 75 m，所以要将这一条观测线上测点的下沉值归化至主断面上。部分测点的下沉速度变化规律见图 4-9～图 4-12。

从图 4-9～图 4-12 中可见以下变化规律：

① 在工作面停采后，地表的下沉速度急剧减小，部分出现回弹现象，然后下沉速度再增大，后又减小，下沉速度呈现周期性变化。

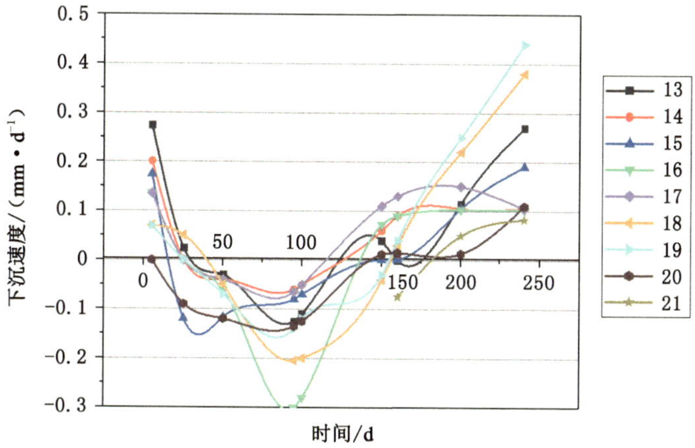

图 4-9　走向观测线测点 13～21 的下沉速度曲线

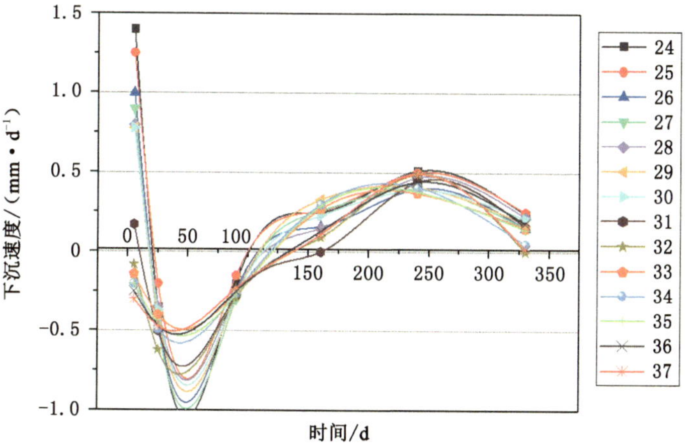

图 4-10　走向观测线测点 23～37 的下沉速度曲线

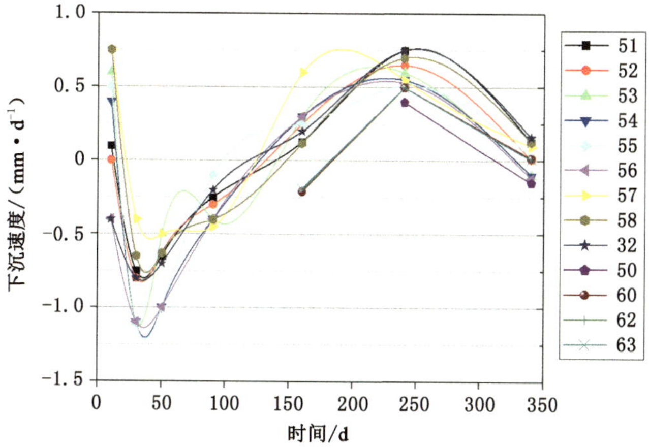

图 4-11　倾向观测线测点 50～63 的下沉速度曲线

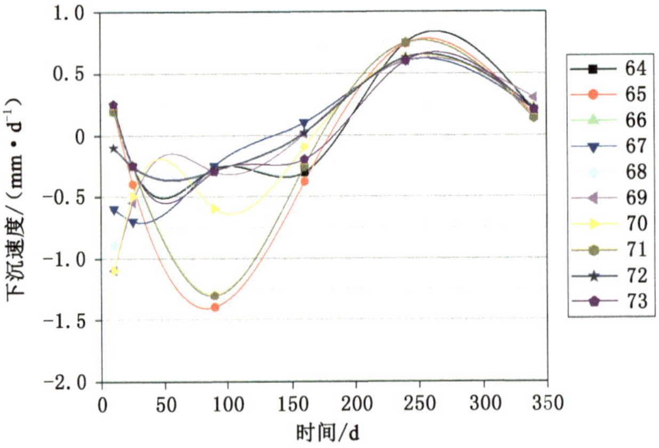

图 4-12　倾向观测线测点 64～73 的下沉速度曲线

② 在该开采技术条件下，停采后的地表最大下沉速度在 0.5 mm/d 左右，下沉速度较小。

③ 停采后，工作面上方地表测点的下沉速度大于煤柱上方地表测点的下沉速度。

④ 地表的下沉速度从开始上升到开始下降共用了 200 d 左右，可以认为地下岩体从被压实到开始反弹所用的时间是 200 d，即下沉速度反复循环的周期为 200 d。

（四）原兖州矿务局兴隆庄煤矿 4326 工作面停采后的地表下沉速度变化规律

原兖州矿务局兴隆庄煤矿 4326 工作面位于四采区下部，其上方为 4324 工作面（未采），下方为 4328 工作面（未采），西南为开切眼与鲍店矿相邻，东北为停采线，停采线位于下平巷，距 8300 带式输送机下山 50 m。

4326 工作面井下标高为－470.6～－424.8 m，埋藏深度为 469.7～517.3 m，本区表土层厚度平均为 190 m 左右。工作面走向长为 1 410 m，倾向长为 300.4 m。设计月推进速度为 174.58 m，工作面可采期为 8.1 个月。设计割煤高度为 3.0 m，放煤高度为 5.60 m，采放比为 1∶1.867。4326 工作面上方基本为农田，地势平坦，地面标高为＋46 m 左右。

根据本区地面情况与井下开采情况，在工作面上方共布置了一条走向观测线和一条倾向观测线。走向线布设在农田中，位于停采线一侧，倾向上位于采空区中央，与工作面走向平行，走向线共布设 35 个观测点，测点由采空区向煤柱编号依次为 B1～B35，测点间距平均约为 25 m（见图 4-13）。由于地面条件限制，倾向线布设在道路上，呈伪倾向，与工作面倾向夹角为 350°，倾向线共布设 55 个观测点，测点编号由上山向下山方向依次为 A1～A55。测点间距平均约为 25 m。倾向线首次全面观测时间为 2001 年 11 月 15 日和 11 月 19 日，末次观测时间为 2003 年 3 月 25 日。

工作面实际回采时间为 2001 年 8 月到 2002 年 9 月。所以自 2002 年 9 月以后的观测资料都可以作为工作面停采之后的地表变形分析资料。

由于倾向线布设在道路上，呈伪倾向，与工作面倾向夹角为 350°，这样所观测到的地表下沉值与倾向主断面上的下沉值差别较大，给数据分析以及以后建立数学模型都带来了困难，所以此工作面仅取走向观测线的观测资料来进行处理。

通过数据处理，得到了在工作面停采之后的地表工作测点的下沉速度曲线。根据下沉

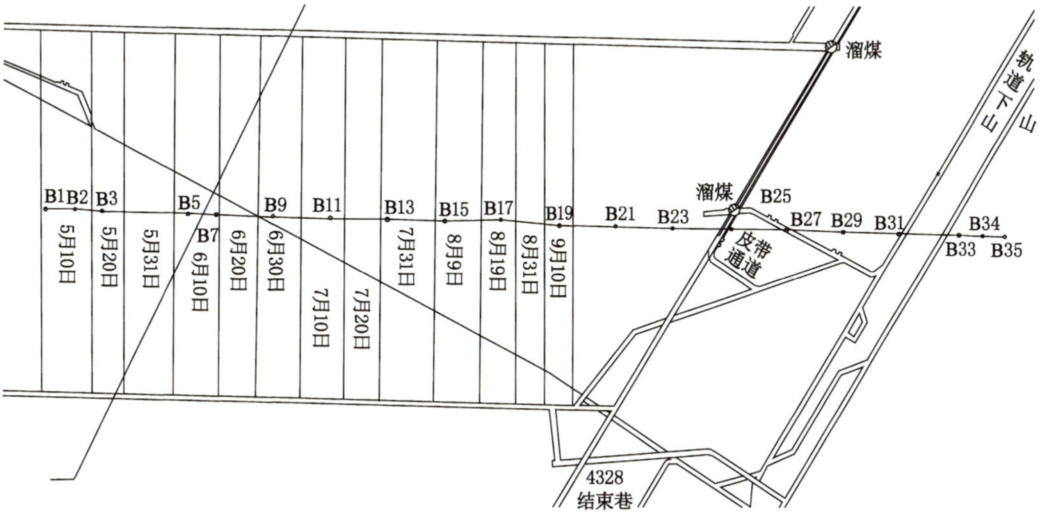

图 4-13 兴隆庄煤矿 4326 工作面的地表观测站示意图

速度的变化规律，可以将这些测点分为 3 部分：① 测点 1～7；② 测点 8～22；③ 测点 23～33。其中测点 1～7 位于采空区正上方的地表；测点 8～22 位于采空区中心至停采线之间的地表；测点 23～33 位于停采线侧煤柱上方的地表。

在测点 8～22 的下沉速度曲线中，测点 12 出现了上升的情况，最大上升速度达到了 8 mm/d，这在工作面停采之后出现是很不正常的，所以将这个测点舍弃；在测点 23～33 的下沉速度曲线中，测点 30、31、32、33 的位置距离停采线较远，导致其下沉速度很小，所以可以忽略不计。

图 4-14～图 4-16 给出了 4326 工作面停采后走向线上各点的下沉速度曲线，从图中可见以下变化规律。

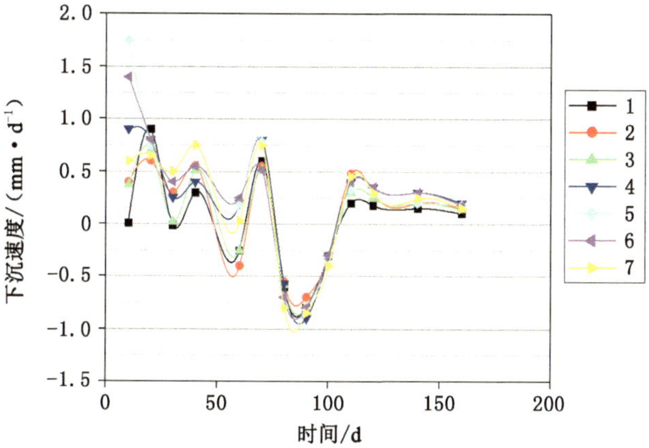

图 4-14 测点 1～7 的下沉速度曲线

① 在工作面停采后，地表下沉速度急剧减小，然后增大，再减小，再增大，最后逐步趋于稳定。与前面几个观测站停采后的地表下沉规律相同，仅循环的时间间隔更小。

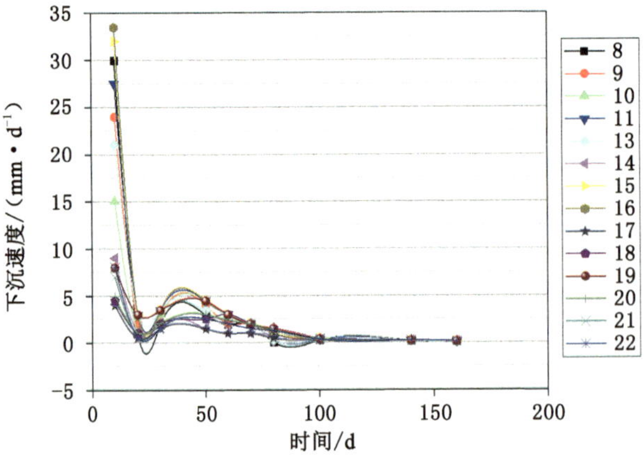

图 4-15 测点 8～22 的下沉速度曲线

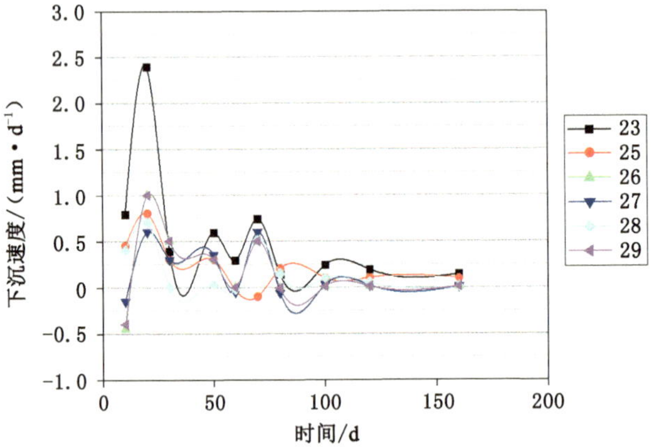

图 4-16 测点 23～29 的下沉速度曲线

② 位于采空区上方、距离停采线较远的 2～7 号点，出现了上升现象，冒落岩体被压实后，作为岩梁基础，其承受着较大的支承压力，进而会导致破裂岩体压密。但由于工作面向前推进，作用在其上的支承压力逐渐减小，破裂岩体卸载回弹，从而出现上升现象，这与煤柱上方地表上升具有同样的原理。

③ 停采线侧煤柱上方地表出现轻微上升现象，其原因是煤柱上方地表下沉是在支承压力作用下覆岩压缩的结果，后期覆岩压力减小，出现回弹现象，从而使地表下沉速度为负。

④ 在工作面停采 22 d 之后，下沉速度下降到 1～4 mm/d 之间时，下沉速度又开始缓慢地增大，不过增大的幅度不大，这时距离工作面的停采时间为 27 d。到距离工作面停采 54 d 时下沉速度又开始下降，一直到工作面停采 82 d 时，各个测点的下沉速度都降至 0～1 mm/d 之间，位于采空区正上方的几个测点甚至出现了上升的现象，这种下沉速度的变化情况开始反复出现，并且在 0～1 mm/d 之间变化。

三、工作面停采后的下沉速度变化规律

从以上各矿区工作面停采后的地表下沉速度分析中可以看出以下规律：

① 在工作面停采后，地表点下沉速度急剧减小，部分出现回弹现象，然后下沉速度再增大，后又减小，下沉速度呈现周期性变化。其他矿区的观测结果也表明了这一规律(见图 4-17)。

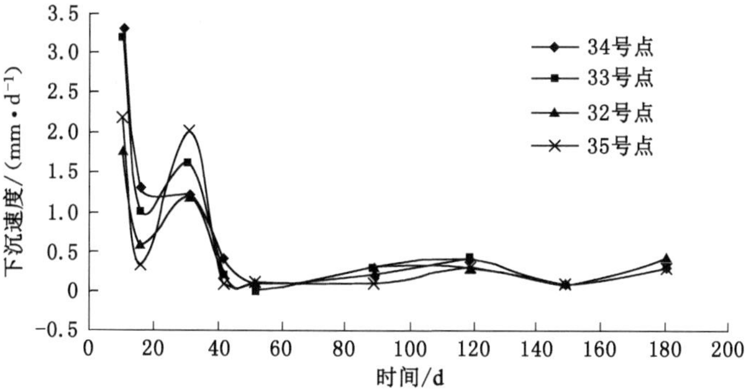

图 4-17 峰峰矿区 11209 工作面停采后观测站的下沉速度曲线

② 在工作面停采后，停采线侧煤柱上方普遍存在上升现象，其原因是煤柱上方地表下沉是在支承压力作用下覆岩压缩的结果，后期由于覆岩压力减小，出现回弹现象，从而使地表下沉速度为负。

③ 停采后，工作面上方地表点的下沉速度大于煤柱上方地表点的下沉速度。

④ 地表的下沉速度存在周期性变化规律(见表 4-3)。下沉速度循环峰值与开采厚度有关，随开采厚度的增加而增大，停采后导致下沉速度循环变化的原因是采空区破裂岩体空隙压缩。开采厚度越大，采空区破裂岩体高度越大，则其压缩空间越大，地表下沉速度越大。根据所得数据，得到了工作面停采后下沉速度循环峰值与开采厚度的关系[拟合曲线见式(4-1)]，如图 4-18 所示。

表 4-3 工作面停采后地表的下沉速度变化情况

观测站	杨庄矿 641 工作面	任楼煤矿 7222 工作面	张小楼煤矿 706 工作面	兴隆庄煤矿 4326 工作面	峰峰矿区 11209 工作面
开采深度/m	114	392.5	136	493	133
开采厚度/m	3.0	2.3	2.3	8.6	2.0
深厚比	38	170.6	59.13	57.33	66.5
松散层和基岩的厚度比值	2.3	1.36	0.4	0.67	
工作面推进速度/($m \cdot d^{-1}$)	1	1.64	0.68	3.57	1.46
下沉速度循环周期/d		200	200	60	100
下沉速度循环峰值/($mm \cdot d^{-1}$)		0.5	0.4	2.5	0.4

$$V_m = 0.3226M - 0.2759 \quad (R^2 = 0.998) \tag{4-1}$$

式中 V_m——下沉速度循环峰值，mm/d；

M——开采厚度，m。

⑤ 在工作面停采后，下沉速度循环周期与开采深度、开采厚度及工作面推进速度有关，

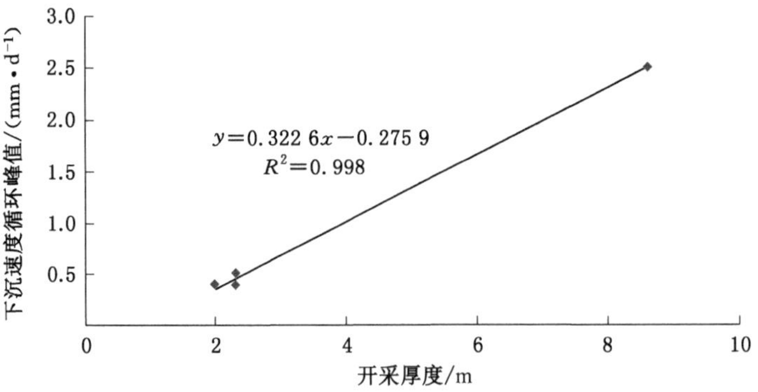

图 4-18　工作面停采后下沉速度循环峰值与开采厚度的关系

与开采深度成正比，与工作面推进速度、开采厚度成反比，其关系[拟合曲线见式(4-2)]如图 4-19 所示。

$$T = 1.752\,3\frac{H}{M \cdot c} + 29.3 \quad (R^2 = 0.963\,1) \tag{4-2}$$

式中　T——循环周期，d；

H、M——开采深度和开采厚度，m；

c——工作面推进速度，mm/d。

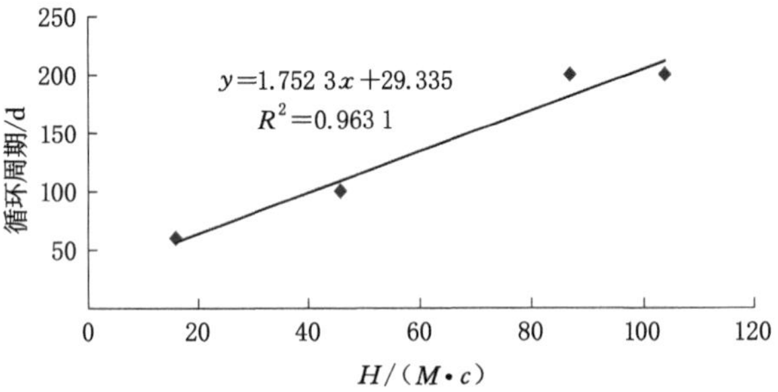

图 4-19　工作面停采后地表下沉速度循环周期与 $H/(M \cdot c)$ 的关系

式(4-1)和式(4-2)分别给出了工作面停采后下沉速度循环变化的最大速度及循环变化的周期的计算式，这些公式是在停采初期获得的，随着工作面停采的时间推移，采空区破裂岩体的压实密度会越来越高，而地表下沉速度的循环峰值将会越来越小，循环周期将会越来越长。

第二节　长壁开采后的采空区场地残余变形预测方法

前述分析结果表明，长壁开采后的采空区场地的主要变形来源于垮落带、裂缝带内岩体存在的空隙、采空区边缘存在的空洞及离层裂缝，因此，在进行长壁开采后的采空区场地残余变形预测时，主要应考虑长壁开采后的采空区垮落带、裂缝带内的空隙、空洞分布及大小。

长壁开采后的采空区场地残余变形预测目前主要采用概率积分法、数值模拟方法和非线性预测方法。概率积分法主要通过改变参数来进行残余沉陷预测。改变参数的方法有两个：① 以等效开采厚度代替开采厚度进行预测的极限沉陷预测方法；② 开采厚度不变，概率积分法参数采用残余移动变形参数进行预测的方法。数值模拟方法主要通过合理确定垮落带、裂缝带岩体参数来进行模拟计算；非线性预测方法主要通过前期实测资料来进行非线性建模，然后预测后期残余沉陷，方法包括支持向量机、时间序列分析、模糊聚类、灰色模型等，下面介绍各种预测方法。

(一) 基于概率积分法的长壁开采后的采空区残余沉陷预测

1. 概率积分法预测模型

概率积分法是我国学者刘宝琛、廖国华于20世纪60年代提出的，其实质是将上覆岩体看成颗粒介质，地下开采微小单元，会引起颗粒介质随机移动，根据其随机移动的概率可确定单元开采引起上覆岩体移动的概率，从而可以建立单元开采覆岩与地表移动的计算方法。地下开采可看成无限多个微小开采单元的线性叠加。

对于最终开采沉陷预测，本质上是三维空间问题，为了分析问题的方便，需要把空间问题简化为两个平面问题。所谓平面问题，是指某一方向开采是无限的(一般充分采动即可)，在另一方向开采可以是无限的(充分采动)也可以是有限的(非充分采动)。当一方向开采是无限时，不会因为该方向工作面再扩大而增大另外一方向主断面上的移动变形，因此可以不再考虑该方向的影响，这样就可把空间问题简化为平面问题来进行研究。在平面问题中，又可将充分开采和非充分开采分为半无限开采和有限开采。所谓的半无限开采，就是两个方向煤层已无限采出；有限开采是一个方向无限开采，另外一个方向有限开采，即一个方向充分采动，另外一个方向非充分采动。

(1) 有限开采条件下的地表移动变形预测

根据概率积分法原理，可得到有限开采条件下，x 方向上的地表移动变形预测公式，内容如下。

$$\left.\begin{aligned}
W^0(x) &= \frac{W_0}{2}\{[1+\mathrm{erf}(\sqrt{\pi}\,\frac{x}{r})]-[1+\mathrm{erf}(\sqrt{\pi}\,\frac{x-l}{r})]\} = W(x)-W(x-l)\\
i^0(x) &= \frac{\mathrm{d}W^0(x)}{\mathrm{d}x} = \frac{W_0}{r}[\mathrm{e}^{-\pi\frac{x^2}{r^2}}-\mathrm{e}^{-\pi\frac{(x-l)^2}{r^2}}] = i(x)-i(x-l)\\
k^0(x) &= \frac{\mathrm{d}^2W^0(x)}{\mathrm{d}x^2} = \frac{2\pi W_0}{r^2}[\frac{x}{r}\mathrm{e}^{-\pi\frac{x^2}{r^2}}-\frac{x-l}{r}\mathrm{e}^{-\pi\frac{(x-l)^2}{r^2}}] = k(x)-k(x-l)\\
U^0(x) &= bW_0[\mathrm{e}^{-\pi\frac{x^2}{r^2}}-\mathrm{e}^{-\pi\frac{(x-l)^2}{r^2}}] = U(x)-U(x-l)\\
\varepsilon^0(x) &= \frac{\mathrm{d}U^0(x)}{\mathrm{d}x} = \frac{2\pi bW_0}{r}[\frac{x}{r}\mathrm{e}^{-\pi\frac{x^2}{r^2}}-\frac{x-l}{r}\mathrm{e}^{-\pi\frac{(x-l)^2}{r^2}}] = \varepsilon(x)-\varepsilon(x-l)
\end{aligned}\right\}\tag{4-3}$$

$$\mathrm{erf}(x) = \frac{2}{\sqrt{\pi}}\int_0^x \mathrm{e}^{-\lambda^2}\,\mathrm{d}\lambda \tag{4-4}$$

$$W_0 = qm\cos\alpha \tag{4-5}$$

式中　W_0——充分采动时的地表移动变形最大值。

$W_0(x)$、$i_0(x)$、$K_0(x)$、$U_0(x)$、$\varepsilon_0(x)$——有限开采主断面内的下沉、倾斜、曲率、水平移动和水平变形值。

m——开采厚度，m。

q——下沉系数。

α——煤层倾角，(°)。

r——主要影响半径，$r=H/\tan\beta$，其中，$\tan\beta$ 为主要影响范围角的正切值；H 为开采深度，m。

b——水平移动系数。

x——以左侧拐点为原点，指向工作面方向的 x 坐标。

l——x 方向上的计算工作面长度，m，可以由下式计算得出：

$$l = l_0 - S_3 - S_4 \tag{4-6}$$

式中 l_0——工作面实际开采长度，m；

S_3、S_4——拐点平移距，m。

同理可得 y 方向有限开采条件下的地表移动变形计算式，内容如下。

$$\left.\begin{aligned}
W^0(y) &= \frac{W_0}{2}\{[1+\mathrm{erf}(\sqrt{\pi}\,\frac{y}{r})]-[1+\mathrm{erf}(\sqrt{\pi}\,\frac{y-L}{r})]\} = W(y)-W(y-L)\\
i^0(y) &= \frac{\mathrm{d}W^0(y)}{\mathrm{d}y} = \frac{W_0}{r}[\mathrm{e}^{-\pi\frac{y^2}{r^2}}-\mathrm{e}^{-\pi\frac{(y-L)^2}{r^2}}] = i(y)-i(y-L)\\
k^0(y) &= \frac{\mathrm{d}^2W^0(y)}{\mathrm{d}y^2} = \frac{2\pi W_0}{r^2}[\frac{y}{r}\mathrm{e}^{-\pi\frac{y^2}{r^2}}-\frac{y-L}{r}\mathrm{e}^{-\pi\frac{(y-L)^2}{r^2}}] = k(y)-k(y-L)\\
U^0(y) &= bW_0[\mathrm{e}^{-\pi\frac{y^2}{r^2}}-\mathrm{e}^{-\pi\frac{(y-L)^2}{r^2}}] = U(y)-U(y-L)\\
\varepsilon^0(y) &= \frac{\mathrm{d}U^0(y)}{\mathrm{d}y} = \frac{2\pi bW_0}{r}[\frac{y}{r}\mathrm{e}^{-\pi\frac{y^2}{r^2}}-\frac{y-L}{r}\mathrm{e}^{-\pi\frac{(y-L)^2}{r^2}}] = \varepsilon(y)-\varepsilon(y-L)
\end{aligned}\right\} \tag{4-7}$$

式中 $W_0(y)$、$i_0(y)$、$K_0(y)$、$U_0(y)$、$\varepsilon_0(y)$——有限开采 y 方向主断面内的下沉、倾斜、曲率、水平移动和水平变形值。

y——以下山边界拐点为原点，指向工作面上山方向的 y 坐标。

L——y 方向上的计算工作面长度，m，可以由下式计算得出：

$$L = L_0 - S_1 - S_2 \tag{4-8}$$

式中 L_0——y 方向工作面实际开采长度，m；

S_1、S_2——下山和上山拐点平移距，m。

(2) 任意点的移动变形预测

如图 4-20 所示，以工作面下山左侧角点为坐标原点建立坐标系，x 轴指向走向方向，y 轴指向上山方向，φ 为预测方向与 x 轴方向的夹角，根据叠加原理可得任意点的变形预测公式。

① 任意点的下沉：

$$\begin{aligned}
W(x,y) &= \int_{-m_0}^{m_0}\int_{-s_0}^{s_0}\int_{-t_0}^{t_0}\frac{1}{r^2}\mathrm{e}^{-\frac{\pi}{r^2}[(x-s)^2+(y-q)^2]}\mathrm{d}s\mathrm{d}q\mathrm{d}m\\
&= \frac{1}{W_0}W^0(x)W^0(y) = W_0\cdot C(x)\cdot C(y)
\end{aligned} \tag{4-9}$$

$$C(x)=\frac{W^0(x)}{W_0},\quad C(y)=\frac{W^0(y)}{W_0} \tag{4-10}$$

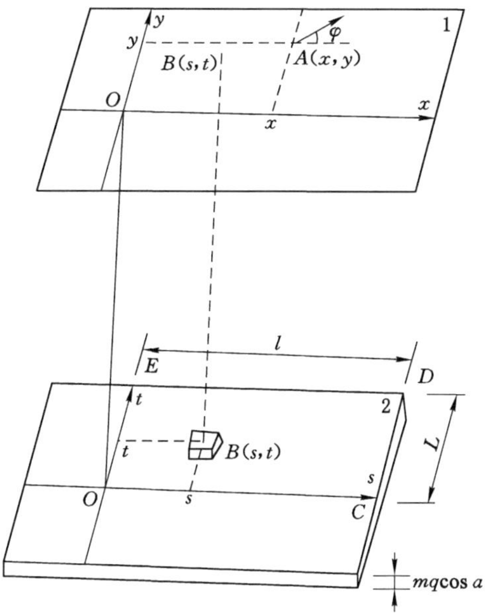

图 4-20　坐标系示意

② 任意点任意方向的倾斜：

$$i(x,y)_{\varphi}=\frac{\partial W(x,y)}{\partial x}\cos\varphi+\frac{\partial W(x,y)}{\partial y}\sin\varphi$$

$$=C(y)i^{0}(x)\cos\varphi+C(x)i^{0}(y)\sin\varphi \tag{4-11}$$

③ 任意点任意方向的曲率：

$$k(x,y)_{\varphi}=C(y)k^{0}(x)\cos^{2}\varphi+C(x)k^{0}(y)\sin^{2}\varphi+C_{(x,y)}\sin 2\varphi \tag{4-12}$$

其中

$$C_{(x,y)}=\frac{1}{W_{0}i(x)}i^{0}(x)i^{0}(y) \tag{4-13}$$

④ 任意点任意方向的水平移动：

$$U(x,y)_{\varphi}=C(y)U^{0}(x)\cos\varphi+C(x)U^{0}(y)\sin\varphi \tag{4-14}$$

⑤ 任意点任意方向的水平变形：

$$\varepsilon(x,y)_{\varphi}=C(y)\varepsilon^{0}(x)\cos^{2}\varphi+C(x)\varepsilon^{0}(y)\sin^{2}\varphi+\frac{1}{2}r_{(x,y)}\sin 2\varphi_{k} \tag{4-15}$$

其中

$$r_{(x,y)}=\frac{1}{W_{0}}[C(y)i^{0}(y)U^{0}(x)+C(x)i^{0}(x)U^{0}(y)] \tag{4-16}$$

式中　$W^{0}(x)$——倾向方向充分采动时走向主断面上坐标为 x 的点的下沉值；

$W^{0}(y)$——走向方向充分采动时倾向主断面上坐标为 y 的点的下沉值；

$i^{0}(x)$——倾向方向充分采动时走向主断面上横坐标为 x 的点的倾斜值；

$i^{0}(y)$——走向方向充分采动时倾向主断面上横坐标为 y 的点的倾斜值；

$K^{0}(x)$——倾向方向充分采动时走向主断面上横坐标为 x 的点的曲率值；

$K^0(y)$——走向方向充分采动时倾向主断面上横坐标为 y 的点的曲率值；

$U^0(x)$——倾向方向充分采动时走向主断面上横坐标为 x 的点的水平移动值；

$U^0(y)$——走向方向充分采动时倾向主断面上横坐标为 y 的点的水平移动值；

$\varepsilon^0(x)$——倾向方向充分采动时走向主断面上横坐标为 x 的点的水平变形值；

$\varepsilon^0(y)$——走向方向充分采动时倾向主断面上横坐标为 y 的点的水平变形值。

式(4-9)～式(4-16)就是计算老采空区残余沉陷的概率积分法模型，只要适当确定参数，就可获得满足工程要求的结果。

2. 概率积分法预测参数的选取

(1) 极限沉陷预测方法的参数选取

极限沉陷预测方法认为长壁地下开采引起的地表覆岩及移动变形未完全达到应有的移动变形，其差值可以认为是潜在的残余移动空间，因此可得到等效开采厚度为：

$$M' = M - W_m \tag{4-17}$$

式中 M'——等效开采厚度，mm；

M——煤层开采厚度，mm；

W_m——地表最大下沉值，mm。

在求得残余开采厚度后，可根据概率积分法进行残余移动变形预测，其预测参数采用开采沉陷的预测参数。

从以上内容可以看出，该方法对采空区采用同一残余开采厚度，未考虑采空区不同位置存在的空隙量大小不同，残余移动空间不同，同时，采用开采时的沉陷预测参数也不尽合理。

(2) 残余移动预测参数的选取

与极限沉陷预测方法采用开采沉陷时的预测参数不同，残余移动参数法不改变开采厚度，而通过改变预测参数的方法来进行残余移动变形预测。残余移动预测参数可根据矿区实测资料获得，如果无实测资料，下面的参数选取方法可供参考。

① 方法一

根据国内实测资料，残余移动下沉系数可采用下述方法计算：

$$q_{残} = (1-q)k\left[1-\mathrm{e}^{-\frac{50-t}{50}}\right] \tag{4-18}$$

式中 $q_{残}$——残余下沉系数；

q——下沉系数；

k——调整系数，一般取 0.5～1.0；

t——距工作面开采结束的时间，a；

其余参数为开采时的参数。

② 方法二

中国矿业大学建立了龙口矿区部分观测站下沉系数与时间的关系，其表达式如下：

$$q(t) = a\mathrm{e}^{-bt} \tag{4-19}$$

式中 $q(t)$——t 时刻的地表下沉系数。

t——距工作面开采结束的时间，d。

a、b——与地质采矿条件有关的系数，可以按照下式计算：

$$b = -0.1995\frac{H}{D \cdot m} + 0.4182 \tag{4-20}$$

$$a = 0.0286\ln\frac{D}{H} + 0.0395 \tag{4-21}$$

式中　H、m——工作面开采深度和开采厚度，m；

D——工作面开采宽度，m。

$$\tan\beta_{残} = l \cdot e^{-k \cdot t} \tag{4-22}$$

$$l = 2.5376\frac{D \cdot m}{H} - 0.6766$$

$$k = 0.0151\frac{D \cdot m}{H} - 0.0018 \tag{4-23}$$

式中　$\tan\beta_{残}$——t 时刻主要影响范围角的正切值。

当计算的 $q_{残}$ 小于 0.1 时，取 $q_{残}=0.1$。当计算的 $\tan\beta_{残}$ 小于 1.0 时，取 $\tan\beta_{残}=1.0$。

③ 根据破裂岩体特性确定残余移动预测参数

对于破裂岩体变形性质国内外进行了大量的研究，Salamon(萨拉蒙)给出了垮落岩体的应力-应变关系：

$$\sigma = \frac{E_0\varepsilon}{1-\varepsilon/\varepsilon_m} \tag{4-24}$$

式中　σ——轴向应力；

ε——轴向应变；

ε_m——破裂岩体最大可能的应变；

E_0——初始切线模量。

破裂岩体最大可能的应变 ε_m 与初始碎胀系数 K_0 有如下关系：

$$\varepsilon_m = \frac{K_0-1}{K_0}$$

$$K_0 = \frac{1}{1-\varepsilon_m} \tag{4-25}$$

对于老采空区破裂岩体，其碎胀主要发生在冒落带内，则老采空区破裂岩体的初始碎胀系数可以表述为：

$$K_0 = \frac{M-W_m}{h_m\cos\alpha} + 1 \tag{4-26}$$

式中　M——开采厚度。

W_m——地表最大下沉值。

α——煤层倾角。

h_m——冒落带高度，可以按照下式计算得出：

$$h_m = \frac{100\sum M}{a\sum M + b} \tag{4-27}$$

式中　a、b——与地质采矿条件相关的系数，详见表 4-4。

对于单一煤层开采，有：

$$h_m = \frac{100M}{aM+b} \tag{4-28}$$

Pappas(帕帕斯)等通过对垮落岩体照相的方法,分析了垮落岩体的块度组成,然后采用相似理论进行了20组破裂岩体的相似试验,通过三维反分析,得到了初始弹性模量 E_0 与块度强度 σ_c 之间的关系:

$$E_0 = \frac{10.39\sigma_c^{1.042}}{k_0^{7.7}} = 10.39\sigma_c^{1.042}(1-\varepsilon_m)^{7.7} \tag{4-29}$$

将式(4-29)代入式(4-24)可得:

$$\sigma = \frac{10.39\sigma_c^{1.042}\varepsilon}{k_0^{7.7}(1-\varepsilon/\varepsilon_m)} \tag{4-30}$$

$$\sigma = \frac{10.39\sigma_c^{1.042}(1-\varepsilon_m)^{7.7}\varepsilon}{(1-\varepsilon/\varepsilon_m)} \tag{4-31}$$

由式(4-31)可得:

$$\varepsilon = \frac{\varepsilon_m}{10.39\dfrac{\sigma_c^{1.042}}{\sigma}(1-\varepsilon_m)\varepsilon_m + 1} \tag{4-32}$$

式中 σ——轴向应力,MPa;

ε——轴向应变;

ε_m——破裂岩体最大可能的应变;

k_0——初始碎胀系数,对于破裂岩体:$k_0 = \dfrac{1}{1-\varepsilon_m}$;对于老采空区破裂岩体:$k_0 = \dfrac{M-w_m}{h_m\cos\alpha}+1$,其中,$M$ 为开采厚度,w_m 为地表最大下沉值,α 为煤层倾角,h_m 为垮落带高度,h_m 的计算方式已在本章提出。

假定只有垮落带破裂岩体产生碎胀,破裂岩体压缩主要发生在垮落带内,则最终压缩量与破裂岩体碎胀系数、垮落带高度、垮落岩体抗压强度及覆岩应力有关,从而有:

$$w_{残} = h_m\varepsilon = \frac{h_m\varepsilon_m}{10.39\dfrac{\sigma_c^{1.042}}{\sigma}(1-\varepsilon_m)^{7.7}\varepsilon_m + 1} \tag{4-33}$$

式中 $w_{残}$——建筑物载荷作用下的残余沉降量。

破裂岩体最大可能的应变 ε_m 与开采厚度和地面最大下沉量有关,可按下式进行计算:

$$\varepsilon_m = \frac{\mathrm{M}-w_m}{h_m} = \frac{(1-q)\mathrm{M}}{h_m} = \frac{q'M}{h_m} \tag{4-34}$$

式中 q——下沉系数;

q'——残余下沉系数。

这样就可根据式(4-33)、式(4-34)和式(4-28)计算潜在的残余下沉量。

在由式(4-33)、式(4-34)和式(4-28)计算老采空区残余下沉量时,需要用到的参数有地表下沉系数、冒落带高度、岩体抗压强度。根据《建筑物、水体、铁路及主要井巷煤柱留设与压煤开采规范》,选取相关参数见表4-4。

表 4-4　计算参数

岩性	坚硬	中硬	软弱
a	2.1	4.7	6.2
b	16	19	3.2
抗压强度/MPa	40	20	10
地表下沉系数 q	0.7	0.8	0.9

根据表 4-4 中的计算参数和式(4-33)、式(4-34)和式(4-28)，计算分析得到的结果如图 4-21～图 4-23 所示。

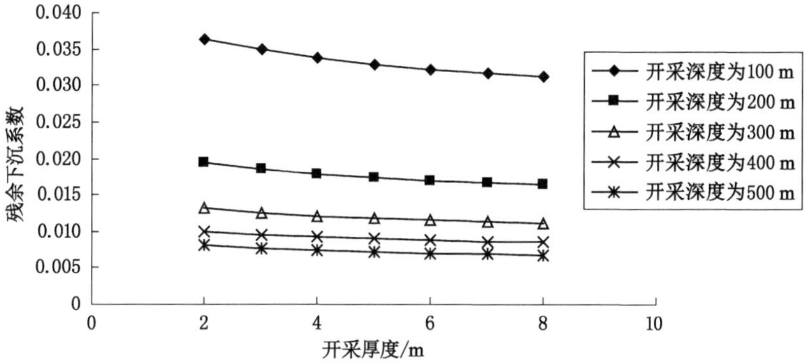

图 4-21　坚硬岩层条件下，残余下沉系数与开采厚度、开采深度的关系

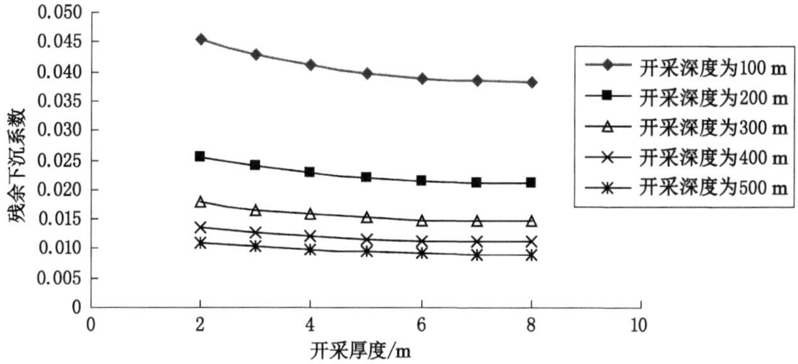

图 4-22　中硬岩层条件下，残余下沉系数与开采厚度、开采深度的关系

从图 4-21～图 4-23 中可以看出，在同样的开采厚度条件下，开采深度越小，残余下沉系数越大，说明后期可能产生的地表残余沉陷越大。在同样的开采深度条件下，开采厚度越大，残余下沉系数越小。根据相关数据，可得到残余下沉系数与开采厚度的关系为：

$$q_{残} = c\ln M + d \tag{4-35}$$

式中　$q_{残}$——残余下沉系数。

M——开采厚度。

c、d——系数，与开采深度有关，可以采用下式计算得出。

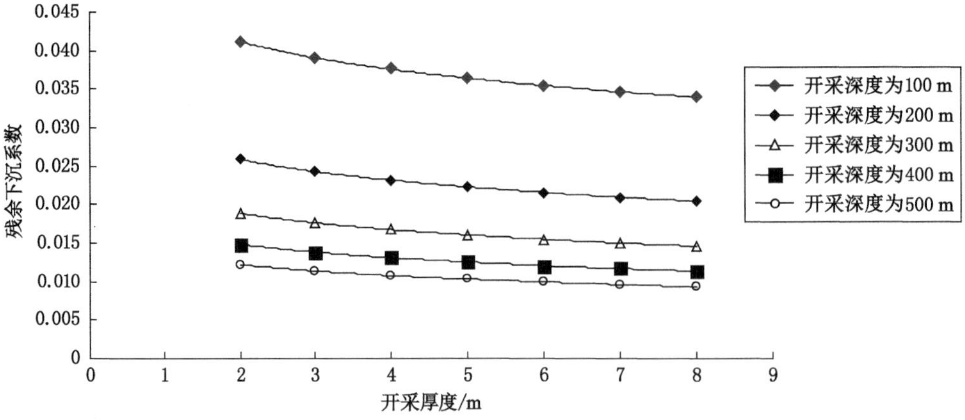

图 4-23 软弱岩层条件下，残余下沉系数与开采厚度、开采深度的关系

坚硬覆岩：

$$c = 0.0018\ln H_0 - 0.0116 \tag{4-36}$$

$$d = -0.0188\ln H_0 + 0.1234 \tag{4-37}$$

中硬覆岩：

$$c = 0.0024\ln H_0 - 0.0161 \tag{4-38}$$

$$d = -0.0228\ln H_0 + 0.1513 \tag{4-39}$$

软弱覆岩：

$$c = 0.0019\ln H_0 - 0.0141 \tag{4-40}$$

$$d = -0.0195\ln H_0 + 0.1332 \tag{4-41}$$

式中 H_0——平均开采深度，m。

可根据式(4-35)～式(4-41)计算老采空区的残余下沉系数，从而预测采空区的残余沉陷。

根据上述方法确定的残余移动预测参数，可根据概率积分法进行残余移动变形预测，从而为采空区建设场地稳定性评估提供技术数据。

（二）基于数值模拟方法的长壁开采后的采空区残余沉陷预测

采用采空区残余沉陷数值模拟时认为地下开采会导致岩体破裂，进而会改变岩体的力学特性，从而在覆岩应力作用下，破裂岩体存在着长期的移动变形。因此，数值模拟的关键是确定破裂岩体的力学参数及长期变形特性，目前采用最多的方法是通过改变垮落带、裂缝带岩体的变形模量来量化其变形行为。根据大量研究，岩体的力学参数可采用下述方法确定。

① 未采动和采动弯曲带岩体的力学参数：变形模量、内聚力、屈服函数参数和抗拉强度可取同层位岩样试验参数的1/3～1/5，其余参数同岩样的物理力学参数。

② 裂缝带岩体的力学参数：变形模量、内聚力、屈服函数参数和抗拉强度可取同层位岩样试验参数的1/10～1/20，泊松比取同层位岩样参数的2.5倍（但不超过0.5），岩体重力密度按破裂岩体碎胀系数适当减小。

③ 垮落带岩体的力学参数：变形模量、内聚力、屈服函数参数可取同层位岩样试验参数

的 1/20～1/30，抗拉强度取为 0，泊松比取同层位岩样参数的 1～2 倍(但不超过 0.5)，岩体重力密度按破裂岩体碎胀系数适当减小。

④ 风化带岩体的力学参数：变形模量、内聚力、屈服函数参数和抗拉强度可取同层位非风化岩样试验参数的 1/6，或取同层位风化岩样参数的 1/3，其他参数同岩样的物理力学参数。

根据上述参数和开采沉陷理论确定计算方案和计算模型，然后进行模拟计算，并分析获得的计算结果。

对于非线性预测方法，目前大多根据地表实测数据建立单点的沉陷预测计算式，然后进行采空区残余沉陷估算。

对于多煤层开采的残余移动变形预测，首先可根据上述方法确定各煤层开采的残余移动预测参数，分煤层预测残余移动变形，然后叠加便可得到多煤层开采的残余移动变形。

以上残余移动变形预测方法除数值模拟方法考虑了地面建(构)筑物荷载的影响外，其余方法均未考虑地面建(构)筑物荷载对采空区破裂岩体的影响，仅考虑了采空区自身的残余变形。但考虑到在进行采空区建设场地稳定性评价时，如果建筑物荷载影响到破裂岩体将视其为不稳定，需要采取治理措施，因此，采用上述方法进行采空区残余移动变形预测是可行的。

第三节　柱式开采后的采空区场地残余变形预测方法

前述研究表明，柱式开采后的采空区残余移动变形主要来源于采空区顶板变形、煤柱变形、煤柱压入顶底板的变形及建(构)筑物荷载作用下的变形，因此，在进行柱式开采后的采空区残余移动变形预测时，必须考虑这些方面的移动变形。

(一) 柱式开采后的采空区非连续变形预测

当柱式开采后的采空区深厚比较小时，覆岩及地表将产生非连续的移动变形，并且在此情况下的覆岩及地表移动变形难以预测，国外的研究表明，覆岩及地表出现非连续变形与开采深度、开采厚度、覆岩力学性质、煤房(或条带)宽度等有关。表 4-5 为国外部分房柱式开采时，老采空区出现地面塌陷坑的地质采矿条件。从表 4-5 中可见，出现塌陷坑的最大开采深度为 24.4～101.5 m。从图 4-24 中可见，在开采深度小于 60 m 的条件下，塌陷坑出现的频率为 78.6%，即在开采深度较小的情况下，地表出现塌陷坑的频率较高。出现塌陷坑的情况不但与开采深度有关，而且与煤层开采厚度、覆岩性质、开采宽度等有关，有研究表明，当深厚比 $H/m \leqslant 6$ 时，有 90%的概率出现地面塌陷坑。美国怀俄明州 Hanna 矿区 2、3 号矿的地表曾出现塌陷坑，研究区域的开采时间为 1889—1934 年，开采宽度为 9 m，煤柱宽为 9～15 m，开采厚度为 3.0～6.1 m，最大开采深度分别为 61 m(2 号矿)和 305 m(3 号矿)。地面分别出现 89 个(2 号矿)和 225 个(3 号矿)塌陷坑，塌陷坑的最大深度分别为 3 m 和 3.4 m。还有研究表明，当开采深度小于 49 m 时，有 98%的概率出现塌陷坑，有 96%的概率塌陷坑出现在覆岩厚度小于 30 m 的条件下，其中当开采深度为 15～24 m 时，出现塌陷坑的概率为 62%。按照深厚比 H/m 来考虑，当 $H/m \leqslant 8.3 \sim 18.3$ 时，有 98%的概率出现塌陷坑。

表 4-5 出现塌陷坑的最大开采深度

序号	矿区	最大开采深度/m
1	宾夕法尼亚州西部某矿区	47.7
2	怀俄明州某矿区	73.2
3	怀俄明州某矿区	77.0
4	北达科他州某矿区	24.4
5	伊利诺斯盆地某矿区	50.3
6	伊利诺伊州某矿区	50.3
7	科罗拉多斯普林斯某矿区	45.7
8	怀俄明州某矿区	30.5
9	怀俄明州某矿区	101.5
10	怀俄明州某矿区	30.5
11	亨伯赛德郡某矿区	90.0
12	印度米萨普尔矿区	25.0
13	印度某矿区	43.0

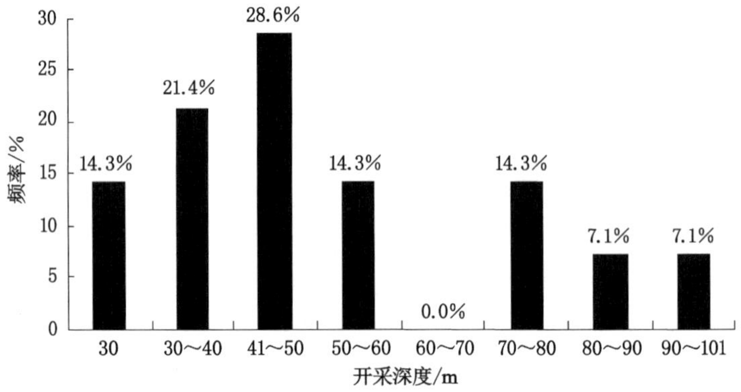

图 4-24 塌陷坑出现的频率与开采深度的关系

以上资料表明，当深厚比小于 20 时，地表已出现塌陷坑，且其覆岩与地表移动变形难以预测，因此，本节柱式开采后的采空区残余变形预测方法仅适用于预测深厚比大于 20，且地面不出现塌陷坑等非连续变形的情况。

（二）等效厚度预测法

等效厚度预测法认为柱式开采后的采空区残留空洞为覆岩及地表的移动源，不论是顶板塌落还是煤柱失稳，其最大移动空间都是采空区的残留空洞，因此，可将剩余残留空洞看成等效煤层厚度，然后再采用概率积分法进行残余移动变形预测。等效开采厚度可采用下式计算：

$$M' = M \times \rho - W_m \tag{4-42}$$

式中　M'——等效开采厚度，mm；

M——采空区实际开采厚度，mm；

ρ——采出率；

W_m——柱式开采已经产生的最大下沉值。

在求得等效开采厚度后，可采用概率积分法进行地表残余移动变形预测。在预测时，采用如下步骤：

① 根据采空区残留煤柱及采场分布情况，确定地下柱式开采后的采空区范围。

② 对煤柱及顶板的稳定性进行评估，确定失稳和稳定的采空区范围，并将非稳定采空区作为预测区域；对于采留宽不同的区域，应将其分为多个计算区域，分别采用不同的等效开采厚度。

③ 根据式(4-42)确定各个不稳定区域的采空区等效煤层厚度。

④ 根据等效煤层厚度按照概率积分法来预测地表的残余移动变形，预测参数选用本矿区或类似矿区的概率积分法参数。

第四节　长壁开采后的采空区场地残余变形概率积分法预测实例

第二章第四节介绍了徐州城区西部某大型社区的采空区勘察成果。该项目场地分布的采空区为原徐州矿务局某煤矿开采的采空区，分布有 2 煤、3 煤、7 煤、9 煤、10 煤、20 煤、21 煤采空区，其中 2 煤、3 煤采空区仅在项目场地中部北侧分布有少量工作面，整个矿界内除工业广场位置外的其他区域的 7 煤全部开采，9 煤、10 煤、20 煤、21 煤仅在矿界内局部区域开采，开采情况复杂，且开采方式包括走向长壁式、房柱式、条带式等多种形式。因此在进行残余移动预测时，针对不同开采方式及不同煤层的采空区，应结合徐州地区采空区的沉降观测成果及徐州地区采空区的残余变形计算经验选取不同的参数，然后再采用概率积分法进行计算。

一、残余移动预测参数的选取

根据《煤矿采空区岩土工程勘察规范》(GB 51044—2014)以及徐州矿区大量的采空区研究成果，并考虑该项目区域分布的采空区的开采方法、回采情况、终采时间、覆岩岩性等，综合确定其地表移动变形参数，见表 4-6。

表 4-6　地表移动变形参数

各煤层采空区	下沉系数 q	主要影响角的正切值 $\tan\beta$	水平移动系数 b	拐点偏移距 S/H	开采影响传播角 θ/(°)
2 煤、3 煤、7 煤长壁开采后的采空区	0.85	3.5	0.29	0.06	67
9 煤、10 煤、20 煤、21 煤长壁开采后的采空区	0.92	3.5	0.29	0.06	67
7 煤房柱式开采后的采空区	0.15	3.2	0.29	0.06	67
10 煤房柱式开采后的采空区	0.2	3.5	0.29	0.06	67
20 煤、21 煤条带式开采后的采空区	0.2	2.3	0.15	0.01	67

二、残余移动预测成果

采用中国矿业大学自行研制的地表沉陷预测软件，按照上述预计参数，使用概率积分法建立了该项目场地的沉陷预测模型，并计算了拟建场地已经发生的最大地表变形值以及相应的残余变形值。计算结果表明：拟建场地的采矿影响区已发生大规模的地表移动变形，见表 4-7。相应的残余变形预测结果如图 4-25 所示。

表 4-7　拟建场地截至 2016 年 6 月已发生的最大地表变形值

变形类型	下沉/mm	倾斜/(mm·m^{-1})	水平变形/(mm·m^{-1})	曲率/(10^{-3}·m^{-1})
最大值	5 000	125	60	5

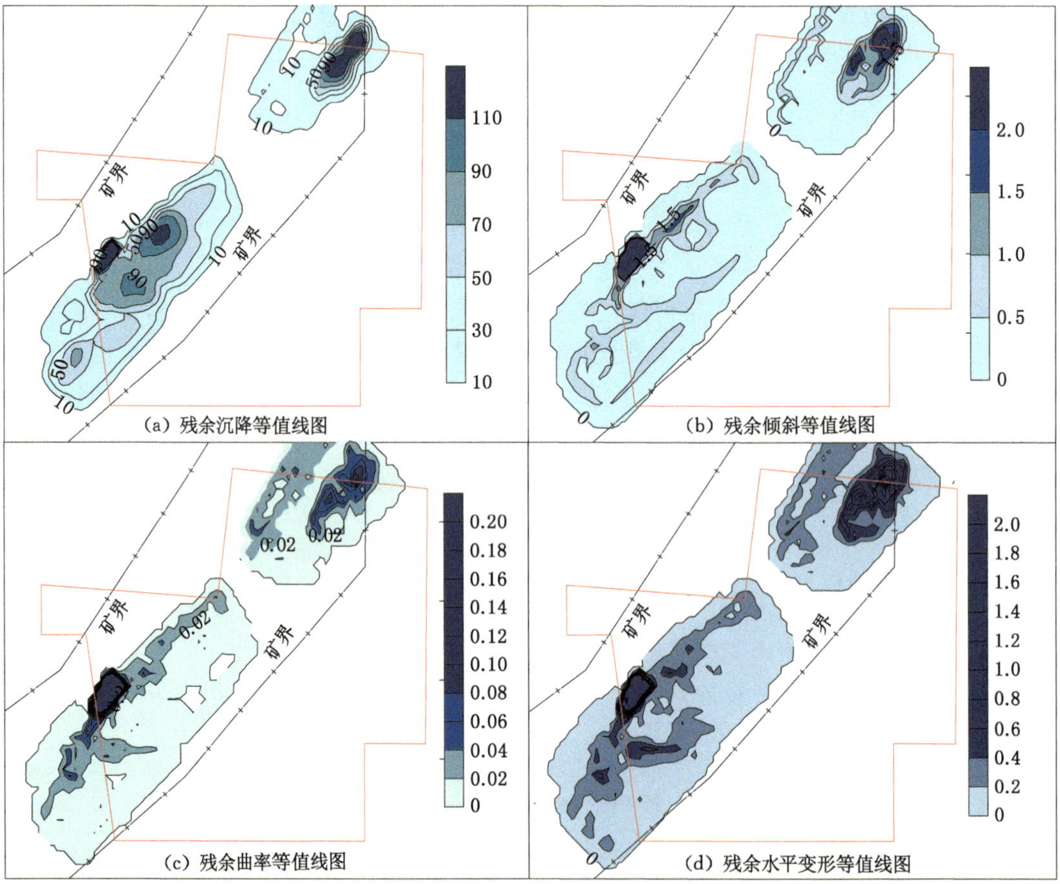

图 4-25　残余变形计算成果

第五章　采空区场地稳定性与建设适宜性评价方法

采空区场地稳定性受采矿条件、采空区残余变形趋势和时间等多种因素的影响，过多的评价指标参与采空区稳定性评价会导致结果失去科学性和合理性。针对不同的采空区类型，我们采用适合的因素作为评价指标，分析了采用残余沉降评价法、附加应力影响深度评价法、数值模拟评价法和模糊综合评价方法建立的采空区场地稳定性评价体系。在此基础上结合采空区与拟建工程的相互影响程度、拟建工程的地基稳定性以及拟建工程抗采动变形技术措施的难易程度与工程造价等多方面因素综合确定了采空区场地的工程建设适宜性。本章结合具体案例介绍了不同地面建(构)筑物的采空区场地稳定性和建设适宜性评价方法。

第一节　采空区场地稳定性影响因素分析与确定方法

采空区场地稳定性受多种内外因素的共同影响，与开采煤层的厚度和埋深、上覆岩层的岩性和厚度、地质构造、水文地质条件以及煤矿开采方法、开采面积、开采次数、顶板管理方法等多因素密切相关，对其进行评价是一项复杂的系统工程，影响因素众多且复杂。本节主要介绍采空区稳定性的主要影响因素及其影响机理，并给出采空区场地稳定性评价因子的确定方法。

一、地质采矿因素对采空区场地稳定性影响的机理

采空区场地稳定性受多种内外因素的共同影响，与覆岩结构、地质因素、水文因素、采空区变形类型等密切相关。通过查阅有关采空区稳定性评价的相关文献资料，归纳出了采空区稳定性的主要影响因素，具体内容如下。

1. 水文地质因素

(1) 岩体结构

岩体结构由结构面和结构体两个要素组成，是反映岩体工程地质特征的根本因素，不仅影响岩体的内在特性，而且影响岩体的物理力学性质及其受力变形的全过程。岩体的稳定性主要取决于结构面性质及其空间组合和结构体的性质等。一般情况下，如果岩体的结构比较完整，构造变动小，节理裂隙发育弱，则采空区的稳定性较好，危险程度较低，反之则稳定性较差。

(2) 地质构造

在复杂的地质构造带下开采，所形成的采空区安全稳定性差，危险性高，如褶皱、岩脉、断层以及岩层的突变等。当断层密度较大，岩体节理裂隙聚集时，岩层的连续性会被破坏，此处通常聚集大量的弹性变形能，一旦煤层被开采，将在断层或岩体裂隙处释放出大量的弹性变形能，若形成的采空区没能够及时得到处理，该部位就会存在极大的危险性。

(3) 水文特征

地下水是一种重要的地质应力，它与岩土体之间的相互作用，一方面改变着岩土体的物理、化学及力学性质，另一方面也改变着地下水自身的物理、力学性质及化学组成。当采空区周围水量较大时，会对岩土体产生润滑作用，从而会导致抗剪强度的衰减，并导致岩土的软化和力学性能的降低，进而会使得岩土体承载力减小。除此之外，地下水的溶解和溶蚀等作用会增大岩体的孔隙率及渗透性，降低采空区围岩的稳定性。

(4) 岩石力学强度

当上覆岩层为软弱岩石时，煤层顶板垮落较快，上覆岩层移动较早，垮落物易于压密，地表沉陷趋稳快；当上覆岩层为坚硬岩石时，顶板不易垮落，垮落后岩块较大，垮落空间几乎全靠垮落岩块碎胀充填，垮落物不易压密，地表沉陷趋稳慢。因此，垮裂带(垮落带和裂隙带)内硬、软岩厚度的比例是一个较好的反映采空区稳定性的指标。

2. 开采条件

(1) 开采工艺与顶板管理方法

不同开采工艺及顶板管理方法形成的采空区稳定性不同。早期小煤窑开采无规律可循，见煤就挖，无煤就撤，通常情况下，采空区顶板采用木支护或不支护，开采后形成的采空区也不予治理，该类煤矿的采空区稳定性较差，潜在危险性较高。现代矿井多采用综合机械化长壁采煤工艺，全部垮落法管理顶板，该类型的采空区覆岩破坏较充分，采空区在内外因素的扰动下会发生长期的蠕变压缩变形，该类型采空区的变形通常是缓慢连续、可控的。充填采煤工艺主动处理采空区，降低了顶板的下沉空间，同时充填体改变了周围煤岩体的受力状态，增强了采空区的稳定性，通常情况下该类型采空区是稳定的。

(2) 开采厚度

根据矿山开采沉陷学相关理论可知，开采厚度越大，相应的导水裂隙带高度越大。在同等内外因素的扰动下，开采厚度越大，采空区移动变形越大且越剧烈。

(3) 深厚比

当深厚比较小时，外界荷载的扰动会波及采空区的导水裂隙带，导致其内部岩体裂隙闭合及破碎岩体的压缩蠕变，进而导致上方地表的移动变形，甚至出现裂缝、塌陷等非连续的移动变形破坏。随着深厚比的增大，这种现象会逐渐削弱。

(4) 煤层倾角

煤层倾角的增大会增加地表的水平位移、增大地表的拉伸变形，进而会增加地裂缝出现的可能性以及建设场地出现不均匀沉降的可能性。倾斜采空区使覆岩的应力分布趋于复杂，而且地层倾斜会使得采空区上山方向的覆岩内部裂隙及节理更加发育，进而会降低采空区的稳定性。除此之外，当倾角大于 45°后，常出现不充分采动情况，可能会加剧地面塌陷。

(5) 重复采动

重复采动的采空区覆岩破坏范围更大，破坏程度更加充分，将出现“1＋1＞2”的现象。在此条件下，采空区围岩将出现应力叠加，从而造成应力集中，进而降低采空区的稳定性。

(6) 采动程度

常采用采动程度系数来衡量工作面在走向和倾向上的采动程度。一般而言，随着采动程度的增加，上覆岩层移动与变形值会相应增加，相应的发生残余沉降的空间会相对减小。

（7）冲积层厚度

当采空区上方覆盖较厚松散层时，能够吸收岩体的不均匀移动变形，从而会使地表残余沉降变形趋于平缓，利于拟建建（构）筑物的安全；相反，如基岩直接露出地表，地表残余沉降变形分布不均匀，对拟建建（构）筑物危害也较大，则建设场地的稳定性就相对较差。

3. 采空区残余变形趋势

（1）采空区变形类型

采空区活化变形大致可分为采空区四周关键岩块失稳以及破碎岩体压实导致的长期缓慢残余变形两大类。一般而言，关键岩块失稳可能诱发较为严重的不均匀沉降，特别是浅部采空区，这种不均匀沉降往往更为显著。破碎岩体压实导致的残余沉降一般较为平缓，可认为其对采空区建设场地的影响较小。

（2）残余变形预测值

采空区建设场地的残余变形值与其稳定性直接相关，若建设场地的残余变形超过拟建工程所能承受的允许变形值，可能导致拟建工程失稳，从而威胁拟建工程的安全运营；当预测的残余变形较小时，可通过日常的维护措施及时处置，并可认为此时的建设场地是稳定的。

4. 时间因素

工作面回采结束时间越久，地表残余沉降越小，建设场地就越稳定。由地表移动的持续时间估算公式可知，当工作面回采时间 $t>2.5H_0$（H_0 为平均采深）时，可认为地表移动完全结束，也就是说，在没有外界因素的扰动下，采空区自身残余变形导致的建设场地移动变形不再发生，可认为此时的建设场地是稳定的。当采空区刚刚进入衰退期或残余变形阶段，其残余变形量很大，可认为此时的建设场地是不稳定的。在这两者之间的建设场地稳定性介于二者之间，可参考《采空区公路设计与施工技术细则》（JTG/T D31-03—2011）中规定的采空区场地稳定性等级与停采时间的关系表，见表 5-1。

表 5-1　按停采时间确定长壁式采空区场地稳定性等级评价标准

稳定等级	场地影响范围内工作面停采时间/a		
	软弱覆岩	中硬覆岩	坚硬覆岩
稳定	≥2.0	≥3.0	≥4.0
基本稳定	1.0～2.0	2.0～3.0	3.0～4.0
欠稳定	0.5～1.0	1.0～2.0	2.0～3.0
不稳定	≤0.5	≤1.0	≤2.0

5. 其他因素

（1）建设场地与采空区的相对空间位置

建设场地与采空区的相对空间位置不同，其稳定程度也不同。当建设场地位于采空区中央时，建设场地一般仅发生竖向位移，对建筑物影响相对较小；当建设场地位于采空区边缘时，建设场地除了承受竖向位移之外，还要承受水平位移，这会导致建设场地的拉伸或压缩、开裂或隆起，进而会影响工程结构，可认为此时的建设场地稳定性相对较差。

（2）地震等其他振动

当采空区受到地震或其他振动影响时，若采空区为条带式开采或柱式开采形成的，可能会导致采空区内留设煤柱的破坏失稳，进而造成采空区内采动覆岩结构失稳，诱发建设场地的塌陷；若采空区为长壁开采形成的，在地震或其他振动等作用下，采动次生结构会失稳，从而会导致岩体重新排列组合形成新的稳定结构，在这个过程中会引发采空区覆岩再次移动变形。

二、采空区场地稳定性评价因子的确定

当前采空区场地稳定性评价指标体系中影响因素纷繁复杂且数量庞大，但在实际应用中，评价指标并非越多越好，庞大的指标体系极易导致评价结果失去科学性和合理性。《煤矿采空区岩土工程勘察规范》(GB 51044—2014)归纳的不同类型采空区场地稳定性评价中应考虑的因子可参照表 5-2，在采空区对拟建工程的影响程度评价中应考虑的因子可参照表 5-3 确定。

表 5-2　采空区场地稳定性评价因子

评价因素	采空区类型			
	顶板垮落充分的采空区	顶板垮落不充分的采空区	单一巷道及巷采的采空区	条带式开采的采空区
终采时间	●	●	●	●
地表变形特征	●	●	○	●
开采深度	○	●	○	○
顶板岩性	○	●	●	○
松散层厚度	○	●	△	△
地表移动变形值	●	○	○	○
煤(岩)柱安全稳定性	△	○	●	△

注："●"表示作为主控评价因子；"○"表示作为一般评价因子；"△"表示可不作为评价因子。

表 5-3　采空区对拟建工程的影响程度评价因子

评价因素	采空区类型			
	顶板垮落充分的采空区	顶板垮落不充分的采空区	单一巷道及巷采的采空区	条带式开采的采空区
采空区场地稳定性	●	●	○	○
建(构)筑物重要程度	●	●	●	●
地表变形特征及发展趋势	○	●	○	○
地表剩余移动变形	●	○	△	○
采空区密实状态	●	●	●	○
开采深度	●	●	●	●
采深采厚比	●	●	●	●
顶板岩性	○	○	●	●

表 5-3(续)

评价因素	采空区类型			
	顶板垮落充分的采空区	顶板垮落不充分的采空区	单一巷道及巷采的采空区	条带式开采的采空区
松散层厚度	●	○	△	●
活化影响因素	●	●	●	●
煤(岩)柱安全稳定性	△	△	○	●

注:"●"表示作为主控评价因子;"○"表示作为一般评价因子;"△"表示可不作为评价因子。

三、评价因子确定的其他方法

针对一些情况较为特殊的采空区场地稳定性评价,需要进行专门论证,可采用专家经验来筛选采空区稳定性评价因子。通过专家打分,可采用层次分析、灰色关联分析、模糊评价等方法确定影响因子,灰色关联分析较适合小样本指标筛选,本部分主要介绍基于改进灰色关联分析模型确定评价因子的方法。该方法首先结合研究区域的实际地质采矿环境,遵循唯一性、目的性、可行性和可观测性四大原则,初步定性筛选出部分指标,并保证此部分定性筛选后的指标可进一步量化分析。然后采用改进的灰色关联分析模型对定性筛选后的指标进行定量筛选,具体过程如下所述。

① 邀请 m 个行业内的专家同时对 n 个指标进行权重赋值,得到表征指标权重的矩阵 D,即:

$$\boldsymbol{D}=\begin{bmatrix} d_{11} & d_{12} & \cdots & d_{1m} \\ d_{21} & d_{22} & \cdots & d_{2m} \\ \cdots & \cdots & \ddots & \cdots \\ d_{n1} & d_{n2} & \cdots & d_{nm} \end{bmatrix} \tag{5-1}$$

式中　$\boldsymbol{D}$——指标权重矩阵;

d_{nm}——第 m 个专家对第 n 个待筛选指标权重的评定值。

② 从矩阵 $\boldsymbol{D}$ 中的每列挑选出最大值作为参考值,组成参考指标向量 $\boldsymbol{D}_0$,如式(5-2)所示:

$$\boldsymbol{D}_0=(d_{01},d_{02},\cdots,d_{0m}) \tag{5-2}$$

式中　$\boldsymbol{D}_0$——参考指标向量;

d_{0m}——第 m 个专家确定的参考权重。

③ 求取各个指标与参考指标数据之间的距离,如式(5-3)所示:

$$D_{0i}=\sum_{k=1}^{m}(d_{0k}-d_{ik})^2 \tag{5-3}$$

式中　D_{0i}——第 i 个指标与参考指标数据之间的距离;

d_{ik}——第 k 个专家对第 i 个指标赋予的权值。

④ 计算各指标的权重,如式(5-4)和式(5-5)所示:

$$w_i=1/(1+D_{0i}) \tag{5-4}$$

$$\overline{w}_i = w_i / \sum_{i=1}^{n} w_i \tag{5-5}$$

式中 w_i——第 i 个指标与参考指标数据的关联度；

$\overline{w}_i$——第 i 个指标的权重。

参照上述流程，针对某一具体稳定性评价的工程案例，可得其评价指标经定性筛选后的指标权重排序，即重要性排序。根据实际需求，选取排名前 3～5 项的指标即可实现定量筛选，进而能够构建高效简洁的采空区场地稳定性评价体系。

此外，为了评价筛选后指标的有效性和可靠性，可采用效度系数和可靠性系数对其进行分析。效度系数越小，表明所筛选指标的有效性越高，一般情况下，当效度系数小于 0.1 时，该指标体系的有效性较高。可靠性系数越大，表明所筛选指标的可靠性越高，一般情况下，当可靠性系数大于 0.8 时，该指标体系的可靠性较高。

第二节 采空区场地稳定性的残余沉降评价法

老采空区虽然经过了长时间的压实，但地下空洞、岩层裂隙、冒落岩块的欠压密等现象依旧存在。自然力或者外力的扰动，可能会打破老空区覆岩原有的应力平衡状态，使其产生二次移动或者变形，从而会导致地表出现沉降现象。因此，采用残余沉降法评价采空区场地稳定性是一种直接有效的定量分析方法。

一、基于残余沉降变形值的采空区场地稳定性评价标准

地表残余移动变形值宜以场地实际监测结果为依据，有成熟经验的地区也可采用经现场核实与验证后的地表变形预测结果作为依据。在采用地表残余变形值来确定场地稳定性等级评价的标准时，宜以地面下沉速度及下沉值为主要指标，并结合其他参数按表 5-4 综合判别。

表 5-4 按照地表剩余移动变形值确定场地稳定性等级的评价标准

稳定状态	下沉速度 V_w/(mm·d^{-1})及累计下沉值/mm	地表剩余移动变形值		
		剩余倾斜值 Δi/(mm·m^{-1})	剩余倾斜值 ΔK/(×10^{-3}·m^{-1})	剩余水平变形值 $\Delta\varepsilon$/(mm·m^{-1})
稳定	$V_w<1.0$，且连续 6 个月累计下沉值<30	$\Delta i<3$	$\Delta K<0.2$	$\Delta\varepsilon<2$
基本稳定	$V_w<1.0$，但连续 6 个月累计下沉值≥30	$3\leqslant\Delta i<10$	$0.2\leqslant\Delta K<0.6$	$2\leqslant\Delta\varepsilon<6$
不稳定	$V_w\geqslant1.0$	$\Delta i\geqslant10$	$\Delta K\geqslant0.6$	$\Delta\varepsilon\geqslant6$

二、残余沉降评价法

1. 采用地表移动变形预计法进行采空区场地稳定性评价

地表移动变形预计法适用于长壁式、条带式及房柱式开采的采空区场地稳定性评价，

一般采用概率积分法进行计算。准采区应计算地表最大移动变形值，老采区和新采区应计算地表剩余移动变形值，地表剩余移动变形值可通过预计的地表最大移动变形值扣除已发生的地表移动变形值确定，也可在地表移动变形预计中按下沉过程曲线扣减下沉系数，或引入时间因子，计算开采时段对应的下沉率及相应的地表剩余移动变形值。

2. 采用地表移动变形观测法进行采空区场地稳定性评价

地表移动变形观测法适用于长壁式与条带式开采的采空区场地稳定性评价。当有条件时，宜进行半年以上的高精度地表变形观测。巷道式及房柱式开采的采空区场地若采用该法进行稳定性评价，应延长观测周期。地表移动变形观测应以沉降观测为主，水平位移观测为辅。观测点的布置、观测周期、观测等级和精度等可参考相关行业标准。地表变形观测成果应及时整理分析，主要内容包括：计算各测点的下沉、位移及相邻点间的倾斜、曲率和水平变形值；绘制地表下沉、倾斜、曲率、水平变形曲线和最大下沉过程曲线；计算地表下沉速率，分析地表变形发展趋势，估算地表剩余变形量。

第三节 采空区场地稳定性的附加应力影响深度评价法

原煤炭科学研究总院唐山分院于20世纪90年代提出了附加应力影响深度评价法。该法认为当建(构)筑物外荷载产生的附加应力影响深度与导水裂隙带发育高度重叠时，外荷载将波及导水裂隙带，使得导水裂隙带内的破碎岩体进一步压密变形，从而诱发废弃采空区活化，威胁建(构)筑物的安全。

一、建筑静荷载影响深度的计算方法

一般情况下，当地基中建(构)筑物的附加应力为土体自重力的10%时，认为附加应力对该深度处土体的压缩影响甚微，这个深度称为地基受压层深度，受压层以下的土层中的附加应力很小，其对地基沉降的影响可忽略不计，该深度值减去基础埋深后的值即为荷载的影响深度。由此可知，上述判别系数越小，则荷载扰动深度就越大，对于一般采空区地基，建议采用上述判别系数即10%，而对于复杂采空区，建议将判别系数降至5%来确定荷载的影响深度。关于地基自重应力的计算方法本书不再赘述，可参考土力学与地基基础的相关教材，本书主要介绍建筑物在地基中产生的附加应力的计算方法。

考虑到地基中的附加应力计算比较复杂，目前一般采用根据弹性理论推导出来的方法，其基本假设是：① 地基是半无限空间弹性体；② 地基土体是均匀连续的；③ 地基土是各向同性的。上述假设显然是过于理想化的，与实际差异较大，但由于不同区域的地面建筑物类型、荷载形式以及地基岩层力学性质变化多端，目前尚没有精准的、简单的、完整且成熟的计算方法。综上，为计算简单、方便，本书将基础底面接触压力的分布形式视为均匀分布，仍基于上述弹性理论，介绍几种不同分布荷载作用下的附加应力的计算方法。

1. 地基受竖向集中力作用时

地基受到附加压力作用后将产生附加应力，地基中附加应力的分布和传播具有下列规律：

① 在基础底面下任一深度的水平面上，各点的附加应力非等值，在集中力作用线上的附加应力最大，向周围逐渐减小。

② 集中力作用点下越深，附加应力分布的范围越广，在同一竖向线上的附加应力随深度变化。超过某一深度后，深度越大，附加应力越小。

法国学者布辛尼斯克(Boussinesq)将地基视为一个具有水平表面的半无限空间弹性体，并承受集中荷载(如图 5-1 所示)，然后他推导出了竖向集中力作用下的地基中任意点 M 的竖向附加正应力表达式：

$$\sigma_z = \frac{3Pz^3}{2\pi R^5} \tag{5-6}$$

式中 σ_z ——地基中深度为 z、到集中力 P 作用点的距离为 R 的 M 点处的竖向正应力。

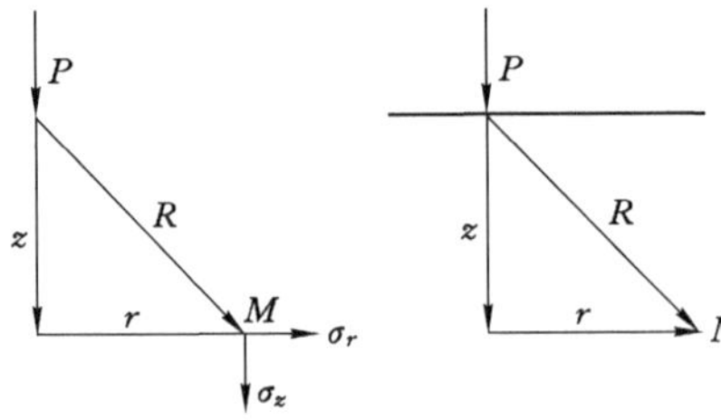

图 5-1 地基承受竖向集中荷载

由式(5-6)可得地基中集中荷载作用线上(即 $R=z$)深度为 z 处的附加应力为：

$$\sigma_z = \frac{3P}{2\pi z^2} \tag{5-7}$$

2. 地基受无限长竖向线荷载作用时

地基受无限长竖向线荷载可视为半无限弹性体表面上承受竖向线荷载的问题，如图 5-2 所示，则地基中任意一点处的竖向应力如式(5-8)所示。显然，线荷载作用线上(即 $R=z$)的附加竖向应力最大，深度为 z 处的附加竖向应力如式(5-9)所示。

$$\sigma_z = \frac{2Pz^3}{\pi R^4} \tag{5-8}$$

式中 σ_z ——地基中深度为 z、到单位长度荷载 P 作用线的距离为 R 的 M 点处的竖向正应力。

$$\sigma_z = \frac{2P}{\pi z} \tag{5-9}$$

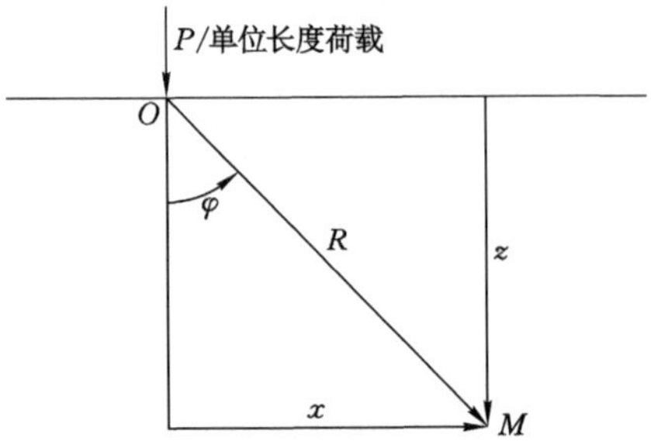

图 5-2 地基承受竖向线荷载

3. 地基受均匀竖向环形线荷载作用时

地基受均匀竖向环形线荷载可视为半无限弹性体表面上承受竖向环形线荷载的问题，如图 5-3 所示，其中心轴上($r=0$)深度为 z 处的竖向附加应力可用下式计算：

$$\sigma_z = \frac{3Pz^3 a}{(a^2 + z^2)^{5/2}} \tag{5-10}$$

式中 σ_z——环形荷载中心轴上深度为 z 的 M 点处的竖向正应力；

a——环形线荷载半径。

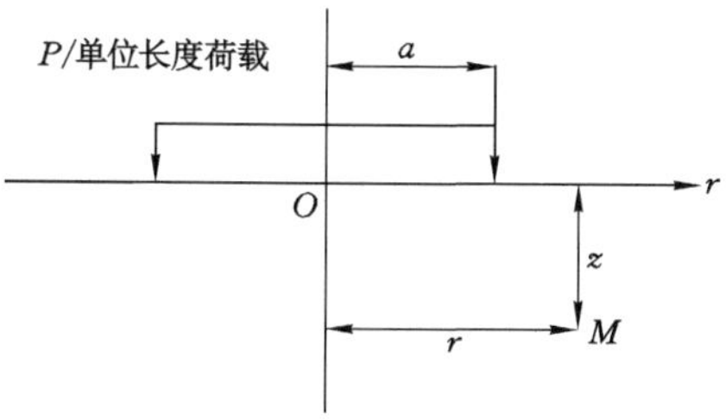

图 5-3 地基承受竖向环形线荷载

4. 矩形面积和条形面积竖向均布荷载作用时

矩形面积在建筑工程中是常见的，一般独立基础底面均为矩形面积；在中心荷载作用下，基底压力可按均布荷载计算。当矩形基础底面的长宽比很大(如大于 10)时，称为条形基础，条形基础是建筑工程中的一种常见基础形式。矩形面积和条形面积受竖向均布荷载作用时，地基中的附加应力可通过对式(5-6)积分求得。

二、车辆动荷载影响深度的计算方法

目前，对交通动荷载的作用研究较少，多数研究是把汽车荷载或火车荷载按照荷载大小等效为静力施加于采空区，而对荷载的频率、持时特性考虑较少。在充分考虑车辆动荷载特性的基础上，我们对车辆动荷载在采空区不良地基中的扰动深度开展了研究。

1. 车辆动荷载的特性

车辆行驶在路面上，在发动机偏心、轮胎花纹及道路不平整等因素的影响下，车辆将会产生振动。车辆振动产生的力会通过轮胎作用在道路上，从而对道路产生相应的作用力。可将其分解为水平力和垂直力，本书主要研究交通荷载的影响深度，所以仅考虑车辆振动对道路产生的垂直力。对于道路而言，除了承受车辆本身自重外，还要承受由于车辆振动而带来的附加动荷载，这也就构成了交通荷载。为了描述交通荷载，国内外常采用四分之一车辆模型进行分析，根据一般车辆结构动力体系的特点，将车辆简化为双自由度车辆振动模型，如图 5-4 所示。

由图 5-4 可知，车辆动荷载部分满足下式：

$$P_d(t) = k(a - y) + c(a_1 - y_1) \tag{5-11}$$

根据达朗贝尔原理(D'Alembert Principle)，可求得上述模型的运动微分方程，如式(5-12)所示。

$$\begin{cases} m_1 y_2 + c_2(y_1 - Y_1) + c_1(a_1 - y_1) + k_2(y - Y) + k_1(a - Y) = 0 \\ m_2 Y_2 - c_2(y_1 - Y_1) - k_2(y - Y) = 0 \end{cases} \tag{5-12}$$

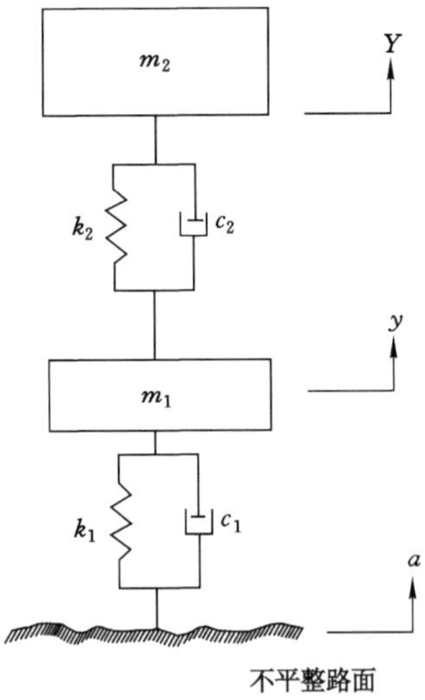

图 5-4 双自由度车辆振动模型

式中 m_1——汽车后非悬挂部分的质量(轮胎、车轴等);

m_2——汽车后悬挂部分的质量(车厢、载重等);

Y——悬挂部分的位移;

y——非悬挂部分的位移;

Y_1——悬挂部分的垂直速度;

y_1——非悬挂部分的垂直速度;

Y_2——悬挂部分的垂直加速度;

y_2——非悬挂部分的垂直加速度;

c_2——悬挂部分阻尼;

c_1——非悬挂部分阻尼;

a——路面不平整度;

a_1——路面垂直速度;

k_1——非悬挂部分的刚度;

k_2——悬挂部分的刚度。

假设路面不平整度为正弦函数,则可表示为:

$$a(x) = a_0 \sin(kx + \varphi) \tag{5-13}$$

式中 a_0——路面不平整幅值。

$k = 2\pi/\lambda$,其中,λ 为路面不平整波长,一般情况下可取车身长。

φ——初始相位。

为方便计算,在此假设初始相位 φ 为 0,车辆匀速向前,则 $x=vt$,并令 $w = kv = 2\pi v/\lambda$,则式(5-13)可改写为:

$$a(t) = a_0 \sin(wt) \tag{5-14}$$

结合式(5-12)的稳态解及式(5-14),可得出:

$$a - y = A\sin(wt + \theta) \tag{5-15}$$

$$a_1 - y_1 = wA\cos(wt + \theta) \tag{5-16}$$

式中　A,θ——车辆相关参数，与 m_1、m_2、c_2、c_1、k_1、k_2 密切相关。

将式(5-15)和式(5-16)代入式(5-11)可得交通荷载的附加动荷载部分：

$$P_d(t) = kA\sin(wt + \theta) + cwA\cos(wt + \theta) \tag{5-17}$$

由式(5-17)可知，等式右侧的第一部分和第二部分均为三角函数，且具有相同的循环和初始相位，只是幅值不同，根据三角函数的相关知识，可将其简化为：

$$P_d(t) = P_d\sin(wt + \varphi) \tag{5-18}$$

式中　P_d——附加动荷载幅值。

在不考虑相位角的基础上，可将式(5-18)进一步简化为：

$$P_d(t) = P_d\sin(wt) \tag{5-19}$$

再将式(5-19)加上车辆静轮载即可得到车辆荷载的表达式，如式(5-20)所示。

$$P(t) = P_0 + P_d\sin(wt) \tag{5-20}$$

式中　P_0——车辆静轮载。

为方便计算，可将车辆荷载动荷载部分的幅值表示为：

$$P_d = \frac{4m_1 a\pi^2 v^2}{L^2} \tag{5-21}$$

式中　L——车辆长度，a 和 m_1 的含义同前。

将式(5-21)代入式(5-20)，得到车辆荷载的最终表达式为：

$$P(t) = P_0 + \frac{4m_1 a\pi^2 v^2}{L^2}\sin(\frac{2\pi v}{\lambda}t) \tag{5-22}$$

虽然式(5-22)的表达形式很简单，但它能够反映出车体、道路不平整度、车辆行车速度及车辆荷载的周期性等影响因素。因此，可用其模拟车辆动荷载。以此为基础，本书建立了以下四种常见的汽车模型(见表5-5)，并利用 MATLAB 绘制了四种汽车模型的荷载与时间的关系曲线，如图5-5～图5-8所示。

表 5-5　四种常见的汽车模型参数

编号	类别	车身长/m	簧下质量/kg	单边静轮重/kN	车辆运行速度/(km·h^{-1})	几何不平顺矢高/mm
1	小轿车	4.5	130	4.5	80	2
2	小货车	4.9	200	15	80	2
3	大客车	10.45	1 200	17.5	80	2
4	特大车	12	1 180	25	80	2

2. 车辆荷载的作用时间

高速公路上的车辆较多，以道路上某一固定点为例，每次车辆通过时均会对该点产生力的效果，因此，车辆荷载是重复加载的。假定高速公路上的相邻两车都保持着安全距离，则在车辆经过的空档期，车辆荷载为0。当车速很快时，则车辆荷载的作用时间较短，车辆运行速度与单次车辆荷载的作用时间关系式如式(5-23)所示。

$$t = -0.474\,6\ln v + 2.452 \tag{5-23}$$

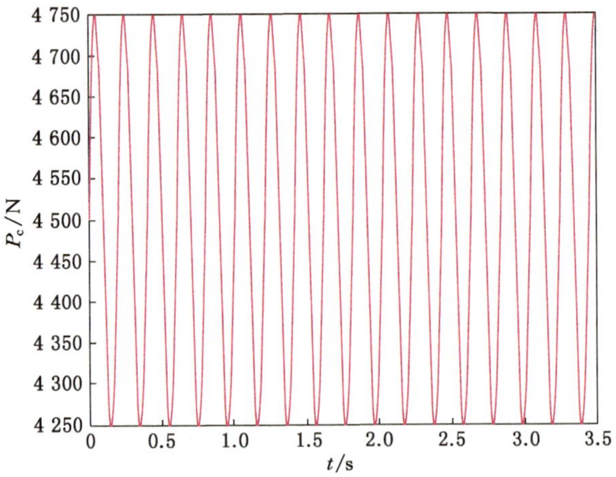

图 5-5 模型 1(小轿车)的荷载与时间的关系

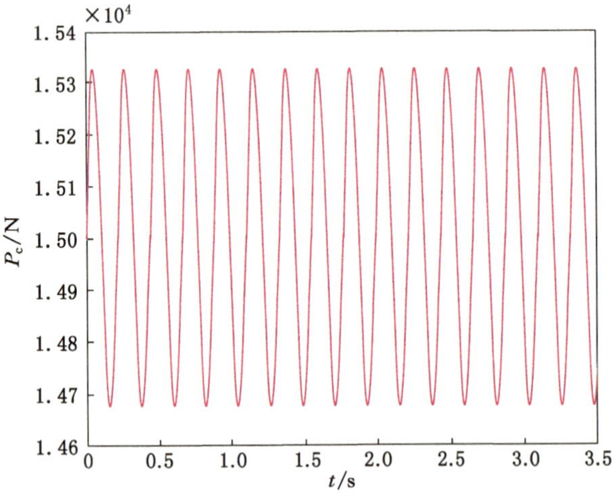

图 5-6 模型 2(小货车)的荷载与时间的关系

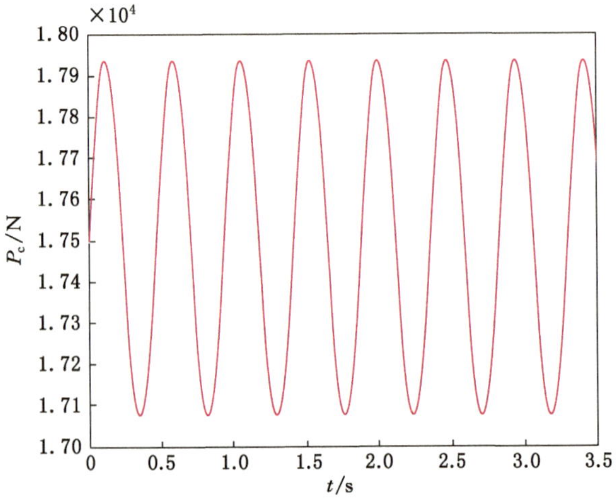

图 5-7 模型 3(大客车)的荷载与时间的关系

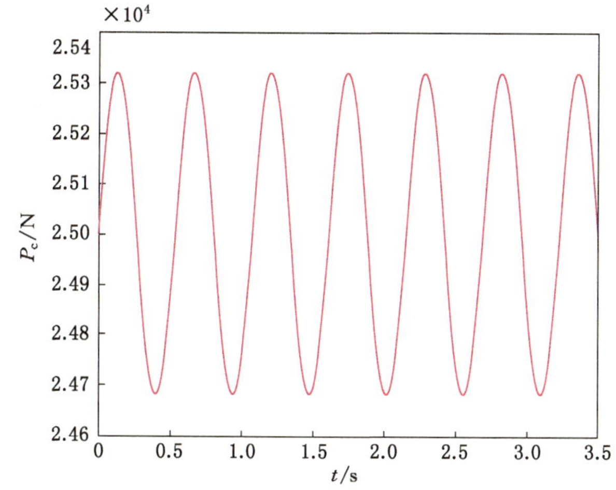

图 5-8　模型 4(特大车)的荷载与时间的关系

假设车辆速度为 100 km/h,由式(5-23)计算单次车辆荷载的作用时间约为 0.288 s。由《中华人民共和国道路交通安全法》中的相关规定可知,车速为 100 km/h 时的安全车距不小于 100 m,以最小安全车距 100 m 为例,时速为 100 km/h 的车 3.888 s 才可通过,也就是说车辆荷载的空窗期为 3.888 s。根据上述分析,可以得到车辆荷载的作用时间公式,见式(5-24)。以通车后前两辆车为例,车辆荷载的作用时间如图 5-9 所示。

$$\begin{aligned} P(t) &= P \quad (0+3.888(N-1))\ \mathrm{s} < t < (0.288+3.888(N-1))\ \mathrm{s} \\ P(t) &= 0 \quad (0.288+3.888(N-1))\ \mathrm{s} < t < 3.888N\ \mathrm{s} \end{aligned} \tag{5-24}$$

式中　N——车辆荷载循环次数。

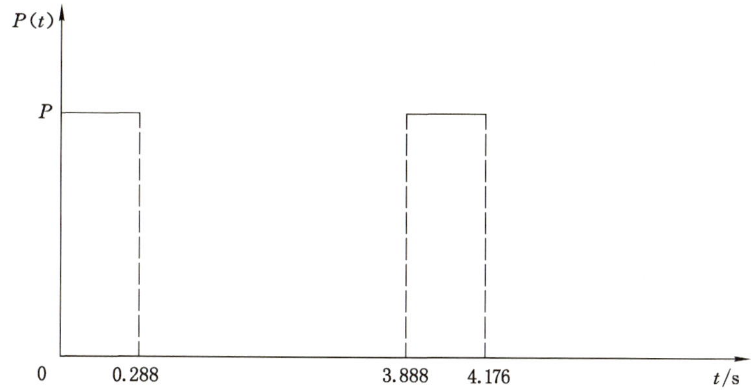

图 5-9　车辆荷载的作用时间

3. 车辆动荷载的影响深度

根据车辆动荷载的特性和作用时间,本书基于 UDEC 数值模拟软件设计了多组试验,研究了路堤高度、路面刚度、车辆载重及车辆速度对车辆动荷载扰动深度的影响机理,结果表明:车辆动荷载的影响深度与路堤高度有着较好的线性关系,与路面刚度、车辆载重及车辆速度有着较好的对数关系。通过对数值模拟结果进行多元回归分析,得出了车辆动荷载的影响深度的经验公式，如式(5-25)所示。

$$h_d=-0.729h_l-0.003\ln E_m+0.548\ln L-0.164\ln v+30.290 \tag{5-25}$$

式中 h_d——车辆动荷载的影响深度；

h_l——路堤高度，m；

E_m——路面刚度，MPa；

L——车辆载重，t；

v——车辆运行速度，km/h。

三、导水裂隙带高度的计算方法

覆岩导水裂隙带的高度应当根据开采区域的地质采矿条件和实测数据分析确定，而对于无实测数据的矿区，可以采用经验公式法或一些算法模型来估算其高度。

1. 经验公式法

《建筑物、水体、铁路及主要井巷煤柱留设与压煤开采规范》中给出了不同覆岩类型的导水裂隙带高度的经验计算公式，如表5-6所示。需要注意的是，近距离煤层导水裂隙带高度的计算，必须考虑上、下煤层开采的综合影响。

表 5-6 导水裂隙带高度经验计算公式

岩性	计算公式之一/m	计算公式之二/m
坚硬	$H_{li}=\dfrac{100\sum M}{1.2\sum M+2.0}\pm 8.9$	$H_{li}=30\sqrt{\sum M}+10$
中硬	$H_{li}=\dfrac{100\sum M}{1.6\sum M+3.6}\pm 5.6$	$H_{li}=20\sqrt{\sum M}+10$
软弱	$H_{li}=\dfrac{100\sum M}{3.1\sum M+5.0}\pm 4.0$	$H_{li}=10\sqrt{\sum M}+5$
极软弱	$H_{li}=\dfrac{100\sum M}{5.0\sum M+8.0}\pm 3.0$	

注：① $\sum M$为累计采厚。

② 公式应用范围：单层采厚1～3 m，累计采厚不超过15 m。

③ 计算公式中"±"号项为中误差。

2. 基于GA-BP组合模型的预测方法

神经网络算法(BP)与遗传算法(GA)的原理可参考相关文献，在此不再赘述。本书将擅长全局搜索的GA算法与擅长局部寻优的BP算法相结合形成新的GA-BP算法，它既可以提高算法的收敛速度，又可以做到全局寻找最优解。GA-BP算法的核心部分是利用GA算法优化BP算法的权值和阈值。在采用遗传算法的过程中，在种群初始化时应采用实数编码的方式对个体进行编码，即所采用的实数交叉法，如式(5-26)所示。编码长度的计算公式如式(5-27)所示。该算法的具体流程如图5-10所示。

$$\begin{cases}a_{kj}=a_{kj}(1-b)+a_{ij}b\\ a_{lj}=a_{lj}(1-b)+a_{kj}b\end{cases} \tag{5-26}$$

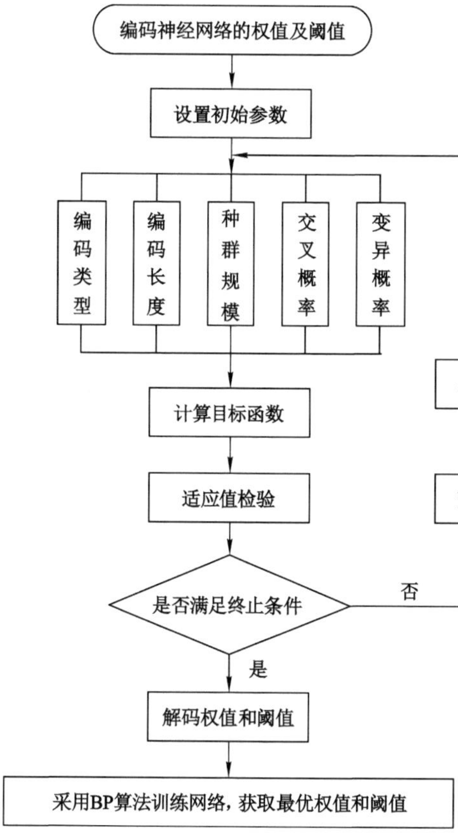

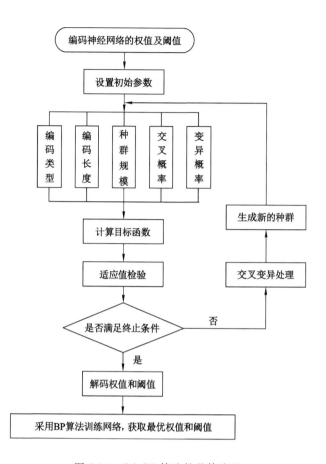

图 5-10　GA-BP 算法的具体流程

式中　b——[0,1]区间的任意实数；

a_{kj}、a_{ij}、a_{lj}——交叉解向量。

编码长度 = 输入层节点数 * 隐含层节点数 + 隐含层节点数 +
隐含层节点数 * 输出层节点数 + 输出层节点数　　(5-27)

大量研究表明，导水裂隙带的发育高度与地质采矿条件密切相关，选取覆岩结构特征、煤层埋深、煤层倾角等 7 个因素作为导水裂隙带发育高度的主要影响因素。通过对资料的收集和整理，得到了中国多个煤矿导水裂隙带的实测数据，见表 5-7。

表 5-7　导水裂隙带发育高度的实测值

序号	观测地点	覆岩结构	埋深/m	倾角/(°)	开采厚度/m	工作面尺寸/m	采煤方法	分层数	实测值/m
1	潞安五阳煤矿	坚硬-坚硬	231.00	8.00	6.20	167.00	分层开采	2	90.70
2	杨庄矿 8 煤层	坚硬-软弱	320.00	6.00	1.70	65.00	炮采	1	27.50
3	宁夏灵新煤矿 L3414 综采工作面	软弱-软弱	113.30	14.50	2.45	188.80	综采	1	34.98

表 5-7(续)

序号	观测地点	覆岩结构	埋深/m	倾角/(°)	开采厚度/m	工作面尺寸/m	采煤方法	分层数	实测值/m
4	北皂煤矿 H2101 工作面	软弱-软弱	359.00	2.30	3.60	146.00	综放	1	30.00
5	淮南孔集矿西二采区	坚硬-坚硬	200.00	76.00	8.00	89.00	综放	1	48.00
6	开滦马家沟矿	坚硬-坚硬	209.50	30.00	4.50	77.00	分层开采	2	47.30
7	东滩煤矿 4308 工作面	坚硬-坚硬	43.00	60.00	3.00	30.00	综采	1	35.00
8	大柳塔矿 1203 工作面	软弱-软弱	49.00	5.00	4.00	135.00	综采	1	45.00
9	华丰煤矿 1409 工作面	坚硬-坚硬	1 024.00	32.00	6.50	180.00	综放	1	75.60
10	童亭煤矿 711 煤层	软弱-软弱	230.00	37.00	2.00	85.00	炮采	1	52.50
11	赵坡煤矿 16 煤层	软弱-坚硬	120.00	8.00	1.20	75.00	炮采	1	31.00
12	鲍店煤矿 1303 工作面	坚硬-坚硬	434.60	8.00	8.70	153.00	综放	1	64.50
13	百善煤矿 664 工作面	软弱-软弱	168.00	5.50	3.10	137.00	综采	1	27.80
14	新集二矿 1113107 工作面	软弱-坚硬	475.00	28.00	5.13	149.00	综采	1	45.00
15	范各庄煤矿南冀首采区	软弱-坚硬	173.00	20.00	3.80	70.00	分层开采	2	26.70
16	兴隆庄煤矿 1301 工作面	坚硬-软弱	409.00	9.00	8.13	193.00	综放	1	72.90
17	枣庄柴里矿 301 工作面	坚硬-软弱	130.00	5.00	6.30	136.00	分层开采	2	52.20
18	羊场煤矿 191 工作面	坚硬-软弱	93.00	62.00	1.80	73.00	炮采	1	16.60
19	补连塔煤矿 31401 工作面	坚硬-坚硬	260.94	2.00	5.20	265.50	综采	1	153.95
20	大平矿 N1N4 工作面	软弱-坚硬	467.00	8.00	11.40	207.00	综放	1	228.00
21	鲍店煤矿 1316 工作面	坚硬-软弱	288.00	6.50	8.61	169.00	综放	1	65.50
22	祁东煤矿 7114 工作面	坚硬-软弱	520.00	12.00	3.00	174.00	综采	1	102.30
23	开滦林西矿	坚硬-坚硬	391.00	25.00	5.60	230.00	分层开采	2	57.30
24	杨村煤矿 3701 工作面	坚硬-软弱	285.00	6.00	1.60	180.00	炮采	1	30.80
25	济宁三号煤矿 1301 工作面	坚硬-软弱	479.00	4.00	6.60	170.00	综放	1	66.60
26	兴隆庄煤矿 2308 工作面	坚硬-软弱	325.00	5.00	5.60	160.00	分层开采	2	51.50
27	淮南潘二矿 1102 工作面	坚硬-坚硬	270.00	18.00	1.80	100.00	炮采	1	33.00
28	太平煤矿 8301 工作面	软弱-软弱	262.80	2.50	8.80	143.00	分层开采	2	39.00
29	鹤壁八矿 11033 工作面	软弱-软弱	225.00	23.00	6.00	174.00	分层开采	3	58.40
30	新集一矿 1303 工作面	软弱-软弱	329.00	8.00	8.10	134.00	综放	1	83.90

表 5-7(续)

序号	观测地点	覆岩结构	埋深/m	倾角/(°)	开采厚度/m	工作面尺寸/m	采煤方法	分层数	实测值/m
31	鲁西煤矿 3 上 107 工作面	软弱-坚硬	341.00	6.00	5.30	99.50	分层开采	2	45.00
32	本溪矿五坑	软弱-坚硬	52.00	9.00	4.30	90.00	分层开采	2	40.30
33	合山柳花岭煤矿 404 工作面	坚硬-坚硬	89.00	7.00	2.03	69.00	炮采	1	45.86
34	东欢坨 2186 下工作面	坚硬-软弱	420.00	23.00	3.70	70.00	综采	1	56.80
35	梁家煤矿 1206 工作面	软弱-软弱	350.00	9.00	4.00	136.00	综采	1	35.00
36	南屯煤矿 63 上 10 工作面	坚硬-坚硬	400.00	5.75	5.77	154.00	综放	1	70.70
37	鲍店煤矿 1310 工作面	坚硬-软弱	418.60	6.00	8.70	198.00	综放	1	65.50
38	兖州杨村煤矿 301 工作面	坚硬-坚硬	272.00	11.50	8.00	120.00	综放	1	62.00

结合表 5-7 中的数据与研究区域的具体条件，可以用该模型对研究区域的导水裂隙带高度进行估算。根据大量的计算经验，用 GA-BP 模型进行导水裂隙带高度估算时所设置的参数如下：BP 神经网络预测模型选用单隐含层模型，设置 7 个输入参数，1 个输出参数，隐含层节点为 8 个，即 BP 神经网络结构为 7-8-1 结构。由式(5-27)计算可知，GA 算法的个体编码长度为 73(设置 64 个权值和 9 个阈值)，GA 算法的种群规模为 100，进化次数为 500，交叉概率为 0.6，变异概率为 0.05。

四、拟建工程对采空区稳定性影响程度的评判标准

在采用荷载临界影响深度评判拟建工程对采空区稳定性的影响程度时，可参考表 5-8 中的标准。

表 5-8　根据荷载临界影响深度定量评价工程建设对采空区稳定性影响程度的评价标准

影响程度评价因子	大	中等	小
荷载临界影响深度 H_D 和采空区采深 H	$H_D \geqslant H$	$1.5H_D \geqslant H > H_D$	$H > 1.5H_D$
附加应力影响深度 H_a 和垮落断裂带深度 H_{lf}	$H_a \geqslant H_{lf}$	$2.0H_a \geqslant H_{lf} > H_a$	$H_{lf} > 2.0H_a$

注：① 采空区采深 H，指巷道(采空区等)的埋藏深度，对于条带式开采和穿巷开采指垮落拱顶的埋藏深度。

② 垮落断裂带深度 H_{lf} 指采空区垮落断裂带的埋藏深度，H_{lf} = 采空区采深 H − 垮落断裂带高度 H_{lf}，宜通过钻探及其岩芯描述并辅以测井资料确定，无实测资料时，也可按照《煤矿采空区岩土工程勘察规范》(GB 51044—2014)中的经验公式计算确定。

第四节　采空区场地稳定性的数值模拟评价法

数值模拟评价法应在查明采空区特征和地质条件、工程地质条件的基础上，建立评价模拟模型，其可用于复杂采空区场地对拟建工程的影响规律和程度的定性评价，也可作为其他评价方法的补充和参考。

一、数值模拟软件的选择

数值模拟评价法是理论分析方法的一种应用，它以理论为基础，采用软件进行模拟分析，具有灵活、方便、模拟过程清楚的特点。在模拟采空区时，通常将采空区岩土体及周围结构划分为单元体，施加荷载后，单元体会按照一定的本构关系产生相应的应力、应变。在进行有限元模拟时，应在模型的一定区域隔断，并设置边界。依据边界条件可以求出单元体的应力和位移，从而最终可以得到模型的应力和位移结果。

20 世纪 90 年代初期，有学者相继运用有限元或边界元研究覆岩产生垮落的开采条件和垮落高度、覆岩产生离层裂缝的力学条件及离层裂缝的位置和高度等。后来随着计算机的不断发展，有限元、边界元、有限差分、离散元等数值方法在采空区变形分析中得到了越来越广泛的应用。

二、数值模型构建与参数选取

1. 数值模型的尺寸

根据工程地质条件及采空区的实际分布情况，可进行数值模型尺寸的确定和单元网格的划分。一般情况下，为了避免模型的边界效应，数值模型的尺寸通常为采空区实际尺寸的 3～5 倍。

2. 数值模型中的岩层力学参数

结合研究区域的岩层柱状图、矿区岩体结构面分布状况和矿岩物理力学参数，可综合确定计算模型中各岩层的基本力学参数。采用数值模拟方法分析采空区场地稳定性的关键是确定破裂岩体的力学参数及长期变形特性，目前采用最多的方法是通过改变垮落带、裂缝带岩体的变形模量来量化其变形行为。根据大量研究，岩体力学参数可采用下述方法确定。

① 未采动和采动弯曲带岩体力学参数：变形模量、内聚力、屈服函数参数和抗拉强度可取同层位岩样试验参数的 1/3～1/5，帽初始位置取岩样单轴抗压强度的 4～6 倍，其余参数同岩样物理力学参数。

② 裂缝带岩体力学参数：变形模量、内聚力、屈服函数参数和抗拉强度可取同层位岩样试验参数的 1/10～1/20，帽初始位置取岩样单轴抗压强度的 2.5 倍，泊松比取同层位岩样参数的 2.5 倍(但不超过 0.5)，岩体重力密度按破裂岩体碎胀系数适当减小。

③ 垮落带岩体力学参数：变形模量、内聚力、屈服函数参数可取同层位岩样试验参数的 1/20～1/30，抗拉强度取为 0，帽初始位置取岩样单轴抗压强度的 1～2 倍，泊松比取同层位岩样参数的 1～2 倍(但不超过 0.5)，岩体重力密度按破裂岩体碎胀系数适当减小。

④ 风化带岩体力学参数：变形模量、内聚力、屈服函数参数和抗拉强度可取同层位非风化岩样试验参数的 1/6，或取同层位风化岩样参数的 1/3；帽初始位置取同层位非风化岩样单轴抗压强度的 2.5 倍，或取同层位风化岩样单轴抗压强度的 5 倍，其他参数同岩样物理力学参数。

3. 数值模型边界和应力条件

通常所建模型均已考虑了模型的边界效应，一般情况下，对模型无明显影响的左、右边界约束水平 X 向位移，前、后边界约束水平 Y 向位移，底部边界约束水平 X、Y 和竖直 Z 向位移，顶面（地面）为自由面。

当未做地应力原位测试时，数值计算中的初始地应力场可以仅按岩体自重应力场考虑，竖向应力按岩体自重及上覆岩层重力计算。根据弹性力学原理可知，竖向应力和水平应力分别为：

$$\left.\begin{aligned}\sigma_{v} &= \gamma H \\ \sigma_{h} &= k\sigma_{v}\end{aligned}\right\} \tag{5-28}$$

式中　σ_v——竖向应力；

σ_h——水平应力；

H——埋深；

γ——岩层容重；

k——侧压力系数，根据岩体泊松效应，k 可用式(5-29)计算获取，其中，μ 为泊松比。

$$k = \frac{\mu}{1-\mu} \tag{5-29}$$

取 $\sigma_x=\sigma_y=\sigma_h$。

4．数值模型屈服准则

当前，在模拟过程中对导水裂隙带内岩体本构模型及力学参数的选取方法尚没有充分的科学依据，但大量工程实践结果表明，随着时间的推移，导水裂隙带内的空洞、空隙会逐渐被压密，采空区的残余变形会逐渐减小，采用应变硬化破坏准则能更准确地描述导水裂隙带的应力-应变关系，因此，获取应变硬化本构模型所需的准确经验“帽子”参数显得尤为重要。

5．数值模拟过程与模拟结果分析

采空区不是固有的地质体，而是伴随着煤层的开采逐步形成的。数值模拟计算应首先让模型在自重作用下收敛平衡，建立初始背景自重应力场。其次清除历史上自重（初试应力）作用造成的位移、应力场等。然后按照实际开采的顺序，每一循环模拟一次开采步骤，直至形成采空区，也可以一次性开挖形成采空区，但两种开采方式所形成的采空区覆岩形态特征略有差异。在采空区形成后，首先通过分析塑性破坏区获取导水裂隙带的分布范围，其次将此区域岩层的力学参数按照上述参数赋值方法进行调整，然后进行模型迭代运算直至模型达到最终的平衡状态，并以此作为最终的模拟结果。在后处理时常选取应力、变形和塑性区等特征量，通过绘制曲线和显示云图等，结合所研究区域的设防标准，最终综合评判采空区场地的稳定性。

第五节　采空区场地稳定性的模糊综合评价方法

一、模糊综合评价方法的基本理论与评判程序

采空区场地稳定性受多种内外因素的共同影响，与煤层埋深、开采厚度、地质构造、覆岩岩性、开采方法等多因素密切相关，对其进行评价是一项复杂的系统工程，其稳定状态难以精确界定，属于典型的模糊性事物，随着非线性理论的发展，模糊理论正好适合这种问题的解决。它可以用来综合评价各影响因素的影响程度，并能够在借助人类经验思维的主

观能动性与科学规律的客观性对采空区稳定性进行定量讨论后得到定性结果。如图 5-11 所示为围绕武云高速采空区路段建设场地稳定性评价所建立的模糊评判模型。

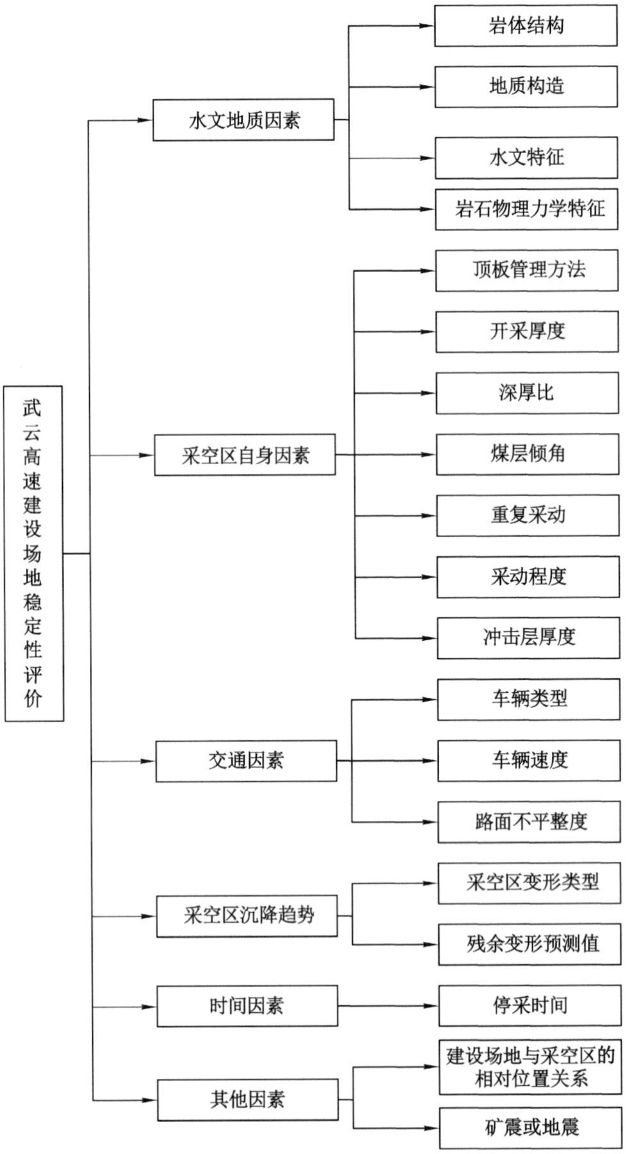

图 5-11 武云高速建设场地稳定性评价的模糊评判模型

模糊综合评价方法是以隶属度来描述模糊界限的。由于影响采空区场地稳定性因素的复杂性、层次性、模糊性以及评价影响因素的模糊性或不确定性，定性指标难以定量化等一系列问题，所以在采用经典数学模型时难以统一量度。而建立在模糊集基础上的模糊综合评价方法一方面既可顾及评判对象的层次性、多样性及复杂性，又可使评价标准、影响因素的模糊性得以体现，还可以做到定性和定量因素相结合，扩大信息量，使评价精度得以提高；另一方面，在评价中又可以充分发挥人的经验优势，使评价结果更客观，更加符合实际情况。采用模糊综合评价方法评判采空区场地稳定性的评判步骤如下。

首先确定综合评判中要考虑的 m 个评价因素，构成因素集 $U=\{u_1,u_2,u_3,\cdots,u_m\}$，其次确定评语集 $V=\{v_1,v_2,v_3,\cdots,v_m\}$，然后计算因素集中各个评价指标的权重系数，确定与因素集对应的权重集。确定指标的权重是模糊评判的关键步骤，权重计算的科学与否直接关乎评价结果的可信度，目前常采用专家打分法和 Satty（萨蒂）提出的 1～9 标度法，见表 5-9。根据 Satty 标度法确定各因素的权重，形成判断矩阵。在此值得注意的是，为防止判断矩阵偏离一致性而影响评价结果，需要进行一致性检验。可以利用一致性检验公式 CR=CI/RI 进行检验，当 CR<0.1 时满足一致性要求。

表 5-9　Satty 标度法

标度	含义
1	两因素相比，重要性相同
3	两因素相比，一个因素比另一个因素稍微重要
5	两因素相比，一个因素比另一个因素明显重要
7	两因素相比，一个因素比另一个因素强烈重要
9	两因素相比，一个因素比另一个因素极端重要
2、4、6、8	上述判别的中间值
倒数	a 比 b 重要为 m，则 b 比 a 重要为 $1/m$

随后根据因素集 U 中的各因素对评价系统进行单因素评价，计算单因素对不同评语因子的隶属度，进而构造评价矩阵 $\boldsymbol{R}$[式(5-30)]。在模糊评价过程中除了模糊权重的确定外，参与评价因子的隶属度确定便是第二大关键问题，目前对隶属度的确定并没有形成一套较为成熟的理论方法。工程中所选取的评价因素既有定量的，如深厚比，也有定性的，如构造复杂程度。对于定量的评价因素，可以采用隶属函数确定其隶属度；而对于定性的评价因素，不便使用统计法求隶属函数的模糊集合，通常是靠人们的经验确定的，因此可以采用德尔菲法，即专家打分法进行评定，从 20 世纪 40 年代以来，该方法已广泛应用于经济管理学、心理学以及社会学等多个领域。德尔菲法的特点是集中专家的经验和意见，在不断地反馈和修改中得到满意的答案。该方法可能包含了许多人脑的加工，也包含了一些心理过程，大量的心理物理学试验已经表明：心理活动也是物质性的，也就是说，人的各种感觉所反映出来的心理量与客观外界刺激的物理量之间保持着相当严格的定律。如自然科学中的韦伯定律、幂函数定律就反映了人的心理量与客观外界物理量之间的规律。因此，采用德尔菲法确定的隶属度虽然包含了人脑的加工过程，但它仍然是客观规律的反映。

$$\boldsymbol{R}=(r_{ij})_{m\times n}\begin{pmatrix} r_{11} & \cdots & r_{1n} \\ r_{21} & \cdots & r_{2n} \\ \vdots & \ddots & \vdots \\ r_{m1} & \cdots & r_{mn} \end{pmatrix} \quad (i=1,2,\cdots,m;j=1,2,\cdots,n) \tag{5-30}$$

式中　r_{ij}——因素 u_i 隶属于等级 v_j 的程度值。

最后，选用恰当的模糊算子进行模糊推论，并基于最大隶属度原则得到最终的评价结果。模糊集的运算算子有很多种，本书主要分析常见的 3 种合成算子。

(1) $M(\wedge,\vee)$ 算子

在此模型中，因素 u_i 相对等级 v_i 的隶属度 r_{ij} 的修正为：

$$r_{ij}^* = a_i \wedge r_{ij} = \min(a_i, r_{ij}) \tag{5-31}$$

根据式(5-31)可知，a_i 表示影响因素众多时 r_{ij}^* 的最大值。也就是说，当在评价过程中考虑因素众多时，对第 i 个影响因素 u_i 的评价值与任何等级 v_i 的关联度都不能大于 a_i。所以模型中的向量 **A** 并没有权的意义，因此在评价过程中令因素权的和为 1 是不对的，这是由于当影响因素较多时，**A** 的分量 a_i 的取值一定会很小，经过取小运算后，将淹没大部分的评价因子，导致评价结果失去其应用的实际价值。除此之外，该模型中的广义运算“$\vee$”的含义也是相当清楚的，在通过计算得到 b_j 的值时，只考虑修正后的隶属度 r_{ij}^* 中的最大值，也就是在评价过程中影响程度最大的因素，不再考虑其他的因素，因此，该算子也称为“主因素突出型”算子。

(2) $M(\bullet, \vee)$ 算子

该算子与 $M(\wedge, \vee)$ 算子相比，主要区别是此算子用 $r_{ij}^* = a_i r_{ij}$ 代替了取小运算。同样，在此算子中，向量 **A** 仍不代表权的意思，向量 **A** 的分量 a_i 与因素 u_i 的重要性密切相关，也就是说，因素权值的总和也不为 1，所以该算子也称为“主因素突出型”算子。

(3) $M(\bullet, \oplus)$ 算子

该算子与 $M(\bullet, \vee)$ 算子相比，主要区别是该算子通过对修正隶属度 $r_{ij}^* = a_i r_{ij}$ 进行求和计算取代了 $M(\bullet, \vee)$ 中的取大运算。该算子与前两个算子明显不同，该算子在计算各个评价因素相对于第 i 个等级 v_i 的隶属度时，充分考虑了所有评价因素对评价结果的影响。另外，此模型在评价过程中会将所有因子的影响考虑在内，所以向量 **A** 中的分量 a_i 就表示了其对应影响因子的重要性，也就是权值的大小，所以必须要求各影响因素权值的和为 1。

通过上述分析可知，只有 $M(\bullet, \oplus)$ 算子中的向量 **A** 才具有权的实质意义，而在采空区场地稳定性评价过程中不仅要考虑全部影响因子，还要体现出各个影响因子的影响程度，所以在模糊算子的选取时必须满足这两点，通过对上述 3 个算子比较分析后发现，只有 $M(\bullet, \oplus)$ 算子能够满足需求，因此，本书建议选取 $M(\bullet, \oplus)$ 算子作为模糊综合评判的合成算子。

二、模糊评判模型中关键参数的确定

不难看出，在采用模糊综合评价方法对采空区场地稳定性评判时最为关键的环节是确定影响因素的权重和隶属度，权重和隶属度的精准度直接关乎模型评判结果的可信度，本书将权重和隶属度称为模糊评判模型中的关键参数。现阶段常采用德尔菲法或者层次分析法确定权重和隶属度，而这两个算法具有相似性，都涉及大脑的主动加工过程，定量分析成分较少，定性分析成分较多。虽然人类的主观意识是客观规律的反映，但由此得到的分析结果仍然不易令人信服，多种技术手段融合确定权重和隶属度已成为主要趋势。

1. 综合数值模拟技术、灰色关联分析和层次分析法等多种技术手段

首先，根据研究区域的地质采矿条件建立数值模拟模型，通过变动评价因素指标，分析不同工况条件下的采空区场地残余沉降最大值，以此作为参考数据。其次，采用灰色关联分析理论对部分影响因素的重要程度进行排序，排序结果将约束层次分析对比矩阵的构造(权重矩阵的构造)。然后利用特征向量法计算评价因素的权重。最后，对于定量因子的隶属度，可以通过绘制散点图的方式发现残余沉降最大值与评价因子之间的关系，以保证所

建立的隶属函数能真实反映评价因素的隶属度。如果是线性关系，就建立线性隶属函数；如果是非线性，就建立非线性隶属函数。而对于定性因子的隶属度，建议以本领域的 5 名以上专家学者利用德尔菲法获取其隶属度，以使评定结果的通用度及可信度较高。利用此方法，我们课题组曾获取了武云高速建设场地稳定性评价定量因子的隶属函数，如图 5-12～图 5-17 所示。

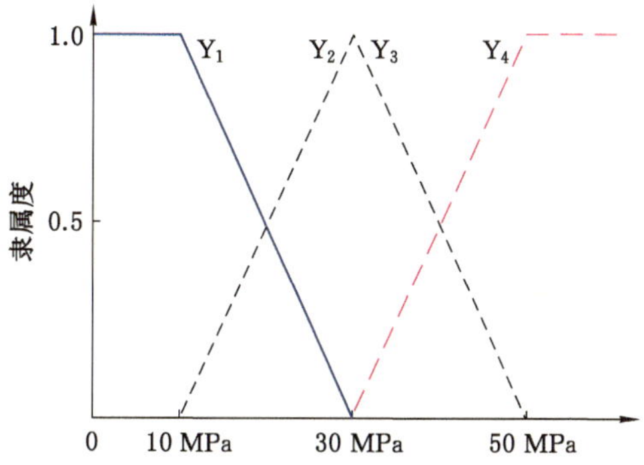

图 5-12 岩石力学强度的隶属函数曲线

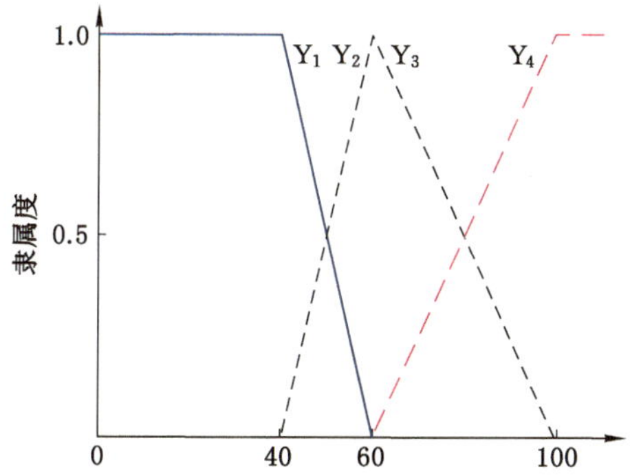

图 5-13 深厚比的隶属函数曲线

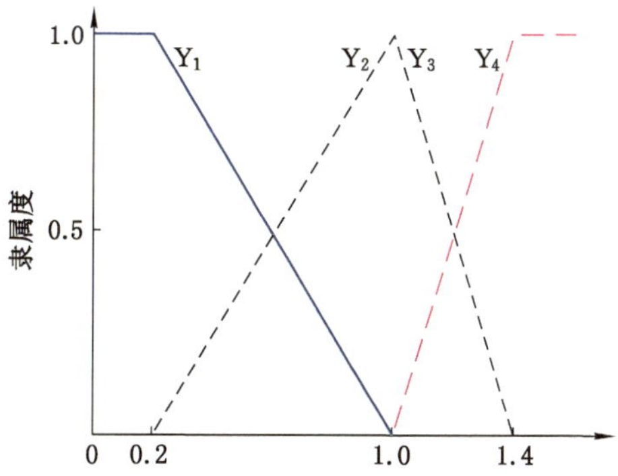

图 5-14 采动程度的隶属函数曲线

2. 集合云模型与模糊层次分析方法

云模型用于确定隶属度，模糊层次分析方法用于分析评价因素的权重。

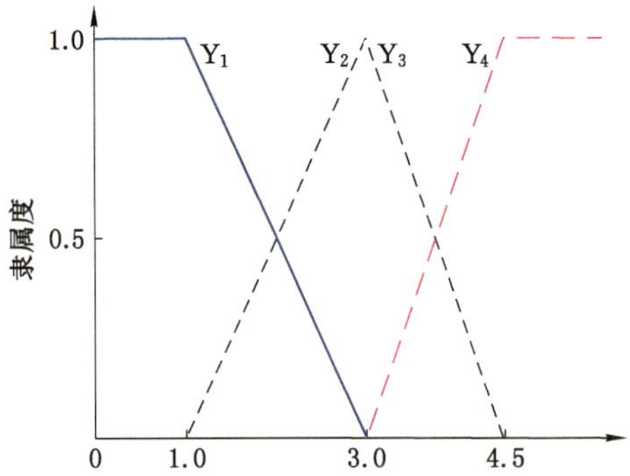

图 5-15　地震的隶属函数曲线

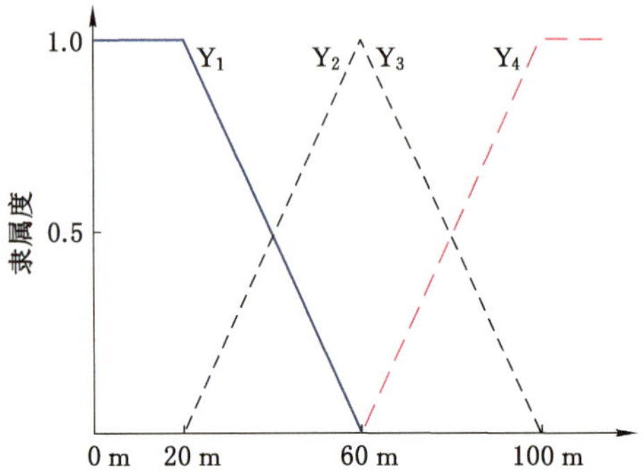

图 5-16　松散层厚度的隶属函数曲线

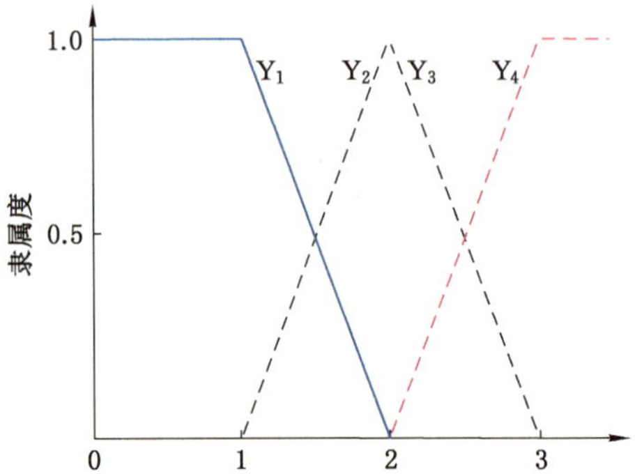

图 5-17　土岩比的隶属函数曲线

(1) 云模型

云模型由我国学者李德毅于 1995 年提出，是处理定性概念与定量描述的不确定转换模型，现已在边坡稳定性评价、岩爆预测、生态风险评估等多个领域得到应用。其假设 U 表示一个定量论域，A 是 U 上的一个定性概念，若论域中某一定量值 x 对 A 的确定度 $\mu(x)\in[0,1]$ 是有稳定倾向的随机数，则 x 在 U 上的分布称为云，每个 (x,u) 代表 1 个云滴。其中，x 为指标值，u 为隶属度值。在老采空区稳定性评判中应用云模型确定评价指标的隶属度时，常用正向高斯云发生器建立定性与定量之间的相互关系。正态高斯云发生器的具体算法及步骤如下。

① 依据指标分级标准，利用式(5-32) 计算云模型的 3 个数字特征值：期望 E_x、熵 E_n、超熵 H_e。

$$\begin{cases} E_x = (B_{min} + B_{max})/2 \\ E_n = (B_{max} - B_{min})/6 \\ H_e = k \end{cases} \tag{5-32}$$

式中 B_{min}、B_{max}——标稳定性等级的下界与上界；

k——常数，根据经验，本书取 0.02。

② 生成一个高斯随机数，如式(5-33)所示。

$$E_n' = \text{norm}(E_n, H_e^2) \tag{5-33}$$

③ 生成一个高斯随机数，如式(5-34)所示。

$$x = \text{norm}(E_x, E_n'^2) \tag{5-34}$$

④ 计算隶属度，如式(5-35)所示。

$$Y = \exp \frac{-(x - E_x)^2}{2(E_n')^2} \tag{5-35}$$

式中 Y——隶属度；

x——指标实际测量值。

⑤ 重复步骤②～步骤④，直至产生足够云滴。

(2) 模糊层次分析方法

模糊层次分析方法(FAHP)是将层次分析法的客观性与模糊综合评价方法的包容性相结合，其计算过程为：首先建立模糊判断矩阵，再通过数学变换将模糊判断矩阵转换为模糊一致性矩阵，最终计算出其权重并对其进行一致性检验。其具体步骤如下。

① 构建评价指标的模糊判断矩阵，如式(5-36)所示。

$$\mathbf{A} = (a_{ij})n \times n = \begin{bmatrix} a_{11} & a_{12} & \cdots & a_{1n} \\ a_{21} & a_{22} & \cdots & a_{2n} \\ \cdots & \cdots & \ddots & \cdots \\ a_{n1} & a_{n2} & \cdots & a_{nn} \end{bmatrix} \tag{5-36}$$

式中 a_{ij}——指标 a_i 相对于 a_j 的重要性，取值标准可参考表 5-10，$a_{ii}=0.5$，$0 \leqslant a_{ij} \leqslant 1$，$a_{ij}+a_{ji}=1$。

表 5-10 判断矩阵 A 中元素的取值标准

元素值(a_{ij})	含义
0.5	同等重要
0.6	稍微重要
0.7	明显重要
0.8	重要得多
0.9	极端重要
0.1,0.2,0.3,0.4	反比较

② 构建模糊一致性矩阵,如式(5-37)所示。

$$\boldsymbol{R} = (r_{ij})n \times n = \begin{bmatrix} r_{11} & r_{12} & \cdots & r_{1n} \\ r_{21} & r_{22} & \cdots & r_{2n} \\ \cdots & \cdots & \ddots & \cdots \\ r_{n1} & r_{n2} & \cdots & r_{nn} \end{bmatrix} \tag{5-37}$$

式中,$r_{ij} = \dfrac{r_i - r_j}{2(n-1)} + 0.5, r_i = \sum_{j=1}^{n} a_{ij} \quad (i = 1,2,\cdots,n)$。

③ 计算权重,如式(5-38)所示。

$$W_i = \frac{\sum_{j=1}^{n} a_{ij} + \frac{n}{2} - 1}{n(n-1)} \quad (i = 1,2,\cdots,n) \tag{5-38}$$

④ 一致性检验。上述公式计算得到的权重值是否合理还需要进行一致性检验,其检验步骤如下。

首先计算模糊判断矩阵 $\boldsymbol{A}$ 的特征值矩阵 $\boldsymbol{W}^*$,如式(5-39)所示。

$$\boldsymbol{W}^* = (W_{ij})_{n \times n} \tag{5-39}$$

式中,$W_{ij} = \dfrac{W_i}{W_i + W_j} (\forall i,j = 1,2,\cdots,n)$。

然后计算矩阵 $\boldsymbol{A}$ 与矩阵 $\boldsymbol{W}^*$ 的相容性指标,如式(5-40)所示。

$$I(\boldsymbol{A},\boldsymbol{W}^*) = \frac{1}{n^2} \sum_{i=1}^{n} \sum_{j=1}^{n} |a_{ij} - W_{ij}| \tag{5-40}$$

式中,$I(\boldsymbol{A},\boldsymbol{W}^*)$ 为相容性指标,当相容性指标 $I(\boldsymbol{A},\boldsymbol{W}^*) \leqslant 0.1$ 时,可认为模糊判断矩阵 $\boldsymbol{A}$ 满足一致性。若 $I(\boldsymbol{A},\boldsymbol{W}^*) > 0.1$,则计算模糊一致性矩阵 $\boldsymbol{R}$ 与特征值矩阵 $\boldsymbol{W}^*$ 的相容性指标 $I(\boldsymbol{R},\boldsymbol{W}^*)$,若 $I(\boldsymbol{R},\boldsymbol{W}^*) \leqslant 0.1$,则满足一致性;若 $I(\boldsymbol{R},\boldsymbol{W}^*) > 0.1$,则需要重新构建模糊判断矩阵 $\boldsymbol{A}$。

此外,在今后研究中可搜集大量的现场、试验数据,融合多种人工智能算法对数据进行深度挖掘,以实现对权值和隶属度的客观确定,增加评判结果的可信度。

第六节 采空区场地稳定性的其他评价方法

一、基于迭置指数模型的评价方法

迭置指数法是地下水污染风险评价的主流方法,在迭置指数法中,DRASTIC 模型为最常用的模型,该模型主要由指标权重和指标定额组成,其中定额(指标评分)的范围为1~10。在评价过程中,该模型按照各评价因素的大小或种类,并参考定额赋值方法(评分方法)赋予各定额,再对所有评价指标进行加权求和运算得到最终评分,最后根据所得的最终评分,并参考风险等级判定标准给出风险等级。由于该方法计算过程简单、逻辑清晰、易于掌握,故本书将其引用至此用于评价采空区建设场地的稳定性。该模型的表达式如式(5-41)所示。

$$R = \sum_{i=1}^{n} w_i a_i \tag{5-41}$$

式中　R——最终评分；

w_i——各评价因素的权重；

a_i——各评价指标的定额(指标评分)。

由式(5-41)可知，该模型的关键参数就是评价指标的权重和评价指标的评分。其中关于权重的确定可以参考上一节的相关内容。而对于评价指标的评分方法可分为定量指标和定性指标两类分别进行研究。对于定性指标，可以根据风险分类级数，采用等间距插值的方法为不同情况赋值。而对于定量指标，可以结合理论分析、数值模拟等技术手段，建立相应的评分函数，例如我们课题组前期研究认为残余沉降值与指标评分在评价采空区场地稳定性时具有一致性，即采空区场地残余沉降值越大，采空区场地越不稳定，此时的指标评分就越高。我们课题组以此建立了采空区场地残余沉降值与指标评分的对应关系，如式(5-42)所示，并得到了部分定量指标的评分赋值函数，如表 5-11 所示。

$$\frac{W_{max}-W}{W_{max}-W_{min}}=\frac{V_{max}-V}{V_{max}-V_{min}} \tag{5-42}$$

式中　W_{max}——在变换某一评价因素变量时所获取的采空区残余沉降极大值；

W_{min}——在变换某一评价因素变量时所获取的采空区残余沉降极小值；

V_{max}——某一评价因素变量在变换时对于采空区场地稳定性的评分极大值；

V_{min}——某一评价因素变量在变换时对于采空区场地稳定性的评分极小值；

W——某一评价因素变量在具体赋值时的残余沉降值；

V——某一评价因素变量在具体赋值时的评分值。

表 5-11　部分定量指标的评分赋值函数

序号	评价指标	评分赋值函数
1	破碎岩体强度(σ_c)	$V=15.104\,5/(1+0.050\,9\sigma_c)$，$\sigma_c\geqslant 10$ MPa
2	松散层厚度(s)	$V=10\times e^{-0.528s}$
3	深厚比(H/M)	$V=-0.128\,6(H/M)+10\quad(0\leqslant H/M<70)$ $V=1\quad(H/M\geqslant 70)$
4	停采时间(a)	$V=1.308\,1+10.488\,6\times e^{-0.24a}\quad(1\leqslant a\leqslant 20)$ $V=1\quad(a>20)$
5	采动程度(n)	$V=10\times e^{(-0.5((n-0.858)/0.224)^2)}$
6	振动等级(M_s)	$V=1\quad(M_s\leqslant 1)$ $V=-1.571\,4+2.571\,4\quad(M_s1<M_s<4.5)$ $V=10\quad(M_s\geqslant 4.5)$

二、基于模糊可拓分析的评价方法

模糊可拓分析模型的建模基本思想是：针对采空区稳定性评价影响因素的多样性、复杂性、模糊性和不确定性，以及评价指标中既有定性指标又有定量指标的特点，首先采用专家打分的方法量化定性指标，并对全部评价指标进行规格化处理，以模糊隶属度统一描述评价指标对老采空区稳定等级的影响程度，结合实际评价需要制定采空区稳定性评价准则;然后按照模糊群决策方法,综合多个评审专家的决策信息,确定各影响因素的权重;最后根据可拓学中的物元理论构建模糊物元及其经典域、节域,通过计算综合关联度,按照最大关联度原则评定老采空区稳定性等级。模糊可拓评价模型的建模过程如下。

① 对研究区域的采空区场地进行分区(区域边长一般为 100 m 左右)处理。

② 收集、整理下伏采空区的地质、采矿条件,明确指标层各指标的取值。

③ 根据每一区域下伏采空区的开采深度 H,确定该分区的影响半径 r。

④ 按照每一区域的影响半径确定对该区域建筑地基稳定性有影响的下伏采空区。

⑤ 确定各采空区评价指标的模糊隶属度,并按模糊群决策的赋权方法确定各评价指标的权重。

⑥ 确定经典域、节域及待评价物元。

⑦ 在实际评价中,关联度越高越好,选择右侧距 ρ_R 作为侧距 $\rho(v_i, v_{0ji}, v_{0ji})$,计算准则层关于各评定等级的综合关联度。

⑧ 计算目标层的综合关联度,按照最大关联度原则确定评价区域的稳定等级。

第七节　采空区场地工程建设适宜性评价

采空区场地工程建设适宜性评价,应根据采空区场地的稳定性、采空区与拟建工程的相互影响程度、拟建工程的地基稳定性评价,以及拟建工程抗采动变形技术措施难易程度与工程造价等多方面内容,按表 5-12 综合确定。其中采空区场地稳定性的评价方法与拟建工程对采空区影响的内容如前文所述,拟建工程抗采动变形技术详见本书第七章,本节主要介绍采空区对拟建工程的影响、拟建工程地基稳定性评价与拟建工程的一些抗采动变形技术措施。

表 5-12　采空区场地工程建设适宜性评价的分级标准

级别	分级说明
适宜	采空区垮落断裂带密实,对拟建工程影响小;工程建设对采空区稳定性影响小;采取一般工程防护措施(限于规划、建筑、结构措施)可以建设
基本适宜	采空区垮落断裂带基本密实,对拟建工程影响中等;工程建设对采空区稳定性影响中等;采取规划、建筑、结构、地基处理等措施可以控制采空区剩余变形对拟建工程的影响,或虽需要进行采空区地基处理,但处理难度小,且造价低
适宜性差	采空区垮落不充分,存在地面发生非连续变形的可能,工程建设对采空区稳定性影响大或者采空区剩余变形对拟建工程的影响大,需要规划、建筑、结构、采空区治理和地基处理等的综合设计,处理难度大且造价高

一、采空区对拟建工程的影响

采空区对各类工程的影响程度,应根据采空区场地稳定性、建(构)筑物重要程度和变形要求、地表移动变形特征与活化影响因素及地表剩余移动变形值等综合评判,可参考表 5-13～表 5-16 中的规定进行划分。

表 5-13　按场地稳定性及拟建工程重要程度的划分标准

场地稳定性	影响程度		
	重要拟建工程，变形要求高	一般拟建工程，变形要求一般	次要拟建工程，变形要求低
稳定	中等	中等～小	小
基本稳定	大～中等	中等	中等～小
不稳定	大	大～中等	中等

表 5-14　按地表移动变形特征的划分标准

影响程度	地表移动变形特征
大	地面、建(构)筑物开裂、塌陷，且处于发展、活跃阶段
中等	地面、建(构)筑物开裂、塌陷，但已经稳定 6 个月以上且不再发展
小	地面、建(构)筑物无开裂，或有开裂、塌陷，但已经稳定 2 a 以上且不再发展，邻近同类型采空区场地有类似工程的成功经验

表 5-15　按采空区特征及活化影响因素的划分标准

影响程度	采空区特征			活化影响因素
	采空区开采深度 H/m 或深厚比 H/M	采空区的密实状态	地表变形特征及发展趋势	
大	浅层采空区	存在空洞，钻探过程中出现掉钻、孔口窜风	正在发生不连续变形，或现阶段相对稳定，但发生不连续变形的可能性大	活化的可能性大，影响强烈
中等	中深层采空区	基本密实，钻探过程中采空区部位大量漏水	现阶段相对稳定，但存在发生不连续变形的可能	活化的可能性中等，影响一般
小	深层采空区	密实，钻探过程中不漏水、微量漏水但返水或间断返水	不再发生不连续变形	活化的可能性小，影响小

表 5-16　按地表剩余移动变形值的划分标准

影响程度	地表剩余移动变形值			
	剩余下沉值 ΔW/mm	剩余倾斜值 $\Delta i/(\text{mm}\cdot\text{m}^{-1})$	剩余水平变形值 $\Delta\varepsilon/(\text{mm}\cdot\text{m}^{-1})$	剩余曲率值 $\Delta K/(10^{-3}\cdot\text{m}^{-1})$
大	$\Delta W\geqslant 200$	$\Delta i\geqslant 10$	$\Delta\varepsilon\geqslant 6$	$\Delta K\geqslant 0.6$
中等	$100\leqslant\Delta W<200$	$3\leqslant\Delta i<10$	$2\leqslant\Delta\varepsilon<6$	$0.2\leqslant\Delta K<0.6$
小	$\Delta W<100$	$\Delta i<3$	$\Delta\varepsilon<2$	$\Delta K<0.2$

二、拟建工程地基稳定性评价

1. 拟建工程地基稳定性评价的规定

在分析拟建工程地基稳定性时，应符合下列规定。

① 对于先建后采类建(构)筑物、采空区覆岩未完全垮落或存在空洞的先采后建类建(构)筑物场地，应分析采空区是否会引起建(构)筑物地基的非连续性变形，以及建(构)筑物附加荷载是否会引起采空区覆岩的垮落、变形。

② 对于先采后建类建(构)筑物，当采空区覆岩完全垮落且充填密实时，可认为垮落断裂带岩体受力；当附加应力影响至垮落断裂带岩体时，应按不均匀地基进行评价。

③ 对于先采后建再采类建(构)筑物，应在重复采动的间隔时间、开采条件明确时按①和②的评价标准进行评价，但采空区地表剩余移动变形值的计算应计入前期的残余变形量与后期重复开采时地表变形的叠加量。

④ 当拟建建(构)筑物基础近旁有采动边坡或临空面时，应验算采动边坡滑坡、崩塌或坡脚隆起变形的可能性。

⑤ 采空区建(构)筑物地基变形计算应包括采空区地表剩余移动变形值与附加荷载引起的正常地基沉降变形值。

⑥ 当符合下列条件之一时，对可不做变形验算、地基基础设计等级为丙级的次要建(构)筑物可不考虑采空区对地基稳定性的不利影响：

a. 场地处于稳定状态，工程建设对采空区场地稳定性影响小；

b. 采空区顶板为完整或较完整的坚硬岩、较硬岩，其厚度大于或等于采空区跨度。

2. 各类拟建工程的允许地表变形值

(1) 工业与民用建(构)筑物的场地设防标准

对于长度或者变形缝区段内长度不大于 20 m 的砖混结构建筑物，其安全使用允许地表变形值见表 5-17。

表 5-17 砖混结构建筑物的安全使用允许地表变形值

建筑物及其特征	允许变形值		
	水平变形 $\varepsilon/(\mathrm{mm\cdot m^{-1}})$	倾斜 $i/(\mathrm{mm\cdot m^{-1}})$	曲率 $K/(10^{-3}\cdot \mathrm{m^{-1}})$
砖混结构建筑物	2	3	0.2

其他类型建(构)筑物的允许地表变形值见表 5-18。

表 5-18 工业建(构)筑物的安全使用允许地表变形值

建筑物及其特征	允许变形值		
	水平变形 $\varepsilon/(\mathrm{mm\cdot m^{-1}})$	倾斜 $i/(\mathrm{mm\cdot m^{-1}})$	曲率 $K/(10^{-3}\cdot \mathrm{m^{-1}})$
1. 地下蓄水池和沉淀池			
(1) 钢筋混凝土	$70/L$		
(2) 砖(有钢筋混凝土衬套)	$40/L$		

表 5-18(续)

建筑物及其特征	允许变形值		
	水平变形 ε/(mm·m^{-1})	倾斜 i/(mm·m^{-1})	曲率 K/(10^{-3}·m^{-1})
2. 塔形构筑物			
(1) 在钢筋混凝土基础上高度小于 30 m 的筒仓式构架		7.0	
(2) 在混凝土和毛石混凝土基础上的水塔	3.0	8.0	
(3) 煤仓		8.0	
(4) 砖和钢筋混凝土烟囱，高度：			
① 20 m		10.0	
② 30 m		8.0	
③ 40 m		7.0	
④ 50 m		6.0	
⑤ 60 m		5.0	
⑥ 70 m		4.5	
⑦ 100 m		4.0	
(5) 电视塔和无线电转播塔，高度：			
① ≤50 m		7.0	
② >50 m		5.0	
(6) 钢井架		6.0	
3. 变电所			
(1) 40 * 10^4 V 变电所：			
① 有同步补偿器		6.0	
② 无同步补偿器		8.0	
(2) 露天变电所：			
① (11～40) * 10^4 V	7.0	11.0	
② <11 * 10^4 V	10.0	14.0	
4. 浅仓			
(1) 钢筋混凝土装载仓		6.0	0.33
(2) 钢制装载仓		9.0	0.50
5. 工业用炉：多排焦炉	100/L	4.0	0.10
6. 坝和堤			
(1) 砖和混凝土	2.5		0.08
(2) 有溢水设施的土堤和坝	6.0		
(3) 无溢水设施的土堤和坝	4.0		
7. 索道			
(1) 牵引站	4.0		
(2) 有单独基础的支座	4.0		
(3) 在整体钢筋混凝土基础上的支座	7.0	12.0	

表 5-18(续)

建筑物及其特征	允许变形值		
	水平变形 $\varepsilon/(mm \cdot m^{-1})$	倾斜 $i/(mm \cdot m^{-1})$	曲率 $K/(10^{-3} \cdot m^{-1})$
8. 往复式压风机		4.0	
9. 桥式天车的轨道			
(1) 横向	$35H/m_g \cdot L \cdot h$	5.0	
(2) 纵向		6.0	0.17
10. 矿井提升机			
(1) 滚筒直径为 5 m		6.0	
(2) 滚筒直径≥5 m		4.0	
11. 矿井通风机			
(1) 轴流式	7.0	10.0	
(2) 离心式	9.0	12.0	
12. 锅炉			
(1) 立式水管式锅炉	8.0	10.0	
(2) 卧式水管式锅炉	12.0	2.0	
13. 长度大于 6 m 的旋床和大型龙门刨床	5.0		
14. 有接头的煤气管,接头与管体等强度			
(1) 地面干管	8.0		
(2) 地下干管和分送管			
① 钢管材质为 3 号钢,铺设在:			
a. 砂土上	2.5		
b. 砂质黏土上	2.0		
c. 中密实度黏土上	1.5		
d. 密实黏土上	1.0		
② 钢管材质优于 3 号钢,铺设在:			
a. 砂土上	3.5		
b. 砂质黏土上	2.5		
c. 中密实度黏土上	2.0		
d. 密实黏土上	1.5		
15. 有接头的输油管,接头与管体等强度			
(1) 地面干管	8.0		
(2) 地下干管,铺设在:			
① 砂土上	3.0		
② 砂质黏土和黏土上	2.0		
16. 供热管道			
(1) 地面干管	10.0		
(2) 设于地沟内	6.0	6.0	

表 5-18(续)

建筑物及其特征	允许变形值		
	水平变形 $\varepsilon/(mm \cdot m^{-1})$	倾斜 $i/(mm \cdot m^{-1})$	曲率 $K/(10^{-3} \cdot m^{-1})$
(3) 无地沟的干管和分送管,铺设在:			
① 砂土上	4.0	5.0	
② 砂质黏土和黏土上	3.0	4.0	
17. 自来水管			
(1) 地面干管	10.0		
(2) 地下干管,铺设在:			
① 砂土上	5.0		
② 砂质黏土和黏土上	4.0		
(3) 分区地下管	$[c]/L$		
(4) 有整体混凝土和钢筋混凝土干管沟的	1.0		0.05
18. 排水管网			
(1) 分区无压的	$[c]/L$		
(2) 有接头的钢质压力管道			
① 地面的	8.0		
② 地下的,铺设在:			
a. 砂土上	4.0		
b. 砂质黏土上和黏土上	3.0		

注:L 为建(构)筑物的长度、直径或跨度,m;H 为柱子由基础底面到上部结构支座的高度,m;h 为柱子由天车轨道到上部结构支座的高度,m;$[c]$为接头的补偿能力,mm;m_g为工作条件系数,按表 5-19 选用。

表 5-19　工作条件系数 m_g

建筑物(分段)的长(宽)度/m	<15	15~30	31~45	46~60	>60
工作条件系数 m_g	1.00	0.85	0.70	0.60	0.50

上述标准按照就高不就低的原则予以执行,而对于表 5-18 中未包括的建(构)筑物类型,其设防标准可根据其上部结构对地基变形的适应能力和使用上的要求确定。

(2) 公路和高速公路的场地设防标准

在查阅《公路路基设计规范》(JTG D30—2015)和《采空区公路设计与施工技术细则》(JTG/T D31-03—2011)中有关采空区上方公路路基场地稳定性评价标准的基础上,综合考虑给出了采空区上方公路工程建设场地的设防标准,如表 5-20 所示。当地表残余变形不满足表中要求时,应对采空区进行专项处治设计。若研究区域的地表残余倾斜大于 10 mm/m、地表残余曲率大于 0.6 mm/m^2 或地表残余水平变形大于 6 mm/m,则不宜作为公路建设场地,建议改选线路。

表 5-20　公路采空区地表变形允许值

公路等级	下沉值/mm	地表倾斜/(mm・m^{-1})	水平变形/(mm・m^{-1})	曲率变形/(mm・m^{-2})
高速公路、一级公路	⩽200	⩽3.0	⩽2.0	⩽0.2
二级及二级以下公路	⩽400	⩽6.0	⩽4.0	⩽0.3

(3) 铁路工程的场地设防标准

在综合分析现行与铁路工程地基设计或勘察有关的规程、规范和标准基础上，建议采空区上方铁路工程建设场地的设防标准，可参考《铁路路基设计规范》(TB 10001—2016)中关于铁路工程路基工后稳定及沉降的控制标准，如表 5-21 所示。其中无砟轨道铁路不仅应满足差异沉降要求，还应满足不均匀沉降造成的折角不应大于 1/1 000 的规定；无砟轨道路基沉降比较均匀且调整轨面高程后的竖曲线半径满足式(5-43)的要求时，工后沉降控制值限值为 30 mm。

表 5-21　铁路路基工后沉降控制限值

<table>
<tr><th colspan="4">铁路类型</th><th>一般地段工后沉降/mm</th><th>桥台台尾过渡段工后沉降(差异沉降)/mm</th><th>沉降速率/(mm・a^{-1})</th></tr>
<tr><td rowspan="8">有砟轨道</td><td rowspan="3">客货共线铁路</td><td colspan="2">200 km/h</td><td>⩽150</td><td>⩽80</td><td>⩽40</td></tr>
<tr><td rowspan="2">200 km/h 以下</td><td>Ⅰ级</td><td>⩽200</td><td>⩽100</td><td>⩽50</td></tr>
<tr><td>Ⅱ级</td><td>⩽300</td><td>⩽150</td><td>⩽60</td></tr>
<tr><td rowspan="2">高速铁路</td><td colspan="2">300 km/h,350 km/h</td><td>⩽50</td><td>⩽30</td><td>⩽20</td></tr>
<tr><td colspan="2">250 km/h</td><td>⩽100</td><td>⩽50</td><td>⩽30</td></tr>
<tr><td rowspan="2">城际铁路</td><td colspan="2">200 km/h</td><td>⩽150</td><td>⩽80</td><td>⩽40</td></tr>
<tr><td colspan="2">160 km/h,120 km/h</td><td>⩽200</td><td>⩽100</td><td>⩽50</td></tr>
<tr><td colspan="3">重载铁路</td><td>⩽200</td><td>⩽100</td><td>⩽50</td></tr>
<tr><td colspan="4">无砟轨道</td><td>⩽15</td><td>5</td><td></td></tr>
</table>

而对于采空区上方高速铁路(设计速度为 250～350 km/h)建设场地的设防标准可参考《高速铁路设计规范》(TB 10621—2014)中的路基有关要求：① 无砟轨道路基工后沉降应满足扣件调整能力和线路竖曲线圆顺的要求，工后沉降不宜超过 15 mm，沉降比较均匀并且调整轨面高程后的竖曲线半径满足式(5-43)的要求时，允许的工后沉降为 30 mm。路基与桥梁、隧道或横向结构物交界处的差异沉降不应大于 5 mm，过渡段沉降造成的路基与桥梁、隧道的折角不应大于 1/1 000；② 有砟轨道路基工后沉降应满足表 5-22 中的有关要求。

$$R_{sh} \geqslant 0.4V_{sj}^2 \tag{5-43}$$

式中　R_{sh} ——线路竖曲线半径；

　　　V_{sj} ——设计最高速度，km/h。

表 5-22　高速铁路路基工后沉降控制标准

设计速度/($km \cdot h^{-1}$)	一般地段工后沉降/cm	桥台台尾过渡段工后沉降/cm	沉降速率/($cm \cdot a^{-1}$)
250	10	5	3
300、350	5	3	2

(4) 桥涵工程的场地设防标准

在查阅现行桥涵工程的有关规范、标准后，建议采空区上方公路桥涵工程和铁路桥涵工程建设场地的允许变形值应分别满足《公路桥涵地基与基础设计规范》(JTG 3363—2019)和《铁路桥涵地基和基础设计规范》(TB 10093—2017)中的有关要求。其中公路桥涵关于墩台的沉降应符合下列规定：① 相邻墩台间不均匀沉降差值(不包括施工中的沉降)，不应使桥面形成大于 2 ‰的附加纵坡(折角)；② 超静定结构桥梁墩台间不均匀沉降差值，还应满足结构的受力要求。而对于铁路桥涵的墩台，其工后沉降不应超过表 5-23 和表 5-24 中规定的限值，超静定结构相邻墩台沉降量之差除应满足表中规定的限值外，还应根据沉降差对结构产生的附加应力的影响确定。位于路涵过渡段范围的涵洞涵身工后沉降限值应与相邻过渡段工后沉降限值一致，不在过渡段范围内的涵洞涵身工后沉降不应大于 100 mm。

表 5-23　有砟轨道静定结构墩台基础工后沉降限值

设计速度	沉降类型	限值/mm
250 km/h 及以上	墩台均匀沉降	30
	相邻墩台沉降差	15
200 km/h	墩台均匀沉降	50
	相邻墩台沉降差	20
160 km/h 及以下	墩台均匀沉降	80
	相邻墩台沉降差	40

表 5-24　无砟轨道静定结构墩台基础工后沉降限值

设计速度	沉降类型	限值/mm
250 km/h 及以上	墩台均匀沉降	20
	相邻墩台沉降差	5
200 km/h 及以下	墩台均匀沉降	20
	相邻墩台沉降差	10

(5) 输电线路的场地设防标准

参照国家能源局发布的《架空输电线路运行规程》(DL/T 741—2019)和《1 000 kV 交流架空输电线路运行规程》(DL/T 307—2010)、中华人民共和国国家质量监督检验检疫总局和中国国家标准化管理委员会共同发布的《±800 kV 直流架空输电线路运行规程》(GB/T 28813—2012)及国家电网公司发布的《±660 kV 直流架空输电线路运行规程》(Q/GDW 547—2010)，输电线路的场地设防标准如表 5-25 所示。

表 5-25 输电线路杆塔的倾斜、水平位移的最大允许值

电压等级	变形类型	钢筋混凝土电杆	钢管杆	角钢塔	钢管塔
110(66)～750 kV 交流	直线杆塔倾斜度(包括挠度)/‰	15.0	5(倾斜度)	5(50 m 及以上铁塔);10(50 m 以下铁塔)	5
1 000 kV 交流	直线塔倾斜度/‰			3(100 m 以下铁塔);1.5(100 m 及以上铁塔)	
1 000 kV 交流	直线猫头塔 K 点水平位移/mm			75	
±660 kV 直流	铁塔倾斜度(包括挠度)/‰			2.5(100 m 以下铁塔);1.5(100 m 及以上铁塔)	5
±800 kV 直流	杆塔倾斜度(包括挠度)/‰	2.5(100 m 以下铁塔);1.5(100 m 及以上铁塔)			

(6) 油气管道的场地设防标准

参考《采空区油气管道安全设计与防护技术规范》(Q/SY 1487—2012),采空区油气管道稳定性与地表变形值之间的关系见表 5-26。符合以下条件之一时,应为管道及其附属设施或配套建筑留设保护煤柱。

① 管道安全校核不达标。

② 薄及中厚煤层的开采深度与单层采厚比小于 120。

③ 厚煤层及煤层群的开采深度与分层采厚比小于 160。

④ 管道隧道。

⑤ 站场。

⑥ 地下储库。

表 5-26 采空区油气管道稳定性分级

稳定性级别	地表变形指标			危险程度
	水平变形 $\varepsilon/(\mathrm{mm\cdot m^{-1}})$	倾斜 $i/(\mathrm{mm\cdot m^{-1}})$	曲率 $K/(10^{-3}\cdot \mathrm{m^{-1}})$	
Ⅰ	>9.0		≥1.0	高
Ⅱ	6.0～9.0	>6.0	0.4～1.0	较高
Ⅲ	2.0～6.0	3.0～6.0	0.25～0.4	一般
Ⅳ	0.5～2.0	0.6～3.0	0.05～0.25	较低
Ⅴ	≤0.5	≤0.6	≤0.05	无

第八节　采空区场地稳定性与建设适宜性评价案例

一、特高压输电线路采空区场地稳定性与建设适宜性评价

（一）工程背景

1 000 kV 锡盟-南京特高压交流工程是特高压电网的东纵工程，是构建“三华”同步电网的重要组成部分，它的建设将大大提高锡盟煤电外送能力，满足华北、环渤海区域、华东长三角区域经济发展的用电需求。锡盟-南京特高压交流工程苏鲁省界-徐州站段，路径自苏鲁交界处的山东省济宁市韩庄镇进入江苏省徐州市铜山区利国镇，经小韩庄穿过张山子煤矿与利国煤矿，经利国镇镇区南三张茂村右转，跨京沪铁路与 104 国道，至大窑山左转，经西马村、东蔡村，至草帽山右转向西北，至梁山村北左转向西，跨京杭运河至魏庄村北右转，穿过垞城煤矿，至后高滩村后左转向西，经何桥镇北的土楼村，接入沛县敬安镇南的特高压徐州变电站陈庄站。沿途经过徐州市铜山区利国镇、柳泉镇、茅村镇、柳新镇、郑集镇、黄集镇、沿湖农场及徐州市沛县敬安镇，路径长度约为 64.0 km。根据原浙江省电力设计院提供的锡盟-南京特高压交流工程苏鲁省界-徐州站段路径图，该路段线路主要经过徐州市利国煤矿和徐州矿务集团有限公司的垞城煤矿。

（二）项目区域采矿历史调查

1. 项目区域利国煤矿采矿历史调查

锡盟-南京特高压交流工程输电线路通过利国煤矿的东南部，东临张山子矿，横跨东风渠。在利国煤矿井田范围内，先后共设计了四个方案（下称方案一、方案二、方案三、方案四），各方案的具体线路走向如图 5-18 所示。

项目区域内井筒较多，有利东风井、利东主井、万利井、利国煤矿主井、万金井、吴庄五号井、东升井等。据调查，在利国井田东、南、西侧，还有大量小煤窑存在。这些小煤窑大多为未经过正常审批的非法小煤井，目前均已封井关闭，其详细开采情况不详。

利国煤矿井田及附近主要可采煤层有 7#、8#、11#、17#、21# 煤层。

调查资料显示，利国煤矿在项目沿线区域的采空区主要为 7# 煤、8# 煤采空区，开采时间为 1972—2000 年，煤层开采深度 75～510 m 不等；根据岩 5 孔揭示，该区域内 7# 煤开采厚度 0.5～3.7 m 不等，8# 煤开采厚度约为 1.2 m。采煤方法为长壁垮落采煤法，回采工艺为炮采，工作面形状极不规则。

根据利国煤矿地质说明书中的有关描述，该矿于 1982 年以前曾开采上石炭统太原组（屯头系）的 11#、17#、21# 煤层，具体开采位置和采空区情况不详。根据煤层赋存特征和利国煤矿开发历史情况，这些采空区可能位于井田浅部附近。

项目区域范围内方案一沿线利国煤矿老采空区情况见表 5-27；方案二沿线利国煤矿老采空区情况见表 5-28；方案三、四沿线利国煤矿老采空区情况见表 5-29。

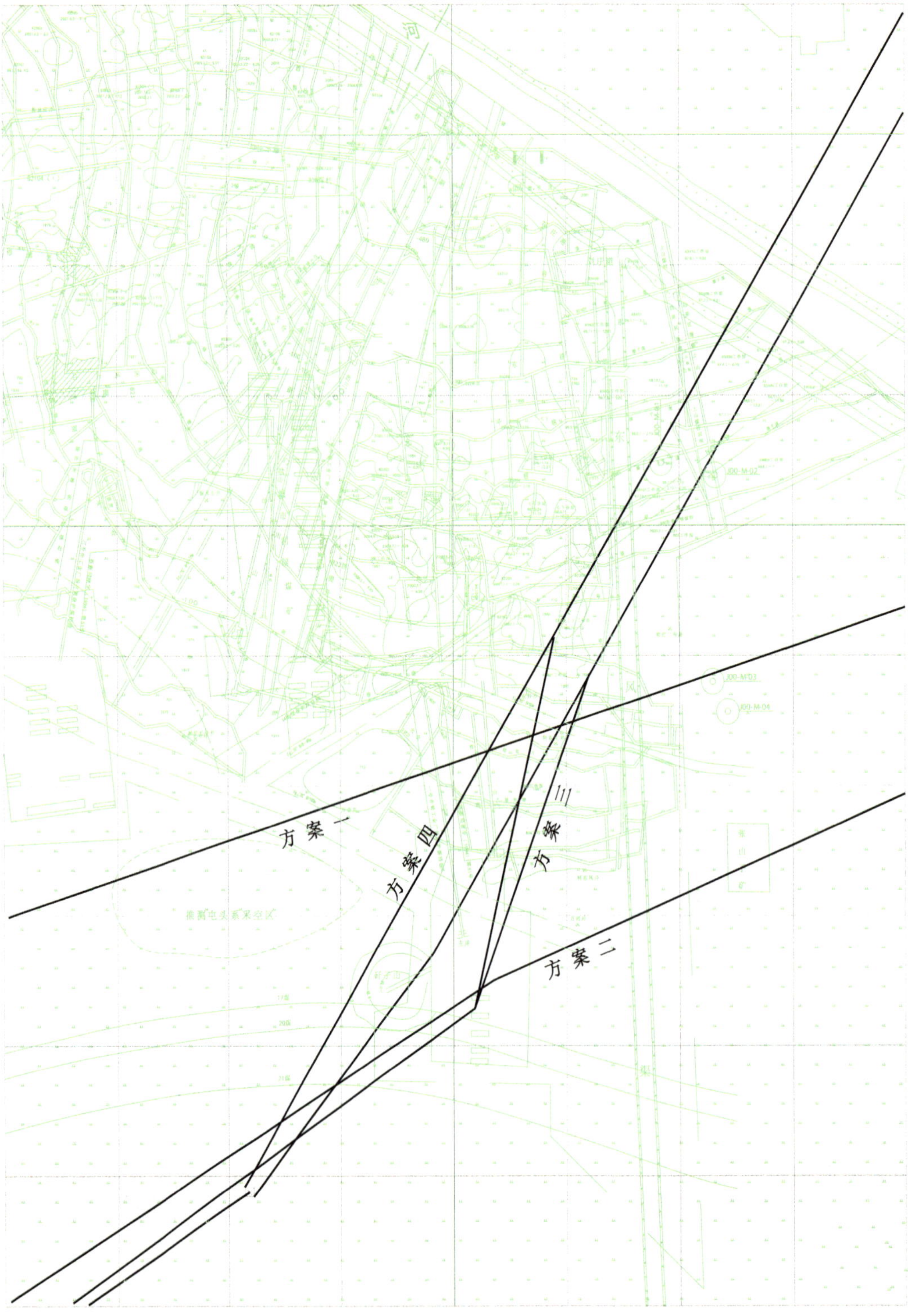

图 5-18　输电线路与利国煤矿的相对位置关系

表 5-27　方案一沿线利国煤矿开采活动一览表

煤层	工作面编号	开采时间	开采深度(最浅埋深值和最深埋深值)/m	开采厚度/m	开采方法	备注
7#	706	1981 年	75,75	3.7	炮采	
	708	1981 年	186,235	1.0	炮采	
	712		130,130	3.7	炮采	
8#	801	1989 年前	190,239	1.2	炮采	
	803	1989 年前	114,114	1.2	炮采	
	804	1989 年前	90,114	1.2	炮采	
	802	2000 年	310,340	1.2	炮采	
屯头系		1982 年前	约 100		炮采	推测

表 5-28　方案二沿线利国煤矿开采活动一览表

煤层	工作面编号	开采时间	开采深度/m	开采厚度/m	开采方法	备注
7#	706	1981 年	75,75	3.7	炮采	
8#	804	1989 年前	90,114	1.2	炮采	

表 5-29　方案三、四沿线利国煤矿开采活动一览表

煤层	工作面编号	开采时间	开采深度/m	开采厚度/m	开采方法	备注
7#	706	1981 年	75,75	3.7	炮采	
	708	1981 年	186,235	1.0	炮采	
	710	1985 年	235,240	1.0	炮采	
	731	1983 年	280,280	3.7	炮采	
	CL701	1998 年	230,230	0.5	炮采	残采面
	CL702	1998 年	240,240	1.2	炮采	残采面
	712		130,130	3.7	炮采	
8#	82202	1986 年	258,280	1.2	炮采	
	82204	2000 年	320,350	1.2	炮采	
	83401	1997 年	350,380	1.2	炮采	
	83402	1999 年	350,380	1.2	炮采	
	83403	1998 年	380,410	1.2	炮采	
	83404	1996 年	380,410	1.2	炮采	
	83405	1997 年	410,440	1.2	炮采	
	83406	1997 年	410,440	1.2	炮采	
	83408	1997 年	440,510	1.2	炮采	
	801	1989 年前	190,239	1.2	炮采	
	803	1989 年前	114,114	1.2	炮采	
	804	1989 年前	90,114	1.2	炮采	
	802	2000 年	310,340	1.2	炮采	
屯头系		1982 年前	约 100		炮采	推测

由图 5-19 和表 5-27～表 5-29 可知，项目区域内利国煤矿地下开采情况极为复杂，各路线沿线老采空区情况差别较大。

方案一沿线主要有 706、708、712、801、802、803、804 等 7# 煤 3 个工作面和 8# 煤 4 个工作面开采形成的老采空区；除 802 工作面外，其他工作面的开采时间大致在 20 世纪 80 年代初，距今超过 20 a。同时方案一穿过屯头系采空区，该区域为推测采空区，具体开采情况不详。

方案二从利国煤矿东南部通过，该区域原为矿工业广场，基本无开采活动。方案二沿线主要有 706、804 工作面开采形成的老采空区。

方案三、方案四线路走向基本一致，仅在 706 工作面至利国煤矿东南部略有区别，方案三、方案四设计为双塔双回路线路，线路沿线采空区基本一致，主要包括 7# 煤 7# 个工作面、8 煤 13 个工作面，共 21 个工作面及屯头系开采面形成的老采空区。相比较而言，方案四距离屯头系推测采空区较近，最近约为 30 m；方案三距离屯头系采空区最近约为 215 m。

总体而言，该区域内的老采空区分布主要有以下特点。

① 采空区形成时间跨度大。项目区域内利国井田的开采时间为 20 世纪 70 年代到 90 年代，时间跨度达 20 多年，开采活动结束时间从 10 a 至 25 a 以上不等，地表残余沉降特征复杂。

② 老采空区形成的形式多样。项目区域内利国井田的开采方式多样，既有 20 世纪 70 年代、80 年代的正规开采面，也有 20 世纪 90 年代末的残采工作面，还存在一些情况未明的推测工作面，如屯头系推测采空区、区域内小煤窑开采形成的采空区等。形式多样的开采方式也使得老采空区分析异常复杂。一般而言，小煤窑开采工作面极不规则，且无详细的图纸资料，从而会造成区域内工程建设存在严重的隐患。

③ 多煤层开采。利国煤矿线路沿线区域主要有 7#、8#、11#、17#、21# 煤。据利国煤矿地测科调查，该区域主要开采 7# 煤、8# 煤，7# 煤厚度为 0.5～3.7 m，8# 煤厚度约为 1.2 m；同时该区域在 1982 年前开采过屯头系煤层，但具体开采情况无图纸资料。

④ 工作面开采顶板形态复杂。该区域主采煤层 7# 煤、8# 煤顶板岩层坚硬，开采过程中多采用跳采留设屈服煤柱让压、空场法管理顶板，坚硬顶板在开采后不易垮落充填采空区，从而导致地表沉陷小，且采空区内可能存在大量的空洞，顶板垮落形式复杂。

⑤ 煤层深厚比小。项目沿线利国井田内开采煤层深厚比较小，部分区域的深厚比甚至小于 5。当深厚比较小时，老采空区活化可能会产生非连续变形，造成严重的工程事故。

⑥ 煤层赋存浅。项目沿线区域利国井田煤层的开采深度为 75～510 m，露头区域煤层赋存浅；据利国煤矿地质报告，该区域内部分工作面开采形成的导水裂隙带已波及地表，这些老采空区在上覆荷载作用下极易活化，从而会产生二次变形或突然下沉，对工程危害极大。

2. 项目区域垞城煤矿采矿历史调查

根据锡盟-南京特高压交流工程输电线路设计，输电线路徐州段跨京杭运河至魏庄村北右转后，穿过垞城煤矿，然后转至后高滩村。线路在垞城煤矿境内初步提出了两种穿越方案，即在转点 J15 处分岔。

方案一：线路自转点 J15 起沿着疏港港口区域西侧，北偏西 24°直行穿越垞城煤矿。

方案二：线路位于方案一线路西侧，自转点 J15 起先沿着北偏西 49°方向直行 2 800 m，然后右转沿着北偏西 86°方向出垞城煤矿。

依据锡盟-南京特高压交流工程输电线路垞城煤矿境内的初步设计路径，结合垞城煤矿的采掘工程平面图、井上下对照图、地质报告说明书以及钻孔柱状图，分别对方案一、方案二沿线附近的老采空区进行了详细调查。采矿历史调查结果如下。

方案一沿线附近的老采空区主要有 1#、2#、9# 煤的 3102、2208、9314 等 27 个工作面采空区（累计 48 个采空区块段）。沿线老采空区的开采时间为 1984—2007 年，老采空区开采深度为 90～590 m，煤层开采厚度为 1.3～2.3 m，煤层倾角为 5°～30°。采煤方法主要为走向长壁后退式采煤法，开采方法为炮采，采用全部垮落法管理顶板。方案一沿线穿越的老采空区详细调查情况见表 5-30。

表 5-30　方案一沿线垞城煤矿开采活动一览表

煤层	工作面编号	开采时间	走向长/m	倾向宽/m	上边界开采深度/m	下边界开采深度/m	倾角/(°)	开采厚度/m	开采方法
1#	3102	1987 年 4 月—1989 年 1 月	732	69～134	103	187	30	1.8	炮采
	3104	1989 年 7 月—1990 年 3 月	372	38～55	160	236	29	1.7	炮采
		1990 年 4 月—1990 年 9 月	208	26～80	160	230	29	1.7	炮采
	3106	1991 年 3 月—1991 年 5 月	203	52～65	221	263	26	1.7	炮采
		1991 年 8 月—1991 年 12 月	182	22～66	234	270	26	1.7	炮采
		1991 年 12 月—1992 年 1 月	65	23～82	220	262	26	1.7	炮采
	1308	1998 年 1 月—1998 年 4 月	118	113	280	330	30	1.7	炮采
	1310	1999 年 5 月—1999 年 9 月	245	41～148	274	423	20	1.6	炮采
		1999 年 10 月—2000 年 3 月	282	80～108	324	362	5	1.6	炮采
		2000 年 4 月—2001 年 3 月	305	54～230	330	395	20	1.6	炮采
	1312	2005 年 1 月—2006 年 12 月	500	115	413	457	9	1.3	炮采
		2005 年 9 月—2006 年 12 月	170	113	393	423	9	1.3	炮采

表 5-30(续)

煤层	工作面编号	开采时间	走向长/m	倾向宽/m	上边界开采深度/m	下边界开采深度/m	倾角/(°)	开采厚度/m	开采方法
1#	1314	2007 年 1 月—2007 年 6 月	324	23～120	445	485	9	1.3	炮采
	1315	2004 年 11 月—2005 年 7 月	512	100～115	440	470	9	1.8	炮采
	1317	2006 年 7 月—2006 年 8 月	140	40～65	462	468	9	1.3	炮采
		2005 年 7 月—2007 年 1 月	365	360	474	540	9	1.3	炮采
	1342	1999 年 6 月—2000 年 1 月	474	92	454	515	24	1.6	炮采
	1344	2002 年 4 月—2003 年 3 月	528	70～106	483	564	24	1.6	炮采
2#	2208	1992 年 1 月—1992 年 6 月	189	85～136	277	344	26	1.7	炮采
		1992 年 7 月—1992 年 12 月	170	83～143	308	346	26	1.7	炮采
		1993 年 1 月—1993 年 12 月	140	0～220	281	344	18	1.6	炮采
		1990 年 10 月—1991 年 12 月	438	70～165	234	334	25	1.7	炮采
9#	4901	1988 年 7 月—1988 年 9 月	210	66～85	90	130	30	1.7	炮采
		1988 年 10 月—1988 年 12 月	160	60～71	90	135	30	1.7	炮采
	3902	1985 年 8 月—1985 年 10 月	72	50	94	125	30	1.9	炮采
		1985 年 10 月—1986 年 5 月	415	60～70	90	122	30	1.9	炮采
	4903	1989 年 6 月—1989 年 9 月	142～148	95	140	195	28	1.7	炮采
		1990 年 6 月—1990 年 8 月	30～47	90	140	195	28	1.7	炮采
	3904（上分层）	1986 年 9 月—1986 年 12 月	192～242	76	130	190	30	1.8	炮采
		1984 年 2 月—1984 年 8 月	307～362	95	130	175	28	1.9	炮采

表 5-30(续)

煤层	工作面编号	开采时间	走向长/m	倾向宽/m	上边界开采深度/m	下边界开采深度/m	倾角/(°)	开采厚度/m	开采方法
9#	3904(下分层)	2003 年 8 月—2003 年 10 月	130～173	38～78	135	170	30	1.8	炮采
		2003 年 2 月—2003 年 6 月	240～265	76～123	90	140	28	1.9	炮采
	3906(上分层)	1987 年 10 月—1988 年 2 月	275～308	60～70	186	240	30	1.8	炮采
		1988 年 2 月—1988 年 6 月	225～264	72	175	220	27	1.8	炮采
	3906(下分层)	2004 年 3 月—2004 年 9 月	266～278	101	178	246	30	1.8	炮采
		2003 年 11 月—2004 年 3 月	172～207	125	160	240	27	1.8	炮采
	4907	2003 年 9 月—2003 年 9 月	18	36	260	280	28	1.7	炮采
		2003 年 10 月—2003 年 10 月	32	36～66	260	290	28	1.7	炮采
	3908	1989 年 1 月—1989 年 8 月	284～318	90	240	300	30	1.8	炮采
		1989 年 10 月—1990 年 1 月	130～204	100～120	220	290	30	1.8	炮采
	3910	1990 年 5 月—1990 年 12 月	418	60～97	210	340	30	1.8	炮采
	9312	1993 年 10 月—1994 年 1 月	102	70～115	360	430	18	2.3	炮采
		1994 年 2 月—1994 年 11 月	302～350	120～156	365	440	18	2.3	炮采
	9314	1995 年 2 月—1995 年 8 月	200	66～120	270	320	18	2.3	炮采
	3914	1995 年 7 月—1996 年 2 月	220	38～162	290	490	18	2.3	炮采
		1996 年 3 月—1996 年 10 月	65～260	60	260	490	18	2.3	炮采
	9342	2000 年 2 月—2001 年 3 月	503	122～213	490	565	20	2	炮采
	9344	2001 年 9 月—2002 年 3 月	287	67～120	540	590	21	1.8	炮采

方案二沿线影响的老采空区主要有1#、2#、9#煤的3101、2202、3903等38个工作面老采空区(累计64个采空区块段),其中线路穿越1#煤的3102、3104、1344、1342,2#煤的2208、2210、2212,以及9#煤的3902、3904(上分层)、3904(下分层)、3906(上分层)、3906(下分层)、3908、3910、3912、3914、9312、9342,共18个工作面老采空区。沿线影响的老采空区开采年份在1984—2004年之间,老采空区开采深度为90～600 m,煤层开采厚度为1.6～2.5 m,煤层倾角为5°～31°。采煤方法主要为走向长壁后退式采煤法,开采方法为炮采,采用全部垮落法管理顶板。方案二沿线穿越的老采空区详细调查情况见表5-31。

表5-31 方案二沿线垞城煤矿开采活动一览表

煤层	工作面编号	开采时间	走向长/m	倾向长/m	上边界开采深度/m	下边界开采深度/m	倾角/(°)	开采厚度/m	开采方法
1#	3101	1986年12月—1987年3月	193	64～83	102	155	30	1.8	炮采
	3102	1987年4月—1989年1月	732	69～134	103	187	30	1.8	炮采
	3104	1989年7月—1990年3月	372	38～55	160	236	29	1.7	炮采
		1990年4月—1990年9月	208	26～80	160	230	29	1.7	炮采
	3105	1991年1月—1991年8月	170	84～90	223	280	26	1.6	炮采
		1991年9月—1991年10月	32	38～70	220	230	26	1.6	炮采
	3106	1991年3月—1991年5月	203	52～65	221	263	26	1.7	炮采
		1991年8月—1991年12月	182	22～66	234	270	26	1.7	炮采
		1991年12月—1992年1月	65	23～82	220	262	26	1.7	炮采
	1310	1999年5月—1999年9月	245	41～148	274	423	20	1.6	炮采
		1999年10月—2000年3月	282	80～108	324	362	5	1.6	炮采
		2000年4月—2001年3月	305	54～230	330	395	20	1.6	炮采
	1341	1998年5月—1999年6月	493	113	450	560	24	1.6	炮采

表 5-31(续)

煤层	工作面编号	开采时间	走向长/m	倾向长/m	上边界开采深度/m	下边界开采深度/m	倾角/(°)	开采厚度/m	开采方法
1#	1342	1999 年 6 月—2000 年 1 月	474	92	454	515	24	1.6	炮采
	1343	2003 年 5 月—2004 年 3 月	507	59～90	535	600	24	1.6	炮采
	1344	2002 年 4 月—2003 年 3 月	528	70～106	483	564	24	1.6	炮采
2#	2202	1984 年 2 月—1985 年 2 月	258	70～180	105	204	28	1.7	炮采
	2204	1984 年 2 月—1984 年 12 月	170	70～165	109	208	30	1.7	炮采
	2206	1985 年 8 月—1985 年 12 月	195	90～105	208	266	18	1.6	炮采
		1985 年 9 月—1986 年 1 月	215	46～100	204	270	30	1.6	炮采
	2208	1992 年 1 月—1992 年 6 月	189	85～136	277	344	26	1.7	炮采
		1992 年 7 月—1992 年 12 月	170	83～143	308	346	26	1.7	炮采
		1993 年 1 月—1993 年 12 月	140	0～220	281	344	18	1.6	炮采
		1990 年 10 月—1991 年 12 月	438	70～165	234	334	25	1.7	炮采
	2209	1994 年 6 月—1994 年 9 月	146	106～124	366	449	31	1.8	炮采
		1994 年 11 月—1995 年 11 月	166～395	103～176	334	467	28	1.7	炮采
		2000 年 10 月—2001 年 2 月	261	77	464	534	31	1.8	炮采
	2210	1993 年 10 月—1994 年 5 月	300～400	35～105	326	395	25	1.7	炮采
	2212	1995 年 11 月—1996 年 11 月	300～410	26～118	384	454	25	1.6	炮采

表 5-31(续)

煤层	工作面编号	开采时间	走向长/m	倾向长/m	上边界开采深度/m	下边界开采深度/m	倾角/(°)	开采厚度/m	开采方法
9#	4901	1988年7月—1988年9月	210	66～85	90	130	30	1.7	炮采
		1988年10月—1988年12月	160	60～71	90	135	30	1.7	炮采
	3902	1985年8月—1985年10月	72	50	94	125	30	1.9	炮采
		1985年10月—1986年5月	415	60～70	90	122	30	1.9	炮采
	3901	1984年11月—1985年1月	115	37～70	90	124	28	1.9	炮采
	3903	1985年7月—1986年8月	80	87	126	170	28	1.9	炮采
	3905	1987年8月—1987年9月	72	83	180	235	27	1.8	炮采
	4903	1989年6月—1989年9月	142～148	95	140	195	28	1.7	炮采
		1990年6月—1990年8月	30～47	90	140	195	28	1.7	炮采
	3904(上分层)	1986年9月—1986年12月	192～242	76	130	190	30	1.8	炮采
		1984年2月—1984年8月	307～362	95	130	175	28	1.9	炮采
	3904(下分层)	2003年8月—2003年10月	130～173	38～78	135	170	30	1.8	炮采
		2003年2月—2003年6月	240～265	76～123	90	140	28	1.9	炮采
	3906(上分层)	1987年10月—1988年2月	275～308	60～70	186	240	30	1.8	炮采
		1988年2月—1988年6月	225～264	72	175	220	27	1.8	炮采
	3906(下分层)	2004年3月—2004年9月	266～278	101	178	246	30	1.8	炮采
		2003年11月—2004年3月	172～207	125	160	240	27	1.8	炮采

表 5-31(续)

煤层	工作面编号	开采时间	走向长/m	倾向长/m	上边界开采深度/m	下边界开采深度/m	倾角/(°)	开采厚度/m	开采方法
9#	4907	2003年9月—2003年9月	18	36	260	280	28	1.7	炮采
		2003年10月—2003年10月	32	36～66	260	290	28	1.7	炮采
	3908	1998年1月—1998年8月	284～318	90	240	300	30	1.8	炮采
		1989年10月—1990年1月	130～204	100～120	220	290	30	1.8	炮采
	3910	1990年5月—1990年12月	418	60～97	210	340	30	1.8	炮采
	9312	1993年10月—1994年1月	102	70～115	360	430	18	2.3	炮采
		1994年2月—1994年11月	302～350	120～156	365	440	18	2.3	炮采
		1993年1月—1993年3月	128～166	152	200	240	30	2.5	炮采
		1992年8月—1992年11月	36	136	175	200	30	2.5	炮采
		1992年5月—1992年7月	68	118	110	165	30	2.3	炮采
	9314	1995年2月—1995年8月	200	66～120	270	320	18	2.3	炮采
	3914	1995年7月—1996年2月	220	38～162	290	490	18	2.3	炮采
		1996年3月—1996年10月	65～260	60	260	490	18	2.3	炮采
	9342	2000年2月—2001年3月	503	122～213	490	565	20	2	炮采
	9344	2001年9月—2002年3月	287	67～120	540	590	21	1.8	炮采
	9342	2001年3月—2003年6月	66～132	52～123	474	500	20	1.8	炮采
	9309	1991年1月—1991年2月	90～100	70	310	350	30	1.8	炮采
	3907	1990年2月—1990年3月	57～102	124	230	310	30	1.8	炮采

（三）项目区域老采空区活化影响预测

1. 利国煤矿段老采空区地表残余变形预测与活化变形特征

（1）利国煤矿段输电线路区域地表残余变形预计

根据老采空区残余沉降预测模型，结合利国煤矿老采空区的结构特点和残余移动变形规律，对利国煤矿境内输电线路沿线下伏老采空区的残余活化能力进行了预测。线路地表的残余移动变形极值见表5-32，图5-19为线路地表的残余沉降等值线图。总体而言，线路沿线区域的残余沉降值较小，倾斜变形、曲率变形、水平变形最大值均远远低于一般建（构）筑物的采动损害设防标准。

表5-32　利国段输电线路沿线地表的残余移动与变形极值

方案	最大下沉值/mm	最大倾斜值/(mm·m^{-1})		最大曲率变形值/(mm·m^{-2})		最大水平移动值/mm		最大水平变形值/(mm·m^{-1})	
		南北方向	东西方向	南北方向	东西方向	南北方向	东西方向	南北方向	东西方向
方案一	21	0.6	0.6	0.01	0.02	8	7	−0.15/0.25	−0.2/0.2
方案二	0	0	0	0	0	0	0	0	0
方案三	46	0.6	0.6	0.02	0.02	10	6	−0.15/0.25	−0.2/0.1
方案四	44	0.6	0.6	0.02	0.02	10	8	−0.05/0.25	−0.2/0.2

（2）利国煤矿老采空区的特点及活化变形特征

项目区域内利国煤矿主要开采7#煤、8#煤和屯头系煤层，煤层开采时间为20世纪70年代至90年代，开采活动结束已有20多年；该处煤层开采深度浅，一般为75～510 m，根据地表移动时间计算可知，该处地表移动持续时间不超过2 a；同时残余沉降预计结果也表明，项目区域内地表在自然条件下的残余沉降极小。

项目区域内的部分老采空区煤层埋藏浅，多位于煤层露头区域，覆岩岩性偏软，开采后采空区被上覆岩层破碎充填，垮落裂隙带距地表的距离较小，在上覆荷载作用下，这部分采空区极易发生活化，产生二次变形，从而会诱发地表铁塔基础产生不均匀沉降，造成铁塔主材和辅材的破坏，甚至造成线路运行安全事故。由于这类变形来源于采空区破碎岩体的压缩变形，因此其具有变形量大、变形时间序列不规则的特点。

项目区域内的7#煤、8#煤工作面由于其顶板岩性坚硬，开采过程中采用留设让压煤柱、空场法管理顶板，因此其采空区内存在大量的空洞。在F4断层以南的浅部区域，在上覆岩层荷载和地下水、地震等各种内外荷载作用下，空洞极易与附加应力相互作用，造成突然塌陷。在F4断层以北区域，煤层开采深度较大，同时上覆岩层有较为坚硬的火成岩和石灰岩，上覆荷载产生的附加应力不能影响到下部破碎岩体，即使下部发生空洞的二次塌陷，由于坚硬岩层对变形存在缓冲和抑制作用，因此对地表的输电线路影响有限。

项目区域内存在屯头系采空区，由于资料的缺乏，该区域的具体开采情况、覆岩破坏和地表沉陷情况均难以弄清。同时该区域煤层赋存较浅，在上覆荷载作用下，其极有可能发生活化变形，从而造成线路安全事故。因此，该区域兴建线路的安全隐患较大。

项目区域主要断层为F3断层和F4断层；利国煤矿的地质报告显示，该区域断层并未留设保护煤柱，同时断层露头较浅，在上覆荷载作用下，浅部断层可能发生沿层面的滑移，

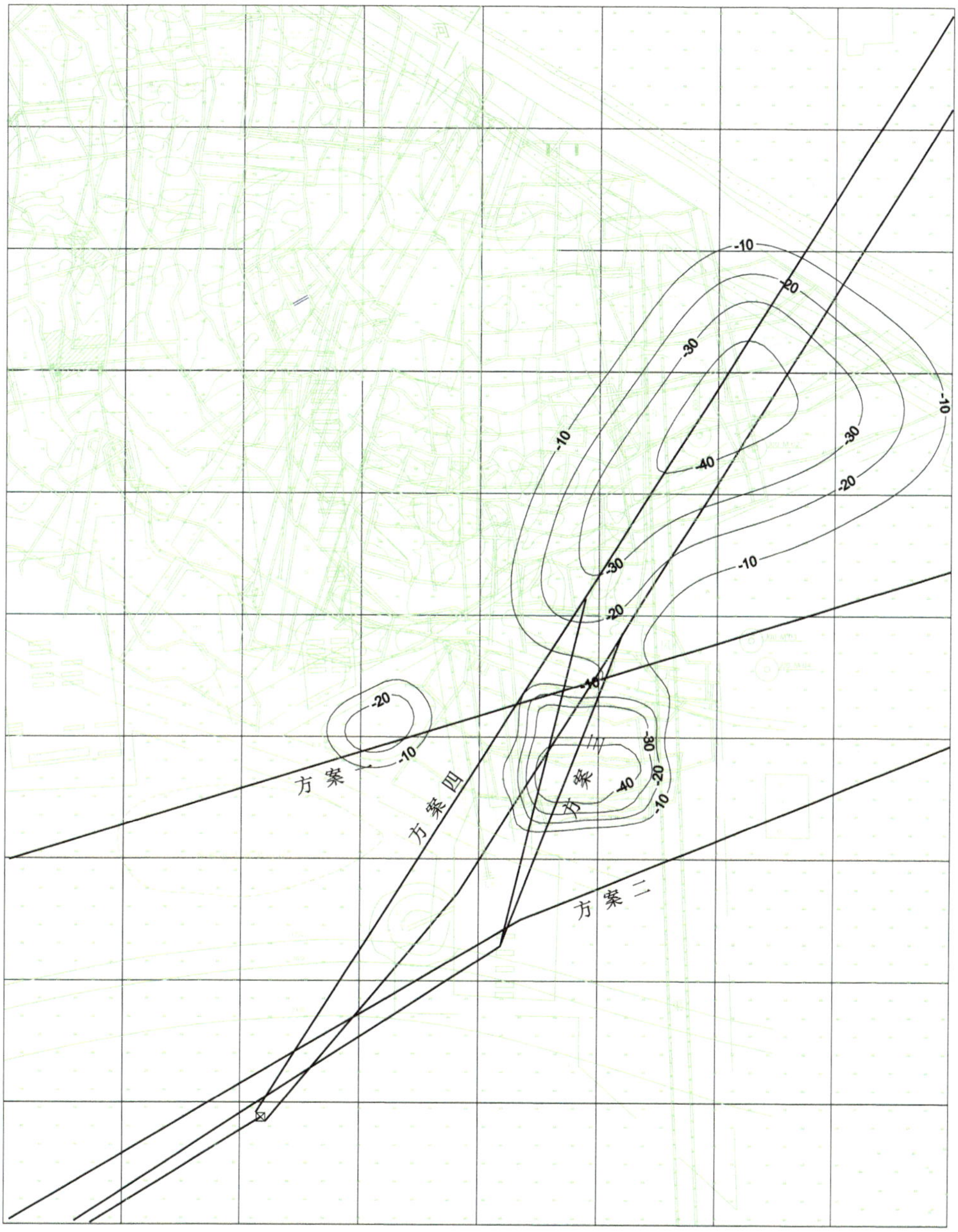

图 5-19 利国段输电线路沿线地表的残余沉降等值线图

特别是在其他外部荷载(如地震、地下水)的综合作用下,断层极有可能沿层面滑移,从而导致线路运行事故。因此,断层露头上方兴建线路的安全隐患也较大。

2. 垞城煤矿段老采空区地表残余沉陷与变形预测

根据老采空区残余沉降预测模型,结合徐州矿区老采空区的残余移动变形规律,对垞城煤矿境内输电线路沿线下伏老采空区的残余活化能力进行了预测。两方案线路地表的残余移动变形极值见表 5-33,图 5-20 为线路地表的残余沉降等值线图。通过对预测结果进一步分析,可以看出较大的残余移动变形主要发生在较浅的采空区南部,即 J15 转点北侧附近。两方案输电线路下伏老采空区地表的残余移动变形极值如下所述。

表 5-33 垞城段输电线路沿线地表的残余移动与变形极值

方案	最大下沉值/mm	最大倾斜值/(mm·m^{-1})		最大曲率变形值/(mm·m^{-2})		最大水平移动值/mm		最大水平变形值/(mm·m^{-1})	
		南北方向	东西方向	南北方向	东西方向	南北方向	东西方向	南北方向	东西方向
方案一	70	0.8	0.6	0.05	0.02	20	35	−1.3/1.2	−0.8/0.4
方案二	205	2.2	1.6	0.08	0.03	72	22	−0.6/0.3	−0.2/0.3

方案一沿线，地表最大残余下沉值约为 70 mm，地表南北方向最大残余倾斜值为 0.8 mm/m，东西方向最大残余倾斜值为 0.6 mm/m；地表南北方向最大残余水平移动值为 20 mm，东西方向最大残余水平移动值为 35 mm；地表南北方向最大残余拉伸水平变形值为 1.2 mm/m，最大残余压缩水平变形值为 1.3 mm/m，东西方向最大残余拉伸水平变形值为 0.4 mm/m，最大残余压缩水平变形值为 0.8 mm/m；地表南北方向最大残余曲率变形值为 0.05 mm/m^2，东西方向最大残余曲率变形值为 0.02 mm/m^2。

方案二沿线，地表最大残余下沉值约为 205 mm，地表南北方向最大残余倾斜值为 2.2 mm/m，东西方向最大残余倾斜值为 1.6 mm/m；地表南北方向最大残余水平移动值为 72 mm，东西方向最大残余水平移动值为 22 mm；地表南北方向最大残余拉伸水平变形值为 0.3 mm/m，最大残余压缩水平变形值为 0.6 mm/m，东西方向最大残余拉伸水平变形值为 0.3 mm/m，最大残余压缩水平变形值为 0.2 mm/m；地表南北方向最大残余曲率变形值为 0.08 mm/m^2，东西方向最大残余曲率变形值为 0.03 mm/m^2。

（四）老采空区稳定性分析和稳定性区划

1. 铁塔荷载对老采空区活化的影响计算

根据锡盟-南京特高压交流工程苏鲁省界-徐州站段杆塔和基础的设计参数，按照 Boussinesq（波西尼斯克）公式分别计算了两个典型铁塔荷载对地基的扰动深度，具体见表 5-34。

表 5-34 典型铁塔荷载对地基的扰动深度

铁塔型号	下压力/kN	基础埋深/m	扰动深度/m
SZ303P	6 518	5	14
SJ304P	15 098	8	19

对典型铁塔荷载的扰动深度、基础埋深和利国煤矿的导水裂缝带高度计算结果进行分析表明，型号为 SZ303P 和 SJ304P 的铁塔荷载对老采空区的扰动深度分别为14 m 和 19 m；而矿区东部的 706 工作面弯曲下沉带厚度仅为 8 m，因此可认为 706 工作面将在铁塔荷载作用下发生活化变形，其他区域由于弯曲下沉带厚度远大于铁塔荷载的扰动深度，因此基本不会由于铁塔荷载而诱发老采空区发生活化变形。

同理，垞城矿区的垮落断裂带高度 H_{li} 为 38 m，研究表明，型号为 SZ303P 和 SJ304P 的铁塔荷载对地基的扰动深度分别为 14 m 和 19 m，顾及铁塔基础的埋深条件，铁塔荷载扰动

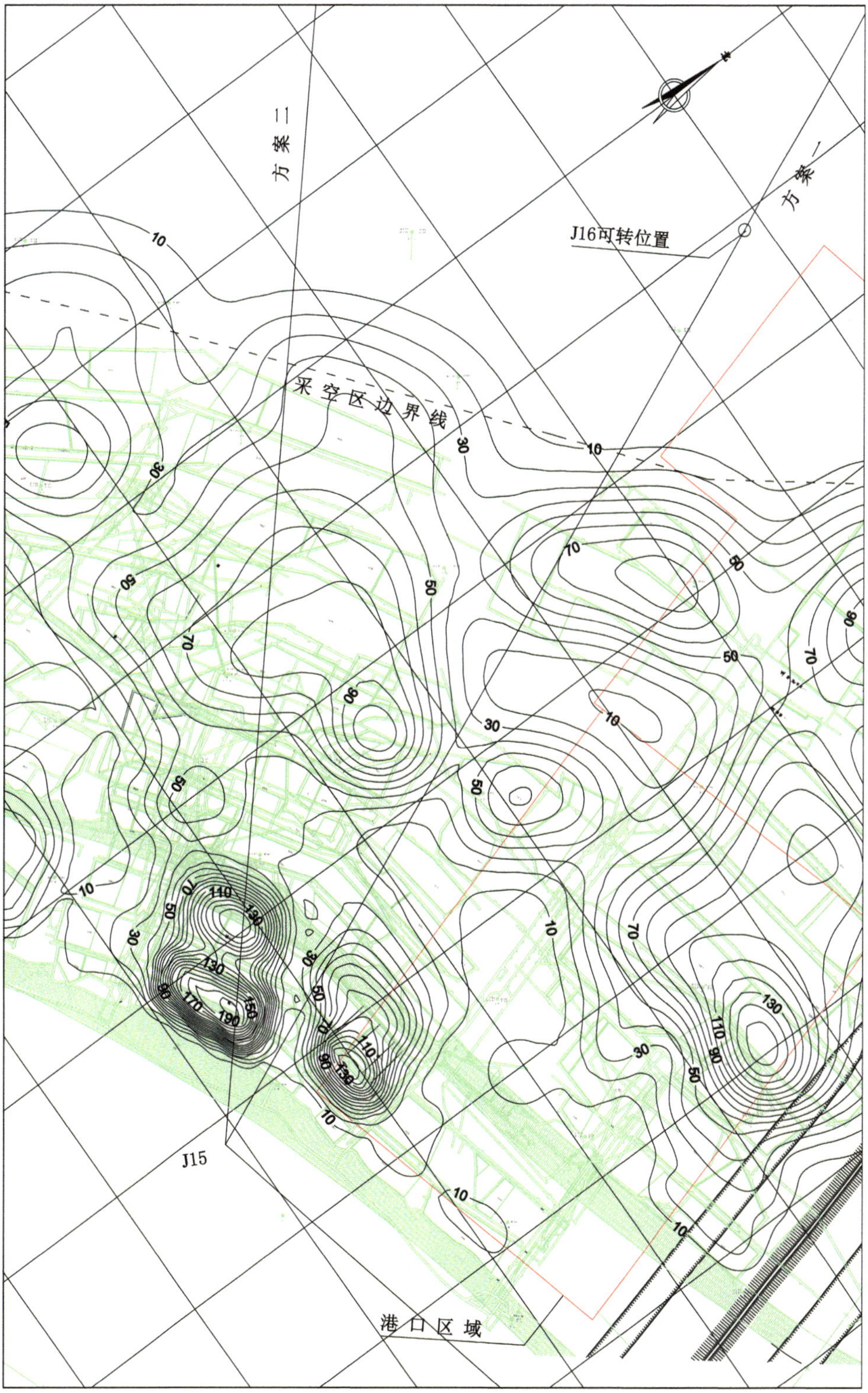

图 5-20　垞城段输电线路沿线地表的残余沉降等值线图

老采空区的临界采深为 57 m 和 65 m。前文对老采空区地质采矿条件的调查结果显示，采空区南部 9# 煤和 1# 煤的采空区赋存最浅，其上边界离地表的距离约为 90 m 和 105 m，均大于铁塔荷载作用引起采动破碎岩土体活化的临界采深。因此，理论上可认为铁塔荷载引起老采空区破碎岩体二次移动的可能性不大。但必须指出，在采空区南部，由于采空区赋存深度较浅和地层倾角相对较大，在其他人为附加或自然构造应力和铁塔荷载耦合作用下，煤层露头区域的老采空区易产生活化。

2. 断层活化对老采空区的影响

断层对地表移动与变形产生影响的原因在于断层带处岩层的力学强度大大低于周围岩层的力学强度。由于应力的集中作用，该处成为岩层变形集中的有利位置；当地下煤层被开采后，在上覆岩层发生移动与变形的同时，岩层还会沿着断层面发生滑动，于是在断层基岩露头处的地表就会出现台阶状的破坏。同时，断层的变形集中作用也使盆地内移动与变形的正常分布发生改变。在断层露头处的地表变形加剧，大大超过了正常值，而位于断层露头两侧附近的地表变形变得缓和，且小于正常值。采空区断层活化要具备两个条件：其一是上下盘要有相对错动空间；其二是要有巨大的外力作用。

利国煤矿输电线路区域内的断层主要有 F3 断层和 F4 断层，断层与输电线路的相对位置关系如图 5-21 所示。

由于 7# 煤、8# 煤顶板岩性坚硬，并且工作面内留设有屈服让压煤柱，所以采空区内可能存在空洞，这些空洞在各种内外荷载作用下可能会发生活化变形(尤其是 706 工作面附近，由于其垮落裂隙带距地表仅为 8 m，因此在铁塔荷载作用下极易发生活化变形)，为断层提供活动空间；同时断层作为地层结构薄弱区，在其他外荷载作用下(如地震)往往为变形集中区，极易造成其露头附近建(构)筑物发生破坏。因此立塔位置的选择应避开断层露头区。

垞城煤矿输电线路沿线区域较大的断层主要为垞 4 断层，垞 4 断层穿过方案二输电线路后立即尖灭，未影响方案一线路。因此，仅方案二沿线存在一定的断层活化影响，方案一线路无断层活化影响，建议选择方案一线路，避开垞 4 断层的活化影响。

3. 采空区失水对老采空区的稳定性影响

地下水变化对老采空区活化的影响，主要是使垮落裂缝带破碎岩体接触点或面的强度弱化和有效应力增大或减小，固体颗粒产生压缩变形和孔隙压密，加剧老采空区压密活化过程。

利国、垞城煤矿生产过程中抽水导致的老采空区失水引起的残余沉降已在沉陷预计参数选取中得到了考虑。当煤矿关井后，采空区将进入充水阶段，此阶段会诱发老采空区地表残余沉降加速，地下水会导致破碎岩体的接触点或面的强度弱化，但其残余变形一般不会超过前述预计值。但当充水的采空区再次失水时，会诱发地表产生新的残余沉降和采空区岩体结构产生失稳变形。因此利国煤矿、垞城煤矿关井后不宜再大量抽取地下矿井水。

4. 采空区残留空洞的稳定性和突发沉降的可能性分析

(1) 采空区残留空洞的稳定性判断方法

利国煤矿在采用羽状探采法、留设屈服让压煤柱时，留设的煤柱用于支承上覆岩层，使得上覆岩层不能充分垮落充填采空区，从而在工作面形成了残留空洞。残留空洞的存在使得上覆岩层存在下沉空间，可能会诱发二次沉降。一般来讲，残留空洞的破坏形式包括逐

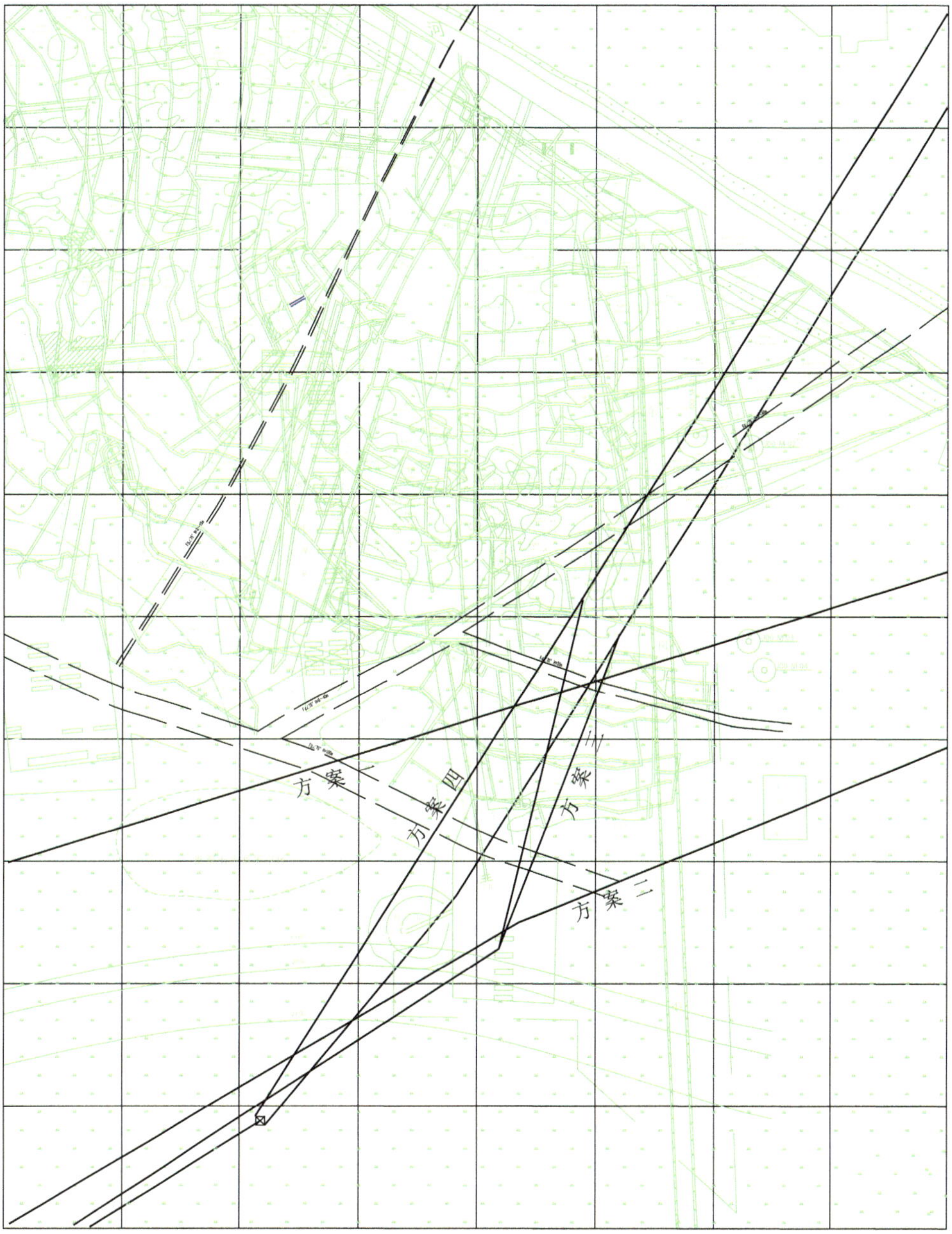

图 5-21　利国煤矿区域内断层与输电线路的相对位置关系

步垮落和整体式破坏。

对于逐步垮落破坏形式可将上覆岩层视为梁结构，通过比较梁的拉应力、剪应力和其抗拉强度、抗剪强度的关系来判断上覆岩层是否破坏。

整体式破坏实际上是空洞上方的煤岩柱重量、煤岩柱上方的集中作用力之和大于煤岩柱的内聚力和摩擦力而引起的上覆煤岩柱切冒式破坏。整体式破坏主要发生于浅部煤层开采区，上覆岩层为风化岩体或软弱土体。

(2) 特高压输电线路沿线残留空洞的稳定性分析

垞城煤矿采用走向长壁采煤法开采、全部垮落法管理顶板，采空区顶板岩层随采随垮，垮落破坏覆岩经过长时间自然压密沉降后，基本不存在残留的空洞，一般也不会产生残留空洞失稳诱发突然沉降的问题。

利国煤矿针对不同区域分别采用厚煤层一次采全高长壁采煤法、羽状探采法和走向长壁采煤法三种开采方法。据利国煤矿地质报告，在线路沿线区域，主要开采的7$^{\#}$煤、8$^{\#}$煤顶板坚硬，为保证工作面开采安全，7$^{\#}$煤采用跳面留设屈服煤柱让压方式开采；同时，7$^{\#}$煤由于受火成岩侵入，在矿区北部多以煤包的形式存在，故在开采过程中采用羽状探采法进行开采。这些都可能导致老采空区内存在残留空洞。

项目沿线区域的7$^{\#}$煤工作面主要为706、708、731等工作面，其中706、708为长壁工作面，其余为采用羽状探采法开采煤包；这些工作面都可能存在一定的残留空洞。就706工作面而言，其导水裂隙带距离地表仅为8 m，在输电线塔荷载作用下，可能会打破采空区现有的暂态结构平衡，从而会导致其内部残留空洞进一步压实，诱发较大的活化沉降，甚至突然沉降。

708工作面及其北部的其他7$^{\#}$煤工作面，煤层埋藏深度较大，铁塔荷载不会引起老采空区的活化变形；同时该区域临近的岩5孔揭示，7$^{\#}$煤顶板向上约18 m为一厚度达100 m的巨厚火成岩，分布较为稳定。因此708工作面及其北部的其他7$^{\#}$煤工作面空洞失稳的主要形式为逐步破坏形式。

将工作面上覆岩层看成两端固定的固支梁。固支梁内部的最大剪应力发生在梁的两端，其值可按式(5-44)计算；最大拉应力发生在梁中部，其值可按式(5-45)计算。

$$\tau_{\max} = \frac{3qL}{4h} \tag{5-44}$$

$$\sigma_{\max} = \frac{qL^2}{2h^2} \tag{5-45}$$

式中 q——覆岩承载的压力；

L——空洞长度；

h——上覆岩层厚度。

由式(5-44)和式(5-45)可以看出，上覆岩层内的剪应力和拉应力随着空洞长度、覆岩承载的压力增加而增加，随着上覆岩层厚度的增加而减小。分析7$^{\#}$煤开采工作面可以看出，CL702面的岩梁长度最大，约为110 m，约为其他工作面岩梁长度的2～3倍，而这些工作面开采深度基本相当，相应岩梁承载的压力也基本相当。因此，相比较而言，CL702面上覆岩层的稳定性最差。

结合岩5孔的钻孔柱状图以及开采覆岩的破坏情况，以最不利的CL702工作面来分析上覆岩层火成岩层的稳定性。

7$^{\#}$煤上部的火成岩厚度为100 m，上覆岩层厚度约为40 m，岩梁长度为110 m。考虑上覆岩层的密度为2 500 kg/m^3，根据式(5-44)、式(5-45)计算出岩梁内的最大剪应力和拉应力分别为0.8 MPa和0.6 MPa。利国煤矿线路沿线的火成岩岩性为辉绿岩。据相关岩石力学参数手册，辉绿岩的抗拉强度一般为7～11 MPa，内聚力一般为24～58 MPa，远远大于岩梁内的最大剪应力和拉应力。

综上所述，可以认为输电线路区域7$^{\#}$煤工作面除浅部的706工作面及附近区域外，其他深部开采工作面采空区内的残留空洞不会发育至地表造成突然性的残余沉降。

利国煤矿地质报告及岩5孔揭示，8#煤基本顶为火成岩，厚度约为29 m；同时，规划输电线路沿线区域8#煤厚度较稳定，采用大面积长壁垮落法开采，开采过程中留设3 m左右的隔离煤柱，当大面积开采后，在上覆岩层压力作用下，这部分煤柱很快会发生屈服破碎，一般不能长期支承顶板岩层从而会形成残留空洞。即使在局部区域形成空洞，考虑到其上部厚约29 m的火成岩以及7#煤顶板厚约100 m的坚硬火成岩对下部岩层变形的抑制作用，可以认为本区域8#煤采空残留区空洞不会发育至地表造成突然性的残余沉降。

（五）超高压输电线路推荐方案

1. 利国煤矿段路径方案比选及推荐方案

从线路布设可行性、沿线老采空区分布及活化、沿线小煤窑分布等几个方面对各方案进行对比分析。

(1) 沿线利国煤矿采空区分布及活化分析

路径方案一：从利国煤矿浅部的708、704、706、710、801等工作面采空区和屯头系11#煤、17#煤、21#煤推测采空区上方通过。穿越利国煤矿采空区的长度约为821 m。据利国煤矿地质报告，屯头系煤层于1982年全部回采完毕，采空区目前为大面积积水区；沿线706工作面在上覆荷载作用下极易发生活化变形，对线路安全威胁较大。

路径方案二：从利国煤矿南部的1号井工业广场穿越。根据现有资料分析，其下方没有采空区；距离最近的采空区为706工作面，距离约为90 m，其他区域为矿工业广场煤柱区域。

路径方案三、四：路径方案三、四从利国井田东北角的83404工作面和东南角的706工作面上方通过，方案三和方案四的主要差别在于708工作面上方，线路局部存在差异。方案三、方案四穿过了利国煤矿的7#煤、8#煤采空区，铁塔地基条件复杂。总体而言，F4断层以北区域，煤层开采深度较大，且煤层上方存在较为坚硬的石灰岩和火成岩；残余沉降较小，基本不存在突然塌陷的可能。F4断层以南、F3断层以北的706工作面，在上覆岩层荷载作用下极易发生活化变形，对线路安全威胁较大。就方案三与方案四比较而言，方案四离推测屯头系采空区较近，地下情况不明；由于屯头系煤层赋存浅，下沉不充分，若确实存在采空区，在上覆铁塔荷载下较易发生活化变形，对线路安全威胁较大。

(2) 线路沿线小煤窑分布情况

路径方案一：线路沿线小煤井林立。仅在利国煤矿井田范围内就有东升井、利东主井、万金井、利东风井、万利井等5个小井。在利国井田范围外还存在许多不知名的小煤井，据初步调查有J00-M-01、J00-M-02、J00-M-03、J00-M-04、J01-M-02、J01-M-03、J01-M-04、J01-M-05、J01-M-06、J01-M-07、J01-M-08、J01-M-09、J01-M-10、J01-M-11、J01-M-12等15个小井。这些小煤井目前均已关闭，其详细开采情况和采空区分布情况不详。

路径方案二：根据初步调查，方案二沿线只有1个小煤井(J-01-M02)，其余小煤井井口距路径方案一的距离均在100 m以上。

路径方案三、四：路径方案三、四沿线分布有J00-M-01、J00-M-02两个小煤井。小煤井处煤层埋深达350 m，对线路安全影响有限。

总体而言，区域内浅部的小煤井主要开采浅部露头煤，开采深度大多为40～120 m，采煤方法多为非正规的部分开采方法；采空区覆岩垮落不充分，且存在大量残留空洞，对线路安全威胁较大。深部区域小煤井开采对线路安全的影响较小。

(3) 线路工程地基处理复杂性分析

路径方案一:通过利国煤矿采空区上方的长度约为 821 m,且考虑到井田南部屯头系采空区和西南部其他小煤井采空区的影响,按每档 500 m 考虑,则需要 3～4 座铁塔才能穿越全部采空区。这些采空区存在大量的残留空洞、稳定性较差、发生活化变形和突然垮塌的风险较大,若在该区域建设铁塔必须采取采空区地基加固和结构抗变形措施以确保安全。

路径方案二:几乎不穿越煤矿采空区,1 号井工业场地下方为实体煤柱,未受采动影响,是理想的塔基位置。线路附近的 J-01-M02 小煤井,据介绍建成后出煤不多,估计采空区范围较小,可采用跨越方式避免其采空区的影响。根据现场调查以及项目区域的钻孔、地质地形图分析,方案二线路下方基本无开采活动,线路沿线距离采空区最近约为 90 m,即使采空区发生活化变形,也不会对铁塔造成影响。

路径方案三、四:根据立塔适宜性区域划分可以看出,方案三、四穿越了立塔适宜区、基本适宜区和非适宜区多个区域;立塔不适宜区主要为 706 工作面上方及断层正上方,线路跨越 706 工作面约 260 m,可采用跨越的方法穿过此非适宜区。

(4) 相邻线路衔接适宜性分析

路径方案一、二:路径方案一、二与山东段高压输电线路衔接较为困难;研究表明,如江苏段利国井田范围内采用路径方案一或路径方案二,则山东段必须穿过张山子煤矿浅部采空区,其地质采矿条件复杂,穿越难度较大,建议江苏段采用路径方案三或路径方案四。

路径方案三、四:路径方案三、四与山东段高压输电线路衔接正常。

(5) 推荐方案确定

从前述几个因素综合比较来看,考虑到线路衔接这一主要因素,建议采用方案三或方案四;同时考虑到方案四距离推测屯头系采空区较近,局部地下情况不明,有可能存在一定的安全隐患,因此最终确定采用方案三作为推荐方案。

2. 垞城煤矿段路径方案比选及推荐方案

(1) 老采空区活化潜能对线路的影响

路径方案一:路径正下方及两侧的采空区主要有 1# 煤、9# 煤的 27 个工作面,累计有 48 个老采空区块段。线路穿越老采空区的路径长度约为 1 100 m。地下老采空区大多为单层煤采空区,重复采动影响的区域较少,地表下沉量不大。路径沿线的 1310 工作面采空区至 1312 工作面采空区之间,存在一个煤层不可采区域,该块段地层未采动破坏,地层完整。

方案一线路较大的残余移动变形主要发生在采空区南部,即 J15 转点北侧附近。地表最大残余下沉值约为 70 mm,地表南北方向最大残余倾斜值为 0.8 mm/m,东西方向最大残余倾斜值为 0.6 mm/m;地表南北方向最大残余水平移动值为 20 mm,东西方向最大残余水平移动值为 35 mm;地表南北方向最大残余拉伸水平变形值为 1.2 mm/m,最大残余压缩水平变形值为 1.3 mm/m,东西方向最大残余拉伸水平变形值为 0.4 mm/m,最大残余压缩水平变形值为 0.8 mm/m;地表南北方向最大残余曲率变形值为 0.05 mm/m^2,东西方向最大残余曲率变形值为 0.02 mm/m^2。

路径方案二:该线路经过的老采空区主要有 1# 煤、2# 煤、9# 煤的 38 个工作面,累计有 64 个老采空区块段。线路穿越老采空区的路径长度约为 1 148 m。下伏老采空区多为两层采空区叠加;上覆地层大多经历了重复采动,且开采厚度较大。地层采动破坏较严重,地表累计下沉量较大。

方案二线路较大的残余移动变形也主要发生在采空区南部，即 J15 转点北侧附近。地表最大残余下沉值约为 205 mm，地表南北方向最大残余倾斜值为 2.2 mm/m，东西方向最大残余倾斜值为 1.6 mm/m；地表南北方向最大残余水平移动值为 72 mm，东西方向最大残余水平移动值为 22 mm；地表南北方向最大残余拉伸水平变形值为 0.3 mm/m，最大残余压缩水平变形值为 0.6 mm/m，东西方向最大残余拉伸水平变形值为 0.3 mm/m，最大残余压缩水平变形值为 0.2 mm/m；地表南北方向最大残余曲率变形值为 0.08 mm/m^2，东西方向最大残余曲率变形值为 0.03 mm/m^2。

通过比较不难发现，路径方案一不仅穿越老采空区的长度要短于方案二，且方案一沿线老采空区赋存的数量和复杂程度要远小于方案二，其潜在活化变形对塔基的稳定性影响要比方案二小；即使需要对塔基进行工程治理，其需要治理的塔基数和治理工程量仍低于方案二。

事实上由于路径方案一输电线路的选线靠近疏港码头西侧，因此在未来深部石炭系煤层开采时，可以和港口留设共同的保护煤柱，以减小对资源的压占量。

(2) 压覆资源未来规划开采对输电线路的影响分析

依据垞城煤矿开采规划，初步设计的两个路径方案主要压覆该矿的－750 m 水平北二上、下山采区的 1# 煤、2# 煤和 9# 煤资源。具体压覆资源情况如下。

路径方案一：线路位于－750 m 水平的北二采区东侧，线路距离最近的 1441 规划工作面约为 100 m，距离 1447 规划工作面最近约为 135 m。J5 和 J9 钻孔揭示，路径方案一沿线深部区域为 1# 煤局部不可采区域。输电线路主要为单翼，主要压覆 1# 煤、2# 煤、9# 煤的 1441、1443、1445、1447、1449、1411、2445、2447、2449、24411、9441、9442、9443 和 9444 等 14 个规划工作面的部分块段，初步估计共压覆规划开采资源约 45 万 t。

路径方案二：线路沿北偏西 49°方向穿越－750 m 水平的北二采区中部。初步估计线路压覆的规划开采资源涉及 1# 煤、2# 煤、9# 煤的 1441、1442、1443、1444、1445、1446、1447、1448、1449、14410、14411、14412、2445、2446、2447、2448、2449、24410、24411、24412、9441、9442、9443 和 9444 等共 24 个规划工作面，方案二线路压覆的煤炭资源约 150 万 t。

通过对两路径方案线路压覆的未来十年规划开采资源情况进行分析不难发现，方案一线路压覆的规划可采煤炭资源量要远远小于方案二，因此从提高资源采出率和维持垞城煤矿正常生产和采掘接替的角度来看，路径方案一优于方案二。

(3) 规划开采对输电线路的采动影响分析

初步设计的路径方案除穿越了垞城煤矿老采空区外，还穿越了垞城煤矿井田的未来十年规划开采区域。按照有关规定，这些开采区域的可采煤炭资源未经审批不得注销，必须开采回收。下面从规划开采对线路影响的角度来进行分析。

路径方案一：该方案选线位于－750 m 水平的北二采区东侧(规划工作面开切眼外侧)，输电线路处在规划工作面开采后形成的地表移动盆地的拉伸变形区域，初步预计沿线区域地表的最大下沉值为 250 mm、最大倾斜变形值为 2.2 mm/m、最大曲率变形值为 0.01 mm/m^2、最大水平移动值为 230 mm 和最大水平变形值为 1.2 mm/m。由于路径位于规划开采工作面开切眼外侧，因此可以通过将开切眼位置内移、缩短工作面推进长度的方法减轻地面沉陷损害，以损失少量煤炭来保护线路安全。

路径方案二：该方案选线从-750 m水平的北二采区中部通过，与规划开采后的地表移动盆地倾向主断面斜交，预测沿线地表的最大下沉值为1 680 mm、最大倾斜变形值为3.1 mm/m、最大曲率变形值为0.01 mm/m^2、最大水平移动值为500 mm和最大水平变形值为1.3 mm/m。除此之外，地表还会产生扭曲和剪切变形，移动变形性质较为复杂，采用开采措施控制地表变形的资源损失量较大。

因此从规划工作面开采沉陷对线路产生的采动损害影响及控制治理的角度来看，方案一优于方案二。

(4) 两路径方案的综合比较分析

根据上述分析和老采空区特高压输电线路铁塔建设适宜性分析，综合比较初步设计穿越垞城煤矿井田的两路径方案，具体内容见表5-35。

表5-35　垞城井田输电线路路径方案的综合比较分析

		方案一	方案二
老采空区的影响	穿越老采空区的长度	1 100 m	1 148 m
	线路正下方的采空区情况	3102、3104、3106、1312、3902、3904、3906(上分层)、3906(下分层)、3908、3910，累计10个工作面采空区	3102、3104、9312、1344、1342、2208、2210、2212、3902、3904(上分层)、3904(下分层)、3906(上分层)、3906(下分层)、3908、3910、3912、3914、9342，累计18个工作面采空区
	沿线区域采空区的分布情况	27个工作面采空区，累计48个采空区块段	38个工作面采空区，累计64个采空区块段
	采空区的形成时间	1984—2007年	1984—2004年
	采空区的开采深度	90～590 m	90～600 m
	累计煤层开采厚度	1.3～3.6 m	1.6～4.3 m
	煤层倾角	5°～30°	5°～31°
	采空区复杂程度	下伏老采空区多为单层；沿线西侧老采空区局部为两层叠加。老采空区活化变形量相对较小	下伏老采空区多为两层老空区叠加。老采空区活化变形量相对较大
	覆岩破坏程度	覆岩破坏程度相对较轻；局部存在未采动破坏的不可采块段	可采煤层多、面积大、煤层赋存稳定；受两次重复采动影响，覆岩破坏程度相对较重
压覆规划开采的煤炭资源量	压覆的规划面	位于-750 m水平的北二采区外侧，距最近未来规划工作面100 m。部分压覆1#煤、2#煤、9#煤的14个规划工作面	位于-750 m水平的北二采区中部上方，压覆1#煤、2#煤、9#煤的24个规划工作面
	压覆的煤炭资源量	45万t	150万t

表 5-35(续)

		方案一	方案二
规划开采的沉陷影响	地表变形值	最大下沉值为 250 mm，最大倾斜变形值为 2.2 mm/m，最大曲率变形值为 0.01 mm/m²，最大水平变形值为 1.2 mm/m	最大下沉值为 1 680 mm，最大倾斜变形值为 3.1 mm/m，最大曲率变形值为±0.01 mm/m²，最大水平变形值为±1.3 mm/m
	治理难度	移动变形性质单一，治理难度相对较小；采取井下措施资源损失量小	移动变形性质复杂，治理难度大；采取井下措施资源损失量大
经济效益比较	位于采空区的塔基个数	以水平档距 400～680 m 考虑，在老采空区范围内需要布置 3 个塔基，其中 2 个塔基可布置在现有煤柱上	以水平档距 400～680 m 考虑，在老采空区至少需要布置 4 个塔基

综上分析，推荐方案一作为锡盟-南京特高压交流工程输电线路徐州段垞城煤矿井田境内的穿越路径方案。

（六）建设适宜性建议

根据前述老采空区地基稳定性分析和残余沉降预测分析，对不同适宜区域铁塔建设地基处理和抗变形措施提出以下建议。

① 垞城煤矿的南部浅部采空区、利国煤矿的断层露头区、屯头系推测采空区、浅部活化变形区都属于立塔的非适宜区。

针对这类非适宜区，不建议其作为立塔位置，建议采用跨越方式进行回避。如确因线路布置客观条件需要在这类区域立塔，建议对老采空区进行补充勘探，明确老采空区的地下结构特征；同时对老采空区进行注浆加固；铁塔基础采用大板基础，并适当增加基础厚度和用钢量，适当提高主材、辅材的材料强度，以提高铁塔的抗变形能力。铁塔建设完成后要开展长期的变形监测工作，及时监测铁塔的变形状态，并及时对铁塔进行调整维修以释放变形，避免变形引起的附加应力对铁塔结构的破坏。

② 垞城煤矿的中北部、利国煤矿 F4 断层以北为立塔基本适宜区。

立塔基本适宜区的地表残余沉降主要为老采空区的长期缓慢蠕变变形，这类变形对铁塔的影响较小。对这一区域建议不必进行专门的老采空区地基处理；可对铁塔进行一定的抗变形结构设计，如对铁塔基础设置联系梁或设置为大板基础、适当增加铁塔主材和辅材的材料强度、设置线路为双塔双回路以减小铁塔荷载等。

需要指出的是，老采空区的变形具有长期性、隐蔽性和复杂性等特征。虽然该区域为立塔基本适宜区，但在线路建设完成后仍应开展相应的变形监测工作，对铁塔变形及时调整，以确保线路的安全运行。

③ 垞城煤矿北部、利国煤矿 F3 断层南部均为立塔适宜区。

立塔适宜区线路可按正常工况设计。但需要指出的是，垞城煤矿北部为其规划采区或未规划采区，这一区域开采会对线路安全运行造成较大的危害。建议输电线路设计、管理部门与坨城煤矿进行协商，对线路铁塔留设保护煤柱，以避免后期开采对输电线路造成危害。

二、高速公路采空区场地稳定性与建设适宜性评价

（一）工程背景

武陟至云台山高速公路（武云高速）位于焦作市的修武、武陟县境内，路线全长约为36.832 km，研究区域K29＋335～K33＋000段位于修武县S233省道东侧约3.5 km处的彦口村与李固村之间，位于南水北调工程渠南岸。根据有关统计数据，本线路在K29＋335～K33＋000段存在古汉山和吴村煤矿的储煤区和采空区，长约3.665 km，其中K29＋340～K31＋700段属于焦作煤业集团有限责任公司古汉山矿，K31＋700～K32＋950段属于辉县市龙田煤业有限责任公司吴村矿井。吴村煤矿所有工作面于2008年前已全部采完，由于开采完成时间久远，缺失了相关的工作面信息，因此只能结合已收集的图纸资料和现场调查情况，人为对其开采区域进行划分（共划分为6个区域）。古汉山矿的工作面信息保存较为完备。两矿的相对位置关系如图5-22所示。

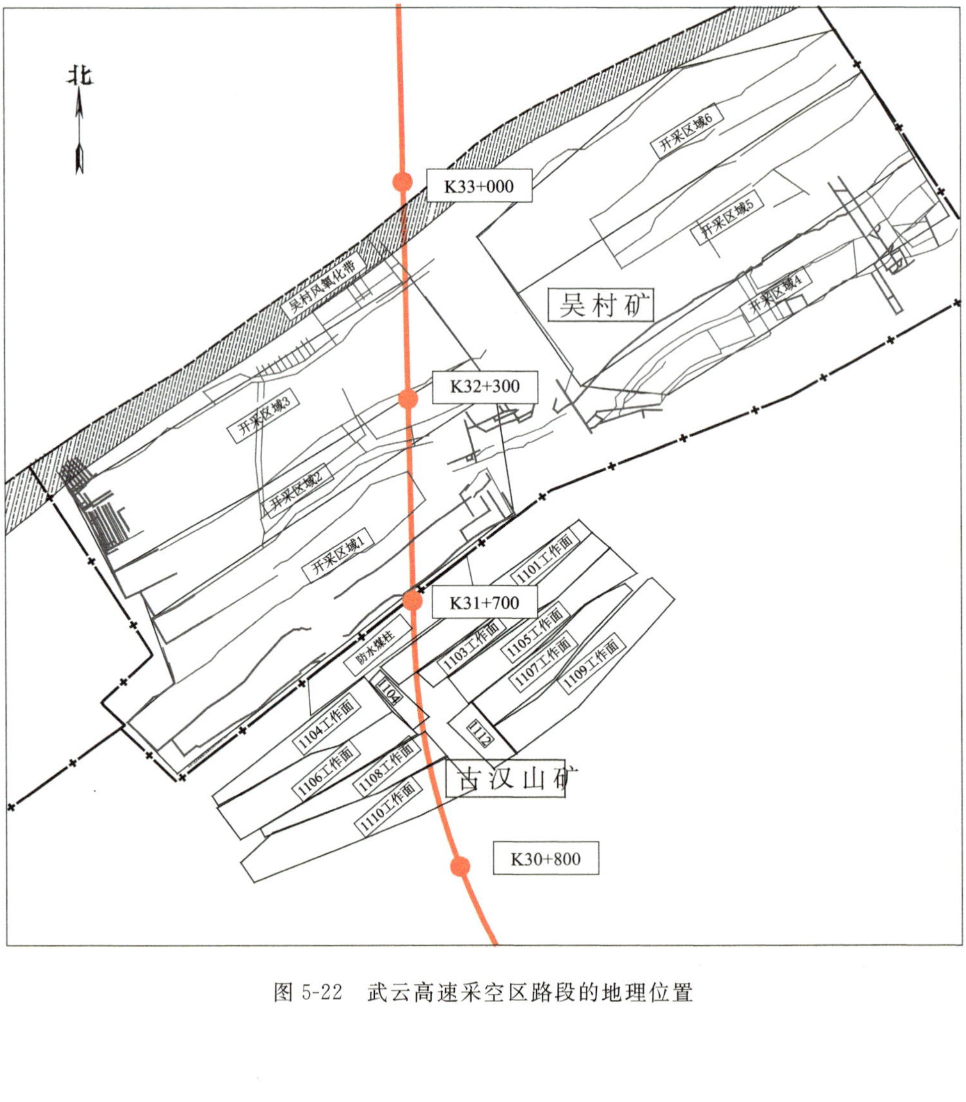

图5-22 武云高速采空区路段的地理位置

K30＋950～K31＋545 段和 K31＋700－K32＋950 段分别为古汉山矿和吴村矿的采空区段，二者均开采二$_1$ 煤层，均采用走向长壁采煤法开采、全部垮落法管理顶板，并在地表形成了明显的沉陷盆地。其中 K30＋950～K31＋150 段属古汉山矿采空区，开采二$_1$ 煤层，开采厚度为 5.0～5.1 m，煤层倾角约为 15°，煤层顶部埋深为 500～556 m，于 2010 年回采结束；K31＋150～K31＋545 段属古汉山矿采空区，开采二$_1$ 煤层，开采厚度为 5.0～5.1 m，煤层倾角约为 15°，煤层顶部埋深为 417～420 m，于 2008 年回采结束；K31＋545～K31＋700 段为古汉山矿防水煤柱段，煤层厚度为 5.0～5.1 m，煤层倾角约为 15°，煤层顶部埋深为 417～420 m，全长约为 155 m；K31＋700～K32＋950 段属吴村矿采空区，开采二$_1$ 煤层，煤层倾角约为 15°，煤层开采厚度为 2.0～6.0 m，煤层顶部埋深为 158～417 m，全长约为 1 250 m，于 2008 年回采结束。武云高速公路沿线下伏采空区和储煤区的具体分布情况见表 5-36。

表 5-36　武云高速公路沿线下伏储煤区、采空区的分布情况

序号	起止里程	段长/m	所属矿区	类型	煤层(采空区)厚度/m	煤层(采空区)顶部埋深/m	开采方式	地表变形	目前生产情况
1	K29＋340～K30＋950	1 610	古汉山矿	储煤区	5.0～5.6	556～884	/	无	未开采
2	K30＋950～K31＋150	200	古汉山矿	采空区	5.0～5.1	500～556	长壁全陷	沉陷盆地明显	2010 年回采结束
3	K31＋150～K31＋545	395	古汉山矿	采空区	5.0～5.1	417～420	长壁全陷	沉陷盆地明显	2008 年回采结束
4	K31＋545～K31＋700	155	古汉山矿	防水煤柱	5.0～5.1	417～420	/	凸起明显	未开采
5	K31＋700～K32＋950	1 250	吴村矿	采空区	2.0～6.0	158～417	长壁全陷	沉陷盆地明显	2008 年回采结束

（二）高速公路下伏采空区段地质条件及开采现状

1. 地质条件

(1) 地质构造

据《河南省地质构造图》(1 ∶ 50 万)，该项目处于济源-开封凹陷三级构造单元，属秦岭西北向构造带及晋东南“山”字形构造带的复合部位。采空区段内地质结构体基本构造轮廓为向南东倾斜的单斜构造，地层产状走向为东北向，倾向为 126°～133°，平均倾向为 130°，倾角为 12°～17°，平均倾角为 15°，构造形式以断裂为主，局部出现小的绕曲。

在采空区及其相邻区段内分布的断层主要有古汉山断层、小凤凹断层、团相断层和油坊蒋村断层，具体描述如下。

古汉山断层：该断层走向为北东 70°，南升北降，落差为 400 m，属于新华夏系一级扭性断裂，在新生代喜马拉雅山期又重新以张性断裂继续活动，并在下降盘接受了巨厚的新生代沉积物，与上升盘呈明显的阶地状或不连续。该断层西部自古汉山边缘交于区域地质上的九里山断层，东部被赤庄断层切割后继续向北东方向延展，经赵屯村、五里河后逐渐消失于奥陶系地层中。该断层与本线路相交于 K33+525 处,距离本采空区北边界约为 800 m。

小凤凹断层:该断层走向为北东-南西向,倾向东南,落差为 40 m,在小凤凹村东北侧约 230 m 附近尖灭。该断层与本线路相交于 K31+980 处。

团相断层:该断层位于团相村北缘,断层走向自东西向南西西转为近东西向(在本采空区全段中表现为东西向),断层全长约为 5 km,北升南降,趋近于团相主断裂附近,落差可达 150 m,其力学性质属于张扭性。该断层与本线路相交于 K30+520~K29+650 处。

油坊蒋村断层:该断层走向为北东 65°~70°,南升北降,落差约为 300 m。该断层与古汉山断层属于同一时期,且都为扭性断裂。该断层与本线路相交于 K29+520~K29+650 处。

新构造运动在本项目区域主要表现为大面积的间歇性升降运动,自早更新世以来,太行山一直处于间歇性的上升状态,主要表现为历史上黄河由北向南的河道变迁及太行山中的构造侵蚀山区强烈切割、树枝状冲沟发育、沟谷呈"V"字形、地形坡度变化大、沟头向源侵蚀等,在本线路所处的区域河床中,其以沉积的细颗粒岩土为主,主要表现为连续的沉降。

(2) 水文地质

该路段地表呈缓坡状,地表未分布径流,地层地下水的补给来源主要为大气降水和人工灌溉渗水。在地层中上部的第四系和第三系(据原资料,下同)土层以粉质黏土和卵石层为主,其中卵石层为强透水性地层,粉质黏土为弱透水性地层,在接受地表水补给后,地表水渗入地表深处,在相对弱透水层顶部汇聚,形成地下水体,并沿地形坡度向低处流动,形成地下径流,径流方向在区域上表现为南西-北东向,在采空区路段表现为由北向南,地下水类型属于松散岩类孔隙水。

在三叠系和二叠系地层中,由于其岩性以泥岩和粉砂质泥岩为主,其均属于弱透水层,地下水赋存主体为基岩裂隙,属于基岩裂隙水。同时参考杨连云的《煤矿防治水措施研究——以河南煤化焦煤集团古汉山矿为例》,研究区第三系岩孔隙水的补给和径流条件差,富水性弱,受浅部矿井长期排水影响,水量小、易疏干,综合判断三叠系和二叠系地层属于弱富水性地层。

(3) 地层岩性

采空区路段所处地貌单元为山区倾斜平原和河流相冲洪积平原的过渡段,经多年人工改造,地形变得平坦开阔,地表已无法看到明显的地貌分界线。地面海拔高度为 90~115 m,平均坡度为 0.542 1°。

采空区浅部地层主要为第四系中更新统冲积地层,该层厚度大,以冲积为主,在本采空区段内,最大勘探深度(20.0 m)未能穿透该层。根据区域地质资料,该层厚度为 80~300 m。该区段内浅层岩性主要为黄褐色、褐黄色粉质黏土和粉土、卵石层。粉质黏土、粉土呈透镜体状夹杂在卵石层之间。受岩土成因影响,浅部地层中的岩土混杂,尤其是上部地层的粉土和粉质黏土层,它们混合交揉于卵石层中,形成以卵石为主的夹粉质黏土、粉砂薄层和夹层岩性的特征,分述如下。

① 粉土:褐黄色,稍湿,稍密,干强度低,韧性低,有铁锰质斑点及白色钙纹,少量钙核,黏粒含量偏高。

② 粉质黏土:褐黄色,可塑性强,干强度中等,韧性中等,切面较光滑,有少量铁锰质斑点,含钙核及少量砂粒。

③ 卵石：灰色，稍湿，密实，以灰岩为主，一般粒径为 3～8 cm，最大粒径为 10 cm，以椭圆形及次圆形为主，粗砂及粉质黏土充填，局部夹粉质黏土薄层。

该区段内深部地层主要为二叠纪灰色泥岩与紫红色砂岩互层、煤层及灰色砂岩层夹泥岩，分述如下。

① 卵石夹粉质黏土及粉土：浅红褐色，粉质黏土呈坚硬状，包含钙质结核，其中卵石和砾石呈层状和透镜体状分布，卵砾石呈次浑圆状及次棱角状，磨圆度一般，分选性较差，级配较好，卵砾石母岩以石灰岩为主，局部含大漂石。

② 泥岩砂岩互层：微风化，灰色灰黑色泥岩和紫红色泥质砂岩呈互层状，其中泥质砂岩以泥质胶结为主，其次为钙质胶结，泥质砂岩中的砂粒粒径以细砂为主。

③ 煤层：黑色，染手，锤击易碎，可燃，厚度一般为 4～9 m。

④ 砂岩层夹泥岩：灰色或灰黑色，微风化，以泥质砂岩为主，夹泥岩层，泥质粉砂岩以泥质胶结为主，其次为钙质胶结，泥质砂岩中的砂粒粒径以细砂为主。

采空区顶板岩性以砂岩、粉砂岩为主，中间多夹杂泥岩地层，采空区底板岩性多以泥岩与砂岩互层为主。采空区内的地层简述如下。

① 石炭系本溪组(C2)：该层由泥岩、铝土质泥岩、石灰岩组成，呈深灰黑色、深灰色。该层平行不整合于中奥陶系马家沟组地层之上，该层厚度为 3.1～11.5 m，平均厚度为 7.0 m。该层仅在采空区北部的 CKZK8 号勘探孔中有揭露。

② 石炭系太原组(C3)：该层由泥岩、砂质泥岩、砂岩和石灰岩组成，呈灰黑色、深灰色，夹杂有燧石结核和黄铁矿条纹。该层厚度为 69～110 m，平均厚度为 85.0 m。该层仅在采空区北部的 CKZK8 号勘探孔中有揭露。

③ 二叠系山西组(P11)：该层由泥岩、泥质粉砂岩组成，呈深灰色和灰黑色，山西组为本采空区段的主要含煤地层，也是本采空区段煤层开采的主要地层。该层厚度为 61～110 m，平均厚度为 100 m。

④ 二叠系下石盒子组(P12)：下石盒子组整合于山西组地层之上，岩性亦由深灰色和灰黑色泥岩和泥质粉砂岩组成，一般厚度为 53.7～110 m，平均厚度为 84 m。

⑤ 二叠系上石盒子组(P2)：上石盒子组整合于下石盒子组地层之上，地层岩性由灰色和深灰色砂质泥岩、泥岩、泥质粉砂岩组成，厚度为 0～467 m。

⑥ 三叠系石千峰组：三叠系石千峰组整合于二叠系地层之上，该层岩性以紫红色砂岩与紫红色泥岩互层为主，含星点状云母片。厚度为 42.0～114 m，平均厚度为 78.11 m。该层在 CKZK1 和 CKZK2 号勘探孔中有揭露。

⑦ 第三系(Ndl＋pl)：该层由红褐色坚硬状粉质黏土、粉质黏土夹碎石组成，局部胶结成岩，第三系不整合于各系地层之上，由西北向东南方向逐渐增厚。由于厚度大，所以上部与下部无明显的分界线。该层厚度为 67.0～342.0 m，平均厚度为 156.0 m。

⑧ 第四系(Qdl＋pl)：该层由褐黄色粉质黏土和粉质黏土夹卵砾石组成，局部夹细砂层。卵砾石磨圆度较差，粒径大小不一，卵砾石成分以石灰岩为主，少量为石英砂岩。该层厚度为 9.0～69.55 m。

2. 开采现状

吴村煤矿位于武云高速 K31＋700～K32＋950 段，长约 1 250 m。吴村煤矿可采煤层包括一$_2$ 煤层和二$_1$ 煤层，其中一$_2$ 煤层位于本溪组铝土层之上，煤为黑色块状，其块度率高于$二_1$煤层的块度率，属于中灰、高硫无烟块煤。煤层变化不大，分布稳定，厚度为1.56～5.21 m，平均厚度为3 m。该煤层尚未开采。$二_1$煤层为吴村煤矿的主要可采煤层。$二_1$煤属于中灰、低硫无烟块煤，煤层厚度变化不大，分布稳定，平均厚度为5 m，现已开采。但该矿井现已闭坑，资料保存不完整，缺失研究区域相关工作面的具体情况，因此只能结合已收集的图纸资料和现场调查情况，对其开采区域进行划分(图5-22)，统计情况见表5-37。

表5-37 武云高速公路吴村矿下伏采空区工作面概况

开采区域	煤层	采煤方法	面长/m	煤层倾角/(°)	顶板管理方式	开采深度/m	回采时间/年
1	$二_1$煤	走向长壁采煤法	432	6	全部垮落法	390	2008
2	$二_1$煤	走向长壁采煤法	167	11.4	全部垮落法	275	2008
3	$二_1$煤	走向长壁采煤法	300	11.4	全部垮落法	220	2008
4	$二_1$煤	走向长壁采煤法	157	14	全部垮落法	360	2008
5	$二_1$煤	走向长壁采煤法	346	14	全部垮落法	310	2008
6	$二_1$煤	走向长壁采煤法	280	14	全部垮落法	200	2008

古汉山煤矿位于武云高速K29+340～K31+700段，长约2 350 m。古汉山煤矿可采煤层包括$一_2$煤层和$二_1$煤层，其中$一_2$煤层位于本溪铝土层之上，煤为黑色块状，其块度率高于$二_1$煤层的块度率，属于中灰、高硫无烟块煤。煤层变化不大，分布稳定，平均厚度为3 m。该煤层尚未开采。$二_1$煤层为古汉山煤矿的主要可采煤层。$二_1$煤属于中灰、低硫无烟块煤，煤层厚度变化不大，分布稳定，平均厚度为5 m。现已开采。各工作面的开采情况见表5-38。

表5-38 武云高速公路古汉山矿下伏采空区工作面概况

工作面名称	煤层	采煤方法	面长/m	煤层倾角/(°)	顶板管理方式	平均开采深度/m	回采时间/年
1101	$二_1$煤	走向长壁采煤法	88	15	全部垮落法	440	2001—2003
1102	$二_1$煤	走向长壁采煤法	124	15	全部垮落法	430	2004—2005
1103	$二_1$煤	走向长壁采煤法	56	15	全部垮落法	453	2006—2007
1104	$二_1$煤	走向长壁采煤法	104	15	全部垮落法	466	2002
1105	$二_1$煤	走向长壁采煤法	109	15	全部垮落法	473	2002—2005
1106	$二_1$煤	走向长壁采煤法	101	15	全部垮落法	513	2003—2005
1107	$二_1$煤	走向长壁采煤法	90	15	全部垮落法	491	2003—2006
1118	$二_1$煤	走向长壁采煤法	125	15	全部垮落法	533	2009—2010
1109	$二_1$煤	走向长壁采煤法	104	15	全部垮落法	527	2005—2008
1110	$二_1$煤	走向长壁采煤法	149	15	全部垮落法	531	2007—2010
1112	$二_1$煤	走向长壁采煤法	93	15	全部垮落法	519	2011—2012

(三) 武云公路采空区路段建设场地残余变形预测

以焦作矿区地表移动变形经验参数为基础，并考虑采空区的停采时间，我们课题组综合确定了武云高速老采空区路段的场地残余预计参数(见表5-39)。基于这些参数，我们课题组利用残余变形预计模型预测了武云高速老采空区路段建设场地的残余变形(见表5-40)，并绘制了场地的残余沉降等值线图及武云高速采空区路段沿线地表的残余沉降曲线，如图5-23～图5-25所示。研究区域内的地表残余沉降最大值为394 mm，倾斜最大值为4.1 mm/m，曲率变形极值为0.07 mm/m²，水平拉伸变形最大值为1.8 mm/m ，水平压缩变形最大值为19 mm/m。公路沿线的最大残余下沉值为393 mm，沿公路方向，倾斜最大值为2.2 mm/m，水平压缩变形最大值为1.5 mm/m，水平拉伸变形最大值为0.6 mm/m，曲率最大值为0.05 mm/m²；垂直于公路方向，倾斜最大值为1.0 mm/m，水平移动最大值为60 mm，水平压缩变形最大值为1.2 mm/m，水平拉伸变形最大值为0.6 mm/m，曲率最大值为0.04 mm/m²。

表5-39 预计参数

井田范围	工作面名称	下沉系数 q	主要影响角的正切值 $\tan\beta$	开采影响传播角 θ/(°)	水平移动系数 b	拐点偏移距 s
古汉山矿	1101	0.05	2.0	80	0.3	0
	1103	0.08	2.0	80	0.3	0
	1105	0.09	2.0	80	0.3	0
	1107	0.06	2.0	80	0.3	0
	1109	0.07	2.0	80	0.3	0
	1102	0.07	2.0	80	0.3	0
	1104	0.05	2.0	80	0.3	0
	1106	0.06	2.0	80	0.3	0
	1108	0.06	2.0	80	0.3	0
	1110	0.09	2.0	80	0.3	0
	1112	0.1	2.0	80	0.3	0
吴村矿	—	0.06	2.0	80	0.3	0

表5-40 地表的最大残余移动变形值

路段	最大下沉值/mm	最大倾斜值/(mm·m⁻¹)		最大曲率变形值/(mm·m⁻²)		最大水平移动值/mm		最大水平变形值/(mm·m⁻¹)	
		沿公路方向	垂直于公路方向	沿公路方向	垂直于公路方向	沿公路方向	垂直于公路方向	沿公路方向	垂直于公路方向
吴村井田	394	4.1	3.5	0.07/−0.07	0.03/−0.005	112	109	1.8/−1.9	1.4/−1.62
古汉山井田	340	1.6	1.3	0.01/−0.01	0.01/−0.01	105	85	1.0/−0.8	0.8/−0.6

由预测结果可知，沿公路方向和垂直于公路方向的地表残余变形值均小于高等级公路的地基允许变形值。此外，进一步分析可知，该区的残余沉降是缓慢、连续、渐变的，不会出现突然性的失稳或下沉现象。因此，可以认为研究区域的采空区残余变形对武云高速的路基和小型涵洞通道等工程的影响较小。

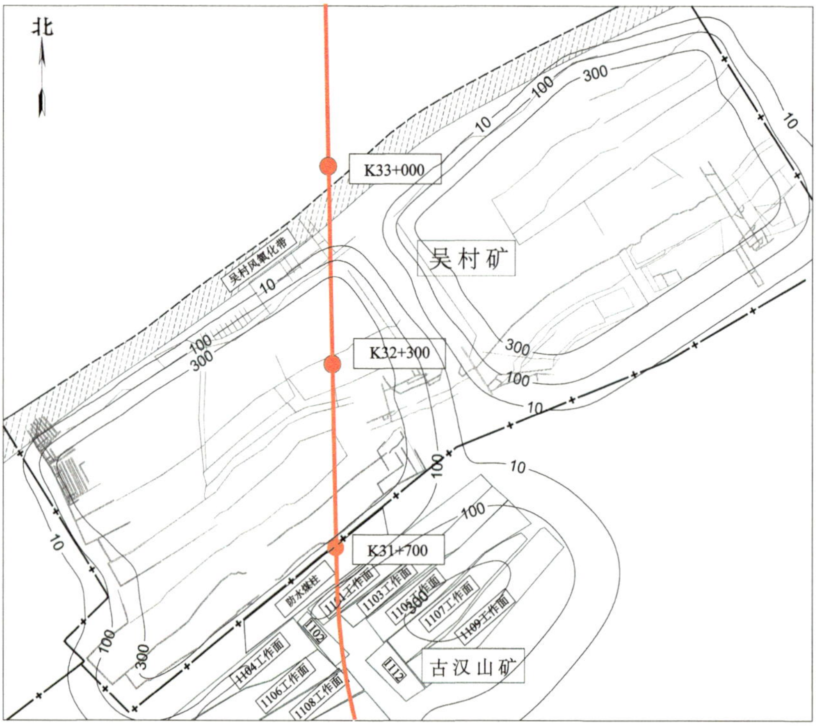

图 5-23　项目区域(吴村井田)地表的残余沉降等值线图

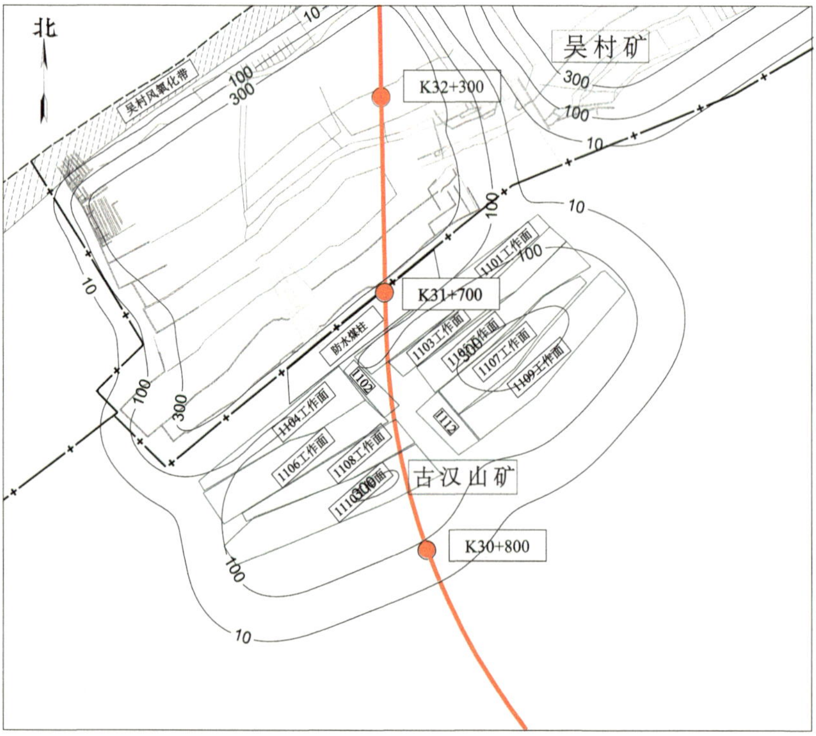

图 5-24　项目区域(古汉山井田)地表的残余沉降等值线图

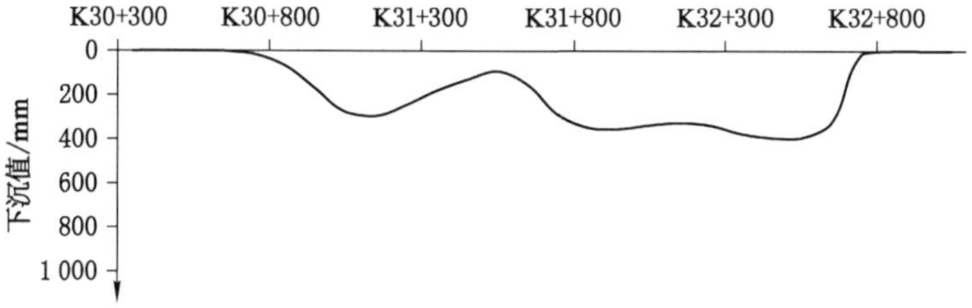

图 5-25　武云高速公路沿线地表的残余沉降曲线

（四）基于 AHP（层次分析法）及模糊综合评判的武云高速建设场地稳定性评价

基于层次分析法，我们课题组分析出了研究区域高等级公路地质灾害与残余变形的主控因素，而后综合考虑采空区覆岩结构、变形类型、动静荷载影响、预测变形值等多方面因素建立了多级模糊评判模型，如图 5-26 所示，并利用该模型对武云高速建设场地的稳定性进行了评价。经分析得到的武云高速采空区段建设场地稳定性评价中的各因素（子）的权值分配及隶属度取值见表 5-41。

表 5-41　武云高速建设场地稳定性评价中的各因素（子）的权值分配及隶属度取值

因素层	因素层权重	因子层	因子层权重	隶属度			
水文地质因素 U_1	0.097	岩体结构 U_{1-1}	0.573	0.250	0.550	0.150	0.050
		地质构造 U_{1-2}	0.269	0.650	0.250	0.100	0.000
		水文特征 U_{1-3}	0.079	0.200	0.600	0.150	0.050
		岩石力学强度 U_{1-4}	0.079	0.103	0.306	0.433	0.158
采空区自身因素 U_2	0.097	开采工艺与顶板管理方法 U_{2-1}	0.230	0.200	0.700	0.100	0.000
		开采厚度 U_{2-2}	0.161	0.058	0.304	0.476	0.162
		深厚比 U_{2-3}	0.397	0.080	0.429	0.383	0.108
		煤层倾角 U_{2-4}	0.089	0.387	0.417	0.126	0.070
		重复采动 U_{2-5}	0.062	0.050	0.100	0.550	0.300
		采动程度 U_{2-6}	0.024	0.588	0.339	0.066	0.007
		冲击层厚度 U_{2-7}	0.037	0.606	0.360	0.032	0.002
交通因素 U_3	0.026	车辆类型 U_{3-1}	0.731	0.400	0.300	0.200	0.100
		车辆速度 U_{3-2}	0.188	0.118	0.382	0.382	0.118
		道路不平整度 U_{3-3}	0.081	0.425	0.396	0.112	0.067
采空区沉降趋势 U_4	0.477	变形类型 U_{4-1}	0.750	0.750	0.250	0.000	0.000
		残余变形预测值 U_{4-2}	0.250	0.433	0.476	0.072	0.019
时间因素 U_5	0.267	停采时间 U_{5-1}	1.000	0.100	0.700	0.200	0.000
其他因素 U_6	0.036	建设场地与采空区的相对位置关系 U_{6-1}	0.750	0.300	0.500	0.150	0.050
		矿震或地震 U_{6-2}	0.250	0.065	0.356	0.452	0.127

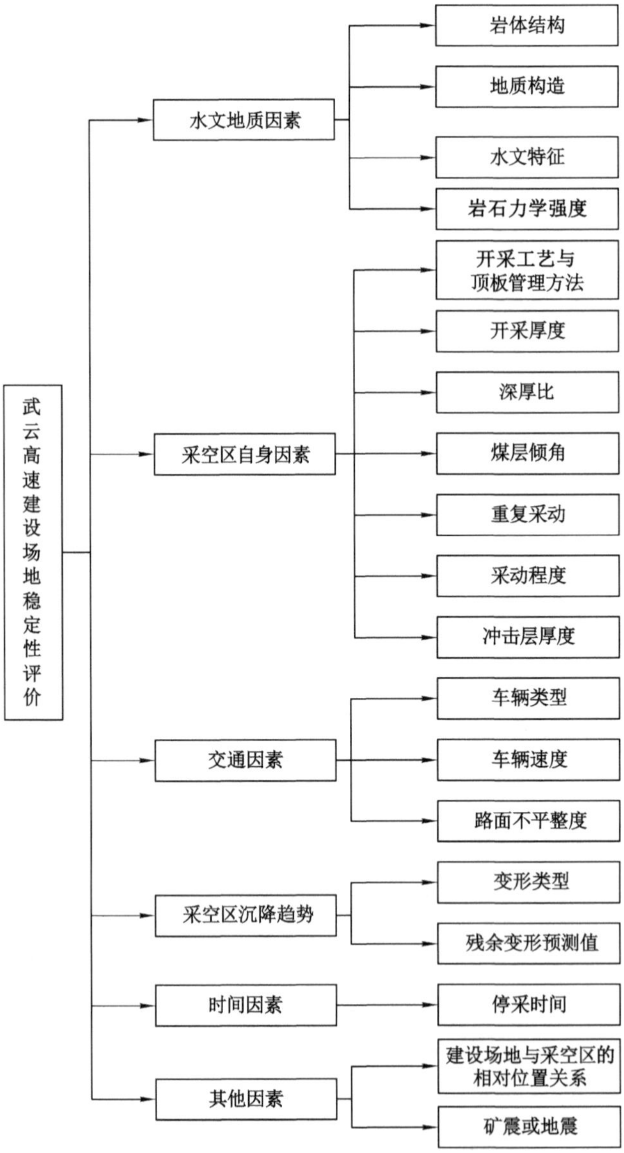

图 5-26 武云高速建设场地稳定性评判模型

经合成运算得武云高速采空区段建设场地基本稳定(Ⅱ)级的隶属度最大,因此,可以判定研究区域基本稳定,采取简易抗变形设计便可保证武云高速公路的运营安全。

(五) 高速公路采空区路段地基处治技术与措施

结合高速公路工程自身的特点与要求、路堤属于柔性基础承受路面结构以及不均匀沉降量容易造成路基和路面结构开裂等,其下伏采空区的治理,理论上可以采取多种方法,但由于技术及经济原因,某些方法应用较少或缺少试验。本书结合研究区域的实际条件和研究成果,参照以往工程经验,提出以下三种路基工程治理措施,见表 5-42。其中注浆材料多采用水泥粉煤灰、水泥黏土或水泥黄土浆材等,“特殊路基”是指加铺土工格栅,以提高路基的抗变形能力,如图 5-27～图 5-28 所示。

表 5-42 武云高速下伏采空区处治方案一览表

序号	起止里程	段长/m	所属矿区	类型	综合评价	方案Ⅰ	方案Ⅱ	方案Ⅲ
1	K29＋340～K30＋950	1 610	古汉山矿	储煤区	基本稳定	常规路基	常规路基	常规路基
2	K30＋950～K31＋545	595	古汉山矿	采空区	基本稳定	特殊路基	特殊路基	常规路基
3	K31＋545～K31＋700	155	古汉山矿	防水煤柱	基本稳定	特殊路基	特殊路基	常规路基
4	K31＋700～K32＋950	500	吴村矿	采空区	基本稳定	特殊路基	特殊路基	常规路基
		750				注浆处理		

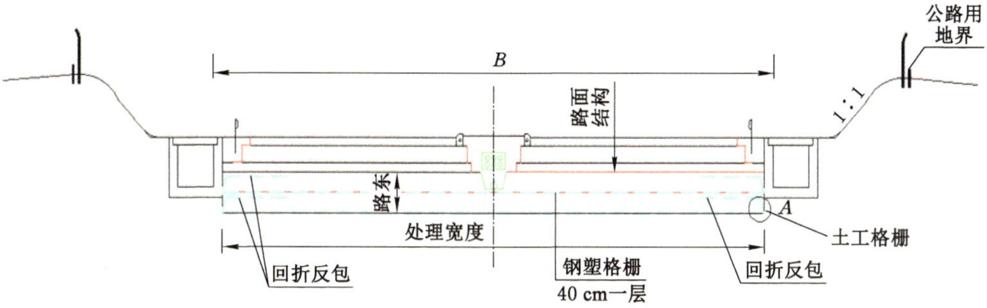

图 5-27 路堑段加铺土工格栅的示意图

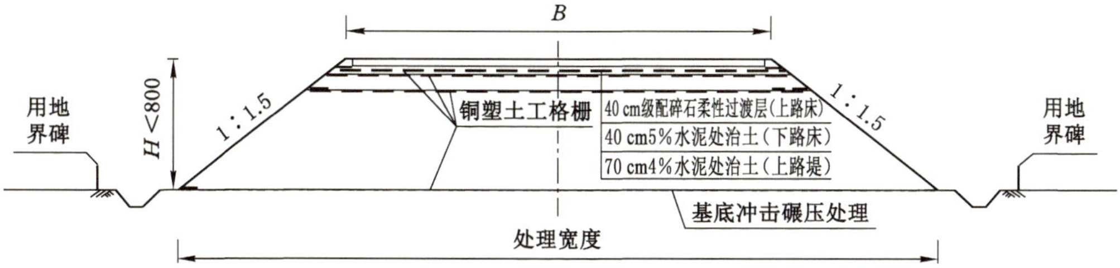

图 5-28 路基段加铺土工格栅的示意图

方案Ⅰ:对采空区浅层采用注浆处理(750 m),深埋段(1 250 m)采用特殊路基方案。采空区在 100 m 内的注浆处理效果较好,当大于 100 m 时,处理效果不明显,施工质量也难以控制,常导致充填效果不佳,设计中的帷幕孔难以形成帷幕墙隔断跑浆,在实际施工过程中往往会导致浆液漫流,难以形成理想的充填加固区。结合前文建设场地稳定性的判定结果,可以认为该方案只会增加经济成本,性价比较低,不推荐采用。

方案Ⅱ:对采空区不予处治,采用特殊路基方案。该方案能够有效地结合前文建设场地稳定性的判定结果,可以节省财力物力,同时也可以有效地规避潜在的风险,推荐采用该方案。

方案Ⅲ:对全线不做任何处治,将武云下伏采空区视为一般地基。该方案能够节省最大的财力,但后期运营维护工作量较大,且技术风险较高,不推荐采用。

三个方案的技术对比见表5-43，造价对比见表5-44。

表5-43　采空区处治方案的技术对比

方案	处理对策	技术性	经济性	工期影响	评价	备注
方案Ⅰ	注浆处理吴村煤矿浅埋段(750 m)，深埋段(1 250 m)采取土工格栅加筋方式通过	针对性不强，处理区有限，注浆处治效果难以评价	治理费用高昂	工期与处理投入机具多寡有关，需要留设一定的处理施工周期	方案性价比较低，不推荐采用	① 三个方案都需要开展相应的监测工作，监测费用都需要计算到相应的方案预算中。② K31+545～K31+700段古汉山矿界防水煤柱埋深为420 m，煤厚为5～6 m。南北向宽为100 m，依据规范需要在路基下方留设保安煤柱
方案Ⅱ	采空区段采取土工格栅加筋方式通过	土工格栅有利于均化路基的不均匀沉降，切断地基微裂缝向路面的传导，减轻运营维护的压力	处理花费较少，技术经济性较高	土工格栅一般都为成品，铺设施工较快，生产中可先期开展一定的试验段，采用定型生产工艺，方案执行工期较短	方案性价比较高，技术可行性强，为项目推荐方案	
方案Ⅲ	不做处理，采取后期维护方案	在判定的场地稳定性基础上，有一定的技术可行性，运营后期路面容易开裂，耐久性差	无处理费用投入，但运营维护费用较高	不影响施工周期，也不干扰施工进程	有相当大的技术风险，也不合乎相关规范的技术建议	

表5-44　采空区处治方案的造价对比　　单位：万元

	钻孔注浆费用	土工格栅费用	监测费用	建筑安装工程费	备注
方案Ⅰ	6 443.69	286.46	199.82	8 516.58	K30+800～K32+950段
方案Ⅱ		631.94	199.82	2 628.52	
方案Ⅲ			199.82	1 996.58	

通过以上各方案技术指标和经济指标的对比可以看出，方案Ⅱ处理花费较少，较方案Ⅰ节省造价5 888.06万元(方案Ⅱ与方案Ⅰ建筑安装工程费的差值)，比方案Ⅲ多631.94万元(方案Ⅱ与方案Ⅲ建筑安装工程费的差值)，总体来说其性价比较高，技术可行性较强。为保证公路建设的经济费用合理，确保工程质量，建议采用方案Ⅱ。

第六章　关闭矿山采空区场地地基处理技术

采空区场地地基处理，可以减小采空区场地变形和建筑物变形，是关闭矿井场地利用的重要措施。采空区场地地基处理主要包括采空区治理、废弃井筒处置和采空区场地拟建建(构)筑物地基处理三个方面。其中，采空区治理的方法主要有全部充填、局部裂缝带岩体注浆加固、局部支撑和释放老采空区沉降潜力等四种类型；废弃井筒的处理方式主要有全部充填废弃井筒、注浆加固废弃井筒内的充填体、在废弃井筒内设置承载平台、在废弃井筒上方设置井盖或综合处置等几种形式；采空区场地拟建建(构)筑物地基处理的主要方法有桩基穿越法、梁板跨越法、剥挖回填法、强夯法、堆载预压法等。地基处理技术的选择应综合考虑采空区状况、采空区场地稳定性评价结果、拟建建(构)筑物的重要性等情况。本章结合实际工程案例综合采用采空区场地地基处理技术，详细阐述了地基处理的流程和最终效果。

第一节　概　　述

一、采空区场地地基处理问题

根据关闭矿山采空区场地(含矿井工业场地)稳定性评价和建设适宜性评价的结果，对于存在失稳危险或预测残余变形较大的欠稳定或不稳定的采空区场地，一般仅采用地面建筑物结构抗变形措施难以保证地面建筑物的安全，此时应对采空区场地进行地基处理。特别是在浅部开采或柱式开采条件下，废弃采空区中可能会存在较大空洞，空洞顶板垮落、残留矿柱变形或失稳坍塌、矿柱压入较软弱的顶底板岩层等，都会造成上覆岩层较显著的移动破坏和地面突发性塌陷。这种浅部或柱式开采形成的采空区地面塌陷通常在开采结束后几十年甚至上百年后才会发生，其塌陷量和出现时间难以准确预测。这类浅部老采空区空洞或矿柱失稳引起的地表移动变形常常表现为非连续、突然的抽冒，对建(构)筑物的危害极大，一般应在地面场地建设施工前采取控制采空区稳定的地基处理措施，以减小采空区活化变形程度和减轻对地面拟建建(构)筑物的影响。

关闭矿山采空区场地地基处理也泛称为采空区建(构)筑物地基处理，主要包括采空区治理、废弃井筒处置和采空区场地拟建建(构)筑物地基处理三个方面。一般应结合采空区状况、采空区场地稳定性评价结果、拟建建(构)筑物的重要性等情况选择合适的地基处理技术。

采空区治理主要是针对地下采空区空洞或垮落带、裂缝带破裂岩体及其伴生的地裂缝、塌陷坑等，采用注浆充填、注浆加固或局部支撑等方式进行工程治理，以防止采空区及破裂岩体出现突然性垮塌或严重变形而导致地面场地和建(构)筑物发生较大变形。

井筒是地表与地下采空区的通道，虽然废弃矿井的井筒尺寸一般相对较小，但若处置不当，极易对地面建筑物造成严重危害。废弃工业场地中的各类废弃井筒，不但会破坏区域内的景观，而且会形成严重的安全隐患。常见的废弃井筒可能存在以下三种情况：完全未充填的井筒、部分充填的井筒和充填质量不佳的井筒。废弃井筒造成的跌落、垮塌、溃水塌陷、有害气体溢出、建筑物破坏等安全危害时有发生，因此关闭矿山建设场地必须重视废弃井筒的科学处置。

采空区场地拟建建(构)筑物地基处理主要是对采空区场地浅层岩土体地基进行处理，以提高扰动地基的承载力和减小新建建(构)筑物的沉降变形量。

二、采空区场地地基处理的等级划分

近年来，我国在采空区场地地基处理方面取得了很大的进展，已经颁布或正在制订一系列的相关规范和技术标准，为采空区场地地基处理设计与实施提供了科学依据。这些规范和技术标准主要包括：中华人民共和国住房和城乡建设部发布的国家标准《煤矿采空区建(构)筑物地基处理技术规范》(GB 51180—2016)、中国地质灾害防治工程行业协会团体标准《采空塌陷防治工程设计规范(试行)》(T/CAGHP 012—2018)等。

根据中华人民共和国住房和城乡建设部发布的国家标准《煤矿采空区建(构)筑物地基处理技术规范》(GB 51180—2016)中的基本规定，煤矿采空区场地建(构)筑物地基处理设计应根据拟建建(构)筑物规模、功能特征，采空区特征以及采空区地基活化变形可能造成拟建建(构)筑物破坏或影响正常使用的程度分为表 6-1 所示的三个等级，设计时应根据具体情况确定。煤矿采空区场地建(构)筑物地基处理宜在地表移动衰退期结束后进行。采空区建(构)筑物地基处理的主要对象，应包括拟建场地影响范围内的煤矿采空区空洞、采空区垮落覆岩、离层及对场地和地基稳定性有影响的巷道、废弃井筒、地表裂缝、塌陷坑等。采空区建(构)筑物地基处理的面积及处理深度，应依据建筑物特征、采空区特征、采空区地基处理设计等级及采空区地基处理方法等综合确定。处理后的采空区场地变形允许值应符合表 6-2 中的规定。

表 6-1　煤矿采空区场地建(构)筑物地基处理的设计等级

设计等级	建(构)筑物及煤矿采空区特征
甲级	1. 现行国家标准《建筑地基基础设计规范》(GB 50007—2011)中规定的地基基础设计等级为甲级及《煤矿矿井建筑结构设计规范》(GB 50592—2010)中规定的结构安全等级为一级的建(构)筑物； 2. 位于急倾斜煤层采空区露头地段、非正规开采的小窑煤矿采空区、复采及多煤层开采采空区上的建(构)筑物； 3. 地表移动盆地外边缘区以及地表塌陷坑、塌陷、滑坡、崩塌、地裂缝等发育地段的建(构)筑物； 4. 采深采厚比<30 且停采时间 $t<2.0H_d$或<1 a 的采空区建(构)筑物
乙级	除甲级、丙级以外的工业与民用建(构)筑物
丙级	1. 荷载分布均匀的 7 层以下民用建筑及一般工业建(构)筑物，次要的轻型建(构)筑物； 2. 水平(缓倾斜)采空区，采用正规开采方法开采单一煤层的一般拟建建(构)筑物； 3. 地表移动盆地中间区以及地表塌陷坑、塌陷、滑坡、崩塌、地裂缝等不发育地段的一般拟建建(构)筑物； 4. 采深采厚比≥60 且停采时间 $t\geq3.0H_d$且≥2 a 的一般拟建建(构)筑物

注：① H_d为采空区埋深(m)，t 为停采时间(d)。

② 对 30 层以上和高度大于 100 m 的超高层建筑以及高度超过 100 m 的构筑物的下伏采空区地基处理设计与施工应进行专门的论证。

表 6-2 采空区场地变形允许值

<table>
<tr><th rowspan="2">设计等级</th><th colspan="3">场地变形允许值</th></tr>
<tr><th>下沉速率/($mm \cdot d^{-1}$)</th><th>水平变形值 ε/($mm \cdot m^{-1}$)</th><th>倾斜值 i/($mm \cdot m^{-1}$)</th></tr>
<tr><td>甲级</td><td>≤0.17</td><td>1.0</td><td>1.0</td></tr>
<tr><td>乙级</td><td>≤0.17</td><td>1.5</td><td>2.0</td></tr>
<tr><td>丙级</td><td>≤0.17</td><td>2.0</td><td>3.0</td></tr>
</table>

在中国地质灾害防治工程行业协会团体标准《采空塌陷防治工程设计规范(试行)》(T/CAGHP 012—2018)中,按照《地质灾害分类分级(试行)》(DZ 0238—2004)、《地质灾害危险性评估规范》(DZ/T 0286—2015)及《建筑地基基础设计规范》(GB 50007—2011)的相关要求,根据受威胁对象的险情或受灾对象的灾情,以及防治工程的施工难度和工程投资因素,将采空塌陷防治工程等级分为四级,见表 6-3。不同工程防治工程等级的设计安全系数可按表 6-4 确定;对于水利坝基及库区的采空塌陷防治工程设计,除了满足坝基的稳定性要求外,还应满足关于坝体渗透变形破坏、渗漏的相关要求,应进行专项研究。

表 6-3 采空塌陷防治工程分级

<table>
<tr><th colspan="2" rowspan="2">分级标准</th><th colspan="4">防治工程分级</th></tr>
<tr><th>Ⅰ</th><th>Ⅱ</th><th>Ⅲ</th><th>Ⅳ</th></tr>
<tr><td rowspan="2">威胁或受灾对象</td><td>工程重要性</td><td>城市和村镇规划区、放射性设施、军事和防空设施、核电站、二级(含)以上公路、铁路、机场、大型水利工程、电力工程、港口码头、矿山、集中水源地、工业建筑(跨度>30 m)、民用建筑(高度>50 m)、垃圾处理场、水处理厂、油(气)管道和储油(气)库、学校、医院、剧院、体育馆等</td><td>新建村镇、三级(含)以下公路、中型水利工程、电力工程、港口工程、矿山、集中水源地、工业建筑(跨度为 24 ~ 30 m)、民用建筑(高度为 24~50 m)、垃圾处理场、水处理厂等</td><td>小型水利工程、电力工程、港口工程、矿山、集中水源地、工业建筑(跨度≤24 m)、民用建筑(高度≤24 m)、垃圾处理场、水处理厂等</td><td>矿山地质环境类工程、农田等</td></tr>
<tr><td>建筑基础设计等级</td><td>甲级建筑物</td><td>乙级建筑物</td><td>丙级建筑物</td><td></td></tr>
<tr><td rowspan="2">伤亡人数</td><td>死亡/人</td><td>≥100</td><td>100~10</td><td>10~1</td><td>0</td></tr>
<tr><td>重伤/人</td><td>≥150</td><td>150~20</td><td>20~5</td><td><5</td></tr>
<tr><td colspan="2">直接威胁人数/人</td><td>≥500</td><td>500~100</td><td>100~10</td><td><10</td></tr>
<tr><td colspan="2">直接经济损失/万元</td><td>≥1 000</td><td>1 000~500</td><td>500~50</td><td><50</td></tr>
<tr><td colspan="2">潜在经济损失/(万元·a^{-1})</td><td>≥5 000</td><td>5 000~1 000</td><td>1 000~100</td><td><100</td></tr>
<tr><td colspan="2">施工难度</td><td>复杂</td><td>较复杂</td><td>一般</td><td>简单</td></tr>
<tr><td colspan="2">工程投资/万元</td><td>≥3 000</td><td>3 000~1 000</td><td>1 000~200</td><td><200</td></tr>
</table>

注:① 分级确定采取上一级别优先原则,只要有一项要素符合某一级别,就定为该级别。

② 表中工程重要性按《地质灾害危险性评估规范》(DZ/T 0286—2015)标准执行。

③ 表中的甲、乙、丙级建筑物按《建筑地基基础设计规范》(GB 50007—2011)标准执行。

表 6-4 采空塌陷防治工程设计安全系数推荐表

防治工程等级	Ⅰ	Ⅱ	Ⅲ	Ⅳ
安全系数 F_S	≥1.5	≥1.3	≥1.1	≥1.0

三、采空区场地地基处理的范围

采空区建(构)筑物地基处理的面积及处理深度,应依据建筑物特征、采空区特征、采空区地基处理设计等级及采空区地基处理方法等综合确定。在具体设计时,可参照《建筑物、水体、铁路及主要井巷煤柱留设与压煤开采规范》中的建(构)筑物保护煤柱留设的方法来确定采空区建(构)筑物地基处理的范围,即对拟建建(构)筑物进行保护煤柱设计确定的煤柱及上覆岩层至地表的保护范围就是相应采空区场地地基处理的范围,如图 6-1 所示。

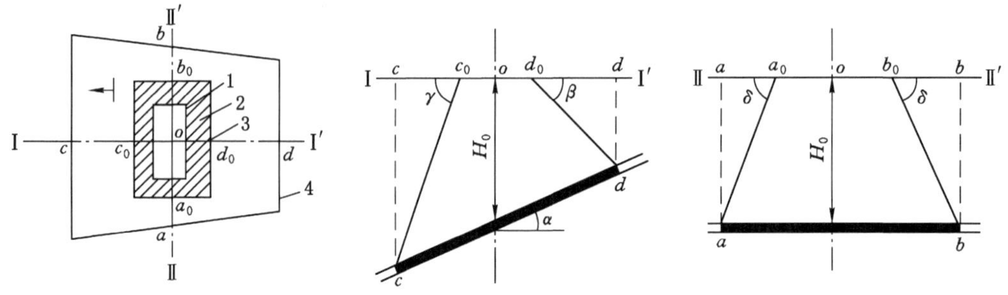

1—拟建建筑物边界;2—围护带;3—场地受护面积边界;4—采空区场地地基处理平面范围。

图 6-1 采空区场地地基处理的范围

1. 水平及倾斜煤层采空区的平面处理范围

水平及倾斜煤层采空区的平面处理范围,可根据建(构)筑物重要性保护等级、轮廓尺寸、围护带宽度及采空区覆岩移动边界角或移动角,按照垂直断面法或垂线法确定。参照《建筑物、水体、铁路及主要井巷煤柱留设与压煤开采规范》,拟建建(构)筑物重要性等级可参照表 6-5 和表 6-6 确定;拟建建(构)筑物各保护等级的围护带宽度可参照表 6-7 确定。

表 6-5 采空区场地拟建建筑物重要性保护等级

保护等级	主要建筑物
特	国家及省级文物建筑物、高速铁路车站、高度超过 100 m 的超高层建筑、核电站等特别重要的工业建筑物等
Ⅰ	国务院明令保护的文物和纪念性建筑物、一等火车站、在同一跨度内有两台重型桥式吊车的大型厂房等
Ⅱ	办公楼,医院,剧院,学校,二等火车站,长度大于 20 m 的二层楼房和三层以上的多层住宅楼,钢筋混凝土框架结构的工业厂房,设有桥式吊车的工业厂房、总机修厂等较重要的大型工业建筑物,城镇建筑群或者居民区等
Ⅲ	三、四等火车站,砖木、砖混结构平房或者变形缝区段小于 20 m 的两层楼房,村庄砖瓦民房等
Ⅳ	农村木结构承重房屋,对变形不十分敏感的其他建筑物等

注:凡未列入表 6-5 的建筑物,可以依据其重要性、用途等类比其等级归属。对于不易确定者,可以组织专门论证,并报有关部门审定。

表 6-6 采空区场地拟建构筑物重要性保护等级

保护等级	主要构筑物
特	高速铁路、设计速度为 200 km/h 的城际铁路和客货共线铁路、高速公路特大型桥梁、落差超过 100 m 的水电站坝体、大型电厂主厂房、机场跑道等
Ⅰ	Ⅰ级铁路、设计速度为 160 km/h 及以下的城际铁路、高速公路、特高压输电线塔、南水北调隧道、大型水库大坝、输油(气)管道、铸铁瓦斯管道干线;平炉,水泥厂回转窑,大、中型矿井的主要通风机房等
Ⅱ	Ⅱ级铁路、220 kV 以上的高压线塔、架空索道、输水(输气)干线、一级公路、重要河(湖)堤、库(河)坝等
Ⅲ	Ⅲ级铁路、高压输电杆(塔)、省级公路、农用主要灌渠等
Ⅳ	Ⅳ级铁路,对变形不十分敏感的其他构筑物

表 6-7 拟建建(构)筑物各保护等级的围护带宽度

建(构)筑物、铁路保护等级	特	Ⅰ	Ⅱ	Ⅲ	Ⅳ
围护带宽度/m	50	20	15	10	5

2. 水平及倾斜煤层采空区地基处理的深度

根据采空区场地稳定性评价成果,对于需要进行处理的采空区,其采空区地基处理深度的确定应符合下列规定。

① 当处理范围位于内边缘区及中间区时,其处理深度 h_d 应为地面至需要处理的最下层采空区底板下 1～2 m 处。

② 当需要处理的范围位于外边缘区时(图 6-2),可按下列公式计算。

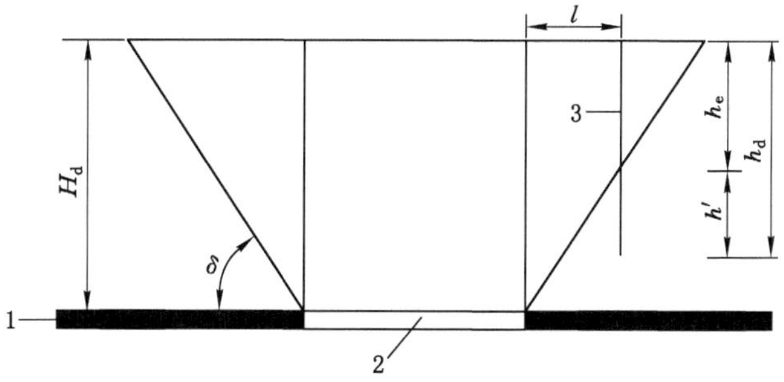

1—煤层;2—采空区;3—注浆孔。

图 6-2 采空区外侧处置深度计算简图

$$h_d = h_e + h' \tag{6-1}$$

$$h_e = H_d - l\tan\delta \tag{6-2}$$

式中 h_d ——采空区深度,m;

δ ——走向综合移动角,(°);

h_e ——外边缘区采空区移动影响带以上的深度,m;

h' ——移动影响带以下的处理深度,取 5～10 m 为宜;

l ——注浆孔距采空区边界的距离,m。

③ 急倾斜煤层采空区的治理范围与煤层的走向方向垂直,采空区在倾向上的治理区为

危险移动边界范围(见图 6-3),其沿煤层倾向的治理长度 L 可按式(6-3)计算;横向治理宽度 B(见图 6-4)可按式(6-4)计算。

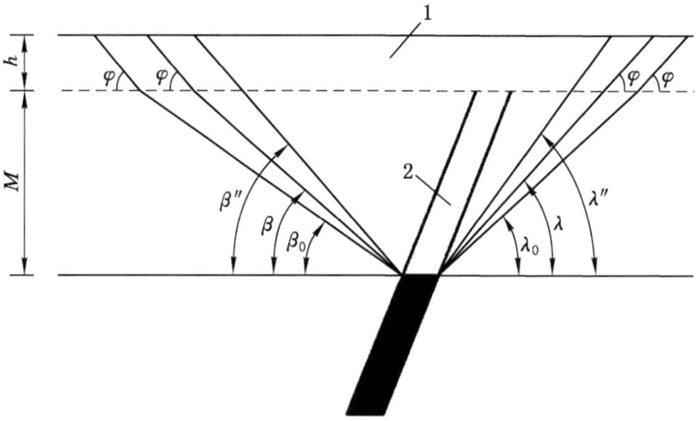

1—松散层;2—采空区;β_0、β、β''—走向边界角、移动角和裂缝角;

λ_0、λ、λ''—底板边界角、移动角和裂缝角。

图 6-3 急倾斜煤层采空区倾向方向的影响长度

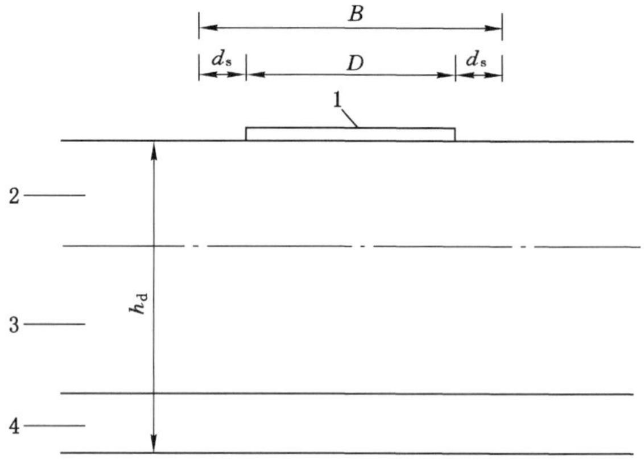

1—建筑基础;2—松散层;3—煤层采空区;4—采空区底板。

图 6-4 急倾斜煤层采空区横向的影响宽度

$$L = M\left(\frac{1}{\tan\beta} + \frac{1}{\tan\lambda}\right) + \frac{\delta}{\tan\alpha} + 2h\tan\varphi \tag{6-3}$$

$$B \geqslant D + 2d_s \tag{6-4}$$

式中 M——基岩厚度,m;

h——表土层厚度,m;

δ——走向移动角,(°);

φ——松散层移动角,(°);

D——建筑基础宽度,m;

d_s——建筑物保护维护带宽度,m;

α——煤层倾角,(°)。

在计算采空区地基处理范围时,基岩移动角与松散层移动影响角的取值应尽量采用本矿区的实测参数；在缺乏实测参数时，可参照表 6-8、表 6-9 取值。

表 6-8　采空区上覆基岩移动影响角的取值

采空区类型	新采空区			老采空区		
采区采出率/%	≤40	40～60	≥60	≤40	40～60	≥60
坚硬覆岩/(°)	78～83	76～82	75～80	85～88	82～86	80～85
中硬覆岩/(°)	73～78	72～76	70～75	80～85	77～82	75～80
软弱覆岩/(°)	64～73	62～72	60～70	75～80	72～77	70～75

注：① 表中数值为水平煤矿采空区覆岩移动影响角及倾斜煤矿采空区上山移动影响角的取值。对于倾斜煤层下山移动影响角的取值，一般采用公式 $\beta=\delta-\kappa\alpha$ 来计算，其中 α 为矿层倾角(°)。对于坚硬覆岩，κ 的取值为 0.7～0.8；对于中硬覆岩，κ 的取值为 0.6～0.7；对于软弱覆岩，κ 的取值为 0.5～0.6。对于急倾斜煤层采空区走向移动角及底板移动角的取值，应根据地区经验确定。

② 位于采空区边坡影响范围内的建(构)筑物，尚需根据采动边坡稳定性对建(构)筑物的影响选取岩层移动影响角。取值时应根据采空区的类型适当取值，深层采空区的移动影响角应取大值，浅层采空区应取小值。

表 6-9　采空区上覆松散层移动影响角的取值

松散层厚度/m	含水率<20%/(°)	含水率≥20%/(°)	含砾砂、细砂且含水率≥20%/(°)
0	50	45	30
40～60	55	50	35
>60	60	55	40

第二节　采空区场地地基处理的主要技术措施及选择

采空区场地地基处理主要包括采空区治理、废弃井筒处置和采空区场地拟建建(构)筑物地基处理三个方面。

一、采空区治理的主要技术措施

采空区治理的主要对象，应包括拟建场地影响范围内的煤矿采空区残留空洞，采空区垮落覆岩，断裂岩层及对场地和地基稳定性有影响的巷道、废弃井筒等。采空区及其上覆岩层失稳是造成地面场地出现剧烈变形和沉陷灾害的主要因素。地下采空区空洞、破裂围岩和残留煤柱在内外多因素影响下会发生坍塌、压密变形，并会进一步引起覆岩结构失稳变形并发展到地表；通常会造成地表采空区场地发生比较剧烈或较大的沉降和变形，进而会造成建(构)筑物破坏。因此直接对地下采空区进行治理是防治采空区场地发生突发性沉降和剧烈变形灾害的最主要的技术措施。

采空区治理方法应根据采空区采矿和地质条件、覆岩垮落类型、地表变形特征、上部拟建工程结构对地基处理的要求、地区经验和环境保护等综合确定。进行采空区治理的一般方法主要有全部充填、局部裂缝带岩体注浆加固、局部支撑和释放老采空区沉降潜力等四种类型。

1. 全部灌注充填法

全部灌注充填法是指采用填料(骨料)和浆液对地下采空区残留空洞、垮落带破裂岩块间的空隙和覆岩裂缝带的裂隙全部进行灌注充填,以充满采空区中的空洞和围岩中的空隙以及较大的裂隙;充填浆液、骨料和破裂岩块、断裂岩层会胶结固化成具有水稳定性、一定强度和整体性的结石体,这样可以彻底消除采空区及其覆岩发生突发性失稳和较大沉降与变形的隐患。全部灌注充填法主要适用于柱式开采采空区或浅部长壁工作面开采后的采空区和浅部残留巷道、硐室的治理。根据充填物料、施工条件和施工方式的不同,全部充填方法可分为钻孔注浆充填、地下水力或膏体充填,其中应用广泛、效果较好的是钻孔注浆充填,如图 6-5 和图 6-6 所示。

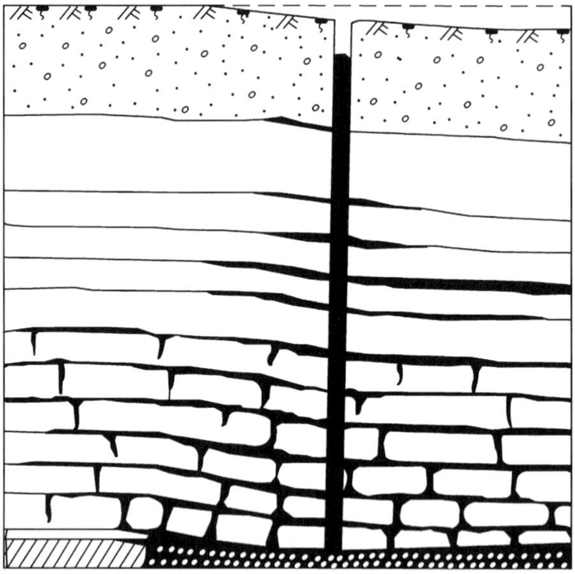

图 6-5 长壁工作面开采后的采空区采用全部灌注充填法示意图

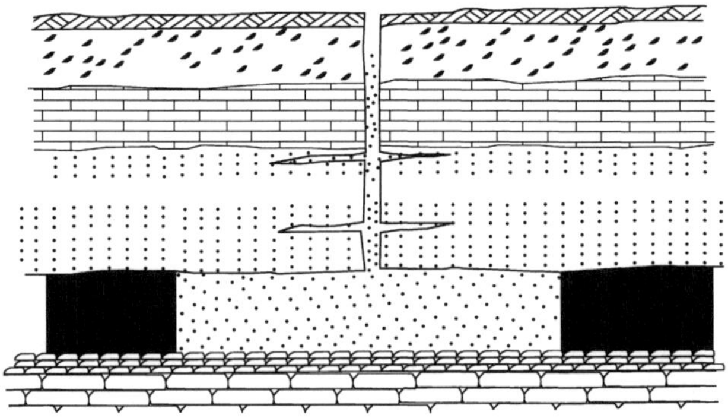

图 6-6 柱式或条带式开采工作面的采空区采用全部灌注充填法示意图

全部灌注充填法是目前采空区处理的一种主要工程措施,适用于各种类型的采空区。灌注充填材料主要以水泥、粉煤灰等为主,当采空区空洞较大、裂隙发育时,可先灌注砂、石屑、砾石、矿渣等骨料。对于地质条件复杂、有多层采空区分布、勘察精度低、施工经验较少的地区，在施工前应进行现场注浆试验。在不需要对整个采空区进行全部充填注浆时，可根据地面拟建建筑物确定需要处理的采空区范围，可首先在处理区边界以较密的钻孔注浆形成阻隔墙，此时为防止浆液扩散过远，可采用间歇式注浆方式；在形成阻隔帷幕墙后，再在处理区进行全部灌注充填。

采用全部灌注充填法处理采空区的优点在于：① 由于采用了较便宜的填料如粉煤灰、粉碎矸石等，所以单位体积的充填材料成本较低；② 对充填材料质量的限制较小，只要这种混合浆液便于用泵导入就可以；③ 与采空区顶板、残留煤柱基本上可全部接触，不再依赖残留空洞顶板的平衡拱可以稳定性与残留矿柱稳定性来阻止进一步的塌陷变形。其缺点在于需要在拟处理的采空区周边设置的阻挡帷幕墙可能难以完全封闭，从而会导致浆液损失或局部充填注浆不充分。

在《煤矿采空区建（构）筑物地基处理技术规范》（GB 51180—2016）和《采空塌陷防治工程设计规范（试行）》（T/CAGHP 012—2018）中，对全部灌注充填法处理采空区工程的设计、材料及配比、施工工艺及质量检测等都给出了较详细的规定。

2. 局部覆岩裂缝带岩体注浆加固

对于开采深度相对较大的长壁采煤工作面的采空区或开采深度较大、煤柱稳定性较好的部分开采的采空区，通过向采空区覆岩断裂带上部岩层裂缝和弯曲带下部岩层离层裂缝进行注浆加固，可以使采空区垮落带破裂岩体上方形成一个有一定厚度，且刚度大、整体性好的岩板结构，从而能够有效抵抗废弃采空区破裂岩体压密变形的向上传递，此时地表场地只产生相对均衡的较小沉降，这样可以保证地表在建工程的安全。

覆岩裂缝带岩体注浆加固的注浆材料一般以水泥浆材为主，其通过地面钻孔进行注浆。为防止浆液过多向下部垮落带空隙流失，灌浆初期应适当增加浆液浓度、增加速凝剂和采取间歇式无压力注浆措施。灌浆后期应适当降低浆液浓度、添加缓凝剂进行压力注浆，以提高裂缝充填率和浆液扩散半径。

3. 局部支撑采空区上覆岩层

对废弃采空区进行局部充填或支护，可以减小废弃采空区的空间跨度，保证废弃采空区顶板的长期稳定性。常用的方法有注浆柱法、砌筑支撑法、巷道加固法和大直径钻孔桩柱或直接采用桩基法。

注浆柱式局部支撑采空区上覆岩层的方法，主要是针对顶板岩层较稳定的浅部柱式开采、房式开采形成的老采空区空洞的治理措施。根据采空区深度、空洞几何尺寸、顶板岩层厚度及其稳定性、开采煤层厚度等条件，在地面上按一定间距布置格子状钻孔进行充填和注浆加固，从而在采空区中形成有一定直径的注浆柱体，以达到缩小采空区空洞跨度和支撑采空区顶板及上覆岩层的目的。一般应根据钻孔时的掉钻、卡钻或漏液情况来判定采空区空洞或垮落充填情况，并以此来设计确定注浆骨料和水灰比等参数。对于钻孔时掉钻距离较大的残留空洞，一般应先注入粉碎过的矿渣、砾石等填料，然后注入水泥浆或粉煤灰-水泥浆液固结填料形成灌注柱来支撑上覆顶板，以减小顶板的跨度，并同时用浆液加固采空区上方的破碎岩层，以保证顶板的长期稳定性和承受新建建筑物产生的附加应力。这种方法的优点是不需要灌注阻挡帷幕，并且可根据荷载大小与分布和地下空洞分布、老采空区塌陷危险程度等灵活设计注浆柱钻孔间距。这种方法的一大缺点是完工之后无法可靠地检查砾柱是否与顶板接触牢固；并且随着采空区空洞高度的增大，注浆柱本身的体积会急剧增大，增长到一定程度后，该方法与其他方法相比就不经济。图 6-7 所示为比较典型的注浆柱断面图。

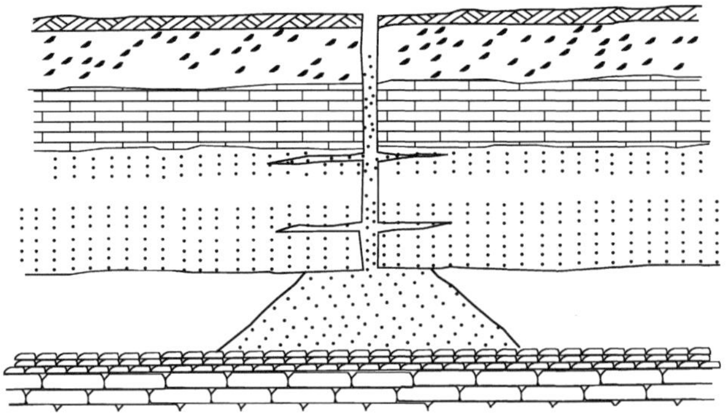

图 6-7 典型的注浆柱断面图

砌筑支撑法主要是针对采空区空洞空间较大、顶板较稳定、通风条件良好的采空区（可以进入施工），通常采用干砌、浆砌砌体或浇注混凝土等方法，以增强对采空区顶板的支撑作用。巷道加固法是采用人工对现有巷道进行加固，保证其稳定，以防止上覆建（构）筑物破坏。砌筑支撑法和巷道加固法主要适用于巷柱式开采和房式开采的小窑采空区或井下废弃巷道群的加固。

大直径钻孔桩柱是直接从地表打大直径钻孔（孔径为 0.75～1.00 m）至煤层底板，在钻孔内砌墩柱或用（钢筋）混凝土桩直接支撑建筑物荷载。

桩基法是将建筑物的基础桩直接穿过浅部采空区，使之位于采空区底板的稳定岩层内，从而使在建工程不受废弃采空区空洞和破裂岩体的变形影响。

4. 提前释放采空区沉降潜力

提前释放采空区沉降潜力是指采取强制措施将老采空区场地的沉降潜力在地面利用前尽量全部释放的方法。在废弃采空区场地未开发利用前，采取强制措施加速废弃采空区活化变形和覆岩沉陷，消除对地表在建工程安全有较大威胁的地下空洞、岩体裂隙、离层裂缝和边界空洞等，在场地沉陷基本稳定后再开发利用废弃采空区场地。具体方法主要有井下复采或爆破和水诱导沉陷法等。

井下复采或爆破是将老采空区的残余煤柱采出或在采空区实施爆破，使顶底板破碎充填采空区，并加速地表的沉陷过程。

水诱导沉陷法是对于地表附近无建筑物的活动沉陷区，可把水导入破碎的覆岩层使其水化，从而加速其沉陷，等沉陷稳定后，再进行地表回填和建筑。美国怀俄明州 Monarch 矿区曾采用水诱导沉陷法处理过一个浅部采空区，获得了较好的效果。

二、废弃井筒填埋处置技术

常见的废弃井筒可能存在以下三种情况：完全未充填的井筒、部分充填的井筒、充填质量不佳和处置不规范的井筒。废弃井筒处置不当不但会破坏区域内的景观，而且会造成严重的安全隐患。

1. 废弃井筒可能诱发的安全危害

① 行人、居民以及附近的动物容易跌落井筒内。由于井筒一般深度较大，通风不畅，从

而会造成其下部氧气极度缺乏或充水，一旦发生这种事故往往都是致命的。据报道，我国多地都曾发生过这样的事故。

② 废弃井筒在地下水或外界工程活动的影响下可能会发生进一步垮塌，从而会在地面形成一个远超井筒直径的塌陷盆地。如图 6-8 所示为国外的古窑井筒垮塌造成的地表突然塌陷案例。井壁坍塌破坏引起破碎围岩土体向井筒内的垮塌，是在废弃井筒周围区域产生塌陷盆地的主要原因。2005 年我国长春-吉林铁路之间的空地突然沉陷的主要原因也是废弃旧井筒垮塌。

图 6-8　国外废弃井筒塌陷形成的地面塌陷案例

③ 废弃井筒有可能成为地表水进入井下的直接通道，从而易造成煤矿溃水事故。在废弃井筒未充填或只进行简单充填的条件下，废弃井筒有可能成为地表水进入井下的直接通道，从而会导致煤矿溃水事故，并同时诱发地面塌陷。山东省新泰市华源煤矿"8·17"溃水事故、吉林舒兰煤矿的透水事故都是由于地表水经废弃井筒灌入井下所导致的。

④ 废弃采空区内多聚集有大量有害气体，未填埋或填埋不当的井筒常常是有害气体逸出或爆炸释放的主要通道。废弃井筒和采空区往往会导致甲烷、二氧化碳、氮气、硫化氢等气体的聚集。甲烷、硫化氢等气体较空气轻，可能沿着井筒逸散进入空气中；二氧化碳、氮气在气压变化时也有可能顺着井筒进入空气中。这些有害气体极有可能危害人畜生命或造成爆炸事故。2007 年在重庆双桥区发生的废弃井筒井喷事故便是有害气体甲烷、硫化氢顺井筒逸入空气的典型实例。

⑤ 废弃井筒的存在使其上的建筑物处于不同压缩系数的地基上，从而会使建筑物结构内部产生附加应力，容易在结构薄弱处形成裂缝，进而会影响房屋的安全和美观等功能需求。因此在废弃井筒上方兴建的建筑物应是抗变形建筑。

综上所述，废弃井筒往往会造成地表塌陷、释放有害气体、为地表水进入井下提供通道而造成溃水事故等安全隐患；如不对其进行治理，极易造成严重的安全事故。但不规范的废弃井筒处置措施有时较不治理更容易产生灾害，国内外已经发生的多起废弃井筒的事故均是井筒封填不规范导致的。

2. 常见的废弃井筒不规范处置方法

常见的废弃井筒不规范处置方法主要包括直接采用土体或建筑垃圾等填充井筒和简单地在井筒上方做一个井盖。

(1) 采用土体和建筑垃圾等直接填充井筒的方式

在充填井筒深部时，由于施工的难度，大多是利用重力进行填充体的自然压实，而在井筒上部接近地表处可采用各种机械进行夯实或者淋注水泥浆加固。在井壁渗水或地下水的作用下，随着时间的推移，井筒深部的土体颗粒在水体搬运作用下可能会逐步流失，从而会导致下部逐步漏空，充填体上部由于被夯实而能够保持暂态稳定，然而在外力作用下（建筑荷载、地震力、水力冲刷等），该处极有可能发生突然塌陷。需要说明的是，由于水体搬运作用极其缓慢，所以往往是在井筒填充几十年后才会突然发生沉陷或垮塌，危害性极大。

（2）采用简易井盖封堵井筒的方式

由于井筒上部的井盖强度或宽度不够，在外部荷载作用下，可能存在两种破坏形式：① 井盖因强度不够而破坏；② 井盖尺寸太小或支撑点强度不够，导致支撑处的岩土体向井筒内部垮塌，从而导致井筒上方井壁发生变形、破坏和简易井盖坠入井内。两种情况都会导致封堵井筒失效和地表突然塌陷，危害性极大。

3. *废弃井筒处置方法*

废弃井筒处置是关闭矿山及塌陷地建筑利用中的常见问题，特别是在小煤窑分布较多的老矿区，废弃井筒问题尤为严重。从建筑安全角度来说，不推荐在废弃井筒上方范围兴建建筑物。但关停矿区未受采动塌陷影响的建设用地资源通常都比较紧张，合理开发利用煤矿开采后形成的采煤塌陷场地和将废弃工业场地作为建设用地，能够有效地保护耕地，缓解城市的建设用地压力，在煤炭资源型城市或老工业基地尤其如此，因此采煤塌陷场地和废弃工业场地的建设利用问题往往不可回避。

废弃井筒的处理方式主要包括全部充填废弃井筒、注浆加固废弃井筒内的充填体、在废弃井筒内设置承载平台、在废弃井筒上方设置井盖或综合处置等几种形式。

（1）全部充填废弃井筒

采用土体或砾石充填废弃井筒能够给井筒内壁提供有效的支撑，从而可防止其向井筒内垮落。在充填废弃井筒时，一般在井筒底部往上约 5 倍井筒直径的部分需要采用级配良好，不易风化、水解的岩石类材料进行充填，主要是为了阻断矿井水的渗流，且要求充填材料的粒径不宜过大。根据国外的一些经验，在井筒这一区域充填的破碎岩石颗粒级配组成见表 6-10。在井筒其余部分可采用普通土体或砾石进行充填。

表 6-10 井筒底部碎石充填材料的级配组成建议

颗粒粒径	质量百分比
大于 300 mm	0
300～20 mm	不少于 80%
20～2 mm	不多于 15%
小于 1 mm	不多于 5%

在充填井筒的过程中，充填材料应尽可能地从井筒中心处进入井筒底部，使其能够在井筒内形成堆积体；另外在充填过程中必须记录充入材料的体积，并及时测量充填的高度。通过比较计算得出的体积和充入材料的体积可以判断是否存在充填死角或空洞；若存在充填空洞，可采用小颗粒沙砾进行填充。在充填完毕后需要监测井筒中充填体的沉降，在充填体发生自然沉降后要对其进行进一步填充直至达到稳定。

如井筒充填后其上方不再进行工程活动，在对其进行简单充填后，通过设置相应的警示牌便能保证地面场地的安全使用。

(2) 注浆加固废弃井筒内的充填体

若需要在充填后的废弃井筒上方新建建筑物，为保证安全则需要对其进行进一步的加固处理。对充填体进行注浆加固是常用的加固手段之一。通过向井筒内的充填体灌注水泥浆，可以将充填的松散体固结为具有一定力学强度的整体，从而可减小充填体在渗流和压密作用下的沉降影响。

(3) 在废弃井筒内设置承载平台

当废弃井筒深度较大时，可通过设置承载平台来有效防止充填体或注浆液的漏失。承载平台可采用混凝土进行浇注，其厚度一般应设计为 1.5～2 倍的井筒直径。一般而言，在井筒封井时应设置承载平台以方便后期施工，但对于大多数废弃井筒治理而言，这一点往往很难满足。此时，一般应尽量避免进入井筒内部进行施工，如不可避免，必须严格遵守相应的安全规程，主要需要注意以下几点：① 井筒是否会突然塌陷，井壁完整性如何；② 井筒内的有害气体是否超标；③ 有无突水的可能。

(4) 在废弃井筒上方设置井盖

在废弃井筒上方设置钢筋混凝土井盖是治理废弃井筒的主要手段之一。井盖的位置一般应设置在稳定岩层露头处或其下方。井盖的宽度至少是井筒直径的两倍，厚度取决于井筒的直径和上覆荷载，可通过圆板弹性解结合废弃井筒上部填土的最大承载压力计算得出。一般而言，井盖的厚度不应小于 0.45 m。

(5) 综合处置

结合废弃井筒和地面建设利用的情况及安全性要求，可综合采用上述措施进行处置。

三、采空区场地建(构)筑物地基处理措施

采空区场地拟建建(构)筑物地基处理主要是对采空区场地浅层采动岩土体地基进行处理，以提高采动扰动地基的承载力和减小新建建(构)筑物的沉降变形量。地基处理对象包括采动影响区的地表裂缝、塌陷坑等。采空区场地建(构)筑物地基处理面积及处理深度，应根据建筑物特征、采空区特征、采空区地基处理设计等级及采空区地基处理方法等综合确定。

采空区场地拟建(构)筑物地基处理的主要措施有桩基穿越法、梁板跨越法、剥挖回填法、强夯法、堆载预压法等。

1. 桩基穿越法

如图 6-9 所示，桩基穿越法是采用桩基础穿越采空区，从而使桩端进入采空区稳定底板，以防止采空区塌陷围岩残余变形对上部建(构)筑物造成影响的一种采空区处理方法。通常适用于埋深不大于 30 m 的浅部采空区地表建设较重要的大型建(构)筑物的情况。

2. 梁板跨越法

梁板跨越法是采用梁或筏板直接跨越宽度较小的浅埋深条带状采空区或巷道，从而使基础承载于窄采空区或巷道两侧稳定岩土体之上的一种采空区处理方法。

3. 剥挖回填法

剥挖回填法是首先剥挖采空区上覆岩石及覆盖物，再采用回填材料分层回填压实的一种适用于埋深不大于 15 m 且建(构)筑物的基底压力小于 200 kPa 的浅部采空区的处理方法。

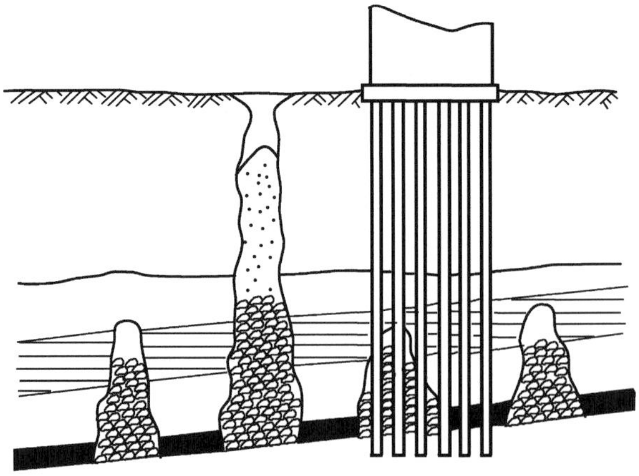

图 6-9 桩基穿越法示意

剥挖回填法采用开挖的方式将采空塌陷区的岩土体挖除，并对其进行分层碾压回填，以消除采空塌陷的危害。回填材料应选用级配较好的砾类土、砂类土等粗粒土，填料的最大粒径应小于 150 mm。

4. 强夯法

强夯法是利用强夯的冲击和振动能量造成的冲击动荷载，通过动力冲击与挤压破坏浅层采空区中残留煤柱和顶板的稳定性，使其垮落充填矿内空洞和使采空区岩土体得到固结压密；其目的是加速、促进采空区的塌陷，提高地基承载力，减小或消除地基的沉降。强夯法一般适用于软弱覆岩和开采深度小于 15 m 的老采空区，也适用于浅层采空区爆破开挖回填后主变形已完成的地段和采空区边缘地表裂缝区。

强夯法一般是将 8～40 t 重锤起吊到一定的高度（一般为 8～30 m），然后让吊锤自由下落，对地基进行强力夯实，从而使浅部采动岩体裂隙和离层裂缝压密，提高破裂岩体的地基承载力。强夯法所用设备简单、适用范围广、加固效果显著，主要适用于在采空区中部建设一般民用建筑物的地基处理。该方法处理地基的有效深度为：一般强夯的有效加固深度为 5～10 m，高能量强夯法的加固深度可超过 10 m。

强夯法应根据采空区的覆岩强度、完整性及埋深等，参照现行行业标准《建筑地基处理技术规范》（JGJ 79—2012）选用合适的夯击能和夯击遍数，并根据现场试验确定。

5. 堆载预压法

堆载预压法就是在采空区上方将要进行建筑的场地，预先堆放大量矸石、砂石等重载材料，对老采空区场地拟建工程地基进行预压处置，从而使采空区破碎岩体及浅表地层中的离层裂缝压密，进而提高地基的强度和承载力、减小新建建筑物后老采空区的活化变形量和工程的沉降量，达到保护新建建筑物安全的目的。

堆载预压法一般适用于开采厚度比较均匀的长壁垮落法开采工作面的充分下沉区场地，一般要求堆放的荷载应大于或至少等于拟建建筑物的荷载，即堆放荷载在地基中产生的有效应力应大于或等于将来建筑物地基所产生的附加应力。尤其是对于靠近矿井工业场地的老采空区，可用作临时储煤场或矸石堆放点，这样既解决了堆放场地问题，又可对采空区废弃场地进行预压处理，为日后采空区土地的利用创造条件。如建设在采空区场地上的淮南新庄孜选煤厂，其主厂房场地原为该矿的临时储煤场，曾长期堆放十多米高的煤炭，无意中进行了采空区场地的预压处理，故建成后的主厂房基础的沉降量很小，远低于正常情况下的沉降量。

在采用堆载预压法处理采空区场地时除了应符合采空区场地已达到衰退期结束的条件外，采空区顶板必须完全垮落，对未完全垮落且符合本方法其他处理条件的，可考虑与强夯法配套使用，先夯塌后堆载预压。

四、采空区处置与地基处理技术的选择

采空区处置与地基处理方法应根据采空区的采矿地质条件、采动覆岩破坏类型、采空区的失稳类型和残余变形特征、上部结构对地基处理的重要性等因素综合确定。对于小工作面极不充分采动或条带法、房柱法部分开采的采空区，考虑到地下水长期对煤(岩)柱、顶底板岩石的软化作用和各种振(震)动扰动作用，应重视矿柱失稳、残留空洞坍塌的风险；应尽量选择全部灌注充填、局部灌注充填和桩基穿越方式处理采空区。在《煤矿采空区建(构)筑物地基处理规范》(GB 51180—2016)中，给出了依据采空区覆岩及其垮落类型来选择地基处理措施的方法，见表 6-11。

表 6-11　依据覆岩及其垮落类型选择的地基处理方法

覆岩类型	垮落类型	变形特征	处理方法 采空区类型 浅层采空区	 中层采空区	 深层采空区
局部坚硬岩	拱冒型	采用长壁垮落法开采形成自然拱或无支撑砌体拱、板拱，地表变形轻微	穿越、砌筑、局部灌注充填	局部或全部灌注充填	砌筑、局部或全部灌注充填
主要为坚硬岩	弯曲型	采用条带法或房柱法开采形成悬顶，煤柱面积一般占 30%～35%，覆岩稳定，地表变形最大值小于煤层采高的 5%～15%	穿越、砌筑、全部灌注充填	局部或全部灌注充填	砌筑、局部或全部灌注充填
主要为坚硬岩	切冒型	开采深度较小且煤柱面积小于 30%～35%，覆岩不能形成悬顶，煤柱失稳，地表突然陷落形成断陷式盆地	局部或全部灌注充填	全部灌注充填	全部灌注充填
软弱、极软弱岩	抽冒型	急倾斜煤层开采深度较小或开采煤层覆岩不能形成悬顶，地表形成漏斗状陷坑	剥挖回填、全部灌注充填	全部灌注充填	全部灌注充填

注：① 坚硬岩指岩体完整、抗扰动能力强、天然单轴抗压强度大于 60 MPa 的岩层；软弱、极软弱岩指岩体破碎、抗扰动能力弱、天然单轴抗压强度小于 30 MPa 的岩层；介于坚硬岩与软弱、极软弱岩之间，天然单轴抗压强度介于 30～60 MPa 之间的岩层定义为中硬岩。局部坚硬岩指采空区上部一定高度赋存有一定厚度的坚硬岩，当采空区上覆岩土体中存在 60% 以上的坚硬岩时，可主要视为坚硬岩。

② 浅层采空区指开采深度小于 50 m 或采深采厚比 H/M 小于 30 的采空区；中层采空区指开采深度大于或等于 50 m 且小于或等于 200 m 或采深采厚 H/M 大于或等于 30 且小于或等于 60 的采空区；深层采空区为开采深度大于 200 m 或采深采厚比 H/M 大于 60 的采空区。

对于大面积长壁开采工作面的采空区，采空区覆岩的破坏通常具有典型的“三带”特征，其采空区处置方法可根据采空区活化与失稳特征、地表残余变形特征、采空区覆岩垮落断裂带的发育特征、拟建工程与采空区的相对位置、拟建工程的重要性等因素综合确定。在《煤矿采空区建(构)筑物地基处理规范》(GB 51180—2016)中，针对具有典型“三带”特征的充分采动的采空区场地，给出了地基处理措施选择方法，见表6-12。

表6-12 具有典型“三带”特征的大面积煤矿采空区地基处理方法

采空区类型	地表移动盆地		
	中间区	内边缘区	外边缘区
浅层采空区	全部灌注充填、堆载预压、强夯、穿越/跨越法、剥挖回填法		
中层采空区	局部或全部灌注充填	全部灌注充填	全部灌注充填
深层采空区	局部灌注充填	局部或全部灌注充填	局部或全部灌注充填

注：中间区指地表移动盆地中间的平底区域(最大下沉区)；内边缘区指地表移动盆地边缘的压缩变形(负曲率变形)区，一般位于地下开采边界的内侧；外边缘区指地表移动盆地边缘的拉伸变形(正曲率变形)区，一般位于地下开采边界的外侧至地表移动盆地边界。

当同一采空区场地存在采空区类型和开采深度差异时，应分区、分段采用不同的处理方法或在采用相同的处理方法时选用不同的工艺参数来进行采空区处理，以针对不同的采空区特征，达到采空区地基处理的最优效果。并应根据不同的处理方法来预测场地的变形特征，采用建筑措施及地基处理措施来调节差异变形，以满足建筑的使用要求。

第三节 新庄孜选煤厂主厂房局部地基注浆加固实例研究

一、工程概况

淮南新庄孜煤矿选煤厂主厂房长70 m、宽35 m、高约40 m，为多层多跨钢筋混凝土框架结构，内部结构复杂，安装有大型分选设备，对地表不均匀沉降和水平变形比较敏感。勘察研究表明，主厂房西侧和南侧为二叠系A1和A3煤层开采形成的老采空区(开采时间为1951—1962年，煤层倾角为20°)，工作面采空区边界距主厂房南墙的距离为10 m，距西墙的距离为15 m，即主厂房位于采煤引起的地表移动盆地外边缘区。图6-10所示为主厂房与老采空区的相对位置。

位于主厂房西南角外侧约5 m的基4孔钻探表明，A3煤层顶板埋深为48.83 m，开采两个分层累计采厚为3.65 m，直接顶为泥岩和粉砂质泥岩，强度低，RQD(岩石质量指标)=33%，岩体质量差；基本顶由砂砾岩、中粗砂岩、中细砂岩组成，受风化和采动影响裂隙发育，RQD=59%，岩体质量中等。A1煤层平均开采厚度为2.0 m，顶板为泥岩、碳质泥岩和砂质泥岩，强度低，岩芯破碎，RQD=10%，岩体质量极差；A1煤层底板为泥岩和细砂岩互层。钻探揭露该区域第四系表土层厚为17.64 m，基岩强风化带垂厚为11.99 m，为中粗砂岩和细砂岩，风化裂隙发育，常被泥质充填，疏松易碎。基4孔孔深为68.19 m，至A1煤层底板；在钻探过程中，24.58 m以上的泥浆无消耗，说明强风化带裂隙被泥质充填，24.58 m以下至终孔泥浆全漏失；孔深48.80～52.87 m、62.31～62.81 m处分别出现掉钻，下掉分

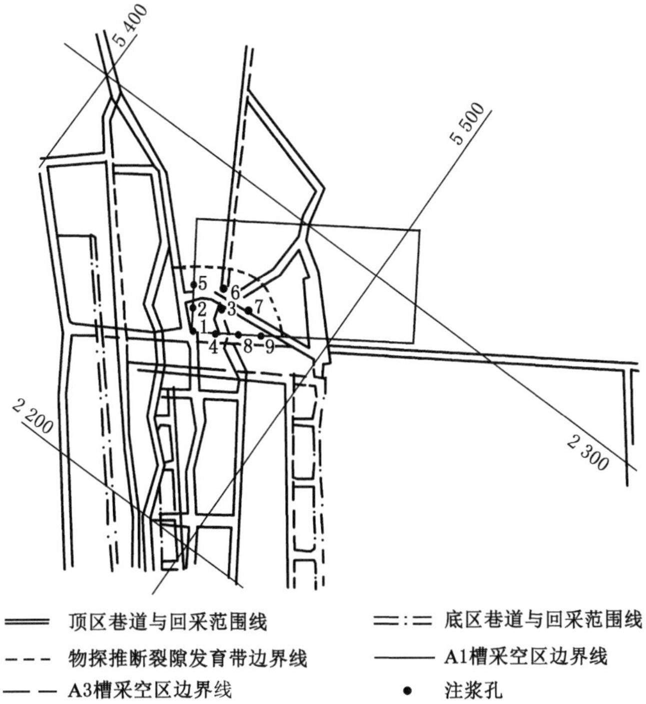

图 6-10　主厂房与老采空区的相对位置

别为 4.07 m 和 0.5 m，经分析确定，两次掉钻位置分别为 A3 煤层老巷道和 A1 煤层的停采线位置。钻探表明，A3、A1 煤层顶板岩层虽然裂隙发育，但能采集到岩芯，因此显示为非垮落带特征，处于工作面采空区边缘；但由于采动岩层移动的影响又显示出了明显的裂隙带特征，其中 A3 煤层裂隙带的发育高度为 24.25 m（顶界距地表的距离为 24.58 m），A1 煤层裂隙带的发育高度为 13.48 m。

有关人员采用高密度电法对该区域采空区及覆岩破坏情况进行了物理勘探，结果表明，开采引起的采动裂隙发育带已深入主厂房西南角下方约 30 m，破裂岩体裂隙发育带上界面距地表的距离约为 15 m。

根据钻探、物探结果和地基稳定性分析与有限元数值模拟研究，在主厂房建筑荷载作用下，老采空区和采动裂隙发育带可能会产生活化位移，从而会导致建筑物地基不均衡沉降和建筑物局部破坏。因此，经研究确定对主厂房西南角下方的采动裂隙发育区进行固结灌浆处理。

二、主厂房局部地基注浆加固设计

1. 注浆处置类型和注浆层段的选择

通过对原采掘工程平面图和物探、钻探成果分析可知，主厂房位于老采空区外侧的煤柱上方，但采动裂隙发育带已深入主厂房下部地基。考虑到老采空区空洞和垮落带的范围位于主厂房外侧 10 m 远处，故不对其进行充填灌浆处理。为节约投资，决定对主厂房下部的采动破裂岩体裂隙发育带进行渗透注浆，通过注浆加固使之形成稳定的整体岩块（即对砌体梁半拱平衡结构进行补强，使之形成强度较高的连续岩梁，以消除失稳隐患），以消除其可能的向老采空区滑移和发生不均衡沉降的隐患。

从基 4 孔钻探情况来看，孔深 24～38 m 为 A3 煤层的基本顶砂砾岩和砂岩，裂隙比较发育，是构成目前老采空区边缘上方处于相对平衡状态的复合砌体梁结构的关键层位，也是保证上覆岩层结构稳定的关键层位，因此其应是进行灌浆加固补强的主要层位，故选定其为注浆层位。结合主厂房和采空区破裂覆岩发育范围的相对位置关系，初步设计布置 1 号注浆孔位于主厂房西南角处，其注浆层段选定为 29～37 m 的砂岩段，共计 8 m。其余注浆孔则按注浆孔钻探结果，将 A3 煤层顶板泥岩顶面上 8 m 的砂砾岩、砂岩段作为注浆层段。

2. 注浆孔结构和孔位布置

结合注浆施工区域地层的结构，设计各注浆孔开孔口径为 127 mm，至 29 m 处下 108 mm 套管，护壁止水；然后换 89 mm 钻头钻至 A3 煤层顶板泥岩的顶部时停钻。注浆时采用一次注全高，在顶部 29 m 处下止浆塞，以便在注浆结束后能够顺利起拔套管。如图 6-11 所示为 1 号注浆孔的结构示意。

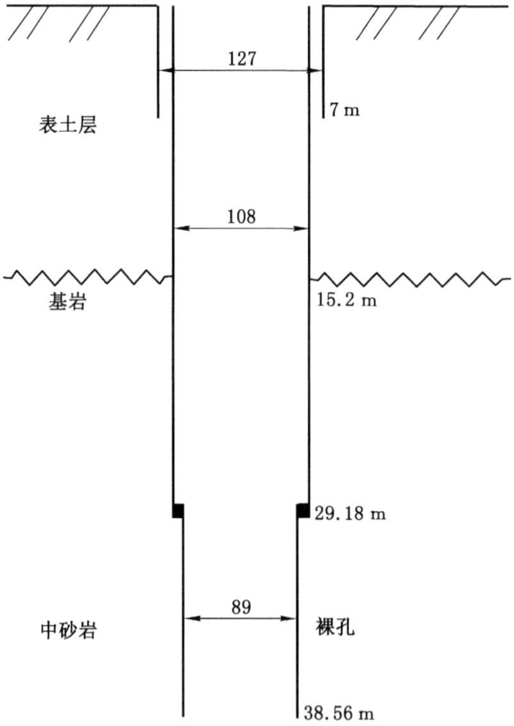

图 6-11　1 号注浆孔的结构示意

根据主厂房和周围采空区的相对位置及物探结果推测厂房下破裂覆岩的发育范围，初步设计 9 个注浆孔，分三排布置：第一排布置 4 个，第二排布置 3 个，第三排布置 2 个，孔距为 7 米。注浆孔的分布情况如图 6-12 所示。

设计注浆工程分两期施工，第一期顺序为 1# 孔、5# 孔、8# 孔、3# 孔，第二期为 2# 孔、4# 孔、9# 孔，6# 孔、7# 孔作为机动孔，视注浆孔钻探和注浆情况定其取舍。注浆钻孔的施工质

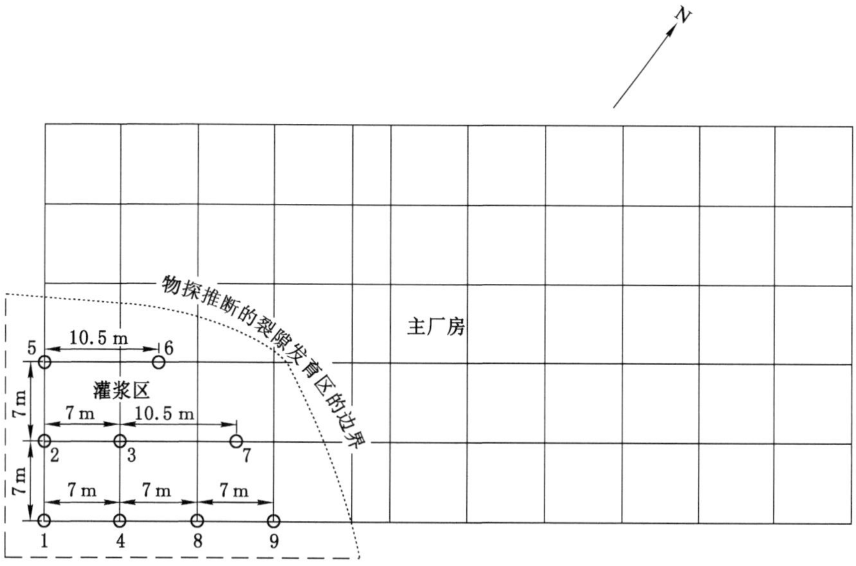

图 6-12 选煤厂主厂房采动破裂岩体地基注浆孔的分布情况

量要求如下。

① 尽量打直孔，偏斜度<1°。

② 注浆层段必须用清水钻进，并且要全部取芯，取芯率>80%。

③ 发现掉钻、卡钻和吸风等异常情况应注意观测、及时记录。

3. 注浆材料

注浆材料选定为水泥、食盐和三乙醇胺。食盐和三乙醇胺的用量分别为水泥重量的0.5%和0.05%。浆液的初始浓度应根据单位吸水量的大小确定，具体情况见表6-13。

表 6-13 初始材料浓度选定表

单位吸水率/[L·(min·mm)$^{-1}$]	浆液材料	水灰(砂)比
<0.5	水泥浆	2∶1～1.5∶1
0.5～1	水泥浆(加食盐和三乙醇胺)	1.5∶1～1∶1
1～2	同上	1∶1～0.8∶1
2～3	同上	0.9∶1～0.7∶1
3～5	同上	0.9∶1～0.6∶1
3～5	先注细砂或粉砂(d<0.5 mm) 后注水泥浆	水砂比为10∶1～7∶1 水灰比为0.8∶1～0.7∶1
5～15	先注中细砂(d<1.0 mm) 后注水泥浆	水砂比为10∶1～6∶1 水灰比为0.8∶1～0.7∶1
>15	先注中粗砂(d<1.5 mm) 后注水泥浆	水砂比为10∶1～6∶1 水灰比为0.8∶1～0.6∶1

注：d为细砂或粉砂的颗粒粒径，mm。

在注浆开始前，应先做压水试验，根据单位吸水量的大小来确定本孔浆液的初始浓度。在注浆时，先按初始浓度灌注浆液，若孔口长时间无压力，可适当降低水灰比，并采用间歇式注浆措施，间歇时间为 1～2 h；当孔口有压力后，应适当增大水灰比，直至达到灌浆结束标准。

4. 注浆参数确定

① 注浆压力：为了使浆液能扩散得远一些，同时又不至于流入下部老采空区，孔口可施加一定的压力，但不宜过高。孔口终孔压力按 $P=0.02H$ 计算（H 为注浆深度）。1 号注浆孔的终孔压力为 0.58～0.74 MPa。

② 扩散半径：根据采空区外侧煤柱上方岩体裂隙发育程度的有关研究和国内岩体注浆加固的经验，设计浆液有效扩散半径为 4.0 m。

③ 灌浆量估计：扩散半径 $R=$ 4.0 m，假定注浆段基岩有效孔隙率为 3%，则单孔灌浆量 Q 为 12.06 m^3。

④ 灌浆结束标准：注浆压力达到标准，吸浆量小于 1 L/min，再注 30 min 后，便可停止灌浆。

5. 注浆效果检查方法

① 单孔注浆达到结束标准。

② 注入水泥量满足标准。

③ 在采用钻探法检测时，应使用第二期钻孔检查第一期钻孔的注浆效果；即对第二期钻孔岩芯与第一期钻孔岩芯（分别代表灌浆前后岩芯）进行对比分析，观察裂隙中水泥结石的形状、展布特点、厚薄、胶结质量及裂隙被水泥结石充填的情况。

④ 注浆后再做物探，然后与注浆前的物探结果进行对比分析，并研究灌浆后裂隙的分布情况、岩体的完整程度和电性能，由此便可掌握灌浆的效果。

三、灌浆工程现场实施

灌浆工程现场实施的造浆注浆工艺系统如图 6-13 所示。首期施工 1# 孔、5# 孔、8# 孔、3# 孔，第二期施工 2# 孔、4# 孔、9# 孔，根据第二期钻孔的施工情况和灌浆效果的现场分析，经研究决定取消机动孔 6# 孔、7# 孔，未予灌浆。

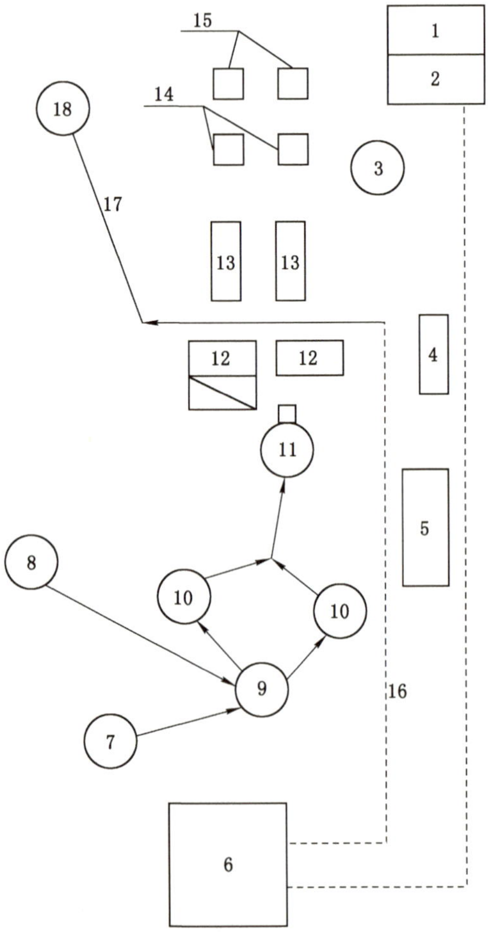

1—水泵；2—压风机房；3—滤风器；4—压风包；5—操作台；6—高位水箱；7，8—储灰罐；9—计量缸；10—一次搅拌机；11—二次搅拌机及吸浆笼头窝；12—清水池；13—注浆泵；14—电机；15—开关箱；16—输水管；17—输浆管路；18—注浆孔。

图 6-13 造浆注浆工艺系统

整个施工过程进行得比较顺利，所

有钻孔终孔层位都在 A3 煤层基本顶中的粗砂岩中，灌浆层段全部采用清水钻进，按设计深度下 108 mm 套管，且止浆效果良好。单孔的灌浆终压、浆液灌入量均达到了设计要求，水泥总灌入量与设计要求灌入量基本相符（见表 6-14）。各孔的灌浆施工均符合设计结束标准，灌浆效果较好。

表 6-14　灌浆工程基本情况

孔号	实际表土深度/m	预计终孔深度/m	实际终孔深度/m	ϕ108 钻孔设计深度/m	ϕ108 钻孔实际深度/m	实际注浆段长/m	灌浆压力/MPa	水泥注入量/t
1	15.2	37	38.51	29	29.3	9.21	0.7～1.0	12.9
2	16.5	37	38.14	29	28.31	9.83	0.5～0.9	10.9
3	16.2	40	41.49	32	32.10	9.39	0.7～1.0	18.0
4	16.28	40	41.89	32	32.20	9.69	0.8～1.2	13.5
5	17.44	37	39.01	29	29.12	9.89	0.8～1.1	12.5
6		37		29				
7		40		32				
8	18.5	42	43.85	34	34.23	9.07	0.8～1.2	11.7
9	16.9	43	43.20	35	35.09	8.11	0.6～1.2	13.5

注：6# 孔、7# 孔为机动孔，经研究决定取消，未予灌浆。

四、灌浆效果检测

1. 灌浆过程中的钻探检测

在灌浆施工过程中，由于采用一台钻机作业，因此利用后施工的钻孔可对前期施工的灌浆孔灌浆效果进行检查。后期施工的钻孔在钻进过程中，其冲洗液耗量大大少于前期施工的钻孔；另外在后期施工的钻孔岩芯裂隙中发现了大量已固化的水泥浆液，表明其裂隙充填率、胶结质量均较好，说明灌浆达到了充填、加固采动裂隙岩体的目的。

2. 物探检查灌浆效果

(1) 物探工作方法与测线布置

为研究岩层水平和垂直方向的电性变化，采用高密度电阻率法和高密度电测深法进行灌浆效果检查。测线布置为两条高密度电阻率法测线，一条高密度电测深法测线。

为了便于与注浆前的物探成果进行对比分析，高密度电阻率测线的布置应尽可能与原测线接近或重合，其中 G1 线穿过注浆孔 1#、4#、8# 与 9#，G2 线沿主厂房西侧布置，长为 160 m，以检查注浆孔 1#、2#、5# 的注浆效果。观测方法仍采用与注浆前物探时相同的方法，点距为 5 m，线长为 160～200 m，11 个深度水平、5 种参数和 3 个转换参数。高密度电测深线沿主厂房对角线方向布置三级电测深观测线（3VES）。测点间距为 5～10 m，最大极距 AB/2＝100 m。

(2) 电法资料的地质解释

图 6-14 为主厂房下 G1 线破裂岩体注浆加固前后高密度电阻率参数曲线的对比图，从图 6-14 中可以看出，注浆前的高密度电阻率法测线的高低阻相间异常或等值线扭曲比较明显，为采动裂隙发育影响区的反映；而在注浆后的相应地段（深度为 15～30 m），等值线近水

平平缓变化，无明显的扭曲和高低阻变化，说明地下地层经注浆后变化平稳，无明显的高低阻(由裂隙或空洞引起)异常反映。

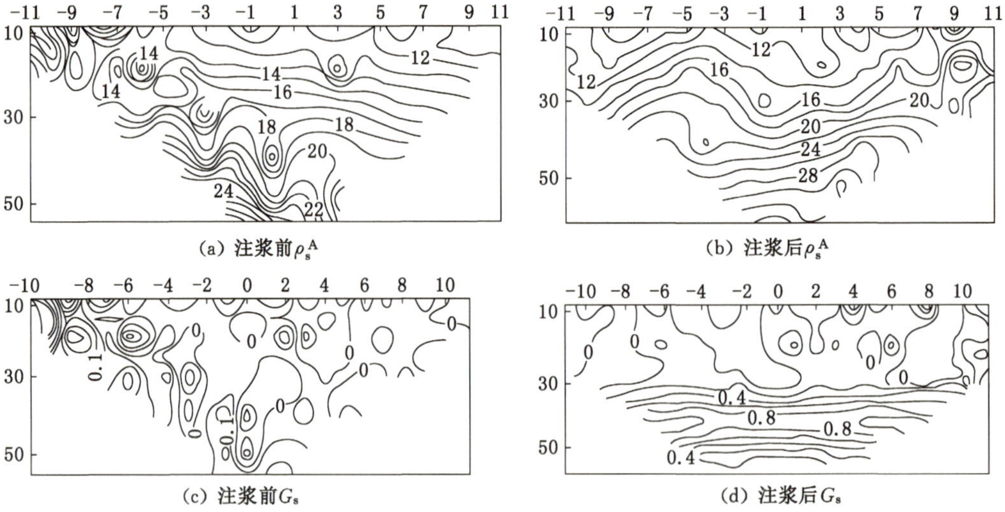

图 6-14 主厂房下 G1 线破裂岩体注浆加固前后高密度电阻率参数曲线的对比图

三级电测深法(3VES)测线的对数和算术比例尺 ρ_s 拟断面图的解释表明，在 20 m 深度以下的等值线变化较平缓，呈水平状分布，与相应正常地层的电性变化一致。

根据这些物探成果解释，并结合灌浆前的物探成果资料对比分析可明显看出：在主厂房西南角下部的采动破坏影响地层，注浆后地层已稳定并已固结为一个整体岩层，其电性特征与周围完整岩体的电性变化一致，不再存在过大的裂隙或空洞，说明注浆达到了设计目的，效果良好。

第四节 徐州贾汪某废弃煤矿井筒填埋处置案例

一、项目概况

江苏徐州贾汪矿区某规划居民小区地块位于已关停多年的某煤矿井田范围内，经勘察关停煤矿井下采掘巷道以及废弃井筒，发现其仍有可能对拟建建筑物造成严重危害。为此，房地产开发公司委托科研单位对拟建项目进行了地质灾害危险性评估和场地建设适宜性评价。根据综合评估结果，房地产开发公司完成了拟建居民小区的规划布置，其中主要的住宅楼房布置在了关停矿井的原工业场地上，在采空区场地上主要布置了一些小型附属建筑物、停车场和绿地。该小区规划建设的 13# 住宅楼恰好位于一个废弃井筒的上方(如图 6-15 所示)，但评估报告并未对拟用地块内废弃井筒的危害以及治理方式进行详细的解释。为此，根据地产开发公司的委托，中国矿业大学对该废弃井筒的处置方法和其上方 13# 住宅楼的建设给出了咨询建议。在废弃矿井填埋处置后，该住宅楼于 2010 年建成并安全使用至今。

废弃井筒直径为 3.5 m，衬砌为毛石混凝土，厚为 80 cm，结构完好，无明显的破损、垮

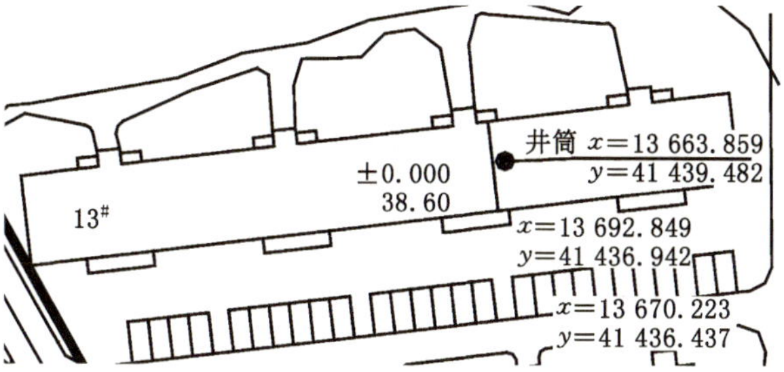

图 6-15　某关停煤矿废弃井筒与待建 13# 住宅楼的相对位置关系

塌现象；井筒深为 91 m，井筒内的地下水位距井口约 3 m。在 13# 住宅楼开挖基坑发现该废弃井筒后，施工企业紧急对该井筒进行了简单盖板封闭处理。施工企业在基岩风化带处放置了一直径为 4 m 的钢筋混凝土圆板盖住废弃井筒，板内采用 ϕ16 螺纹钢的双层钢筋网，钢筋间距为 200 mm。废弃井筒处置前处于临时封闭状态的井口区域如图 6-16 所示。

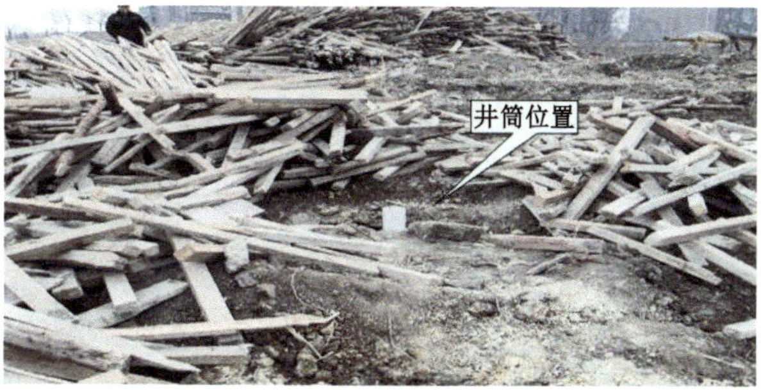

图 6-16　处于临时封闭状态的井口区域

二、项目区域的工程地质条件

项目区域地层隶属华北地层区鲁西分区徐宿地层小区，多被 1～2 m 厚的第四系岩层覆盖，在局部的沟塘中可见基岩露头。二叠系下统下石盒子组、山西组和石炭系上统太原组为项目区域内的主要含煤地层。

根据项目区域地层的岩性组合特征及其物理力学性质，可将区内岩土体分为第四系中上更新统黏性土类、煤系地层石炭-二叠系层状碎屑岩类及奥陶系和石炭系层状碳酸盐岩类三个工程地质岩组。废弃井筒深为 91 m，主要穿过第四系上更新统、二叠系下石盒子组和山西组，井底位于山西组煤层底板砂岩层位。

1. 第四系中上更新统黏性土类工程地质岩组

第四系中上更新统黏性土类工程地质岩组在项目区域内皆有分布，厚为 1～2 m，岩性为棕黄色含大量钙质结核的粉质黏土，可塑～硬塑，干强度、韧性高，无振动反应。由《徐州贾汪××小区二期工程岩土工程勘察报告》可知，其水理、物理力学指标为：含水率为 23.6%～29.6%，孔隙比为 0.684～0.847，塑性指数为 14.8～21.6，压缩系数为 0.15～0.22 MPa^{-1}，压缩模量为 6.33～13.75 MPa，内聚力为 52.1～70.1 kPa，内摩擦角为 12.4～13.5°，标准贯入锤击数为 12.4～13.8，低膨胀性，承载力特征值为 120～250 kPa，工程地质性质良好。

2. 石炭系和二叠系层状碎屑岩类工程地质岩组

石炭系和二叠系层状碎屑岩类工程地质岩组包括石炭系本溪组泥页岩夹层、太原组砂页泥岩和煤层及二叠系山西组和下石盒子组的砂页泥岩和煤层，其中砂岩一般为灰、灰白色的中厚层状中粗粒砂岩，岩芯较完整，岩石坚硬，锤击不易碎，工程地质特征好；泥页岩一般为深灰、灰黑、灰紫色，呈薄中厚层状，岩芯完整，岩石较软，锤击易碎；煤层则为黑色，软弱块状，锤击极易碎。

3. 奥陶系和石炭系层状碳酸盐岩类工程地质岩组

奥陶系和石炭系层状碳酸盐岩类工程地质岩组包括奥陶系肖县组、马家沟组和阁庄组及石炭系本溪组和太原组灰岩夹层，岩层一般呈灰、深灰色，中厚层状，岩石坚硬性脆，据相关资料，抗压强度为75～103 MPa，软化系数为0.63～0.73，岩溶较发育。

三、项目区域的水文地质条件

项目区域的地下水按其含水介质特征和赋存条件可分为松散岩类孔隙水、碎屑岩类裂隙水和碳酸盐类裂隙岩溶水三类。

孔隙水赋存于第四系中上更新统含钙质结核的粉质黏土中，项目区域内皆有分布，含水层厚度小于2 m，为潜水含水层，富水性差，单井涌水量小于10 m^3/d。大气降水入渗是其主要补给源，蒸发和向下伏含水层渗漏是其主要排泄途径。由于含水层薄，旱季往往呈排泄疏干状态，故本层水无开发利用价值。

裂隙水赋存于石炭系、二叠系砂页泥岩中，地表无出露。由于含水层构造节理裂隙不甚发育，加之含水层隐伏于第四系之下，补给条件较差，故富水性弱，单井涌水量一般小于100 m^3/d，项目区域内基本无开采。

裂隙岩溶水赋存于石炭系和奥陶系灰岩、白云质灰岩、白云岩和泥质灰岩、泥质白云岩类碳酸盐岩层中，在一些沟塘内或地形低洼处的局部地段有零星出露，补给条件较好，具潜水特征，其富水性亦较佳，尤其是奥陶系肖县组、马家沟组的中厚层状灰岩、豹皮状灰岩和白云质灰岩，其岩溶发育程度高，是徐州地区最佳的裂隙岩溶水富水层位，单井涌水量一般为每日数千立方米，在有利的构造富水部位，可达每日万余立方米；奥陶系阁庄组主要为白云岩类、石炭系太原组和本溪组因岩溶含水层较薄且夹于砂页泥岩和煤层中，岩溶发育相对较差，富水性相对亦较弱，单井涌水量一般为每日数百至千余立方米。项目区域内的裂隙岩溶水在1998年以前曾因大李庄煤矿矿井疏干排水影响，水位埋深一度达50～90 m，矿井关停后区域内裂隙岩溶水的水位埋深已恢复至近天然状态的5 m左右。总体而言，项目区域的水文地质条件较为简单。

四、井筒填埋处置措施

考虑到废弃井筒上方需要兴建多层居民住宅楼房，必须确保其永久安全，因此对废弃井筒的处置技术要求较高。根据该废弃井筒的工程地质条件和水文地质条件，结合井筒结构及井底车场巷道分布情况和未来居民对居住安全的心理承受能力，来拟定废弃井筒填埋处置的技术措施。最后确定采用全充填、浇注承载平台和设置井盖相结合的综合技术措施来进行处置。具体而言，该废弃井筒的处置按照以下7个步骤实施。

① 在废弃井筒底部采用耐风化、水解能力较弱的砾石进行充填，充填高度约为 15 m，以避免地下水渗流被阻断。

② 使用开挖其他建筑物地槽的杂土继续充填井筒，充填高度约为 60 m。

③ 对井筒中的残留地下水进行强排，待井筒中的水位降至充填体顶面以下后，在充填体上方浇注约 7 m 厚的素混凝土作为进一步充填的承台。注意将井壁与充填混凝土体浇注成一个整体，避免其上下方充填体的相互影响。

④ 对废弃井筒附近的地表进行基坑开挖，开挖深度应超过表土层和基岩强风化带，开挖范围以井筒为中心，直径约 8 m。

⑤ 在井筒中的素混凝土层上方继续充填砾石，一直充填至开挖的基坑底部水平；然后对井筒中的充填体进行夯实，以进一步减小充填体内的孔隙。

⑥ 为保证充填砾石对井筒上方的盖子能够提供较大的支撑力，可在充填过程中利用砂粒对砾石中的空隙进行进一步的充填，也可通过注浆的方法达到这一目的。

⑦ 在充填体上方浇制一方形或圆形钢筋混凝土板井盖，设计钢筋混凝土板厚为 0.5 m，平面尺寸以井筒为中心，直径为 8 m；同时应确保在上部建筑荷载作用下该板不会发生破坏。

在对该废弃井筒按上述方法进行处置后，其上 13# 住宅楼(7 层砖混楼房)按原设计进行了施工建设。

在废弃井筒填充处置的施工过程中，必须注意以下几点。

① 应及时记录充填体体积，并与计算体积进行比较，以确保充填的密实程度。

② 充填过程中必须严格遵守相关的施工安全规程规定，应尽量避免人员进入废弃井筒；如不可避免，必须做好相应的安全防范。

③ 充填采用的砾石中的小颗粒含量、颗粒的风化和水解等物理特征应严格控制，以避免在地下水渗流条件下其随水流失。

④ 必须确保充填井筒上方的井盖配筋在上部荷载作用下的稳定性，应根据其上方的建筑荷载进行稳定性校核，同时应留设一定的安全系数。

第五节　徐州贾汪某高层住宅小区浅部多层采空区处置案例

一、项目概况

徐州贾汪某高层住宅小区项目占地面积约 189 亩(1 亩＝666.67 m^2)，总建筑物面积约为 208 644 m^2，项目规划建设 2 栋 17＋1F 住宅楼、7 栋 11F 住宅楼、10 栋 10＋1F 住宅楼、17 栋 4＋1F 住宅楼、5 栋 3F 联体排屋、2 栋 3F 商业建筑物、1 栋 3F 会所和 1 栋 3F 幼儿园，以及规划建设地下车库。

该项目场地位于泉东二号井的矿井边界内，泉东二号井于 1986 年建成投产，根据相关文件可知，该矿井主要开采石炭系的 17 煤、20 煤、21 煤，开拓方式为一立井、一斜井。开采方法大多为走向短壁开采法，顶板管理方法为全垮落；工业广场西南侧局部采用了房柱式方法开采 20 煤，顶板管理方法为自然垮落法。

拟建场地内及附近对拟建场地有影响的 17 煤、20 煤、21 煤的开采范围如图 6-17 所示。

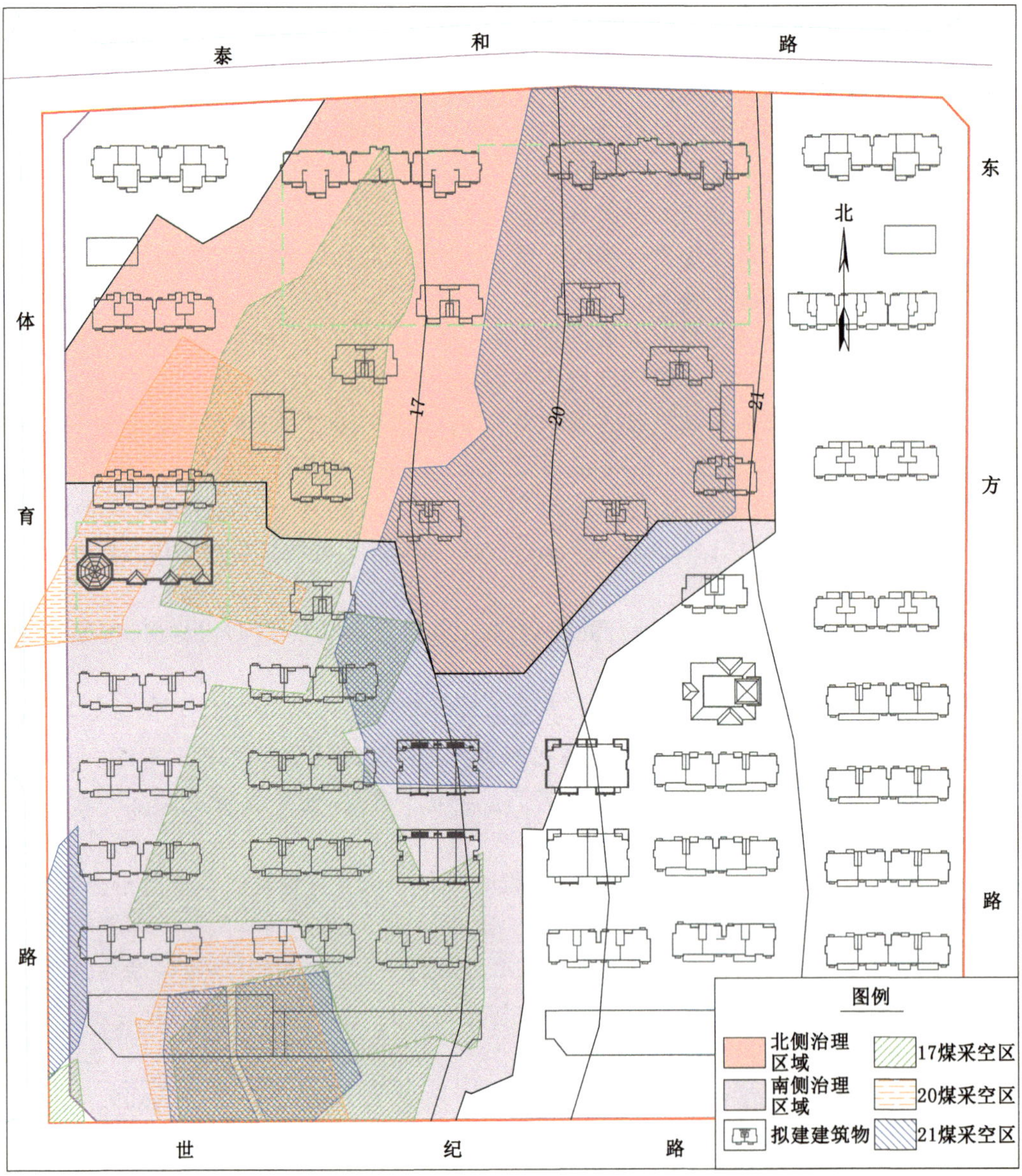

图 6-17 项目场地采空区的分布情况

17 煤的 1701、1702、1704 三个工作面均位于拟建场地内，开采时间为 1986—1996 年，采深一般为 20～57 m，煤厚一般为 0.40～0.75 m。20 煤的 2001、2002 两个工作面均位于拟建场地内，且两个工作面之间的 20 煤也有回采，工业广场西南侧位于 21 层上山和 21 层南下山之间的 20 煤采空区是采用房柱式方法回采形成的，开采时间为 1986—1997 年，采深一般为 28～70 m，煤厚一般为 0.40～0.75 m。21 煤采空区主要分布在拟建场地的东北侧，南侧有局部分布，南侧 21 煤的采空区深度较大，一般为 70～105 m，东北侧的 21 煤开采深度较浅，一般为 20～60 m，21 煤煤厚一般为 0.20～0.75 m。

二、项目区域的工程地质条件

项目场地范围内下伏的基岩地层为石炭系上统太原组，岩性以灰岩、砂岩、页岩、砂页岩夹煤层为主，多被第四系所覆盖。项目场地及附近地层结构见表 6-15。

表 6-15　项目场地及附近地层结构

界	系	统	组	段	厚度/m	岩性描述
新生界	第四系				10.30～13.00	表层为耕土、杂填土，上部为一般黏性土，下部为含砂姜黏土、残积土
上古生界	二叠系	下统	下石盒子组		157～231	岩性为紫红色、灰～深灰色页岩和砂质页岩以及灰～灰白色砂岩。上部为紫红色页岩、砂质页岩、灰～灰白色砂岩。中下部为灰～灰白色砂岩、灰～深灰色页岩、砂质页岩和煤，含煤 3 层，3 煤为主要可采厚煤层
			山西组		95.9～170	由紫红色～杂色页岩、灰～灰黑色页岩、砂质页岩、灰至灰白色砂岩和煤组成，含煤 1～3 层，其中 9 煤局部可采
	石炭系	上统	太原组		104～170	由灰～深灰色灰岩、页岩、砂质页岩、砂岩及煤层组成，含煤 11～12 层，灰岩一般为 13 层，其中 17 煤、20 煤、21 煤为局部可采极薄煤层
		中统	本溪组		32～42	上部为灰白、浅灰、肉红色灰岩，富含燧石结核，夹多层灰色页岩；下部为杂色黏土质页岩、铁铝页岩、铝土页岩，一般呈鲕状结构；底部是紫红色铁质页岩或赤铁矿结核
下古生界	奥陶系	中统	阁庄组		30～90	上部为灰黄色薄、中厚层白云岩；下部为灰紫、紫红色中厚层白云岩夹少量薄层灰岩和白云质灰岩
		下统	马家沟		159～202	上部为紫灰色厚层豹皮状白云质灰岩夹多层灰色薄层灰岩、白云质灰岩；下部为灰、深灰色厚层灰岩
			肖县组	大泉段	60～72	岩性为土黄～灰黄薄-中厚层白云岩、灰质白云岩、泥质白云岩，夹少量灰色薄层灰岩、白云质灰岩
				寨山段	121～363	上部为灰、深灰薄-中厚层状灰岩及白云质灰岩夹少量白云岩；下部为灰、土黄薄-厚层角砾状灰岩，白云质灰岩

三、项目区域的水文地质条件

根据区域的水文地质资料，项目场地所在区域的地下水主要有第四系松散层孔隙水和石炭系太原组碳酸盐岩类裂隙岩溶水两种类型。

第四系松散层厚度为4.7～14.0 m，岩性为黏土、含砂姜黏土，旱季常不含水，雨季含水，富水性较差，单井涌水量一般为10～100 m^3/d。水质主要为矿化度<1 g/L、总硬度<450 mg/L、F含量<1 mg/L的HCO_3·Cl(或HCO_3)-Ca·Na(Ca)型水。地下水类型为潜水型，据邻近场地的钻探揭露，水位埋深在1.6 m左右。

第四系松散层孔隙水主要接受大气降水和侧向基岩裂隙水的越流补给，其埋藏和分布受地形、采空区、河流等因素的控制。第四系潜水的埋藏深度呈季节性变化，汛期水位升高，枯水季节水位下降。第四系孔隙水通过煤系含水层露头直接入渗补给井下。

石炭系太原组溶洞裂隙含水层是本区的主要含水层，太原组含煤地层中夹有13层薄层石灰岩，分层厚0.11～15.46 m不等，根据抽水试验资料，本组13层石灰岩为互不连通的单一含水层(构造带和采空区除外)。岩溶发育规律是：浅部发育，向深部逐渐减弱；褶曲轴部发育；近水平岩层和宽缓的褶曲地区不发育；破裂构造带发育；构造封闭带不发育；三、四、九、十、十二层石灰岩发育。根据收集的水文资料，本组历年平均涌水量为552.12 m^3/h，水化学类型为HCO_3^--Ca^{++}及HCO_3^--K^++Na^+·Ca^{++}，矿化度多大于1 g/L。

裂隙岩溶地下水的补给来源主要是大气降水入渗和上覆孔隙水下渗(或越流)补给，裂隙岩溶水最主要的排泄途径是人工开采和采煤疏干。矿井已经关闭，岩溶地下水已恢复其自然状态。

四、采空区注浆充填处置措施

1. 治理方法

本工程拟采用注浆治理方案，即向采空区注入水泥粉煤灰浆液，充填采空区内的空洞和裂隙。

2. 治理材料

本次注浆所需要的注浆材料主要有水泥、粉煤灰、细石及砂、添加剂等。在本次注浆过程中对不同次序、不同部位的注浆孔应采用不同的浆液配比。为使帷幕迅速形成并发挥作用，在第一次序施工的帷幕孔浆液中应采用水泥含量较高并添加速凝剂的浆液；为使高层住宅部位残留空洞被充分充填，该区域注浆孔浆液应采用水泥含量较高并添加减水剂的浆液，以增加浆液流动性，提高充填率。各注浆孔的浆液配比详见表6-16。

表6-16 各注浆孔材料及浆液配比

批次	注浆材料及浆液配比	说明
帷幕孔	水泥：粉煤灰：添加剂=2：8：0.02；水：固体=1：1～1：1.2	当注浆孔施工掉钻大于1.0 m时，可向孔内注入细石粉煤灰水泥砂浆液，配比为水泥：粉煤灰：粗砂：细石：添加剂=1.5：3.5：2.5：2.5：0.02；水：固体=1：1

表 6-16(续)

批次	注浆材料及浆液配比	说明
高层住宅区域	水泥∶粉煤灰∶添加剂=2∶8∶0.02； 水∶固体=1∶1～1∶1.2	—
多层住宅区域	水泥∶粉煤灰=2∶8； 水∶固体=1∶1～1∶1.2	—

3. 治理工程量布置

针对项目场地的采空区特征及拟建工程分布，该项目治理工程在场地最北侧及西侧及南侧各布置一排帷幕孔，帷幕孔距为 10 m，其余区域均匀布置注浆孔，其中多层建筑区域孔距为 15 m、高层建筑区域孔距为 12 m。帷幕孔孔径为 110 mm、注浆孔孔径为 91 mm。该项目注浆治理工程共布置注浆孔 343 个，总进尺约为 20 984.5 m，注浆量为 20 965 m^3。注浆孔及检测孔布置情况如图 6-18 所示。

4. 治理质量要求

(1) 钻探取芯

检测孔成孔过程中不出现掉钻现象及吸风现象，检测孔注浆段能取出明显注浆充填体。采空区注浆段充填率应不小于 85%。

(2) 注浆结实体强度检测

检测孔内取出的注浆结实体的无侧限抗压强度应大于 2.0 MPa。

(3) 波速测井

在检测孔内进行波速测试，采空区治理后，采空区裂隙带及冒落带横波波速应大于 300 m/s。

五、灌浆工程现场实施

2013 年 4 月至 8 月施工单位完成了该项目的灌浆工程施工，灌浆工程采用地面成孔灌注水泥粉煤灰浆液的施工工艺，成孔设备采用 XY-2 型钻机，帷幕孔成孔直径为 110 mm，其余注浆孔直径为 91 mm。浆液配比为水泥∶粉煤灰=2∶8、水灰比为 1∶1.2，采用二级搅拌制浆、BW250 泵配合法兰盘止浆灌注水泥粉煤灰浆液。该灌浆工程共完成注浆孔 377 个，总进尺为 16 137 m，灌注的水泥粉煤灰浆液为 23 800 m^3。在施工过程中根据现场情况增加了 34 个注浆孔，故进尺减少了约 4 848 m，注浆量增加了 2 835 m^3。注浆工艺流程如图 6-19 所示。

六、灌浆效果检测

2014 年 3 月第三方单位完成了该项目的注浆效果检测。第三方单位采用钻探取芯、波速测试、孔内成像、结实体强度检测等四种方法进行了检测，检测流程及方法如图 6-20 所示。该项目治理效果检测共施工完成了 15 个检测孔(见图 6-18)，总进尺为 506.4 m，然后在这 15 个检测孔中进行钻探取芯、波速测试、孔内成像、结实体强度检测。

① 根据 15 个检测孔的取芯观测结果，各检测孔未发生掉钻现象，无大的空洞裂隙，水泥粉煤灰浆液对采空区的充填效果较好，充填率≥95%，满足规范及设计文件要求。

② 根据点荷载试验结果，结石体的单轴抗压强度的范围为 2.25～4.18 MPa，平均值为 3.36 MPa，满足规范及设计文件要求。

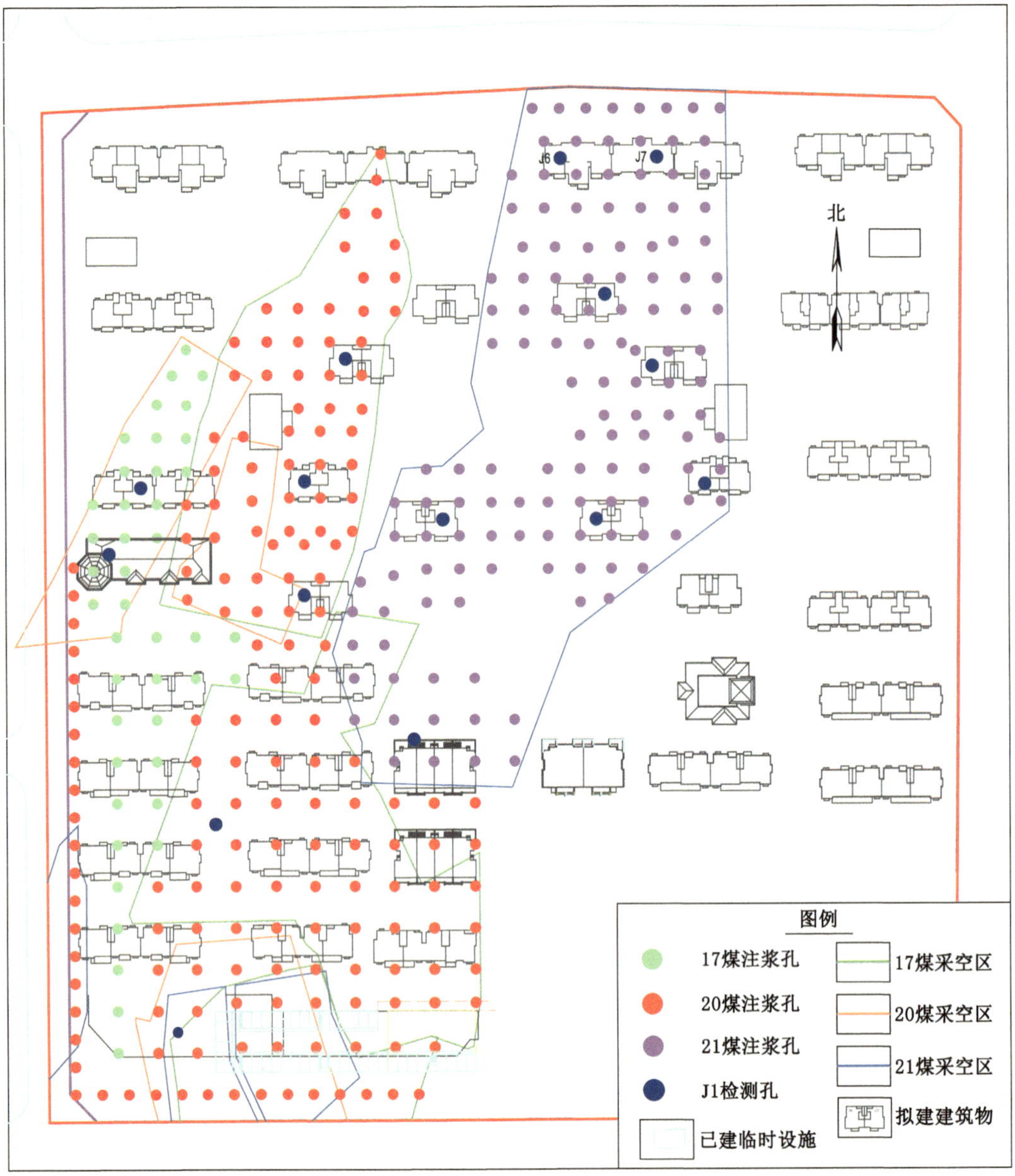

图 6-18 注浆孔及检测孔布置示意图

③ 根据 15 个检测孔的波速实测结果，采空区注浆体的波速为 400～500 m/s，均大于 300 m/s，无波速值较低的软弱段，满足规范及设计文件要求。

④ 本次检测在 15 个检测孔内对注浆段进行连续钻孔成像，根据钻孔成像成果，检测孔垮落带裂隙充填率平均值均大于 95%，满足规范及设计文件要求。

综上所述，钻探、波速测试、钻孔成像、结石体强度检测等综合检测方法的检测结果表明，本场地注浆充填处理效果好，通过注浆处理，已经基本消除了采空区地面塌陷灾害的影响，同时起到了减少采空区地面沉降残余变形的作用；此外，拟建项目的建设场地采空区场地注浆治理工程的工程质量也达到了设计及规范要求。

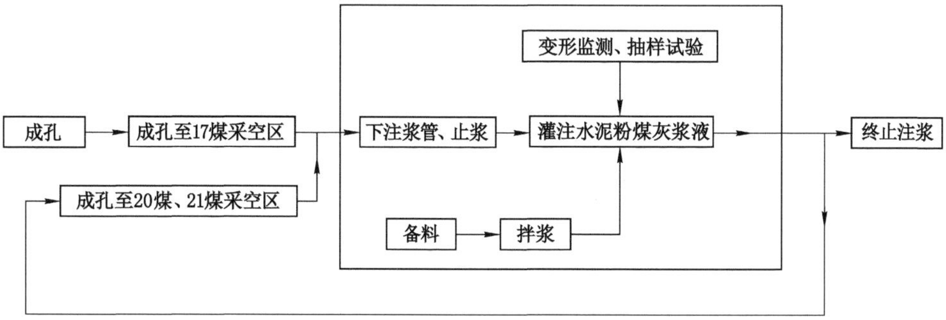

图 6-19　注浆工艺流程

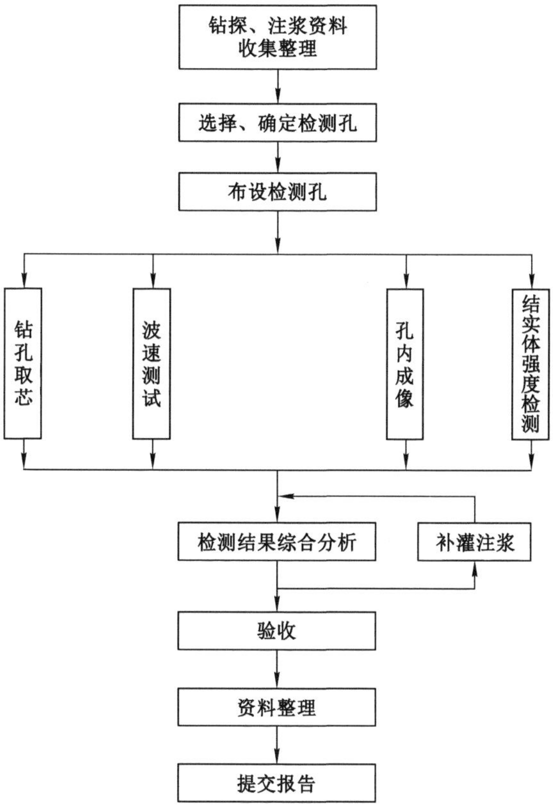

图 6-20　治理效果检测流程

第六节　徐州城区西部某大型社区项目采空区勘察项目多层采空区处置案例

1. 项目概况

徐州城区西部某大型社区项目位于徐州城区西部，总用地面积为 2 563 358 m^2(约 3 845 亩)，初步规划的拟建建筑主要有 4F、11F、18F、24F、34F 住宅(设 1～2 层地下室)

及多层商业建筑。项目场地大部分区域即东南部区域、西北角均无采空区分布,西北部位于某煤矿范围内,区域分布有 2 煤、3 煤、7 煤、9 煤、10 煤、20 煤、21 煤采空区,其中 2 煤、3 煤采空区仅在项目场地中部北侧分布有少量工作面,整个矿界内除工业广场位置外的其他区域的 7 煤全部开采,9 煤、10 煤、20 煤、21 煤仅在矿界内局部区域开采,开采方法主要为走向长壁开采法,局部采用房柱式(穿巷)、条带式开采,顶板管理方法为全部垮落法,开采情况复杂。采空区的详细情况见第二章第四节。

2. 项目区域的工程地质条件

项目场地地表为第四系地层覆盖,厚度约为 50 m,主要为粉土、粉砂土、黏性土,下部为粉质黏土和含砂姜黏土。下伏的基岩地层为奥陶系马家沟组、阁庄组和石炭系太原组、本溪组地层,岩性以灰岩、页岩、砂岩为主,向斜北西翼倾角较缓,为 25°～36°,东南翼地层倾角为 50°～75°。

拟建场地及周边地区的详细地层结构见表 6-17。

3. 项目区域的水文地质条件

与项目场地有关的含水层有第四系孔隙水层、二叠系下石盒子组与山西组砂岩裂隙水层、石炭系太原组灰岩岩溶裂隙水层及奥陶系灰岩岩溶裂隙水层。

(1) 第四系孔隙含水层

第四系松散层厚度为 40～55 m,岩性为粉土、黏土、含砂姜黏土,含浅层孔隙潜水、深部孔隙承压水,q=0.06～0.62 L/(s·m),弱富水性,水位埋深在 2 m 左右。

(2) 二叠系砂岩裂隙含水层

二叠系下石盒子组地层层厚为 164.29～230 m,赋存 6～9 层砂岩,总厚 50 m 左右,砂岩裂隙较发育,q=0.012～1.481 L/(s·m),K=0.014～5.195 m/d,属弱到中等富水性含水层。该组砂岩裂隙水以静储量为主,单点涌水量为 5.0～30 m^3/h,易被疏干。

二叠系山西组地层层厚为 106.2～141.03 m,赋存 4～7 层砂岩,总厚 45 m 左右,裂隙不甚发育,q=0～0.019 5 L/(s·m),K=0～0.440 m/d,为弱富水性含水层,涌水量为 2.0～15.0 m^3/h。

(3) 石炭系太原组灰岩岩溶含水层

石炭系太原组地层层厚为 137.02～166.44 m,共赋存 13 层薄-中厚层灰岩。各层灰岩溶洞裂隙的发育程度及富水性不同,3、4、10、12 层灰岩岩溶发育,水点水量大,1、2、8、11、13 层灰岩岩溶发育差,水点水量小。综合分析 1～6 层、7～9 层、10～13 层(组)的抽水试验可知,q=0.002 6～5.518 L/(s·m),K=0.06～152.0 m/d,属富水性弱-极强含水层。矿井单点涌水量为 15～300 m^3/h,水化学类型为 HCO_3^--Ca^{2+} · Mg^{2+},矿化度为 0.5 g/L,水质良好。

(4) 奥陶系石灰岩岩溶含水层

奥陶系地层层厚约为 560 m,属海相沉积,由薄至中厚层白云岩、厚层灰岩、豹皮状白云岩、角砾状灰岩以及土黄色泥质灰岩组成。其岩溶裂隙发育程度不均,富水性受地形地貌和褶皱断裂的控制,以马家沟组、肖县组岩溶发育,富水性强,q=0.22～27.8 L/s·m,K=0.19～270 m/d,属富水性弱-极强含水层。

表 6-17　拟建场地区域地层结构

界	系	统	组	段	厚度/m	岩性描述
上古生界	二叠系	下统	下石盒子组		164.29～230	浅灰色中、细砂粒砂岩，深灰色砂质页岩、页岩，黑色砂质页岩夹煤层
			山西组		106.20～141.03	浅灰、灰白色中、细砂粒砂岩，深灰色砂质页岩、页岩及煤层（1～3 层）
	石炭系	上统	太原组		137.02～166.44	灰、深灰色薄-中厚层灰岩（13 层），夹灰黑色页岩、砂质页岩，灰绿、浅灰色细、中粒砂岩及煤层（12 层）
		中统	本溪组		38.16	以灰白色中层灰岩为主，夹灰绿色薄层铝土质页岩、暗紫铁红色含铁质页岩
下古生界	奥陶系	中统	阁庄组		79.90	灰黄、浅紫灰色白云岩、钙质白云岩夹白云质灰岩
		下统	马家沟组		78.23～137.51	灰色厚层灰岩、豹皮状灰岩夹钙质白云岩，含遂石结核
			肖县组	上段	55.15～102.96	上部为紫灰、浅灰色薄-中层含钙质白云岩，顶部夹深灰色厚层灰岩，下部为灰、浅紫灰色薄-中层白云岩、含钙质白云岩，夹角砾状白云岩
				下段	77.46～177.97	灰黄、灰紫色、灰色含白云质灰岩，灰色厚层角砾状灰岩，白云质灰岩，浅黄色薄层含泥质灰岩
			贾汪组		5.36～14.82	浅黄、浅紫红色页片状含泥质白云岩，夹钙质页岩；底部含有砾石
			三山子组	上段	1.97～3.56	浅黄、浅紫灰色厚层白云岩，含燧石结核，夹竹叶状白云岩
				下段	11.58～14.81	灰黄、紫灰色薄-中层白云岩，偶夹竹叶状白云岩
	寒武系	上统	凤山组	上段	26.42～61.88	上部：浅黄色薄-中厚层含泥质白云岩；下部：灰黄、土灰色薄-中层白云岩，偶夹竹叶状白云岩
				下段	52.27～70.72	褐灰色中厚层豹皮状白云质灰岩，灰黄色薄、中层条带状灰岩，夹厚层叠层石灰岩
			长山组		36.90～49.21	浅灰、灰黄色厚层鲕状灰岩，薄层灰岩，竹叶状灰岩夹条带状灰岩、泥质灰岩
			崮山组		32.41～61.58	浅灰、灰色薄板状泥质条带状灰岩夹鲕状灰岩、竹叶状灰岩
		中统	张夏组	上段	194.70	上部：灰色厚层鲕状灰岩、豹皮状灰岩；底部：灰色薄板状泥质条带灰岩
				下段	32.81	上部：灰色中厚层鲕、豆状灰岩；下部：灰色厚层鲕状灰岩
			徐庄组		69.91	灰黄色薄层含云母长石石英砂岩，砂质灰岩，紫色含云母粉砂质页岩，厚层豹皮状灰岩，泥质条带状灰岩
			毛庄组		32.95	紫红色砂质页岩，青灰色厚层灰岩
		下统	馒头组	上段	99.14	紫、灰紫色页岩，灰色薄层泥质灰岩，砂质灰岩
				下段	135.03～180.19	深灰色厚层豹皮状灰岩、暗紫红色页岩

4. 补给、通道及径流排泄

(1) 补给

① 各煤系地层砂岩、灰岩含水层的隐伏露头区，与上覆第四系冲积层底板接触，直接接受第四系冲积层孔隙水和间接接受地表水的垂向入渗补给，而孔隙水、地表水都来自大气降水。因此，大气降水是矿井水的主要补给来源。

② 寒武系地层、奥陶系阎庄组和马家沟组地层均分布在开采煤系地层的外缘，含水层中的水可以沿基岩风化带与第四系孔隙水汇集向煤盆地中心侧向越流，或通过煤系地区砂岩、灰岩露头带进行水力均衡后渗透补给，也可沿断层导水通道向矿井越流补给。

(2) 通道

在各煤层开采时，会产生不规则的冒落带、裂隙带作为水力通道，从而沟通了煤层顶板上覆砂岩、灰岩含水层之间的水力联系，进而会导致砂岩水、灰岩水涌（突）入采掘工作面。在各煤层开采时，若影响波及矿井范围内的断裂带、封闭不良钻孔及隐伏的断裂、陷落柱等垂向导水通道，则会沟通太灰、奥灰之间的水力联系，从而有可能引发太灰、奥灰水涌（突）入采掘工作面。

5. 采空区注浆充填处置措施

(1) 治理方法

根据该项目场地的采空区分布特点，并在确保治理效果的前提下综合考虑治理材料的易得性及经济性，确定采用地面成孔灌注水泥粉煤灰浆液的治理方法来治理采空区。

(2) 治理材料

本次注浆所需要的注浆材料主要有水泥、粉煤灰、细石及砂、添加剂等。在本次注浆过程中对不同次序、不同部位的注浆孔应采用不同的注浆材料和浆液配比。各注浆孔的浆液配比详见表 6-18。

表 6-18 各注浆孔材料及浆液配比

<table>
<tr><th rowspan="3">注浆区域</th><th colspan="2" rowspan="2">注浆材料及浆液配比</th><th colspan="2">指标</th><th rowspan="3">说明</th></tr>
<tr><th>单轴抗压强度（不低于）/MPa</th><th rowspan="2">结实率/%</th></tr>
<tr><th>水泥：粉煤灰</th><th>水固比</th><th>28 d</th></tr>
<tr><td>水泥粉煤灰浆液灌注区域</td><td>3：7</td><td>1：1.05～1：1.15</td><td>0.5</td><td>80～85</td><td>施工前应对水泥、粉煤灰按比例配置后的浆液进行性能测试，并进行试注浆，根据测试结果确定最佳配比</td></tr>
<tr><td rowspan="2">空洞大于 1.0 m 的注浆孔</td><td>（水泥：砂）1：1</td><td>1：0.6</td><td>2.5</td><td></td><td>施工前应对水泥、砂浆按比例配置后的浆液进行性能测试，并进行试注浆，根据测试结果确定最佳配比</td></tr>
<tr><td>石子</td><td></td><td></td><td></td><td>如帷幕附近注浆量过大，需要投入石子等骨料</td></tr>
</table>

(3) 治理工程量布置

根据拟建建筑物及周边环境条件，并结合当地治理经验，本次注浆治理主要针对拟建场地下的各煤层采空区。由于拟建场地采空区的开采方式及分布情况复杂，为确保注浆治理效果，本次设计应根据拟建场地采空区的分布特征，确定有针对性的布孔原则，主要分为帷幕区域、缓倾斜长壁采空区域（埋深小于－150 m）、缓倾斜长壁采空区域（埋深大于－150 m）、缓倾斜房柱（穿巷）采空区域、急倾斜采空区域、巷道分布区域、注浆监测孔等7个区域。

① 帷幕区域

为防止对已有建筑物造成影响及防止浆液过多而进入治理区域外的采空区，本次注浆在相应区域应设置帷幕孔，建立帷幕。

本次注浆应沿已有建筑物区域边界布置2排帷幕孔，以阻隔浆液及其排挤的地下水进入已有建筑物场地和防止其沿原有勘探孔、桩基等薄弱点进入已建建筑物下的第四系土层中，进而造成地面隆起、已建建筑物变形甚至破坏等严重后果。已有建筑区域边界帷幕孔排距为2～3 m，单排帷幕孔的间距根据采空区的分布特征分别确定：长壁式缓倾斜采空区域帷幕孔单排孔距为20 m、排距为3 m，房柱式（穿巷）缓倾斜采空区域单排孔距为10 m、排距为2 m。

为防止浆液过多而进入治理区域外的采空区，沿治理区边界应布置一排帷幕孔，长壁式缓倾斜采空区域的帷幕孔间距为10 m，急倾斜采空区域的帷幕孔间距为5 m，同时应对连通治理区域外采空区的巷道布设帷幕孔。

② 缓倾斜长壁采空区域（埋深小于－150 m）

由于缓倾斜长壁采空区域采空区塌落情况较均匀且埋深小于－150 m、采空区埋深较浅，各方向孔隙连通性较均匀，因此注浆孔布置原则为：单排注浆孔间距为20 m，排距为17.3 m，且在该区域均匀布置。

③ 缓倾斜长壁采空区域（埋深大于－150 m）

由于缓倾斜长壁采空区域采空区塌落情况较均匀且埋深大于－150 m、采空区埋深较深，各方向孔隙连通性较均匀，因此注浆孔布置原则为：单排注浆孔间距为25 m，排距为21.7 m，且在该区域均匀布置。

④ 缓倾斜房柱（穿巷）采空区域

由于缓倾斜房柱（穿巷）采空区域的采空区分布不均匀、塌落情况不一，各巷道走向方向的孔隙连通性较好，而巷道间的横向连通性较差，因此注浆孔布置原则为：单排注浆孔间距为25 m，排距为21.7 m，且在该区域均匀布置。

⑤ 急倾斜采空区域

由于急倾斜采空区域的倾角达70°，采空区在倾向方向坡度达2.9 mm/m，因此注浆孔布置应沿走向方向成排布置，排距为6 m，单排孔间距为20～25 m。

⑥ 巷道分布区域

对于巷道密集分布区，注浆孔按照单排注浆孔间距为20 m、排距为17.3 m进行布置，应根据该区域的巷道分布情况尽量均匀布置；对于单一巷道分布区域，按30～56 m设置一个注浆孔，确保注浆孔施工至巷道中进行注浆。

⑦ 注浆监测孔

为在注浆过程中确保已有建筑物场地的安全，应有效监控地下水及浆液运移情况。本次注浆在帷幕孔靠近已有建筑物一侧布置注浆监测孔，共布置 12 个。其中，南侧场地布置 5 个，北侧场地布置 7 个。

全场地共布置帷幕孔及注浆孔 1 360 个，各煤层采空区与注浆孔的平面布置情况如图 6-21 所示，注浆孔的布孔原则见表 6-19。

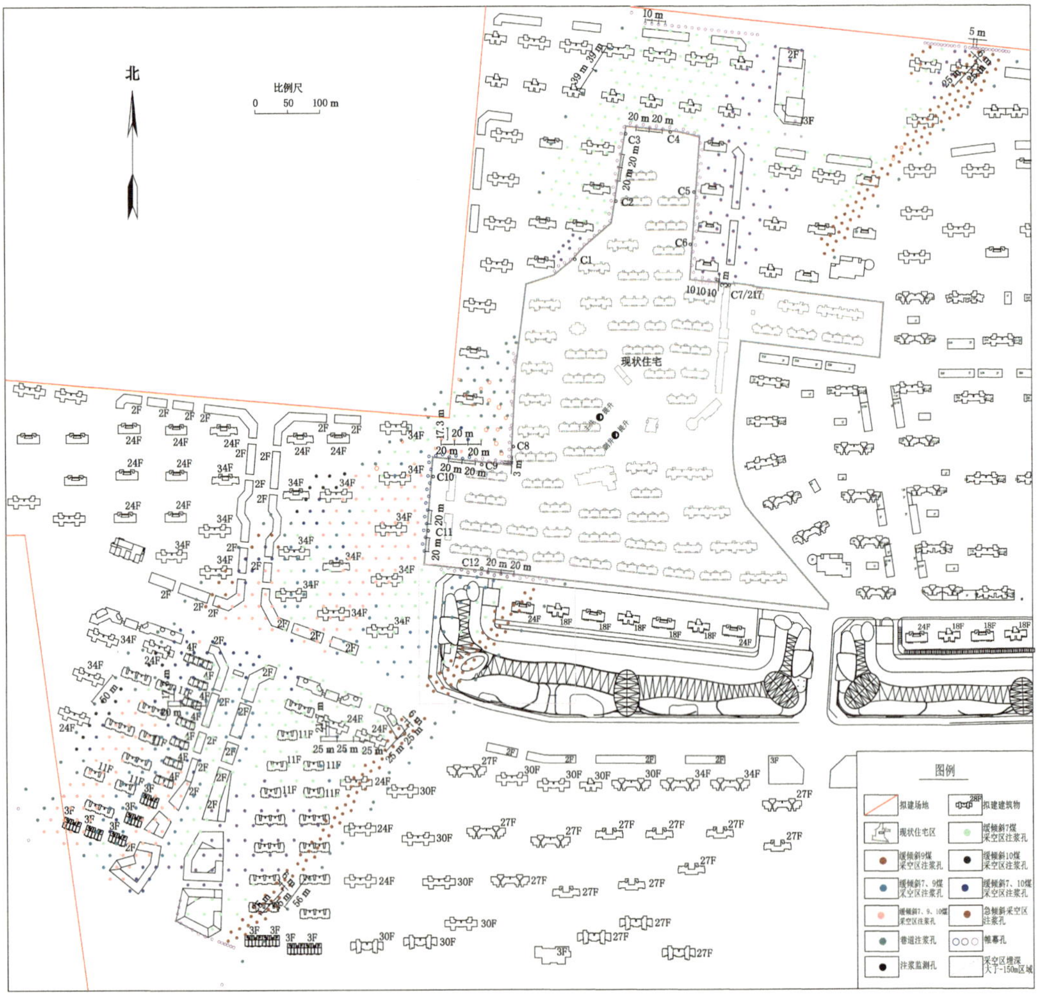

图 6-21 注浆孔的平面位置

(4) 质量要求

① 钻探取芯

设计要求：在检测孔成孔过程中，90%的检测孔不出现掉钻、采空区涌水现象，采空区裂隙充填率大于 90%。

在检测孔施工过程中，在注浆段应采取单动双管取芯、小回次钻进等必要措施，以保证取芯率达到 90%。检测孔在孔内检测工作完成后应视情况进行补充注浆。

② 物探检测

注浆治理前后的物探成果应在采空区区域有明显的水充填与浆液充填的地质特征差异。

表 6-19　注浆孔的布孔原则

注浆孔布置分区	主要治理目标	采空区分布特征	布孔原则		
			排数	排距/m	孔距/m
帷幕区域	建立帷幕，防止浆液进入已建建筑物区域	长壁式缓倾斜采空区域，剩余孔隙率较小，各方向孔隙连通性较均匀	2	3	20
		房柱式（穿巷）缓倾斜采空区域，剩余孔隙率较大，巷道走向方向孔隙连通性较好	2	2	10
	建立帷幕，防止浆液过多而进入治理区域外的采空区	长壁式缓倾斜采空区域，剩余孔隙率较小，各方向孔隙连通性较均匀	1	0	10
		急倾斜采空区域，剩余孔隙率较小，各方向孔隙连通性较均匀、但倾向方向坡度较大	1	0	5
		连通治理区域外采空区的巷道	1		
帷幕区域	监测孔注浆，注浆过程中监测帷幕的有效性	布设于帷幕孔外侧			30～50
缓倾斜长壁采空区域（埋深小于－150 m）	充填采空区剩余空隙	埋深较小，剩余孔隙率较小，各方向孔隙连通性较均匀	根据采空区的分布情况确定	17.3	20
缓倾斜长壁采空区域（埋深大于－150 m）	充填采空区剩余空隙	埋深较大，剩余孔隙率较小，各方向孔隙连通性较均匀		21.7	25
缓倾斜房柱（穿巷）采空区域	充填采空区剩余空隙	剩余孔隙率较大，巷道走向方向孔隙连通性极好		21.7	25
急倾斜采空区域	充填采空区剩余空隙	剩余孔隙率较小，各方向孔隙连通性较均匀，但倾向方向坡度较大		6	20～25
巷道分布区域	充填巷道剩余空隙	剩余孔隙率较大，巷道走向方向孔隙连通性极好			30～56
注浆监测孔	注浆监测		1	0	50～120

③ 注浆结石体强度检测

6 个月后检测孔内取出的注浆结石体应呈固结、坚硬状态且其无侧限抗压强度应大于 0.6 MPa。或在注浆时制作边长为 70.7 mm 的立方体试块，试块的养护条件应与结石体在采空区内的环境相近，在养护 28 d 后测定其天然抗压强度，其无侧限抗压强度应大于 0.6 MPa。

④ 波速测井

在检查孔内注浆段进行波速测试，采空区治理后，注浆段横波波速应大于 300 m/s。

⑤ 钻孔成像

检测成孔过程中 90％的检测孔，孔壁应无明显的未充填的大裂隙及空洞，裂隙充填率应大于 90%。

6. 灌浆工程现场实施

2018 年 3 月至 2019 年 10 月施工单位完成了该项目的灌浆工程施工，灌浆工程采用地面成孔灌注水泥粉煤灰浆液的施工工艺，对于多层采空区，采用自上而下的治理顺序逐层进行成孔灌浆治理(治理流程如图 6-22 所示)，成孔设备采用 XY-2 型及 XY-4 型钻机，帷幕孔成孔直径为 110 mm，其余注浆孔直径为 91 mm。浆液配比为水泥：粉煤灰＝3：7、水灰比为 1：1～1：1.2，采用二级搅拌制浆，BW250 泵、BW600 泵配合止浆塞止浆灌注水泥粉煤灰浆液。该灌浆工程共完成注浆孔 1 360 个，总进尺为 235 276 m，灌注的水泥粉煤灰浆液为 431 733 m^3。在施工过程中根据现场情况进尺增加了 10 749 m，注浆量了增加 3 844 m^3。

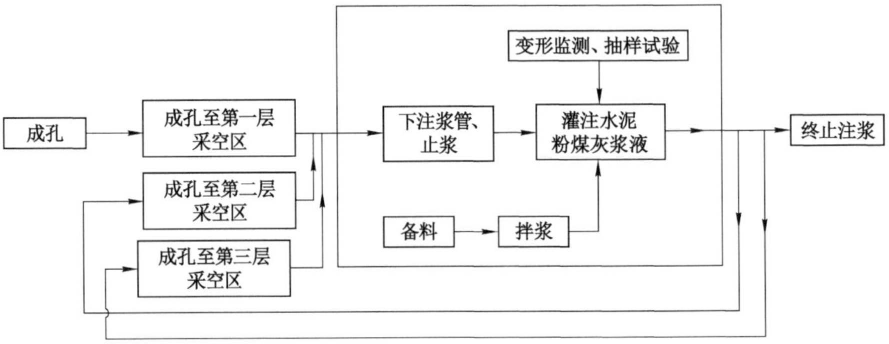

图 6-22 注浆工艺流程

7. 灌浆效果检测

2018 年 11 月—2019 年 7 月第三方单位完成了该项目的注浆效果检测，第三方单位采用钻探取芯、波速测试、孔内成像、结实体强度检测四种方法进行了检测。该项目治理效果检测共施工完成了 43 个检测孔，总进尺为 8 053 m，完成了 9 条瞬变电磁测线，测线总长为 2 050 m，共取结实体试块 254 块，然后在这 43 个检测孔中进行了钻探取芯、波速测试、孔内成像、结实体强度检测及简易注水试验。

① 本次施工的 43 个检测孔钻探进尺总体上较平稳缓慢，在钻探、施工过程中均未见掉钻及采空区涌水现象，采空区被注浆结石体所充填，所取浆液结石体呈短柱状、碎块状，个别部分注浆体岩芯的采取率偏低，但总体而言，采空区在注浆后充填效果较好，不存在未被充填的空洞及较大的裂隙。

② 瞬变电磁测试结果表明，注浆治理后的治理段地层视电阻率变化较大。注浆后高视电阻率分布区域较注浆前明显扩大且分布更加均匀。治理段地层注浆前、后视电阻率的变化说明，该范围地层内的采空区及裂隙发育区的注浆效果较好。

③ 对所取的 254 件水泥-粉煤灰结石体进行力学强度试验，发现其天然单轴抗压强度的范围为 0.61～0.98 MPa，均大于设计要求，满足设计文件的要求。

④ 根据波速实测结果，采空区注浆体的波速为 304～696 m/s，均大于 300 m/s，无波速值较低的软弱段，满足设计要求。

⑤ 根据观测的检测孔漏水情况，注浆后的漏水孔数量较注浆前明显减少，且注浆后以短暂漏水和少量漏水为主，漏水量较小。根据现场注水试验，本区采空区注浆属弱透水性。

⑥ 根据 43 个检测孔的成像成果，各检测孔注浆段孔壁完整、无明显的未充填裂隙，充填率较高且均大于 90%，因此注浆对空洞、裂隙的充填效果明显。

综上所述，钻探、瞬变电磁测试、波速测试、注水试验、钻孔成像、结石体强度检测等综合检测方法的检测结果表明，通过注浆处理，已经基本消除了采空区地面塌陷灾害的影响，同时起到了减少采空区地面沉降残余变形的作用；此外，该项目煤矿采空区场地注浆治理工程的工程质量也达到了设计要求。

第七章　采空区场地建筑结构抗变形技术

在采空区场地拟建工业厂房和多层框架结构建筑物、桥梁及高压线塔等建(构)筑物,由于新建的建(构)筑物将受残余地表变形和老采空区活化的影响,对在采空区场地建设的建(构)筑物进行抗变形设计至关重要。通过地基处理可以有效减小地表变形,选择合适的基础形式可以有效抵抗地表变形对建筑物的影响,再结合受力和变形的特点对建(构)筑物的上部结构进行抗变形设计。本章针对常用的建筑物结构形式如多层框架结构和大跨度厂房结构等进行抗变形设计。地表不均匀沉降时,设计了框架结构自适应变形装置,并对其进行试验研究和分析,形成了采空区建筑物自适应不均匀沉降抗变形技术。最后通过采空区建筑物、桥梁(铁路桥、公路桥、铁路和公路两用桥)及高压输电线塔等工程实例说明抗变形设计的效果。

第一节　概　　述

地下煤炭开采结束以后,地表不再继续下沉与移动,其变形也不再变化,此时采空区处于稳定状态。如果不在此采空区进行大规模工程建设,其他外因也未变化,地表将保持这种稳定状态。但是在自然力或外力扰动时,如新加建筑荷载、地震等,可能会打破地表岩层中原有的应力相对平衡状态,采空区将产生二次移动。因此针对煤矿采空区具体情况,预计地表残余变形,当残余变形比较均匀、平缓时,建筑物应采取抗变形结构保护措施;当残余变形剧烈,对建筑物危害大时,还应采取地下采空区处理技术措施。

在采空区建造抗变形建筑以及对既有建筑进行保护是实现采空区土地资源利用的重要技术。针对采空区建筑结构抗变形性能以及保护措施的研究和实践应用,一方面,能够实现土地资源节约、集约利用,提高土地资源利用效率,具有长期和丰厚的经济效益;另一方面,能有效缓解人地矛盾、矿农矛盾、矿城矛盾等一系列社会矛盾,有助于实现社会经济可持续发展,具有长远的社会效益。

第二节　采空区多层框架结构建筑抗变形技术

一、地基及基础的处理

对于倾斜变形、曲率变形较大的区域,应对地基加以处理。对于基础软的地基,可使基础切入地基量增大,从而减小建筑物倾斜变形,同时,松软地基也有利于减小建筑物曲率变形。在压缩变形较大的区域,深于基础的变形补偿沟作用明显,一般可吸收建筑物所在处压缩量的80%。在地基系数小的地区,建筑物在受采动影响时基础不断向地基内切入,存在不断局部压实地基的过程,这使得承受垂直压力的滑动层沿水平方向的滑动变得困难,因此在该地区设置基础滑动层的效果将很不明显；而在地基系数较大区域，滑动层将起到减小建筑物水平变形、曲率变形的作用。

基础抗变形能力对建筑物整体抗变形能力有着至关重要的影响，抗变形能力强的基础既可以抵抗地表的不均匀沉降，又可以减小不均匀沉降对上部结构的不利影响。设计好基础，是抗变形建筑设计的关键。采空区上部建筑物的基础最好采用抗变形整体基础的设计。整体基础具有强度高、刚度大的特点，这些基础对建筑物抵抗地表变形比较有利。在一般建筑物中，基础形式由地基承载力、上部荷载和上部结构形式等决定。而对于采空区抗变形建筑物来说，其基础形式的选择必须在考虑上述因素的同时考虑地表残余变形的不利影响。

采空区抗变形基础的形式主要有以下几种：

① 当地表残余不均匀沉降相对较大时，独立基础加地梁是无法满足抵抗地表不均匀沉降的要求的，应改用柱下条形基础或柱下十字交叉条形基础。这种基础整体性好，抵抗地表不均匀沉降的能力较强，且能承受较大的上部荷载，因而适用于建在不均匀沉降相对较大的区域，作为大型工业建筑物的基础。

② 与条形基础相比，筏板基础整体性好，抗变形能力强，其基底曲率、不均匀沉降以及基础的正应力都有不同程度的减少。因此，筏板基础是在采空区上方建设建筑物时较常见的基础形式。尤其是在浅部老采空区上方破碎地基的承载力降低时，应优先选用这种形式的基础。

③ 对于地下开采煤层多、开采厚度大的浅部采动破碎地基地区，可以采用箱形基础。箱形基础的整体刚度大，整体性好，抵抗地表不均匀沉降的能力强，同时又可以将上部结构荷载有效地扩散传给地基。

④ 当建筑物上部荷载较大，且由于地下浅部开采，适合作持力层的地层埋藏又较深，用天然浅基础或仅用简单的人工地基加固仍不能满足要求时，可以采用桩基础，桩基础必须穿过采空区，将上部荷载传递到采空区以下的持力层。

采空区新建框架结构建筑物宜采用条形基础或筏板基础等整体性强、承载力高的基础形式，而不应采用单独基础，如采用单独基础，必须经过抗变形计算并采用抗变形措施。适当增加基础梁高和板厚、基础尽可能浅埋或采用无埋式、基底铺设砂垫层等均能明显有效地降低采动对上部结构的影响。当地表水平剪切变形和扭曲变形较大时，选用中间和底部铺设砂垫层的双板基础效果比较好。另外，采空区基础不宜采用单桩基础，因单桩可能遭受较大的侧向附加弯矩和剪力而断裂。

二、框架结构抗变形设计

从经济、施工和结构刚度多方面考虑，现在多层建筑物的结构形式多选用框架结构。在采空区上方采用这种结构，由于基础和上部结构刚度的相互作用，一方面能抑制部分基础位移和变形，使基础位移和变形远远小于地表移动变形值；另一方面又使基础将地表移动变形产生的附加影响传递给上部结构。对框架结构而言，开采造成的附加影响表现在框架附加内力和附加变形两方面。多层框架的附加变形除底部一、二层外，以上各层呈现相似性，附加变形可能使框架各构件的挠度超出正常使用极限。以单独基础为例，无论哪一种地表移动变形项引起的附加内力，虽然侧重点不同，但都主要集中于框架底部一、二层梁柱上，且其量值相当大，往往达常规（恒载＋活载）下框架原始内力的几倍。特别是底层梁端部支座处弯矩不仅数值大，而且随开采的推进而发生方向变化。底柱也易因附加轴力过大而出现超筋。因此，在受地表变形影响的区域，按常规荷载常规方法设计的框架，其底部梁柱显然是不安全的。而在采空区建框架结构的建筑物，必须在充分预计地表移动变形的基础上，结合其附加受力和变形的特点，进行特殊的抗变形设计。

1. 采用适当的建筑物平面形式

在可能存在较大残余沉降和变形的采空区上新建建筑物应力求体型简洁，平面形式以圆形、矩形或方形等规则平面为宜，且各个部分高度宜相同。

2. 合理布置建筑物的走向

框架结构建筑物一般沿短轴方向布置框架平面，长轴方向为联系梁方向。为减少双向地表变形使房屋遭受的剪切和扭曲，建筑物走向应避免与盆地两主断面轴斜交。为充分发挥框架平面内的抗变形能力，当位于盆地边缘时，建筑物短轴宜与盆地长主断面轴重合；当位于盆地中央区时，建筑物长轴宜与盆地长主断面轴重合。

3. 控制建筑物长高比

长高比大的建筑物平面内纵向刚度小，因连系梁的刚度较小，建筑物易在遭受垂直于框架平面方向的地表曲率和水平变形作用下发生框架平面外破坏。因此，采空区建筑物长高比限值应小于同类结构的常规限值。采空区框架结构建筑物长高比建议不大于 2.0～2.5。

4. 楼屋盖做法

采空区框架结构建筑物的楼屋盖最好采用预应力钢筋混凝土整体现浇式，如井式、密肋式，也可采用大型预制板装配式。屋盖部分还可采用薄壳等轻型结构。当采用装配式楼屋盖时，为增加其整体性，板缝和板面做法可依照有关抗震结构措施予以加强。另外，屋盖不得采用拱结构，以免拱产生的横向推力与地表移动变形影响相叠加而加重损害。

5. 框架截面和配筋

框架抗变形设计应遵循强柱弱梁的原则。为增加刚度，梁柱截面尺寸建议按常规构造要求取上限或略大，底柱截面尺寸宜再适当加大。梁柱节点处可设梁腋加强。框架配筋应按采动全过程中附加内力与原始内力的最不利组合进行计算。底层柱纵筋按允许最大配筋率（3％～5％）配置，箍筋直径不宜小于 8 mm，焊成封闭环式以防止纵筋压屈，保证柱承载力得以充分发挥。与常规设计相比，底层梁支座截面处同时应加大上、下部纵筋面积（增加 20％以上），跨中部位着重增加下部纵筋量（30％以上）。顶层梁虽受附加内力较小，但附加变形大，且与柱节点处约束较下层少，为保证有效传力，亦应予以加强。框架各梁柱的具体配筋量还应根据最不利内力组合进行详细验算。

6. 联系梁

抗变形建筑物各榀框架间宜设置封闭且贯通的纵向联系梁，且联系梁的截面与配筋宜较常规设计值适量加大，以增强建筑物的纵向刚度。亦可布置成双向框架形式，以获得良好的空间刚度，抵抗双向采动变形的损害。必要时，也可将某相邻两榀框架间的全部联系梁与框架的连接改为铰接，以适应纵向不均匀沉降。

7. 其他

对于抗变形框架结构建筑物，楼梯建议采用整体现浇的钢筋混凝土梁式或板式楼梯。

最好不设地下室，以避免地表变形时土体挤压使地下室外墙受土压力过大。另外，梁柱和基础混凝土强度等级宜较常规适当提高，建议不低于C25。钢筋采用延性较好的热轧钢。

抗变形框架结构建筑物宜采用轻质填充墙及围护墙，以整体性好的轻质墙板为好。为防止地表变形时脱落，外墙饰面建议不要采用以砂浆为黏结剂的瓷砖、马赛克等，而采用附着性好的外墙涂料等。建筑物地面最易受地表变形影响而开裂变形，故宜采用预制的混凝土或钢丝网混凝土块铺设，而不宜采用整体现浇式地面。另外，女儿墙、高门脸及其他易脱落的装饰均不宜设置。

第三节　采空区大跨度厂房结构抗变形技术

随着科技的进步，在矿区的采空区建立煤炭加工企业既实现了对采空区土地的合理利用，又提高了矿山企业的经济效益。而且城市土地资源非常紧张，矿区沉陷土地应作为建筑用地的一个重要来源。

原采空区厂房结构设计一般为小型静定结构厂房，但是随着经济的发展，在采空区建设大型工业厂房的需求越来越多，要求建成大跨度结构。在采空区建设大型工业厂房往往需要跨度大且配有大吨位吊车及其他重型设备等，从而给工程建设带来了极大的困难。采空区的地表残余变形可能对厂房造成的损害主要有：① 建筑物基础的损害与破坏；② 大型工业厂房或建筑物主体结构的损害与破坏；③ 主体工业设备、工艺流程线、桥式起重机等的损害与破坏。

在采空区建设大跨度厂房，首先确定大跨度结构的厂房整体应与采空区变形相适应，而且每个结构单元应具有足够的抗变形能力。不同于小型厂房的静定结构，一般选择超静定结构建设大跨度工业厂房。设计时，为提高建筑物抵抗地表变形正曲率、拉伸变形、压缩变形、剪切和扭曲变形能力，一般要采取抗变形结构计算和抗变形构造措施。夏军武等根据老采空区地表移动变形规律，利用ANSYS软件模拟分析老采空区活化引起的地表变形对门式刚架结构产生的影响，研究了地表变形作用下门式刚架结构整体变形的特点及其不同部位产生的附加内力情况，提出了门式刚架结构整体抗变形的加固措施。

1. 采空区大跨度厂房的基础设计

煤层开采后，上覆岩层形成垮落带、断裂带和弯曲带。如果新建建筑的影响深度触及开采形成的垮落带、断裂带，就会破坏已经形成的平衡状态，使稳定地表重新沉降。可见，采空区岩层的复杂性，使地基具有相对的不稳定性，而且建设厂房的跨度较大时受地表不均匀沉降的影响更大。因此建筑地基形式的选取、是否需要处理、如何处理等都需要认真研究和设计。

(1) 认真分析和正确使用地质勘查报告

要对地质报告提供的数据及土层分布图认真分析，仔细推敲，注意所提供的各项物理力学指标的正确性，注意土层变化的规律和趋势，分析地基加固方案及基础方案是否合理，客观、正确地使用地质勘查报告。

(2) 设计确定地基基础方案

要依据大跨度厂房的结构特征、传至基础荷载的差异、采空区地质特性等要素设计确定地基基础方案。考虑大跨度车间柱网大、结构传力大和采空区地基较复杂的特点，设计时可以采取不同的基础形式来满足不同的地基承载力和沉降的要求。

(3) 合理控制基础沉降量和差异沉降量

采空区建筑地基工程事故大部分是由沉降量或沉降差过大所造成的，特别是不均匀沉降对建筑物的危害更大。地基设计除了要进行承载力计算之外，还应进行沉降计算。需注意的是，计算沉降的荷载只考虑静荷载及准永久荷载，而不考虑风荷载、吊车荷载和地震等瞬间荷载。仔细分析地质资料，当预计沉降量不大时，可以在基础顶部设计现浇钢筋混凝土连续梁，提高建筑物整体刚度，这样有利于调节基础的不均匀沉降。当预计沉降量较大时，需设置变形缓冲沟等抗变形设施。

(4) 尽可能提高基础的强度和刚度

比如采用柱下十字交叉钢筋混凝土条形基础，此类型基础刚度强，整体性好，对不均匀沉降或振动敏感的地基比较适合。所有基础梁的梁底标高应设置在同一水平上。基础梁可以在转角处、丁字连接处、十字交叉处设置三角形梁腋进行加强，锚固长度按拉筋考虑。

此外，应该在满足承载力的前提下，使基础尽可能浅埋，而且要进行地基处理以增加地基承载力，减小地基沉降。为了确保建筑物正常安全使用，必须对部分不稳定的采空区进行充填注浆加固处理。可以根据地表残余沉陷变形计算结果、地基稳定性评价结果和建筑物的平面规划布置位置及其重要程度，最终确定采空区需进行充填注浆加固处理的范围。对于需要注浆的采空区，应先进行采空区充填注浆加固处理设计，然后根据设计组织施工，待采空区充填注浆加固处理施工完毕 3～6 个月后，方可在地面新建建筑物。

2. 采空区大跨度厂房的结构体系

随着我国经济的快速发展，工业厂房的需求不断增大，人们对厂房高度和跨度的要求越来越高。在采空区新建厂房，也多是利用煤矸石发电的电厂，利用粉煤灰、煤矸石制作建筑材料或者建造其他功能的工业工厂，大多要求兴建大跨度的工业厂房。而采空区对新建大跨度工业厂房的危害，主要是在相当长一段时间内，地表仍有残余下沉量；地基不稳定、地下水位的变化等，都可能造成地表再次发生不均匀沉降，对工业厂房的不利影响极大。如果工业厂房超长且作为一个整体，受不均匀沉降的影响更大，其结构体系必须选择抗变形能力强的结构形式。

砖石砌体承重结构和钢筋混凝土框架结构以及对基础不均匀沉降反应敏感的结构是敏感性结构。这类结构对不均匀沉降的敏感性是由结构形式以及建筑材料的强度两个因素所控制的。地面不均匀沉降一般会引起砖混结构的单层厂房柱产生横向裂缝，而钢筋混凝土结构厂房的裂缝较多出现在厂房下部。特别是大跨度厂房结构因其跨度较大，更容易受到地表不均匀沉降的影响，在不均匀沉降较大处产生裂缝。

钢结构较之使用其他材料的结构具有优越的抗变形性能。举例来说，相对钢材，混凝土的抗拉和抗剪强度均较低，延性也较差，且混凝土构件开裂之后的承载力和变形能力将迅速降低，而钢材基本上属于各向同性材料，抗拉抗压和抗剪强度均很高，重要的是钢结构具有良好的延性，属于较理想的弹塑性结构，具有较强的抵抗变形能力。

对大跨度结构厂房，常规设计会采用钢筋混凝土结构、预应力混凝土结构或者采用网架(网壳)结构形式。但是钢筋混凝土结构施工周期长，工程量大，在地表变形影响下易产生裂缝；而网架结构的内力对支座沉降和温度变化较为敏感，制作和安装精度要求又较高，工程质量难以保证；预应力结构抗变形能力尤其差，在地表变形作用下，无论是施工阶段还是使用阶段，都极易产生应力松弛，从而使内力重新分布，对整体结构安全影响较大。

轻钢门式刚架结构能有效利用材料，构件尺寸小，质量轻，而且可以在工厂批量生产，能保证质量，工地连接简便迅速，施工周期短。正由于这些特点，其广泛应用在一般工业建筑中，其优越性和经济效益是不言而喻的。而随着设计技术、制作安装技术的日益提高，越来越多的大空间建筑采用轻钢门式刚架结构，而且经济效益十分显著。中国矿业大学的夏军武等(夏军武 等，2004)对轻钢门式刚架结构抗地表变形的研究表明：① 对于由支撑连杆连接起来的轻钢门式刚架结构，地表变形对支撑系统引起的附加内力很小。如果忽略支撑的小内力的影响，在分析门式刚架轻钢厂房采动影响时完全可将其化为平面结构来分析，从而将问题简化。② 当工作面推进方向与厂房纵向平行，即开采方向与门架垂直时，引起的门架附加弯矩很小。屋面交叉支撑拉杆内力几乎为零，刚性连杆由于不均匀沉降所引起的柱间支撑拉扯使连杆间产生了拉压，但产生的附加轴力很小。不需采取任何特殊措施，结构就可抵抗地表采动变形。③ 门式刚架柱底采用铰接时，采动引起门架内力大幅度下降。因此，柱底采取铰接的连接方式是减轻采动影响的有效手段，但此时柱顶侧移较大。柱底采用可变铰支座(图 7-1)可以解决这个矛盾，在地表变形时，剔除地脚垫铁和柱脚下混凝土二次浇灌层，可以通过调节柱脚螺栓使柱根处能够转动。待采空区的大部分地表变形消除后，再将柱脚转动约束住，使其变为刚接。这种支座还可消除由采动所引起的水平错动和不均匀沉降，是一种既经济又有效的抗采动措施。

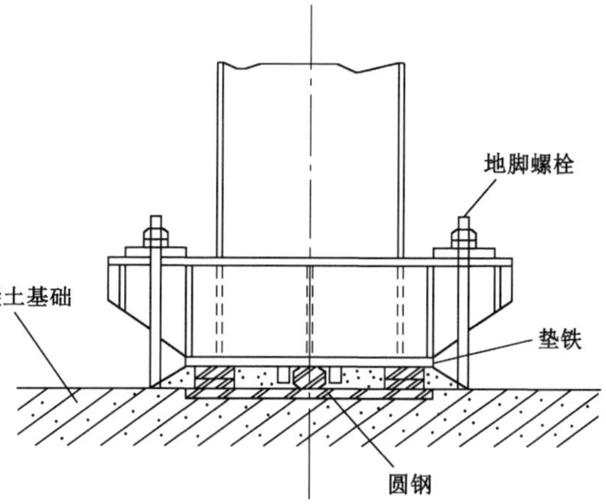

图 7-1　可变铰支座示意图

3. 采空区大跨度厂房的抗变形措施

在采空区上方建大型工业建筑物后，在附加荷载和其他地质因素作用下采空区将产生沉降和变形。即使对地下采空区和采动破碎基岩采取了一定加固处理措施，地表仍有一定的残余变形产生，从而对建筑物产生不良影响，甚至造成破坏。特别是大跨度结构作为一个整体，受地表变形的影响尤其大。因此，必须在建筑物中采取适当的抗变形措施。这些抗变形措施主要包括以下 5 种。

(1) 变形缝

这是抗变形建筑物采取的基本措施之一。其基本方法是通过设置变形缝，将建筑物分成若干个彼此互不关联、长度较小、自成变形体系的独立单元，从而减小地基反力的不均匀性，增强建筑物抵抗地表变形的能力。变形缝必须从基础开始向上设置成一条通缝。变形缝一般设置于下列部位：

① 建筑物平面形状不规则时，在转折部位设置；

② 建筑物高低相差悬殊时，在高低变化处设置；

③ 建筑物荷载相差悬殊时，在荷载变化处设置；

④ 分期建设的建筑物，在交接部位设置；

⑤ 对于过长的建筑物，砖混结构可以每隔 20 m 左右设置，钢结构或钢筋混凝土框架结构可以每隔 40～50 m 设置。

(2) 变形沟

这是抗变形建筑物采取的又一种基本措施。这种方法是在位于地表压应变地区的建筑物的四周挖沟，将建筑物与四周地表分开，然后在沟中填满可压缩的材料，使得建筑物免受由地表压缩变形而产生的侧推力的影响。

(3) 采用千斤顶系统

在建筑物基础下设置千斤顶，各千斤顶与中心控制系统相连，在地表变形期间，千斤顶可以随地表的变形而自动进行调整，从而使建筑物免受地表不均匀沉降的影响。

(4) 抗变形整体基础

整体基础具有强度高、刚度大的特点，这些基础对建筑物抵抗地表变形比较有利。在一般建筑物中，基础形式由地基承载力、上部荷载和上部结构形式等因素确定。而对于抗变形建筑物来讲，其基础形式的选择必须在考虑上述因素的同时考虑地表变形的不利影响，此时可以将基础做成箱形、筏形、柱下十字交叉条形等整体性好的形式。

(5) 提高结构的刚度和强度

为了提高建筑物抵抗地表各种变形的能力，可以选用结构刚度和强度较好的结构形式，也可以采用提高结构的刚度和强度的构造措施，主要包括：钢筋混凝土结构厂房可以增加结构受力构件的有效截面积和配筋量；砖混结构厂房可以加设钢筋混凝土圈梁和构造柱；钢结构厂房可以设置水平支撑和竖向支撑。

第四节 采空区自适应不均匀沉降抗变形技术

对采动区的建筑物保护措施，无论是事后加固措施还是事前考虑的保护措施，都有一些行之有效的方法。但现行保护措施不能够完全解决地表变形对建筑物的损害问题，并且存在经济上不合理或者施工上不便利等问题，特别是现阶段还没有行之有效的减小不均匀沉降的措施。研究表明，地表不均匀沉降是引起框架结构附加内力和附加变形增大的重要原因，如果能消除框架结构的不均匀沉降，即可显著改善结构的抗变形能力。为此，基于采空区框架结构抗变形机理，提出了框架结构自适应不均匀沉降变形的方法，发明了自适应不均匀沉降变形的支座装置，对支座装置进行了构造设计和力学性能试验，并进行了框架结构自适应变形的试验研究和分析。

一、自适应变形支座装置设计

经过多种方案设计，不断改进优化，最终研发出自适应不均匀沉降变形的支座装置。

该支座装置主要由上连接筒、支撑杆、圆环板托架、连杆、拉伸弹簧、弹簧调节螺栓和拉销、圆台底座等部分构成，如图 7-2 所示。初始安装时，将拉簧预拉，支撑杆设置在底座底层随机构运动，底座和基础固接，上支撑筒和柱脚用螺栓连接。底座感应到地表变形的时候，和上部结构脱开，拉簧的变形恢复力带动圆环板托架向上运动，托架带动连杆运动，连杆推动支撑杆克服和圆环台座齿面间的摩擦力，既可以实现向上伸长，又可以保证支座上部结构的稳定性。完成竖向伸长后，上部结构的重力荷载由支撑杆承担。该支座装置结构相对较合理，装配简单，且受力明确，能够实现所需功能。

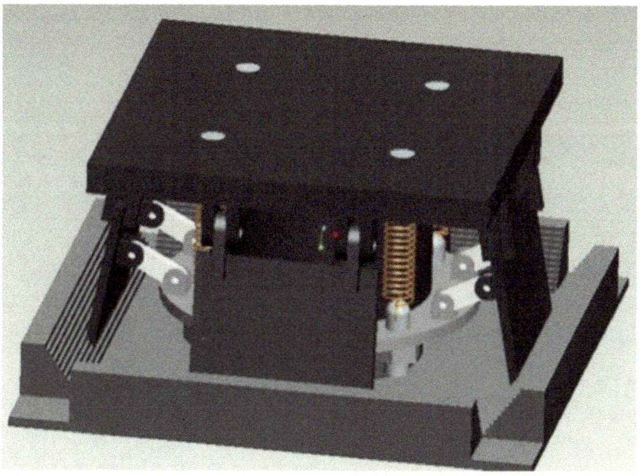

图 7-2　自适应不均匀沉降支座装置图

二、自适应不均匀沉降支座力学性能物理试验

1. 轴心受压试验

支座轴心受压试验在中国矿业大学建筑结构与材料实验室电液伺服万能试验机上进行。电液伺服系统能够控制加载速率，使试验所得数据更精确。试验原理如图 7-3 所示，通过受力分析可知，支座竖向荷载的传递机理是上部荷载通过板盖间高强连接螺栓传递至 4 个活动支撑板，支撑板传递至阶梯形台座，台座传递至底座，底座传递至基础。选取支座工作状态中伸长机构的任一位置进行加载，需要先调节支座支撑板使其进入工作状态，而后进行加载，加载速率通过电液伺服机万能试验中设置的位移控制选项得到，保持 0.02 mm/s 的加载速率进行加载，同时通过数据采集仪进行数据采集。首先进行的是前期试加载试验，加载至支座工作荷载的安全倍数即可，待框架变形试验完成后，再进行后期支座承载力极限试验。试验现场如图 7-4 所示。

2. 试验结果分析

(1) 支座前期加载试验

绘制了支座装置在轴向压力作用下的荷载-应变曲线，如图 7-5 所示。由图中可以看出，支座装置在上部荷载达到 400 kN 左右时，仍然处于弹性状态，通过计算分析可知试验中的框架自重和模拟的上部固定荷载，三个支座承受的重力总和不到 4 kN。所以，经过前期试加载可知，支座完全可以在框架抗地表变形中使用，其承载力、刚度、稳定性等性能完全符合要求。

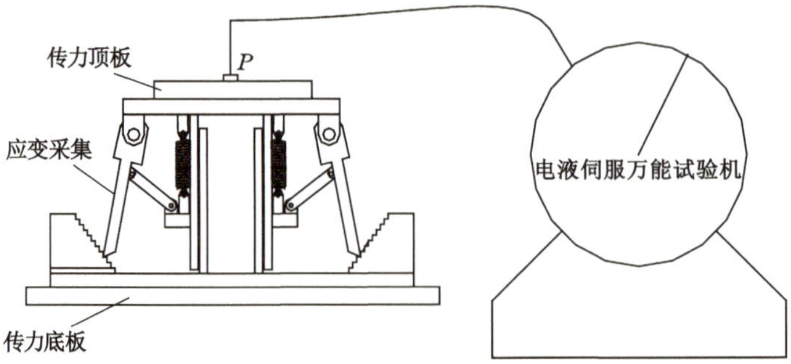

图 7-3 轴心受压试验示意图

图 7-4 轴向受压试验现场图

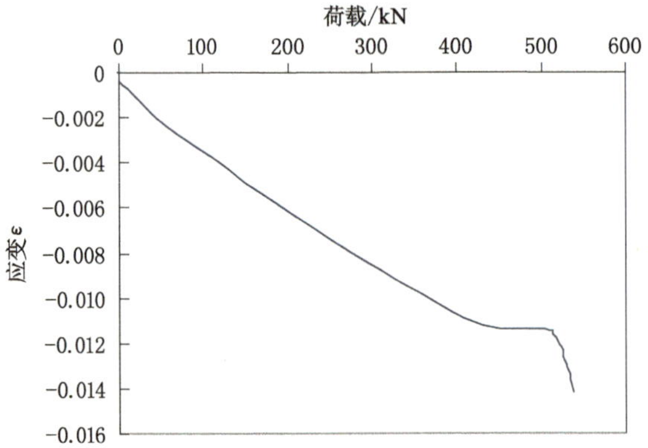

图 7-5 支座轴向荷载-应变曲线图

(2) 支座后期破坏加载试验

后期破坏加载试验在支座处于框架抗地表变形试验结束后进行，因为在模拟抗地表变形中支座由机械运动实现伸长，各构件完全处于弹性状态，试验结束后，支座性能并不受影响，可以反复使用。

对支座进行轴压加载试验，荷载随时间变化曲线如图 7-6 所示，荷载-应变曲线如图 7-7 所示，支座破坏情况如图 7-8 所示。从支座装置轴向受压的荷载-时间曲线和荷载-应变曲线图中可以看出，轴压荷载在 778 kN（图 7-7）之前装置应变一直保持线性增长趋势，而在 778 kN 这一临界点，应变突然回落，达到屈服，同时支座 4 个支撑板出现不同程度的屈曲。

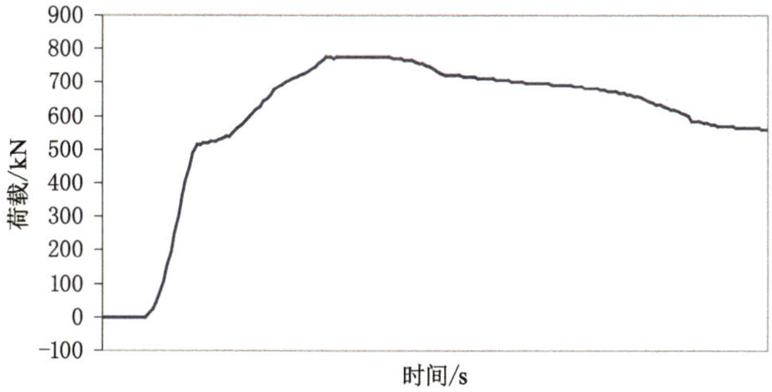

图 7-6 支座后期轴压荷载-时间曲线图

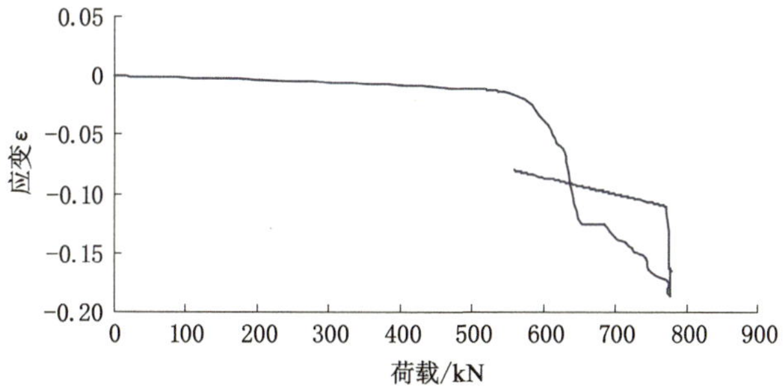

图 7-7 支座后期破坏轴压荷载-应变曲线示意图

(a) 支座初始状态图

(b) 支座破坏图

图 7-8 支座破坏状态图

三、钢框架不均匀沉降对比试验

自适应变形支座装置的主要功能是能够自适应基础不均匀下沉，实现自适应变形支座自伸长，以保证上部结构不受或少受地表不均匀沉降影响。为了验证其竖向自伸长性能并研究该支座装置对钢框架结构自适应抗地表变形的具体作用效果，取一榀两跨的缩比钢框架，将支座安装在钢框架柱脚与基础之间进行试验研究，对地表变形不均匀沉降下自适应变形支座性能进行研究，分析上部结构附加内力和变形的变化规律。

试验根据实际一榀钢框架结构的底层尺寸进行缩比，对其施加不均匀沉降。在相同的框架的柱脚底部安装自适应变形支座装置，对其施加相同的不均匀沉降。试验试件尺寸如表 7-1 所示。试验均在中国矿业大学结构试验室完成。

表 7-1 试验试件尺寸

跨度/mm	高度/mm	柱截面/mm	梁截面/mm	基础尺寸/mm
2 000	1 100	100×100×6×8	100×100×6×8	400×400×300

1. 试验加载方案设计

试验中对试件的加载主要包括两方面：① 试件上固定荷载的加载，模拟作用于框架上的恒荷载；② 对柱底基础进行荷载或位移加载，模拟作用于框架上的地表变形。试验试件简图如图 7-9 所示。

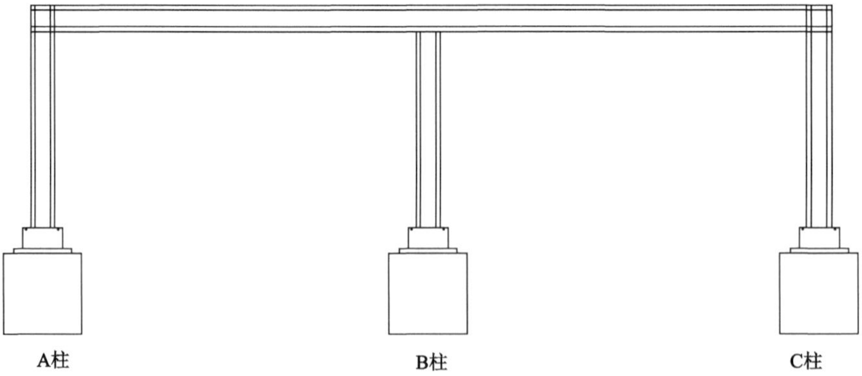

(a) 不安装支座的纯框架（SFe）

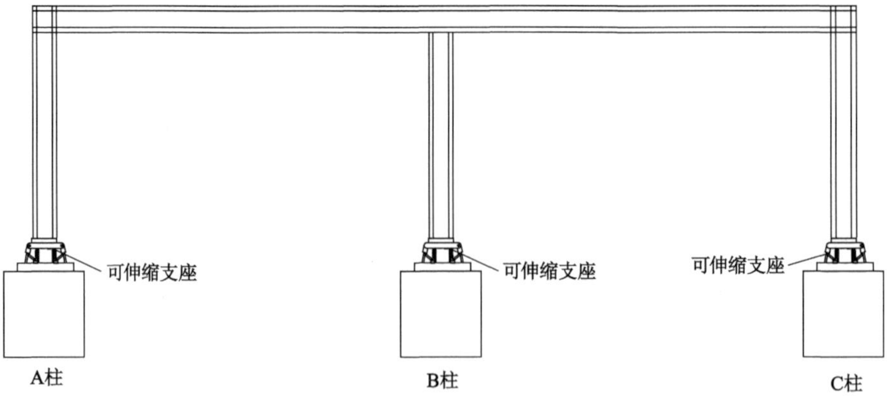

(b) 安装支座的钢框架（SFb）

图 7-9 竖向地表变形试验试件简图

(1) 固定荷载加载方案

每组试件均在框架梁四分点上施加两个集中荷载以模拟楼板传递至梁上的恒荷载，通过固定夹具施加重力荷载实现。通过计算，在框架梁四分点位置上施加的集中力为0.882 kN，在试验现场就地取材，使用实验室钢墩作为加载重物，通过称重得到所需固定荷载重量。

(2) 竖向地表变形加载方案

地表变形，从方向上可分解为水平地表变形和竖向地表变形两类。本试验主要是研究支座装置在竖向地表变形作用下自适应抵消地表变形的性能。在竖向地表变形作用下，地基反力产生变化，地基土体发生一定的沉降，传递至上部结构中，引起结构内力重分布，改变地基与上部结构间的平衡关系，上部结构则在自重和荷载作用下产生相应变形直至与下部地基间形成新的平衡，实质就是建筑物基础及上部结构与地基自我调节的一个过程。到地表变形结束，建筑物在整个地表变形影响范围内可能处于包含了下沉、倾斜、正负曲率等不均匀沉降和均匀沉降变形区，均匀沉降变形区对结构的影响并不大，地表不均匀沉降需要重点解决。综合考虑上述地表变形传递机理以及实验室条件，由于使用的 5 t 千斤顶无法控制其下降过程，框架和支座基础都是对称结构，所以不均匀沉降变形区的试验模拟通过 A 柱和 C 柱倾斜工况来实现。竖向地表变形的加载采用位移控制的方式，每级加载 1 mm。加载具体方法为：B 柱基础固定，通过千斤顶分别对 A 柱和 C 柱基础施加一定大小和方向的荷载或位移，从而模拟作用于基础的地表变形，具体方式如表 7-2 所示。

表 7-2 地表变形加载方案

变形类型	B 柱基础	A 柱基础	C 柱基础	每级加载量/mm
A 柱倾斜	固定	底面向上升	固定	1
C 柱倾斜	固定	固定	底面向上升	1

2. 试验装置和设备

本试验在中国矿业大学结构实验室里进行，试验器材及装置包括电阻应变片、位移计、荷载传感器、千斤顶、数据采集系统(数据采集仪采用 TDS303 型，对位移计以及应变片数据进行采集)、地锚栓等。试验装置原理图见图 7-10，现场试验装置如图 7-11 所示。

3. 试验结果后处理与分析

为更好地研究支座的竖向伸长能力，在完成试验后对数据采集仪采集的数据进行整理，通过框架柱脚、基础位移之间的变化规律来分析支座的竖向伸长性能，通过分析地表变形下的框架附加内力变化来研究支座性能对上部结构抗地表变形的影响规律。

地表由于不均匀沉降而倾斜后，将引起建筑物的倾斜，建筑物倾斜使其自重产生偏心附加倾覆力矩，承重结构内部将产生附加应力，结构的某些部分会长期处于一种高应力状态，而这往往会导致混凝土徐变的积累，因而产生了 P-Δ 效应的恶性循环，最终引起结构的破坏。结构倾斜后，地基反力也将重新分布，基础也有可能先于上部破坏，影响建筑物的使用功能甚至引起结构破坏。不均匀沉降变形区的试验模拟通过分别对 A 柱和 C 柱施加倾斜工况实现，以研究不均匀沉降地表变形作用下支座的性能以及其对上部结构内力的影响规律。对 A 柱基础施加向上位移时，B、C 柱下基础固定，人为地给 A 柱柱脚下基础以抬升

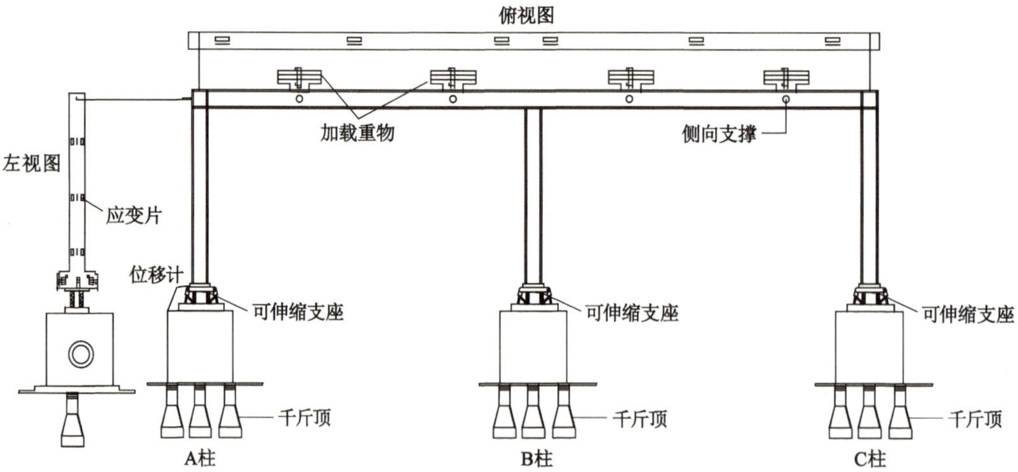

图 7-10 抗地表变形试验装置原理图

图 7-11 现场试验装置图

作用来模拟不均匀沉降,同理对C柱下基础施加向上位移。如图7-12所示为不安装支座装置的SFe框架和安装支座装置的SFb框架在对A柱柱脚下基础施加完向上位移后的框架变形图,从图中可以大概看出来,支座在柱脚下的自伸长在一定程度上减弱了不均匀沉降对上部结构的影响,直观上看,SFb框架上部倾斜程度明显比SFe框架要小,但是没有完全消除其影响,要明确支座的自伸长性能对上部结构内力的影响还需对框架柱底和框架梁附加应变的变化规律进行分析。为节省篇幅,选取对A柱下基础抬升的倾斜工况进行研究。

(1) 框架沉降差随倾斜不均匀沉降的变化规律

地表不均匀沉降导致上部结构内力重新分布,而内力变化又会反过来影响地表的沉降。但是试验中不能体现这种相对作用,另外由于人工加载,加载速率过快使得上升端边柱快速抬升,影响上升端柱脚下支座装置的响应。如图7-13所示,上升端A柱下的支座装置在随着基础抬升过程中产生了一定的伸长位移,B柱下支座装置则较好感应基础沉降差,自伸长效果明显,C柱下支座并无伸长。

为了进一步分析在倾斜不均匀沉降工况下支座装置调节框架适应不均匀沉降的作用,

(a) 倾斜试验后SFe框架变形图

(b) 倾斜试验后SFb框架变形图

图 7-12　倾斜试验后框架变形图

拍摄了倾斜不均匀沉降试验下三个支座伸长对比图并绘制了边柱与中柱沉降差的曲线图，分别如图 7-13、图 7-14 所示。

(a) A柱下支座装置

(b) B柱下支座装置

(c) C柱下支座装置

图 7-13　倾斜不均匀沉降试验后支座装置变形图

试验中模拟倾斜不均匀沉降，是通过抬升 A 柱下基础实现的。由图 7-14 中 A-B 柱沉

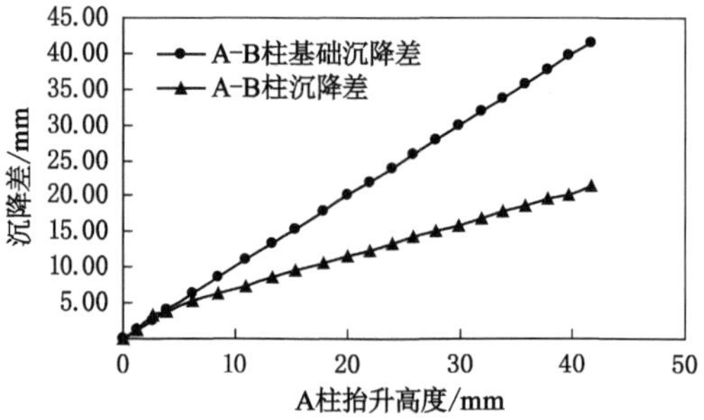

图 7-14 倾斜变形：A 柱与 B 柱沉降差与基础沉降差对比

降差与基础沉降差对比可以得知，柱下支座在基础出现不均匀下沉时，通过自伸长抵消了地表变形带来的位移差，自适应作用发挥很理想。通过抬升 A 柱下基础实现的位移沉降差的加载方式，并不能完全模拟实际上地基不均匀下沉引起的沉降，试验中，基础向上抬升的力传递至相邻支座是通过结构柱实现的，这一误差反而消除了人工加载导致的加载速率不一致而出现的位移变化，也是本试验设计的局限，不能完全模拟地表变形下地基土的动态变化过程。此外，因支座上下部之间并无约束，整个框架可以简化为在 C 柱下基础处以铰支座连接方式连接，整个框架的加载类似框架绕 C 柱基础发生的变形，但是因为有支座作用，框架梁保持在一个平面上。

(2) 框架柱底附加应变随不均匀沉降的变化规律

在倾斜不均匀沉降的作用下，不安装支座装置的框架柱脚变形与安装支座装置的框架柱脚变形的变化规律如图 7-15 所示。

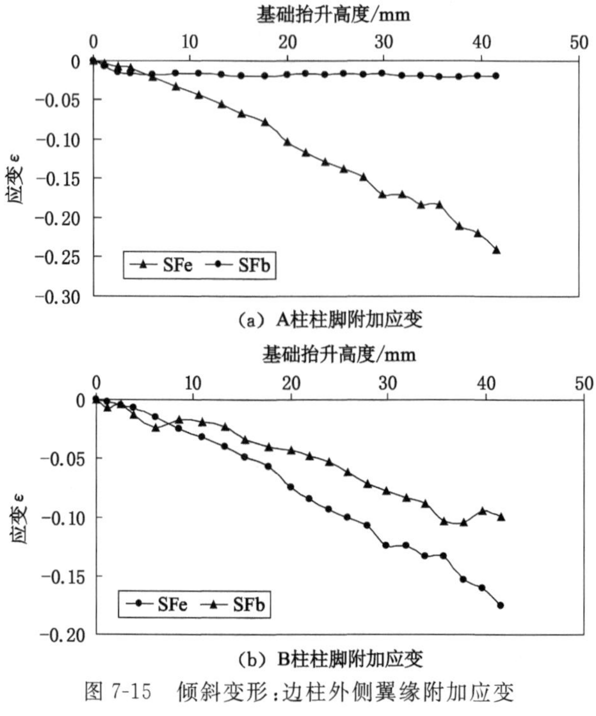

图 7-15 倾斜变形：边柱外侧翼缘附加应变

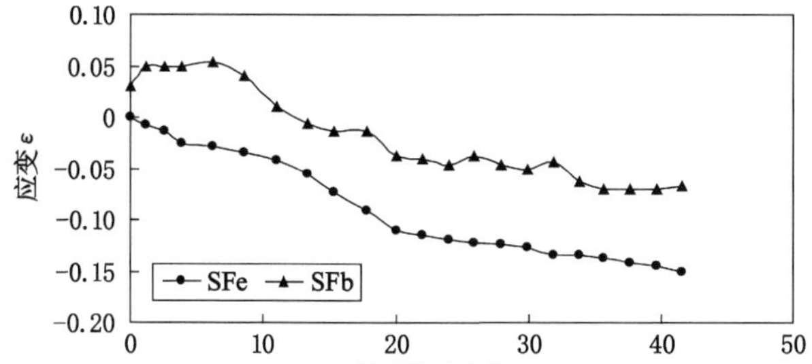

(c) C柱柱脚附加应变

图 7-15(续)

图 7-15(a)中安装了支座装置 SFb 的 A 柱柱脚附加应变随 A 柱基础下沉的曲线与没有安装支座装置 SFe 的空框架结构的曲线对比分析表明,柱下支座装置有效减小了 A 柱柱脚附加应变,其对于基础不均匀下沉引起的不利附加应变的减弱发挥了很好的作用,整个变形过程中其柱脚的位移变化趋于直线,最大附加应变值的减小幅度达到 85%左右,表明了支座良好的消除地表不均匀沉降造成的不利内力的性能。如图 7-15(b)所示,从曲线上看,安装支座装置的 B 柱柱脚应变近似减小一半,主要原因是 B 柱下支座并未进入工作状态,而无法降低结构附加应变,所以可以知道,在不均匀沉降的过程中,尤其是当地基上拱导致结构整体向上变形的时候,本支座的调节效果并不理想,需要在今后的设计中重点研究自动抵消上拱变形装置。而由 C 柱脚的应变曲线图可以看出,虽然支座发挥的效果有限,但是 C 柱下支座的伸长还是为整体结构的不利附加应变的减小作出了贡献,相对无支座框架的内力变化,还是偏于安全的。

(3) 框架梁附加应变随不均匀沉降的变化规律

倾斜不均匀沉降试验中框架结构属于非对称受力,所以不能如正负曲率分析那样选取对称的一半框架梁进行分析,此处选择有代表性的最不利内力集中处——梁 A 柱端、梁 B 柱左端及梁 C 柱端上侧应变变化进行分析。

由图 7-16 中二组框架梁上侧附加应变曲线图对比分析可以发现,不均匀沉降量值较小时,自适应不均匀沉降变形支座装置并未自动伸长进入工作状态,对消除倾斜作用不明显。从图 7-16(a)中可以看出,当基础沉降差小于 10 mm 时,支座装置对减小框架梁 A 柱端的附加应变值的作用不大,SFb 框架梁柱端应变变化值与 SFe 试验框架大致相同。当基础沉降差大于 10 mm 时,自适应支座装置自动伸长进入工作状态后,框架梁 A 柱端附加变形曲线基本上维持平直线变化趋势,效果非常理想。图 7-16(b)中的曲线变化规律和图 7-16(a)中的相似,且支座的自伸长调节的敏感性相对更强,这主要是 B 柱下的支座及时伸长发挥出作用的原因。在倾斜不均匀沉降变形中,自适应不均匀沉降变形支座装置对减小框架梁和柱附件变形的调节效果近乎理想。

四、采空区框架结构自适应变形的设计要点

采空区地表变形对建筑物产生较大影响,造成建筑物不同程度的损害甚至破坏,因此必须对建筑物采取适当的抗变形措施。在设计中考虑地表变形影响而增大上部结构的刚

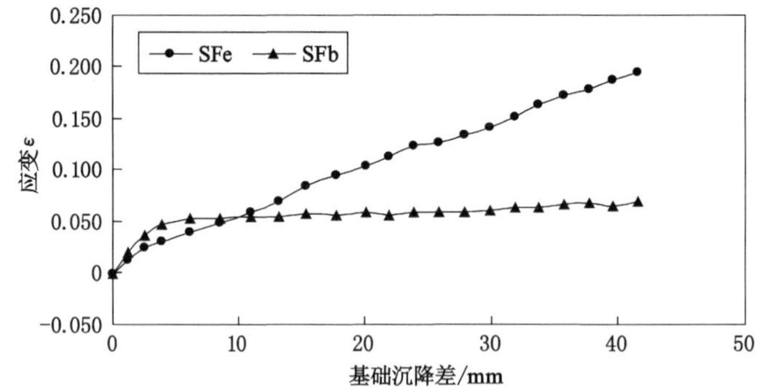

(a) 框架梁A柱端

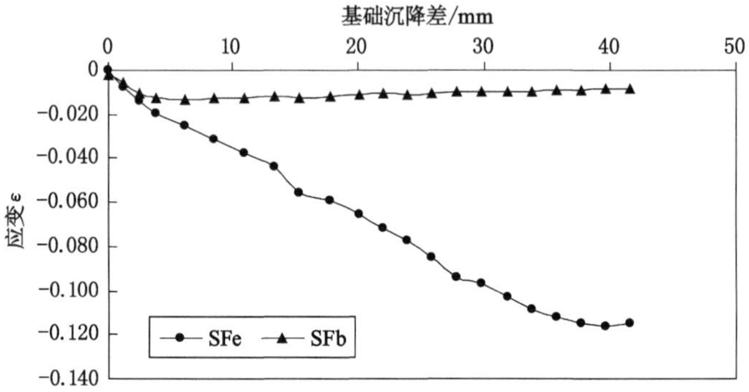

(b) 框架梁B柱端

图 7-16 倾斜变形:框架梁上侧附加应变

度和强度,不是经济合理的做法,而且上部结构强度和刚度过大,也不利于建筑物施工和抗变形。

1. 采空区建筑现有保护措施

采空区地表不均匀沉降变形对建筑物产生极大的损害,不仅仅是门窗、洞口等薄弱部位,甚至墙体也会产生裂缝,影响建筑物使用,严重时可能会发生建筑物倒塌。而地质条件,开采方式以及建筑物的基础、结构形式和地基条件的多样性和复杂性,使得采空区建筑物保护研究一直受到制约,现有的抗变形保护措施主要有刚性和柔性两种。

① 刚性保护措施:通过提高建筑物整体或局部的强度和刚度,以提高建筑物抗变形能力为手段的保护措施。抗变形设计保护措施主要有设置顶底圈梁、窗下加强带、基础联系梁、构造柱等。建筑物基础是设计的重点,可增加其埋深、强度和刚度,减小基础与地基土体的接触面积,将基础设计成三角形以减小附加应力。刚性保护措施实质是通过提高建筑物的刚度和强度,减小建筑物自身变形,达到保护建筑物目的的。目前在进行这类保护措施设计时,存在的主要问题是不论建筑物的刚度多大,只要地表变形增大,就要增大建筑物的刚度,以致当地表变形过大时,设计的结构构件配筋太大,无法进行施工。从原理上说,刚性保护措施不能从根本上消除和减缓地表变形,是一种被动保护措施,如果地表移动变形预计或建筑物附加应力计算结果过大,抗变形设计将过于保守,导致经济上的浪费;反

之，抗变形结构设计将不足以抵抗地表变形，会造成建筑物的损害。

② 柔性保护措施：该措施的实质是引导变形集中，吸收大部分地表变形。具体做法是在建筑物上部结构或地基基础上设计弱面，用以吸收部分(甚至全部)采动引起的地表变形，或阻断地表变形的传递和扩展，使房屋具有一定的地表变形适应性，从而减小房屋结构中的附加应力和附加变形。主要的柔性保护措施有设置变形缝、变形补偿沟、水平滑动层，改变跨空结构的支座形式，采用双板基础、楔形基础等。变形缝是将较长的建筑物分成几个相互独立的单体，使各单体单独均匀沉降，从而提高建筑物适应地表变形的能力；变形缝技术在采空区建筑物和非采空区建筑物中都得到广泛使用。变形补偿沟是减少地表水平压缩变形对建筑物影响的有效而经济的措施，变形补偿沟深度一般取 1.3～1.6 倍的基础埋深(H)，沟宽一般取 0.8～1.2 m，用以吸收地表压缩变形。水平滑动层是为了减小地表水平变形作用于建筑物的附加应力，在基础圈梁和基础之间设置的。常用的两层沥青油毡中夹水平滑动层可很好地阻隔地表水平变形向建筑物的传递。传统的柔性保护措施主要是减小采空区地表水平拉伸变形或水平压缩变形等对建筑物的破坏影响，不能解决采空区地表不均匀沉降变形对建筑物的破坏影响。

2. 采空区建筑自适应变形设计

对采空区框架结构进行抗变形设计时很难解决采空区地表不均匀沉降变形对建筑物的破坏影响。因此对框架结构建筑物进行抗变形设计应考虑以下几种设计措施。

① 在采空区的地基土能够满足建筑物所需承载力的条件下，合理弱化地基土。采空区引起的地表变形是缓慢移动的过程，弱化地基土可以使建筑物易于切入地基土，以达到基础和地基的变形能够彼此相互协调。弱化地基土，增强地基土-基础-上部结构之间的相互作用使应力重新分布，可以吸收部分地表变形，减小对建筑物的破坏影响。

② 建筑物的平面尺寸越大，受地表变形影响越大。对抗地表变形来说，建筑物平面布置都宜为矩形，建筑物长度较长，宜设置变形缝，划分成不相连的抗变形单元。

③ 上部结构可以采用具有较强塑性变形能力的钢框架结构，钢结构在一定情况下在产生远大于规范规定的位移变形后仍然保持一定的稳定性。因此采用钢框架结构的抗变形能力更好。

④ 竖向不均匀沉降对建筑结构损害比较大，而现在常用的抗变形措施对减小框架结构建筑物不均匀沉降变形效果不明显。采用自适应变形设计，可以取得很好的抗变形效果，同时可以降低建筑物的建设造价。在建筑上安装自适应不均匀沉降变形支座装置，通过支座自伸长弥补框架结构柱脚下的不均匀沉降，可以有效减小采空区地表变形对结构的损害，并且可以适应各种不同的地质环境。

⑤ 对于采空区地表变形，不仅要考虑竖向不均匀沉降的影响，还要考虑水平向压缩或拉伸作用，因此进行抗变形设计非常复杂。目前来说，机械抗变形支座装置能够同时响应水平和竖向地表变形，设计上非常困难。自适应变形支座针对自动调节竖向不均匀沉降而设计。设置水平滑动层这样的柔性措施，可以有效阻隔地表水平变形向上部结构传递。因此在基础圈梁和基础之间设置水平滑动层，在框架柱和独立基础之间设置自适应变形支座，两种抗变形措施相结合可以达到很好的抗变形效果。

第五节　采空区框架结构建筑抗变形设计实例

一、工程概况

淮南矿区具有近百年开采历史，开采了大量煤炭，为国家的经济建设和社会发展作出了较大贡献，后期因煤源枯竭，有两个矿井分别于1978年和1982年闭坑。两矿的开采破坏了大量的土地资源，造成土地塌陷、耕地面积减少、人地矛盾突出、环境污染、生态失调等，已严重影响了当地人民的生产和生活，制约着当地社会经济的持续发展。

为加快塌陷地的综合治理，改善本区域的生态环境与人居环境，提升淮南市的城市形象，淮南市人民政府和淮南矿业(集团)有限责任公司本着“宜林则林、宜建则建”的原则，委托安徽工程勘察院有限公司和中国矿业大学对某塌陷区进行了地质环境勘察与塌陷稳定性论证，根据勘察和论证成果，该区域为基本稳定区，适宜进行一般低层、多层建筑工程建设，但由于拟建场区位于淮南煤田复向斜的东南冀，西近舜耕山断层，周边还有一些地方小煤矿正在采煤，有可能引发断层活化。为确保建筑物的安全，中国矿业大学受淮南矿业集团生态环境开发有限责任公司委托，对其拟建的住宅楼进行地表变形影响分析，并提出考虑地表变形影响的设计建议。

二、框架结构抗变形设计方案研究

1. 原设计方案

设计院最初提供的住宅楼建筑结构设计方案1的基础平面图及二层结构模板图如图7-17所示。

2. 地基-基础-框架结构共同作用的分析模型

采用有限元软件ANSYS，按照设计院提供的建筑结构布置和构件尺寸，建立地基-基础-框架结构共同作用的有限元计算模型。计算模型中地基土选用空间8节点等参单元Solid45，地基土的性质使用Druker-Prager(DP)材料模式来模拟；混凝土基础采用Solid65单元模拟；混凝土基础和地基土体之间采用面-面接触单元来模拟；框架梁柱采用线性Beam188单元模拟。

由于本模型考虑地基土的存在，因此基本模型的约束条件为土体四边单向约束(即XY面内约束UZ，XZ面内约束UY，YZ面内约束UX)，施加变形时将不需要的约束解除，如图7-18所示。荷载及地基变形根据实际情况施加，如图7-19所示，主要考虑工况如表7-3所示。其中自重荷载通过定义材料密度和重力加速度考虑，楼板面荷载和梁上墙体线荷载直接施加，以该荷载情况作为基本分析工况；每种地基变形情况的荷载情况与基本工况相同，仅在基本分析工况的基础上改变地基土约束条件。分析中考虑了土体的初始应力，采用读入初应力的方法消除该影响。采用上述方法，建立原设计方案的地基、基础和上部结构整体计算模型，如图7-20所示。

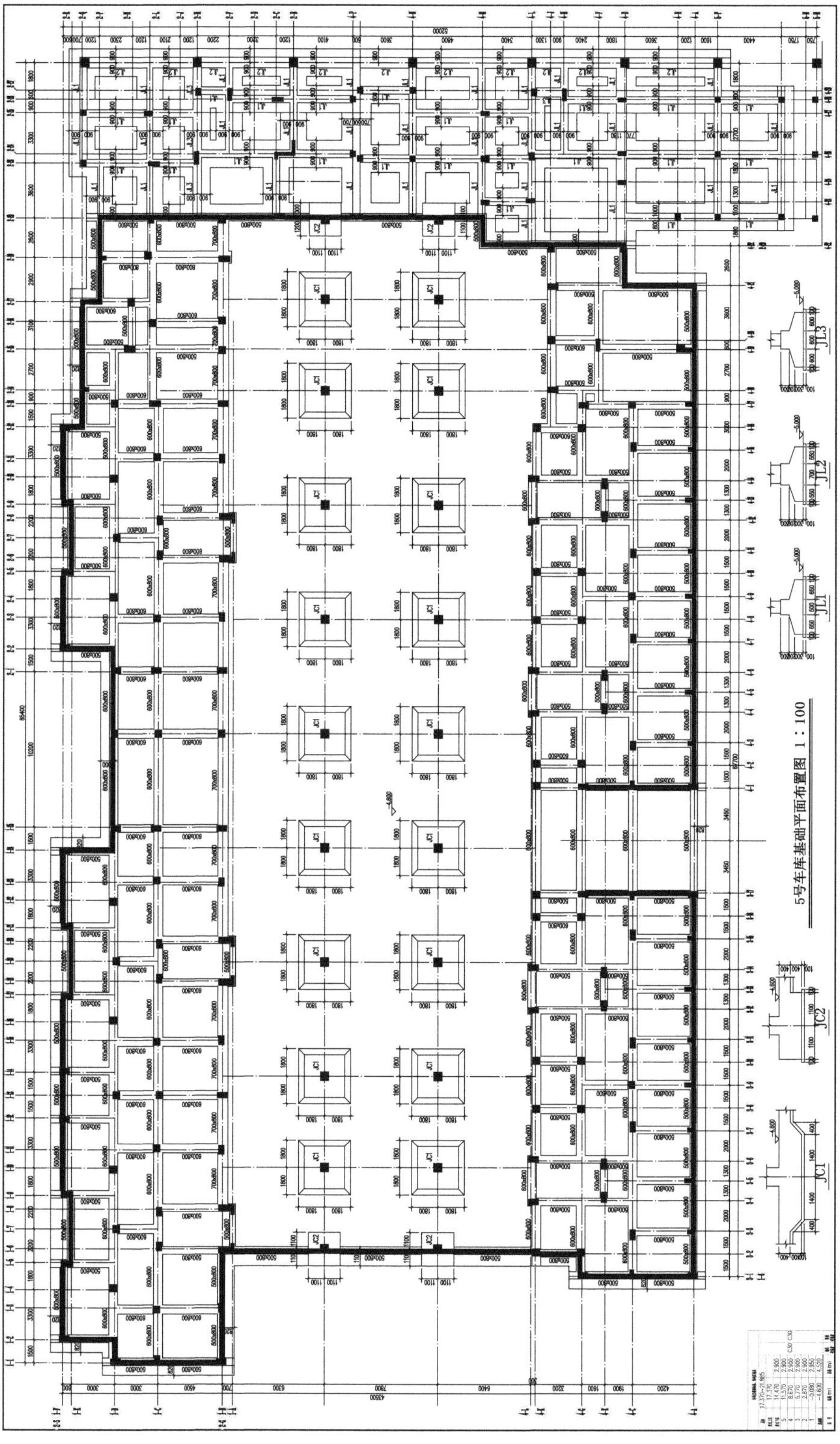

（a）住宅楼基础(原设计方案)

图7-17 原方案基础平面及结构模板图

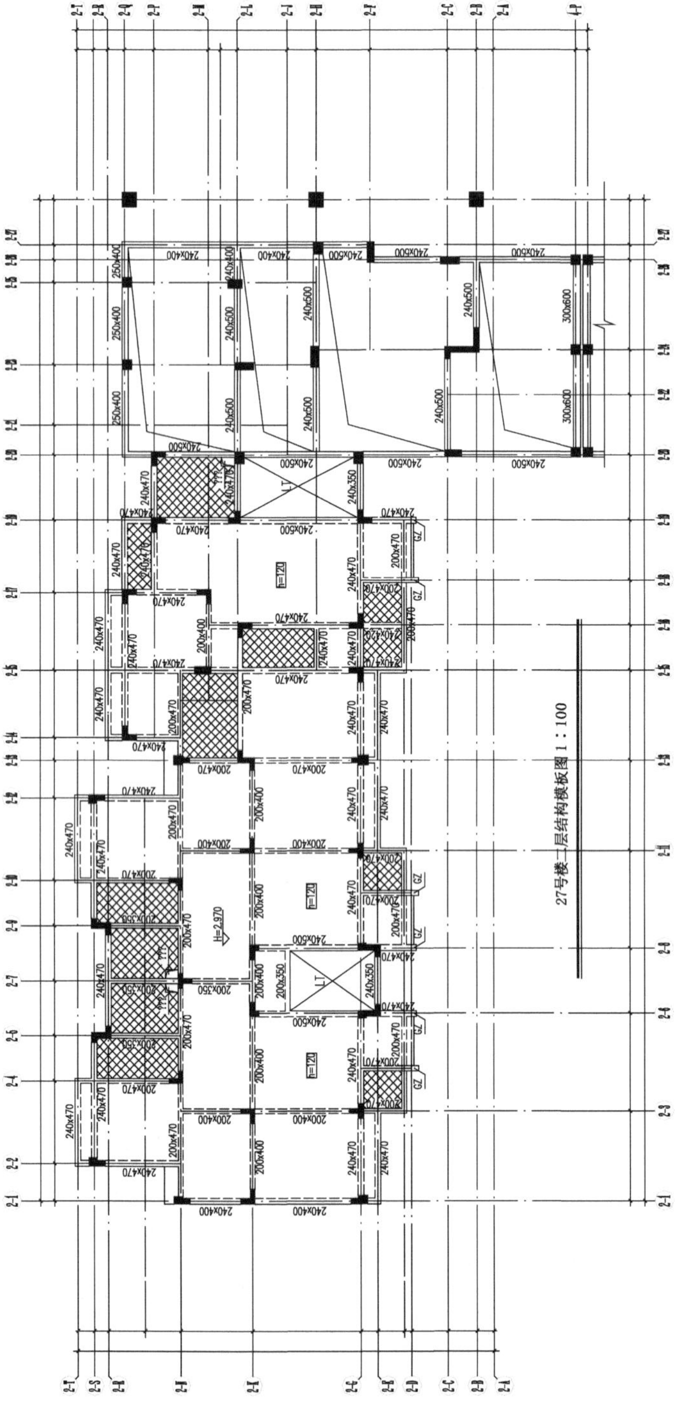

（b）住宅楼二层结构图(原设计方案)

图7-17（续）

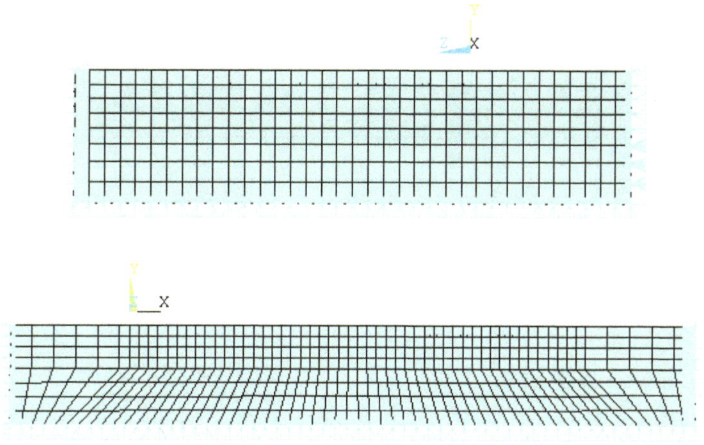

图 7-18　约束方案

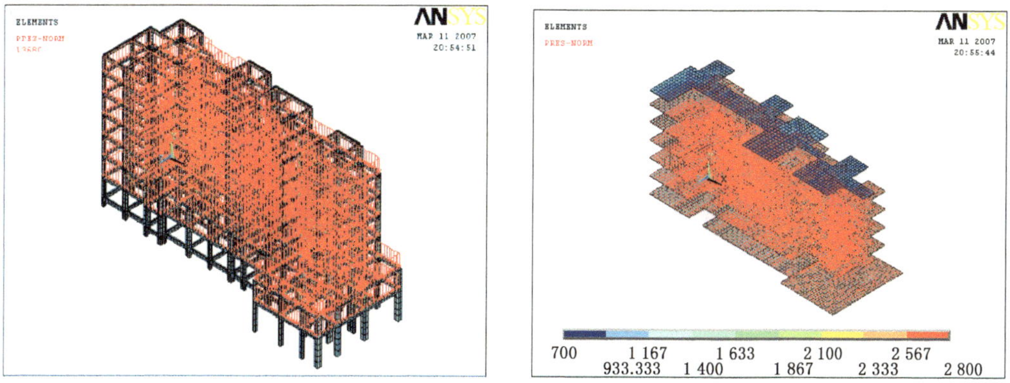

图 7-19　加载方案

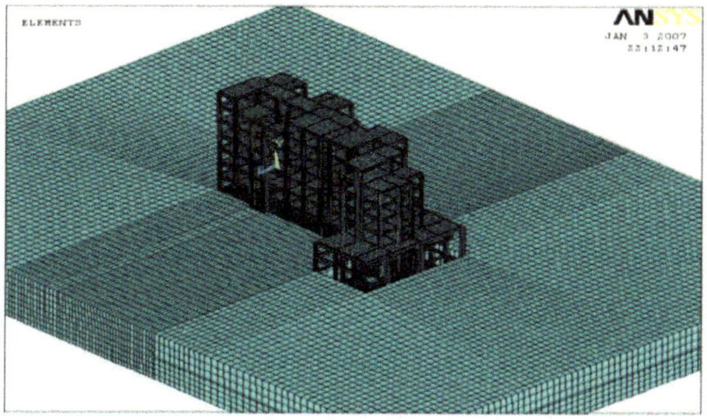

图 7-20　原方案住宅楼地基-基础-框架结构有限元计算模型

表 7-3 分析工况

	基本工况	变形 1	变形 2	变形 3	变形 4	变形 5
约束条件	底部 UY,左右 UX,前后 UZ	底部负曲率,四周单向约束	底部正曲率,四周单向约束	底部 UY,左右拉伸,前后 UZ	底部 UY,左右压缩,前后 UZ	底部倾斜,四周单向约束
荷载	g、qb、qs	g、qb、qs	g、qb、qs	g、qb、qs	g、qb、qs	g、qb、qs
变形	—	负曲率 −0.4 mm/m²	正曲率 0.4 mm/m²	水平拉伸 6 mm/m	水平压缩 −6 mm/m	倾斜沉降

说明:① “约束条件”栏中“前后”“左右”对应 *XY* 平面和 *YZ* 平面。② “荷载”栏 g 表示施加结构自重和活荷载;qb 表示梁上线荷载;qs 表示板上面荷载。

3. 结构抗变形设计方案优化

为了分析原设计方案的抗变形能力,在原设计方案的地基-基础-框架结构共同作用分析模型的基础上,进行了结构的抗变形分析。为了节省篇幅,给出无地表变形和有负曲率变形时的分析结果对比,如图 7-21 至图 7-25 所示。

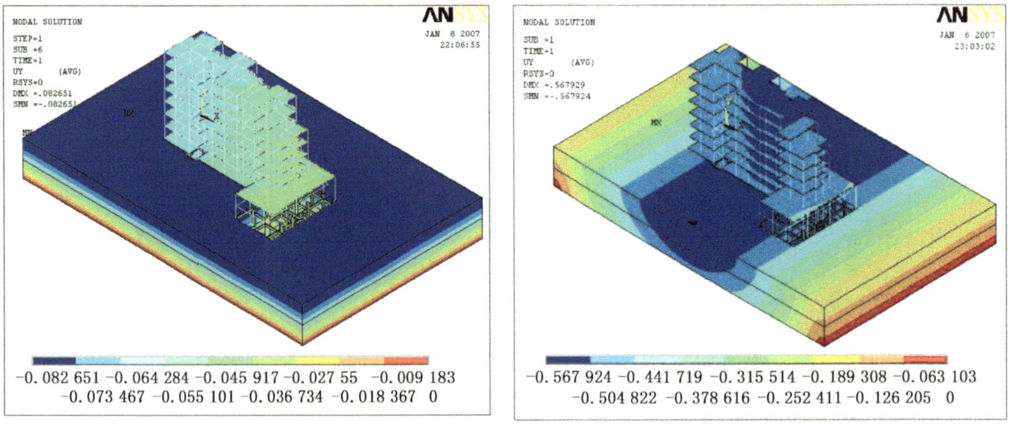

(a) 无地表变形 (b) 负曲率变形

图 7-21 原方案整体 UY 结果(水平位移结果)

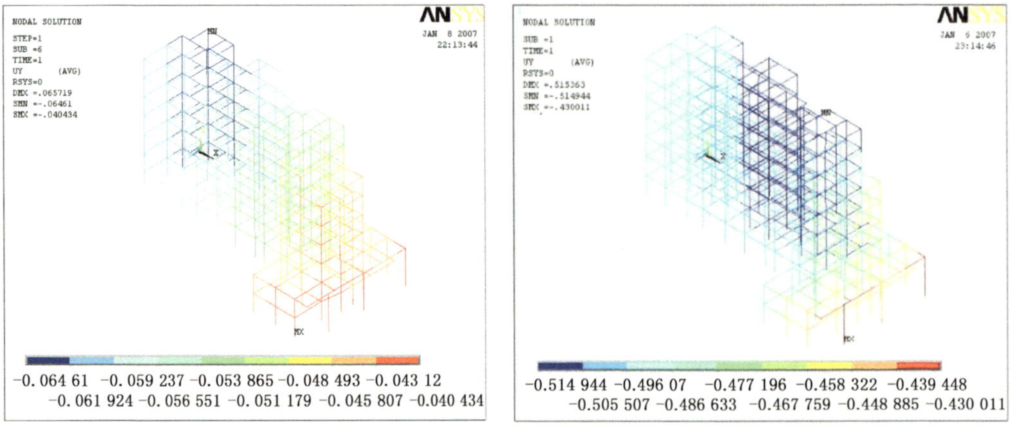

(a) 无地表变形 (b) 负曲率变形

图 7-22 原方案框架竖向位移对比

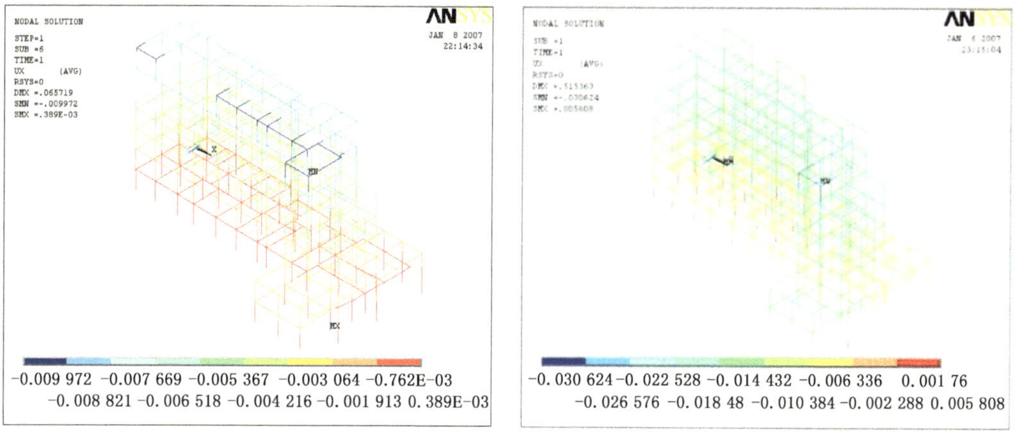

（a）无地表变形　　（b）负曲率变形

图 7-23　原方案框架 X 向水平位移对比

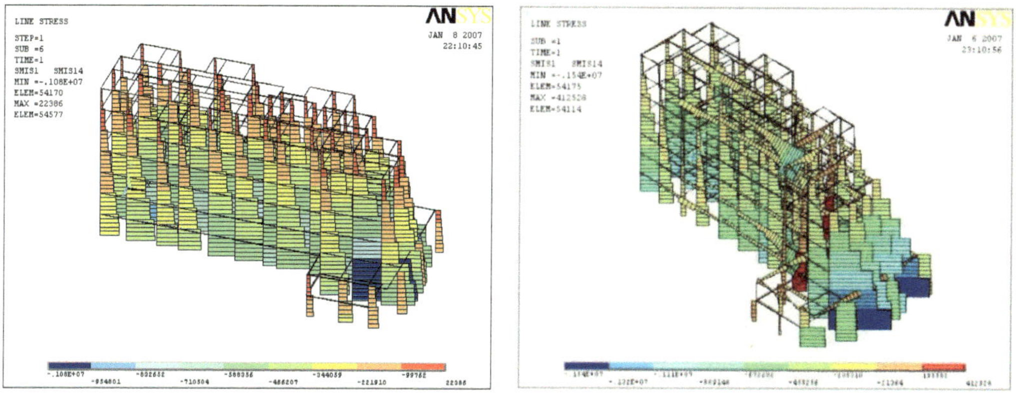

（a）无地表变形　　（b）负曲率变形

图 7-24　原方案框架轴力对比

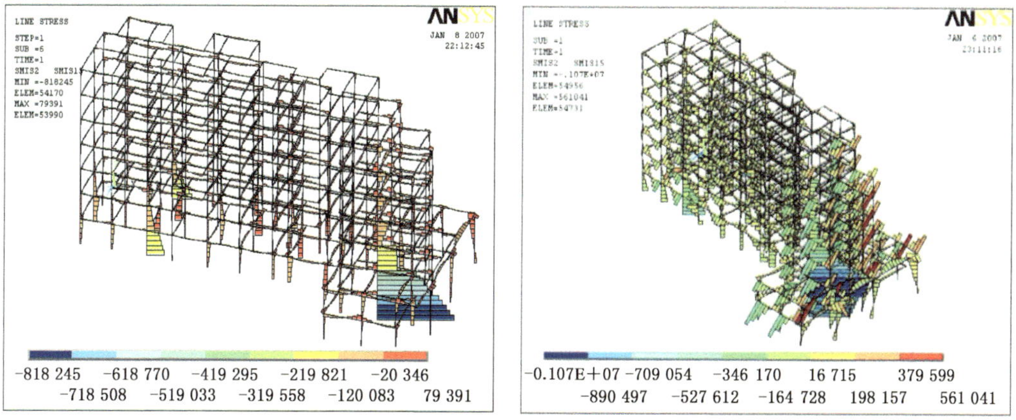

（a）无地表变形　　（b）负曲率变形

图 7-25　原方案框架弯矩对比

由图可见，在没有地表变形影响时，原设计方案的最大竖向、水平位移分别为 64.6 mm 和 10 mm，负曲率变形下的结构最大竖向和水平位移则分别高达 515 mm 和 30.6 mm。无地表变形时的结构最大轴力、弯矩分别为 1 080 kN、818.2 kN·m，负曲率变形时的结构最大轴力和弯矩分别为 1 540 kN、1 070 kN·m。上述内力最大值均出现在 21、22 轴线结构错层柱位置，因此建议取消结构错层。此外，原设计的住宅楼与相邻的 3 个楼基础连成整体做地下停车库，住宅部分基础为筏板式基础，底层商业建筑部分为条形基础。根据上述研究成果，为减小地表变形对建筑物的影响，建议取消整体式车库以减小荷载的不均匀性和结构的不连续性，并将基础形式统一改为柱下条形基础，以加强结构整体性，提高结构的抗变形能力。

根据研究成果，设计院进行了二次设计，取消了结构错层和整体式车库，并将基础形式统一改为柱下条形基础。新设计方案 2 的基础平面图及二层结构模板图如图 7-26 所示，重新建立了地基、基础和框架结构共同作用的有限元整体计算模型，如图 7-27 所示。对修改后的方案进行再次分析，结果表明修改后方案的抗变形能力明显提高，结构的附加内力和附加变形均有显著降低。

4. 地表变形对框架结构内力的影响

（1）地表变形对框架弯矩的影响

由优化结构方案的整体分析模型得到框架结构的弯矩分布，并提取各变形工况下的框架最大弯矩值，相关结果列于表 7-4。为了进一步对比地表变形对框架结构弯矩的影响，各工况下的框架各层弯矩结果列于表 7-5 至表 7-10，框架立面示意图如图 7-28 所示，部分弯矩如图 7-29 至图 7-37 所示。由框架弯矩图及最大弯矩对比可见：

① 变形 1 为地基土底部负曲率变形，变形最大值施加在土体中部，造成建筑物左右端支承的情况出现，因此左右端的梁柱弯矩都有明显增大；而右端 24～28 轴线为底部大空间 2 层商店，故其内力较基本工况增大较为明显。

② 变形 2 为地基土底部正曲率变形，最大值施加在土体中部，造成建筑物中间支承、左右端悬空，在基础-地基有脱离趋势的位置基础受到较大水平拉力，因此柱弯矩增大明显。

③ 变形 3、变形 4 为地基 X 方向水平拉伸和压缩变形，由于土体刚度较小，拉压变形对上部结构内力的影响小于曲率变形情况，仅改变最大值的出现位置。

④ 变形 5 为沿 X 方向的不均匀沉降变形，该变形情况对结构内力的影响最大，主要是不均匀沉降造成结构倾斜，产生荷载偏心。

⑤ 对比所有的弯矩结果可以看出，梁上弯矩受变形的影响都较小，地基土的各种变形主要影响了柱的弯矩，可以推断最不利的位置在 1/A-24 轴线，原因是该位置布置“Z”形的异型柱，柱截面较大且处于高低层的转换位置。

（2）地表变形对框架轴力的影响

各种地表变形引起的框架轴力最大值对比如表 7-11 所示，对应的轴力如图 7-38 至图 7-43 所示。由轴力分布图及最大轴力对比可见：

① 变形 1 和变形 2 为正负曲率变形，其中负曲率造成结构物两端支承，故最大轴力出现在端部柱；正曲率造成结构物中部支承，故最大轴力出现在靠近跨中的柱。

② 变形 3 和变形 4 为 X 向拉压变形，从表 7-11 中可看出地基土拉压变形对结构轴力影响很小。

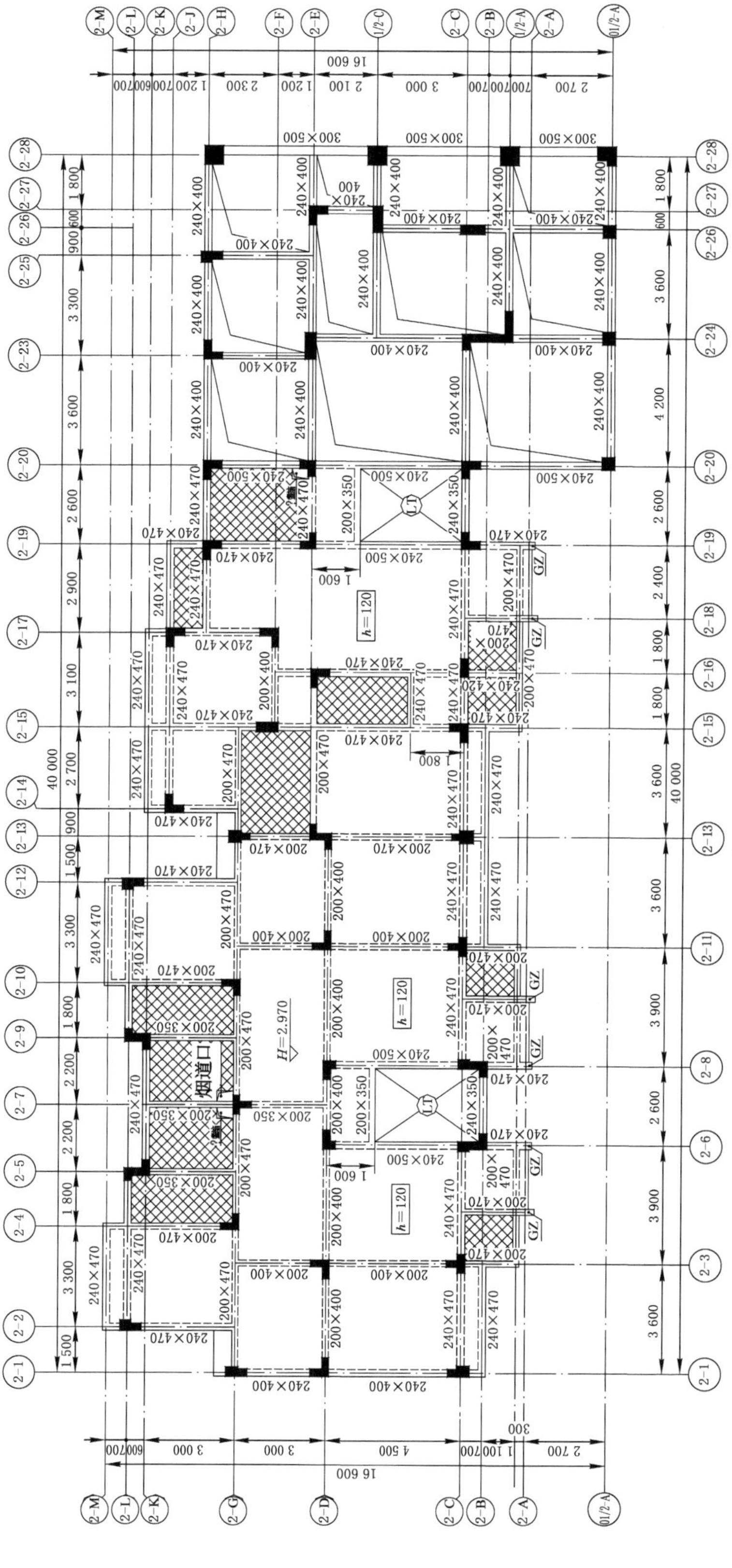

27号楼二层结构模板图 1∶100

（a）住宅楼二层结构图(优化后设计方案)

图7-26　结构模板及基础平面图

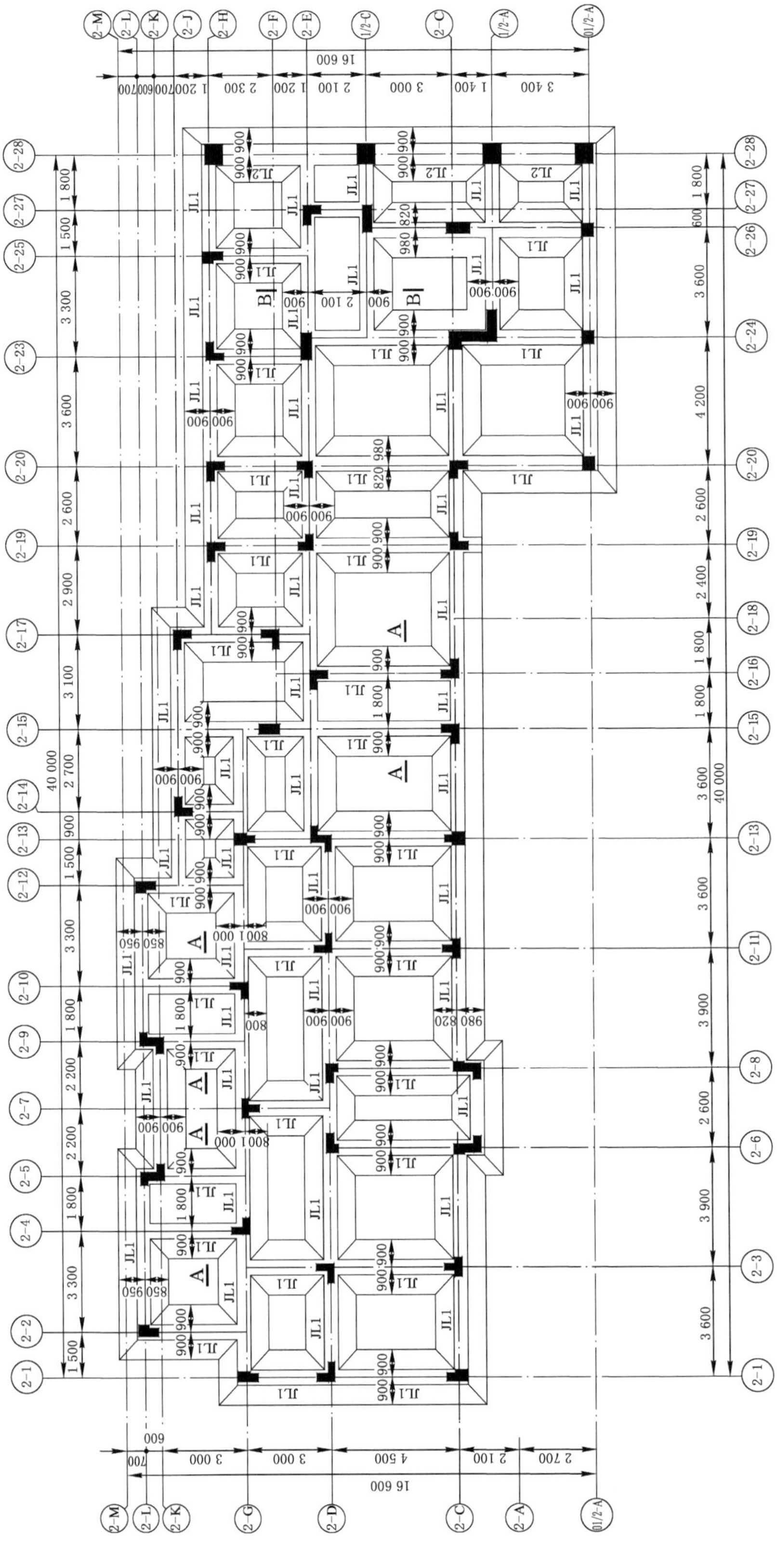

27号楼基础平面图 1：100

（b）住宅楼基础(优化后设计方案)

图7-26（续）

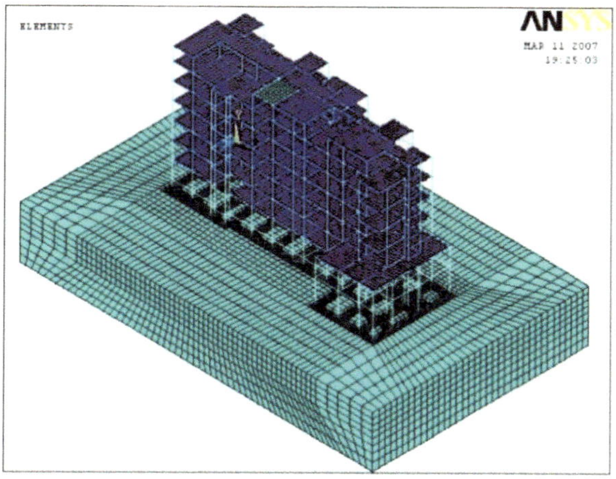

图 7-27 新方案整体有限元模型

③ 倾斜变形 5 对轴力的影响很明显，由于最大沉降值出现在右端，故右端柱的轴力普遍增大。

④ 由梁中拉力结果推断，正负曲率变形对梁的拉力增大作用明显，拉伸变形次之，压缩变形和倾斜变形的影响较小。

表 7-4 各工况框架最大弯矩对比 单位：kN·m

	最大正弯矩	位 置	最大负弯矩	位 置
基本工况	125.3	0 层，01/A-28 柱	−241.1	1 层，1/A-24 柱
负曲率	674.88	1 层，26～28 梁	−586.18	1 层，1/A-24 柱
正曲率	412	0 层，D-6 柱	−419.73	0 层，D-3 柱
水平拉伸	278.02	0 层，D-3 柱	−291.92	1 层，C-24 柱
水平压缩	181.1	1 层，C-24 柱	−217	1 层，1/A-24 柱
倾斜	1 040	0 层，D-3；C-15 柱	−803.68	0 层，D-6；C-24 柱

注：表中各轴线编号见图 7-26；基本工况及变形描述详见表 7-3；楼层位置如图 7-28 所示。

表 7-5 基本工况各层弯矩对比 单位：kN·m

基本工况	最大正弯矩	位置	最大负弯矩	位置
0 层	125.3	01/A-28 柱	−54.67	C-1～3 梁
1 层	123.66	C-24 柱	−241.15	1/A-24 柱
2 层	120.3	1/C-28 梁	−96.5	01/A-20 柱
3 层	107.3	01/A-24 柱	−98.8	C-24 柱
4 层	86.2	C-24 柱	−86	C-24 柱
5 层	86.8	C-24 柱	−80.3	C-24 柱
6 层	85.9	C-24 柱	−78.9	C-24 柱
7 层	55.4	C-24 柱	−80.5	C-24 柱

注：此处 0 层指住宅部分的地下室，1～7 层分指各自然层。

表 7-6 负曲率变形作用下各层弯矩对比 单位:kN·m

变形 1	最大正弯矩	位置	最大负弯矩	位置
0 层	640.8	D-3 柱	−512.5	D-6 柱
1 层	674.9	26～28 梁	−586.2	1/A-24 柱
2 层	464.7	E-24～27 梁	−423.2	E-24～27 梁
3 层	453	E-24～27 梁	−406.2	E-24～27 梁
4 层	444	E-24～27 梁	−402.3	E-24～27 梁
5 层	444.8	E-24～27 梁	−403.4	E-24～27 梁
6 层	408.4	E-24～27 梁	−329.9	E-24～27 梁
7 层	315.6	E-24～27 梁	−260.6	E-24～27 梁

注:此处 0 层指住宅部分的地下室,1～7 层分指各自然层。

表 7-7 正曲率变形作用下各层弯矩对比 单位:kN·m

变形 2	最大正弯矩	位置	最大负弯矩	位置
0 层	412	D-6 柱	−419.7	D-3 柱
1 层	284.8	20～24 梁	−337	26～28 梁
2 层	285.5	24～26 梁	−217.3	24～26 梁, C-1～6 梁
3 层	279.7	20～26 梁	−236.6	20～26 梁
4 层	279.5	20～26 梁	−228.4	20～26 梁
5 层	273.8	20～26 梁	−229.2	20～26 梁
6 层	249.2	20～26 梁	−260	20～26 梁
7 层	222.1	E-20 柱	−190.6	E-20 柱

注:此处 0 层指住宅部分的地下室,1～7 层分指各自然层。

表 7-8 水平拉伸变形作用下各层弯矩对比 单位:kN·m

变形 3	最大正弯矩	位置	最大负弯矩	位置
0 层	278	D-3 柱	−98.6	G-1 柱
1 层	174.8	1/A-24 柱	−291.9	C-24 柱
2 层	138.6	26～28 梁	−126.2	01/A-20 柱
3 层	173.1	1/A-24 柱	−87.3	C-24 柱
4 层	131.8	24～26 梁	−93.6	24～26 梁
5 层	132.3	24～26 梁	−82.2	24～26 梁
6 层	128.2	24～26 梁	−79.5	24～26 梁
7 层	89.5	1/C-26～28 梁	−82.9	C-24 柱

注:此处 0 层指住宅部分的地下室,1～7 层分指各自然层。

表 7-9　水平压缩变形作用下各层弯矩对比　　单位：kN·m

变形 4	最大正弯矩	位置	最大负弯矩	位置
0 层	158.3	J-14 柱	−118.8	C-20 柱
1 层	181.1	C-24 柱	−217	1/A-24 柱
2 层	128.6	H-28 柱	−109.7	H-28 柱
3 层	74	C-24 柱	−108.7	C-24 柱
4 层	75.2	C-24 柱	−75.6	C-24 柱
5 层	76	C-24 柱	−77.9	C-24 柱
6 层	81.4	C-24 柱	−76.8	C-24 柱
7 层	56.2	C-24 柱	−76.6	C-24 柱

注：此处 0 层指住宅部分的地下室，1～7 层分指各自然层。

表 7-10　倾斜变形作用下各层弯矩对比　　单位：kN·m

变形 5	最大正弯矩	位置	最大负弯矩	位置
0 层	1 040	D-3，C-15 柱	−803.7	D-6，C-24 柱
1 层	375.4	1/A-24 柱	−585.4	H-23 柱
2 层	359	1/A-24 柱	−105.4	28.1/C～H 梁
3 层	214.3	1/A-24 柱	−153.7	C-24 柱
4 层	94.1	C-24 柱	−100.7	C-24 柱
5 层	85.5	C-24 柱	−91.9	C-24 柱
6 层	84.8	C-24 柱	−85.5	C-24 柱
7 层	59.7	C-24 柱	−91.4	C-24 柱

注：此处 0 层指住宅部分的地下室，1～7 层分指各自然层。

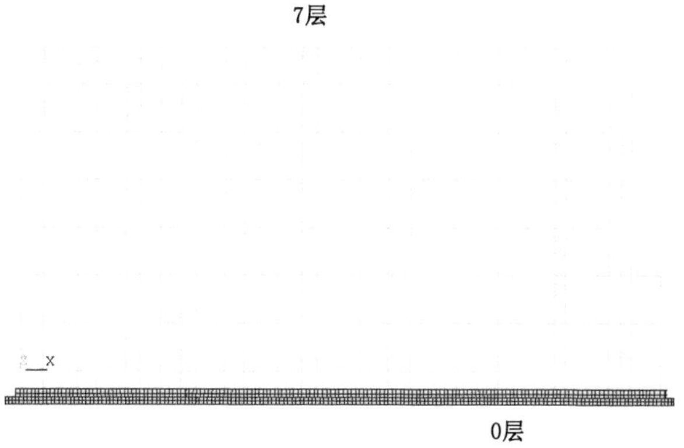

图 7-28　框架立面示意图

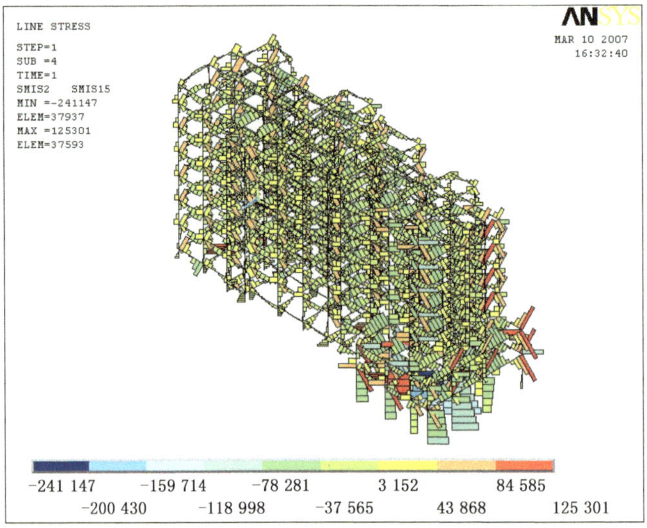

图 7-29 基本工况(未施加变形)整体弯矩

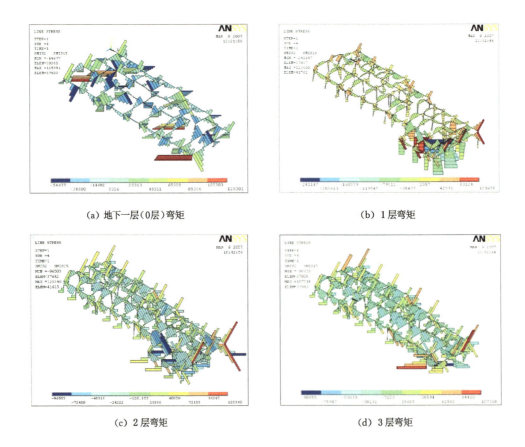

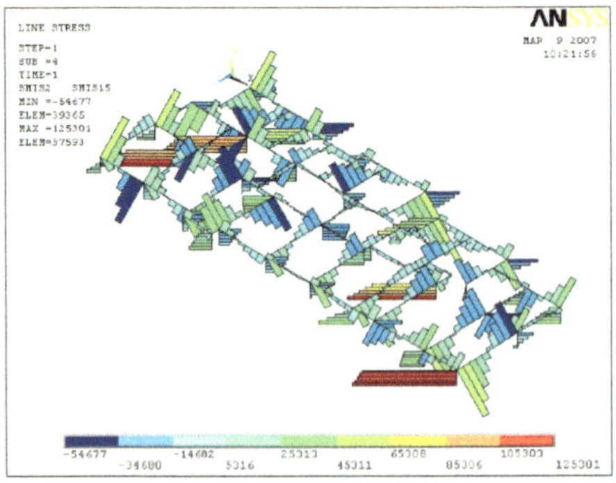

(a) 地下一层(0层)弯矩

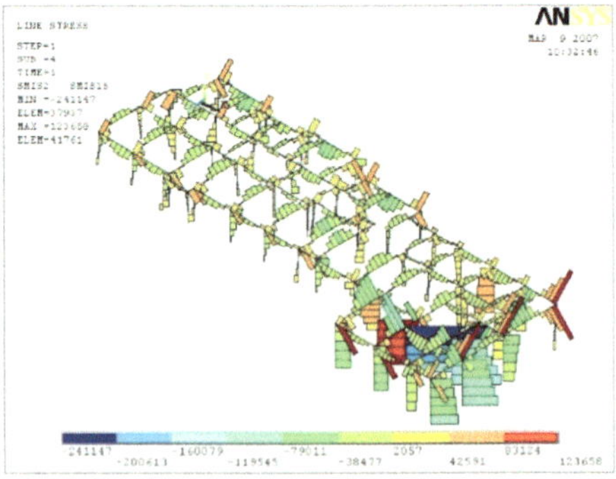

(b) 1层弯矩

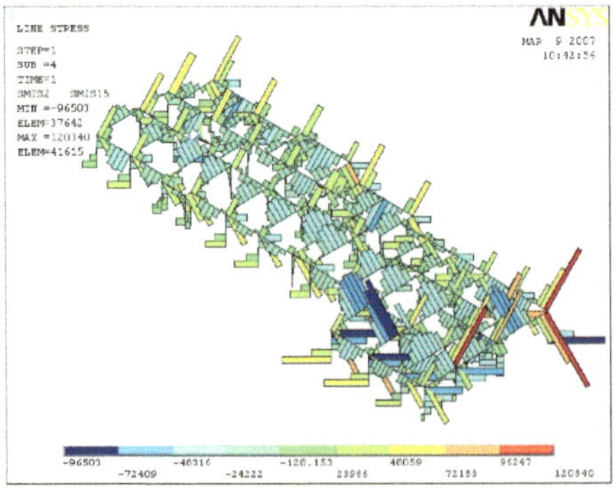

(c) 2层弯矩

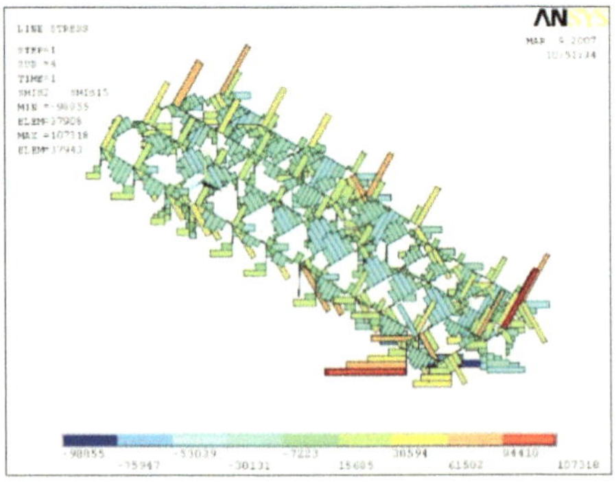

(d) 3层弯矩

图 7-30 基本工况(未施加变形)分层弯矩

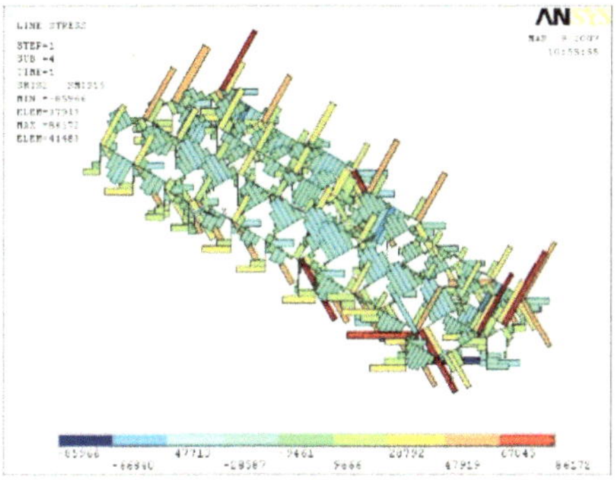

(e) 4层弯矩

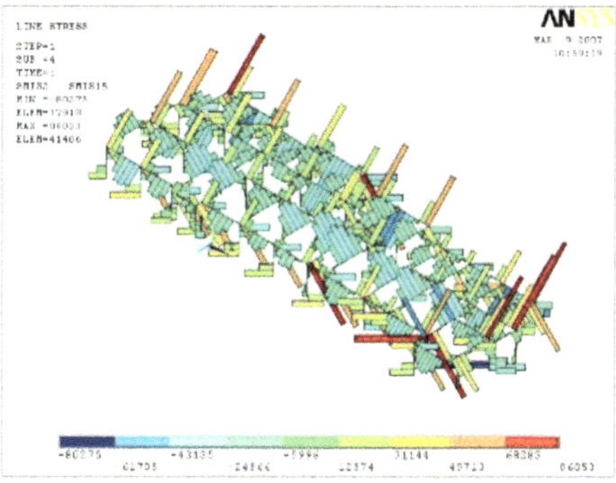

(f) 5层弯矩

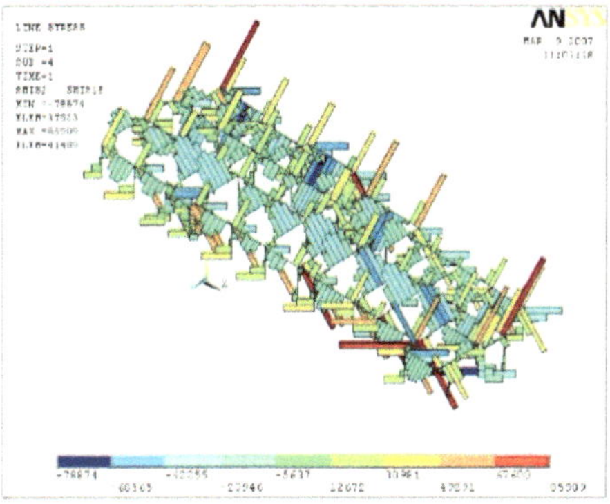

(g) 6层弯矩

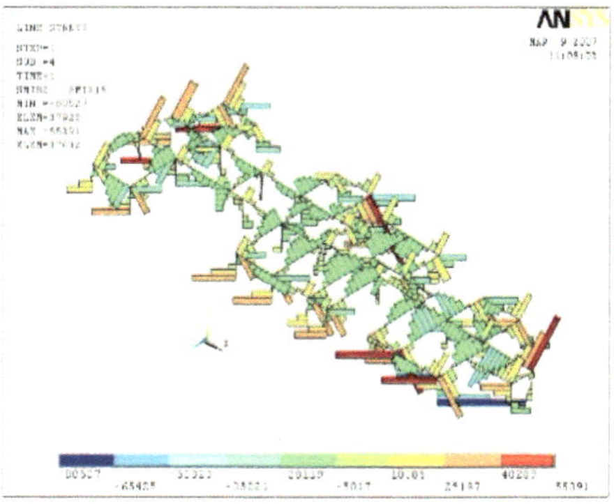

(h) 7层弯矩

图 7-30(续)

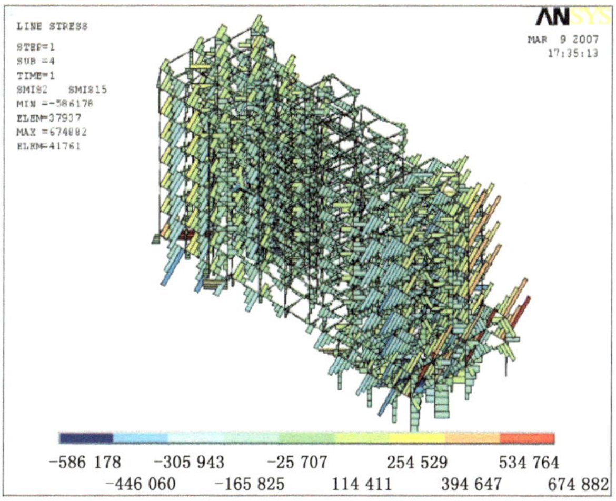

图 7-31　负曲率变形作用下的整体梁柱弯矩

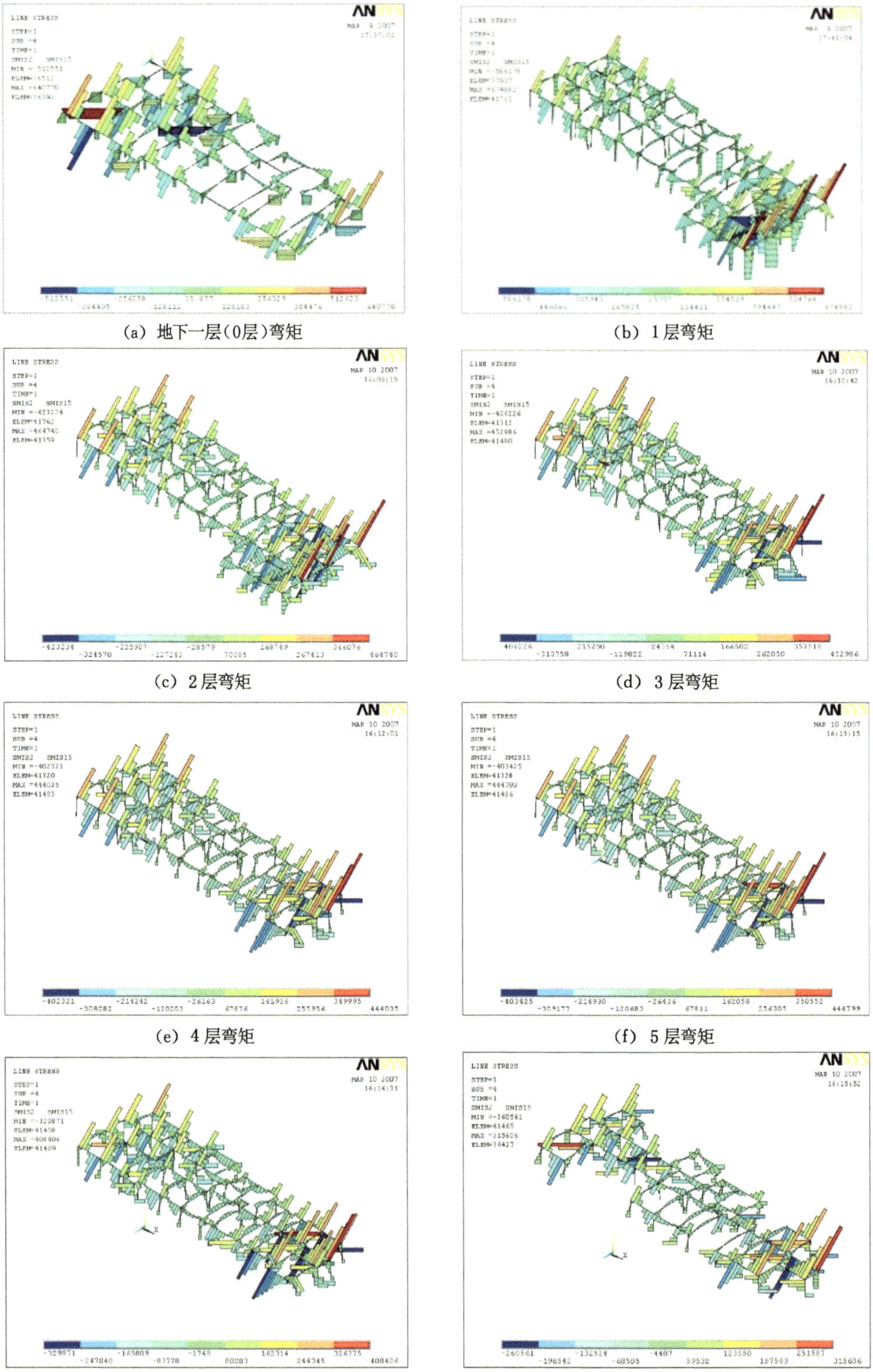

(a) 地下一层(0层)弯矩　(b) 1层弯矩

(c) 2层弯矩　(d) 3层弯矩

(e) 4层弯矩　(f) 5层弯矩

(g) 6层弯矩　(h) 7层弯矩

图 7-32　负曲率变形作用下(变形 1)的分层弯矩

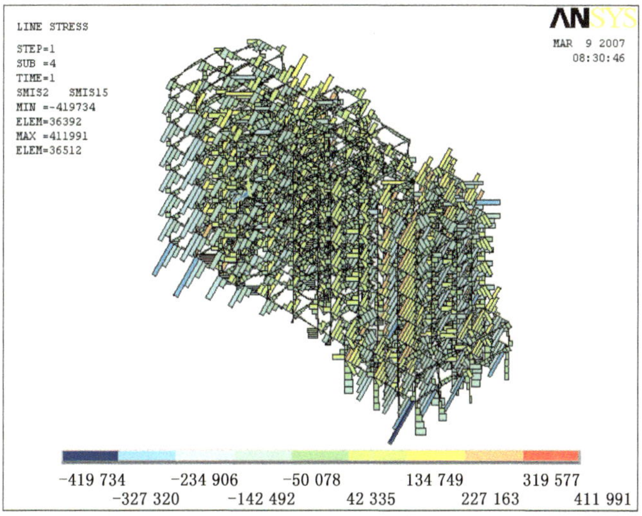

图 7-33　正曲率变形作用下梁柱整体弯矩

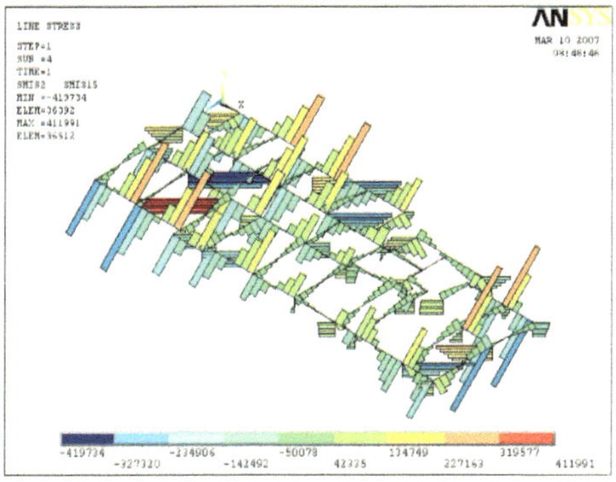

(a) 地下一层(0层)弯矩

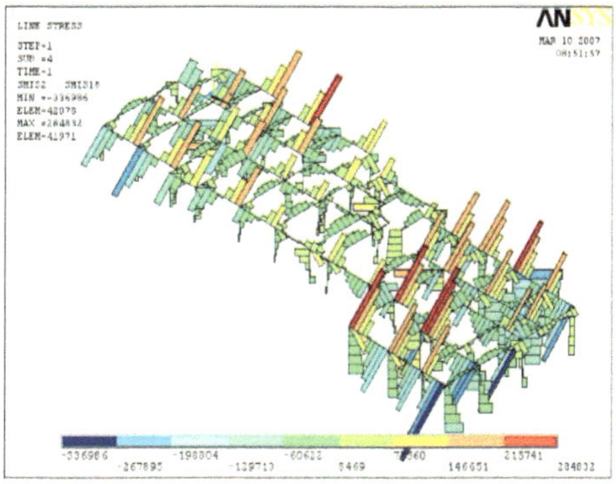

(b) 1层弯矩

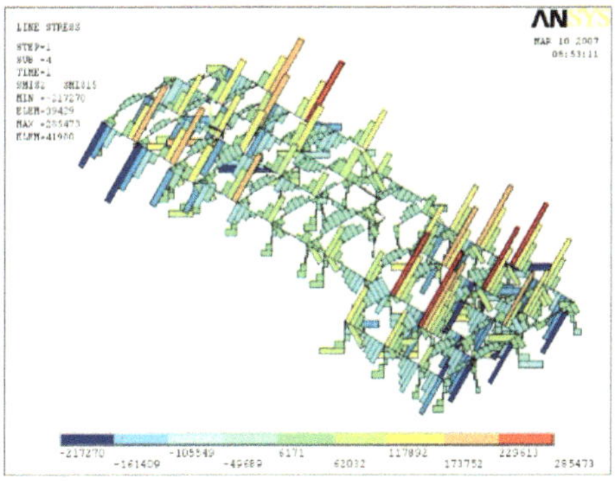

(c) 2层弯矩

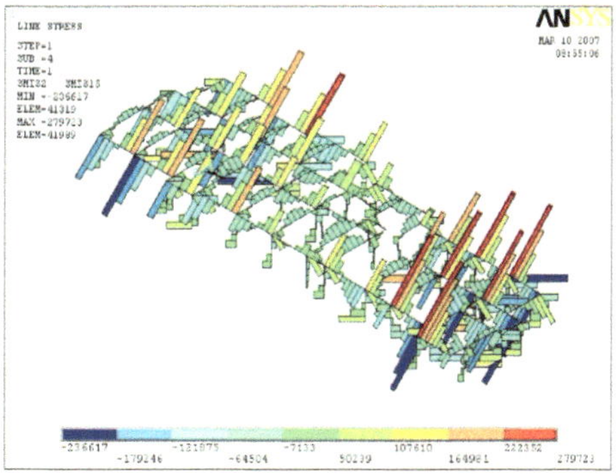

(d) 3层弯矩

图 7-34　正曲率变形作用下(变形 2)的分层弯矩

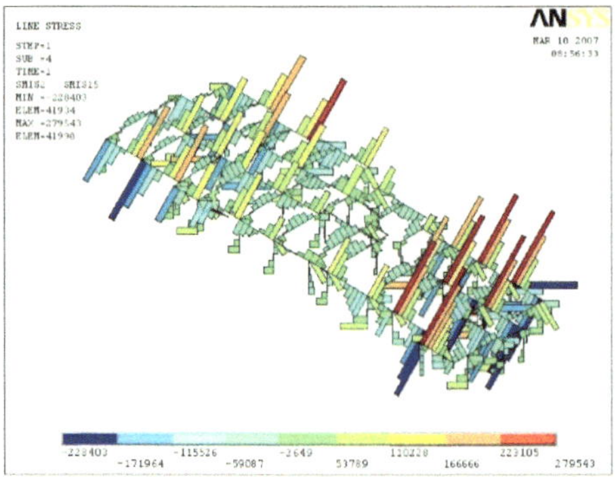

(e) 4 层弯矩

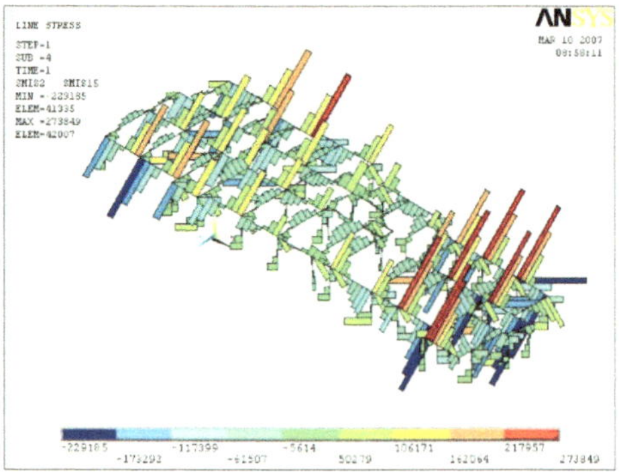

(f) 5 层弯矩

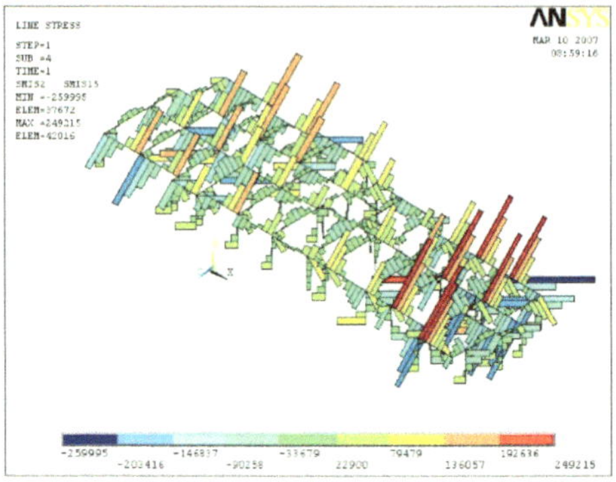

(g) 6 层弯矩

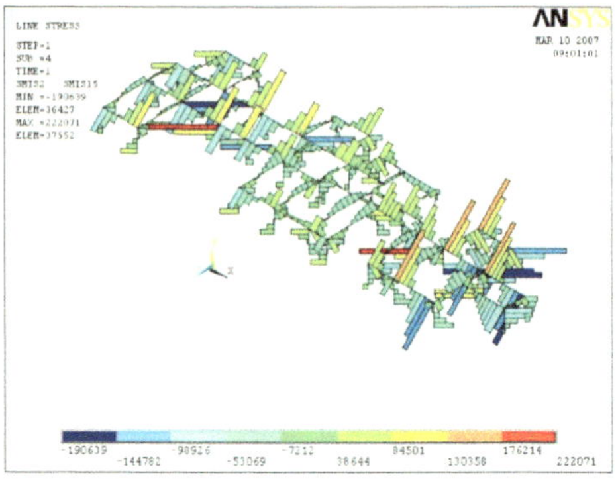

(h) 7 层弯矩

图 7-34(续)

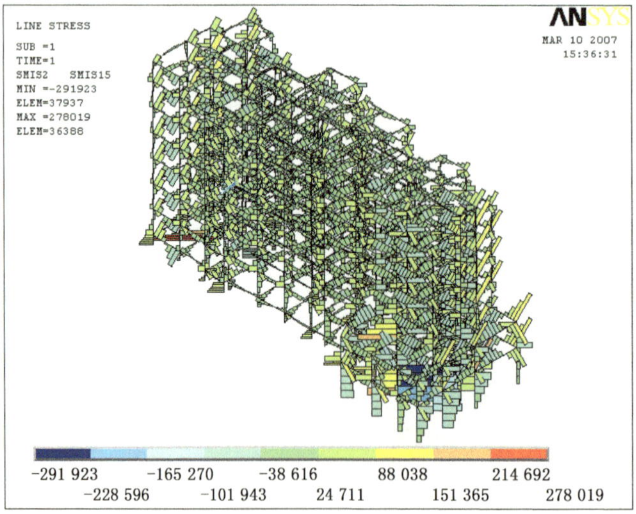

图 7-35 水平拉伸变形作用下梁柱整体弯矩

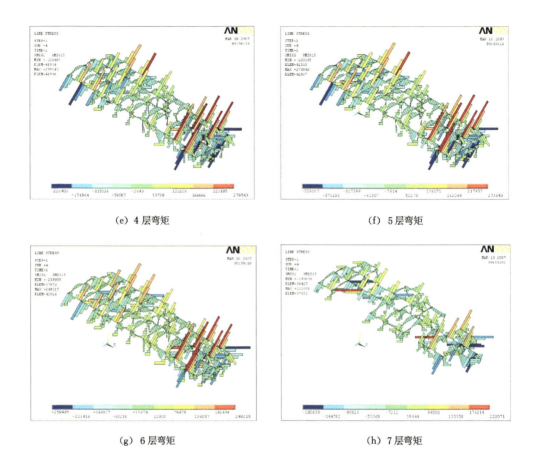

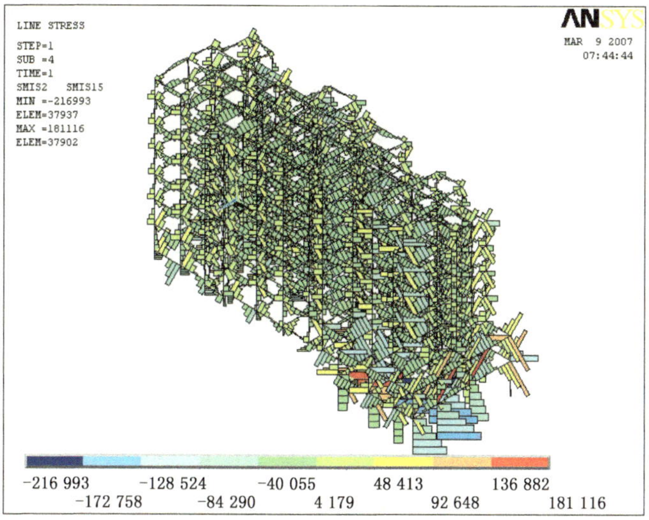

图 7-36 水平压缩变形作用下梁柱整体弯矩

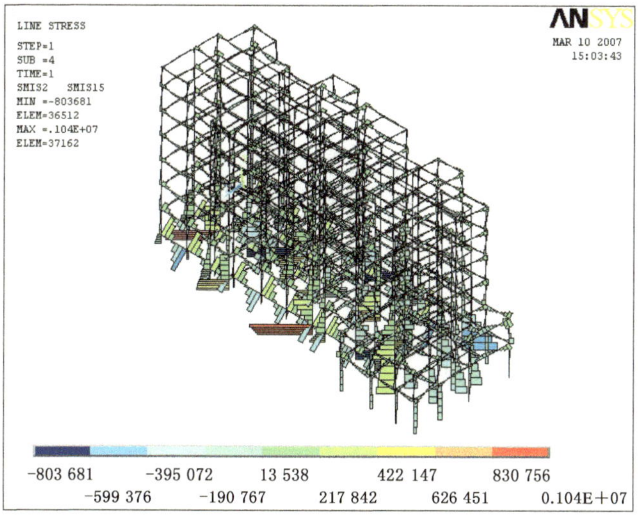

图 7-37 倾斜变形作用下梁柱整体弯矩

表 7-11 各工况最大轴力对比 单位:kN

	最大压力	位置	最大拉力	位置
基本工况	−1 320	D-3;G-4;F-15;J-17 柱(0 层)	152.14	H-20～23 梁(1 层)
负曲率	−2 390	C-1;D-1 柱(0 层)	785.2	H-20～23 梁(1 层)
正曲率	−1 790	F-15;E-19 柱(0 层)	1 010	E-16～23 梁(7 层)
水平拉伸	−1 410	D-1;F-15;J-17 柱(0 层)	498.5	C-19～20 梁(0 层)
水平压缩	−1 360	D-3;G-4;F-15 柱(0 层)	108	1/A～1/C-28 梁(1 层)
倾斜	−1 880	1/A-24 柱(1 层)	144.6	C～E-24 梁(1 层)

注:表中各轴线编号见图 7-26;基本工况及变形描述详见表 7-3。

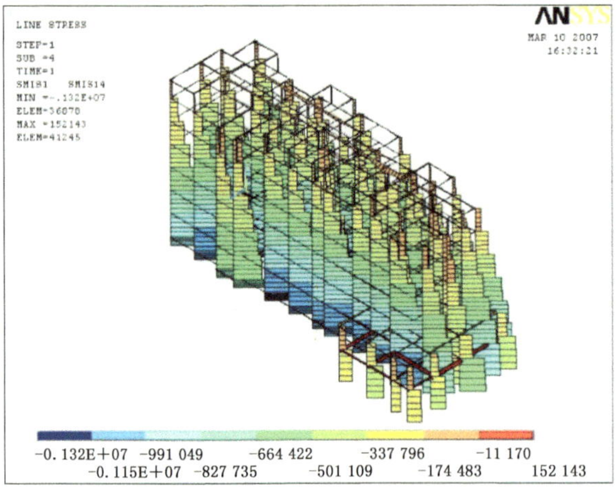

图 7-38 基本工况框架整体轴力

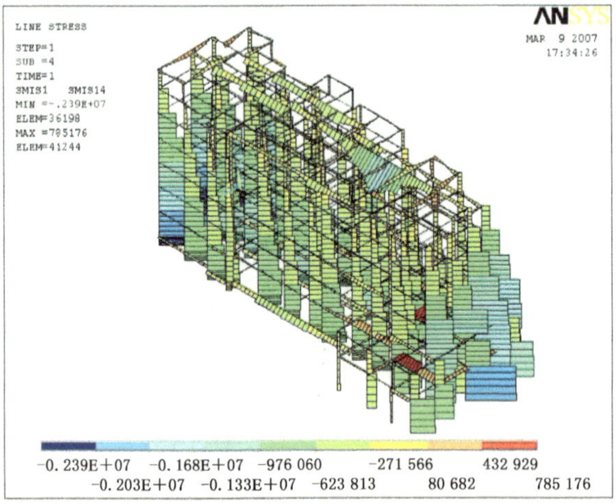

图 7-39 负曲率变形作用下框架轴力

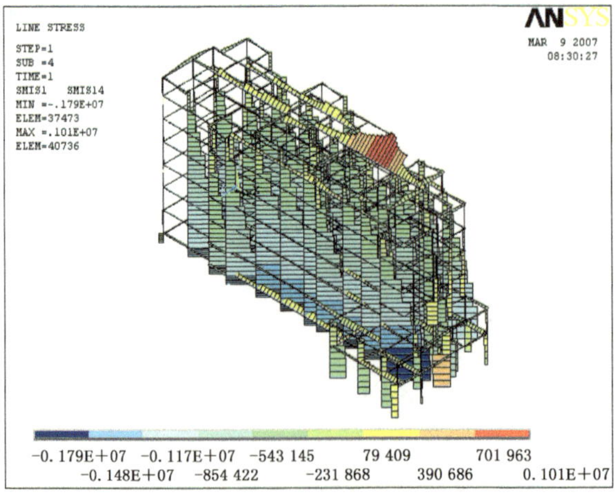

图 7-40 正曲率变形作用下框架轴力

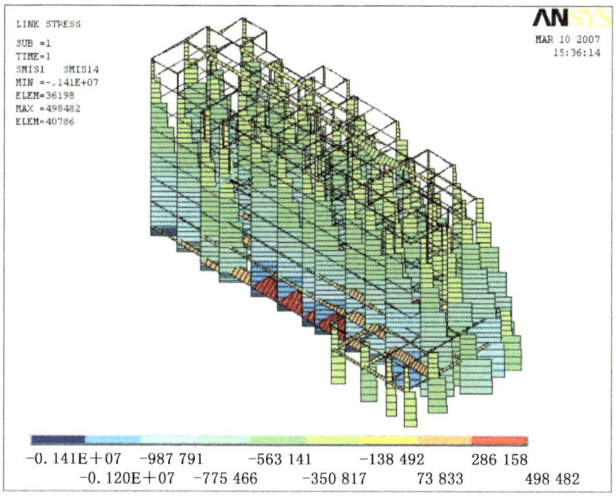

图 7-41　水平拉伸变形作用下框架轴力

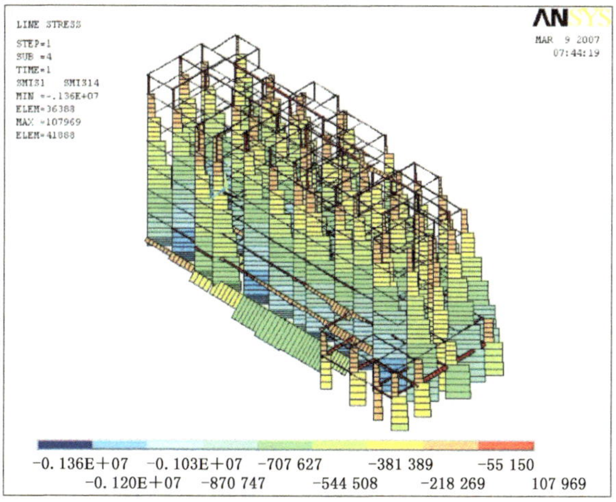

图 7-42　水平压缩变形作用下框架轴力

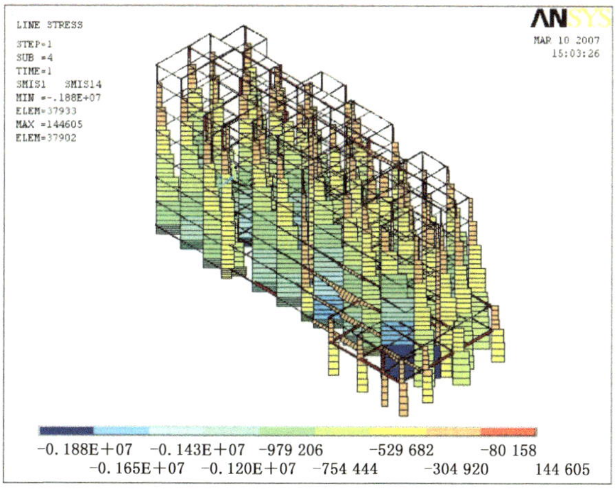

图 7-43　倾斜变形作用下框架轴力

(3) 地表变形对框架剪力的影响

各种地表变形引起的框架剪力最大值对比如表 7-12 所示，对应的最大剪力如图 7-44 所示。可见地表变形引起的框架剪力明显增大，其中最大剪力均出现在 1 层或 0 层梁上，负曲率变形和倾斜变形引起的附加剪力相对更大。

表 7-12　各工况最大剪力对比　　单位：kN

	最大剪力	位置
基本工况	148.9	1/C-27～28 梁(1 层)
负曲率	760.3	1/C-27～28 梁(1 层)
正曲率	368	1/C-27～28 梁(1 层)
水平拉伸	197.4	1/C-27～28 梁(1 层)
水平压缩	183.3	1/C-27～28 梁(1 层)
倾斜	610.6	C-15～16 梁(0 层)

注：表中各轴线编号见图 7-26；基本工况及变形描述详见表 7-3。

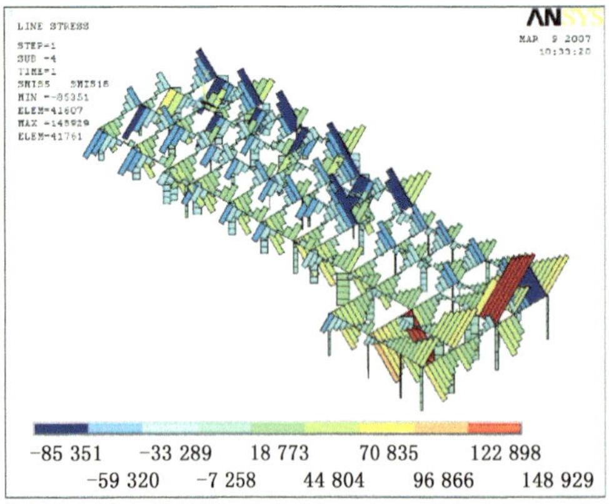

(a) 基本工况首层剪力

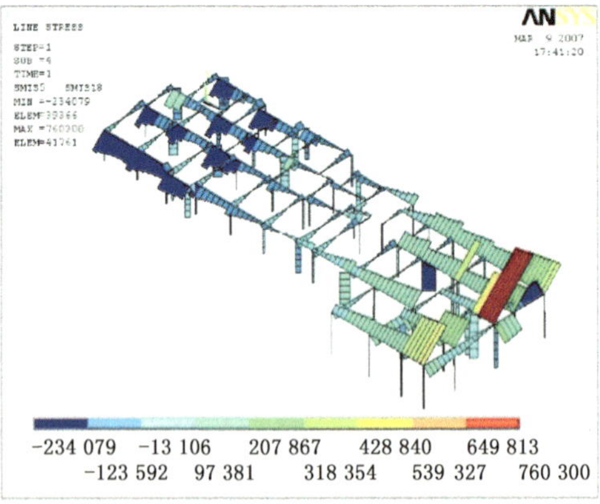

(b) 变形1(负曲率)首层剪力

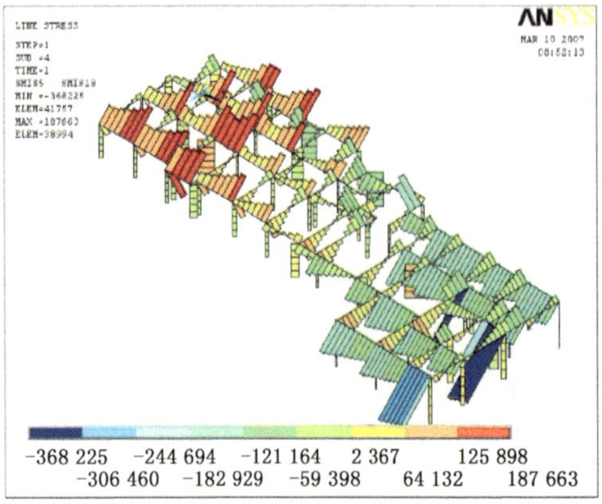

(c) 变形2(正曲率)首层剪力

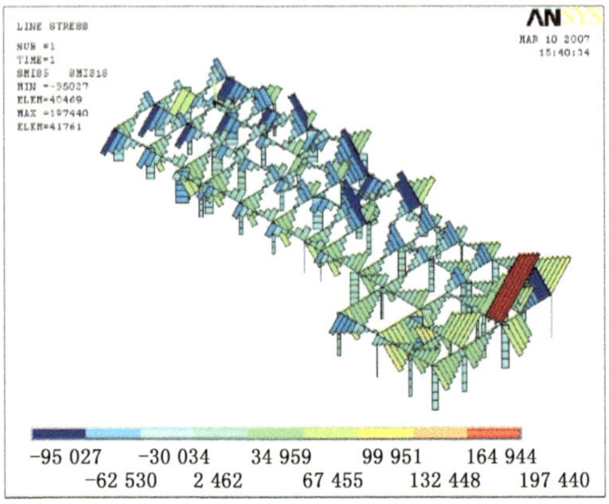

(d) 变形3(水平拉伸)首层剪力

图 7-44　各工况最大剪力对比

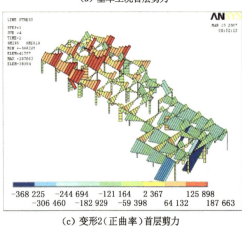

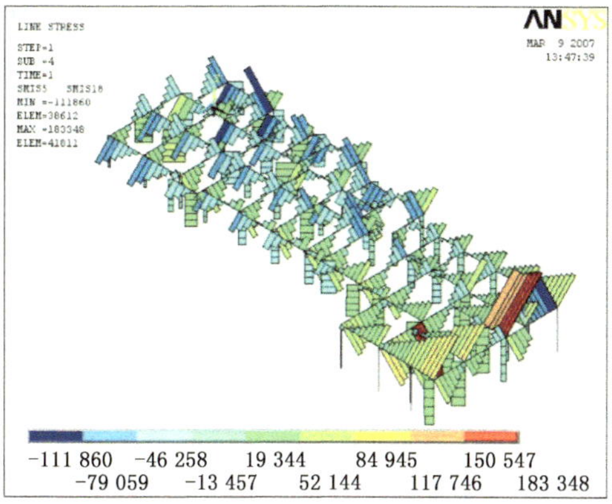

(e) 变形4(水平压缩)首层剪力

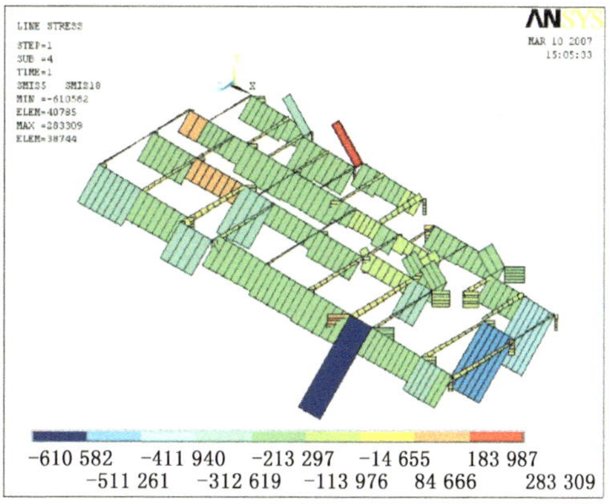

(f) 变形5(倾斜)首层剪力

图 7-44(续)

(4) 地表变形引起框架结构的附加变形规律

① X 方向变形规律

结构在各个工况下 X 方向的最大水平变形如表 7-13 所示，对应的地基、基础和框架的变形如图 7-45 至图 7-50 所示。基本工况下结构有向左(X 轴负方向)倾斜的趋势，这主要与建筑平面布置有关，一方面该建筑左上角的墙较右下部密集，直接造成荷载偏心；另一方面该建筑物由左边 7 层高住宅楼和右端 2 层高商场组成，层高变化也会带来荷载偏心。5 种变形工况中，倾斜变形引起的结构 X 方向水平侧移最大，其次是拉伸和压缩变形，正负曲率变形引起的水平附加变形相对较小。

表 7-13　各工况 X 方向水平变形对比　　单位：mm

	全局最大值	结构最大值	基础最大值	地基最大值
基本工况	4.015	−2.52	0.82	4.015
负曲率	−41.86	−9.05	−9.17	−41.86
正曲率	34.66	7.06	7.15	34.66
水平拉伸	123.6	10.37	11.24	123.6
水平压缩	−123.6	−16.36	−17.3	−123.6
倾斜	126.78	126.78	26.68	30.63

② Y 方向变形规律

结构在各个工况下 Y 方向的最大竖向变形如表 7-14 所示，对应的地基、基础和框架的变形如图 7-51 至图 7-56 所示。5 种变形工况中，倾斜和负曲率变形引起的结构竖向沉降较大，正曲率变形次之，拉伸和压缩变形对竖向附加沉降的影响较小。

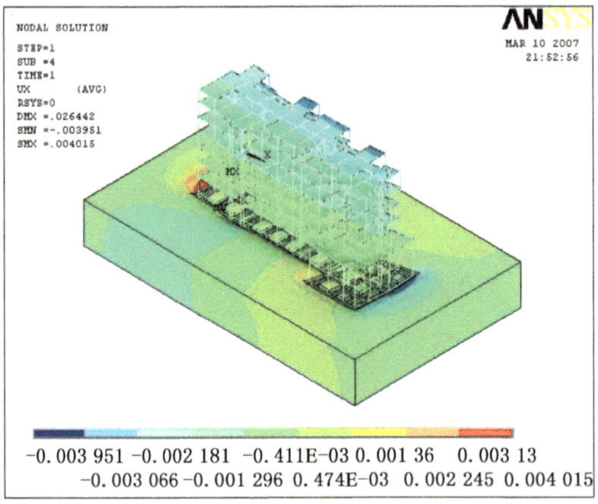

(a) 整体UX变形

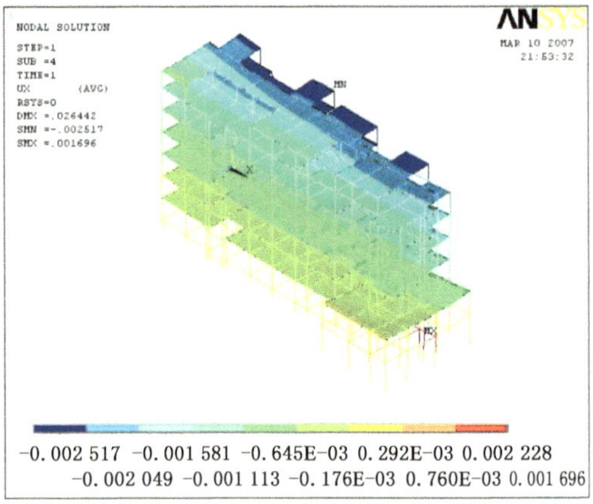

(b) 结构UX变形

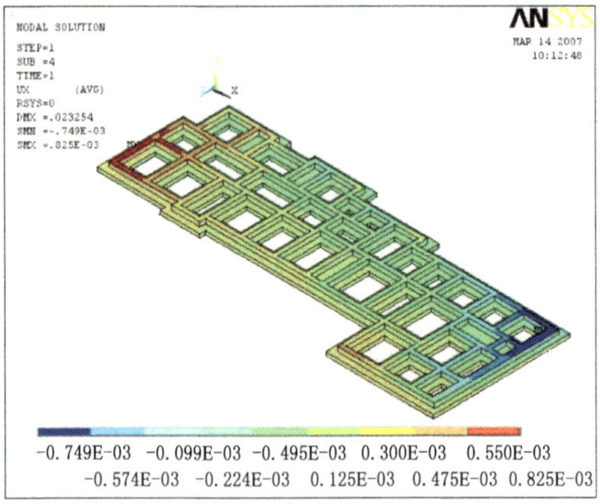

(c) 基础UX变形

图 7-45 基本工况 UX 结果

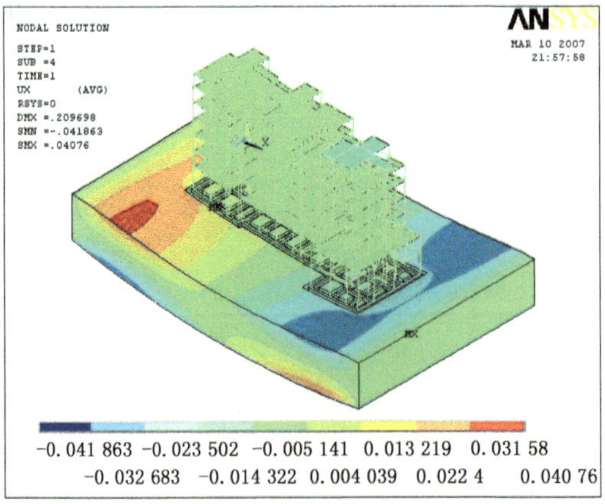

(a) 整体UX变形

图 7-46 变形 1(负曲率)UX 结果

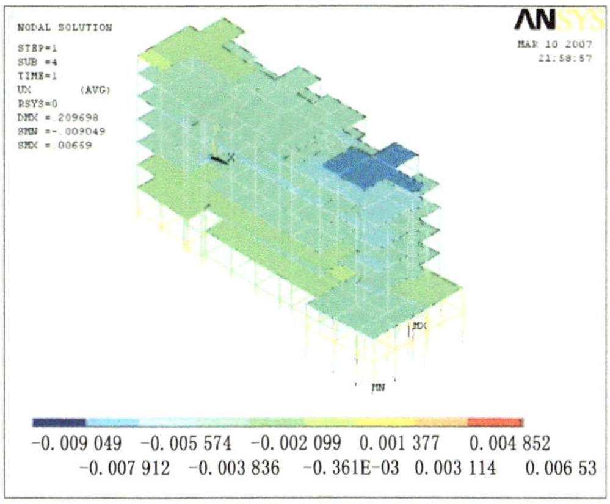

(b) 结构UX变形

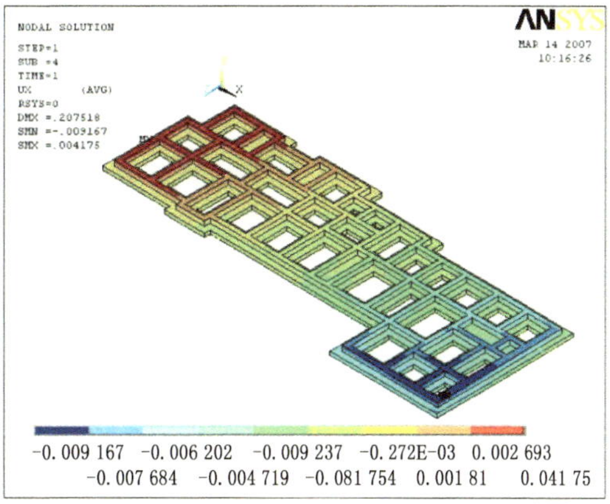

(c) 基础UX变形

图 7-46(续)

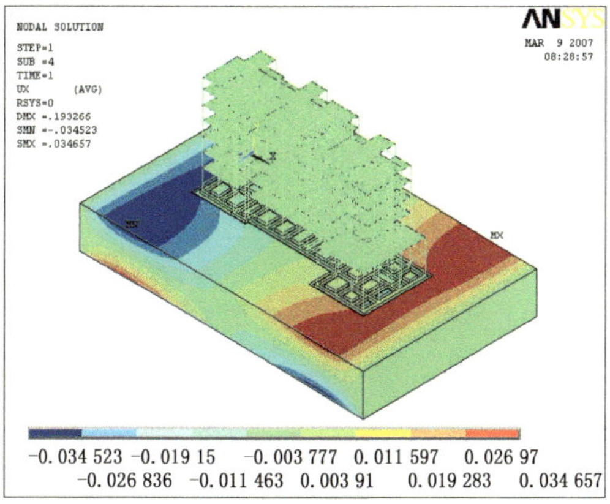

(a) 整体UX变形

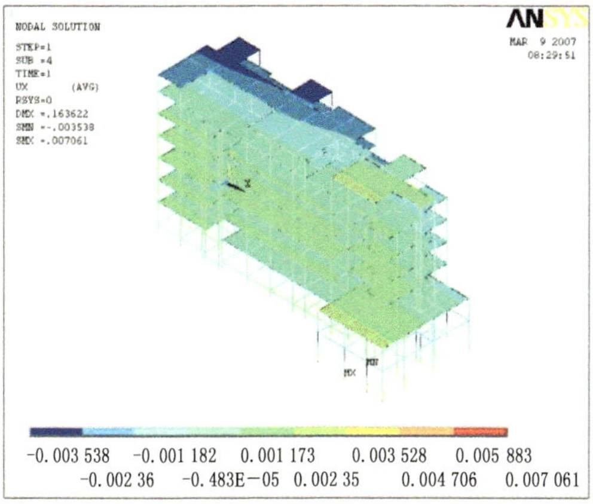

(b) 结构UX变形

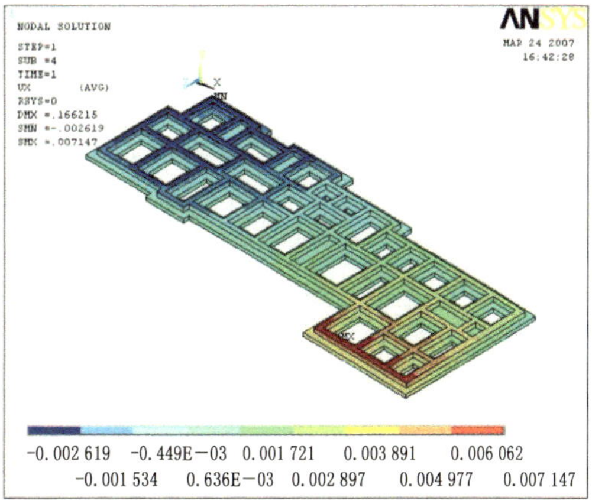

(c) 基础UX变形

图 7-47　变形 2(正曲率)UX 结果

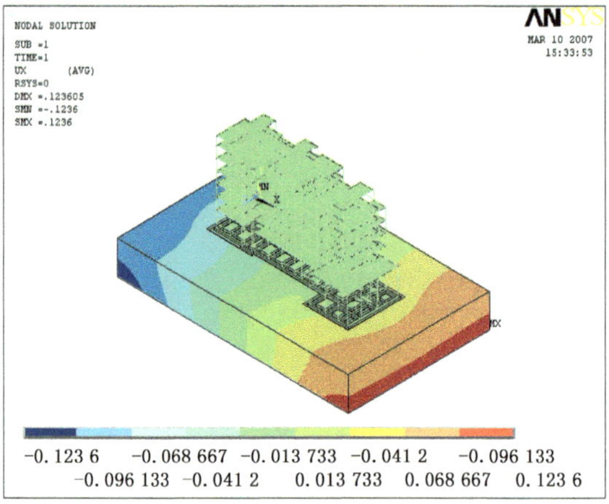

(a) 整体UX变形

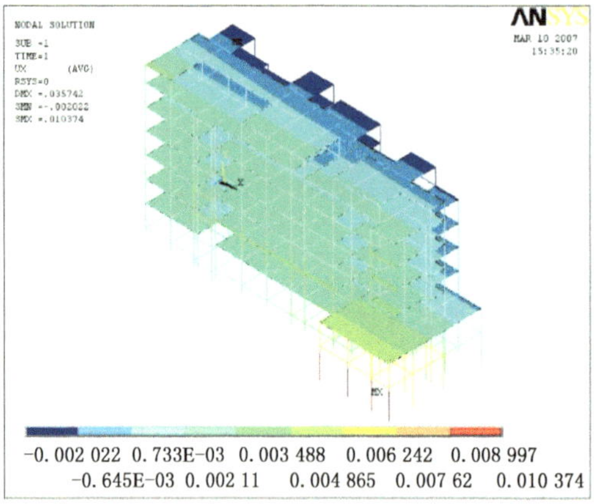

(b) 结构UX变形

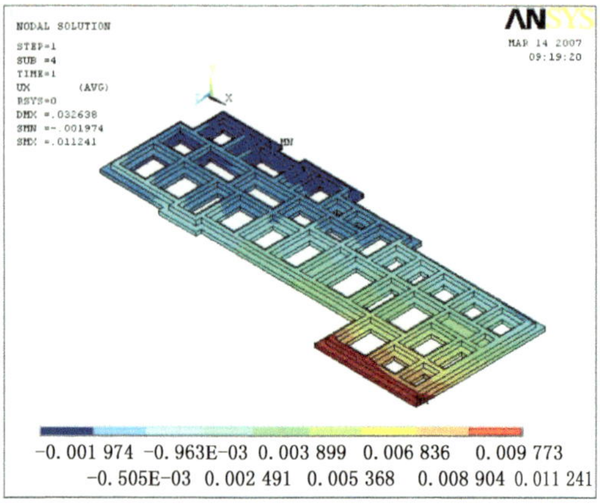

(c) 基础UX变形

图 7-48 变形 3(水平拉伸)UX 结果

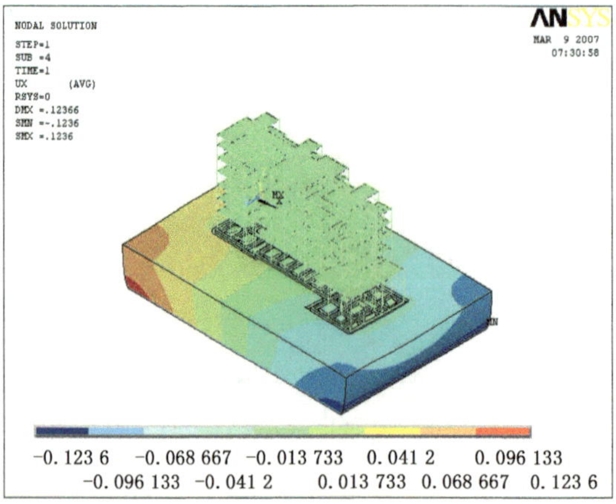

(a) 整体UX变形

图 7-49 变形 4(水平压缩)UX 结果

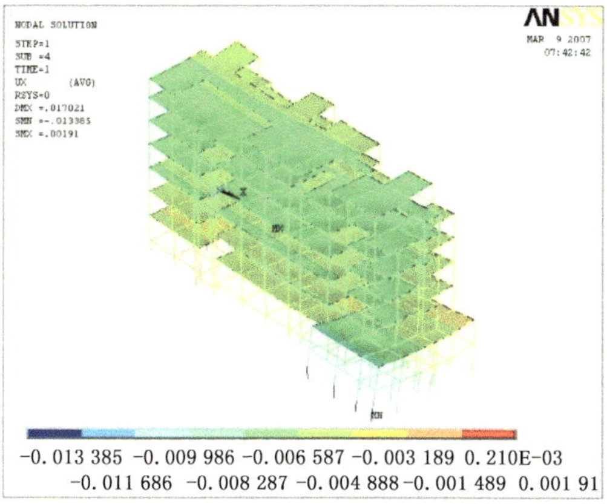

(b) 结构UX变形

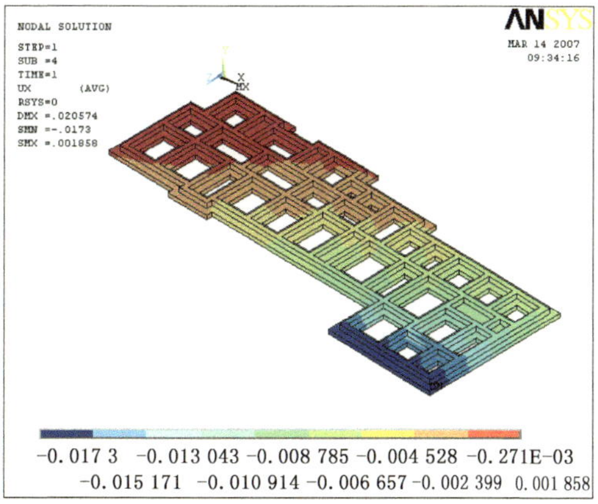

(c) 基础UX变形

图 7-49(续)

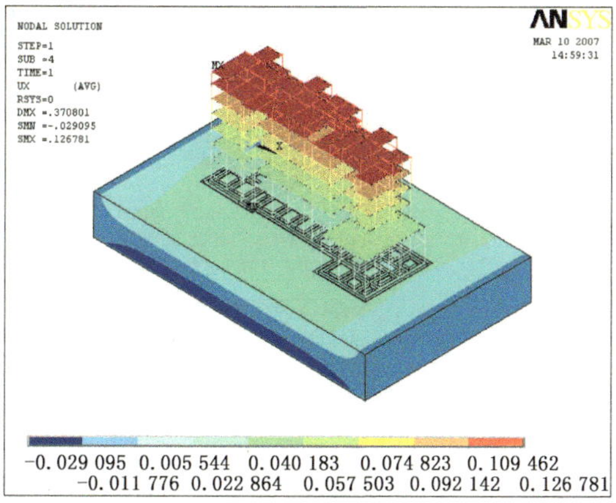

(a) 整体UX变形

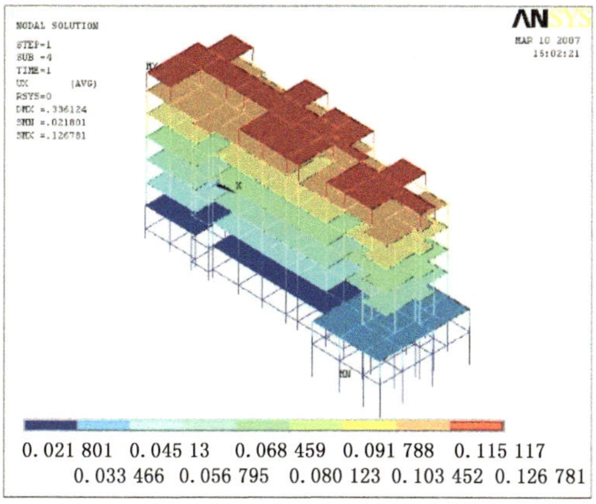

(b) 结构UX变形

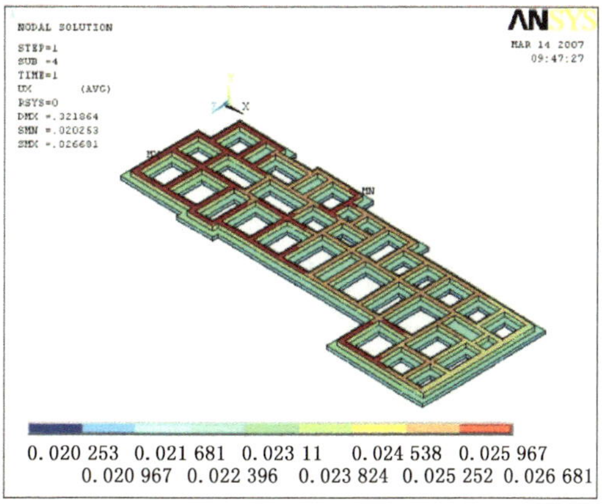

(c) 基础UX变形

图 7-50　变形 5(倾斜)UX 结果

表 7-14 各工况 *Y* 方向变形对比 单位:mm

	全局最大值	结构最大值	基础最大值	地基最大值
基本工况	−26.33	−26.33	−23.24	−22.92
负曲率	−209.63	−209.63	−207.52	−207.26
正曲率	193.27	163.61	166.2	193.27
水平拉伸	−52.75	−35.66	−32.56	−52.75
水平压缩	−23.69	−17.83	−14.85	−23.69
倾斜	−370.8	−318.92	−321.07	−370.8

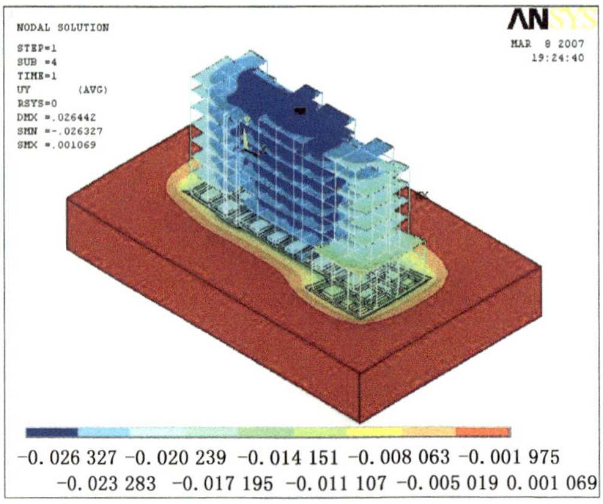

(a) 整体UY变形

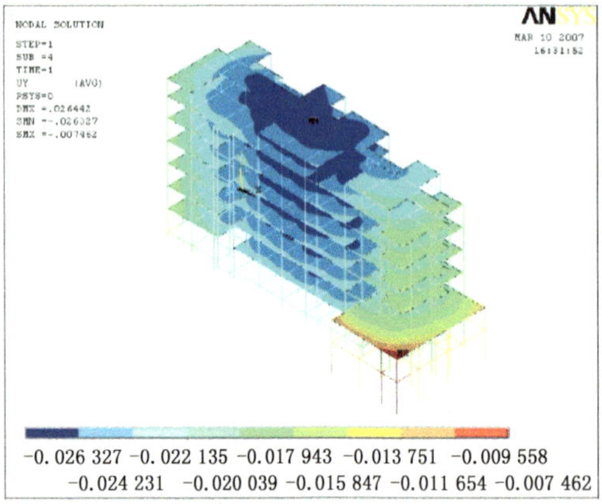

(b) 结构UY变形

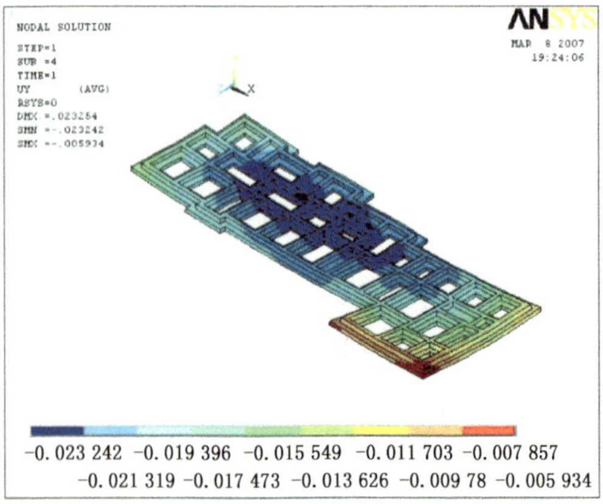

(c) 基础UY变形

图 7-51 基本工况 UY 结果

③ *Z* 方向变形规律

表 7-15 所示为结构在各个工况下 *Z* 方向的最大变形,对应的地基、基础和框架的变形如图 7-57 至图 7-62 所示。由图及表格数据可见,*X* 方向的拉伸和压缩变形有可能引起结构的 *Z* 向扭转,应引起重视。

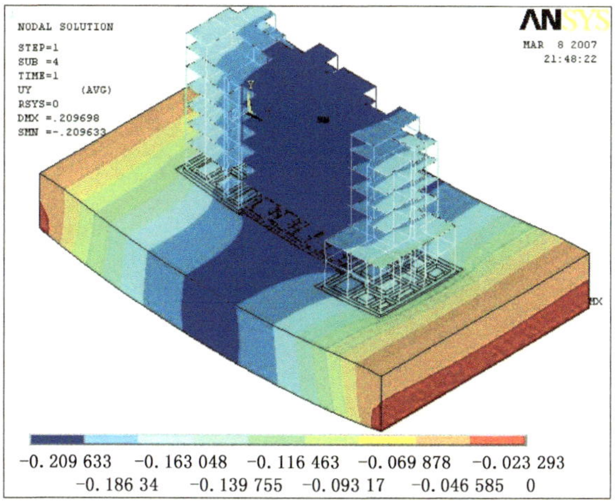

(a) 整体UY变形

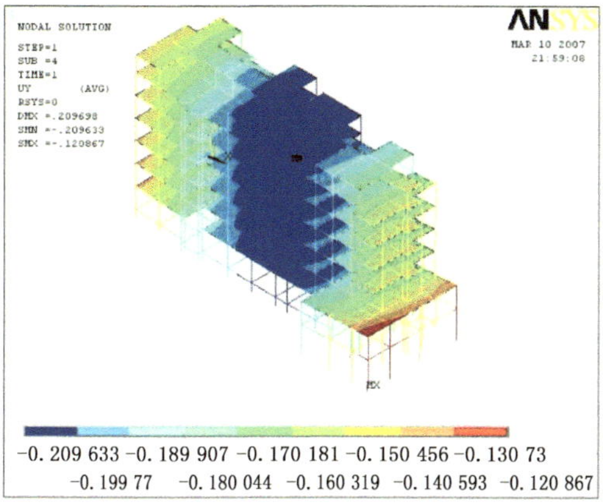

(b) 结构UY变形

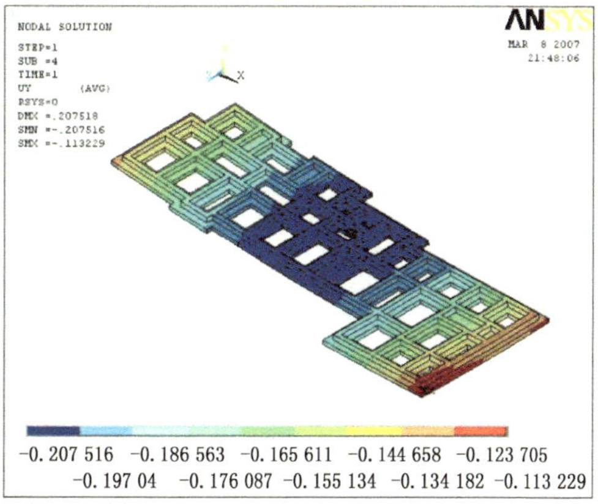

(c) 基础UY变形

图 7-52 变形 1(负曲率)UY 结果

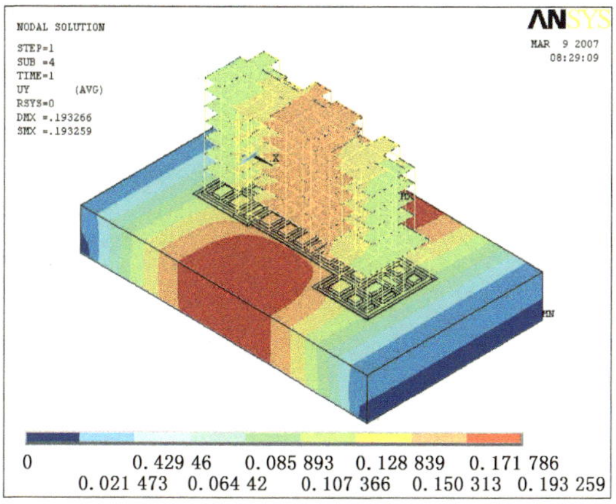

(a) 整体UY变形

图 7-53 变形 2(正曲率)UY 结果

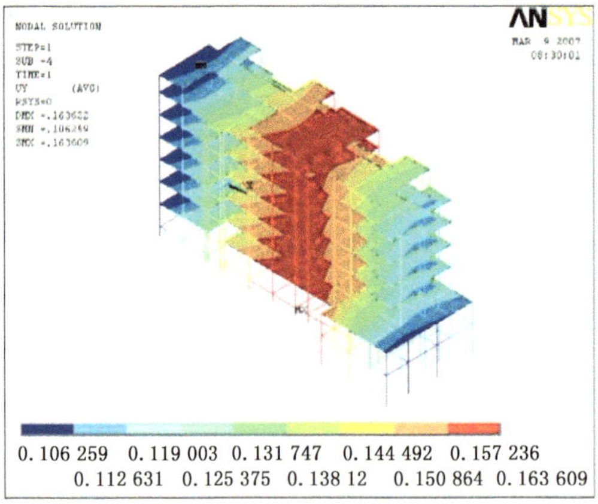

(b) 结构UY变形

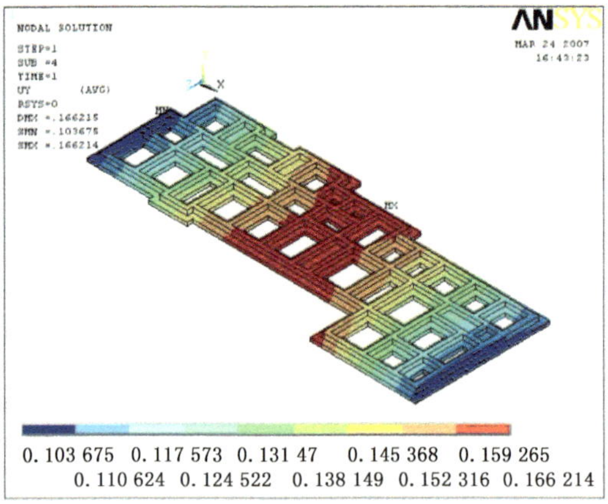

(c) 基础UY变形

图 7-53(续)

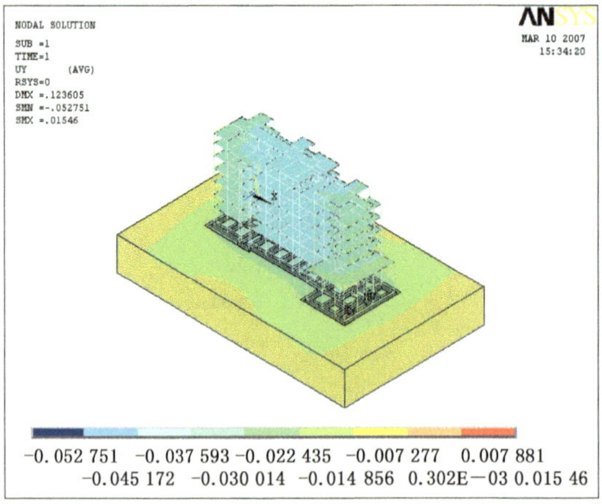

(a) 整体UY变形

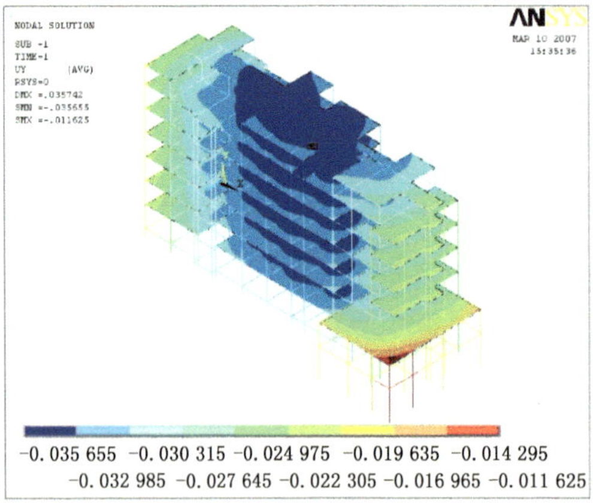

(b) 结构UY变形

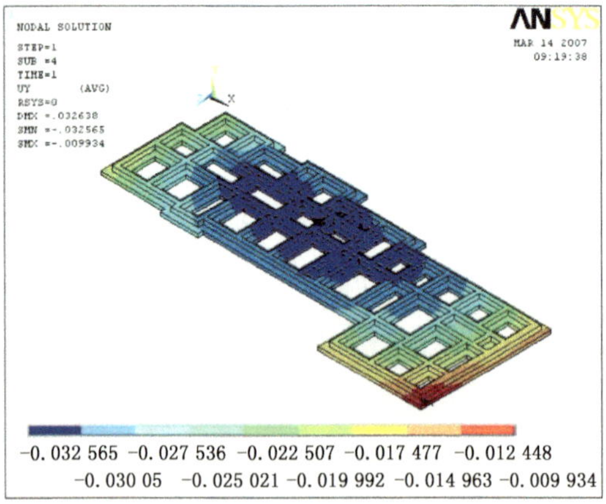

(c) 基础UY变形

图 7-54 变形 3(水平拉伸)UY 结果

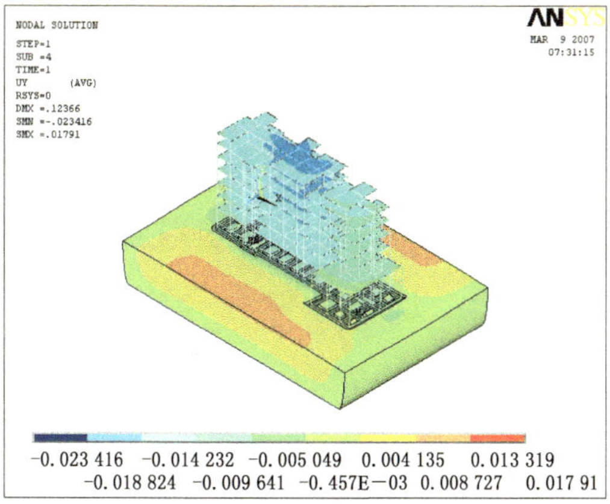

(a) 整体UY变形

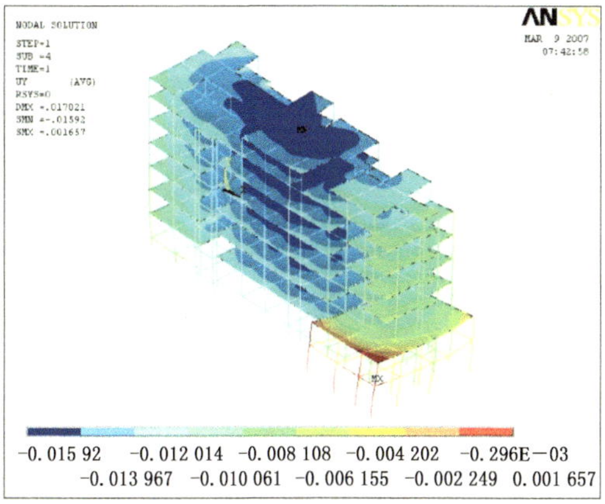

(b) 结构UY变形

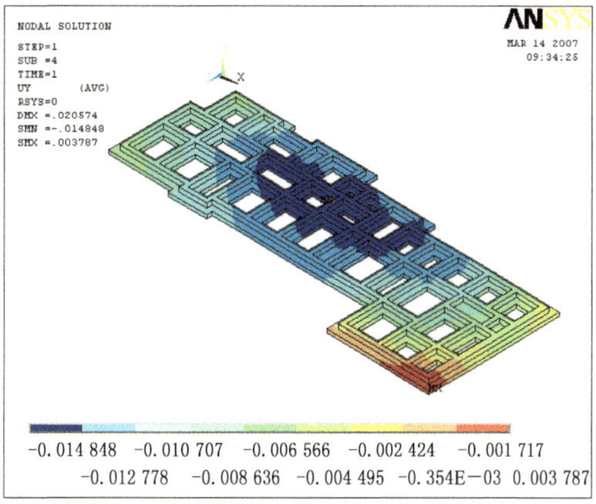

(c) 基础UY变形

图 7-55　变形 4(水平压缩)UY 结果

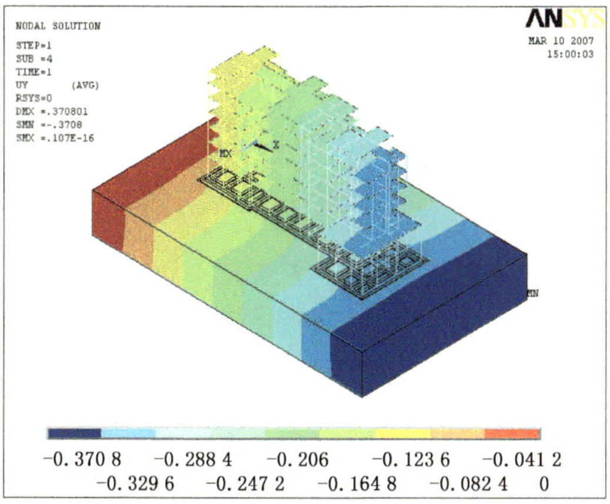

(a) 整体UY变形

图 7-56　变形 5(倾斜)UY 结果

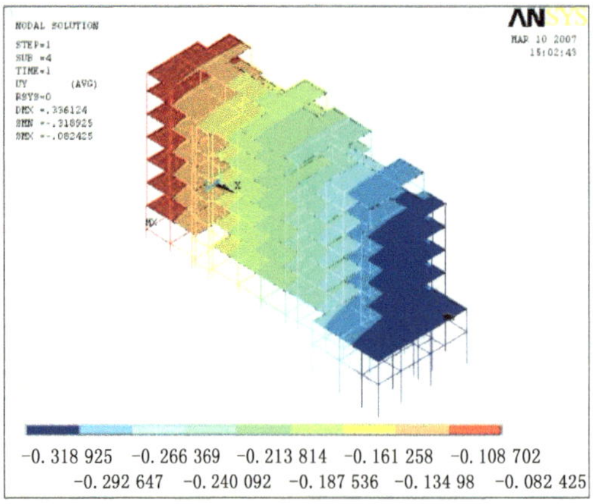

(b) 结构UY变形

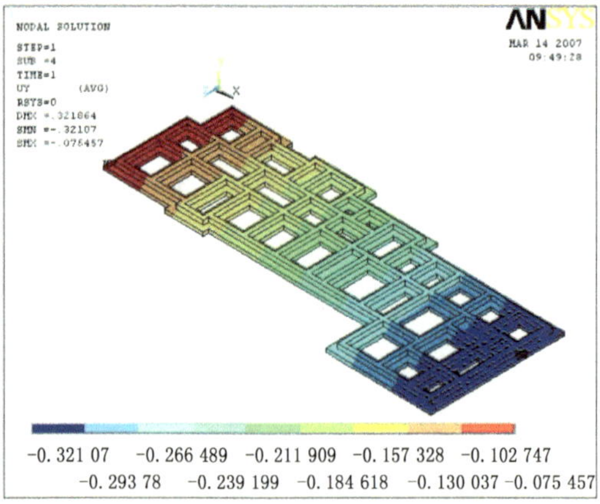

(c) 基础UY变形

图 7-56(续)

表 7-15 各工况 Z 方向变形对比 单位:mm

	全局最大值	结构最大值	基础最大值	地基最大值
基本工况	−5.32	−5.32	1.5	5.14
负曲率	8.66	−6.23	3.9	8.66
正曲率	7.49	−6.22	−2.62	7.49
水平拉伸	11.4	−9.99	−7.72	11.4
水平压缩	10.67	9.47	10.67	10.6
倾斜	−6.45	−6.45	1.62	5.37

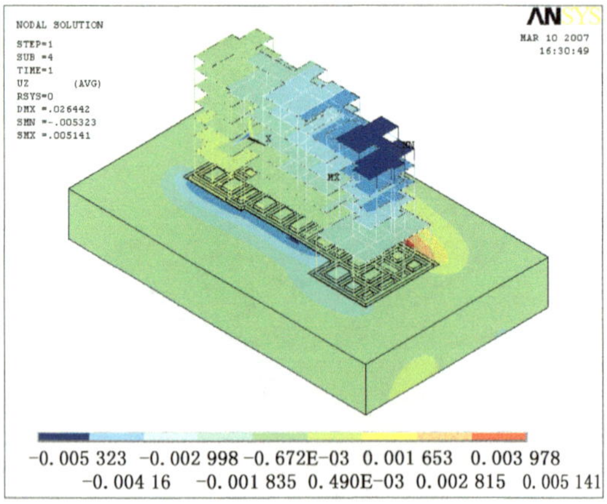

(a) 整体UZ变形

图 7-57 基本工况 UZ 结果

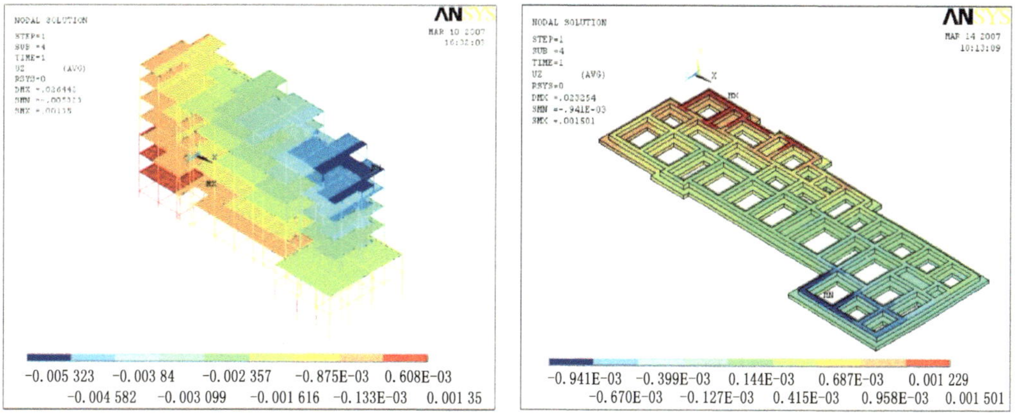

(b) 结构UZ变形　　(c) 基础UZ变形

图 7-57(续)

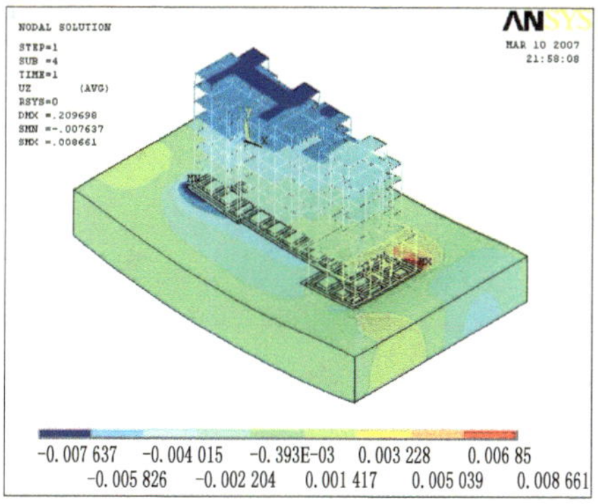

(a) 整体UZ变形

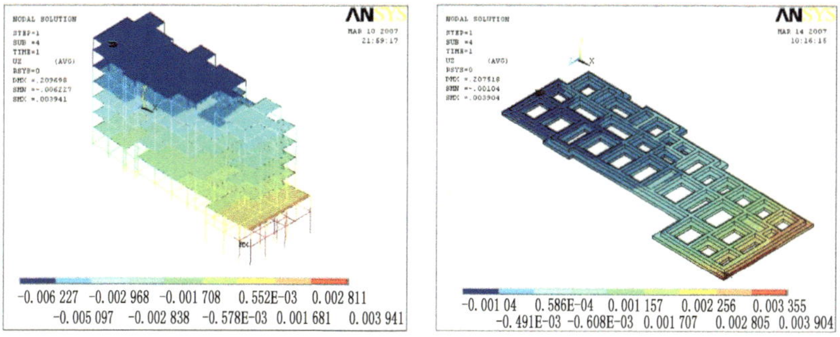

(b) 结构UZ变形　　(c) 基础UZ变形

图 7-58 变形 1(负曲率)UZ 结果

(5) 建筑物整体侧移及倾斜结果对比

为了说明结构在各个工况下的附加变形情况，表 7-16 至表 7-21 给出了框架各关键参考点的位移值，根据该各角点部位柱顶和柱底沿 X、Y、Z 方向的变形可计算出各工况下建筑物的最大相对侧移和最大相对沉降差，如表 7-22 所示。由表 7-22 可见，倾斜变形 6 mm/m 引起的

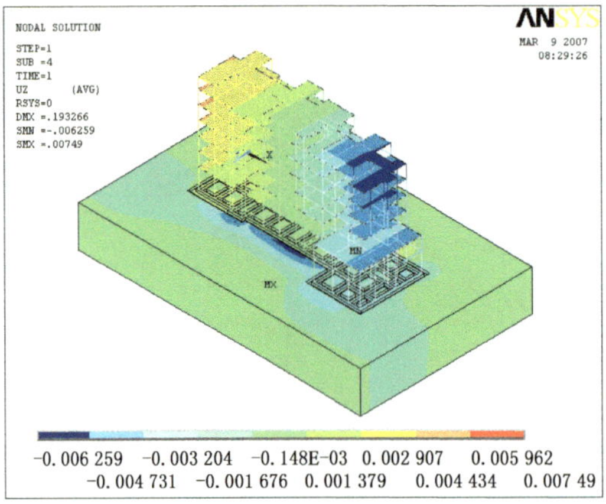

(a) 整体UZ变形

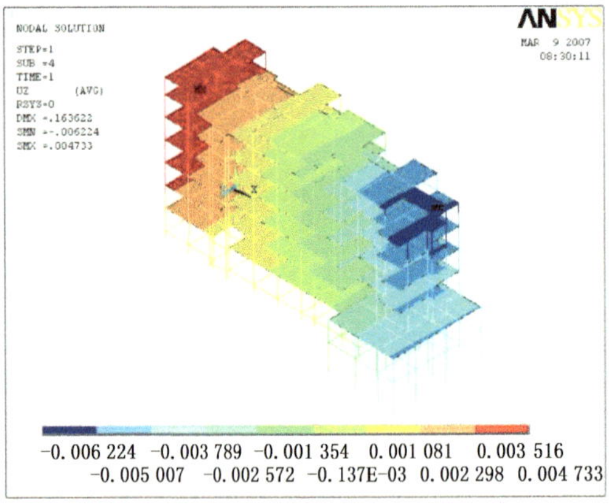

(b) 结构UZ变形

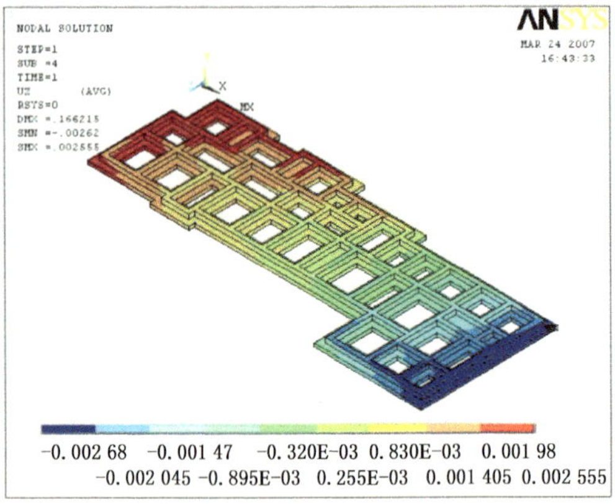

(c) 基础UZ变形

图 7-59 变形 2(正曲率)UZ 结果

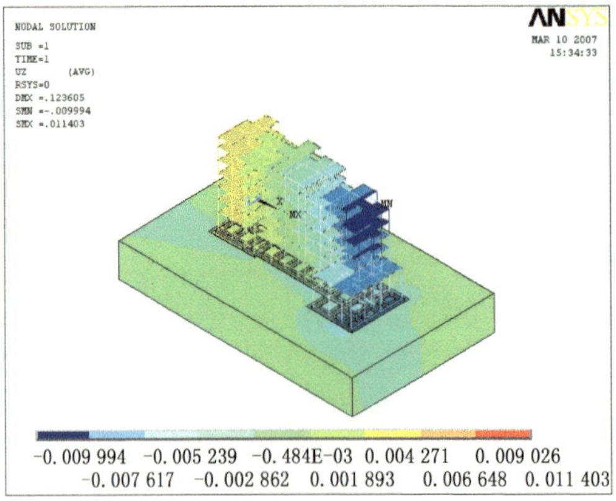

(a) 整体UZ变形

图 7-60 变形 3(水平拉伸)UZ 结果

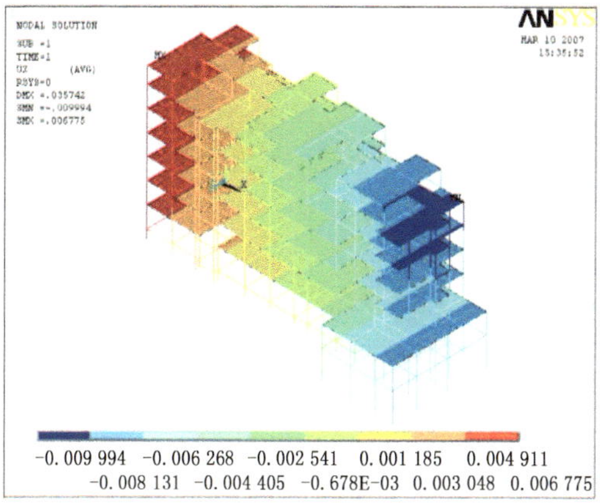

(b) 结构UZ变形

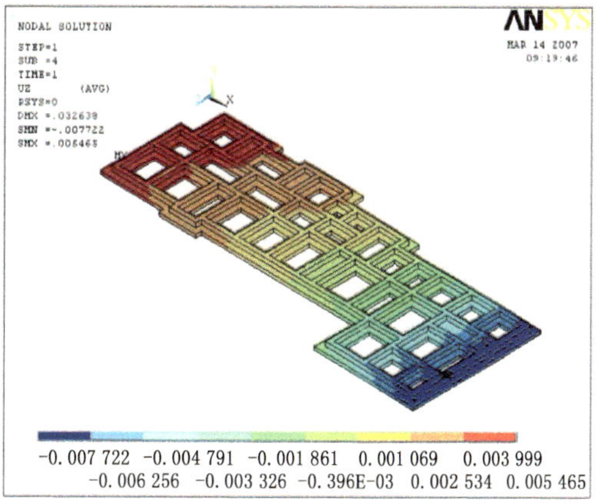

(c) 基础UZ变形

图 7-60(续)

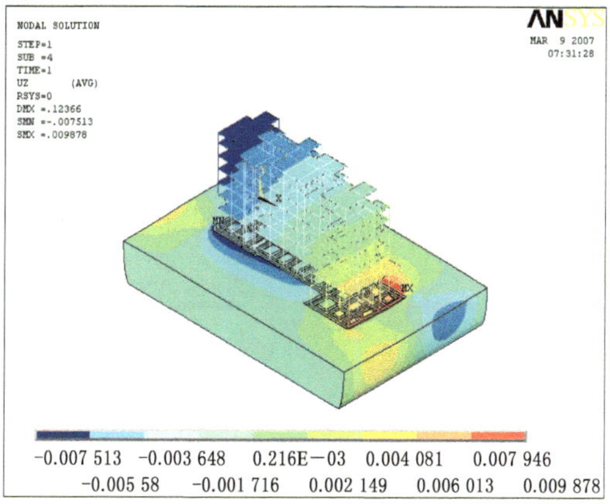

(a) 整体UZ变形

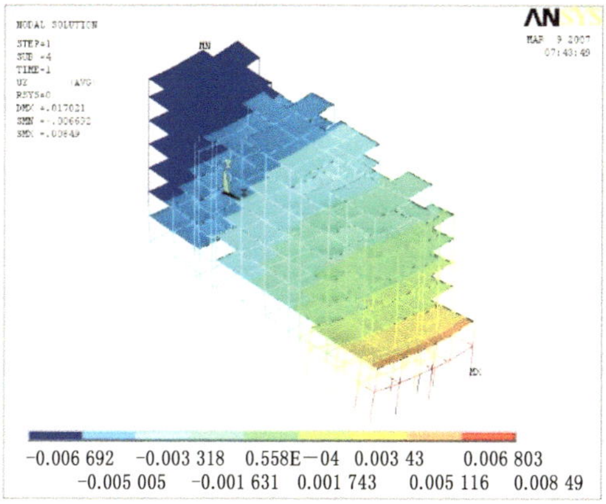

(b) 结构UZ变形

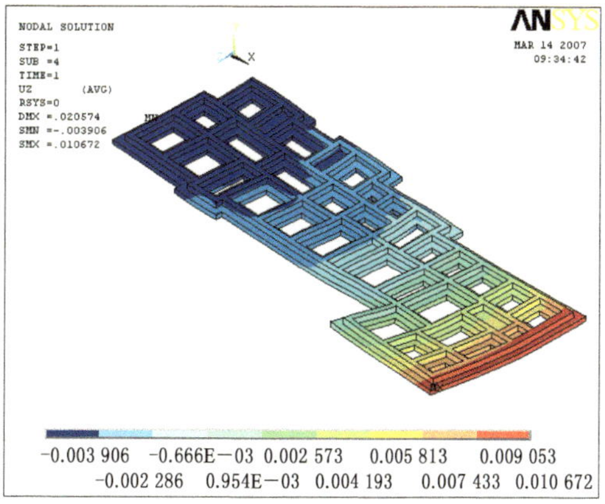

(c) 基础UZ变形

图 7-61　变形 4(水平压缩)UZ 结果

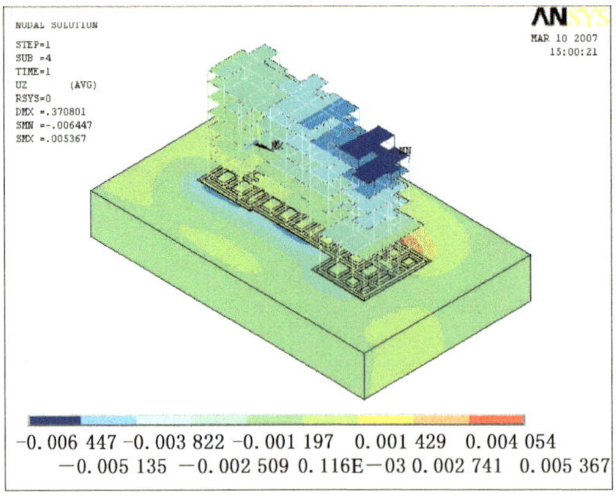

(a) 整体UZ变形

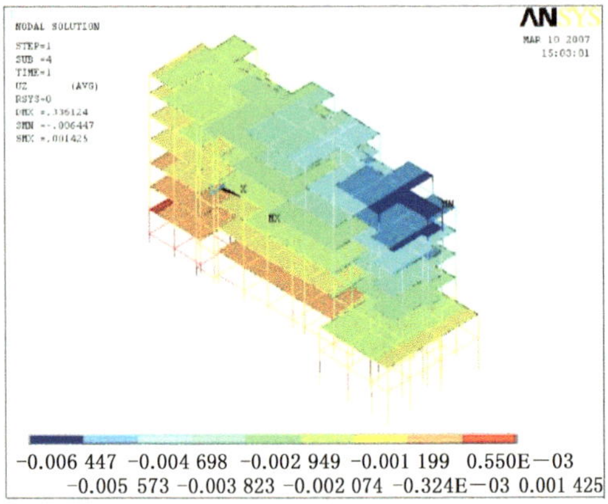

(b) 结构UZ变形

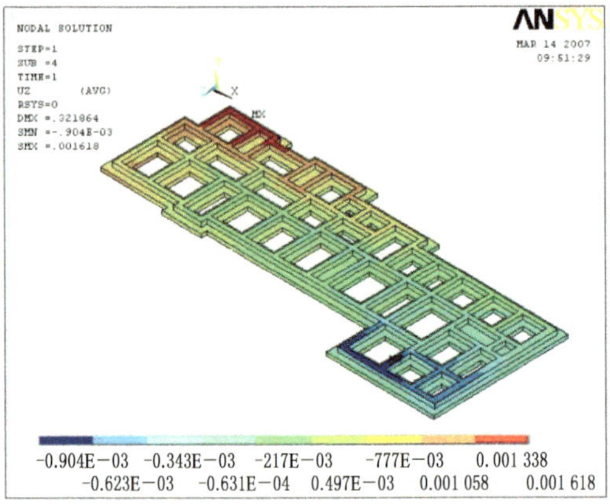

(c) 基础UZ变形

图 7-62 变形 5(倾斜)UZ 结果

建筑物倾斜(ΔUX/H)超过《建筑地基基础设计规范》(GB 50007—2011)规定的限值 4‰;相对沉降差(ΔUY/L)超过了《建筑地基基础设计规范》(GB 50007—2011)规定的限值 3‰。因此倾斜变形对框架结构的整体稳定性更为不利。

表 7-16 基本工况框架各关键点变形值 单位:mm

	柱顶			柱底		
	UX1	UY1	UZ1	UX2	UY2	UZ2
左上内	−2.13	−18.67	−0.056	0.5	−17.08	1.07
左上外	−0.44	−17.24	0.227	0.73	−15.11	0.91
中上内	−2.52	−22.51	−2.16	0.17	−20.30	1.05
中上外	−0.79	−22.76	−2.41	0.32	−20.18	0.25
右上内	−2.42	−20.28	−4.7	−0.59	−15.61	0.30
右上外	−1.27	−17.75	−4.8	−0.31	−14.29	−0.42

表 7-17　变形 1 框架各关键点变形值　单位:mm

	柱顶			柱底		
	UX1	UY1	UZ1	UX2	UY2	UZ2
左上内	−1.36	−148.55	−5.89	3.82	−137.73	−0.61
左上外	0.33	−139.69	−5.17	3.47	−135.14	−0.53
中上内	−2.14	−204.26	−5.82	1.06	−202.76	0.17
中上外	−3.22	−205.20	−5.74	−0.77	−203.71	−0.36
右上内	−6.51	−174.16	−3.62	−5.68	−153.06	2.31
右上外	−7.25	−166.88	−3.24	−7.76	−144.91	1.67

表 7-18　变形 2 框架各关键点变形值　单位:mm

	柱顶			柱底		
	UX1	UY1	UZ1	UX2	UY2	UZ2
左上内	−3.34	113.26	4.49	−2.07	107.00	2.26
左上外	−2.11	108.82	4.33	−1.24	108.89	1.95
中上内	−3.54	159.04	1.18	−0.76	161.97	1.73
中上外	0.18	159.33	0.71	0.91	162.99	0.72
右上内	0.50	134.57	−4.76	3.10	124.48	−1.22
右上外	2.91	132.36	−5.28	5.19	119.54	−1.96

表 7-19　变形 3 框架各关键点变形值　单位:mm

	柱顶			柱底		
	UX1	UY1	UZ1	UX2	UY2	UZ2
左上内	−1.41	−23.56	5.95	−0.10	−20.29	4.97
左上外	3.85	−21.58	6.77	1.43	−19.12	5.19
中上内	−1.87	−31.29	−0.49	−0.48	−29.05	2.97
中上外	3.09	−32.36	−1.16	2.93	−29.78	1.63
右上内	−1.35	−28.20	−7.96	1.03	−22.25	−4.87
右上外	2.32	−25.38	−8.21	6.36	−19.73	−6.10

表 7-20　变形 4 框架各关键点变形值　单位:mm

	柱顶			柱底		
	UX1	UY1	UZ1	UX2	UY2	UZ2
左上内	−4.85	−8.90	−7.22	0.97	−8.22	−3.57
左上外	−7.33	−7.88	−7.51	−0.07	−5.84	−3.74
中上内	−5.24	−14.46	−4.04	−0.14	−12.34	−1.40
中上外	−7.55	−14.54	−3.76	−4.48	−12.05	−1.55
右上内	−6.19	−10.87	−0.41	−5.80	−5.51	6.81
右上外	−8.12	−7.82	−0.29	−12.44	−3.78	6.96

表 7-21 变形 5 框架各关键点变形值 单位:mm

	柱顶			柱底		
	UX1	UY1	UZ1	UX2	UY2	UZ2
左上内	125.24	−94.60	−1.31	5.83	−84.53	1.18
左上外	126.78	−84.56	−1.07	26.52	−82.46	0.95
中上内	124.61	−184.74	−3.23	25.94	−181.96	1.14
中上外	126.12	−194.32	−3.46	26.09	−191.42	0.34
右上内	124.26	−285.39	−5.71	25.03	−301.22	0.27
右上外	125.61	−287.58	−5.83	25.19	−304.95	−0.40

表 7-22 各分析工况最大相对侧移及相对沉降差对比(1/1 000)

	基本工况	变形 1	变形 2	变形 3	变形 4	变形 5
$\Delta UX/H$	0.13	0.26	0.14	0.2	0.36	5.97
$\Delta UZ/H$	0.25	0.3	0.18	0.17	0.36	0.3
$\Delta UY/L$	0.043	0.72	0.63	0.12	0.052	5.34

注:相对侧移的计算,ΔUX、ΔUZ 取柱顶、柱底侧移差;H 取柱高;ΔUY 取建筑物两端关键点沉降差;L 取建筑物 X 方向长度。

第六节 某矿区铁路桥、公路桥及铁路立交桥的加固案例

一、工程概况

1. 概述

某矿位于峰峰矿区东部,东北距峰峰集团所在地邯郸市 30 km,西南距峰峰新市区 10 km,由一、二、三井田构成,位于太行山的支脉——鼓山的东麓,是峰峰集团所属最东边的一个生产矿井。铁路(羊牛薛铁路专用线)桥煤柱三块、二块、一块工作面上部地表分布有铁路桥、公路桥以及铁路立交桥,如图 7-63 所示。工作面开采不可避免对桥梁产生采动影响,为保障桥梁安全,项目对桥梁采动损坏进行了评估,设计了相应的加固方案。

2. 场地地形及地貌

峰峰矿区位于河北省邯郸市南部、太行山东麓,西侧为山间盆地,东侧是倾斜平原。

研究区域处于峰峰矿区东部、华北平原之西缘,位于鼓山东麓。地貌属于丘陵与山前倾斜平原过渡类型,地表有一定的起伏,以低缓丘陵为主要特征;地势西高东低,坡度约为 11‰,最高处位于井田西部上官庄风井附近,标高 +180 m,最低处位于井田东南部,标高 +106 m,相对高差 74 m 左右。在长期的地质历史中,地表形成数条泄洪冲沟,主要包括霍庄羊渠河断裂冲沟、霍庄南台沟、虻牛河、张庄沟、佐城沟等。这些冲沟皆发源于鼓山东麓,均属季节性冲沟,雨季水大,排水通畅,平时干涸,仅有小股常流水,冲沟宽 20～200 m,深度 5～10 m,多呈“U”字形,两侧陡坎直立,可见基岩露头。

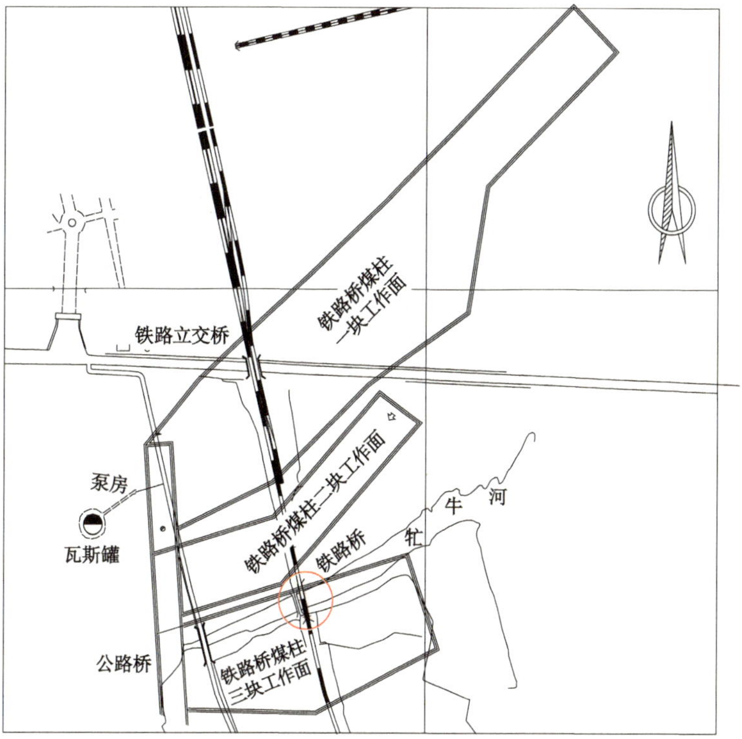

图 7-63　铁路桥所处位置

3. 地层情况

该公路桥隶属羊东矿，羊东矿位于峰峰矿区的东部。该区呈单斜构造，其走向为NE18°～28°，倾向SE，倾角为15°～24°，平均为18°。该区断层较发育，区域内多为新生界松散及半固结沉积物覆盖。区域内地层有寒武系、奥陶系、石炭系、二叠系、三叠系、古近系、新近系及第四系。

二、铁路桥采动影响及加固

1. 铁路桥现状概述

铁路桥始建于20世纪50年代，采用浆砌片石结构。由于修建时间较长，矿方无法找到原设计资料，无法确定设计采用的材料标号及桥体尺寸。矿方进行了现场实测，见图7-64。

铁路桥全长约42.96 m，共三跨。拱桥由上部结构和下部结构两大部分组成。上部结构由拱圈及其上面的拱上建筑所构成，拱圈是主要承重结构。桥面净宽4.4 m，包括行车道、人行道及两侧的栏杆等；下部结构为石砌桥台，两端桥墩采用扩大基础。

2. 铁路桥采动影响及加固

(1) 采动引起地表下沉预计

矿区现欲开采3个工作面，依照从南至北的顺序进行开采，即顺序为：铁路桥煤柱三块工作面(08201工作面)→铁路桥煤柱二块工作面(08203工作面)→铁路桥煤柱一块工作面(08202工作面)。每个工作面开采后对地面沉降的影响预计如下：

铁路桥煤柱08201工作面开采后，羊牛薛铁路专用线受影响的长度为653 m，起讫里程

图 7-64 铁路桥现场照片

为 K2+625 至 K3+278，最大下沉值为－1 140 mm，最大下沉点里程为 K2+975，平均下沉为－450 mm。铁路下沉剖面见图 7-65。

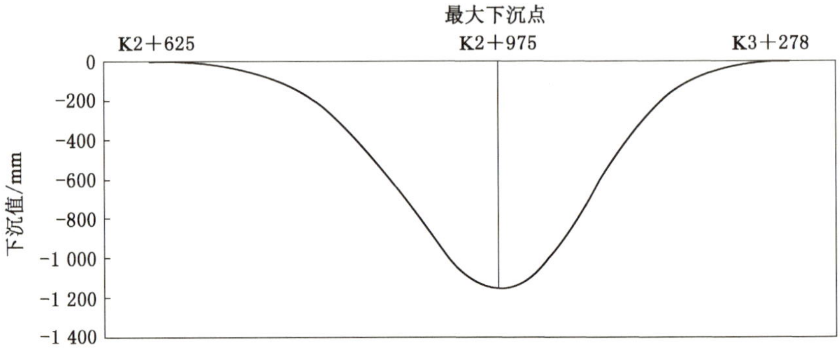

图 7-65 08201 工作面全采后铁路下沉剖面图

铁路桥煤柱 08201、08203 工作面开采后，铁路线受影响的长度为 975 m，起讫里程为 K2+625 至 K3+600，最大下沉值为－1 750 mm，最大下沉点里程为 K3+250，平均下沉为－740 mm。铁路下沉剖面见图 7-66。

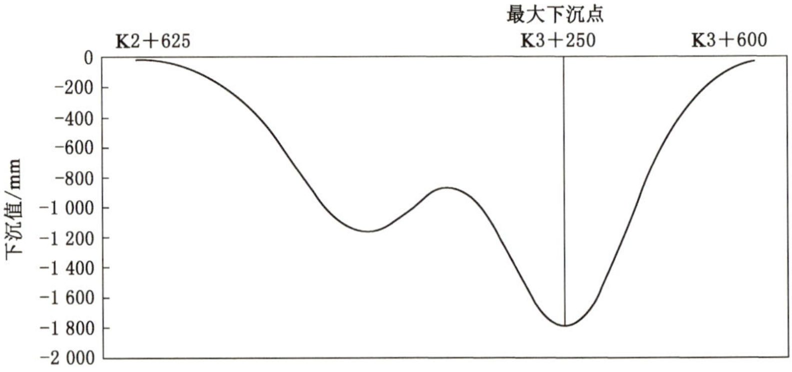

图 7-66 08201、08203 工作面全采后铁路下沉剖面图

铁路桥煤柱 08201、08203、08202 工作面开采后，铁路线受影响的长度为 975 m，起讫里程为 K2+625 至 K3+600，最大下沉值为－2 360 mm，最大下沉点里程为 K3+100，平均下

沉为－1 100 mm。铁路下沉剖面见图 7-67。

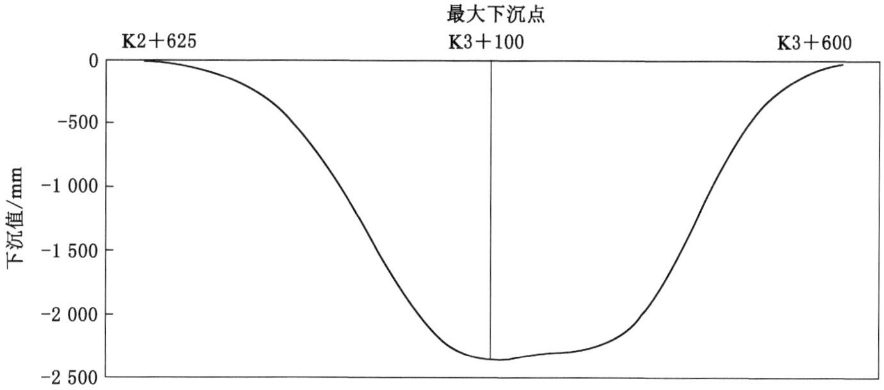

图 7-67　08201、08203、08202 工作面全采后铁路下沉剖面图

各工作面开采后对铁路桥影响的移动变形预计值见表 7-23。

表 7-23　各工作面开采后对铁路桥影响的移动变形预计值

已开采工作面编号	下沉值/mm	最大倾斜(纵向)/(mm・m^{-1})	最大倾斜(横向)/(mm・m^{-1})	水平变形(纵向)/(mm・m^{-1})	水平变形(横向)/(mm・m^{-1})
08201	300～750	7.3	6.8	－2 ＋2	－2 ＋2
08201 08203	800～1 000	3	7.7	9	－3.5
08201 08203 08202	2 200～2 300	1.5	8.0	－6.5	－10

注：表中数据正号代表拉伸变形，负号代表压缩变形。

(2) 受采动影响的铁路桥有限元分析

① 概述

为了对原桥在上部铁路荷载及地表变形作用下的稳定性及强度进行评价，采用 ANSYS 软件进行数值模拟；通过研究分析原桥体在地表变形作用下的应力分布及位移变化，为桥体加固提供理论支撑。

利用 ANSYS 对铁路石拱桥进行有限元分析(原桥有限元模型见图 7-68)，按照《铁路桥涵设计规范》(TB 10002—2017)中荷载要求对石砌拱桥加载并对地表分别施加最大倾斜变形、最大压缩变形、最大拉伸变形。取三块工作面全采后，三块、二块工作面全采后，三块、二块、一块工作面全采后等三种工况相应的最大地表变形值(见表 7-23)进行分析，得出三种地表变形作用下拱桥的位移、应力图及原桥关键部位应力数值等，详见图 7-69 至图 7-72、表 7-24、表 7-25。据此分析相应地表变形作用下石砌拱桥的危险部位与可能破坏部位，为加固方案的确定提供相应依据。

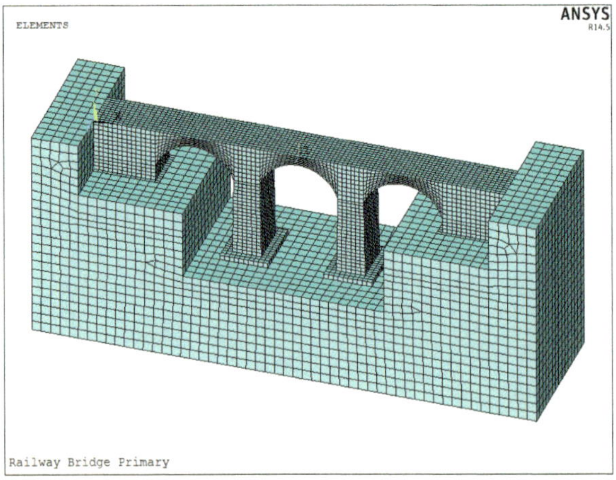

图 7-68　原桥有限元模型

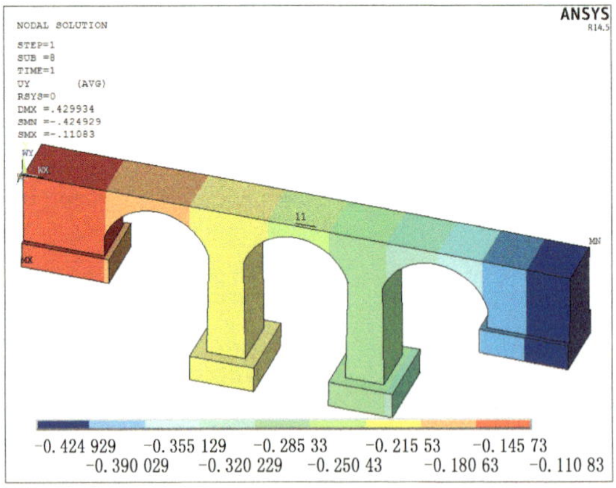

(a) 纵桥向倾斜位移

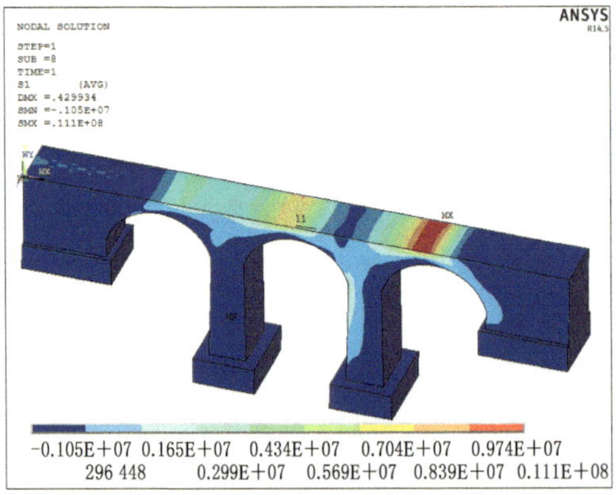

(b) 纵桥向倾斜第一主应力

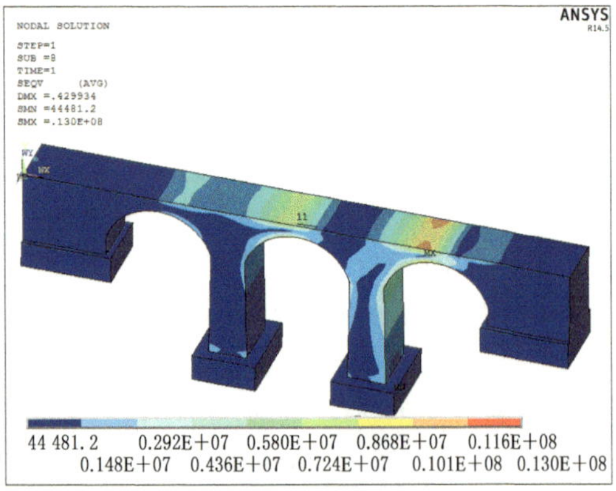

(c) 纵桥向倾斜等效应力

图 7-69　纵桥向倾斜位移、第一主应力、等效应力

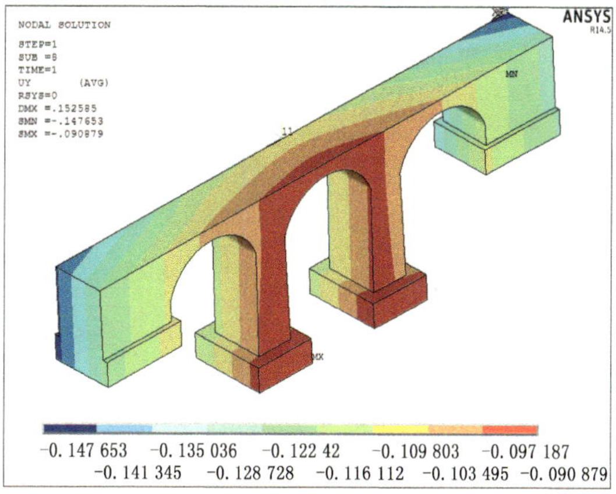

(a) 横桥向倾斜位移

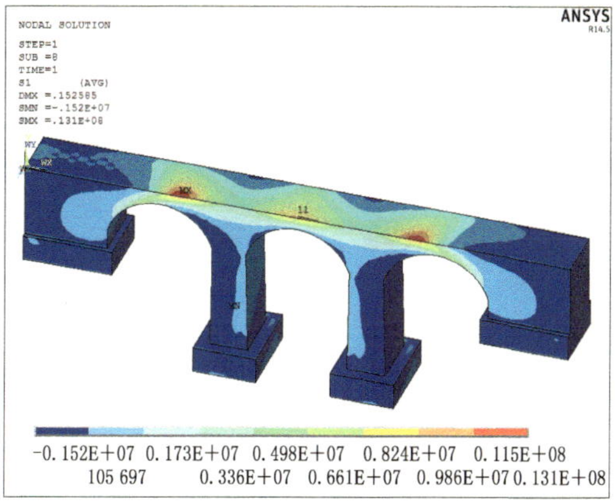

(b) 横桥向倾斜第一主应力

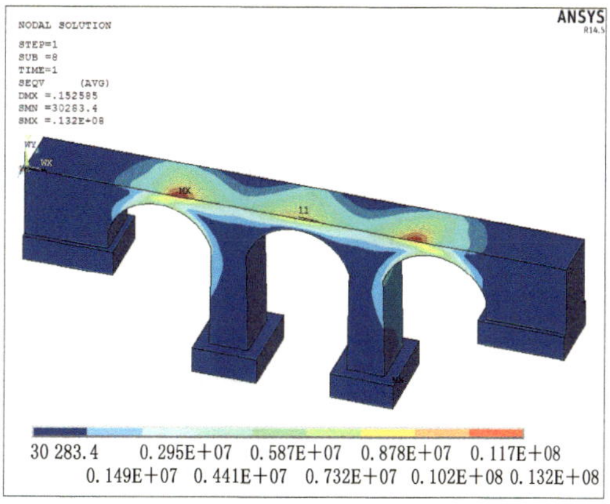

(c) 横桥向倾斜等效应力

图 7-70　横桥向倾斜位移、第一主应力、等效应力

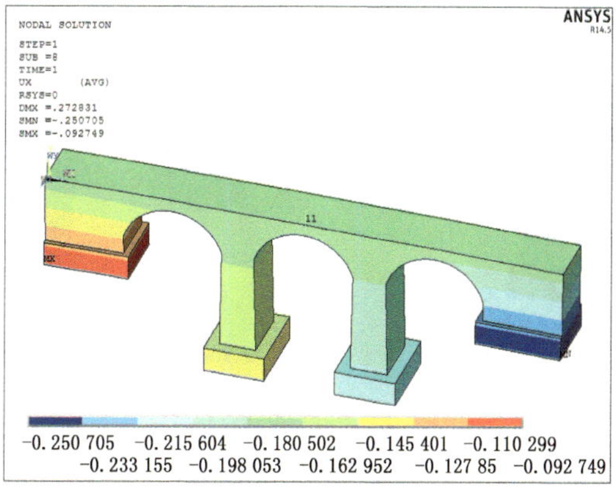

(a) 压缩变形位移

图 7-71　压缩变形位移、第一主应力、等效应力

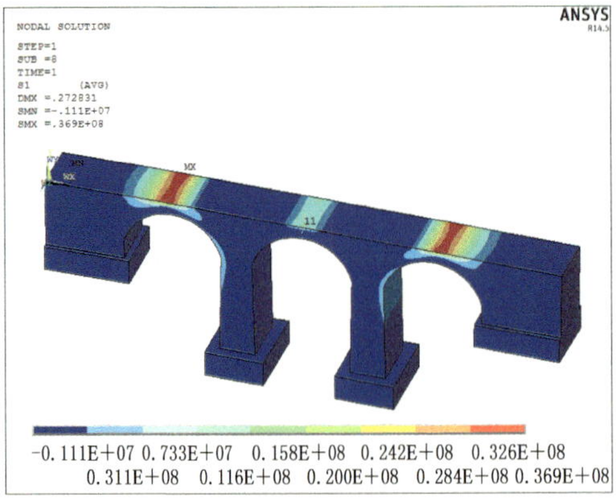

(b) 压缩变形第一主应力

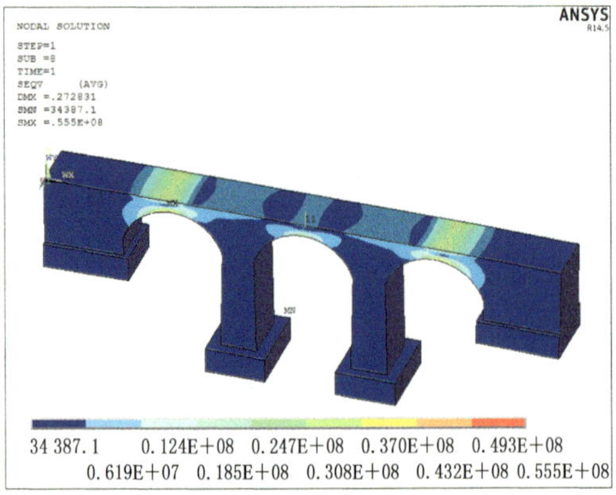

(c) 压缩变形等效应力

图 7-71(续)

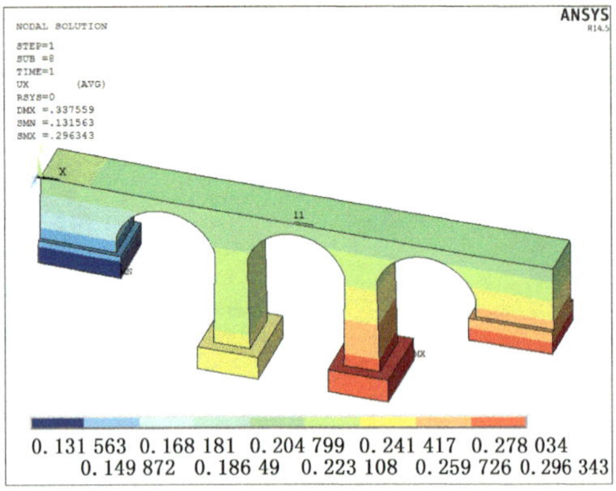

(a) 拉伸变形位移

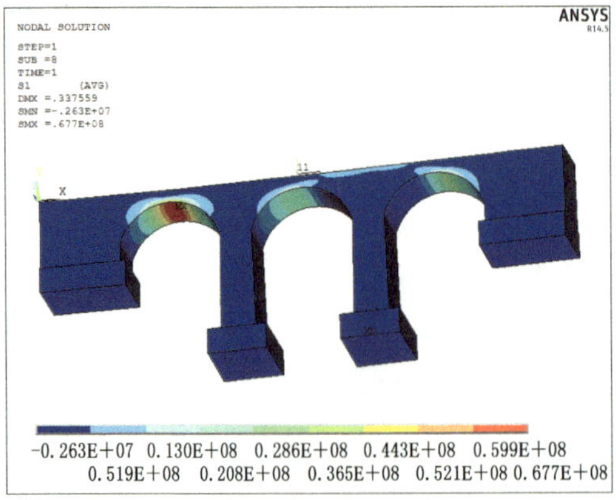

(b) 拉伸变形第一主应力

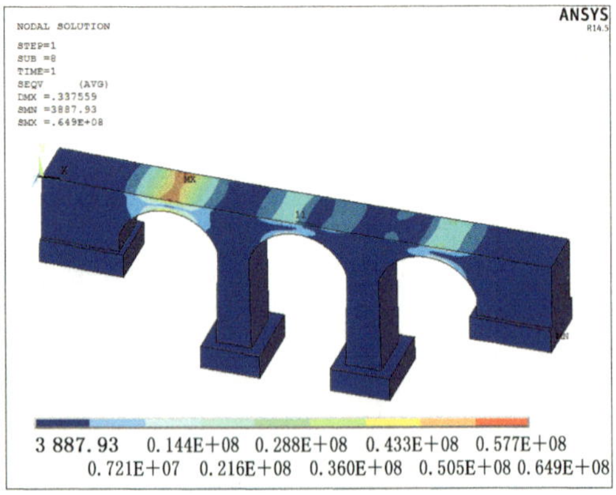

(c) 拉伸变形等效应力

图 7-72 拉伸变形位移、第一主应力、等效应力

表 7-24　三种工况最不利土体变形下原桥关键部位第一主应力　　单位:MPa

	最大倾斜(纵向)	最大倾斜(横向)	水平变形(纵向压缩)	水平变形(纵向拉伸)
左跨拱顶	1.42	3.36	1.79	67.70
中跨拱顶	0.26	2.26	0.89	25.60
右跨拱顶	1.00	6.61	2.47	28.60
左跨桥面	3.16	13.10	36.90	2.69
中跨桥面	8.39	9.86	15.8	3.66
右跨桥面	11.10	13.10	36.90	2.97

表 7-25　三种工况最不利土体变形下原桥关键部位等效应力　　单位:MPa

	最大倾斜(纵向)	最大倾斜(横向)	水平变形(纵向压缩)	水平变形(纵向拉伸)
左跨拱顶	4.13	8.78	55.50	64.90
中跨拱顶	8.68	10.20	30.80	23.60
右跨拱顶	13.00	8.78	55.50	25.40
左跨桥面	3.42	13.20	33.50	57.70
中跨桥面	7.56	10.20	8.58	16.40
右跨桥面	10.30	13.20	30.80	28.80

② 倾斜变形影响下铁路桥有限元分析

在 ANSYS 中考虑倾斜变形对铁路石拱桥的影响主要通过在地基基础上施加不同的竖向位移来实现。倾斜变形分为纵桥向倾斜变形和横桥向倾斜变形两种,其竖向位移图如图 7-69(a)和图 7-70(a)所示。考虑石材抗压强度与抗拉强度均较低,分别提取纵桥向倾斜变形和横桥向倾斜变形两种变形情况下铁路石拱桥的第一主应力图及等效应力图,如图 7-69(b)、(c)及图 7-70(b)、(c)所示。根据铁路石拱桥第一主应力图与等效应力图,确定左跨拱顶、中跨拱顶、右跨拱顶、左跨桥面、中跨桥面、右跨桥面 6 个部位作为关键部位,分别提取 6 个关键部位在纵桥向倾斜变形及横桥向倾斜变形下的应力数值,详见表 7-24、表 7-25。

分析图 7-69(b)、(c)及图 7-70(b)、(c)可知,在地表倾斜变形作用下,桥墩与桥拱连接处应力最大,属危险部位。整个拱圈应力亦较大,可能会出现开裂等破坏,左、右墩与桥拱连接部位的桥面处,拉应力也已超过石砌体极限拉应力,将会出现开裂等破坏。分析表 7-24,在纵桥向倾斜变形下,左跨桥面及中跨桥面第一主应力分别为 3.16 MPa 和 8.39 MPa,均已超过石材抗拉强度,表明左跨桥面与中跨桥面此时已经开裂。3 个拱圈处第一主应力数值较大,但均未超过石材抗拉强度,表明拱圈虽然承受较大内力,但仍未被拉开,尚能发挥主要承重作用。在横桥向倾斜变形下,6 个关键部位均已超过石材抗拉强度,表明整个桥体此时已多处开裂,尤其是 3 个拱圈处均已开裂,破坏了拱圈作为原桥主要承重部分的功能,需要对桥体进行加固。

③ 压缩变形影响下铁路桥有限元分析

在 ANSYS 中考虑压缩变形对铁路石拱桥的影响主要通过在地基基础上施加不同的位移实现。地表压缩变形下位移见图 7-71(a)。考虑石材抗压强度与抗拉强度均较低，提取压缩变形下铁路石拱桥的第一主应力图及等效应力图，如图 7-71(b)、(c)所示。

分析第一主应力图与等效应力图[图 7-71(b)、(c)]可以看出，在地表压缩变形作用下，应力最大部位为左右桥墩扩展基础的阶梯处，结合现场实际情况，最危险位置应为土体表面，即桥墩入土部位，该处由于地表变形作用，桥墩与土接触部分产生位移，而上部裸露部分没有地表变形作用，外力突变为该处应力偏大的原因。另外，桥体基础受地表压缩变形作用，在 3 个桥拱中部，特别是左右拱中部，产生了较大应力，软件求解出的应力值超过石砌体强度极限，该处可能发生压碎破坏等。与地表倾斜变形时的情况相比，压缩变形在中间两桥墩与桥拱连接处产生的应力不大。

分析表 7-24，在压缩变形下，右跨拱顶、左跨桥面、中跨桥面及右跨桥面第一主应力分别为 2.47 MPa、36.9 MPa、15.8 MPa、36.9 MPa，均已超过石材抗拉强度，表明左跨拱顶与桥面此时已经开裂；左拱及中拱处第一主应力数值较大，但均未超过石材抗拉强度，表明拱圈虽然承受较大内力，但仍未被拉开，尚能发挥主要承重作用。分析表 7-25，在压缩变形作用影响下，除中跨桥面外，其余 5 个关键部位等效应力值均超过石材抗压强度，已被压碎，丧失承载能力，需要对桥体进行加固。

④ 拉伸变形影响下铁路桥有限元分析

在 ANSYS 中考虑最大拉伸变形对铁路石拱桥的影响主要通过在不同基础上施加不同的纵向水平位移来实现，地表拉伸变形下位移见图 7-72(a)。提取拉伸变形下铁路石拱桥的第一主应力图及等效应力图，如图 7-72(b)、(c)所示。

从图 7-72(b)、(c)中可以看出，地表拉伸变形首先影响到左右桥墩基础的阶梯处，几何突变产生相应的应力集中。各桥拱是较危险的部位，其拉应力大大超过石砌体抗拉极限，可能出现石砌体开裂破坏等。另外，由于拉伸作用，桥面会产生较大应力，可能也会出现局部开裂等破坏。

分析表 7-24，在拉伸变形作用影响下，在铁路石拱桥上选取的 6 个关键部位左跨拱顶、中跨拱顶、右跨拱顶、左跨桥面、中跨桥面及右跨桥面上第一主应力分别为 67.7 MPa、25.6 MPa、28.6 MPa、2.69 MPa、3.66 MPa 及 2.97 MPa，均已超过石材抗拉强度，表明整个桥体此时已多处开裂，尤其是 3 个拱圈处均已开裂，破坏了拱圈作为原桥主要承重部分的功能，需要对桥体进行加固。分析表 7-25，在拉伸变形作用影响下，除中跨桥面外，其余 5 个关键部位等效应力值均超过石材抗压强度，已被压碎，丧失承载能力，需要对桥体进行加固。

(3) 原铁路桥加固技术

铁路桥加固分临时加固和永久加固两个阶段。先加固原桥保证第一个工作面开采过程中铁路桥的正常使用，同时建新框架桥，实现铁路桥加宽和加高。

① 设计思路

a. 挖开桥墩基础，在两个桥墩基础的四周及桥墩基础之间支模板、绑扎钢筋笼，然后现浇混凝土，在桥墩基础处浇筑一圈，在桥墩间浇筑三根混凝土梁，使两个独立桥墩基础通过混凝土梁形成整体，以抵抗桥墩之间的相对变形。

b. 在每个桥墩上按设计位置打入化学螺栓，桥墩四角外包角钢立柱，各立柱间加横向支撑约束桥墩变形，桥墩顶部四根槽钢钢梁通过化学螺栓与桥墩连接环绕桥墩一圈，槽钢钢梁间以角钢焊接成整体。角钢立柱通过化学螺栓与桥墩连接，角钢立柱顶部与槽钢钢梁焊接。在左右两侧桥台处，槽钢钢梁通过植入锚杆与桥台连接。

c. 在三个拱圈内采用拱形钢桁架加固，桁架各杆采用双拼等边角钢截面形式，每个拱圈内布置四榀，每榀桁架下弦杆间采用系杆相连。在左右两侧拱圈内，桁架与桥台及桥墩处的槽钢钢梁连接。在中间拱圈内，桁架与两侧桥墩处的槽钢钢梁连接，桁架上弦通过化学螺栓与拱圈连接。具体见图 7-73。

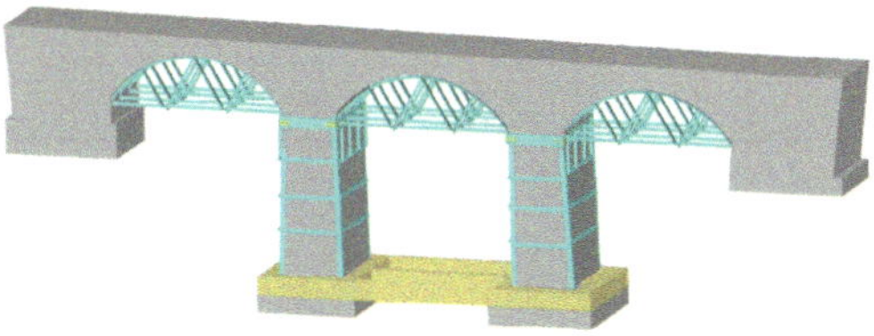

(a) 加固后桥梁

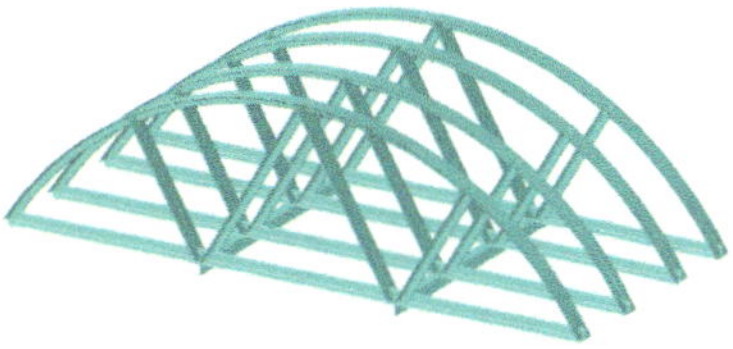

(b) 桁架

(c) 加固结构

图 7-73　加固后桥梁、桁架、加固结构示意图

② 钢桁架有限元分析

方案需在原桥基础间增设拉梁及在拱圈下安装钢桁架，其中拉梁主要抵抗地表变形的影响，钢桁架主要抵抗桥面铁路荷载、道砟荷载及桥梁自重等荷载作用。钢桁架杆件采用双拼等边角钢截面形式，为考察桁架抵抗上部荷载作用的性能并确定钢桁架杆件截面尺寸，利用 ANSYS 对钢桁架进行有限元分析，按照《铁路桥涵设计规范》(TB 10002—2017)中相应的荷载要求对钢桁架加载。

方案中钢桁架为三跨四榀空间结构，考虑中间拱圈处荷载作用最大，选取此拱圈下的一榀钢桁架作为分析对象，将空间结构转化为平面结构进行分析。考虑后期施工方便，钢桁架杆件均采用双拼等边角钢截面形式且上下弦杆截面一致，因此在有限元模拟分析时，桁架杆件亦均采用双拼等边角钢截面形式。为考虑预制方便，尽可能选用成规格等边角钢截面尺寸，参照等边角钢组合截面特性表，共选取 8 种角钢截面尺寸组合进行试算，具体截面尺寸见表 7-26，其中前 7 种腹杆布置方式一致，第 8 种为对比布置。分别提取桁架的第一主应力图、等效应力图，杆件轴力图、弯矩图进行对比分析，具体分析数据见表 7-26。有限元模型，典型截面尺寸组合下第一主应力图、等效应力图，杆件轴力图、弯矩图详见图 7-74至图 7-78。

表 7-26　角钢截面尺寸组合及受力表

	弦杆规格	腹杆规格	第一主应力	等效应力	最大轴力	最大弯矩
1	L125×10	L100×10	501	710	−910.98	−47.597
2	L140×10	L100×10	406	577	−911.235	−47.287

表 7-26(续)

	弦杆规格	腹杆规格	第一主应力	等效应力	最大轴力	最大弯矩
3	L160×10	L100×10	319	455	−911.542	−46.768
4	L180×18	L100×10	152	214	−915.587	−44.751
5	L180×18	L125×10	151	214	−916.089	−45.326
6	L180×18	L140×10	151	214	−916.389	−45.559
7	L200×18	L100×10	127	178	−916.273	−43.956
8	L180×18	L100×10	434	434	−882.913	116.332

注:① 第一主应力与等效应力单位为 MPa,轴力单位为 kN,弯矩单位为 kN·m。
② 轴力负号表示杆件为受压杆。
③ 弯矩不考虑正负号,弯矩图画在杆件受拉一侧。

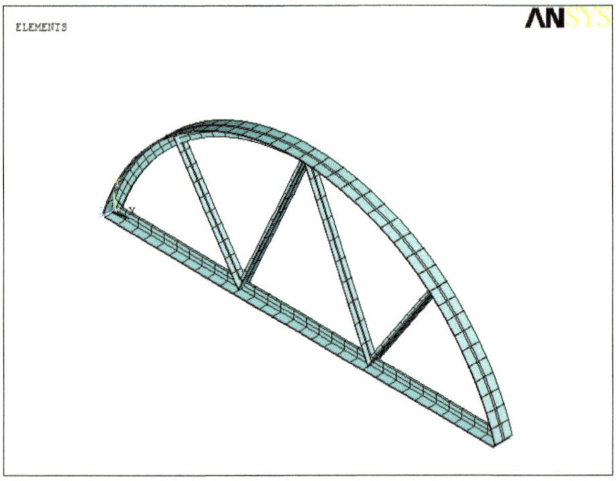

图 7-74 钢桁架有限元模型

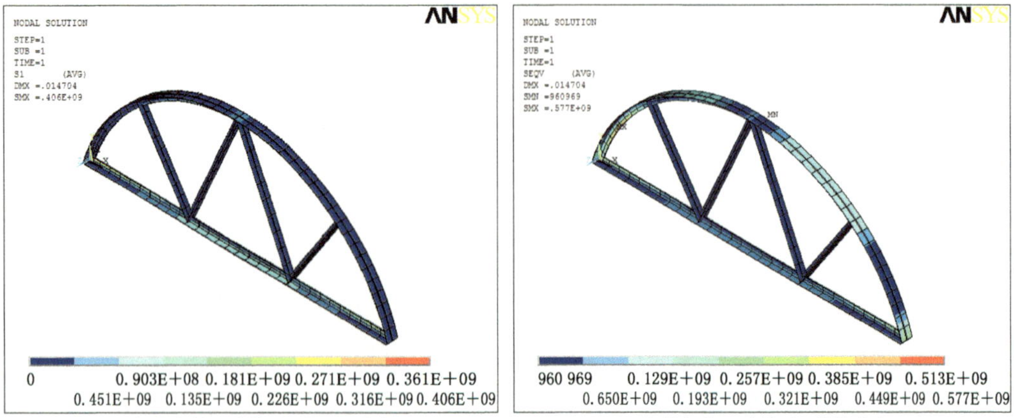

(a) 钢桁架第二种截面下第一主应力　　(b) 钢桁架第二种截面下等效应力

图 7-75 钢桁架第二种截面下第一主应力、等效应力、轴力、弯矩

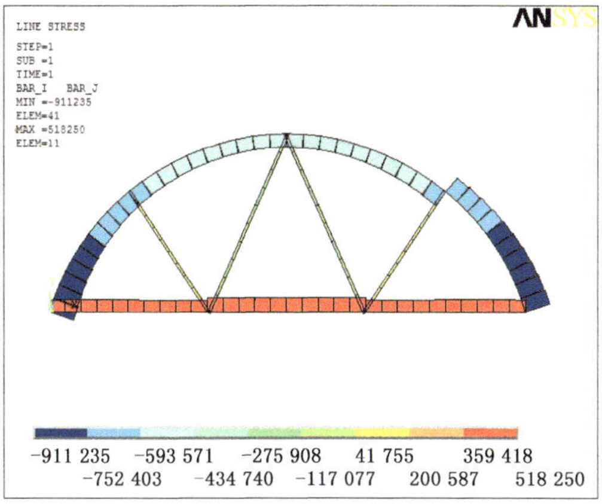

(c) 钢桁架第二种截面下轴力

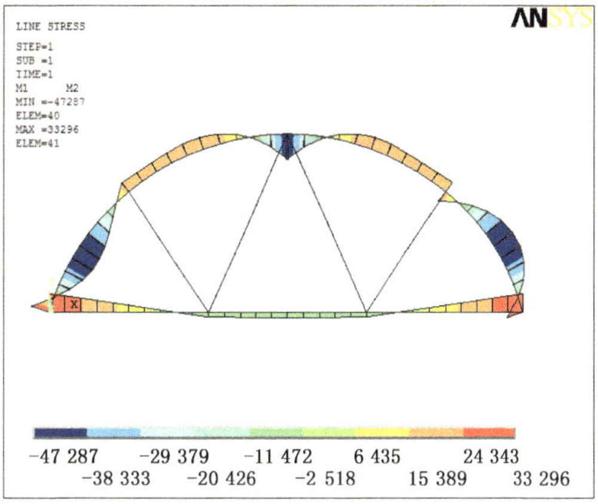

(d) 钢桁架第二种截面下弯矩

图 7-75(续)

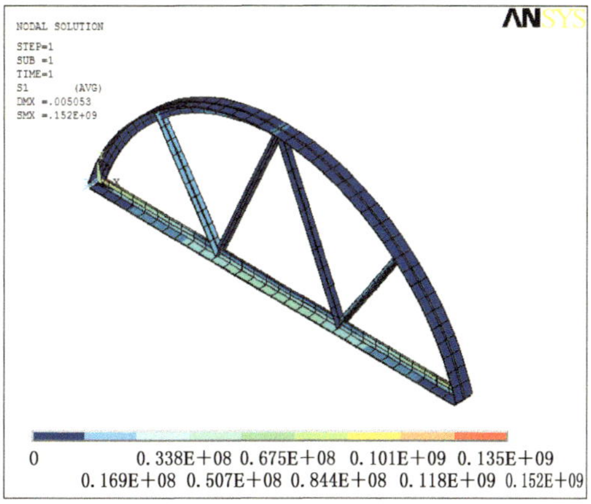

(a) 钢桁架第四种截面下第一主应力

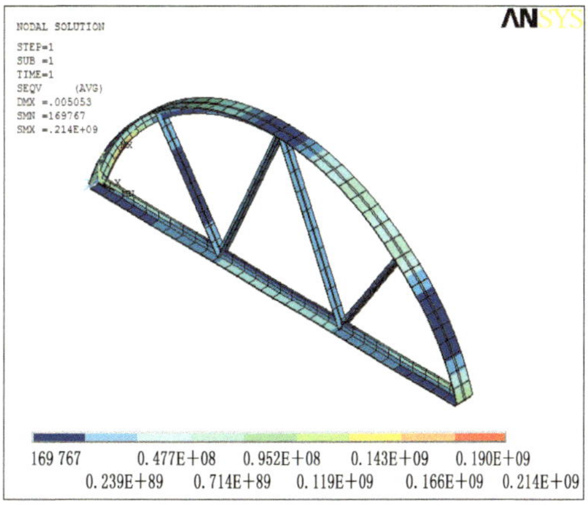

(b) 钢桁架第四种截面下等效应力

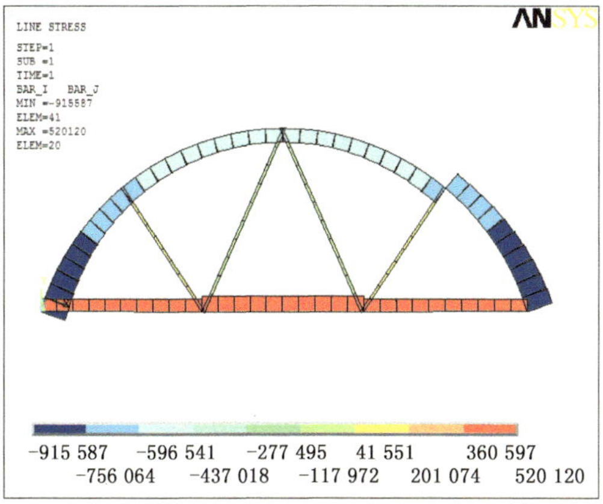

(c) 钢桁架第四种截面下轴力

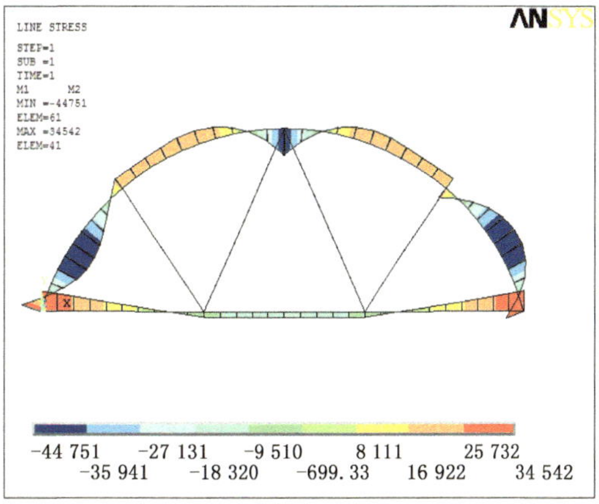

(d) 钢桁架第四种截面下弯矩

图 7-76 钢桁架第四种截面下第一主应力、等效应力、轴力、弯矩

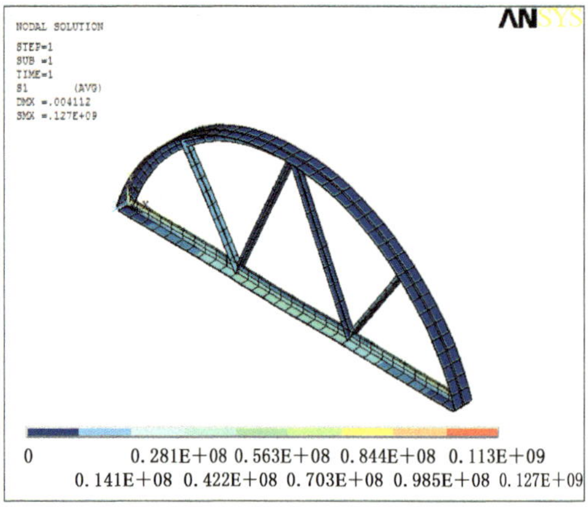

(a) 钢桁架第七种截面下第一主应力

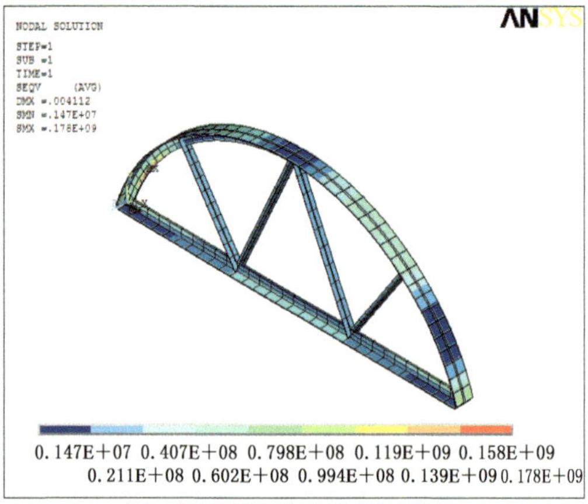

(b) 钢桁架第七种截面下等效应力

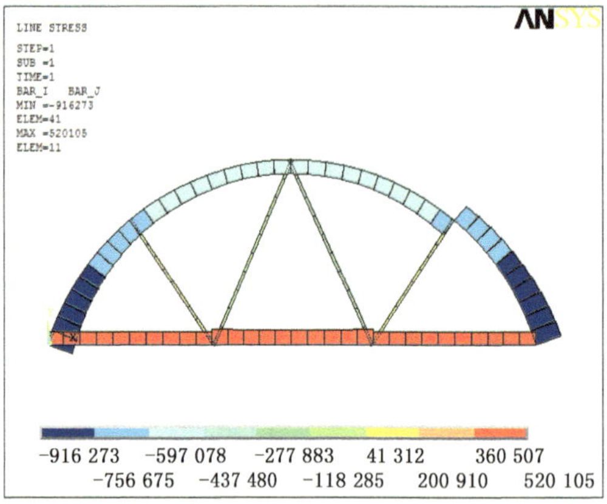

(c) 钢桁架第七种截面下轴力

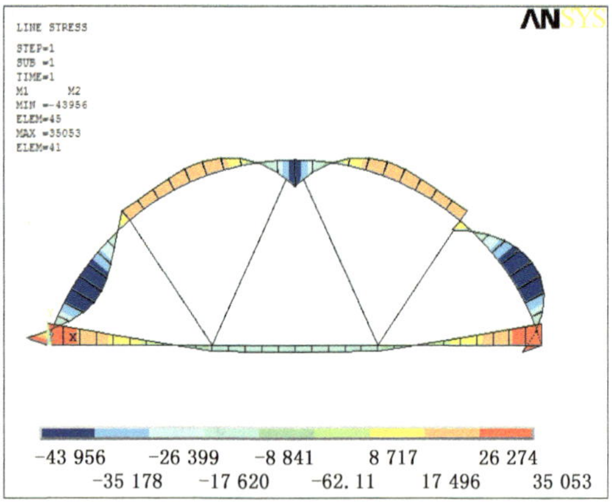

(d) 钢桁架第七种截面下弯矩

图 7-77 钢桁架第七种截面下第一主应力、等效应力、轴力、弯矩

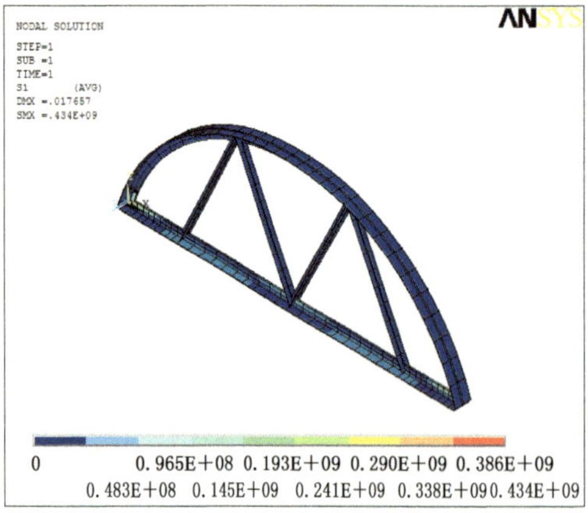

(a) 钢桁架第八种截面下第一主应力

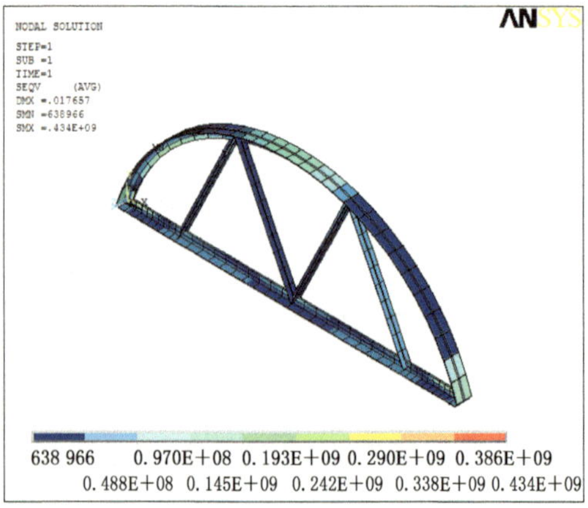

(b) 钢桁架第八种截面下等效应力

图 7-78 钢桁架第八种截面下第一主应力、等效应力、轴力、弯矩

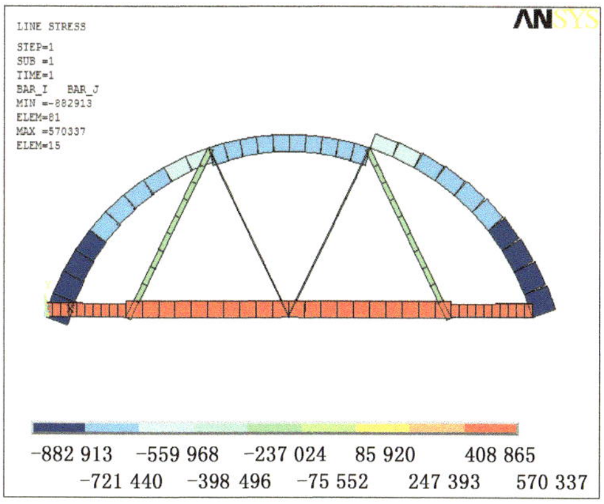

(c) 钢桁架第八种截面下轴力

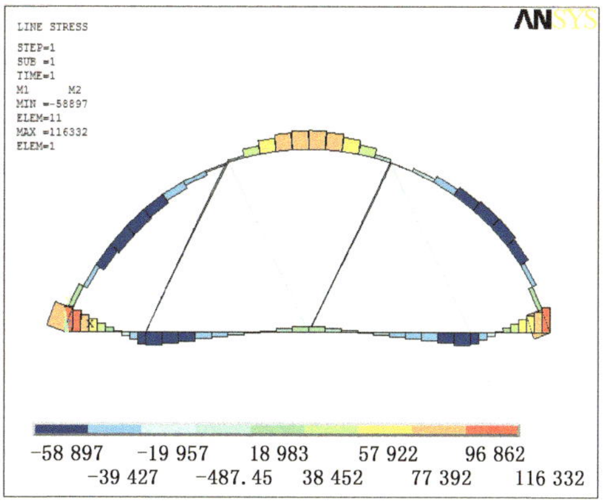

(d) 钢桁架第八种截面下弯矩

图 7-78(续)

分析表 7-26 可得到以下结论：

① 前四种双拼等边角钢截面尺寸组合，即腹杆均采用 L100×10 规格，弦杆分别采用 L125×10、L140×10、L160×10、L180×18 规格时，钢桁架的第一主应力分别为 501 MPa、406 MPa、319 MPa、152 MPa，呈明显减小趋势；等效应力分别为 710 MPa、577 MPa、455 MPa、214 MPa，亦呈明显减小趋势。这说明当腹杆选用一致截面时，桁架在荷载作用下的受力情况与弦杆的截面尺寸呈反比关系，即弦杆选用角钢截面尺寸变大，桁架受力变得更合理。同时考虑材料采用 Q345 钢，且安全裕度按 30%考虑，前三种截面尺寸组合下的第一主应力和等效应力均超过材料可承受的极限，第四种截面尺寸组合比较合理。

② 第四、五、六这三种双拼等边角钢组合，即弦杆均采用 L180×18 规格，腹杆分别采用 L100×10、L125×10、L140×10 规格时，钢桁架的第一主应力分别为 152 MPa、151 MPa、151 MPa，没有明显变化；等效应力均为 214 MPa，没有变化。这说明在桁架弦杆截面尺寸一定的情况下，腹杆截面尺寸的变化对桁架在荷载作用下的受力性能影响很小，基本可不考虑。基于在受力性能相近情况下减少用钢量及减少施工量，选择腹杆截面尺寸小的形式比较合理，即第四种截面尺寸组合比较合理。

③ 分析第四种与第七种双拼等边角钢组合，即腹杆均采用 L100×10 规格，弦杆分别采用 L180×18、L200×18 规格时，钢桁架的第一主应力分别为 152 MPa、127 MPa，呈减小趋势；等效应力为 214 MPa、178 MPa，呈减小趋势。这说明当腹杆选用相同截面时，弦杆截面积增大，则桁架在荷载作用下的受力减小，这与结论①所述一致。材料选用 Q345 钢且安全裕度按 30%考虑，第四种与第七种截面组合均能满足要求，但第四种截面积较小，更经济且更易施工，故第四种截面组合比较合理。

④ 分析第四种与第八种双拼等边角钢组合，两者杆件尺寸完全一致，但桁架腹杆布置具有明显差别。比较两种情况下的第一主应力与等效应力数值，分别为 152 MPa、434 MPa 与 214 MPa、434 MPa，可以看到第八种情况下杆件受力已明显超过材料所能承受的极限，说明此种情况腹杆布置方式不合理，第四种截面组合比较合理。

⑤ 分析前七种双拼等边角钢组合，最大轴力与最大弯矩数值变化很小，基本一致，分别观察七种情况下的第一主应力图、等效应力图及杆件轴力图、弯矩图后发现，桁架受力最不

利位置基本一致，均在上下弦杆相交部位。其主要原因在于七种截面组合下腹杆均采用一致的布置方式，杆件尺寸的变化只影响桁架的受力性能，并不影响不利杆件的分布，因此上下弦相交部位在施工时应加以重视。

(4) 原铁路桥加宽加高技术

① 设计思路

a. 在原桥两侧顺桥方向各布置 3 个钢筋混凝土结构矩形断面框架桥，框架桥与原桥之间留 0.8 m 空隙，箱体之间设 300 mm 变形缝，以沥青软木填缝。箱体底板下为素混凝土，素混凝土顶面与扩大基础放脚顶面平齐。原桥净宽 4.4 m，拓宽后为 12 m，达到拓宽桥面的目的。前文提及铁路桥煤柱 08201、08203、08202 工作面开采后最大下沉值为－2 360 mm，根据下沉量并结合原桥高度 13.18 m 确定框架桥高度为 15 m，达到原桥加高目的。具体如图 7-79 所示。

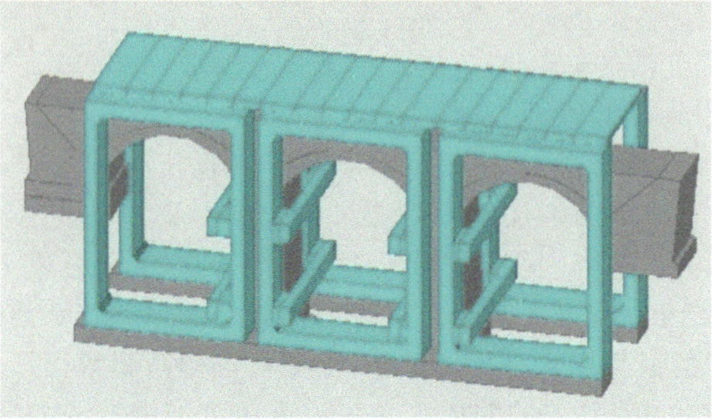

图 7-79　铁路桥加宽加高技术三维示意

b. 原桥为石砌结构，其桥墩容易在地面塌陷过程中产生拉裂破坏，为防止这种破坏，在框架桥内壁现浇连梁将原桥桥墩进行外包，既可起到保护桥墩作用，又可以增强两侧框架桥的整体性。在两侧框架桥上部边缘设置钢筋混凝土挡砟墙，满足填砟厚度要求。随下沉随补砟，维持线路运营，保证加固过程中不影响线路运行。

c. 待完全沉陷，两侧框架桥上铺设预制板形成新桥，原桥停用，改走新桥。

② 加固框架桥有限元分析

为观测框架桥桥体抵抗地表变形的性能，利用 ANSYS 对加固桥体进行仿真与有限元分析，按照《铁路桥涵设计规范》(TB 10002—2017)中相应的荷载要求，对加固框架桥加载，并对地表分别施加最大倾斜变形、最大压缩变形、最大拉伸变形。三种工况下框架桥桥体的有限元分析应力详见图 7-80 至图 7-83。

a. 倾斜变形影响下加固框架桥有限元分析

对框架桥施加水平倾斜变形，通过应力图分析可知，处于土体沉陷较大侧的框架桥底部拐角处以及框架桥与土体连接部分内壁处的压应力较大。框架桥与框架桥之间的连梁受力比较小，即该桥体在地表水平倾斜作用下不产生较大的应力，可以对原桥体的柱子进行有效的保护。对框架桥施加垂直桥体倾斜变形，由应力云图分析可知，框架桥底板中部应力最大。

由分析可知，框架桥拐角处最大等效应力为 16.5 MPa，远小于混凝土的受压强度。由

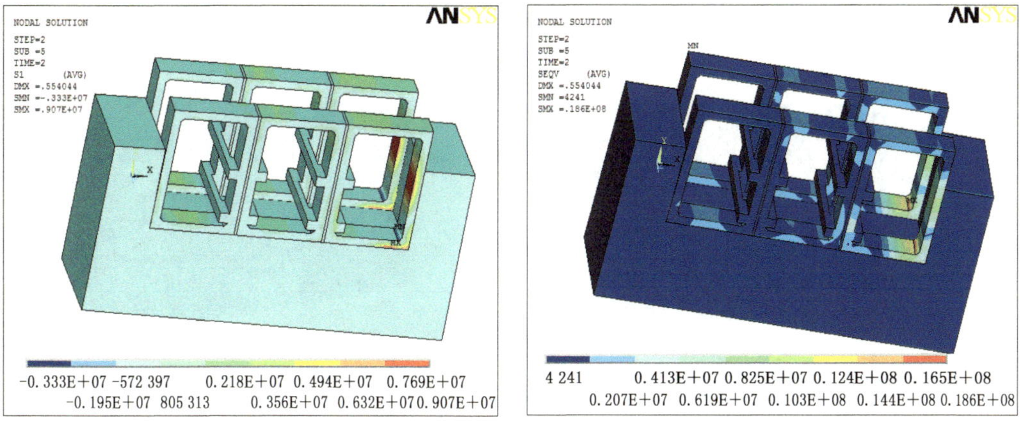

(a) 顺桥向倾斜变形第一主应力　　(b) 顺桥向倾斜变形等效应力

图 7-80 顺桥向倾斜变形第一主应力、等效应力

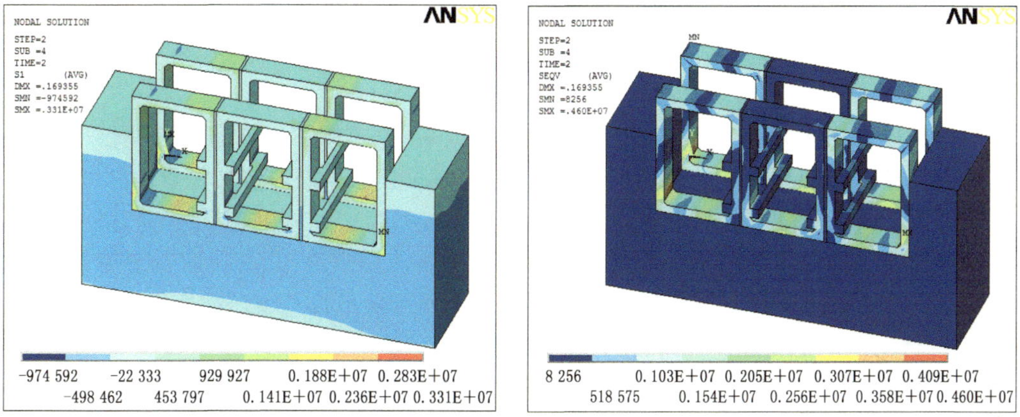

(a) 横桥向倾斜变形第一主应力　　(b) 横桥向倾斜变形等效应力

图 7-81 横桥向倾斜变形第一主应力、等效应力

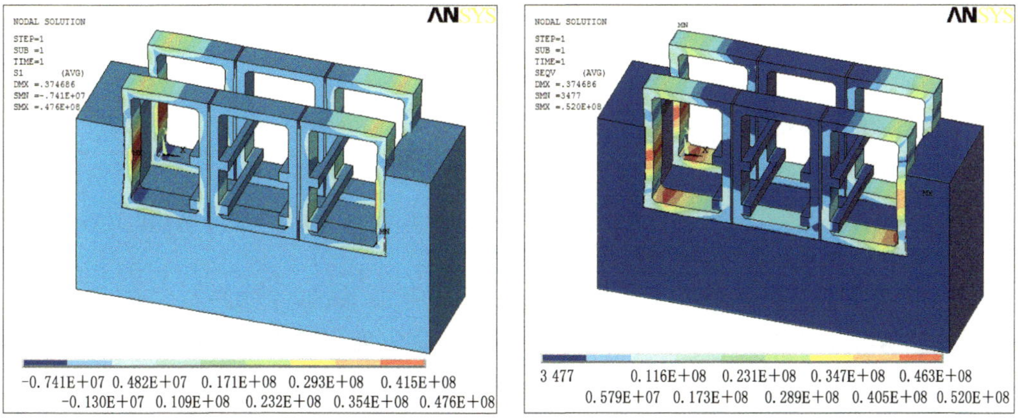

(a) 压缩变形第一主应力　　(b) 压缩变形等效应力

图 7-82 压缩变形第一主应力、等效应力

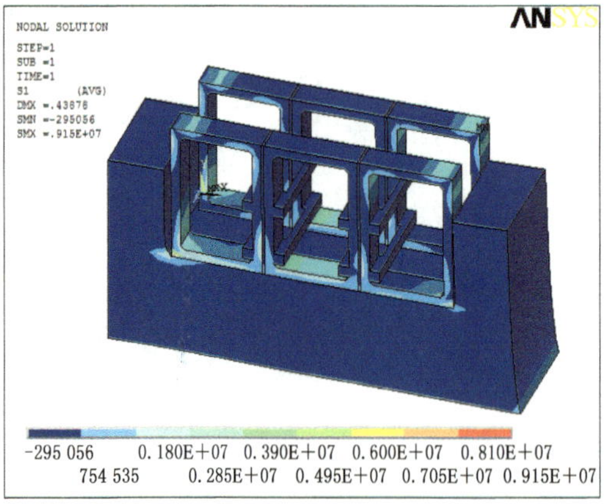

(a) 拉伸变形第一主应力

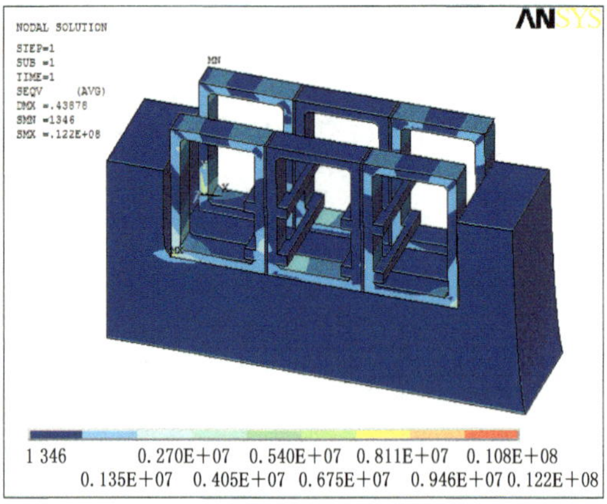

(b) 拉伸变形等效应力

图 7-83 拉伸变形第一主应力、等效应力

此可知，该桥体在地表沉陷过程中自身产生的应力很小，框架桥结构相比原石砌拱桥能更好地抵御地表变形带来的损害。

b. 压缩变形影响下加固框架桥有限元分析

对桥体施加最大压缩变形，通过应力图分析可知，与土体相连部分的框架桥内壁受力较大。边缘框架桥的拐角点处应力也较大，在加固时对拐角点处需多加注意。

由等效应力图可知，最大等效应力为 46.3 MPa，框架桥结构此时的压应力较大，在设计混凝土强度等级时需采用较大的抗压强度。相比拉伸及倾斜作用，压缩变形对桥体的破坏效果较为显著，但相对原壳体结构，框架桥结构仍能有效抵抗地表压缩变形引起的破坏。

c. 拉伸变形影响下加固框架桥有限元分析

拉伸变形作用下，框架桥结构中最大应力出现在框架桥底部内壁上，且居中间位置。土体拉伸作用使连梁与框架桥相连部分应力较大，中间部分应力较小，待实际加固时，需注意此部位。由等效应力图知，等效应力最大为 10.8 MPa，说明框架桥结构能较好地抵抗地表拉伸变形，受力较均匀。

三、双曲混凝土公路桥加固技术

1. 双曲混凝土公路桥现状概述

公路桥位于铁路桥煤柱二、三块工作面上部地表，具体状况见图 7-84、图 7-85。该桥是乡道上跨牤牛河的一座上承式空腹双曲拱桥，桥面净宽 5 m，跨径约为 38 m，桥梁全长约 40 m，两边各有 6 个腹孔。空腹式拱上建筑由多孔腹孔结构和桥面系组成，利于减小恒载，并使桥梁显得轻巧美观，大、中跨径拱桥多采用空腹式。

通过现场观察，该公路桥的主拱圈的截面形式为肋形板拱，共四条肋。该拱圈宽度为 5 m，肋宽约为 0.4 m，边上肋拱脚、四分之一及四分之三处混凝土脱落露出钢筋且钢筋锈蚀，但肋上未见明显裂缝及变形，拱背、拱腹也未见明显裂缝，拱肋和拱波未分离。

2. 双曲混凝土公路桥采动影响及加固

(1) 采动引起地表下沉预计

该矿区现欲开采 3 个工作面，依照从南至北的顺序进行开采，即顺序为：铁路桥煤柱三

图 7-84　公路桥现场照片

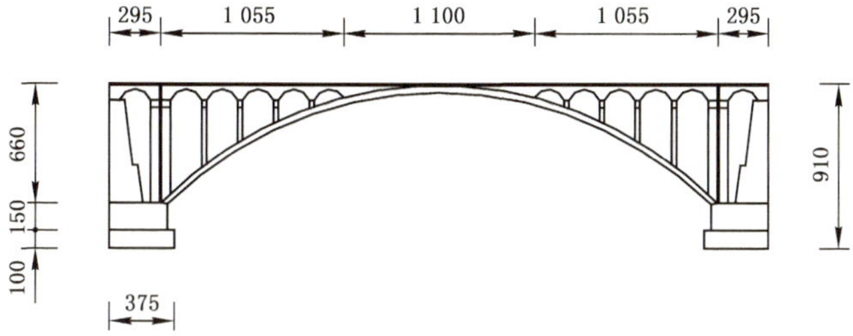

图 7-85　公路桥尺寸(单位:cm)

块工作面→铁路桥煤柱二块工作面→铁路桥煤柱一块工作面。每个工作面开采后对地面沉降的影响预计如下。

铁路桥煤柱三块工作面开采后,羊牛薛铁路专用线受影响的长度为 653 m,起讫里程为 K2+625 至 K3+278。公路桥最大纵向倾斜为 1.3 mm/m,最大横向倾斜为 3 mm/m,最大纵向压缩为 1.2 mm/m,最大横向拉伸为 2.5 mm/m。

铁路桥煤柱三块、二块工作面开采后,铁路线受影响的长度为 975 m,起讫里程为 K2+625 至 K3+600。公路桥最大纵向倾斜为 0.6 mm/m,最大横向倾斜为 3.3 mm/m,最大纵向拉伸为 1.0 mm/m,最大横向拉伸为 2.8 mm/m。

铁路桥煤柱三块、二块、一块工作面开采后,铁路线受影响的长度为 975 m,起讫里程为 K2+625 至 K3+600。公路桥最大纵向倾斜为 2 mm/m,最大横向倾斜为 11.8 mm/m,最大纵向压缩为 4.7 mm/m,最大横向拉伸为 2.8 mm/m。

三个工作面开采影响预计值见表 7-27。

表 7-27　工作面开采对公路桥影响预计值

工作面	下沉值/mm	最大倾斜(纵向)/$(mm \cdot m^{-1})$	最大倾斜(横向)/$(mm \cdot m^{-1})$	水平变形(纵向)/$(mm \cdot m^{-1})$	水平变形(横向)/$(mm \cdot m^{-1})$
三	50～110	1.3	3	−1.2	2.5
三+二	100～150	0.6	3.3	1.0	2.8
三+二+一	800～900	2	11.8	−4.7	2.8

注:地表水平变形,压缩变形为正,拉伸变形为负。

(2) 受采动影响的公路桥有限元分析

① 概述

为了对原桥在上部公路荷载及地表变形作用下的稳定性进行评价,采用 ANSYS 软件进行数值模拟,通过观察原桥桥体在地表变形作用下的应力分布及位移变化,分析并检验加固方法的加固效果。

利用 ANSYS 对原双曲公路桥进行仿真与有限元分析,按照桥梁设计规范中相应的荷载要求,对双曲拱桥加载,并对地表分别施加最大纵向倾斜变形、最大纵向压缩变形、最大横向倾斜变形,同时模拟原桥在未发生地表变形作用时的变形和应力情况,以作为不同变形工况下结果的参考。取各工作面开采后对公路桥的最不利影响进行有限元分析,得出变形前及三种地表变形分别作用下双曲拱桥的位移、应力云图等,由此可分析出相应地表变形作用下双曲拱桥的需要加固的区域,为加固方案提供相应设计依据。

为了更好地实现对桥梁模型的变形加载,桥梁模型下方和纵向两侧均建有一定厚度的土体模型,这样通过在桥体和土体之间设置接触单元来模拟实际土体变形作用下桥体的响应,以达到更好的有限元分析效果。具体原桥的有限元分析模型见图 7-86。而为了更直观地观察桥体的变形和应力情况,所有有限元分析结果均只显示桥体的分析结果。

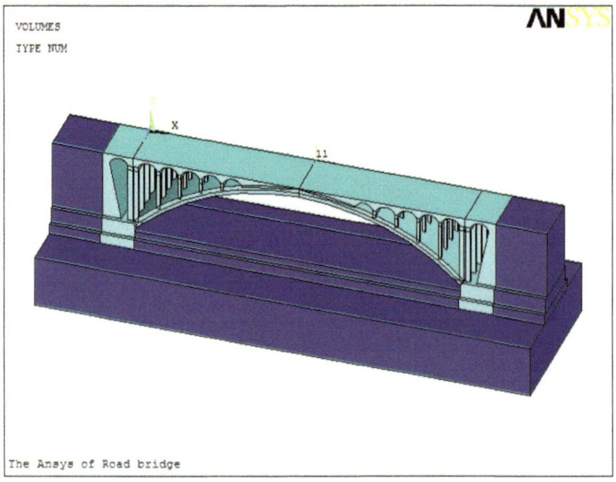

图 7-86 原桥有限元分析模型

② 未发生地表变形时原桥结构有限元分析

通过对原桥发生地表变形前的有限元分析,可以得出:原桥变形如图 7-87(a)、图 7-87(b)所示,其纵向和垂直方向上的位移均很小。从第一主应力图 7-87(c)与等效应力图 7-87(d)中可以得出,未变形前,拱桥的跨中拱圈位置会出现较大应力,同时拱脚也有较大的应力。拱圈上面的小立柱和拱圈的连接部位也容易出现应力集中的现象。

③ 纵向倾斜变形影响下原桥结构有限元分析

原桥在最大纵向倾斜变形作用下,其竖向变形如图 7-88(a)所示,可见相对未变形时的竖向变形发生了一定变化,桥体两侧的相对位移为 84 mm。从第一主应力图[图 7-88(b)]与等效应力图[图 7-88(c)]中可以分析得出,地表倾斜变形作用下,桥体拱圈中部应力最大。同时桥体左、右两侧的拱脚连接部位,也会出现较大应力。

④ 纵向压缩变形影响下原桥结构有限元分析

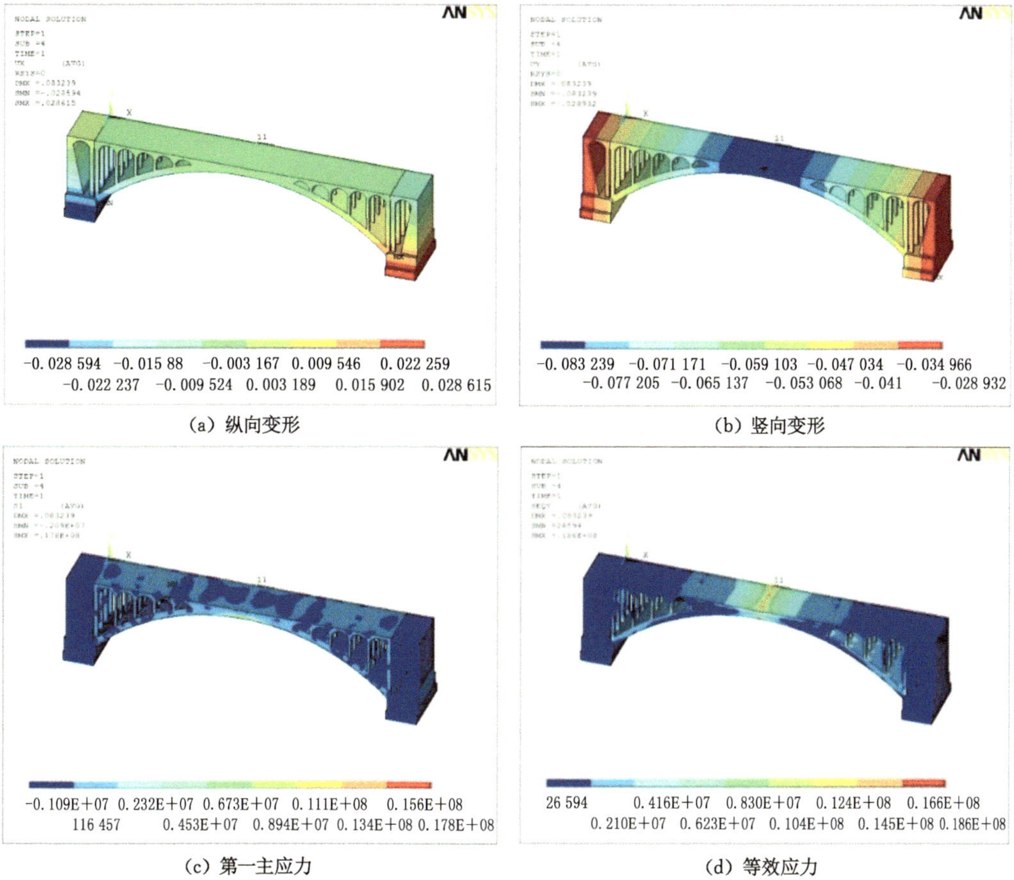

图 7-87 原桥变形前纵向变形、竖向变形、第一主应力、等效应力

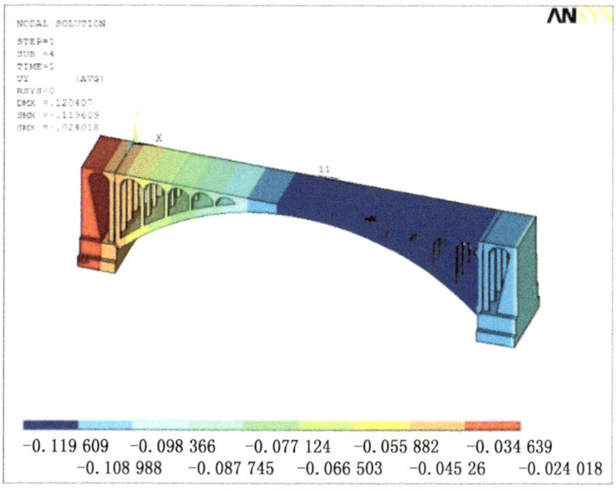

(a) 竖向变形

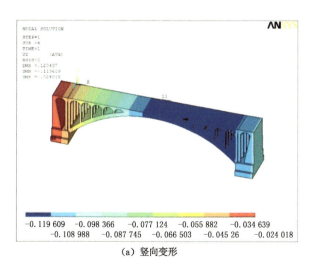

图 7-88 纵向倾斜变形下竖向变形、第一主应力、等效应力

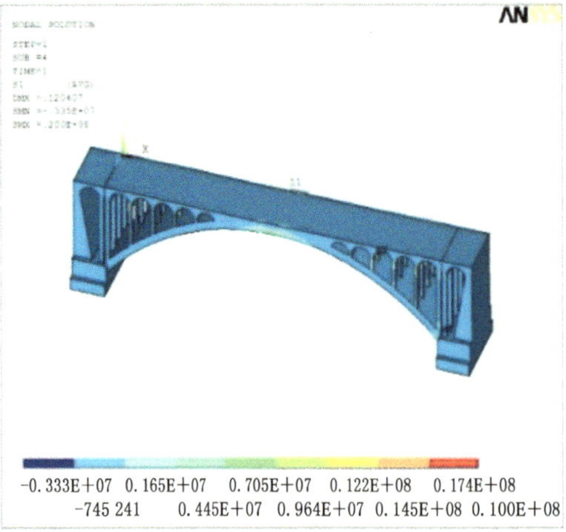

(b) 第一主应力

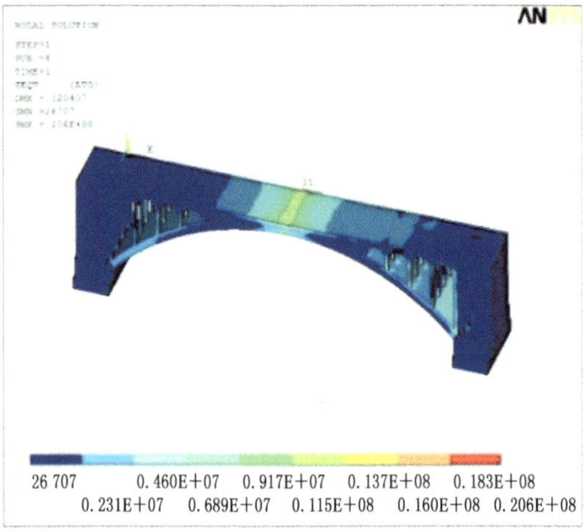

(c) 等效应力

图 7-88(续)

最大纵向压缩变形通过在不同桥体两侧土体上施加不同纵向水平位移来实现。其纵向变形如图 7-89(a)所示，可见相对未变形时的纵向变形，由于有压缩变形作用，桥体会发生一定的纵向变形。最大纵向变形量为 57 mm。

从第一主应力图[图 7-89(b)]与等效应力图[图 7-89(c)]中可以分析得出，地表拉伸变形对拱顶的影响也比较大，容易在拱圈顶部出现应力集中的现象，因此容易发生拱顶破坏。

⑤ 横向倾斜变形影响下原桥结构有限元分析

原桥在最大横向倾斜变形作用下，其横向变形如图 7-90(a)所示，可见横向变形比较小。从第一主应力图[图 7-90(b)]与等效应力图[图 7-90(c)]中可以分析得出，地表横向倾斜变形作用下，桥拱拱圈中部应力比较大。同时拱脚连接部位也会出现较大应力。

通过对图 7-87、图 7-88、图 7-89 和图 7-90 的分析可知，原桥发生地表变形作用时，桥体由于拱圈厚度太小，在地表变形作用下，拱顶会出现应力集中现象，而原桥发生地表变形作用时主要还是靠主拱圈抵抗变形应力，这样进一步加剧了主拱圈处应力集中；同时由于拱脚和基础连接面较小，这部分的应力也会比较大。因此考虑加固方案时，应重点考虑加固主拱圈或者限制主拱圈的变形，同时也需考虑对基础和拱脚的连接处进行加固处理。

(3) 原公路桥加固技术

采用加大截面法，使用钢筋混凝土对公路桥的主拱圈及上部结构进行加固。

① 设计要点

a. 基础

基础采用加大截面的方法加固，只加固基础内侧，欲将原截面用钢筋混凝土材料加厚 0.8 m。基础之间用拉梁连接。拉梁截面尺寸为 1 m×1 m。

b. 主拱圈

采用钢筋混凝土材料将原桥主拱圈截面扩大。原桥主拱圈截面形式为肋板结构，沿该桥拱腹增加一层拱圈即形成套拱，加固过后使该桥主拱圈截面为板结构。加固后主拱圈厚度为 95 cm。

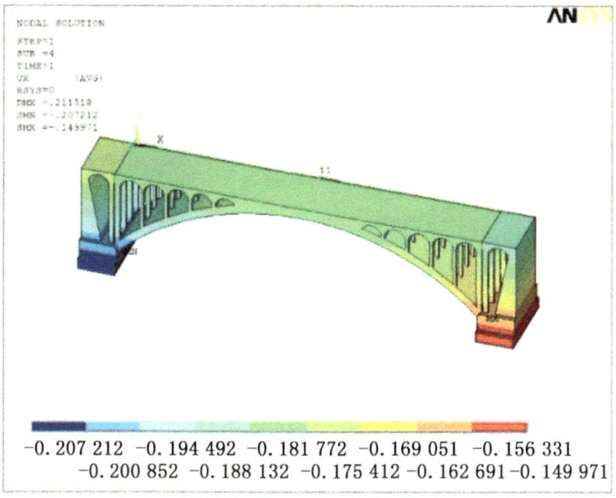

(a) 纵向变形

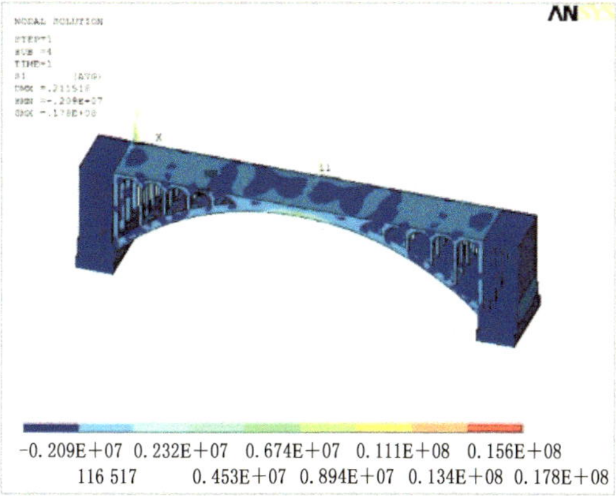

(b) 第一主应力

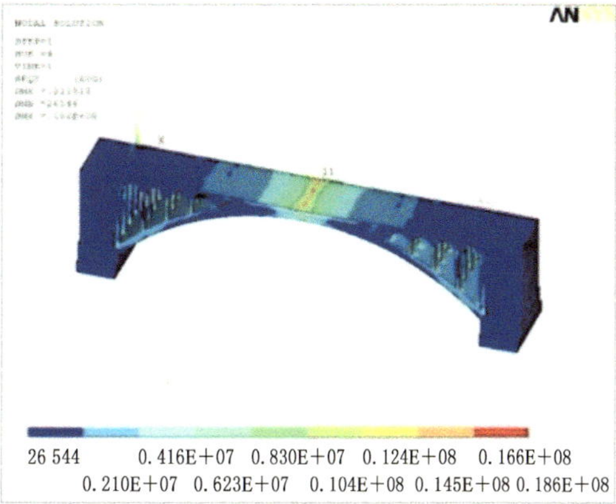

(c) 等效应力

图 7-89　纵向压缩变形下纵向变形、第一主应力、等效应力

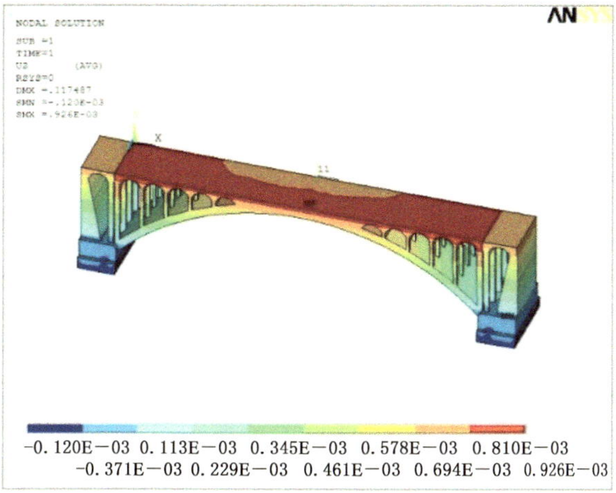

(a) 横向变形

图 7-90　横向倾斜变形下横向变形、第一主应力、等效应力

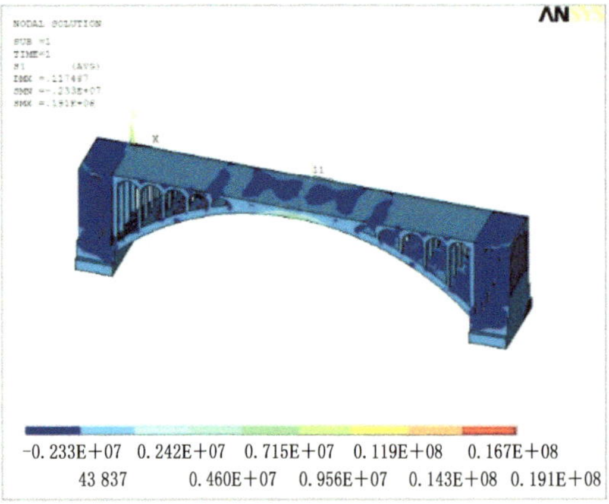

(b) 第一主应力

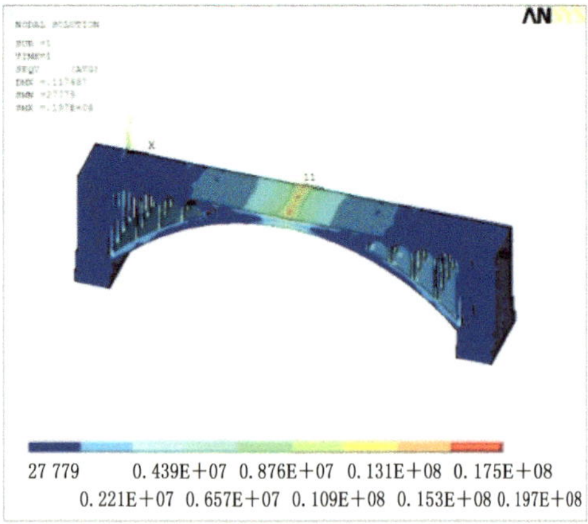

(c) 等效应力

图 7-90(续)

c. 上部结构

首先在原桥面上等间距制作 13 根梁，使梁在桥面横向各悬挑出 1 m，在悬挑出的部分浇注钢筋混凝土达到扩宽桥面的目的；然后在原桥面填二灰碎石基层将原桥面垫高；最后在新桥面上铺一层沥青混凝土路面，同时在扩宽后的桥面两边缘建 0.5 m 高的挡土墙。对于立柱、腹拱圈下横梁、腹拱圈，采用钢筋混凝土加大其截面积以增强承载力。

公路桥加固方案具体示意图如图 7-91 所示。

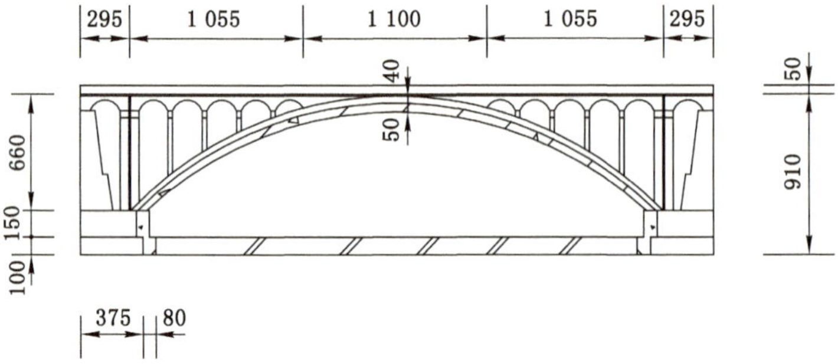

(a) 钢筋混凝土加固示意图

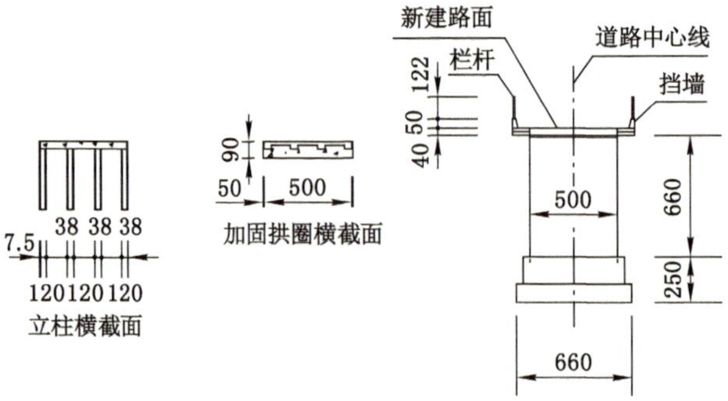

(b) 立柱、拱圈及桥台横截面示意图

图 7-91 公路桥加固示意图(单位：cm)

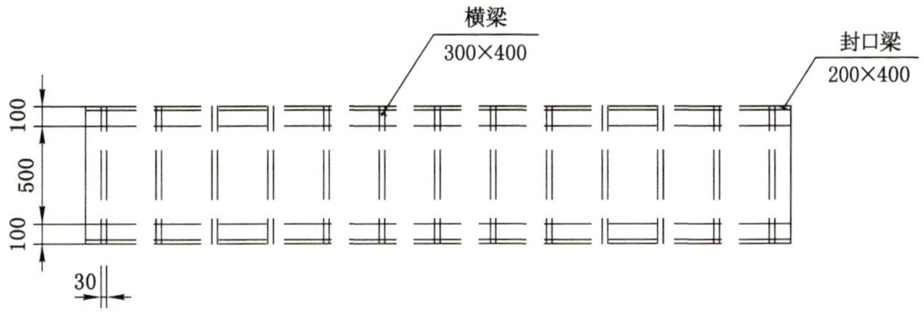

(c) 桥面横梁布置图

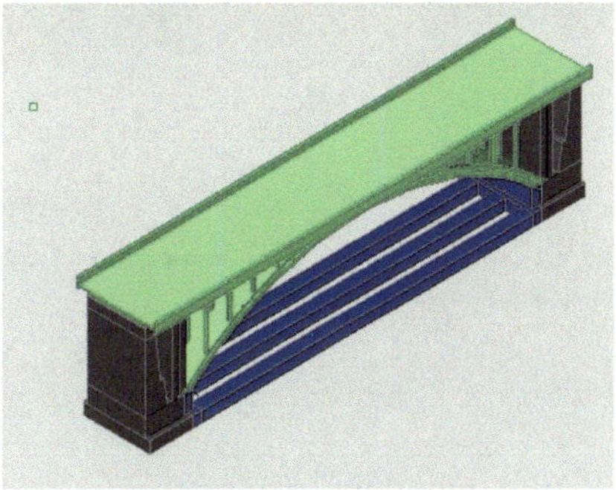

(d) 钢筋混凝土加固三维图

图 7-91(续)

② 加固桥有限元模拟

为了更好地实现对桥梁模型的变形加载，加固桥模型下方和纵向两侧也和原桥一样建立相同的土体模型，加固桥的有限元分析模型见图 7-92。

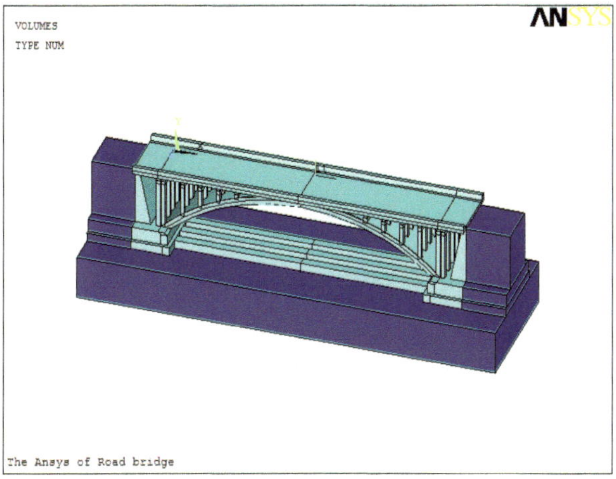

图 7-92　加固桥有限元分析模型

a. 加固桥变形前有限元分析

加固桥在未发生地表变形时的变形位移图如图 7-93(a)、图 7-93(b)所示，可见其纵向和竖向上的位移均很小。从第一主应力图[图 7-93(c)]与等效应力图[图 7-93(d)]中可以分析得出,未变形前,相比原桥,拱桥的跨中拱圈位置应力集中现象大大减少,整个拱圈的应力相对均匀。而拱圈上面的小立柱和拱圈的连接部位的应力集中现象也大为改善,可见加固之后桥体受力更合理了。

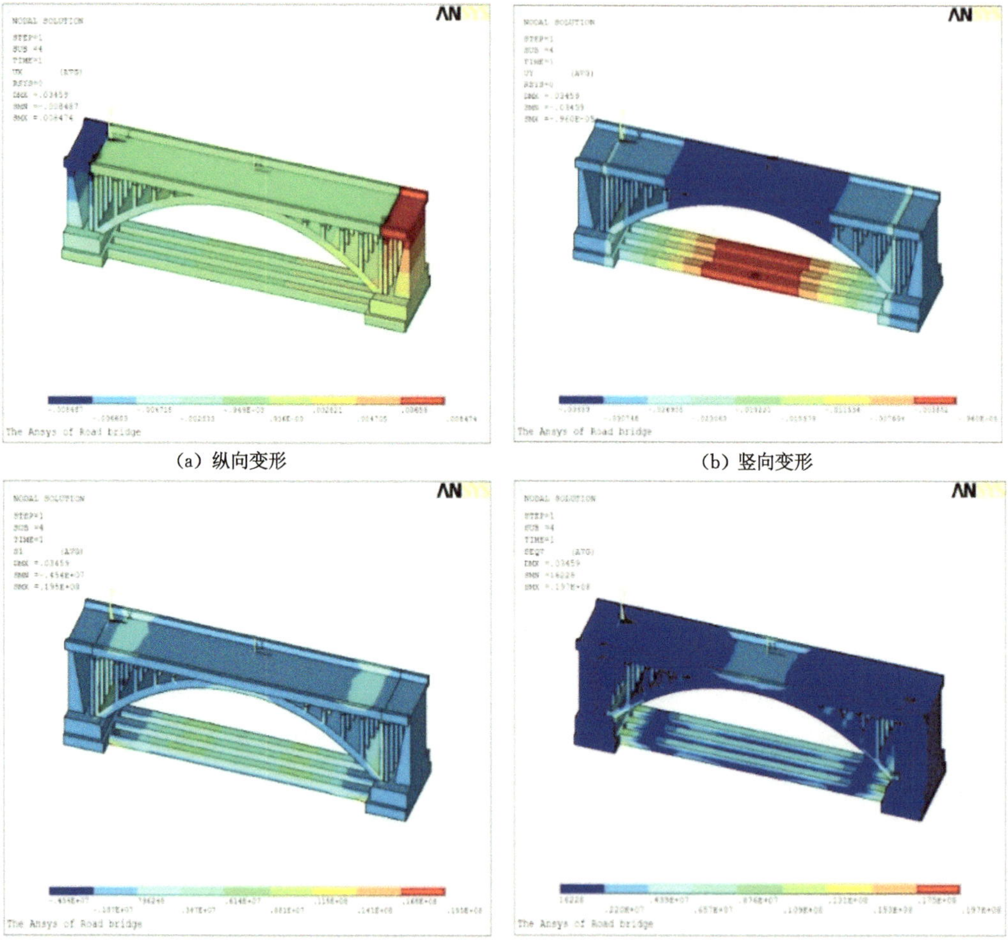

(a) 纵向变形　(b) 竖向变形

(c) 第一主应力　(d) 等效应力

图 7-93　加固桥变形前有限元分析

b. 纵向倾斜变形下加固桥有限元分析

加固桥在最大纵向倾斜变形作用下,其竖向变形如图 7-94(a)所示,可见相对未变形时的竖向变形发生了一定变化,桥体两侧最大相对竖向位移差为 66 mm。从第一主应力图[图 7-94(b)]与等效应力图[图 7-94(c)]中可以分析得出,加固桥在最大纵向倾斜变形作用下,其最大应力集中不再出现在拱顶处,而是转移到拱脚和底部拉梁上,整个拱圈的受力状态更为合理。

c. 纵向压缩变形下加固桥有限元分析

最大纵向压缩变形通过在不同桥体两侧土体上施加不同纵向水平位移来实现。其纵向变形如图 7-95(a)所示,最大纵向变形量为 16 mm。对比原桥,纵向变形量大大减小。

从第一主应力图[图 7-95(b)]与等效应力图[图 7-95(c)]中可以分析得出,地表拉伸变

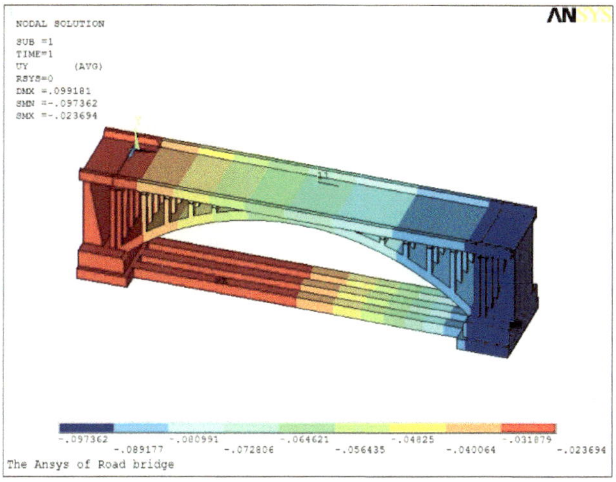

(a) 竖向变形

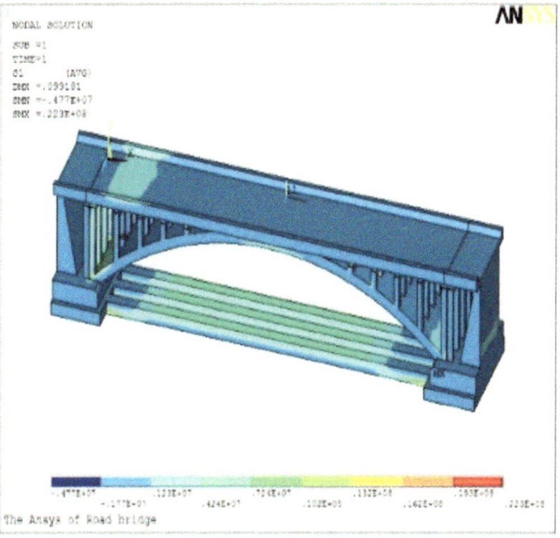

(b) 第一主应力

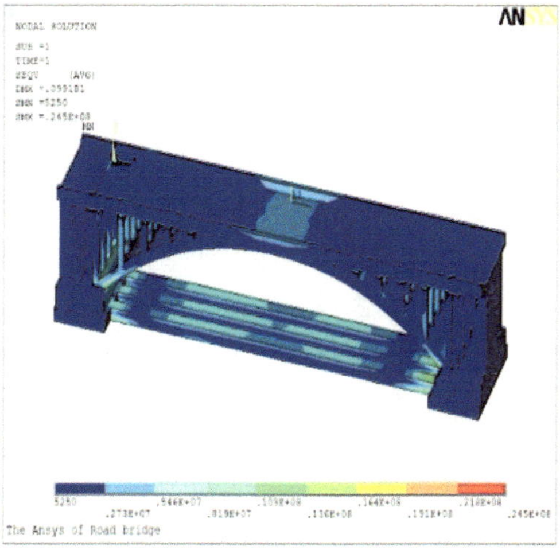

(c) 等效应力

图 7-94 纵向倾斜变形下加固桥有限元分析

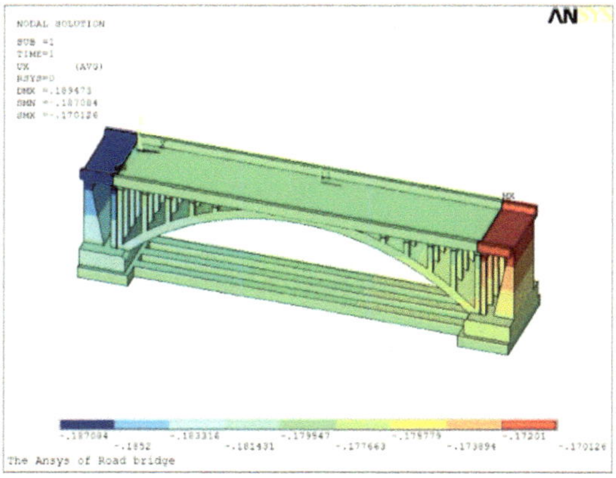

(a) 纵向变形

图 7-95 纵向压缩变形下加固桥有限元分析

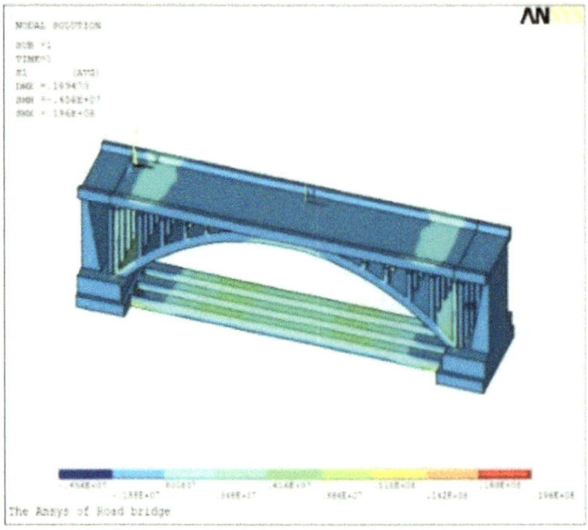

(b) 第一主应力

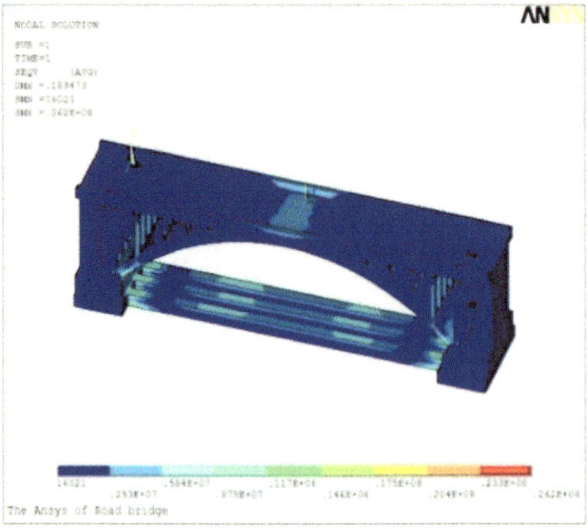

(c) 等效应力

图 7-95(续)

形下，对加固桥拱顶的影响较小，拱脚和拉梁的连接部分有比较大的应力，同时由于土的反拱效应，拉梁的中部也会出现一定的应力集中。

d. 横向倾斜变形下加固桥有限元分析

加固桥在最大横向倾斜变形作用下，其横向变形如图 7-96(a)所示，倾斜一侧的拉梁变形会比较大，桥体其他位置变形较小。从第一主应力图[图 7-96(b)]与等效应力图[图 7-96(c)]中可以得出，地表横向倾斜变形作用下，应力较大的地方同样集中在拱脚和拉梁的连接处，同时倾斜一侧的拉梁由于受到土的挤压作用，应力也会比较大。

基于原桥在地表变形作用下的表现，加固桥通过加厚拱圈和在桥体底部加设拉梁的加固措施来改善原桥拱顶应力集中的不利影响。由图 7-93、图 7-94、图 7-95 和图 7-96 可以得出，加固桥的变形减小，拱顶的应力集中现象也消除了，而把地表作用效应转移至拉梁和拱圈由其共同来承担，因此加固桥在地表变形作用下的受力更为合理。

(4) 加固效果分析

根据上述分别对原桥和加固桥在未发生地表变形、最大纵向倾斜变形、最大横向倾斜变形以及最大纵向压缩变形四种不同情况下的有限元分析，现选取原桥和加固桥的拱顶、拱脚、副拱圈、立柱、横梁及基础等关键部位的第一主应力和等效应力来对比分析，以检验加固后的效果。

① 原桥和加固桥第一主应力对比

a. 原桥第一主应力

原桥在煤柱三块、二块、一块工作面开采后其关键部位的第一主应力见表 7-28。由表中数据可知，当发生地表变形时，拱顶所受拉应力最大，其次是拱脚处。当地表发生纵向压缩时，拱顶所受拉应力最大，拱顶受力最为不利，加固时要加强。

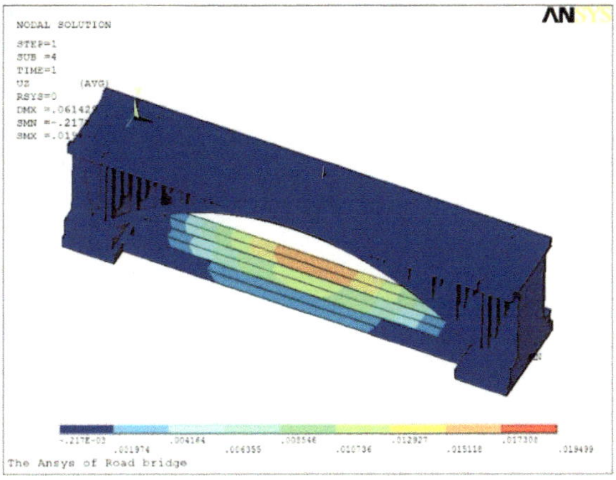

(a) 横向变形

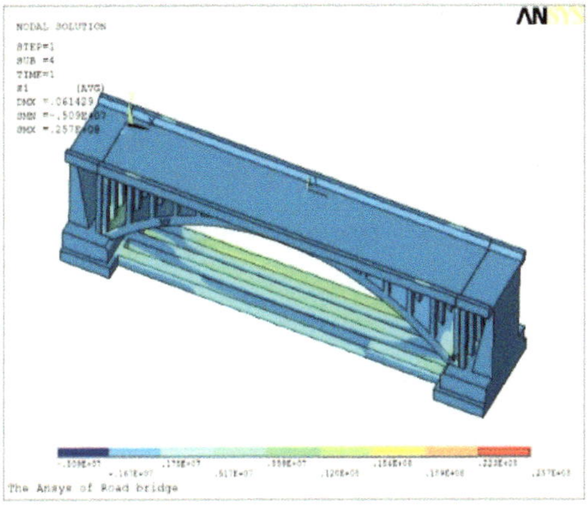

(b) 第一主应力

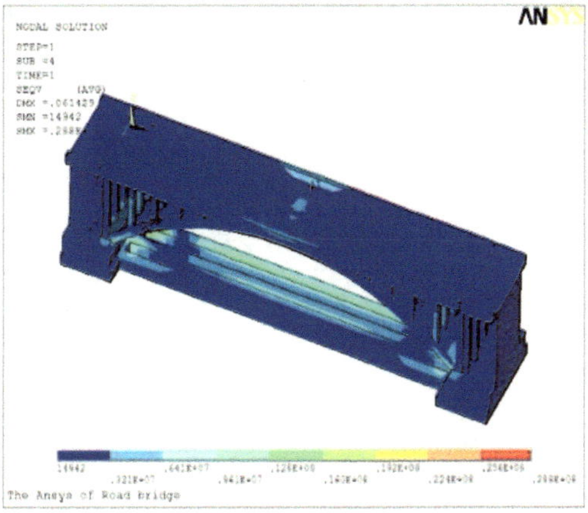

(c) 等效应力

图 7-96　横向倾斜变形下加固桥有限元分析

表 7-28　三个工作面开采后原桥关键部位第一主应力　　单位:MPa

	未发生地表变形	最大倾斜(纵向)	最大倾斜(横向)	水平变形(纵向压缩)
拱顶	20.6	25.1	26.7	28.0
拱脚	18.9	21.8	16.5	20.6
副拱圈	7.02	8.21	9.54	7.11
立柱	14.1	18.3	23.3	14.3
横梁	9.47	11.7	9.72	9.82
基础	6.12	6.87	6.16	6.21

b. 加固桥第一主应力

加固桥在煤柱三块、二块、一块工作面开采后其关键部位的第一主应力见表 7-29。加固后,桥体关键部位应力都有一定程度的减小,拱顶处在地表最大纵向倾斜作用下,应力降为 7.24 MPa,在地表横向最大倾斜作用下,应力降为 7.37 MPa,在地表纵向压缩作用下,应力降为 6.16 MPa。

表 7-29 三个工作面开采后加固桥关键部位第一主应力 单位:MPa

	未发生地表变形	最大倾斜(纵向)	最大倾斜(横向)	水平变形(纵向压缩)
拱顶	6.45	7.24	7.37	6.16
拱脚	14.3	16.8	15.4	14.2
副拱圈	5.87	7.24	6.44	6.16
立柱	9.05	13.2	10.6	8.84
横梁	6.37	7.27	6.94	6.45
基础	6.41	6.55	5.37	5.78
拉梁	19.5	22.3	24.1	19.6

c. 原桥和加固桥的第一主应力对比

原桥和加固桥在煤柱三块、二块、一块工作面开采后其关键部位的第一主应力对比见表 7-30。

表 7-30 三个工作面开采后原桥和加固桥关键部位第一主应力对比

	未发生地表变形	最大倾斜(纵向)	最大倾斜(横向)	水平变形(纵向压缩)
拱顶	68.7%	71.2%	72.4%	78.0%
拱脚	24.3%	22.9%	8.1%	31.1%
副拱圈	16.4%	11.8%	32.5%	13.4%
立柱	35.8%	27.9%	54.5%	38.2%
横梁	32.7%	37.9%	28.6%	34.3%
基础	−4.7%	4.66%	12.8%	6.92%

注:表中对比的变化率计算公式为:(原桥第一主应力－加固桥第一主应力)×100%/原桥第一主应力,其中正值为应力减少百分率,负值为应力增加百分率。

从原桥和加固桥的关键部位的第一主应力的对比可以得出,加固桥的各个关键部位的第一主应力都有一定程度的减小,特别是原桥中出现最大第一主应力的拱顶位置其应力得到了很明显的改善,而且比较脆弱的拱脚位置的第一主应力也减小了。从而可以得出,所提出的加固方案对原桥的加固效果很明显。

② 原桥和加固桥等效应力对比

a. 原桥等效应力

原桥在煤柱三块、二块、一块工作面开采后其关键部位的等效应力见表 7-31。

从表中数据可知,在地表最大纵向倾斜作用下,拱脚所受拉应力最大,达到 31.3 MPa。在地表最大横向倾斜作用下,拱顶所受拉应力最大,达到 28.1 MPa。在地表最大纵向压缩作用下,立柱所受拉应力最大,达到 29.7 MPa。

表 7-31　三个工作面开采后原桥关键部位等效应力　单位:MPa

	未发生地表变形	最大倾斜(纵向)	最大倾斜(横向)	水平变形(纵向压缩)
拱顶	21.8	27.8	28.1	28.9
拱脚	19.5	31.3	21.4	23.1
副拱圈	9.73	10.1	9.38	9.42
立柱	20.4	25.9	24.9	29.7
横梁	12.1	17.8	15.5	16.7
基础	6.23	6.97	6.05	6.21

b. 加固桥等效应力

加固桥在煤柱三块、二块、一块工作面开采后其关键部位的等效应力见表 7-32。加固后,桥体关键部位的应力都有一定程度的减小,拱顶处在地表最大纵向倾斜作用下应力降为 8.37 MPa,在地表横向最大倾斜作用下应力降为 7.81 MPa,在地表纵向压缩作用下应力降为 8.75 MPa。

表 7-32　三个工作面开采后加固桥关键部位等效应力　单位:MPa

	未发生地表变形	最大倾斜(纵向)	最大倾斜(横向)	水平变形(纵向压缩)
拱顶	8.16	8.37	7.81	8.75
拱脚	17.5	24.6	19.2	22.6
副拱圈	6.57	7.96	6.74	5.84
立柱	13.4	14.6	13.8	14.3
横梁	6.61	7.11	6.81	7.44
基础	10.7	11.4	14.9	13.7
拉梁	13.7	16.4	25.9	20.7

c. 原桥和加固桥的等效应力对比

原桥和加固桥在煤柱三块、二块、一块工作面开采后其关键部位的等效应力对比见表 7-33。

表 7-33　三个工作面开采后原桥和加固桥关键部位等效应力对比

	未发生地表变形	最大倾斜(纵向)	最大倾斜(横向)	水平变形(纵向压缩)
拱顶	62.6%	69.9%	72.2%	69.7%
拱脚	10.3%	21.4%	10.3%	2.2%
副拱圈	32.5%	21.2%	28.1%	38.0%
立柱	34.3%	43.6%	44.6%	52.9%
横梁	45.4%	60.1%	56.1%	55.4%
基础	−71.7%	−63.6%	−14.6%	−12.1%

注:表中对比的变化率计算公式为:(原桥等效应力−加固桥等效应力)×100%/原桥等效应力,其中正值为应力减少百分率,负值为应力增加百分率。

从原桥和加固桥的关键部位的等效应力的对比可以得出，加固桥的各个关键部位（除基础外）的等效应力都有相应的减小，特别是拱顶和拱脚这两个关键位置的应力都有一定程度的减小。而加固桥因基础处设有拉梁，和拉梁共同作用，致使基础的应力值较原桥有所增大，但等效应力值并不大，均在混凝土的极限抗压强度范围内，因而加固桥达到了良好的加固效果。

四、箱型框架式铁路立交桥加固技术研究

1. 箱型框架式铁路立交桥现状概述

铁路立交桥全长 21.25 m，为三孔框架结构箱式桥，采用钢筋混凝土结构，具体见图 7-97。根据现场量测数据（图 7-98、图 7-99），框架桥孔径为 5 m（非机动车道）+9 m（机动车道）+5 m（非机动车道），斜交角度约为 15°；桥面净宽 13.38 m，主体净宽 10.85 m，每侧各 1.45 m 长悬臂；桥梁全长 21.25 m。该桥为顶管地道桥，桥两侧公路均为上坡，桥下为该段公路最低点。箱型截面抵抗弯矩能力较大，且整体性比其他桥型结构更好。

图 7-97　铁路立交桥照片

工作面全采后该桥的移动变形下沉值为 1 000～1 450 mm。由于该桥原设计图纸不详，故原桥结构是否能承受下沉填砟后的荷载无法复核。该桥的加固需考虑填砟后增加的荷载及不均匀沉降时产生的不利影响。

2. 箱型框架式铁路立交桥采动影响及加固

(1) 采动引起地表下沉预计

该矿区准备开采 3 个工作面，依照从南至北的顺序进行开采，即顺序为：铁路桥煤柱三块工作面（08201 工作面）→铁路桥煤柱二块工作面（08203 工作面）→铁路桥煤柱一块工作面（08202 工作面）。

铁路桥煤柱 08201 工作面开采后，铁路线受影响的长度为 653 m，起讫里程为K2＋625 至 K3＋278，最大下沉值为－1 140 mm，最大下沉点里程为 K2＋975，平均下沉为－450 mm。

铁路桥煤柱 08201、08203 工作面开采后，铁路线受影响的长度为 975 m，起讫里程为 K2＋625 至 K3＋600，最大下沉值为－1 750 mm，最大下沉点里程为 K3＋250，平均下沉为－740 mm。

铁路桥煤柱 08201、08203、08202 工作面开采后，铁路线受影响的长度为 975 m，起讫里程为 K2＋625 至 K3＋600，最大下沉值为－2 360 mm，最大下沉点里程为 K3＋100，平均下沉为－1 100 mm。

每个工作面开采后对地面沉降的影响预计如表 7-34 所示。

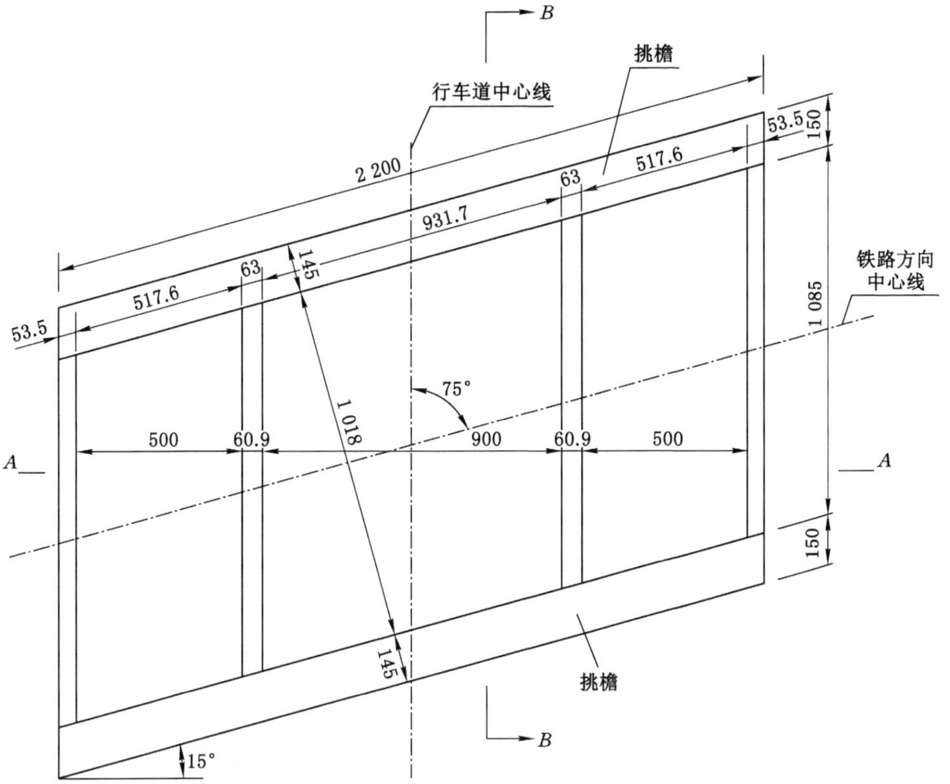

图 7-98　原桥平面图(单位:cm)

表 7-34　各工作面开采后对铁路立交桥影响的移动变形最大值

工作面	下沉值/mm	最大倾斜(纵向)/(mm·m⁻¹)	最大倾斜(横向)/(mm·m⁻¹)	水平变形(纵向)/(mm·m⁻¹)	水平变形(横向)/(mm·m⁻¹)
三	0	0	0	0	0
三+二	900～1 400	13.0	11.5	−5	−1.5 +1.5
三+二+一	1 000～1 450	13.8	12.5	−3.5	−3.0

注:地表水平变形,压缩变形为正,拉伸变形为负。

(2) 受采动影响的铁路立交桥有限元分析

① 概述

为了对原桥在上部铁路荷载及地表变形作用下的稳定性及强度进行评价,采用ANSYS软件进行数值模拟,通过研究分析原桥体在地表变形作用下的应力分布,为桥体加固提供理论支撑。

利用ANSYS对原铁路立交桥进行仿真与有限元分析,按照《铁路桥涵设计规范》(TB 10002—2017)中相应的荷载要求,对铁路立交桥加载,取三块工作面全采后、三块+二块工作面全采后、三块+二块+一块工作面全采后等多种工况下相应的最大地表变形值(见表 7-35),对地表分别施加最大倾斜变形、最大压缩变形、最大拉伸变形,进行有限元分

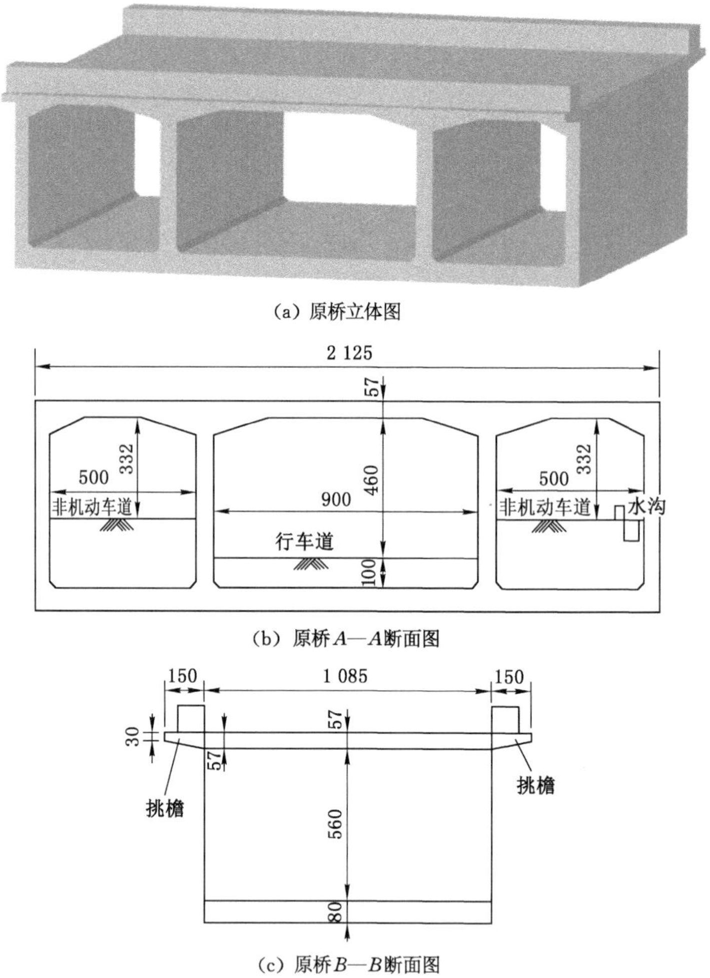

(a) 原桥立体图

(b) 原桥A—A断面图

(c) 原桥B—B断面图

图 7-99 原桥立体、A—A 断面、B—B 断面图(单位:cm)

析,得出地表变形作用下铁路立交桥的应力云图,由此可分析出相应地表变形作用下铁路立交桥的危险部位与可能破坏部位,为加固方案的确定提供相应依据。

表 7-35 加固前地表变形工况划分

工作面	下沉值/mm	最大倾斜(纵向)/(mm·m^{-1})	最大倾斜(横向)/(mm·m^{-1})	水平变形(纵向)/(mm·m^{-1})	水平变形(横向)/(mm·m^{-1})
三	0	0	0	0	0
三十二	900~1 400	工况一(13.0)	工况二(11.5)	工况三(−5)	工况四(−1.5);工况五(1.5)
三十二十一	1 000~1 450	工况六(13.8)	工况七(12.5)	工况八(−3.5)	工况九(−3.0)

② 未发生地表变形时铁路立交桥结构有限元分析

分析图 7-100 中数据可知,当地表未产生变形时,框架桥纵向、横向以及竖直方向位移均很小，由第一主应力及等效应力来分析，框架桥中跨底板应力最大，中跨侧壁与顶板交界处应力也较大。当三块、二块工作面开采后，框架桥受到地表纵向倾斜作用。

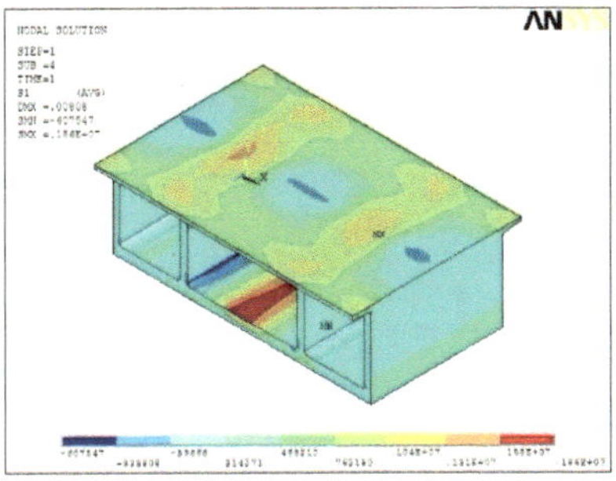

(a) 地表未变形框架桥第一主应力

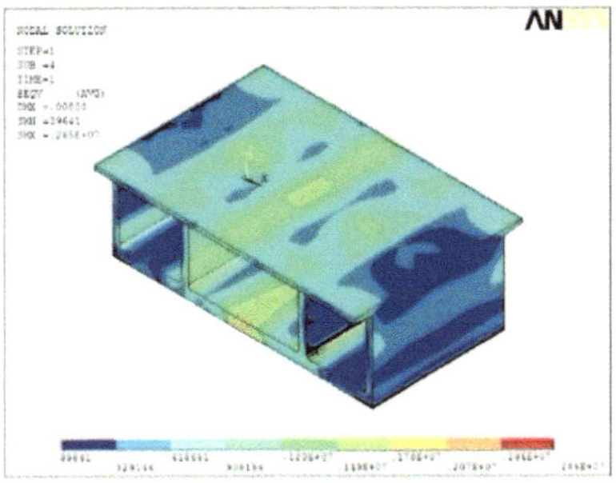

(b) 地表未变形框架桥等效应力

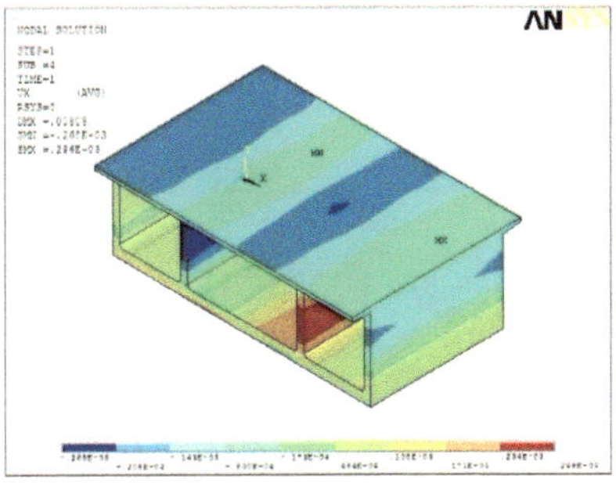

(c) 地表未变形框架桥X向变形

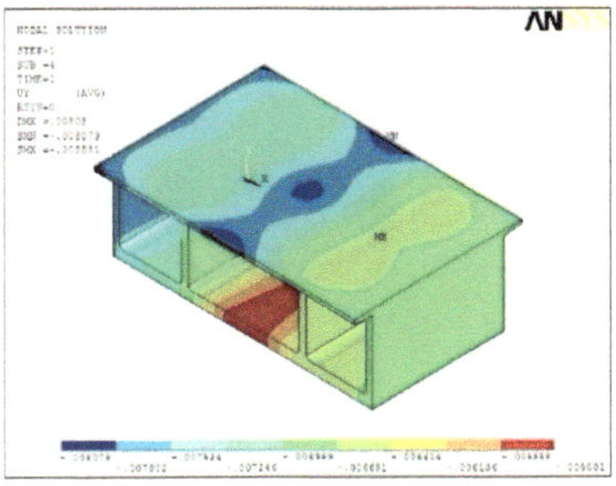

(d) 地表未变形框架桥Y向变形

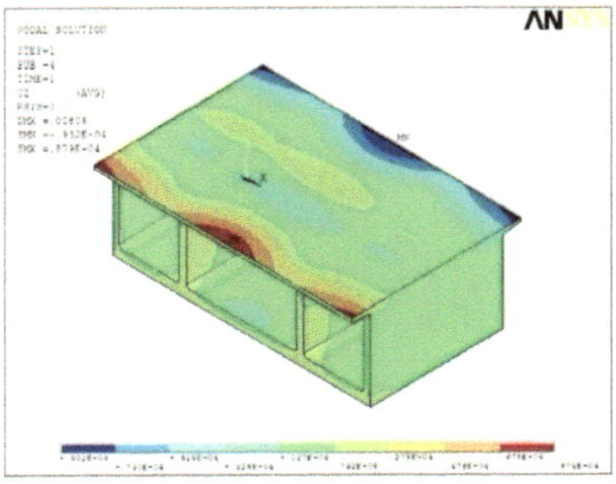

(e) 地表未变形框架桥Z向变形

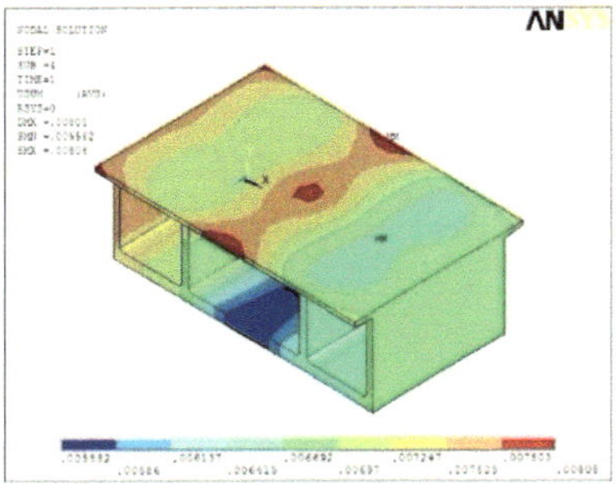

(f) 地表未变形框架桥总变形

图 7-100　地表未变形框架桥应力、变形

③ 倾斜变形影响下铁路立交桥结构有限元分析

分析图 7-101 中数据可知，在地表倾斜作用下，框架桥向左侧倾斜，框架桥产生不均匀沉降，框架桥最大拉应力转移至左跨侧壁上侧，中跨侧壁与顶板交界处应力也较大；最大等效应力在中跨左侧壁下侧，中跨侧壁与顶板交界处应力也较大，此位置为受力不利位置，加固时应当加强。框架桥受到地表横向倾斜作用，分析图 7-102 中数据可知，框架桥产生横向不均匀沉降，最大拉应力出现在中跨底板中部，最大等效应力出现在中跨顶板中部。

④ 压缩变形影响下铁路立交桥结构有限元分析

框架桥受到地表纵向压缩作用，分析图 7-103 中数据可知，框架桥产生纵向压缩变形，边跨侧壁和底板受力最为不利。框架桥受到地表横向压缩作用，分析图 7-104 中数据可知，框架桥产生横向压缩变形，中跨顶板和底板受力最为不利。框架桥受到地表横向拉伸作

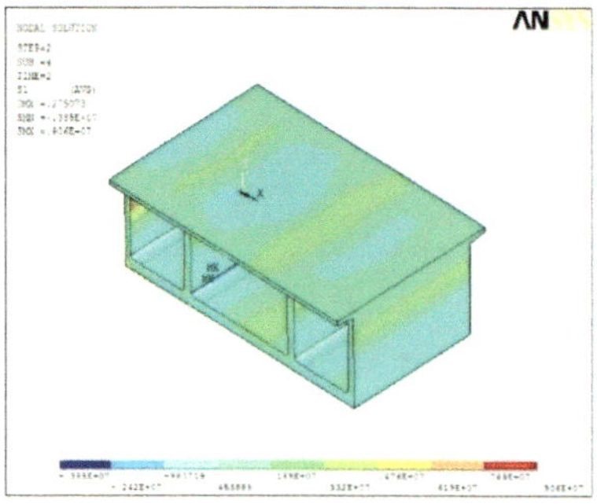

(a) 工况一框架桥第一主应力

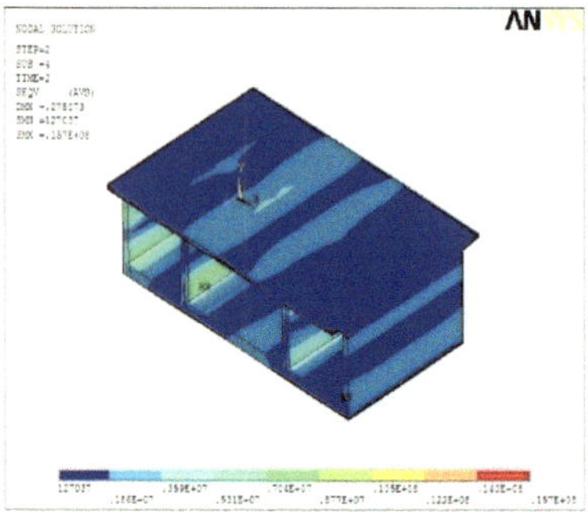

(b) 工况一框架桥等效应力

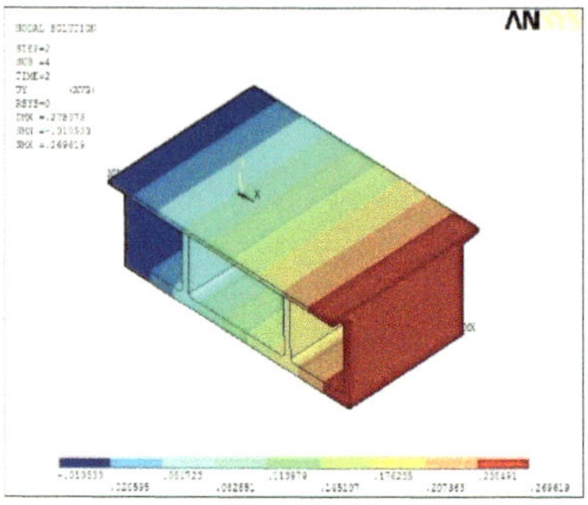

(c) 工况一框架桥Y向变形

图 7-101 工况一框架桥第一主应力、等效应力、Y 向变形

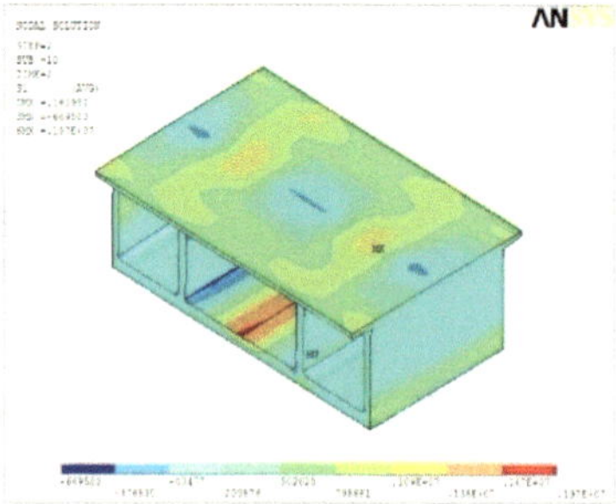

(a) 工况二框架桥第一主应力

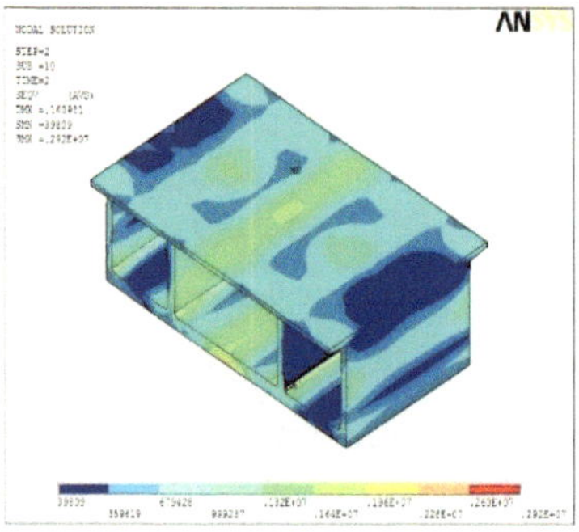

(b) 工况二框架桥等效应力

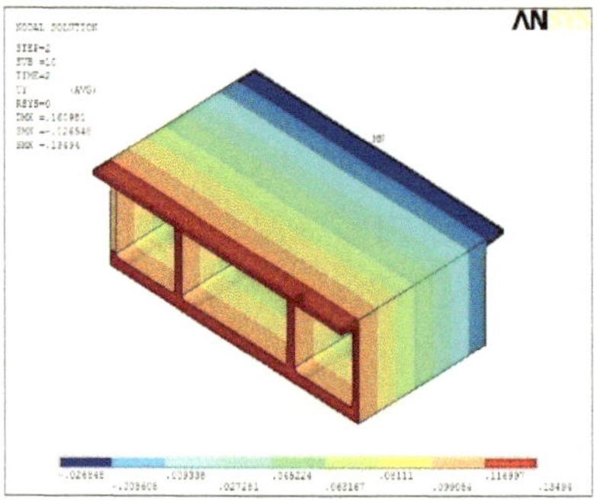

(c) 工况二框架桥Y向变形

图 7-102 工况二框架桥第一主应力、等效应力、Y 向变形

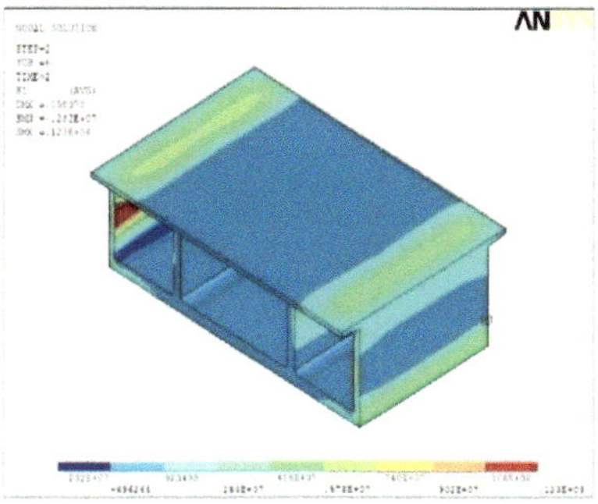

（a）工况三框架桥第一主应力

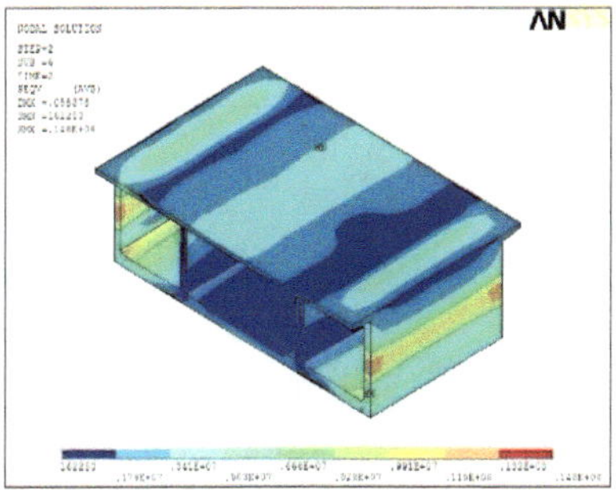

（b）工况三框架桥等效应力

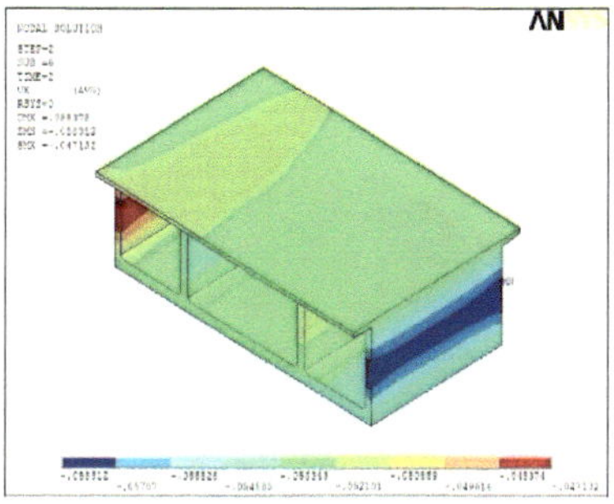

（c）工况三框架桥X向变形

图 7-103　工况三框架桥第一主应力、等效应力、X 向变形

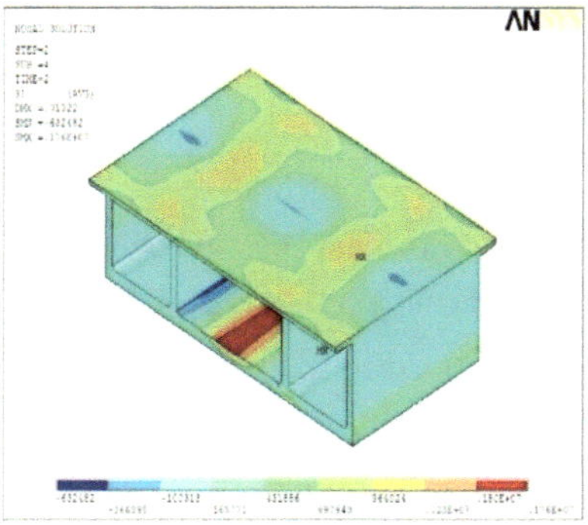

（a）工况四框架桥第一主应力

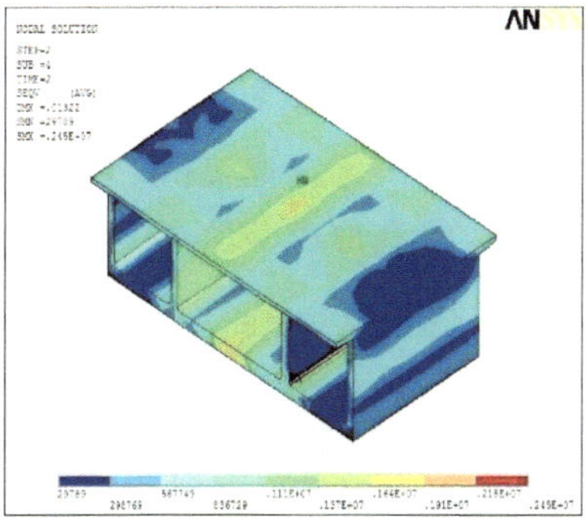

（b）工况四框架桥等效应力

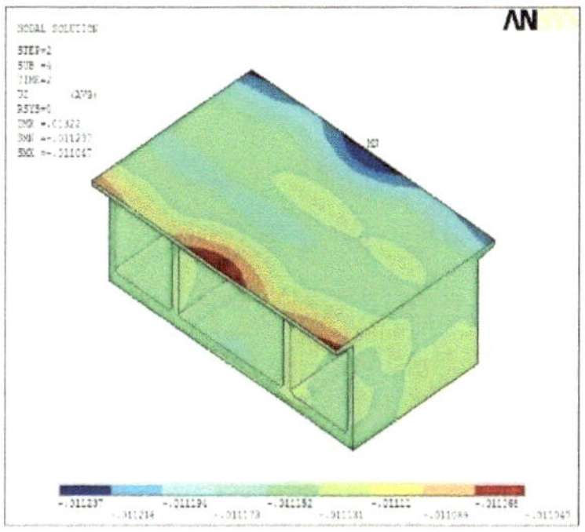

（c）工况四框架桥Z向变形

图 7-104　工况四框架桥第一主应力、等效应力、Z 向变形

用，分析图 7-105 中数据可知，框架桥产生横向压缩变形，中跨顶板和底板受力最为不利。

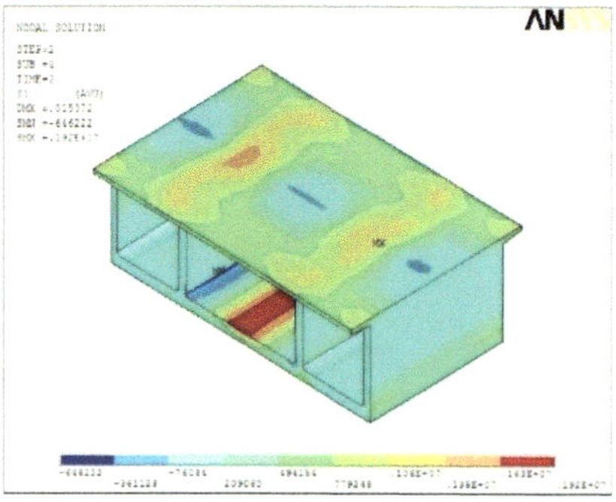

(a) 工况五框架桥第一主应力

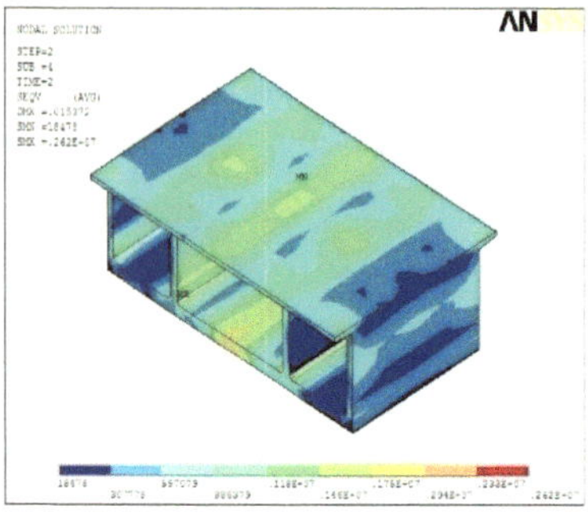

(b) 工况五框架桥等效应力

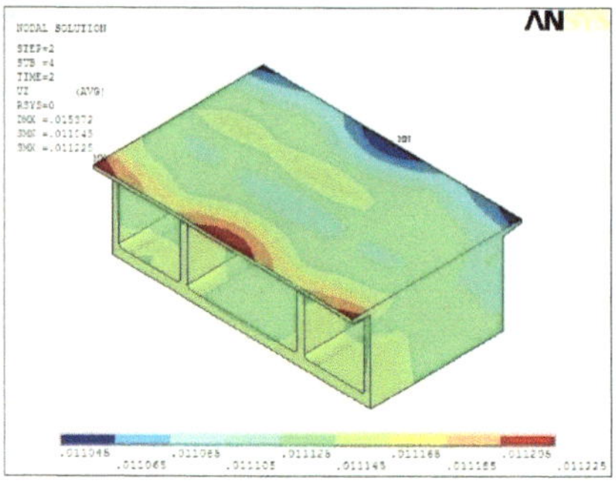

(c) 工况五框架桥Z向变形

图 7-105 工况五框架桥第一主应力、等效应力、Z 向变形

⑤ 拉伸变形影响下铁路立交桥结构有限元分析

当三块＋二块＋一块工作面开采后，框架桥受到地表纵向倾斜作用，分析图 7-106 中数据，和三块＋二块工作面开采后比较可知，最大拉应力增大 11.5% ，最大等效应力增大 8.9%；框架桥受到地表横向倾斜作用，分析图 7-107 中数据，由于地表倾斜变形变化相差较小，和三块＋二块工作面开采后比较可知，最大拉应力和最大等效应力几乎无变化。框架桥受到地表纵向压缩作用，分析图 7-108 中数据，和三块＋二块工作面开采后比较可知，最大拉应力增大 13.8%，最大等效应力减小 1.3%。框架桥受到地表横向压缩作用，分析图 7-109 中数据，和三块＋二块工作面开采后比较可知，由于地表倾斜变化相差较小，最大拉应力和最大等效应力几乎无变化。

由分析可知，开采过程中，地表倾斜导致地基不均匀下沉对框架桥结构最为不利，框架桥中跨底板、边跨侧壁，以及侧壁和底板及顶板交接位置在地表变形作用下受力不利，在加固过程中，要考虑这些位置的加强。

(3) 原铁路立交桥加固技术

该方案由夏军武教授研究团队提出，方案在有限元模拟分析的基础上，提出孔内加厚、孔外加挑梁的工程措施来确保铁路立交桥在地下煤层开采过程中运行的安全性。

① 设计要点

a. 根据二级公路设计速度为 60 km/h，限宽 8 m，限高 5.0 m，最大纵坡 6%，最小坡长

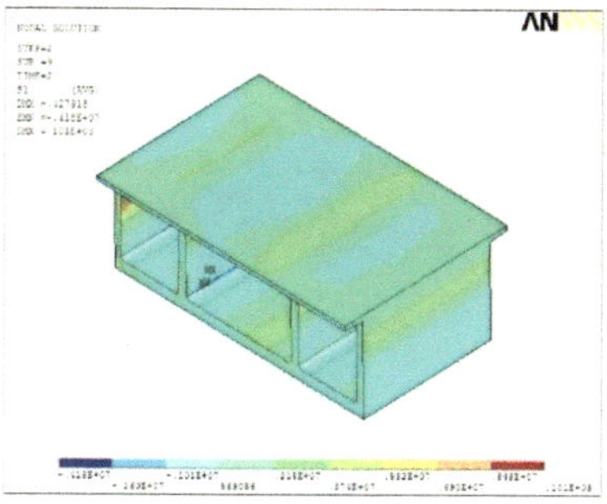

(a) 工况六框架桥第一主应力

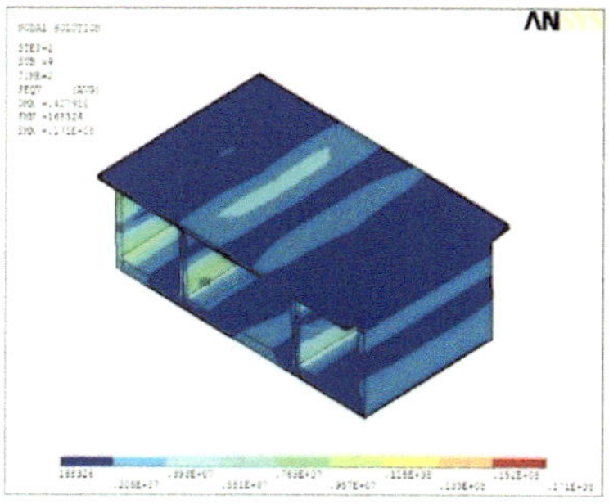

(b) 工况六框架桥等效应力

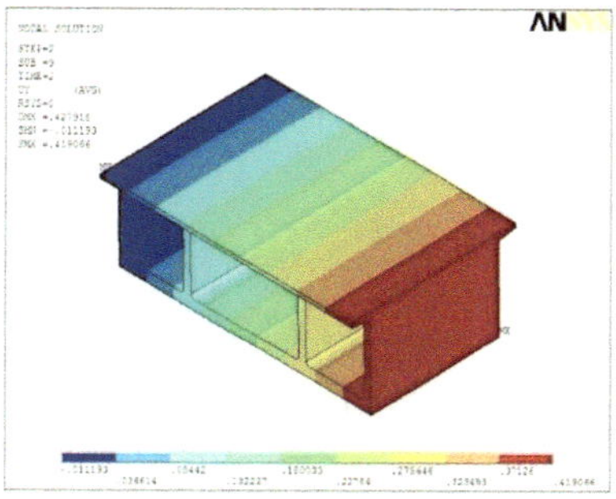

(c) 工况六框架桥Y向变形

图 7-106　工况六框架桥第一主应力、等效应力、Y 向变形

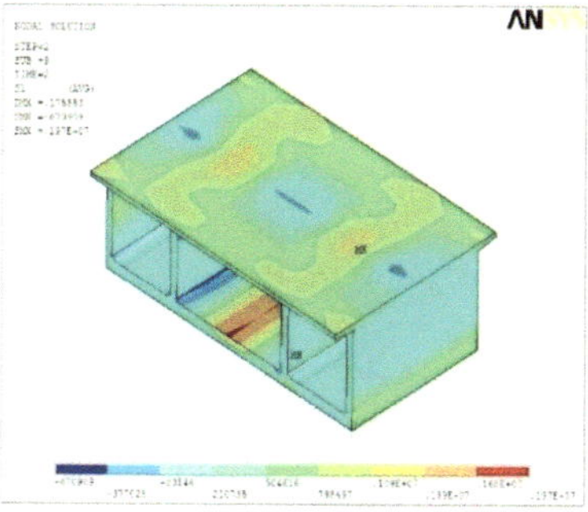

(a) 工况七框架桥第一主应力

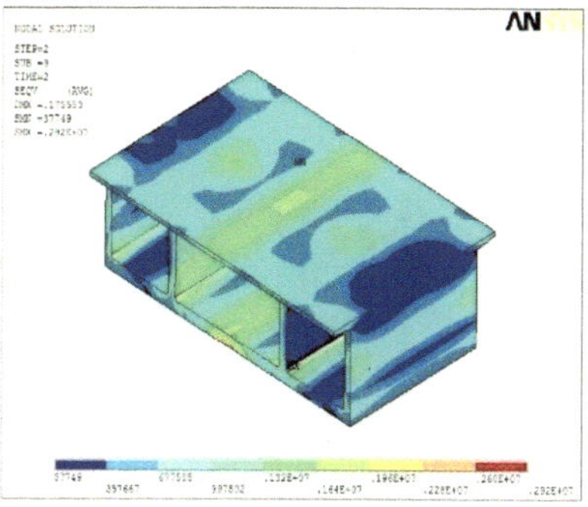

(b) 工况七框架桥等效应力

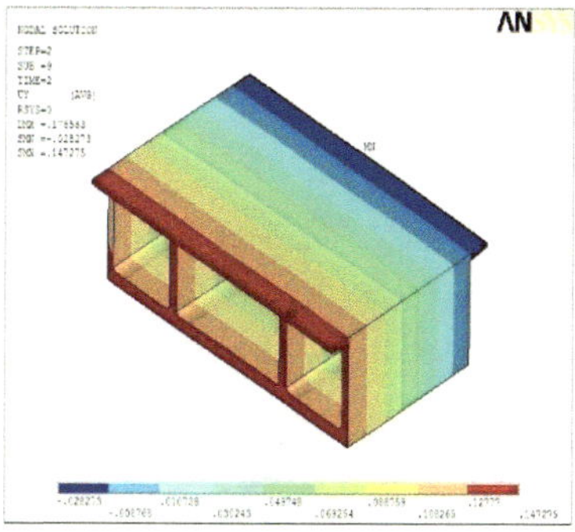

(c) 工况七框架桥Y向变形

图 7-107　工况七框架桥第一主应力、等效应力、Y 向变形

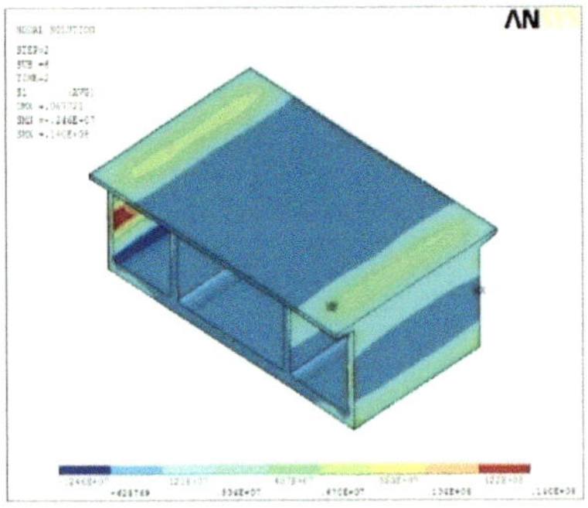

(a) 工况八框架桥第一主应力

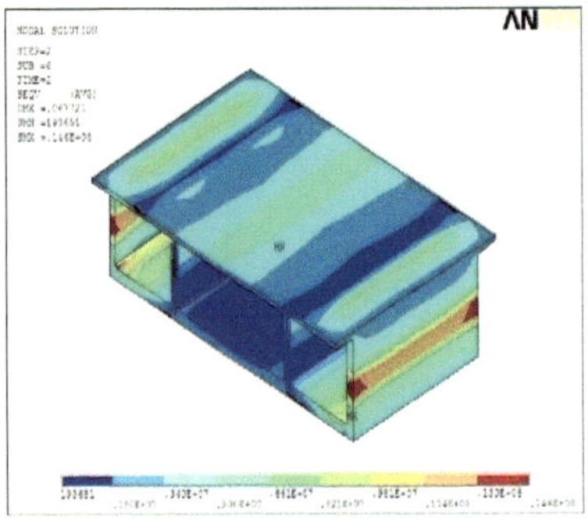

(b) 工况八框架桥等效应力

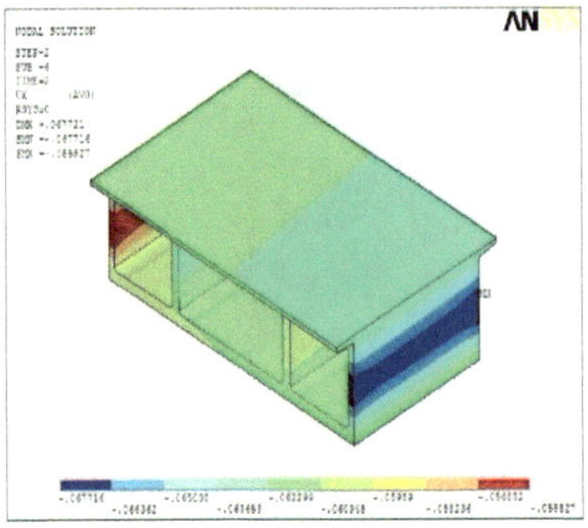

(c) 工况八框架桥Y向变形

图 7-108 工况八框架桥第一主应力、等效应力、Y 向变形

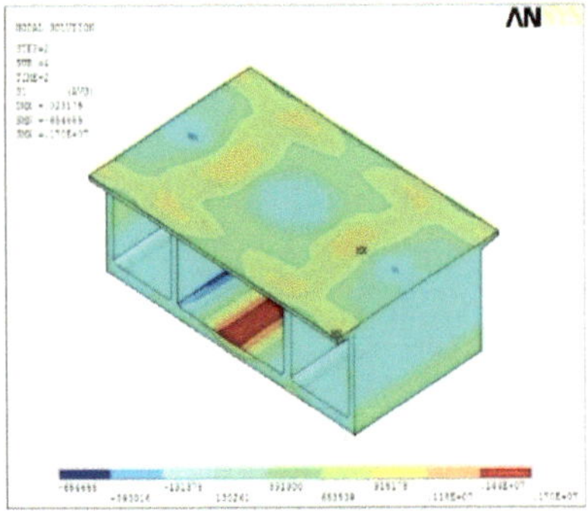

(a) 工况九框架桥第一主应力

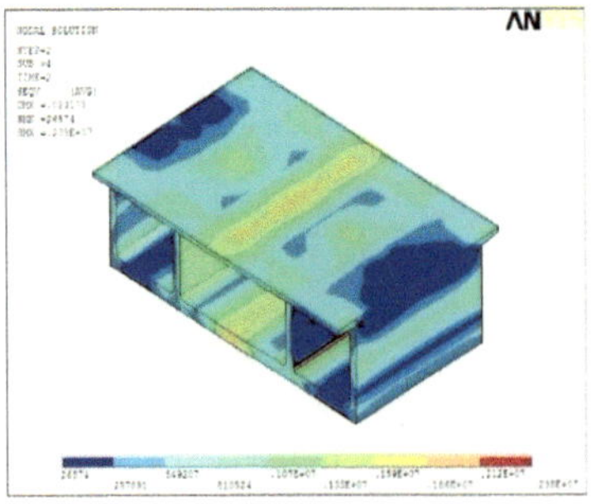

(b) 工况九框架桥等效应力

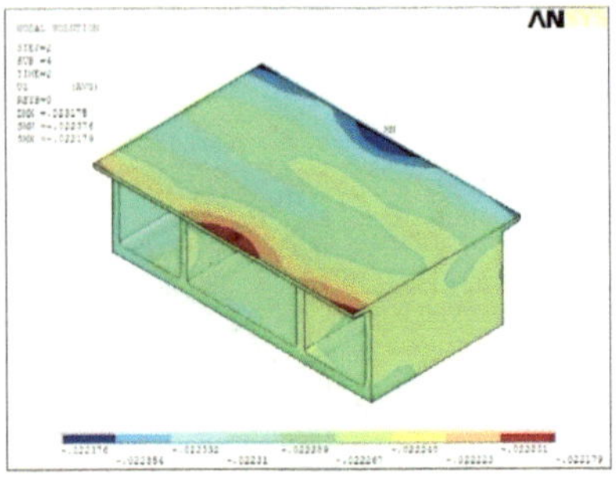

(c) 工况九框架桥Z向变形

图 7-109 工况九框架桥第一主应力、等效应力、Z 向变形

150 m 来综合考虑。

b. 根据有限元模拟结果，采用孔内侧加固法进行加固。桥孔内侧加固侧壁厚度为 40 cm，底板为 30 cm，顶板为 30 cm，中孔行车道主筋采用直径 25 mm 钢筋，间距为 15 cm。

c. 加固部分均采用钢筋混凝土结构，将每孔内顶部、侧墙以及底部浇筑为整体，并与原桥采用锚杆连接。

d. 在桥梁两侧加固，每侧加 4 根悬挑梁，设置高 1.65 m 的钢筋混凝土挡墙，满足填砟厚度要求。采用钢筋混凝土结构，将孔内加固部分浇筑为整体，提高桥梁的抗弯和抗扭曲能力，使得该桥下降均匀，从而保证桥梁结构的安全与稳定。

铁路立交桥加固方案具体示意图如图 7-110 至图 7-112 所示。

② 加固框架桥有限元分析

利用 ANSYS 对加固桥体进行仿真与有限元分析，按照《铁路桥涵设计规范》（TB 10002—2017）中相应的荷载要求，对加固框架桥加载，并对地表分别施加不同工况最

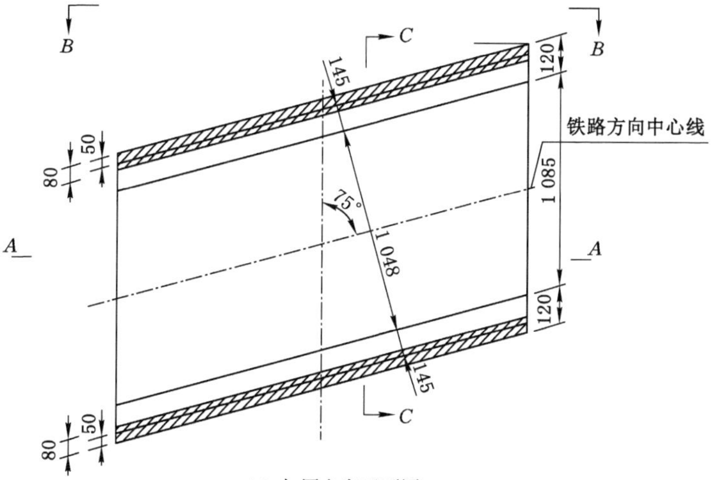

(a) 加固方案平面图

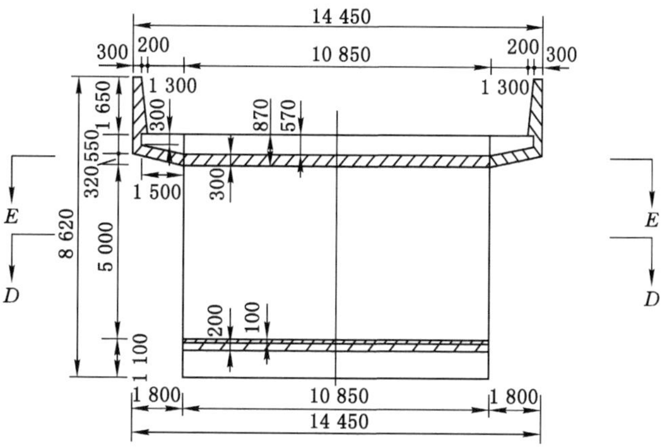

(b) 加固方案 C—C 断面图

图 7-110　加固方案平面、C—C 断面、A—A 断面图

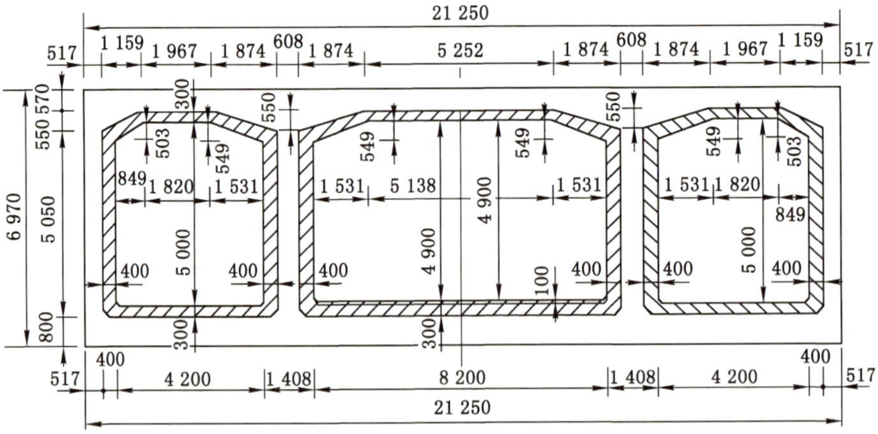

(c) 加固方案*A*—*A*断面图

图 7-110(续)

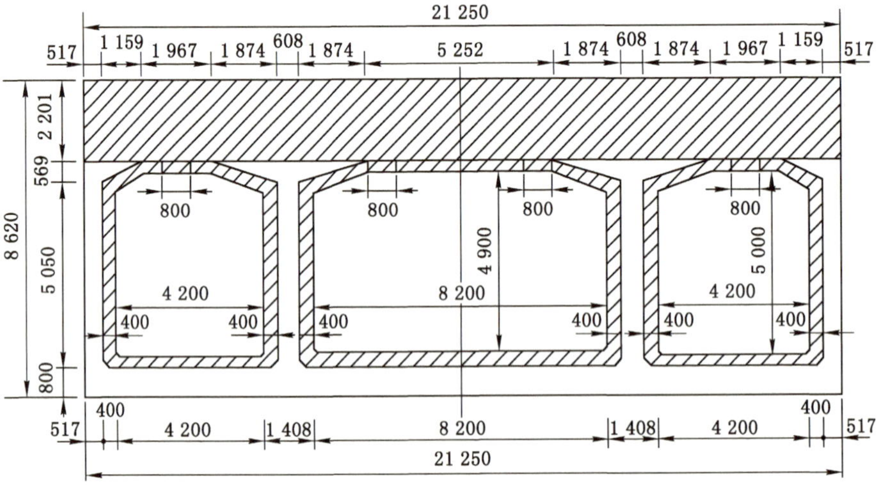

图 7-111 加固方案立面图

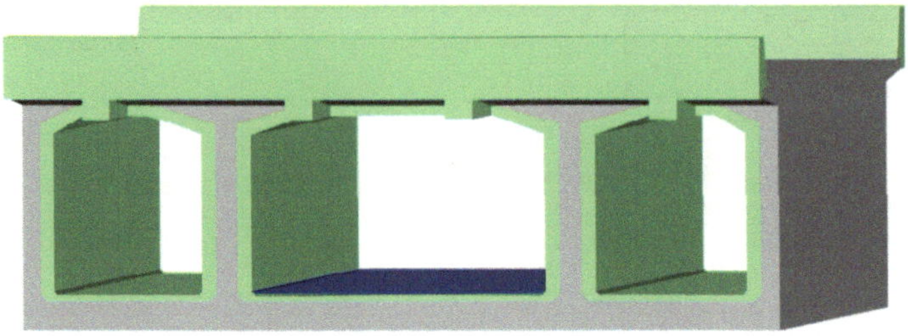

图 7-112 加固方案立体图

大倾斜变形、最大压缩变形、最大拉伸变形，加固后工况划分如表 7-36 所示。

表 7-36　加固后地表变形工况划分

工作面	下沉值/mm	最大倾斜(纵向)/(mm · m^{-1})	最大倾斜(横向)/(mm · m^{-1})	水平变形(纵向)/(mm · m^{-1})	水平变形(横向)/(mm · m^{-1})
三	0	0	0	0	0
三十二	900～1 400	工况十(13.0)	工况十一(11.5)	工况十二(−5)	工况十三(−1.5)；工况十四(1.5)
三十二十一	1 000～1 450	工况十五(13.8)	工况十六(12.5)	工况十七(−3.5)	工况十八(−3.0)

分析图 7-113 至图 7-121 中数据可知，当框架桥经过加固后，三块＋二块＋一块工作面开采后，框架桥受到地表纵向倾斜作用，最大拉应力降低 76.5%，最大等效应力降低 74.2%；框架桥受到地表横向倾斜作用，最大拉应力降低 52.3%，最大等效应力降低 43.2%；框架桥受到地表纵向压缩作用，最大拉应力降低 69.3%，最大等效应力降低 56.9%；框架桥受到地表横向压缩作用，最大拉应力降低 37.5%，最大等效应力降低 51.0%；框架桥受到地表横向拉伸作用，最大拉应力降低 40.1%，最大等效应力降低 50.8%。当框架桥经过加固后，三块＋二块＋一块工作面开采后，框架桥受到地表纵向倾斜作用，最大拉应力降低 77.6%，最大等效应力降低 75.6%；框架桥受到地表横向倾斜作用，最大拉应力降低 51.9%，最大等效应力降低42.1%；框架桥受到地表纵向压缩作用，最

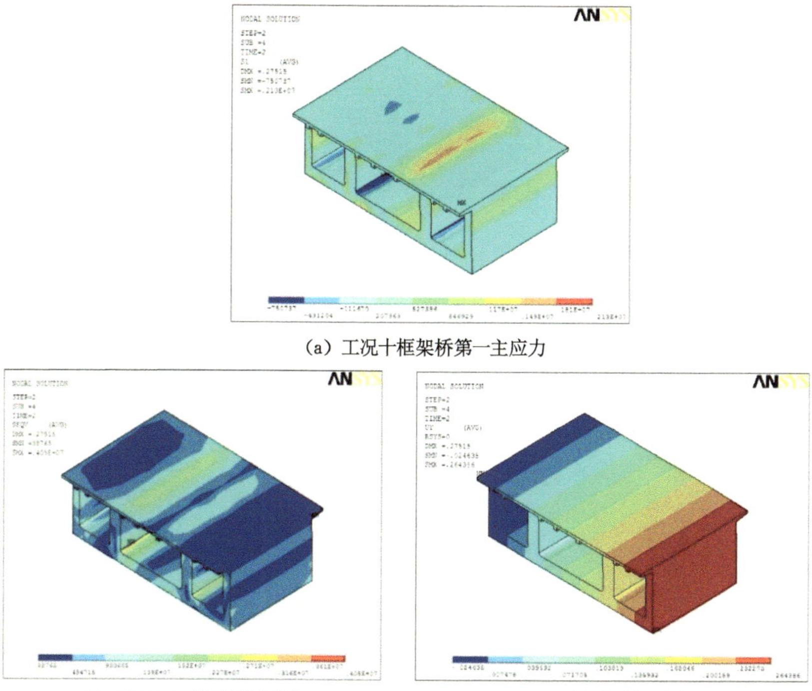

(a) 工况十框架桥第一主应力

(b) 工况十框架桥等效应力

(c) 工况十框架桥Y向变形

图 7-113　工况十框架桥第一主应力、等效应力、Y 向变形

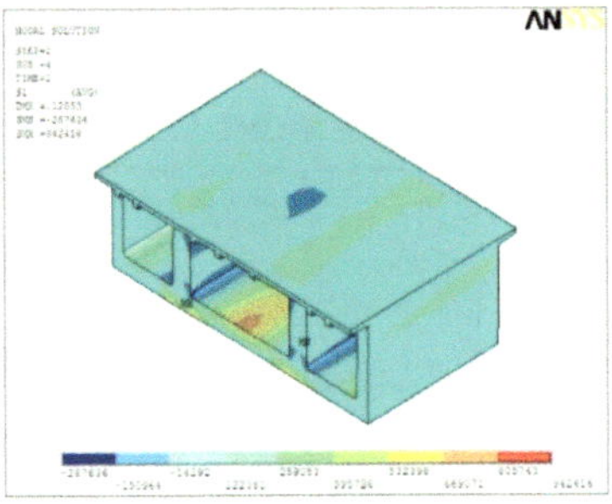

(a) 工况十一框架桥第一主应力

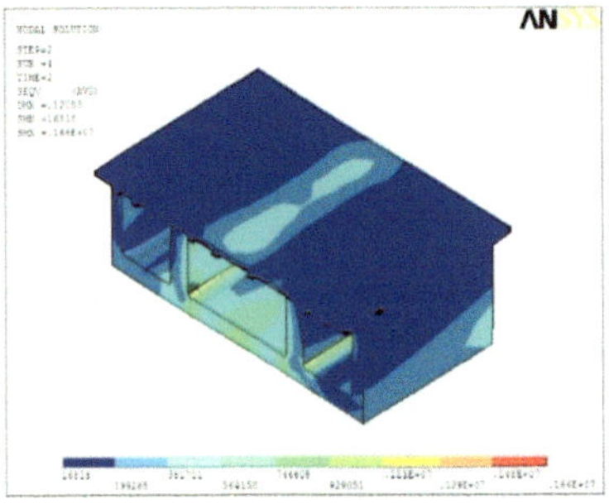

(b) 工况十一框架桥等效应力

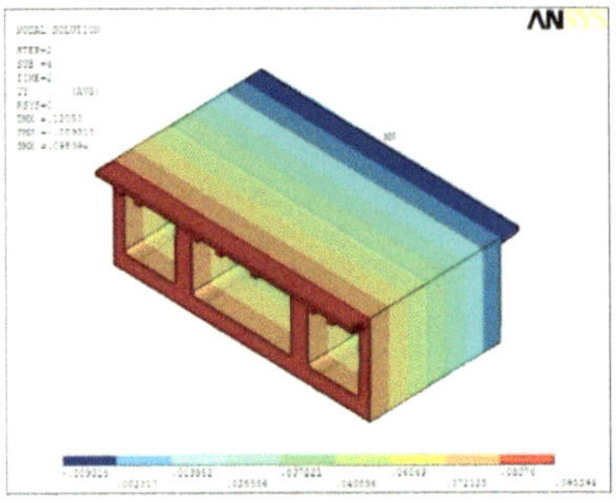

(c) 工况十一框架桥 Y 向变形

图 7-114　工况十一框架桥第一主应力、等效应力、Y 向变形

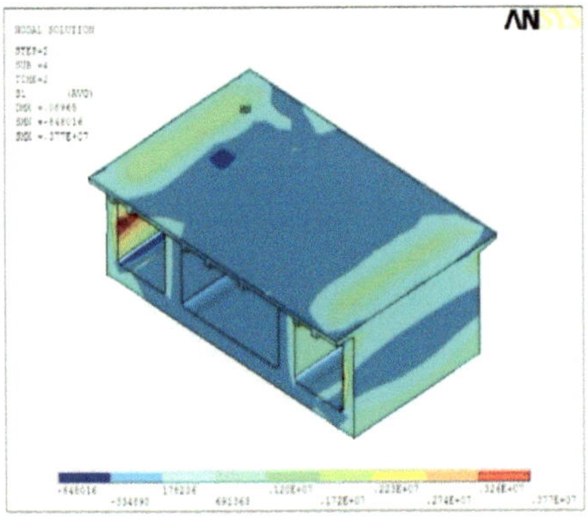

(a) 工况十二框架桥第一主应力

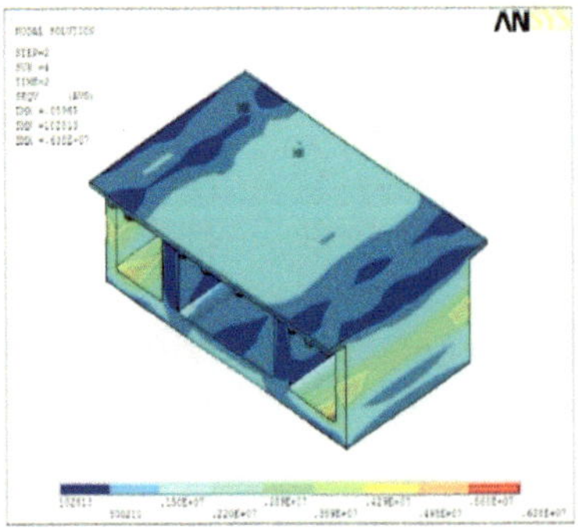

(b) 工况十二框架桥等效应力

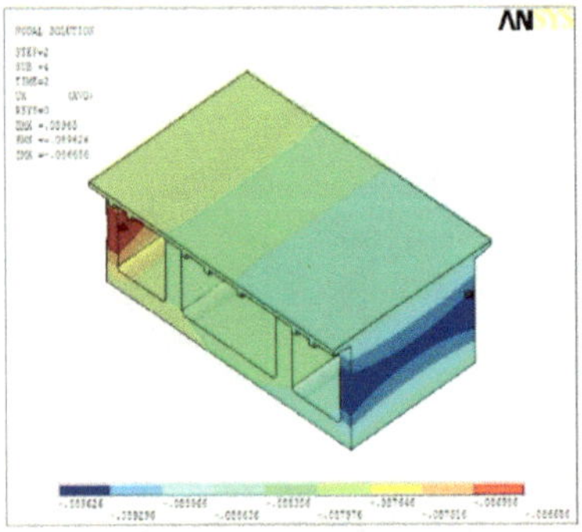

(c) 工况十二框架桥 X 向变形

图 7-115　工况十二框架桥第一主应力、等效应力、X 向变形

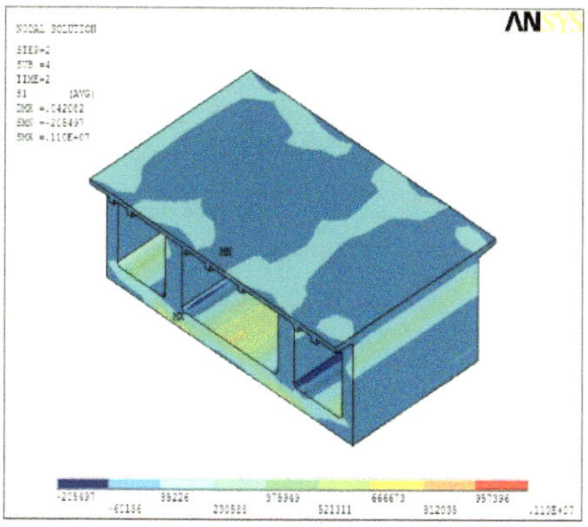

（a）工况十三框架桥第一主应力

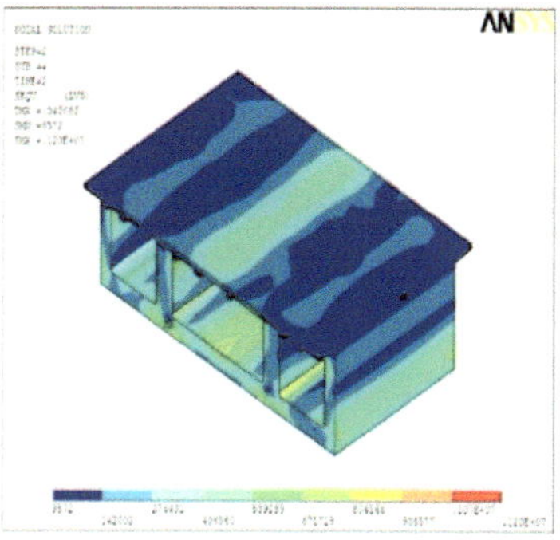

（b）工况十三框架桥等效应力

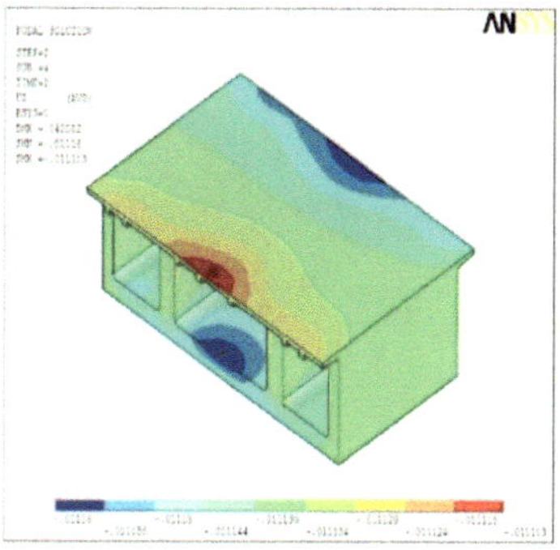

（c）工况十三框架桥Z向变形

图 7-116　工况十三框架桥第一主应力、等效应力、Z 向变形

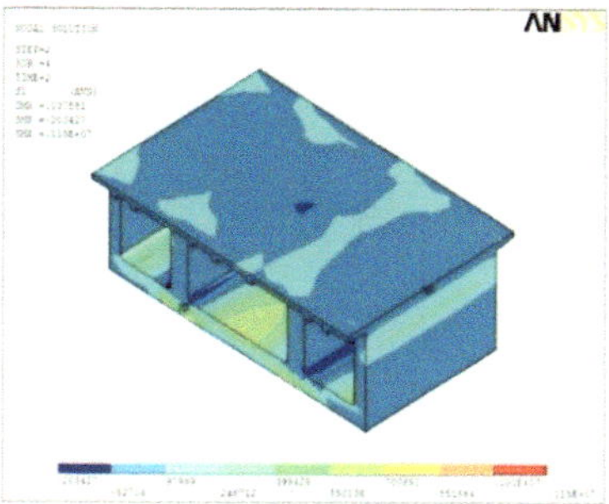

（a）工况十四框架桥第一主应力

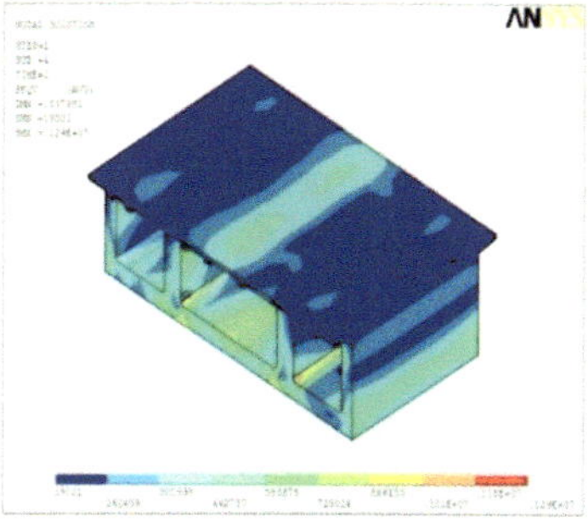

（b）工况十四框架桥等效应力

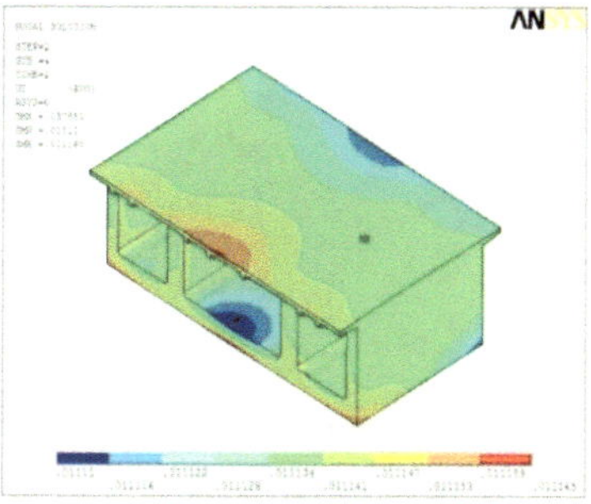

（c）工况十四框架桥Z向变形

图 7-117　工况十四框架桥第一主应力、等效应力、Z 向变形

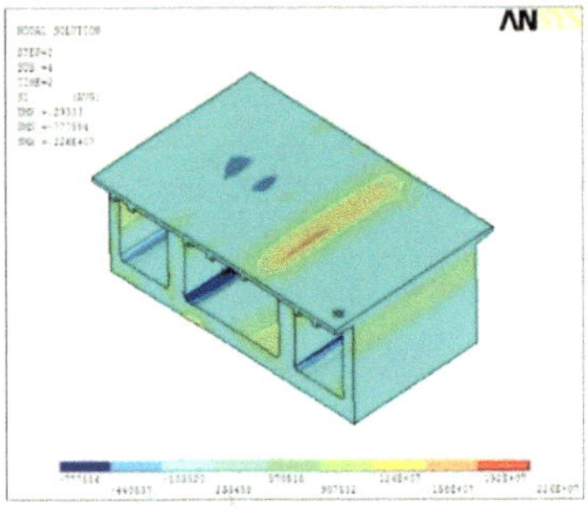

(a) 工况十五框架桥第一主应力

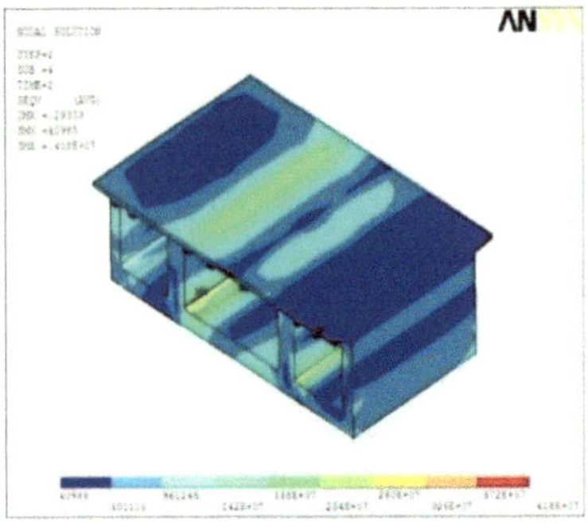

(b) 工况十五框架桥等效应力

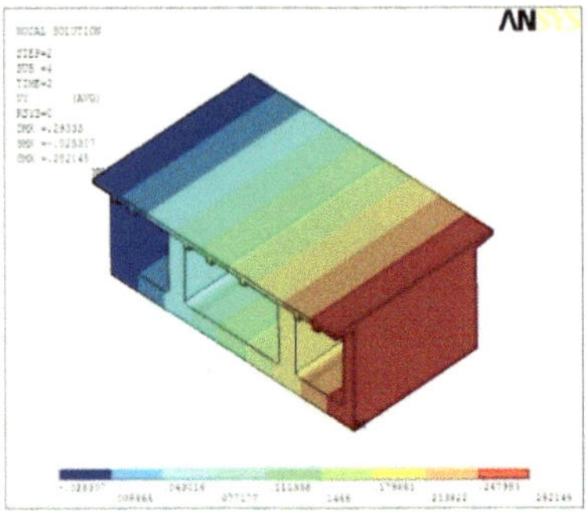

(c) 工况十五框架桥Z向变形

图 7-118 工况十五框架桥第一主应力、等效应力、Z 向变形

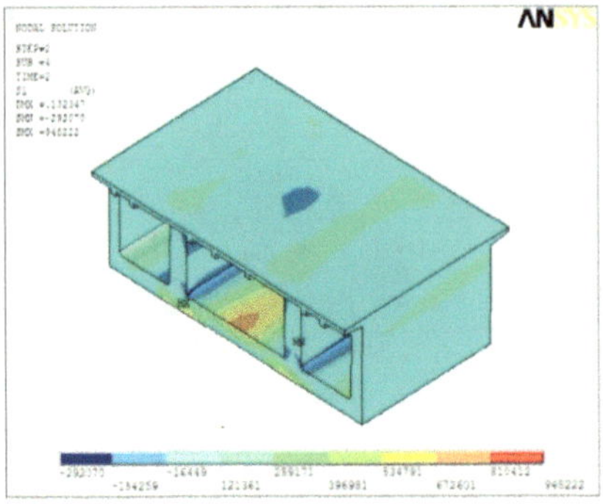

(a) 工况十六框架桥第一主应力

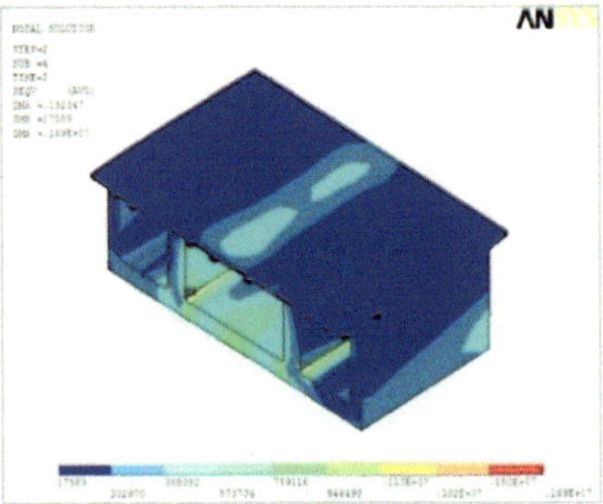

(b) 工况十六框架桥等效应力

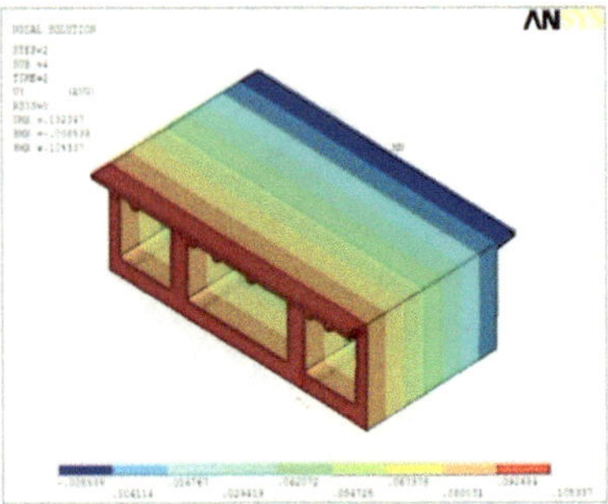

(c) 工况十六框架桥Y向变形

图 7-119 工况十六框架桥第一主应力、等效应力、Y 向变形

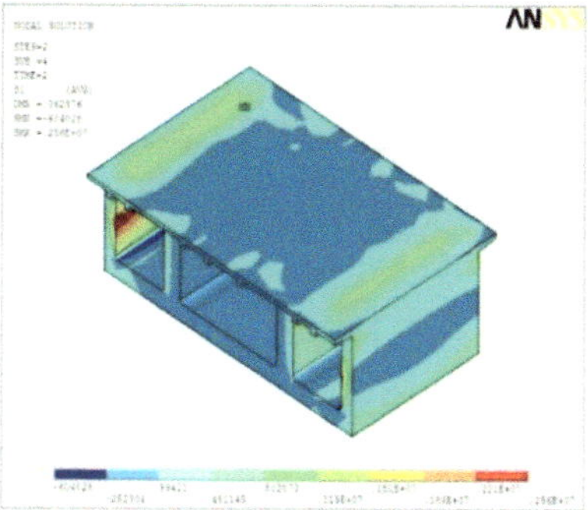

(a) 工况十七框架桥第一主应力

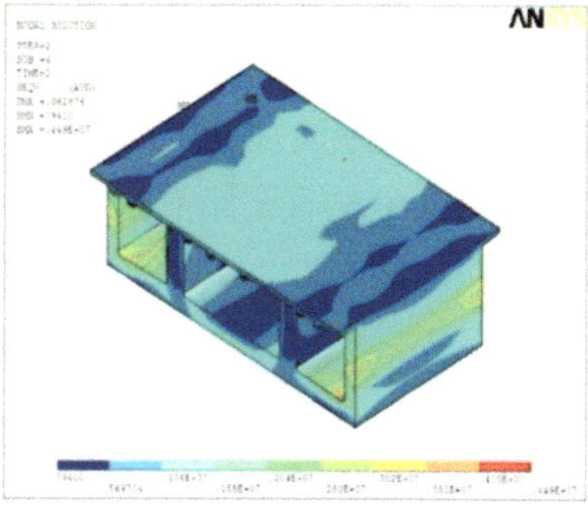

(b) 工况十七框架桥等效应力

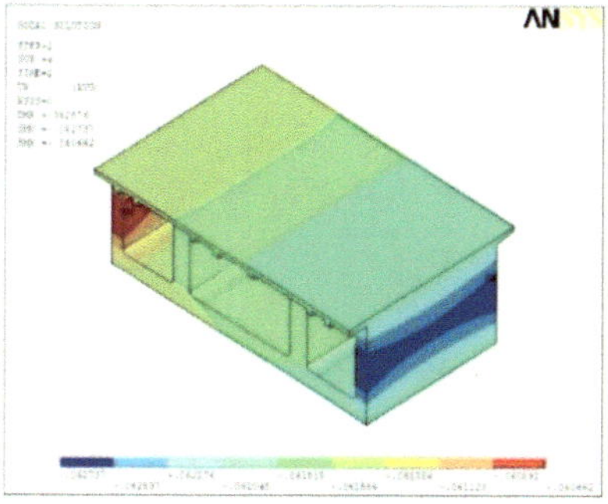

(c) 工况十七框架桥X向变形

图 7-120　工况十七框架桥第一主应力、等效应力、X 向变形

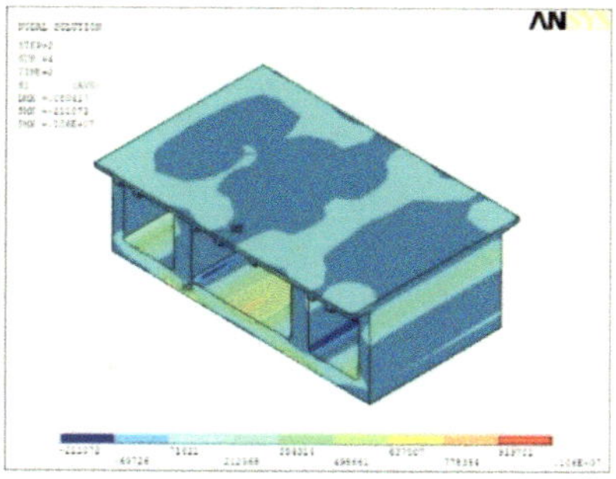

(a) 工况十八框架桥第一主应力

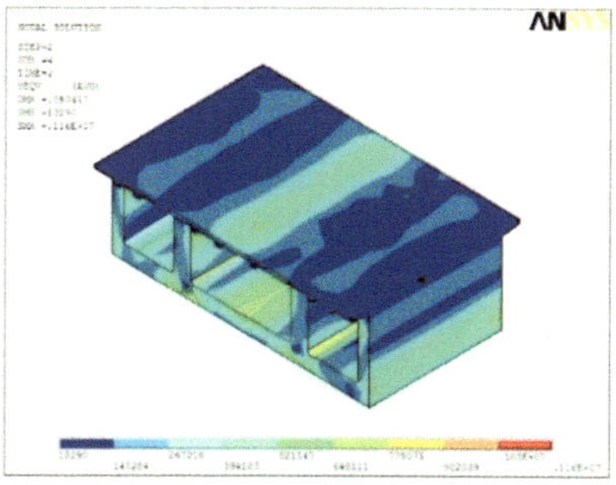

(b) 工况十八框架桥等效应力

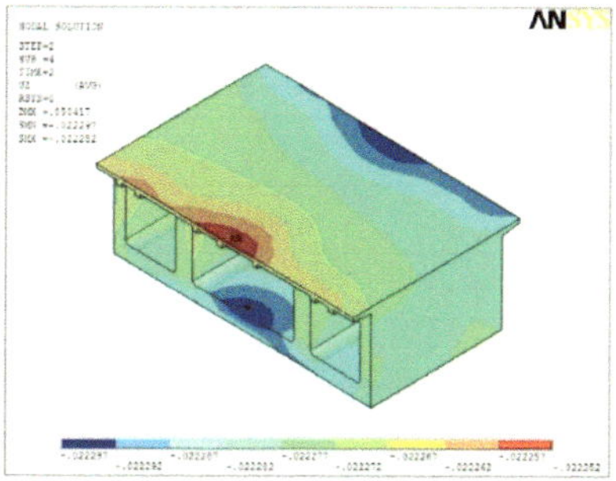

(c) 工况十八框架桥Z向变形

图 7-121　工况十八框架桥第一主应力、等效应力、Z 向变形

大拉应力降低 81.7%，最大等效应力降低69.2%；框架桥受到地表横向压缩作用，最大拉应力降低 37.6%，最大等效应力降低 51.2%。

分析可知，框架桥经过加固后，在开采过程中，在地表变形作用各种工况下最大应力均有所下降，能够保证桥体在下沉过程中结构的安全可靠性并不中断运输。

(4) 原铁路立交桥加固效果分析

根据上述分别对原桥和加固桥在多种工况下的有限元分析，现选取原桥和加固桥的中跨底板、顶板和侧壁及边跨底板、顶板和侧壁等关键部位的第一主应力和等效应力来对比分析，以检验加固后的效果。

① 原桥和加固桥第一主应力对比

a. 原框架桥第一主应力

当三块十二块工作面开采后，在地表变形作用下框架桥关键部位第一主应力如表 7-37 所示。从表中可知，地表纵向最大倾斜作用下中跨侧壁受力最大，其次是边跨侧壁，地表纵向最大倾斜作用下框架桥所受拉应力明显大于其他工况，在方案设计中应重视地表纵向倾斜对桥体的破坏作用。

表 7-37 三块十二块工作面开采后未加固框架桥关键部位第一主应力 单位：MPa

框架桥部位	最大倾斜（纵向）	最大倾斜（横向）	水平变形（纵向压缩）	水平变形（横向压缩）	水平变形（横向拉伸）
中跨底板	3.32	1.86	0.92	1.76	1.92
中跨顶板	3.32	1.31	0.92	1.23	1.35
中跨侧壁	9.06	0.49	0.92	0.43	0.49
边跨底板	1.89	0.76	0.92	0.43	1.06
边跨顶板	3.32	1.58	7.40	1.50	1.63
边跨侧壁	6.19	0.21	12.30	0.96	1.06

当三块十二块十一块工作面开采后，在地表变形作用下框架桥关键部位第一主应力如表 7-38 所示。从表中可知，地表纵向最大倾斜作用下中跨侧壁受力最大，其次是边跨侧壁，由于倾斜加大，框架桥所受拉应力也有一定程度的增加。

表 7-38 三块十二块十一块工作面开采后未加固框架桥关键部位第一主应力 单位：MPa

框架桥部位	最大倾斜(纵向)	最大倾斜(横向)	水平变形(纵向压缩)	水平变形(横向压缩)
中跨底板	3.74	1.97	4.87	1.70
中跨顶板	3.74	1.09	4.87	1.70
中跨侧壁	10.1	0.21	6.70	0.39
边跨底板	2.15	0.50	4.87	0.39
边跨顶板	3.74	1.39	8.53	1.44
边跨侧壁	8.48	0.79	14.0	0.92

b. 加固后框架桥第一主应力

当三块十二块工作面开采后，在地表变形作用下加固框架桥关键部位第一主应力如表7-39所示。从表中可知，地表纵向最大倾斜作用下中跨侧壁受力最大，其次是边跨侧壁，地表纵向最大倾斜作用下加固框架桥所受拉应力明显大于其他工况。

表 7-39　三块十二块工作面开采后加固框架桥关键部位第一主应力　单位：MPa

框架桥部位	最大倾斜(纵向)	最大倾斜(横向)	水平变形(纵向压缩)	水平变形(横向压缩)	水平变形(横向拉伸)
中跨底板	1.41	0.81	0.18	0.96	0.85
中跨顶板	1.81	0.53	0.18	1.10	0.55
中跨侧壁	2.13	0.26	2.23	0.38	0.40
边跨底板	0.53	0.94	1.72	1.10	1.15
边跨顶板	0.52	0.25	2.23	0.23	0.24
边跨侧壁	1.49	0.30	3.77	0.52	0.40

当三块十二块十一块工作面开采后，在地表变形作用下加固框架桥关键部位第一主应力如表7-40所示。从表中可知，地表纵向最大倾斜作用下中跨顶板受力最大，其次是边跨侧壁，由于倾斜加大，加固框架桥所受拉应力也有一定程度的增加。

表 7-40　三块十二块十一块工作面开采后加固框架桥关键部位第一主应力　单位：MPa

框架桥部位	最大倾斜(纵向)	最大倾斜(横向)	水平变形(纵向压缩)	水平变形(横向压缩)
中跨底板	1.58	0.81	0.80	0.78
中跨顶板	2.23	0.40	0.80	0.35
中跨侧壁	1.58	0.26	1.51	0.35
边跨底板	0.91	0.95	0.80	0.64
边跨顶板	0.57	0.26	1.51	0.35
边跨侧壁	1.92	0.40	2.56	0.56

c. 第一主应力对比

将框架桥关键部位未加固前应力和加固后应力进行对比，如表7-41、表7-42所示。从表中可知，框架桥经过加固后，除个别部位外，受力关键部位所受应力均有一定程度减小，能够满足开采过程中的正常使用要求。

表 7-41　三块十二块工作面开采后框架桥关键部位第一主应力变化率

框架桥部位	最大倾斜(纵向)	最大倾斜(横向)	水平变形(纵向压缩)	水平变形(横向压缩)	水平变形(横向拉伸)
中跨底板	58%	56%	80%	45%	56%
中跨顶板	45%	60%	80%	11%	59%
中跨侧壁	76%	47%	−142%	12%	18%
边跨底板	72%	−24%	−87%	−156%	−8%
边跨顶板	84%	84%	70%	85%	85%
边跨侧壁	76%	−43%	69%	46%	62%

注：表中对比的变化率计算公式为：(原桥第一主应力－加固桥第一主应力)×100%/原桥第一主应力，其中正值为应力减少百分率，负值为应力增加百分率。

表 7-42 三块十二块十一块工作面开采后框架桥关键部位第一主应力变化率

框架桥部位	最大倾斜(纵向)	最大倾斜(横向)	水平变形(纵向压缩)	水平变形(横向压缩)
中跨底板	58%	59%	84%	54%
中跨顶板	40%	63%	84%	79%
中跨侧壁	84%	−24%	77%	10%
边跨底板	58%	−90%	84%	−64%
边跨顶板	85%	81%	82%	76%
边跨侧壁	77%	49%	82%	39%

注:表中对比的变化率计算公式为:(原桥第一主应力−加固桥第一主应力)×100%/原桥第一主应力,其中正值为应力减少百分率,负值为应力增加百分率。

② 原桥和加固桥等效应力对比

a. 原框架桥等效应力

当三块十二块工作面开采后,在地表变形作用下框架桥关键部位等效应力如表 7-43、表 7-44 所示。从表中可知,地表纵向最大倾斜作用下框架桥等效应力明显大于其他工况,其次是纵向水平压缩作用。地表纵向最大倾斜作用下中跨侧壁受力最大,其次是边跨侧壁。地表纵向压缩作用下边跨底板和边跨侧壁受力最大。在方案设计中应重视地表纵向倾斜以及纵向压缩对桥体的破坏作用。

表 7-43 三块十二块工作面开采后未加固框架桥关键部位等效应力 单位:MPa

框架桥部位	最大倾斜(纵向)	最大倾斜(横向)	水平变形(纵向压缩)	水平变形(横向压缩)	水平变形(横向压缩)
中跨底板	3.59	2.07	3.41	1.91	2.33
中跨顶板	3.59	2.07	6.66	2.18	2.33
中跨侧壁	15.7	2.65	6.66	1.37	2.62
边跨底板	10.5	1.20	14.8	1.37	1.46
边跨顶板	5.31	1.49	13.2	1.91	2.04
边跨侧壁	12.2	1.78	14.8	1.64	1.46

表 7-44 三块十二块十一块工作面开采后未加固框架桥关键部位等效应力

单位:MPa

框架桥部位	最大倾斜(纵向)	最大倾斜(横向)	水平变形(纵向压缩)	水平变形(横向压缩)
中跨底板	5.81	2.28	6.61	1.86
中跨顶板	5.81	1.96	8.21	1.86
中跨侧壁	17.1	2.92	9.81	1.59
边跨底板	11.5	1.32	14.6	1.07
边跨顶板	5.81	1.64	8.21	1.86
边跨侧壁	13.3	1.96	14.6	2.38

b. 加固框架桥等效应力

当三块十二块工作面开采后，在地表变形作用下框架桥关键部位等效应力如表 7-45 所示。从表中可知，地表纵向最大倾斜作用下加固框架桥等效应力明显大于其他工况，其次是纵向水平压缩作用。地表纵向最大倾斜作用下中跨底板受力最大，其次是中跨顶板。地表纵向压缩作用下边跨顶板受力最大，其次是边跨底板和边跨侧壁。在方案设计中应重视地表纵向倾斜以及纵向压缩对桥体的破坏作用。

表 7-45　三块十二块工作面开采后加固框架桥关键部位等效应力　单位：MPa

框架桥部位	最大倾斜(纵向)	最大倾斜(横向)	水平变形(纵向压缩)	水平变形(横向压缩)	水平变形(横向压缩)
中跨底板	4.05	1.11	3.32	0.94	1.01
中跨顶板	2.27	0.75	2.22	0.54	0.87
中跨侧壁	1.82	0.93	2.89	0.80	0.73
边跨底板	1.82	0.38	4.98	1.20	1.29
边跨顶板	1.38	0.56	5.68	0.54	0.44
边跨侧壁	1.82	0.75	4.98	0.80	0.58

当三块十二块十一块工作面开采后，在地表变形作用下加固框架桥关键部位等效应力如表 7-46 所示。从表中可知，地表纵向最大倾斜作用下中跨底板受力最大，其次是中跨顶板，由于倾斜加大，框架桥所受拉应力也有一定程度的增加。

表 7-46　三块十二块十一块工作面开采后加固框架桥关键部位等效应力　单位：MPa

框架桥部位	最大倾斜(纵向)	最大倾斜(横向)	水平变形(纵向压缩)	水平变形(横向压缩)
中跨底板	4.18	1.13	2.04	0.77
中跨顶板	2.80	0.76	1.55	0.90
中跨侧壁	2.34	0.94	2.04	0.77
边跨底板	1.88	0.76	3.51	0.65
边跨顶板	1.42	0.57	4.00	0.39
边跨侧壁	2.34	0.39	3.51	0.52

c. 原桥和加固桥的等效应力对比

将框架桥关键部位未加固前应力和加固后应力进行对比，如表 7-47、表 7-48 所示。从表中可知，框架桥经过加固后，除个别部位外，受力关键部位应力均有一定程度减小，能够满足开采过程中的正常使用要求。

表 7-47　三块十二块工作面开采后框架桥关键部位等效应力变化率

框架桥部位	最大倾斜(纵向)	最大倾斜(横向)	水平变形(纵向压缩)	水平变形(横向压缩)	水平变形(横向压缩)
中跨底板	13%	46%	3%	51%	57%
中跨顶板	37%	64%	67%	75%	63%
中跨侧壁	88%	65%	57%	42%	72%
边跨底板	83%	68%	66%	12%	12%

表 7-47(续)

框架桥部位	最大倾斜(纵向)	最大倾斜(横向)	水平变形(纵向压缩)	水平变形(横向压缩)	水平变形(横向压缩)
边跨顶板	74%	62%	57%	72%	78%
边跨侧壁	85%	58%	66%	51%	60%

注:表中对比的变化率计算公式为:(原桥等效应力－加固桥等效应力)×100%/原桥等效应力,其中正值为应力减少百分率,负值为应力增加百分率。

表 7-48 三块十二块十一块工作面开采后框架桥关键部位等效应力变化率

框架桥部位	最大倾斜(纵向)	最大倾斜(横向)	水平变形(纵向压缩)	水平变形(横向压缩)
中跨底板	28%	50%	69%	59%
中跨顶板	52%	61%	81%	52%
中跨侧壁	86%	68%	79%	52%
边跨底板	84%	42%	76%	39%
边跨顶板	76%	65%	51%	79%
边跨侧壁	82%	80%	76%	78%

注:表中对比的变化率计算公式为:(原桥等效应力－加固桥等效应力)×100%/原桥等效应力,其中正值为应力减少百分率,负值为应力增加百分率。

第七节 采空区高压线塔抗变形实例

一、煤矿采空区输电线路塔基的破坏特点

经查阅相关的文献资料,部分输电线路塔基破坏和地表变形情况的比较见表 7-49。

表 7-49 不同地表变形情况下输电塔破坏情况比较

线路	塔号	基础形式	变形类别	塔基变形特点
阳淮线 500 kV	二回 G60# 塔	独立基础	地表水平移动	塔位北侧煤矿采空区塌陷导致地表变形。G60# 塔位南侧 8 m 处有一长约 350 m 的裂缝,该塔向北整体移动 685 mm,基础根开和基础顶面未发生相对位移,铁塔主、斜材均未发现变形,铁塔无倾斜
阳淮线 500 kV	三回 S53# 塔	独立基础	地表倾斜变形	S53# 塔被一裂缝从塔基根开中斜插穿过,塔腿主材、横隔面水平材及斜材产生变形,铁塔倾斜。四个塔腿出现了不均匀沉降,以 D 腿标高为准,A 腿低 14 mm、B 腿低 141 mm、C 腿低 23 mm。由于地裂缝从塔中穿过,基础产生滑移,基础根开发生了变化,A、B 腿较原根开增加了 97 mm,B、C 腿较原根开减少了 28 mm,D、C 腿较原根开增加了 27 mm

表 7-49(续)

线路	塔号	基础形式	变形类别	塔基变形特点
龙蚕线 220 kV	47# SJT 转角耐张塔	独立基础	地表倾斜变形	2010 年,煤矿采空区在采掘撤巷后,地表层断裂下沉,塔身随之产生倾斜,并产生较大的附加应力。经测量,发现铁塔产生较大的偏斜,塔头向一侧偏斜达1.063 m,根开变为 7.185 m、7.195 m、7.205 m、7.225 m。B、C、D 腿相对 A 腿的沉降值分别为−100 mm、0 mm、100 mm,且发现输电塔底部杆件发生较大变形,在塔身下部靠近基础的横隔面附近,杆件产生了明显的弯曲变形,有的杆产生外凸,有些杆产生内凹
上湾电厂至乌兰木伦 220 kV 线路	29# 塔	可调整连体井字梁基础系统	地表开裂、错台	直接穿越煤矿采空区并运行近一年,29#塔塔基下部采煤造成塔基地面严重开裂(缝宽一般为 300～450 mm)、严重错台(错台高度超过 450 mm),铁塔倾斜超过 1 600 mm,又成功调回正常竖直状态
河北邯郸武安 500 kV 线路	某铁塔	柔性基础加基底防护大板	地表倾斜变形	铁塔倾斜 500 mm(相关规程规定应小于 416 mm),基础左侧横向位移 11 mm(相关规程规定应小于 50 mm)。塔基周围地面出现不同宽度的裂缝,局部出现塌陷情况
托源一线	318#	大板基础,加长地脚螺栓	地表倾斜变形	铁塔的周围共有张性裂缝 7 条。A、C、D 腿相对 B 腿的沉降值分别为−53 mm、−17 mm、−68 mm,基础大板无损伤,铁塔结构倾斜、歪扭值在运行标准内或刚超标,铁塔各主、辅材未发生严重的扭曲、变形现象
托源二线	320#	大板基础,加长地脚螺栓	地表倾斜变形	塔位附近发现有小的地表裂缝。B、C、D 腿相对 A 腿的沉降值分别为−90 mm、−93 mm、−3 mm,铁塔倾斜。基础大板无损伤,铁塔结构倾斜、歪扭值在运行标准内或刚超标,铁塔各主、辅材未发生严重的扭曲、变形现象
托源二线	321#	大板基础,加长地脚螺栓	地表倾斜变形	A、C、D 腿相对 B 腿的沉降值分别为−200 mm、−134 mm、−320 mm,铁塔倾斜。塔位南侧发现有一条走向为东西向裂缝,开裂程度较为严重,楔形裂缝达 50 cm,竖直错断不明显。基础大板无损伤,铁塔结构倾斜、歪扭值在运行标准内或刚超标,铁塔各主、辅材未发生严重的扭曲、变形现象

表 7-49(续)

线路	塔号	基础形式	变形类别	塔基变形特点
侯马至榆社 500 kV 线路	125# 塔	大板基础	地表倾斜变形	125# 塔周围裂缝发育，地表变形严重，裂缝水平位移 10～50 cm，竖直位移 10～30 cm，裂缝延伸长度 50～100 m。地表呈带状向东偏南塌陷，且呈环形向外辐射，带状宽度一般为 2～4 m，最大 6 m 左右，明显看出杆塔东南处地表变形严重，沉降较大，可见杆塔位于采空区塌陷移动盆地的边缘，为不连续变形严重的地段。设计时基础采用了防护大板，铁塔主材、斜材无弯曲变形现象，铁塔整体倾斜，经测量基础根开未发生变化
托安线路	Ⅰ回 158#	大板基础	地表倾斜变形	附近周围出现很多错开和裂缝，高度在 2～3 cm 之间，宽度为 5～10 cm 不等。设计时基础采用了防护大板，经过现场检查，铁塔主材、斜材无弯曲变形现象，铁塔整体倾斜，基础根开无太大的变化
阳城—东明 500 kV 线路	G55# 塔	大板基础	地表倾斜变形	塔基处采深采厚比 35 左右，塔基范围内未见地裂缝，在 G55# 塔 C 腿东 6～8 m 以外见有宽 2～3 cm 的断续延长 5 m 左右的地裂缝。通过现场的观察，铁塔的主材、斜材无变形现象。基础的不均匀沉降，造成铁塔的倾斜。铁塔正面：面向大号侧向左倾斜 387 mm，铁塔倾斜为 9.44‰；铁塔侧面：侧面向大号侧倾斜 200 mm，铁塔倾斜为 4.88‰
渭延输电线路 750 kV	150# 塔	大板基础	地表水平移动、倾斜变形	塔位于地表移动盆地中的外边缘区，塔基周围高角度张剪裂缝达数十条，裂缝最大落距近 0.8 m，最大宽度达 0.5 m，地面成台阶式向盆地中心倾斜。铁塔倾斜 31′35″，偏移 45.2 cm

受采动影响区地表移动变形的影响，输电线路塔基的变形主要有三种形式：整体竖直均匀沉降、整体水平移动、各个塔腿基础之间竖直不均匀沉降和水平相对移动。对于整体竖直均匀沉降和整体水平移动，只要在设计阶段采取塔高预留变形高度、减小水平档距、考虑直线塔兼角等措施，就对线路运行影响较小。对线路安全运行影响较大的塔基变形是各个塔腿的基础之间竖直不均匀沉降和水平相对移动。

通过表 7-49 中对各种塔基破坏情况的对比可以看出，最常见的高压线塔基础的破坏情况是塔基的不均匀沉降，其次为基础根开的变化。采用独立基础时，四个塔腿容易发生不均匀沉降，基础根开也会发生较大的变化，从而造成铁塔的倾斜和杆件的弯曲变形；采用复合大板基础时，铁塔主材、斜材无弯曲变形现象，基础根开无太大的变化。但是，复合大板仍可能产生较大倾斜，大板之上的四个独立基础也随之产生较大的不均匀沉降，使铁塔产生倾斜，从而对线路安全造成影响。因此，采取措施降低或者防止塔基的不均匀沉降仍然是需要研究的课题。

从破坏的输电塔基所在区域的地表移动和变形情况看，表 7-49 所列举的例子中均见到地表有裂缝出现，说明输电塔位于地表移动盆地的边缘区，地表变形既有不均匀沉降，也有水平变形，以不均匀沉降为主。从输电塔和裂缝的相对位置看，较常见的情况是在输电塔基附近出现地表裂缝[图 7-122(a)]，输电塔四个塔腿基础发生不均匀沉降或水平相对移动，或四个塔腿基础发生整体水平移动；也会出现裂缝从塔腿中间穿过的情况[图 7-122(b)]，裂缝一侧的一个或两个塔腿基础相对另外的塔腿基础发生下沉或水平移动。

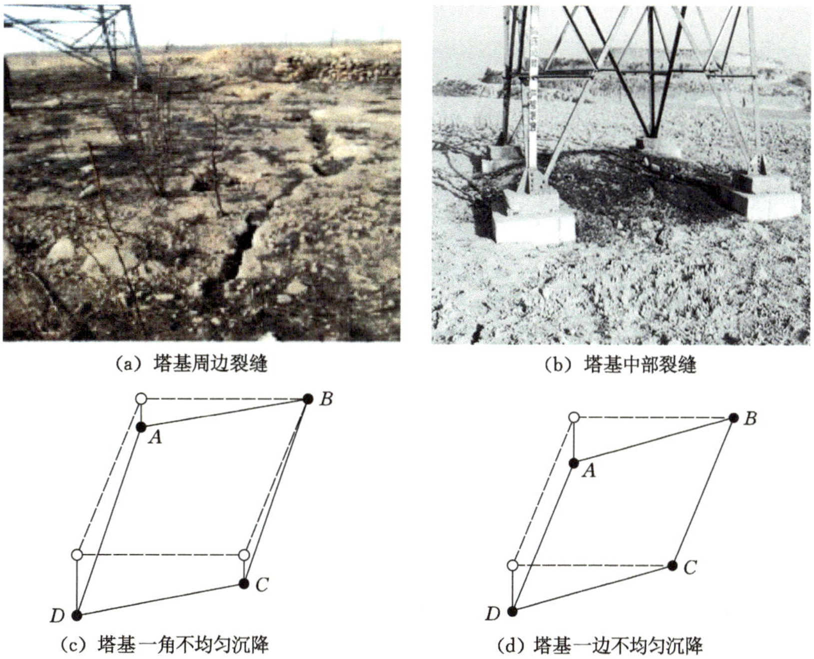

(a) 塔基周边裂缝　(b) 塔基中部裂缝

(c) 塔基一角不均匀沉降　(d) 塔基一边不均匀沉降

图 7-122　塔基周边、中部裂缝与塔腿沉降

塔腿基础的不均匀沉降可归纳为两类：一类是有三个塔腿基础相对第四个塔腿基础有不等的差异沉降[图 7-122(c)]，其中一个塔腿基础沉降较大，另外两个相对较小，称为塔基一角不均匀沉降，这是地基在输电塔基础一角下沉量较大造成的；另一类是相邻的两个塔腿基础相对另两个塔腿基础有差异沉降[图 7-122(d)]，其中相邻的两个塔腿基础沉降相等，称为塔基一边不均匀沉降，这是地基从输电塔基础一边开始不均匀下沉造成的。相应地，把输电塔基下的地表变形归纳为两类：地基从输电塔基础一角位置开始下沉；地基从输电塔基础一边开始下沉。

二、煤矿采空区输电线路塔基的破坏机理分析

开采沉陷对建(构)筑物的影响是非常复杂的，它与建(构)筑物所处的位置、所受的变形类型，建(构)筑物类型、长度、高度、使用年限，地表移动变形值的大小，地基性质等多种

因素有关。

输电塔具有底面积小、高度大的特点，属高耸结构，水平侧向荷载如风荷载引起的倾覆力矩对输电塔的稳定起控制作用，输电塔倾斜要控制在允许范围内，才可以保证输电塔结构的稳定和输电线路的安全运行。根据《建筑地基基础设计规范》(GB 50007—2011)中的相关规定，当杆塔高度小于 50 m 时，地基的允许变形值为 6‰(6 mm/m)，当杆塔高度为 50～100 m 时，地基的允许变形值为 5‰。根据《架空输电线路运行规程》(DL/T 741—2019)，50 m 及以上高度的直线角钢塔的倾斜度(包括挠度)不应超过 5‰。根据电力部门的实践经验，根开在 4～7 m 的直立式直线塔的不均匀沉降量控制在 12.7～25.4 mm(约为 0.004 倍根开)之间才能保证其自身的稳定性。

煤矿采空区对地表的影响主要有竖直方向的移动和变形(下沉、倾斜、曲率)与水平方向的移动和变形(水平移动、拉伸与压缩变形)。从输电塔的特点看，地表均匀地、平缓地下沉和水平移动可使输电线路杆塔和塔基位置发生变化，但不会使输电线路杆塔和塔基内产生较大附加应力，也不会使其受到损害；地表水平拉伸或压缩变形通过输电线路铁塔基础与周围岩土体的挤压和摩擦力作用而使塔基产生水平相对移动，从而使铁塔下部杆件产生附加拉应力或压应力，对输电线路的正常运行影响较小；地表正、负曲率变形对长度和面积较大的建筑物影响较大，对底面积较小的输电塔影响不大；地表倾斜后，输电线路塔基会产生不均匀沉降，可能引起输电塔倾斜超出允许范围，从而影响输电塔结构的稳定和输电线路的安全运行。综合工程实践和理论分析，地表倾斜、错动或裂缝是影响输电线路安全运行的主要因素。

在采动影响下的地表倾斜、错动或裂缝区域，输电线路塔基的破坏主要表现为塔基的不均匀沉降。塔基的不均匀沉降主要由以下两方面的沉降构成。

① 采动影响下地基岩土不均匀沉降引起的塔基不均匀沉降。

地基岩土的不均匀沉降使受采动影响的部分地基与输电塔基础接触不紧密或脱开，塔基的支撑力减小甚至为零，在输电塔线和塔基的重力、冰风荷载等水平侧向荷载引起的倾覆力矩，以及杆塔倾斜产生的自重附加力矩的作用下，塔基会发生下沉，与地基接触以获得和提高其支撑力。地基土不均匀沉降也就引起了输电塔各个塔腿基础的不均匀沉降，一般塔腿基础与地基土的下沉同步进行。

从输电塔运行时受力情况来分析，在无风或覆冰时，输电塔四个塔腿基础仅受塔线重力作用，塔腿基础所受压力较小且各个基础受力相等，此时作用于地基土上的压力较小且均衡。当存在大风或覆冰荷载时，作用在各个塔腿基础上的作用力大小和方向是不同的，有的为比塔线自重大很多的下压力，有的为上拔力，此时作用于地基土上的压力是不均衡的，且部分位置压力是增大的。当地基土出现不均匀下沉时，地基土下沉位置与风向的组合会产生一些很不利的情况，加大了塔腿的下沉速度和下沉量。

相对只由四个分开的独立基础组成的输电塔基，采用复合大板基础时，由于增大了基础的整体性，对地基不均匀沉降的适应能力提高，仅发生整体的倾斜，输电塔各个塔腿基础与地基的下沉就不一定同步进行了。

② 地基受采动影响时，由于地基应力重分布，在上部荷载作用下由地基岩土层压缩所引起的塔基下沉。

当受采动影响时，地基将出现不均匀沉降，基础与地基间的接触将不紧密或接触面积将减小(地基与基础脱开)。基础传给地基的总荷载不变,致使处于工作状态地基土上的压力与未受采动影响时基础传到地基土上的压力相比相对增大,即地基反力重新分布,出现应力集中现象,从而使该部分地基土受到较大的压力,地基土将产生一定的压缩量,相应地增加了基础的下沉。

这种由于地基土的压缩而引起的基础下沉量的大小与以下几方面的因素有关:① 地基岩土的强度和承载力。如果地基土本身所具备的承载力远大于基础传递下来的压力,那么在较小压力的作用下地基的压缩量将很小。② 基础与地基间的接触面积的大小。基础与地基间的接触面积越小,地基反力越大,地基土的压缩量也就可能越大。③ 基础内或附近地表裂缝。裂缝的存在增加了地基土的临空面,降低了地基土的承载能力,有可能增加地基土的压缩量,尤其是裂缝受水浸泡后。④ 作用在地基土上的塔线荷载、基础自重和填土重力。

三、煤矿采空区输电线路塔基抗变形技术及特点

与普通建(构)筑物相比,输电线塔具有其自身的特点:① 输电线路可能布设于任何地形地貌处,一般不会全部布设于完全平坦地区,地形复杂多变,地貌千姿百态,采空区引起的地表变形破坏种类多、形态多、规律性差;② 铁塔基础种类、形式规整统一,规模相对不大,单塔占地较小;③ 承受动荷载能力强,允许变形量大,属于柔性系统。

基于这些特点,在煤矿采空区,输电塔基础抗变形技术通常有以下几种。

(1) 独立基础抗变形

若煤矿采区采深采厚比大于100,采用正规采矿方法,顶板岩层无地质构造破坏,地表移动和变形呈现连续和有规律的状态,一般无明显裂缝,区内地表下沉均匀,在此区域采用独立基础的输电线塔可采用加长底脚螺栓的抗变形技术。基础一旦出现不均匀沉降,可通过加长底脚螺栓垫板进行调整扶正,铁塔基础主柱上的底脚螺栓的外露丝扣长度一般应加长150 mm。铁塔及底脚螺栓的强度应留有一定储备,以备不均匀沉降发生后调整塔身复位。

(2) 复合大板基础抗变形

当采深采厚比为30～100时,一般情况下采用钢筋混凝土复合大板基础,加长底脚螺栓;对于基础根开较大的杆塔可采用中空复合防护大板。

复合大板基础的上部为四个独立的直柱柔性基础,下部为厚度为400～600 mm的大板(将铺垫100 mm厚卵石加砂垫层考虑进去),独立基础与大板之间铺垫100 mm厚卵石加砂垫层。大板基础示意图见图7-123。

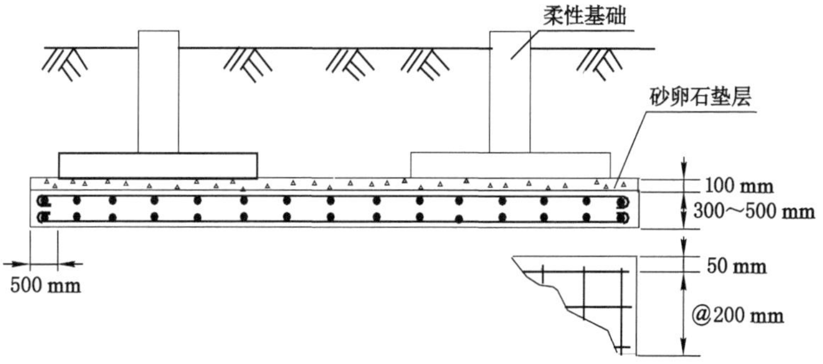

图7-123　复合大板基础示意图

复合大板基础的特点：① 独立基础下部的混凝土大板上下均配有钢筋，既有一定的刚度保证了基础的完整性，又具备了一定的柔韧性。当地基发生一定程度不均匀沉降和水平变形时，复合大板基础可以减少上部四个独立基础的不均匀沉降，可以使基础根开不发生变化或变化很小，是一种较理想的抵抗采动地表变形的基础形式。② 当地基岩土层发生沉降变形时，地基岩土层会与复合大板基础脱开；当复合大板基础下地基沉降变形范围较小时，复合大板基础有一定的自承能力，大板能保持水平状态；当沉降变形范围增大到一定程度时，复合大板基础就不能保持水平状态，存在发生整体倾斜的可能。③ 在复合大板基础发生整体倾斜后，大板之上的各个独立基础随之也会发生差异沉降，此时可以通过加长的底脚螺栓调整塔脚板的高度，从而对铁塔进行扶正、复位。④ 复合防护大板基础的保护作用与其防护大板的厚度有关，且随着其厚度的增大而增大，但当板厚达到 300～400 mm 之后，其增大幅度减小。⑤ 基础与大板之间铺垫砂卵石垫层，使基础与大板之间具有一定的滑动性，可能起到释放独立基础附加应力的作用。⑥ 土石方开挖量大，施工周期较长，基础造价较高。

（3）可调式连体井字梁基础抗变形

可调式连体井字梁基础由井字梁、调节系统（升降机构及锁定装置）、调整梁及承台梁、独立基础等组成，如图 7-124 所示。

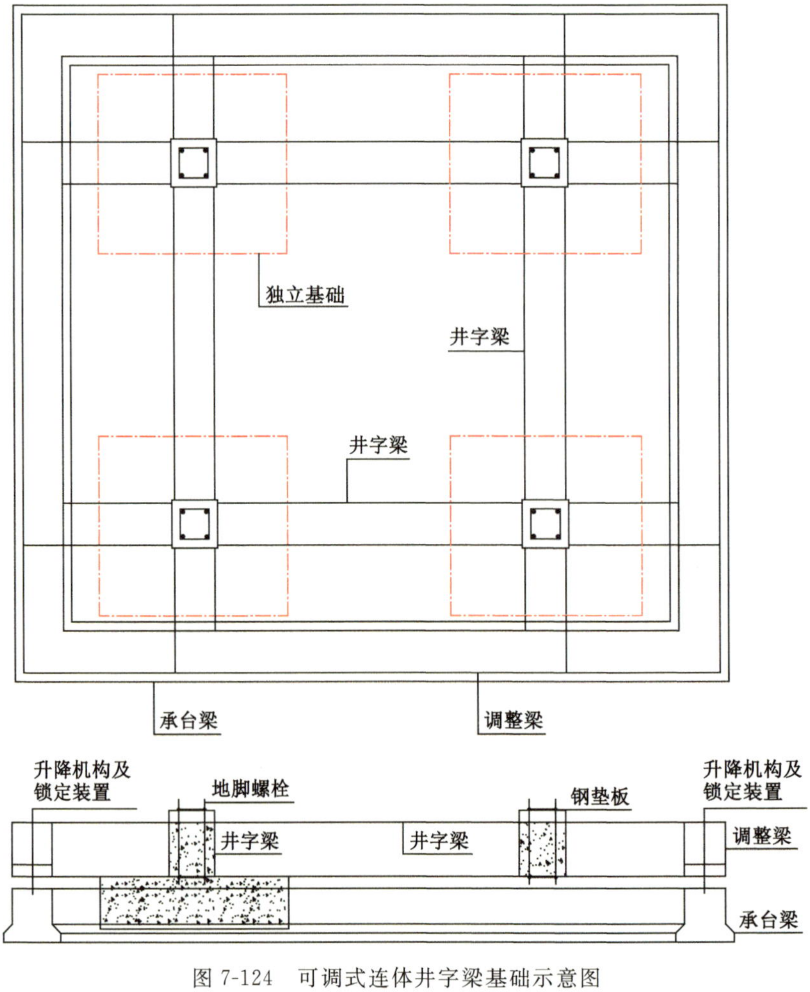

图 7-124 可调式连体井字梁基础示意图

可调式连体井字梁基础采用钢筋混凝土或钢结构井字梁将铁塔四个独立基础连为整体，平行的井字梁两端用横梁连接作为调整梁，每根调整梁下均设置承台梁，在调整梁上设置竖直升降机构及锁定装置，四个横梁及承台梁能在岩基发生变形后通过井字梁系调整而确保所改造的铁塔竖直或调整为指定状态。同时在井字梁四周地基上视情况设置诱导缝主动释放应变能。可调式连体井字梁基础的特点如下：① 通过连体井字梁把独立基础固定，防止其发生相对位移。② 井字梁与调节系统连接，通过调节系统对铁塔进行扶正。和复合大板相比，塔基倾斜后调整幅度较大。③ 基础埋深浅，无填土荷载，同时井字梁扩大了独立基础的面积，减少了对地基的作用力，从而可减少地基岩土的压缩变形量。④ 属于刚性的抵抗地基变形的措施，和复合大板基础类似，不能完全解决铁塔倾斜的问题，在铁塔倾斜后，需人工调整，只是比复合大板基础调整的幅度大。⑤ 结构复杂，造价高，后期调整也要产生一定的费用。

四、煤矿采空区输电线路塔基抗变形技术的应用

(1) 伊临线煤矿采空区 48# ～50# 塔

可调式连体井字梁基础应用于内蒙古乌海 220 kV 伊临线煤矿采空区 48# ～50# 铁塔基础的改造加固和现场调平纠偏。图 7-125 所示为可调式连体井字梁基础系统，图 7-126 为改造后伊临线煤矿采空区 50# 塔的情况。

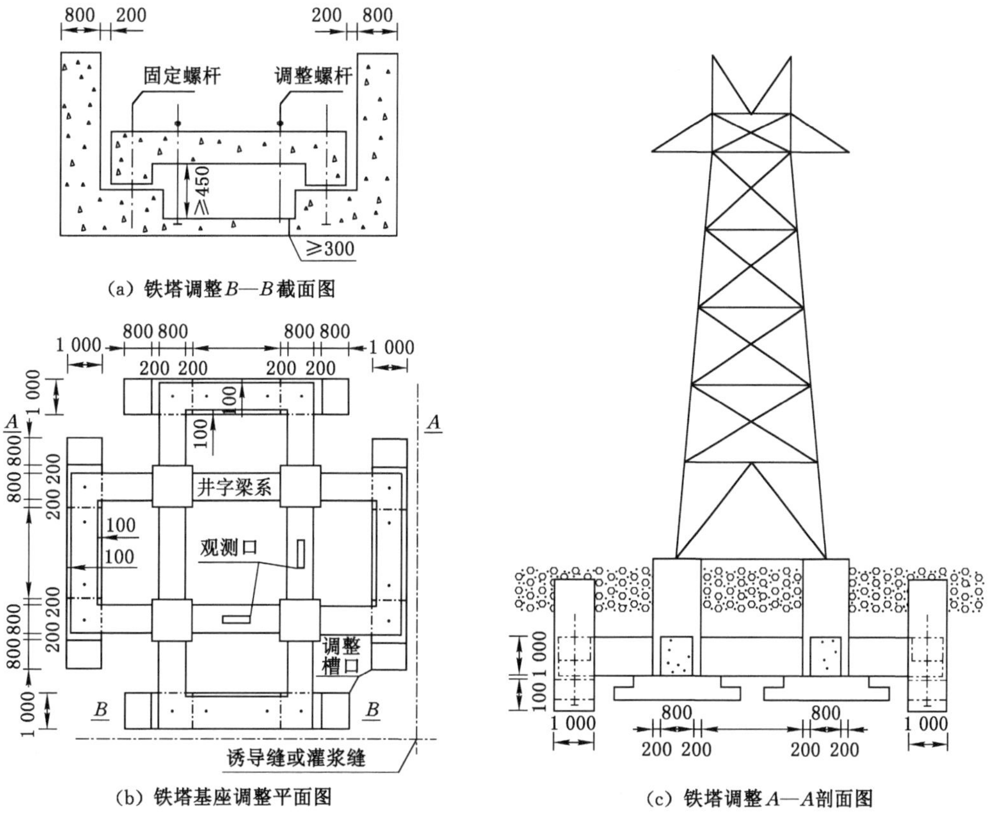

图 7-125　可调式连体井字梁基础系统

图 7-126 改造后伊临线煤矿采空区 50$^{\#}$ 塔的情况

(2) 托源一线 318$^{\#}$ 铁塔

2008 年 5 月采用铁塔基础的整体加固改造方法对托源一线 318$^{\#}$ 塔进行了改造，改造完成后的塔基变为一种可以调整、能适应采空区地表各种变形和沉降的基础。

具体加固改造方案：采用钢筋混凝土-轻钢结构，组成一个完整的井字梁基础系统。在塔基的东西、南北两个方向各采用两根基础梁以形成井字梁系，将四个独立支墩连接为一个完整的井字架基础，在井字架的四个外端设置一个正方形水平封闭圈梁作为调整台，在井字梁的各联系横梁下设置顺圈梁方向的调整槽台，采用锚杆将调整槽台锚固在接近 1 倍塔高范围的岩基上；另外在地表开凿地裂诱导缝，使后期的地裂发生在调整槽台以外或之间，从而允许塔基岩基开裂，待裂缝稳定，采用适当方式填灌。四个横梁及调整槽台能在岩基发生变形后通过井字梁系调整而确保所改造的铁塔竖直或调整为指定状态。318$^{\#}$ 铁塔可调井字梁基础整体加固系统见图 7-127(a)。

(3) 上湾煤矸石电厂—乌兰木伦变同塔双回 220 kV 线路 29$^{\#}$ 塔

上湾煤矸石电厂 2×150 MW 机组—乌兰木伦变同塔双回 220 kV 线路路径穿越上湾煤矿采空区，对 29$^{\#}$ 塔采用钢筋混凝土井字梁将铁塔四个独立基础连为整体，将机械和混凝土结构结合起来，组成一套完整的可调式连体井字梁基础系统，如图 7-127(b)所示。

(a) 318$^{\#}$塔可调井字梁基础　　(b) 29$^{\#}$塔可调式基础

图 7-127 318$^{\#}$ 塔可调井字梁基础与 29$^{\#}$ 塔可调式基础图

(4) 薛城Ⅰ回 220 kV 线路

对位于采空区上方的薛城Ⅰ回 220 kV 线路部分塔基采用可调式井字梁基础进行了改造。可调式井字梁基础长 15 m、深 2 m、宽 0.8 m，将可调式井字梁基础和杆塔基础一体式捆绑，基础调整范围 0～3.0 m。图 7-128 为 8$^{\#}$ 塔可调式基础。

图 7-128 8# 塔可调式基础

第八章　采空区场地与建筑物变形监测

通过采空区场地与建筑物变形监测揭示在内外荷载作用下建(构)筑物的移动变形规律,是评价采空区场地稳定性和建设适宜性的主要依据,具有重要的理论意义和实用价值。采空区场地与建筑物变形监测的方法众多,常用监测方法主要有水准测量、两方向(或三方向)前方交会法、双边距离交会法、极坐标法、自由设站法等;随着测绘地理信息技术装备的快速发展,出现了如合成孔径雷达干涉测量(InSAR)、流体静力水准测量、阵列式位移计(SAA)、测量机器人、三维激光扫描以及多传感器集成等多种方法和技术。本章在介绍采空区场地及建筑物变形监测方法的基础上,给出一些采空区场地和建筑物变形监测案例,详细阐述了不同变形监测手段在采空区场地和建筑物变形监测中的具体应用过程。

第一节　采空区场地及建筑物变形监测概述

一、采空区场地及建筑物变形监测目的及内容

老采空区上覆岩体处于暂态平衡,其在地表建筑物、车辆、公路、铁路等各类外部荷载,或者邻区开采、地下水、地震力等各种内部荷载作用下,平衡结构被打破,从而引起新一轮的地表移动与变形。地表移动与变形传递至建筑物基础,改变了基础和上部结构的应力状态,进而导致建筑物沉降变形、局部开裂等。研究表明,当在浅部存在较大的残留空洞时,残留空洞或矿柱可能出现突然坍塌和抽冒型破坏现象,导致地基可能产生突然性的较大位移和变形。一般来说,废弃老采空区上方地基残余变形是缓慢的、逐渐发生的,其沉降量和变形值远远没有生产矿井开采沉陷那么剧烈。因此,老采空区对其上方建筑物的影响主要体现为残余变形的影响,老采空区残余变形量及变形速率是判断其场地稳定性、评价建设适宜性的主要指标。总体而言,采空区场地与建(构)筑物变形监测的目的和意义主要包括:

① 安全意义:通过采空区场地、上方建筑物变形监测,可以判断场地的稳定性以及建筑物安全性,确保采空区上方建筑物安全和正常使用;

② 科学意义:通过采空区场地变形监测,研究采空区场地在各种内外荷载作用下的移动与变形规律,建立相应的残余变形预测模型,为采空区场地建筑利用优化设计积累实测数据。

一般而言,采空区场地与建(构)筑物变形监测的主要内容包括:采空区地表的水平位移、垂直位移、地表裂缝、沉降速率,采空区土体内部位移;建(构)筑物沉降、倾斜、水平变形、结构内力、结构应变等。同时为了分析采空区场地与建(构)筑物的变形机理,建立地表变形预测模型,进行地表及建(构)筑物变形预测,还需要对一些变形源的状态进行监测,如岩体内部孔隙、裂隙以及岩体内部移动与变形,地下水位变化等。

二、采空区场地与建(构)筑物变形监测方法概述

传统的变形监测技术利用光学类仪器或者全站仪等电子类仪器设备对监测对象进行周期观测，记录数据，然后对监测数据进行整理分类，利用相关理论和算法进行结果计算分析，并通过预测理论对变形趋势进行预测。传统变形监测方法虽然效率不高、劳动强度较大、仅能监测单点的空间位移，但其测量结果可靠、精度高，目前仍是采空区场地与建(构)筑物变形监测的主要方法。

随着测绘技术的快速发展，越来越多的测绘新技术被应用于采空区场地与建(构)筑物的变形监测中，如全球导航卫星系统(GNSS)、合成孔径雷达干涉测量(InSAR)、流体静力水准测量、近景摄影测量、三维激光扫描、光纤光栅、分布式光纤、阵列式位移计(SAA)以及多传感器集成技术等。

上述这些技术都可以作为地表沉陷的监测手段，但其各有优劣，而且不同的技术在应用场景与范围上均有所不同。水准测量虽然劳动强度大、仅能测量单点高程变化，但其测量结果可靠、测量数据精度高，目前是采空区场地以及建筑物变形监测的主要手段；GNSS技术能够实时监测一些特征点的空间坐标的变化，也较易与其他传感器配合，形成全自动监测技术体系，但 GNSS 技术监测硬件投入大，对数据处理专业技术要求较高；流体静力水准测量可以实时高精度监测地表点的高程变化，可以实现全自动高程变化监测，但其测点布设受限较多，主要应用于建筑物不均匀沉降监测；合成孔径雷达干涉测量是一种高效的场地变形监测新技术，尤其是老采空区场地的变形监测，由于其变形小、变形和缓，十分适合采用合成孔径雷达干涉测量进行监测，但需要指出的是，监测场地人工扰动以及植被变化可能导致雷达影像失相干，从而不能形成干涉条纹，导致变形解算失败；光纤光栅、分布式光纤技术主要应用于线性构筑物的应变监测，其通过与织物、混凝土、钢丝等混合，可以制作成智能感知材料，是一种很有前景的线性构筑物应变监测新技术；阵列式位移计通过不同节之间的微机电系统(MEMS)模块测量节间角度变化，从而监测节点的位移变化，阵列式位移计测量方便，监测精度高，但传感器昂贵，适用于老采空区场地与建(构)筑物的长期变形监测。

总体而言，目前采空区场地与建(构)筑物变形监测仍以水准测量为主，GNSS 技术、合成孔径雷达干涉测量、分布式光纤等新技术的应用也逐渐增多。综合运用水准测量、GNSS技术、流体静力水准测量、分布式光纤、合成孔径雷达干涉测量等多种测量技术构建自动化监测系统，从点、线、面不同空间尺度开展采空区场地与建(构)筑物变形监测是目前这一领域发展的主要趋势。

三、采空区场地与建筑物变形监测相关规程

采空区场地建设利用是工程建设中的难题，岩土、建筑、电力、公路等多个行业围绕采空区场地建设利用开展研究，形成了适用于不同行业的采空区场地建设利用规程或规范。总体而言，常用的关于采空区场地建设利用的规范有《采空区公路设计与施工技术细则》(JTG/T D31-03—2011)、《煤矿采空区岩土工程勘察规范》(GB 51044—2014)、《煤矿采空区建(构)筑物地基处理技术规范》(GB 51180—2016)等。为了进一步明确不同行业规程、规范在采空区场地变形监测方面的异同，从变形监测目标、监测内容、监测方案设计原则、

监测方法、数据处理等方面对这些规程或规范进行了比较，详见表8-1。

表 8-1 采空区场地与建(构)筑物变形监测规程/规范比较

规程、规范	变形监测目标或目的	监测内容	监测方案设计原则	监测方法	数据处理
《采空区公路设计与施工技术细则》(JTG/T D31-03—2011)	指导采空区公路工程建设，为采空区公路勘察、设计、施工、监测与检验提供相关技术支持	采空区的地表变形特征、范围、规模及地裂缝、塌陷、房屋裂缝等	观测线宜平行和垂直路线布设，长度应大于采空区的地表移动变形范围；观测点宜等间距布置，其间距可按开采深度布设；观测点应设在不受采空区影响的稳定区域	极坐标法、交会法、GPS测量、视准线法、激光准直法、水准测量、三角高程测量、测量机器人、经纬仪投点法、垂线法、位移计等	绘制地表移动变形、曲率、倾斜等各种形式变形曲线
《煤矿采空区岩土工程勘察规范》(GB 51044—2014)	为煤矿采空区的治理、地质灾害防治及在采空区影响范围内新建、改建或扩建工业与民用建(构)筑物等工程建设提供技术支持	地表水平位移、地表垂直位移、地表裂缝监测及建(构)筑物变形监测、深部位移监测等	观测线宜结合建(构)筑物平面位置平行和垂直于移动盆地主断面布置，数量不宜少于2条，并应满足场地稳定性评价需要；观测点可根据开采深度、监测目的等间距布设，间距不宜超过50 m；在移动盆地边缘、拐点和最大下沉点附近、地质条件变化、变形异常及地貌单元分界处及建(构)筑物等重点位置，应视情况加密布设	水准测量、极坐标法、交会法、GPS测量、全站仪测量、视准线法、激光准直法、三角高程测量、测量机器人、三维激光扫描仪等	对观测数据进行平差计算和处理；计算各观测点的下沉、水平移动、倾斜、曲率、水平变形、下沉速率等各种移动变形量；绘制水平变形、水平移动、曲率、下沉、倾斜等各种移动变形曲线
《煤矿采空区建(构)筑物地基处理技术规范》(GB 51180—2016)	为已有煤矿采空区场地地面新建、改建和扩建的工业与民用建(构)筑工程地基处理设计、施工和质量检验提供技术支持	采空区地表的水平位移、垂直位移、地表裂缝及建(构)筑物沉降、倾斜等	基准点应设置在不受采空区地面变形影响的稳定区域；应根据采煤工作面布设监测断面；中间区、内边缘区和外边缘区均应有监测点；监测点不受施工影响	极坐标法、交会法、GPS测量、视准线法、激光准直法、水准测量、三角高程测量、测量机器人、经纬仪投点法、垂线法、位移计等	绘制地表移动变形、曲率、倾斜等各种形式变形曲线

分析表 8-1,从规范的监测内容、监测方案设计原则、监测方法和数据处理等几个方面来看,各规范基本一致,监测内容主要包括采空区的地表变形特征、范围、地裂缝及建(构)筑物的变形监测和深部位移监测等;监测方案设计原则有观测线宜平行和垂直路线布设,长度应大于采空区的地表移动变形范围;观测点宜等间距布置,其间距按开采深度布设;观测点应设在不受采空区影响的稳定区域;监测方法有极坐标法、交会法、GPS 测量、视准线法、激光准直法、水准测量、三角高程测量、测量机器人等;数据处理方面包括对观测数据进行平差计算和处理,绘制水平变形、水平移动、曲率、下沉、倾斜等各种移动变形曲线。

第二节 采空区场地及建筑物变形监测方法

采空区场地及建筑物常规变形监测利用高精度测量仪器(如经纬仪、测距仪、水准仪、全站仪、倾斜仪等)测量角度、边长和高程的变化来测定变形。常用监测方法主要有水准测量、两方向(或三方向)前方交会法、双边距离交会法、极坐标法、自由设站法等;其优点主要包括测量精度高、检核条件多、成果可靠、施测方法灵活等。近些年随着测绘和岩土工程监测技术的快速发展,也涌现出了诸如 InSAR 技术、静力水准测量技术、SAA 技术、测量机器人、三维激光扫描以及多传感器集成等多种变形监测方法和技术。下面就采空区场地及建筑物变形监测常规方法以及新技术做简要阐述。

一、采空区场地及建筑物变形监测常规方法

采空区场地和建筑物变形观测常规方法的主要内容包括三部分:一是根据场地建筑物分布选定监测的建筑物和场地范围,设置监测基准点和观测点;二是根据设计的测量方法进行多周期重复观测;三是进行数据整理和变形分析。

1. 监测网和观测点布置方法

观测点设在被观测的目标上,因为对观测点进行观测还需要设置基准点。基准点分为稳定基准点和工作基点。稳定基准点是指距离观测目标一段距离、位于不受老采空区残余变形影响区域的测量控制点,一般不少于三个。工作基点是指位于观测目标附近,对目标上观测点进行观测所依据的基准点。由于工作基点可能位于变形影响区内,所以其可能产生一定的变形,因此需要定期与稳定基准点进行联测,判断其是否发生变动。

由工作基点对观测点进行观测,测得观测点相对工作基点的位移量,根据工作基点相对稳定基准点的位移量来修正观测点相对稳定基准点的位移值,最后获得观测点的绝对位移量。

建筑物变形观测点一般布置在能够反映建筑物变形特征和变形明显的部位;应避开障碍物,便于观测和长期保存。采空区场地变形观测点一般设置为剖面线状,剖面线尽量通过采空区主断面,测点间距主要取决于采空区深度,一般可等间距布设,在最大下沉点、拐点、地质条件变化区域宜加密布设。

2. 观测精度和监测网精度设计

变形监测网的监测精度与场地、建筑物的规划用途以及建筑物地基、基础、结构形式等诸多因素有关,采空区场地和建筑物变形监测精度一般由规范规定或设计单位提出。

采空区上方建筑物及场地的变形监测网一般由两部分组成:一是观测目标上设置的多

个沉降观测点;二是设立包括稳定基准点和工作基点的监测控制网。对于一个建筑物变形监测网,变形监测所能达到的精度主要取决于控制网精度和变形监测方法的精度。工程应用中,可按照等影响原则、忽略不计原则进行处理。

3. 观测周期

老采空区场地和建筑物变形监测周期与建筑物结构特征、沉降速率、监测目的等诸多因素有关。观测过程中可依据沉降变形量的变化情况及时调整。一般场地变形监测周期可选择 1～3 月;建筑物变形监测周期可依据荷载阶段和沉降发生过程确定,具体如下。

第一阶段:从基础施工开始,到满荷载为止,此时地基荷载逐步增加,沉降发展最快,对于一般高层建筑通常每升高 1～2 层观测一次,或者依据施工进度 7～15 d 观测一次;

第二阶段:从满荷载到沉降区域稳定阶段(月沉降量为 0.2～0.5 mm 可认为基本稳定),一般按两个月、三个月、半年、一年不等至沉降停止;个别重要建筑物一直观测直至报废,观测周期可为 1～5 年不等。

观测过程中沉降速率出现异常,如雨季大水、地震、附近有新的开采活动等,或发生墙体开裂、沉降加剧等现象,必须及时加密观测,查找建筑物变形原因,及时采取处理措施。

4. 主要观测方法

场地和建筑物变形监测包含对变形监测网及变形观测点平面或高程的观测,可采用精密高程测量、角度测量、距离测量等方法进行监测;同时,针对一些高耸建筑物,也可采用准直测量、倾角传感器等进行倾斜监测。

5. 变形分析方法

场地和建筑物变形分析工作主要包括基准点稳定性分析、变形量计算、变形量可视化成图以及变形规律分析等。基准点稳定性分析常用方法包括 t 检验法、平均间隙法等。变形分析的方法很多,长期以来一直是变形监测领域的主要研究内容,对于采空区场地和建筑物变形监测而言,采用以 F 检验为基础的变形分析方法即可满足要求。

二、采空区场地变形监测的 InSAR 技术

InSAR 通过联合合成孔径雷达成像与干涉测量技术,不仅能够利用传感器系统参数和成像几何关系,根据雷达回波相位信息精确测定地面点的三维空间位置及微小形变;而且具有全天候、全天时的成像能力,在各类地表变形监测领域得到了广泛应用。采空区场地变形量小,变形速率缓和,较为适合采用 InSAR 技术进行变形监测;同时众多的数据源也为 InSAR 技术监测采空区形变提供了便利,使通过变形回溯分析采空区场地变形规律成为可能。

InSAR 技术形变监测的精度与传感器采用的雷达波长、雷达波束入射角、SAR 影像地面分辨率,以及垂直基线等因素有关;大量的研究成果及应用实例证明,该技术的形变监测灵敏度及精度能达到毫米级别。

随着 InSAR 解译算法的不断发展与演变,基于常规 D-InSAR 技术,逐渐衍生出 PS-InSAR、CR-InSAR、SBAS-InSAR、JS-InSAR、TCP-InSAR 等算法,其地表形变监测的精度与能力得到进一步提升。然而,所有新技术均以常规的差分干涉测量为基础,其不同之处主要在于相干信息点的提取方式。以下以 SBAS-InSAR 为例,介绍其原理与处理的基本流程。

SBAS-InSAR 技术的基本思想是将单次常规 D-InSAR 得到的形变结果作为观测值，再基于最小二乘法获取高精度的形变时间序列；处理流程主要包括差分干涉对的生成、点目标的选取、差分干涉图的解缠及时间形变序列的获取等步骤，如图 8-1 所示。

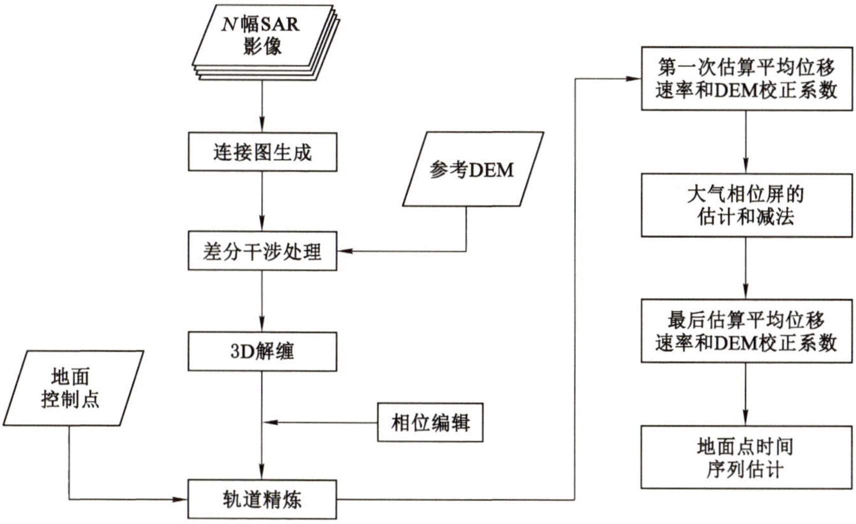

图 8-1　SBAS-InSAR 数据处理流程

InSAR 数据处理的软件较多，主要包括：瑞士 GAMMA 遥感公司开发的 GAMMA，瑞士 Sarmap 公司基于 ENVI 开发的 SARscape，荷兰代尔夫特理工大学的 Doris，加拿大 Atlantis 公司的 Earthview 等。

目前用于采空区监测的 InSAR 数据源主要包括 TerraSAR、COSMO、Sentinel、RADARSAT、ALOS 等数据，具体数据选用时可结合监测区域条件根据波段、精度、植被穿透性、分辨率、重访周期、成本等综合优选。同时，InSAR 技术也可以利用一些存档数据进行采空区历史变形的回溯。

三、采空区场地及建筑物变形的静力水准测量技术

静力水准测量利用重力下静止液面总是保持同一水平的特性来测量监测点彼此之间的垂直高度的差异和变化量。静力水准测量关键是获取液面高度、压力等特征参数的变化量，常用的方法是目视、量取、传感器自动测量等，其中传感器自动测量是目前应用较多的方法。静力水准测量值有两类，第一类是储液罐中的液面高度。当储液罐中的液体流失或补充时，对应液面下降或上升，进而引起测点下降或上升，利用与液面紧密接触的传感器测量液面高度变化量，从而得到测点的下降或上升量。第二类是储液罐中的液体的静水压力。根据静水压力与液柱高度之间的关系获取液柱高度；当液面高度发生变化时，测点传感器测量获得的静水压力也发生变化，根据测量获取的静水压力，结合压力与液柱高度之间的关系，可计算出测点的上升或下降量。

考虑传感器测量的准确性与温度、气压等外部环境因素有关，一般要求不同测点间气压保持一致，同时测量传感器处的温度，用于传感器测量结果温度修正。一般而言，静力水准测量大多设计为自动监测或作为自动化监测系统的一部分，其组成部分主要包括数据采

集模块、控制器模块、数据传输模块以及数据处理模块。图 8-2 为典型静力水准测量系统示意图。

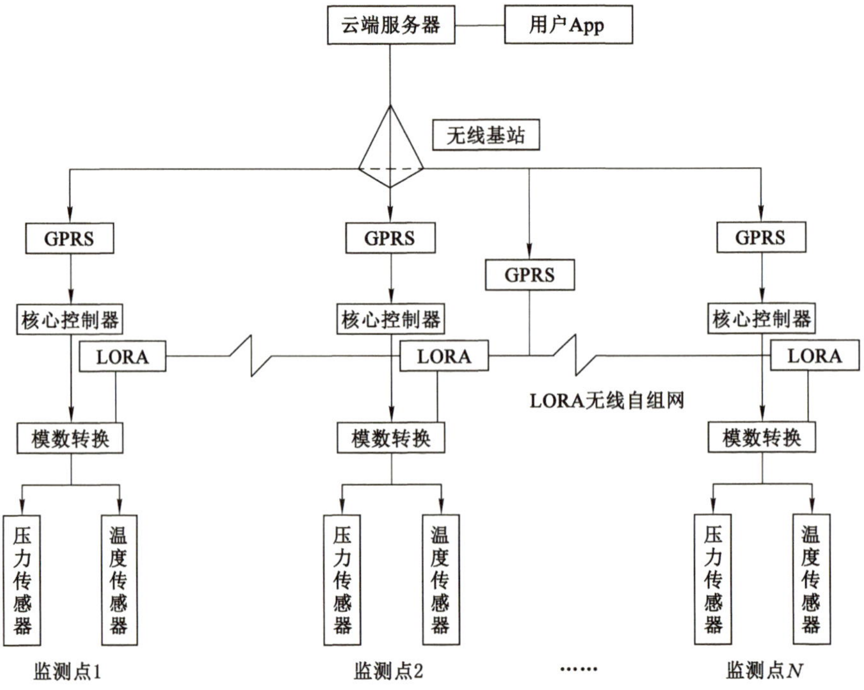

图 8-2　典型静力水准测量系统示意图

静力水准测量系统的精度与多种因素有关，常见影响因素包括传感器测量误差、液体漏失或流失误差、振动影响等，比较而言，作为一个长期监测系统，影响整个测量系统的误差主要为传感器测量误差。随着传感器技术日益提升，静力水准测量系统测量精度一般小于±1 mm。

四、GNSS 自动化变形监测系统

GNSS 技术是在 GPS 基础上发展起来的地表沉陷观测技术，与常规技术相比，其具有定位精度高、自动化程度高、观测时间短、全天候观测等优势，同时通过与计算机技术、数据通信技术及空间分析技术进行集成，还可以实现从数据采集、传输、管理到变形分析及预报的自动化，以及远程在线网络实时监控。

一般而言，GNSS 自动化变形监测系统由数据采集、数据传输、监控中心、数据分析和预报预警五个子系统组成，如图 8-3 所示。其中，数据采集部分的任务主要是完成基准点、监测点 GNSS 原码数据的采集和存储。数据传输部分的任务是将采集到的原始监测数据传输到监控中心，它是实现自动化变形监测、无人值守的关键部分。监控中心部分是以计算机网络为核心建立的统一管理局域网。局域网内设中心服务器、通信服务终端、数据处理终端以及成果显示发布终端。数据分析部分是包括监测数据管理、变形分析和成果显示的变形监测软件平台，实现监测数据自动录入、建模解算、结果统计、图形绘制和报表打印等功能。预报预警部分结合监测对象特点、监测结果和相应国家行业规范进行异常探测，并建立预报预警机制以便及时向决策部门提供决策依据。

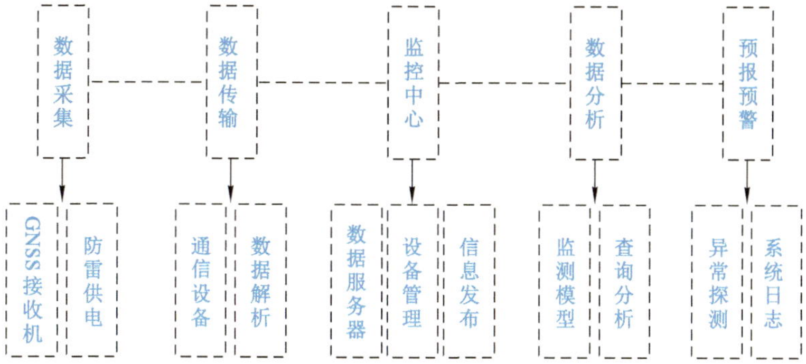

(a) GNSS自动化监测系统组成

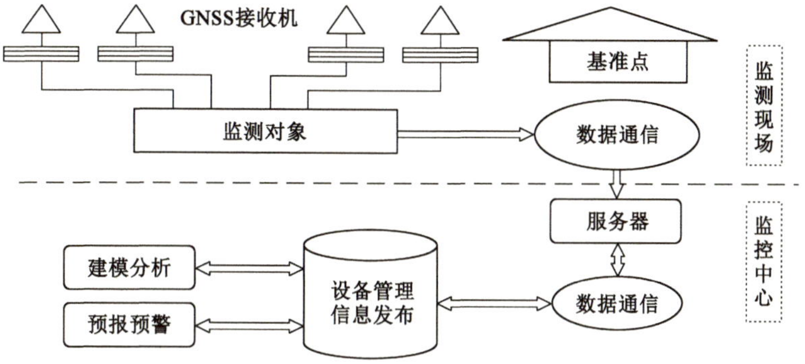

(b) GNSS自动化监测系统数据流

图 8-3　GNSS 自动化监测系统示意图

五、三维激光扫描监测技术

三维激光扫描技术又被称为实景复制技术，是采用极坐标测量原理，通过激光测距以及光电测角，记录被测物体表面大量的密集的点的三维坐标、反射率和纹理等信息，从而快速复建出被测目标的三维模型及线、面、体等各种图件数据的技术。采用三维激光扫描技术，可以在不同测站（基站）位置扫描地表沉陷区的局部完整形状信息；多站扫描数据通过共同的连接点可配准到同一坐标系中，形成一个整体。因此可以实现将地表沉陷由点监测变为面监测，对于全面掌握地表沉陷形态具有重要意义。

三维激光扫描由于其精度的限制（约 3～5 mm），一般较少直接应用于采空区场地的变形监测，更多地用于采空区上方一些异形建（构）筑物的变形监测。三维激光扫描通过多角度扫描获取建筑物的整体空间形态，采用切片、拟合等数据处理方法获取建（构）筑物的整体变形状态，其相较传统的点监测具有显著优势。

六、采空区场地地层变形监测方法

地表观测获取的采空区场地或建筑物变形往往具有滞后性，且难以揭示变形发生的根源与机制，也不能为变形控制方案设计提供针对性较强的数据，因此采空区场地变形监测时需要同步监测地层内部的变形特征。常见地层变形监测方法是自地面向下打钻孔，在钻孔中布置测点，定期观测测点的水平向、竖向位移变形，以此获取地层的变形特征，常用的仪器主要有钻孔伸长仪、钻孔倾斜仪、分布式光纤、阵列式位移计等，有时为获取水位、渗透压力等参数，也在钻孔中安置水位计、渗压计等设备。

1. 钻孔钢丝观测法

钻孔钢丝观测法是在钻孔中不同深度处设测点，用钢丝将钻孔中的测点引至地表进行观测，如图 8-4 所示。测点一般是用压缩木或混凝土与孔壁岩层固结在一起的；每个测点用细钢丝连接并引至地表，借助滑轮和重锤绷紧钢丝。通过定期测量各测点连接的重锤上下移动量来获取相应各测点的上下位移量。

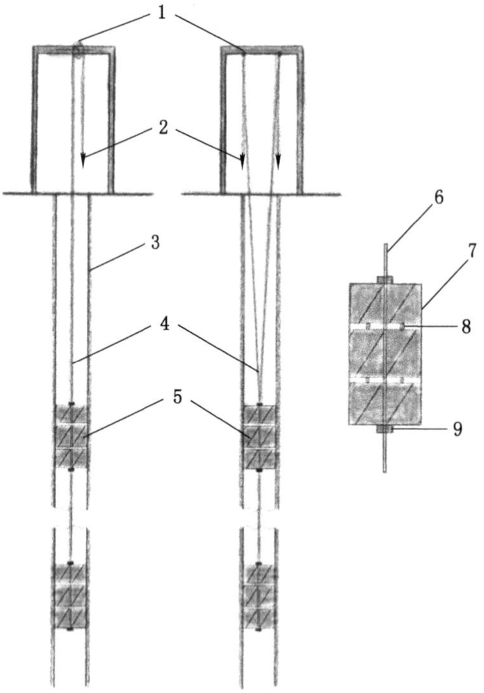

1—滑轮；2—重锤；3—钻孔；4—钢丝；5—测点；6—钢管；7—压缩木；8—垫圈；9—螺母。

图 8-4 钻孔钢丝法结构安装示意图

2. 钻孔伸长仪观测法

钻孔伸长仪观测法是在钻孔中安装附有感应环(测点)的波状塑料管，用感应探头和带有刻度的电缆定期测量感应环(测点)的位置，测定其上下位移量的方法，如图 8-5 所示。

钻孔伸长仪观测作业步骤大致可以分为往测和返测两个阶段。测量具体测点位置的步骤包括探头下放、探测、读数三步。为获得测点绝对位移值，应在移动区以外的测量基点测出孔口基准架的移动值。

3. 钻孔倾斜仪观测法

钻孔倾斜仪观测法要求在钻孔中安装带有正交导向槽的测管，通过带导向轮的倾斜传感器沿导向槽在测管中上下移动，测定不同深度处测管的倾斜度；通过与初次观测结果比较分析，可计算出不同深度位置岩层的横向位移，如图 8-6 所示。钻孔倾斜仪的作业包括往测和返测。测量步骤包括传感器下放到指定位置、倾角测量、读数三步。

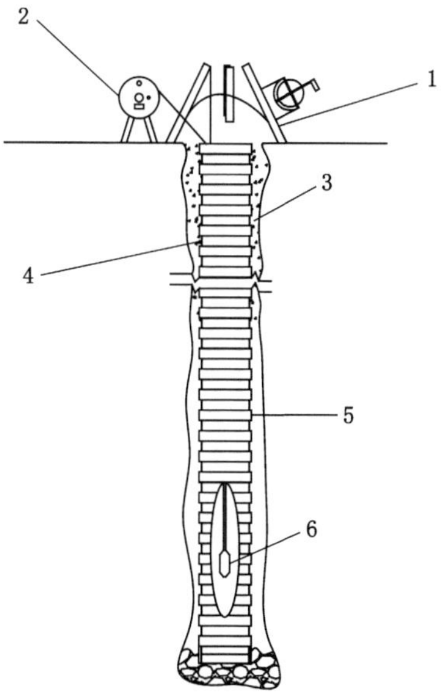

1—基准架；2—带有读数装置的卷缆轮；3—砂砾石填料；4—金属感应环；5—套管；6—感应探头。

图 8-5　钻孔伸长仪使用安装示意图

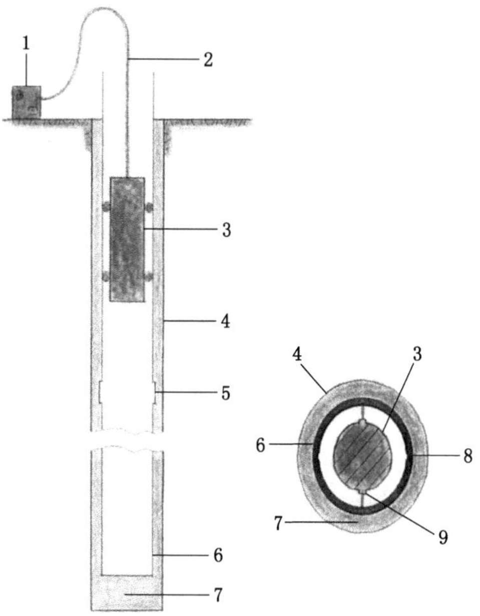

1—数据记录器；2—电缆；3—传感器；4—钻孔；5—接头；6—套管；7—充填材料；8—导向槽；9—导向轮。

图 8-6　钻孔倾斜仪测量示意图

4. 钻孔光纤观测法

钻孔光纤观测法要求在钻孔中布置光纤传感器(传感器可以是单一测点，也可以使用一整根光纤)，当岩土层发生变形时，钻孔中的光纤传感器光波表征量发生变化，通过监测这些变化，依据光波特征量与光纤应变、温度等外部参量之间的关系，可获取相应岩土体处的应变、温度等变化情况，如图 8-7 所示。

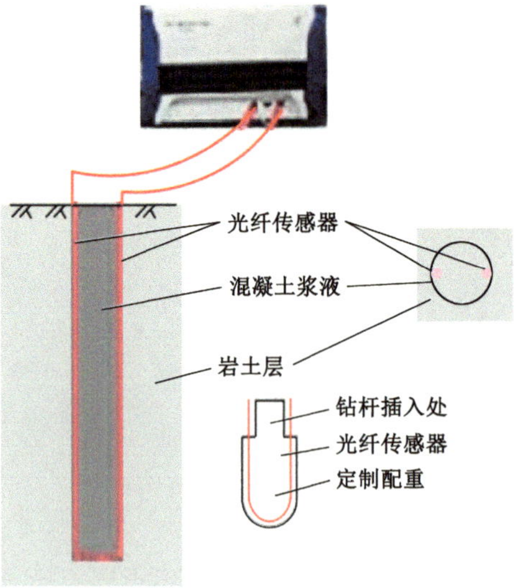

图 8-7 钻孔光纤监测示意图

5. 阵列式位移计地层变形监测

阵列式位移计由多段连续节串接而成，内部由微电子机械系统加速度计组成。每节长度一般为 30 cm、50 cm。该方法广泛应用于滑坡、沉降、挠度等监测领域。图 8-8 为 SAA 技术测量节点位移示意图，通过测量不同节之间角度的变化获取节点位移变形，类似于支导线测量。

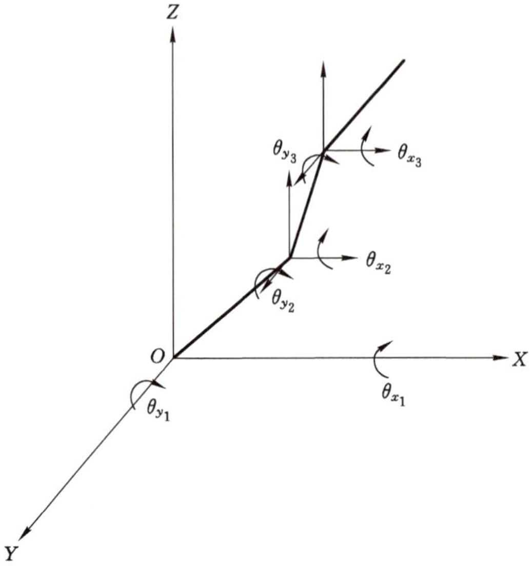

图 8-8 SAA 技术测量节点位移的示意图

阵列式位移计地层变形监测将阵列式位移计放置在一个钻孔或嵌入结构内，当地层发生变形时，阵列式位移计各节发生相对位移变化，根据节与节之间角度变化，可计算出节点的位移变化。

七、采空区场地和建筑物变形多传感器集成监测系统

如前所述，采空区场地和建筑物变形监测主要是为场地稳定性评估、建筑物安全评估提供数据支持；同时也可以对变形进行溯源分析，为变形控制提供数据支持。因此，采空区场地和建筑物变形监测具有责任大、对象多、周期短、数据处理难度大等特征。随着传感器技术、通信技术的快速发展，采用多传感器集成系统进行采空区场地和建筑物变形监测是大势所趋，目前国内外也有不少成熟、成功的集成监测系统和案例。下面以上海华测导航技术股份有限公司(以下简称华测)的采空区场地变形监测系统为例阐述。

1. 系统组成及网络拓扑结构

华测采空区塌陷沉降自动化监测系统是使用 GNSS 高精度定位技术、传感器技术、无线通信技术、数据库技术、GNSS 通信技术等技术成果，结合综合供电、综合避雷等辅助系统，开发出的一套适用于采空区塌陷沉降监测方面的系统。系统分为现场自动监测报警和分析发布两大部分，其中现场自动监测报警部分由传感器子系统、数据通信子系统、数据处理子系统、监控报警子系统组成，分析发布部分由数据分析发布与信息共享系统组成，系统的网络拓扑结构如图 8-9 所示。

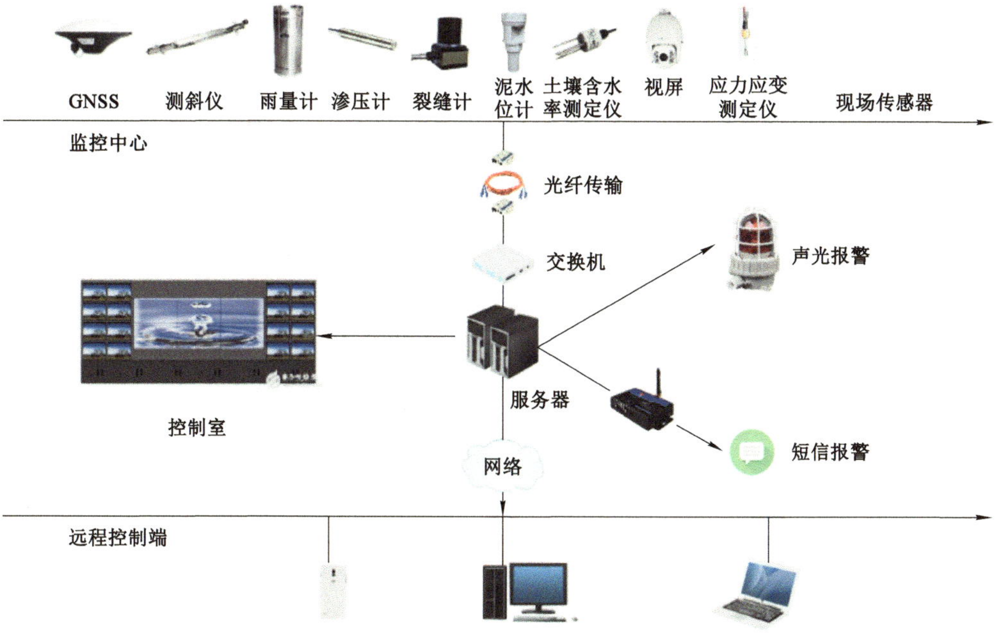

图 8-9　采空区塌陷沉降监测系统网络拓扑结构

系统的主要功能包括：GNSS 以及传感器大数据采集、报表显示、声光预警、采空区变形预测和状态评估、系统运行状态记录以及运行状态评估等。

2. 监测数据处理软件

监测数据处理软件分为三部分，即数据处理分析模块、数据传输与储存模块、数据展示平台。三部分相互独立又紧密关联与配合，所有操作由人工预设软件自动完成。软件系统

结构如图 8-10 所示。围绕采空区、桥梁、水利水文等多种监测场景需求，华测开发有 GNSS 监测数据处理软件、传感器集成管理软件、自动化监测预警系统等软件系统。

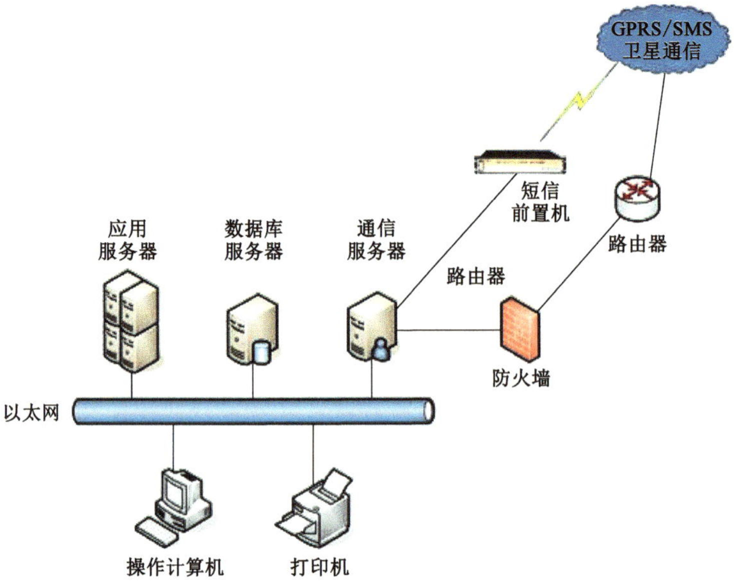

图 8-10　软件系统结构

(1) GNSS 监测数据处理软件

GNSS 监测数据处理软件为 HCMonitor，该软件的主要功能包括 GNSS 数据解算、图形显示监测数据、支持远程控制和二次开发等。图 8-11 所示为该软件的主界面。

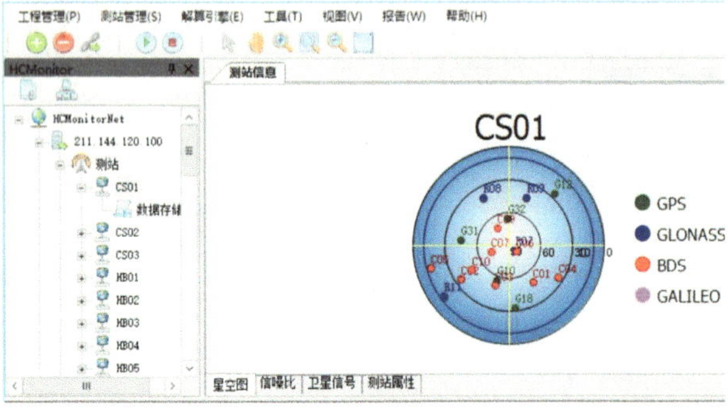

图 8-11　HCMonitor 软件主界面

(2) 传感器集成管理软件

传感器集成管理软件(HCSim)是华测针对采空区塌陷沉降监测、矿山监测、桥梁监测、水利水文监测等自主研发的系统软件，可解析处理 GNSS、雨量计、测斜仪、渗压计、地声/次声采集仪等不同类型的传感器数据。该软件具有很强的可扩展性，可兼容处理解析不同厂家的传感器，图 8-12 所示为该软件主界面。

(3) 自动化监测预警系统

自动化监测预警系统是华测针对采空区特征自主开发的系统软件。该监测软件 Web 端

图 8-12　HCSim 传感器集成管理软件主界面

为 B/S 架构设计，通过网页即可查询监测情况；软件功能多样化，有表面位移监测、雨量计监测、内部位移监测、水位监测、土压力监测、裂缝监测等 19 个监测项目，用户可根据具体情况在系统管理中选择功能项目；软件可将监测数据直观地用曲线显示出来。该软件具有很强的可扩展性，除了常用的监测参数外，还预留了 100 多个监测参数接口，方便系统的扩展。

第三节　采空区场地和建筑物变形监测案例

一、武云高速通过采空区残余变形监测

1. 项目概况

武陟至云台山高速公路项目位于焦作市的修武县、武陟县境内，路线全长 36.832 km，其中 K30+800～K31+500 处为煤矿采空区，采深为 80～400 m，采厚为 4～9 m，为长壁式垮落法开采，已经停产 3～5 年。

采空区属于隐蔽、复杂、地表变形范围大、容易引发地质灾害的不良地质场地，对公路的危害性很大，采空区的变形、沉降、垮塌等灾害给公路工程的建设和运营带来严重的安全隐患。《采空区公路设计与施工技术细则》(JTG/T D31-03—2011)8.1.1 条规定：采空区公路监测应根据采空区特征和工程的需要布设。当以路基方式通过新采空区时，宜进行采空区变形跟踪监测；当以桥梁或隧道方式通过采空区时，应对采空区变形进行全过程多方位长期监测。为确保高速公路路基的安全，也为我国高速公路通过采空区积累科研数据，该项目开展了采空区场地的变形监测工作。

2. 监测目的和内容

采空区场地变形监测的主要目的是评估采空区残余变形特征，明确采空区地基稳定性；监测高速公路路基变形特征。主要监测内容如下。

① 沉降监测：包括路基外采空区沉降观测和路基基底沉降观测；

② 水平位移监测：包括地表水平位移和深部地层土的水平位移监测；

③ 裂缝监测：包括采空区内建筑物裂缝及路基、公路结构物裂缝监测。

3. 观测点设计及观测方法

依据《采空区公路设计与施工技术细则》(JTG/T D31-03—2011)、《工程测量标准》(GB 50026—2020)、《国家一、二等水准测量规范》(GB/T 12897—2006)等相关规程规范设计了观测点。路基外侧观测线沿道路方向布置,并超出采空区影响范围;道路沿线按照100~200 m间距设置一个观测断面,布置包括沉降监测点、水平位移监测点及深层水平位移监测点等,每个断面的监测点设置在路基中心、路肩及路堤两侧趾部和边沟外缘及离外缘10 m处,如图8-13所示,各断面之间按照30 m左右的间距设置监测边桩,边桩埋置于路基底部或两侧边沟外缘。共布置沉降及水平位移监测点约240个,深层水平位移监测孔约32个。

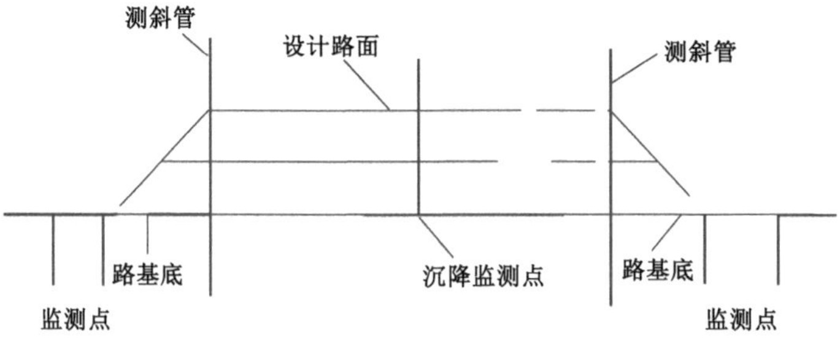

图8-13 观测断面示意图

4. 监测结论

从2015年8月18日第一次监测开始,至2016年2月25日,累计监测时长6个月,共进行了6次监测,监测期间未见地下水大量抽取及煤矿开采等情况。通过综合分析地表点沉降、深层位移以及地表点水平位移监测结果,认为:

① 监测期内除K30+800~K31+500段外,各沉降监测点单次沉降量多为0~−4 mm,沉降速率为0~−0.15 mm/d,累计沉降量为−5~−22 mm,个别监测点出现单次沉降量大于4 mm、沉降速率大于0.15 mm/d、累计沉降量大于5 mm的情况,但其周边监测点单次沉降、沉降速率及累计沉降量均较小,判断可能为机械碾压所致,依据《采空区公路设计与施工技术细则》(JTG/TD31-03—2011),判断该采空区K30+800~K31+500段场地属稳定类别场地。

② 监测区域内深层水平位移量较小,单次变形速率最大为0.39 mm/d,其余多为0.01~0.15 mm/d,故初步判断该监测区域内场地较为稳定,未发生明显变形。

二、邯郸某采空区地表沉陷InSAR监测

邯郸某采空区上方拟建设大型工厂,为评估采空区的地基稳定性,采用D-InSAR技术,利用C波段RadarSat-2影像数据对采空区残余形变进行监测,获取了相应的地表形变,如图8-14所示。

采用D-InSAR技术获取了研究区域在整个监测周期内(180天)的变形发展过程。从监测结果(图8-14)来看:

① 评价区域一范围内监测到的地表变形量处于−12~4 mm之间,不存在明显的变形区域。

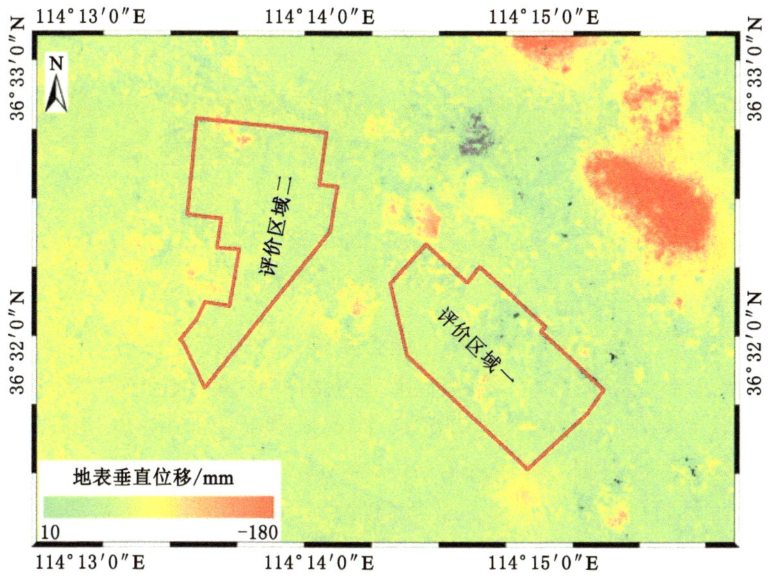

图 8-14　D-InSAR 监测获取的地表垂直变形

② 评价区域二范围内地表最大变形量为 23 mm；评价区范围内及周边区域，监测到的地表绝大部分沉降量处于−15～5 mm，且不具有规律性。

地表变形监测结果表明，评价区域一、评价区域二地表较稳定，监测区域内地表变形不明显。在监测数据支持下，结合开采沉陷理论，进一步评估了评价区域一、评价区域二的地基稳定性。

三、采空区异形建(构)筑物三维激光扫描变形监测

1. 项目概况

某煤化工项目拟建厂区下方的采空区残余变形可能对项目重要组成部分——焦化厂产生不良影响。焦化厂主要建筑有焦炉、煤塔和烟囱。煤化工项目分两期，一期工程由 2 个焦炉组成，每个焦炉长 91 m，荷载约为 28 kN/m^2。二期工程由 4 个焦炉组成，荷载约为 40 kN/m^2。焦炉基础下部为钢筋混凝土结构板，焦炉基础与两端操作楼的基础相对独立，以牛角搭板连接。焦炉两边是拦焦车、推焦车、熄焦车轨道，与焦炉两端的操作楼相连接，其中，推焦车和拦焦车轨道基础相对焦炉基础独立，熄焦车轨道与焦炉结构相连。焦炉两端建筑基础深度比焦炉基础深度浅很多，基础类型均以结构柱为主，焦炉柱体密集，有较好的抗变形能力。允许均匀下沉 200 mm，允许倾斜不超过 1 mm/m。煤塔高度为 36 m，荷载为 20 kN/m^2。烟囱高度为 95 m，荷载为 30 kN/m^2。

为评估残余变形对焦化厂的影响，采用三维激光扫描方法对焦炉、烟囱等异形建(构)筑物变形进行了监测，获取了其整体变形情况。

2. 变形监测点布置及数据采集

根据现场的地形及环境条件，在不受周围采动及注浆和其他因素的影响下，分别布置了 8 个独立的变形监测点，具体点位布置情况如图 8-15 所示。

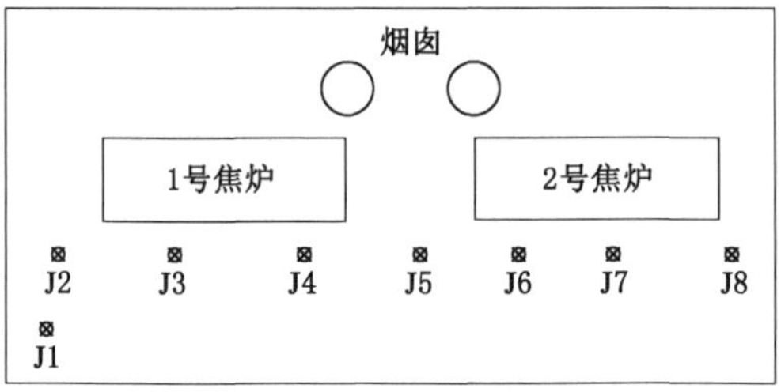

图 8-15 变形监测点位布置情况

使用 Trimble GX200 三维激光扫描仪进行数据采集工作。在数据采集时，分别在每一个监测点上架设三维激光扫描仪，对在其视场范围内的建筑物进行扫描。因为焦炉结构比较复杂，为了获得完整、细致的焦炉结构数据，在扫描时采用 40 mm×40 mm 的分辨率；而烟囱结构比较简单，因此在扫描时采用 60 mm×60 mm 的分辨率。由于扫描时每一站的数据是独立扫描的，因此在扫描时尽量保证每两站之间的扫描数据有相同的重叠区域，为后续内业的点云拼接工作做好准备。最后在 2007 年 12 月 7 日和 2008 年5 月14 日对焦炉和烟囱进行两次全面的扫描，第一次扫描获得 1 254 055 个扫描点数据，第二次扫描获得 1 932 933 个扫描点数据，外业数据采集结束。

3. 数据处理及计算结果

采用 Trimble 公司提供的 RealWorks Survey Advanced 点云数据处理软件对采集的数据进行处理。经过配准、降噪后，获取了完整的焦炉点云数据，如图 8-16 至图 8-17 所示。

图 8-16 1 号焦炉点云数据

图 8-17 2 号焦炉点云数据

焦炉体积比较庞大并且结构复杂，对整个焦炉数据进行变形分析，数据量大，处理速度慢，工作效率低。考虑焦炉属于刚体结构，其局部变形与整体变形是一致的，选取焦炉特征较明显的部分进行变形分析，既可以提高工作效率又可以保证分析结果的正确性。为此沿焦炉东西向提取了不同断面的倾斜数据，拟合出焦炉的倾斜变形值。

计算结果表明，2007 年 12 月 7 日至 2008 年 5 月 14 日期间焦炉两端的高差不超过 5 mm，即焦炉东西向倾斜值为 0.6 mm/m，远低于其倾斜设防值，表明采空区上方的焦炉是安全的。

第九章　关闭矿井工业广场改造与再利用规划技术

第一节　关闭矿井工业广场概述

一、关闭矿井工业广场的定义

通常将一切受到采矿活动影响、景观结构和功能受损的区域，包括位于矿业城镇内、周边以及乡村地区的，由于正在进行或已停止的采矿活动导致损毁、塌陷、压占进而闲置或低效利用的土地、水体及其周边流域称为采矿迹地。其主要类型包括：① 露天采矿形成的地表损毁土地；② 井下开采造成的地表沉陷土地；③ 堆放采矿剥离物、废石、矿渣、粉煤灰等固体废弃物被压占的土地；④ 工业广场等生产建设活动占用的土地。从空间分布上看，采矿迹地既涉及城市建设用地，也包括农业用地等非建设用地；从使用状态来看，既包括闲置废弃矿业用地，也包括仍在惨淡经营的老矿区；从土地规模上看，既可以是大面积的采矿作业区及塌陷区，达到上千公顷，也可能是小片的工业用地、办公生活区。

本书所讲的关闭矿井工业广场属于采矿迹地的一种，是指矿业开采时期形成的地面工作区域，主要包含生产、仓储、运输、办公等功能，是地下资源输出与地面资源输入的交换界面，为生产系统和辅助生产系统服务的地面建筑物、构筑物及有关设施的场地，在关井闭矿后处于损毁、闲置或未完全利用状态的场地。矿井关闭后，地上、地下的生产服务活动整体停止，将留下一定量的地下空间与地上遗存，如煤矿的井硐、井底车场、永久大巷、工业广场和生产性用房等。

二、城市空间地域相关概念

基于区域经济学理论，一个区域的发展状况与其区位优势有较为直接的联系，在充满竞争的市场环境中，具有区位优势的区域往往在要素的流动过程中有更多的商机。因此，区位作为城市开发建设中极为重要的因素，可被用于解译地块的开发潜力并指导项目的定位，甚至会影响城市发展的方向与整体的规划格局。对于矿业城市而言，矿井的发展主要取决于矿产资源的生命周期与其在城市中所占据的区位。城市空间结构的演变决定着已开采矿井的区位变化，进而影响着其在城市经济结构与城市功能上的转变，当矿井因资源枯竭被关闭后，区位因素在某种程度上便成为决定矿井关闭后该区域命运的重要因子。

我国对于城市空间地域的划分并无明确的界线，对不同的空间地域有着不同的称呼，如城市中心城区、主城区、城市规划区、市区、城市边缘区等这些名词含义混淆不清，往往混为一体。为更好地明确关闭矿井工业广场在矿业城市中的区位，本节首先对城市空间地域的相关概念进行如下辨析。

市域：城市行政管辖的全部地域，包括下辖各县、镇区等，边界较为明确。

市区：有广义与狭义之分，狭义的市区仅指城市主城区范围；广义的市区即市辖区，是指城市法定边界(行政区划)内的地域，或城市辖区内地理景观具有城市特征的地域，包括城市中心城区和市区所辖的县区，本节采用广义上的范畴。

城市郊区：城市辖区范围内，受城区经济辐射、社会意识形态渗透和城市生态效应的影响，与城区经济发展、生活方式和生态系统密切联系的城市建成区以外一定范围内的区域。根据其与市区的距离，又可分为近郊区和远郊区。

城市规划区：城市市区、近郊区以及城市行政区域内其他因城市建设和发展需要实行规划控制的区域。

中心城区：城市发展的核心地区，包括邻近各功能组团以及需要加强土地用途管制的空间区域，城市型设施较为密集或各种开发条件较为优越、规划期内拟与现有中心建成区形成连续建设的地区。各个城市规模不同，城市中心建成区和城市近郊区范围也不同，导致中心城区界域范围不同。各城市中心区的范围(图 9-1)主要取决于城市远期整体规模扩展及空间扩展的要求。

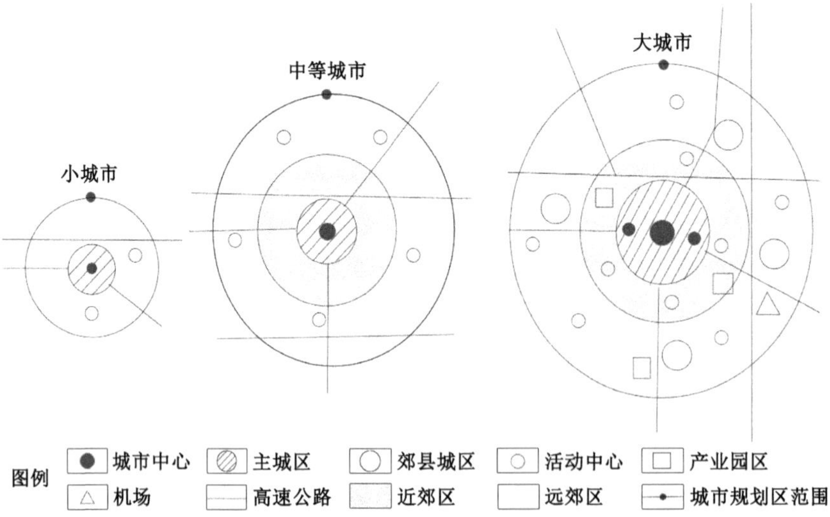

图 9-1　不同城市规模中心城区的范围

主城区：中心城区内的主体发展片区，指建成区内社会经济和土地开发活动最密集、完全连接成片进行开发建设、市政公用设施和公共设施基本具备的区域。区域内没有间隔大于 2 km 左右长度的农村、天然山体、工业区或者仓储物流区等，基本业态是住宅区、商业区或办公区，可以有少部分工厂。主城区是城市政治、经济、文化等功能最集中体现的地区，对城市的经济发展起重要作用，通常也可称为核心建成区。因此，从城市空间的角度分析比较，从小到大可依次排列为：中心区、主城区、中心城区、城市规划区、市区、市域(见图 9-2)。

主城边缘区：指在城市核心建成区(主城区)外围受城市向外扩展与乡村城市化两种力量的影响，与中心城区形成的一部分环状地带。这类区域一般位于城市近郊区，与城市核心建成区接近并逐渐相融，城市特征已较为明显。在城市扩张过程中，该区域土地正处于由农村向城市转变的高级阶段，产业结构也逐渐由第一产业向第二、第三产业过渡，大部分土地已被用于城市建设或已规划为城市建设用地，是一个城市功能和农村功能互为渗透、

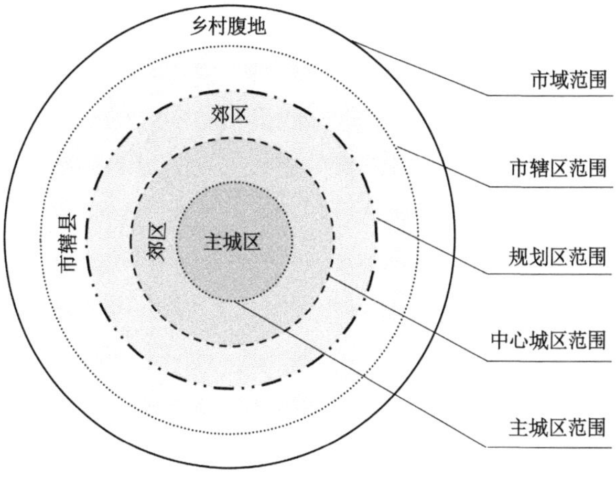

图 9-2 城市空间地域划分示意

社会经济发展特殊而又交易频繁的地区，是城市化最先沿的地带，也是城乡二元问题最为突出的区域。

主城边缘区并没有具体的标准进行界定，它是一个不断变化的、动态的地域实体，没有办法进行量化或统计。简单来说，主城边缘区必须符合五个条件。

① 区位条件：与城市核心建成区毗连，处于城市近郊区，兼具城市与乡村的某些功能与特点；

② 用地条件：大部分的土地已被用于城市建设或已被纳入城市建设用地规划范围之内；

③ 产业结构：第二产业和第三产业比较发达，在经济结构中占有较大比重，但仍然存在一定量的纯农业和兼业农业；

④ 人口密度：介于城市主城区与一般的郊区乡村之间；

⑤ 发展前景：最具有发展潜力或优势、最易优先发展、在未来可被规划纳入城市主城区。

三、关闭矿井工业广场分类

根据关闭矿井工业广场与城市空间的距离关系可将关闭矿井工业广场划分为三种类型，分别为城区型、城郊型和乡村型(见图 9-3)。

城区型关闭矿井工业广场：紧邻市区，与城市中心城区有较为密切的关系，大多存在于城市资源的辐射范围之内，地理位置往往较为优越。

从区位角度来看，城区型关闭矿井工业广场大多紧邻市区，与城市中心城区有较为密切的关系，大多存在于城市资源的辐射范围之内。从交通条件来看，这类工业广场的地理位置往往较为优越，具有较好的交通系统与城市其他地域进行组织连接。而从其经济社会功能来看，由于企业管理模式与内部资源的高度集中，形成了区域内的自给自足，其经济社会功能相对独立。同时矿工与亲眷居住区所形成的城中村分布在周边，使其具有一定的矿区文化积淀。从城市发展的角度来看，这类工业广场由于具有自给自足的特点、内部资源高度集中与产业的偏向发展等，其与外界互动交流较为不足，与城市其余要素并没有充分

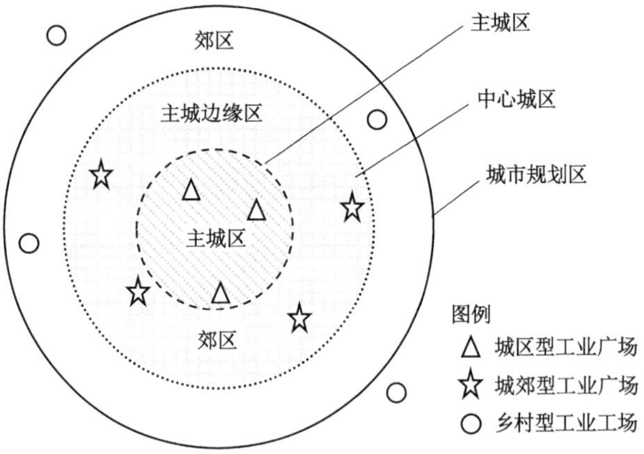

图 9-3　不同类型工业广场与城市的空间关系

融合，在城市发展过程中也往往出现不协同的局面，优越的区位条件并没有得到良好的利用。

城郊型关闭矿井工业广场：位于城市主城边缘区的矿区，以矿井井田范围为界，包括矿井生产区、生活区、工人村等。它与城市联系紧密，受城市发展的辐射相对较大，处于城市社会经济活动和近期规划发展范围之内，是一个随着城市发展而不断变化的、动态发展的活跃体系，往往“缘矿而建，因矿而生”，具有完善与独立的功能体系，并能带动周边发展。

由于空间位置距离城区较远，独立发展的同时也相对孤立。从区位角度来看，多处在城市主城区的边缘、县或者县级市范围内，距离中心城区的距离较远，受到中心城区的辐射相对较弱，如辽宁的抚顺矿区、江苏的徐州矿区等。从交通条件来看，多通过矿区专用道路或专用铁路与外界交流以满足自身的发展需求，但是与城区内部的交流不足。从生态角度来看，其生态环境因不可持续的矿业资源开采方式而遭到了一定程度的破坏，但其因分布于城郊，周围景观风貌相对较好，景观割裂感并不明显。这类工业广场因其区位相对特殊，虽对城市的文脉与空间肌理具有较为明显的阻断性，一定程度上对未来城市空间结构调整带来阻碍，但随着城市空间不断拓展，城郊型关闭矿井工业广场有被纳入市区范围内进行再开发的可能，亦有可能随着城市产业结构的调整担负起承接新兴产业落地的责任。

乡村型关闭矿井工业广场：远离城镇、地处偏僻，与中心城区的互动关系最为微弱。对于该种类型关闭矿井工业广场而言，其独立性不及城郊型关闭矿井工业广场，具有较大劣势。从区位角度来看，处于乡村的关闭矿井工业广场多远离城镇、地处偏僻，与中心城区的互动关系最为微弱。从交通条件来看，道路通达性不高，多通过乡道和省道与外界交流，公共交通的建设情况相对前两种较差，因此在交通条件方面不具有优势。从经济社会功能的角度看，此类工业广场多有较为完善的功能体系，但服务类的辅助产业相对较弱。

对于乡村型关闭矿井工业广场而言，急需解决的问题是如何加强其自身的独立性，从而形成城市独立的功能组团，并通过结合周边优势资源，进行产业的再布局与再建设。在整理现状景观环境的同时也要对生产所遗留的生态环境问题加以重视。

第二节 关闭矿井工业广场的构成和特征

一、关闭矿井工业广场构成

根据前文所述的关闭矿井工业广场的定义，工业广场内包含了具有生产、仓储、运输、办公等功能的地面建筑物、构筑物及有关设施。在空间识别上，关闭矿井工业广场具有特定的场所元素，主要包含生产性和生活性空间要素。

1. 生产性空间要素

生产性空间要素包含地面生产系统中的建(构)筑物与外部设施要素，大多规模庞大且形式多样。要素群承担煤炭的生产、分选、储存、运输等，此外还有围绕煤炭生产的机修厂、坑木场、职工福利楼等辅助性生产设施，代表性的要素有主井、副井、选煤厂、沉淀池、筒仓、储煤仓、设备车间、运煤廊、铁路等。图 9-4 所示为权台煤矿工业广场生产空间。

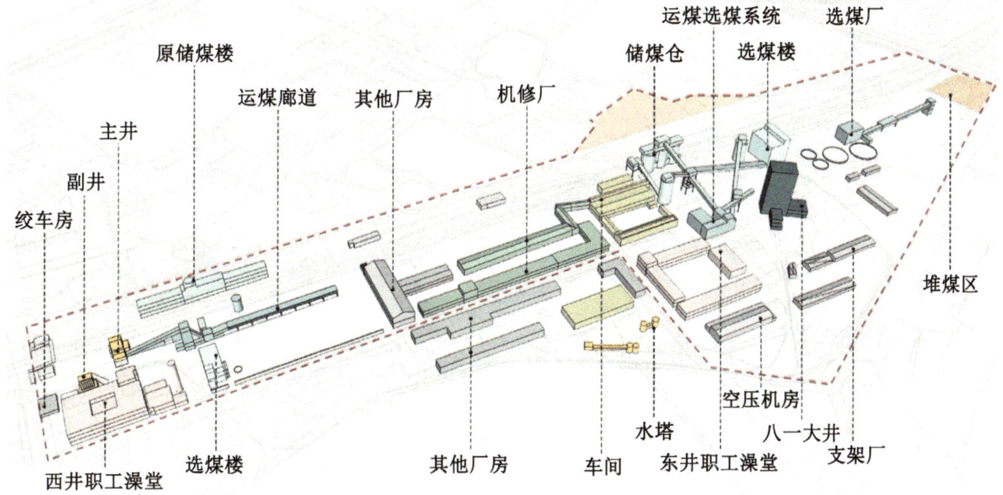

图 9-4 权台煤矿工业广场生产空间

（资料来源：《徐州权台煤矿遗址创意园概念规划》课题组）

2. 生活性空间要素

生活性空间要素由矿区工人社区内的办公与生活服务类设施组成，统筹兼顾矿区生活、体育活动、养老教育、交通游憩等功能。具体包含办公楼、科教中心、学校、工人俱乐部、医院、商店等配套服务设施；用于串联工业广场与其他功能区交通的街道空间；中心广场、操场等大型户外活动场地；露天停车场与立体停车楼。生活性空间要素群主要分布在工业广场的外部，与生产厂区界限分明，基本实现社会服务功能的全覆盖，为矿区居民提供各类便捷服务。图 9-5 所示为古书院矿工业广场生活空间。

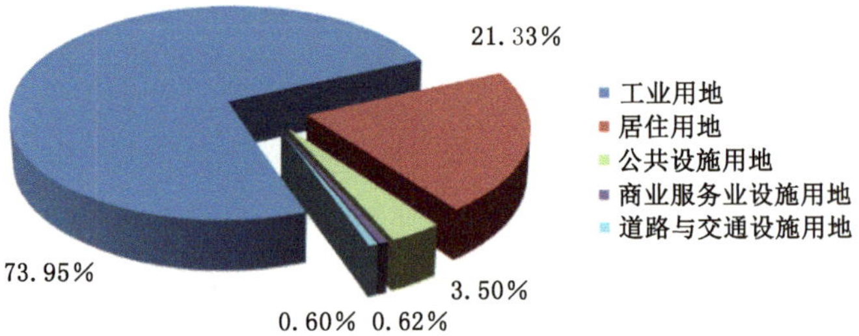

古书院矿土地利用现状

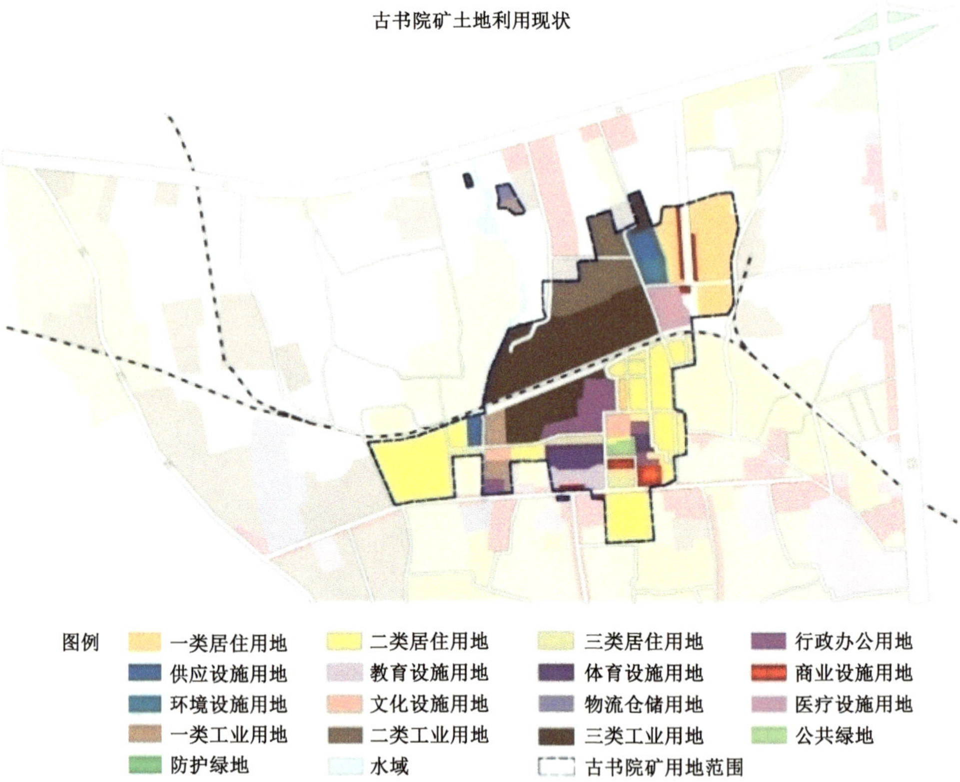

图 9-5 古书院矿工业广场生活空间

（资料来源：《晋煤集团古书院矿存量土地资源开法利用暨转产项目规划》课题组）

二、关闭矿井工业广场的特征

1. 景观的丰富性

丰富性是关闭矿井工业广场最主要的特征，主要指分类、空间类型、历史文化和发展模式等方面呈现出的丰富性。

关闭矿井工业广场场所内涉及生产、生活和生态用地，空间类型和形态丰富。关闭矿井工业广场是围绕生产和生活所形成的工业场地，范围较为广泛，既包括管理、生产、仓储、运输、基础设施等产业类用地，也包括为产业工人提供生活服务的居住、管理、教育、医疗以及其他公共服务设施生活类用地，其具有生产和生活二重性，空间形态丰富，景观特质明显。原生产用地、原生活场地、交通设施用地等空间形态呈现出点、线、面的分异，形成了涵盖不同土地利用类型、表现形式多样的关闭矿井工业广场。

2003年7月，第十二届国际工业遗产保护联合会在俄罗斯的工业重镇下塔吉尔召开，会议通过了《下塔吉尔宪章》，该宪章后经国际古迹遗址理事会认可，最终经由联合国教科文组织批准，成为世界上公认的第一部致力于指导保护和利用工业遗产的国际公约。《下塔吉尔宪章》首次严谨、科学地明确了"工业遗产"的概念，根据该宪章，"工业遗产是指工业文明的遗存，它们具有历史的、科技的、社会的、建筑的或科学的价值。这些遗存包括建筑、机械、车间、工厂、选矿和冶炼的矿场和矿区、货栈仓库，能源生产、输送和利用的场所，运输及基础设施，以及与工业相关的社会活动场所，如住宅、宗教和教育设施等。"毫无疑问，关闭矿井工业广场既有历史的沉淀，也是技术进步的载体，而建筑、设备、城镇等物质成分是矿业技术进步及影响力的最直接表现；此外，关闭矿井工业广场也涵盖了矿区工人生活的场所，采矿活动活跃时期所建设的如住宅、商店、学校、医院、电影院、社交俱乐部和体育设施等，使得矿工对自己的职业具有普遍的自豪感，也形成了他们的群体认同感。矿工强烈认同自己的工作，即便在采矿活动结束后，矿工仍具有强烈的身份认同感。这些围绕生活的建筑、设施和场所，也以其特殊的存在形成了不同于生产性景观的矿业景观和遗存。

此外，与周边的农村地区相比，矿业城镇可为人们提供广泛而多样的城市文化和娱乐服务。这些隶属城市的生活方式和工业文化与元素融入不同矿区的当地传统中，在矿山环境和地域特色的推动下创造出一种融合文化，这种具有地域界限的矿业景观形成了特有的具有可辨识性的矿业文化，除经济方面外，这些特征通常在采矿活动结束后依旧存在，并作为集体认同的景观和文化，以及包含丰富多样价值的遗产保留下来。

2. 再利用的孤立性

矿井的工业广场都是为煤炭生产服务的，其因矿而起，缘矿而建，生命周期与煤炭资源开采的生命周期几乎同步。矿井工业广场的主要职能是煤炭资源产品的生产加工，因过于强调专业化功能，其产业结构单一，社区基本以企业办社会的形式存在。受职业特性影响，矿区劳动人口比例大，职工生活依赖矿企现象明显。一旦煤矿企业关闭停产，矿区即面临前途暗淡，走向"消亡"的危险。大部分矿区地处偏远，与城市空间隔离，即使有些矿区紧邻城区，但其在经济发展、社会服务和基础设施配置等方面仍保持着相对的独立性，导致城市辐射和带动难以波及，城市社会服务功能无法直享，出现矿区与城镇双重基础设施系统及城市管理体系的现象。此外，矿区与周边村庄规划长期难以协调，导致矿乡二元结构突出，成为城镇规划体系中的"孤岛"。

3. 资源的可再利用性

矿井关闭后，工业广场作为此前煤炭生产的主要场所，其原来服务煤炭生产的功能虽然丧失，但在矿区产业转型发展过程中，其作为独立的工业用地，拥有深厚的开发潜力。工业广场内的闲置土地、工业建筑遗存、采矿设备等，既有土地资源、设备资源又有发展历史文化的潜力，通过对资源进行再利用可以复兴煤炭独立工矿区、减少对新资源的使用。所以在发挥煤炭独立工矿区自身优势方面，可以好好利用煤炭独立工矿区的棕地资源、工业建筑资源和采矿设备资源。

4. 资源再开发的复杂性

煤炭生产终止后，产业工人分流，原生产空间处于闲置或半闲置状态，生活空间因失去产业支撑处于衰退状态，关闭矿井工业广场的再开发利用极为复杂。矿井关闭后，原工业广场范围内的土地权属极为复杂。从土地法律属性看，我国煤炭企业经历了由计划经济向市场经济转变，土地性质具有划拨、授权经营、出让三种类型，其中以划拨或授权经营为主，其所占比例可达60%～80%。从土地产权体系看，煤炭企业仅拥有划拨或授权经营土地的使用权部分权能，其用地性质直接关系着土地开发产权流转，影响着矿区土地开发行为主体结构。例如，山西某矿共有宗地30宗。其中划拨土地9宗，总面积为22.4 hm^2，占总用地面积的25.0%；授权经营土地20宗，总面积为66.6 hm^2，占总用地面积的74.4%；出让土地1宗，仅占总用地面积的0.6%。此外，作为成熟的城市建设用地，关闭矿井工业广场的再开发涉及众多的利益群体，包括原用地煤炭生产企业、地方政府、城市地产开发商、社会公众、设计与研究机构等。政府对政绩工程、财政收入的追求，企业对经济效益、企业文化的需求，社会公众对公共利益和个人利益的需求以及项目承包商、经销商对经济收益的追求，使得关闭矿井工业广场的开发因各方利益的博弈艰难而复杂。同时，在不断的国企改制过程中，原来企业办社会的模式早已不复存在，原来围绕煤炭生产的辅助性空间如住宅、医院、学校等都与企业剥离，但是，之前的社会网络依然存在，这给工业广场的再开发也提出了新的挑战。

三、关闭矿井工业广场存在的问题

长期以来，煤炭企业主营煤炭产供销几乎不涉及其他产业，其发展、建设独成体系。煤炭产业带动了地方相关产业的发展，煤炭主业停产后，对区域经济发展产生影响，矿区转型因此面临诸多问题的挑战。

(1) 矿区产业结构单一，煤炭产业比例较大

矿区经济基本在粗放型增长方式下发展，大多矿区对非煤产业发展的重要性认识不足，过度依赖煤炭产业，产业结构单一，产品价格随市场因素波动较大，抗风险能力较差，并且缺乏技术含量高的产品，以致在不能取得规模经济和规模效益时，难以有支撑整个矿区经济发展的替代产业。

(2) 利益群体矛盾突出，缺乏协作互动平台

在矿区的转型过程中，煤炭企业、地方政府、投资商、社会公众等各利益群体间往往存在冲突及矛盾。在煤炭企业层面，煤矿停产后，矿区转型迫切需要地方政府政策支持和财政扶持，并希望引入其他资本以转移自身经济压力，同时还需要社会公众为其提供服务，如土地资源、人力资源等；在地方政府层面，政府需要煤炭企业快速转型并拉动区域经济发展，但财政扶持能力有限，只能提供优惠政策以推动企业转型；在投资商层面，利益导向是投资商选择投资的基本原则，投资商既需要政府提供优惠政策，又需要企业提供有投资价值的优质项目；在社会公众层面，煤炭企业为矿区职工和周边居民提供主要经济来源，矿区转型势必有损公众当前利益，社会公众排斥矿区转型。上述各利益群体的行为出发点和利益取向有所不同，相互之间矛盾冲突在所难免，但由于历史原因形成的条块分割，缺乏一个协作互动的平台来平衡各方的利益。

(3) 产业发展滞缓，就业矛盾突出

随着经济社会发展对煤炭资源需求量的增加及采煤机械化水平的提高，煤炭资源的开采速度迅速增加。受煤炭开采及加工业发展的影响，矿区第一产业以基本农耕为主；第二

产业主要包括煤炭开采及围绕煤炭产业发展的机械、建材、化工等初级加工产业，煤炭资源的枯竭无疑给矿区第二产业的发展带来了障碍；煤炭的开采加工导致矿区环境恶化，基础设施建设落后，矿区商业、娱乐、休闲、金融服务等第三产业发展滞缓。矿井一旦关停，除少量职工可转移至其他矿区工作外，其他多数职工处于待业、下岗状态，再就业机会少，就业能力差，给社会的稳定留下了隐患。

工业广场由于长年受煤炭开采、运输、加工的影响，矿区路面状况差，给排水、通信等设施缺乏，休闲、娱乐等基础设施不完备，综合服务能力和品质的欠缺，影响矿区常住人口的生活、生产，且对高素质人才吸引力降低，人才流失严重。

（4）场地废弃闲置，再利用安全隐患重重

关闭矿井工业广场具有自然条件与社会条件上的安全问题。煤炭资源的开采带动了经济的发展，满足了人们对资源的需求。但是，煤炭开采和加工引发了矿区地表沉陷、建筑物破坏、矸石山占地、地下水和地表水系破坏等环境问题，同时也带来了地质环境变差，资源难以开发再利用等自然条件上的安全问题。废弃的工业广场闲置荒废，有些因为地理位置偏远，鲜有人去，成为城市中被人遗弃的角落；此外，年久失修、无人看管的工业厂区内废弃、闲置的建筑物、构筑物、生产设备、工业废弃物等构成了脏乱无序、荒草丛生、锈迹斑驳、烟尘飞扬、衰败破残的消极城市景观，场地内的建筑垃圾造成的环境污染问题也十分突出。

（5）工业遗存丰富，再利用安全隐患重重

煤炭产业衰败、转型、土地功能置换导致工业广场原周边煤矿工人生活区搬迁、撤销，取而代之的是现代化住宅区，煤炭文化及传统煤炭生活模式不复存在，人们对于煤炭产业、煤炭文化的精神寄托逐渐减弱，工业广场煤炭历史和文化逐渐遗失、瓦解。工业广场作为煤矿生产和生活的物质载体，在生产活动停止后，仍遗留了大量的工业建（构）筑物、特色空间和文化活动遗址，它们见证了这一地区的社会发展、经济繁荣和技术进步，也承载着这里的历史变迁和空间演变。煤矿生产活动结束后，喧闹的厂区归于平静，工业广场在停产后面临着拆除、改造甚至被夷为平地的命运，如果不加以保护和有计划地拆建，煤炭开采历史和矿区特有的文化将逐渐被遗忘，原本轰轰烈烈的矿区氛围将在人们记忆中弱化或消失。但是，保留工业遗存，将既有的工业生产空间变成城市生活的场所，也面临着土地用途更改、管理权属变更等管理方面的困难和安全方面的挑战。一方面，工业厂区内的环境污染和环境安全需要研究；另一方面，遗留的建（构）筑物的可靠性、安全性也必须得到科学评估，否则，量大面广的既有建筑要么因缺少相应的评价分级和保护策略而面临大拆大建的命运，导致历史悠久，具备工业文化价值、美学价值的建（构）筑物得不到有效保护，要么因安全性评估不足而为未来的使用埋下安全隐患。

第三节 关闭矿井工业广场潜力资源分析

矿井被关闭后，其中仍赋存大量可利用资源，如不进行二次开发则会导致国有资产的低效利用与浪费，也会带来严重的环境与社会问题。为此，对关闭矿井工业广场进行开发利用，不仅能够减少资源浪费、变废为宝，还可为关闭矿井企业提供一条转型脱困和可持续发展的战略路径。事实上，关闭矿井工业广场虽然不再承担煤矿生产的任务，并处于闲置或半闲置状态，但其还是蕴含各种潜在资源可供挖掘的。

关闭矿井工业广场的再开发与再利用通常包含两个层面：一是矿井井下空间资源的开发利用，主要是采空区再利用，如地热资源再利用系统、抽水蓄能地下水库等；二是井下和地面生产、生活空间的相关资源利用，包括对工业设施、厂房、生产用地、生活用地，以及相关的建(构)筑物等的再利用。本节着重介绍关闭矿井工业广场土地资源、空间资源和历史文化资源的再利用。

一、土地资源

矿井关闭后，原工业广场闲置，工业广场作为未曾受到采煤扰动影响的、因矿井建设而被征用开发的土地，包含矿井的生产空间及其余配套工程所占用的空间。这类土地的地质条件相对稳定，矿井关闭后既可以直接用于新工程的建设与工业生产，也可以对整个工业场地进行重新规划与综合开发利用。

矿区土地是带动周边地块发展的核心区域，资本、技术、管理和政策等的有限性决定了其以点带面这一发展模式。以关闭矿井工业广场土地资源的开发利用作为资源型城市产业调整的转折点，将关闭矿井工业广场作为城市重点改造开发区域和城市产业结构调整的承载地，通过对该区域土地资源的开发利用改善城市环境、提高城市土地经济效益。随着对关闭矿井工业广场土地资源潜力的挖掘，其蕴含的经济潜力得到释放，通过好的规划和设计，将其融入城市开发建设的整体规划中，从而复兴该区域经济和社会活力。

为了科学合理地利用关闭矿井工业广场的土地资源，挖掘土地资源潜力，对关闭矿井工业广场土地资源进行评价，分析其潜力，寻求最优开发途径，从而充分利用土地资源，以实现经济多元化发展的目标。以古书院矿为例对关闭矿井工业广场土地资源利用潜力进行评价。

(1) 评价方法和思路

土地资源潜力评价可以采用单因子分析法、同类型案例类比方法、定性与定量相结合方法等确定土地资源开发的优先度。

对土地利用主要从土地属性和土地利用形态两个方面进行评价，对土地资源的开发主要从开发成本和经济潜力两个方面展开，土地资源利用潜力评价思路如图 9-6 所示。

(2) 关闭矿井工业广场土地现状建设评价

对土地资源的开发利用是从土地利用现状和城市详细规划两个方面展开的，即从现状和规划两个方面判断详细规划对现状土地利用的改变及基于现状的合理性。

① 现状建设评价技术路线

在对现状充分调研的基础上，从现状的土地属性和土地利用形态两个方面进行评价分析。其中土地属性从土地的使用权属和土地使用性质两个方面展开，土地利用形态则从建筑密度、物质环境、交通体系、景观体系四个方面进行。由于工业广场内主要以工业用地、居住用地和服务设施用地为主，因此在本评价中主要针对这三种用地进行分析。具体的评价路线见图 9-7。

② 现状建设评价内容

通过对现状资料的收集归纳和定性分析，分别对居住用地、服务设施用地和工业用地

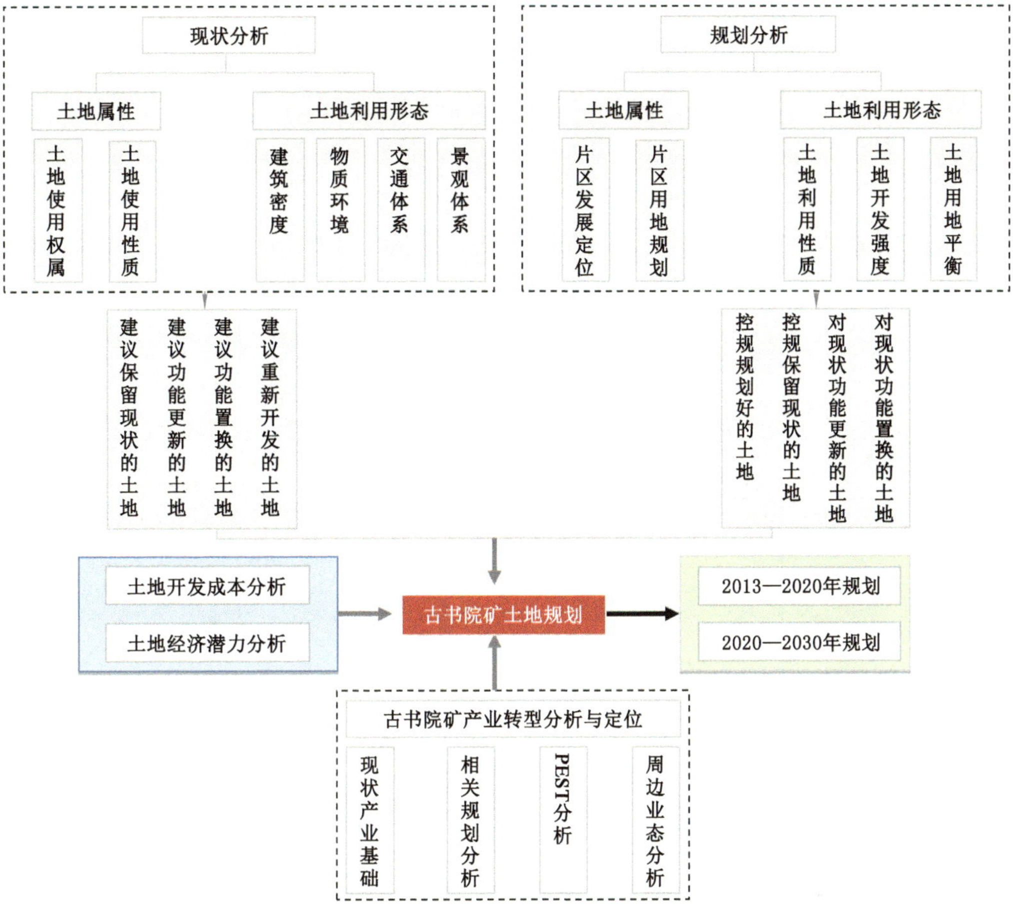

图 9-6 土地资源利用潜力评价思路

从不同现状因素出发进行评价（见图 9-7），评价结果如下。

a. 居住用地评价：通过对居住用地的实地走访，发现古书院矿内居住用地存在居住及工业用地混杂、人居环境差、建筑质量参差不齐等问题。结合建筑年限、居住质量、周边环境等因素，使用叠加分析法对居住用地现状进行分析评价。建议对古书院矿西部及东部边缘地区居住用地保留现状，对古书院矿东南部居住用地拆除或改造建筑物后进行土地功能更新，对古书院矿中部地块保留或改造后进行土地功能置换，对铁路南中部地块建议拆除搬迁进行土地重新开发（见图 9-8）。

b. 商业及公共服务设施用地评价：通过实地调研走访，结合商业服务设施土地利用情况、公共服务设施土地利用情况、公共服务设施与居住用地匹配情况，发现基地内商业及公共服务设施与居住用地存在匹配度不高、用地功能混杂等问题。建议对古书院矿东北及东南部地区商业及公共服务设施保留现状，对中南部地块土地进行功能更新，对中部地块进行功能置换（见图 9-9）。

c. 工业用地评价：通过对古书院矿工业用地现状分类、土地开发情况进行实地调研，发现基地内工业用地存在住区混合、污染环境、产业落后等问题。建议对北部部分地块予以保留，西部地块建（构）筑物保留或进行功能置换，南部地块拆除和搬迁建筑物并进行土地

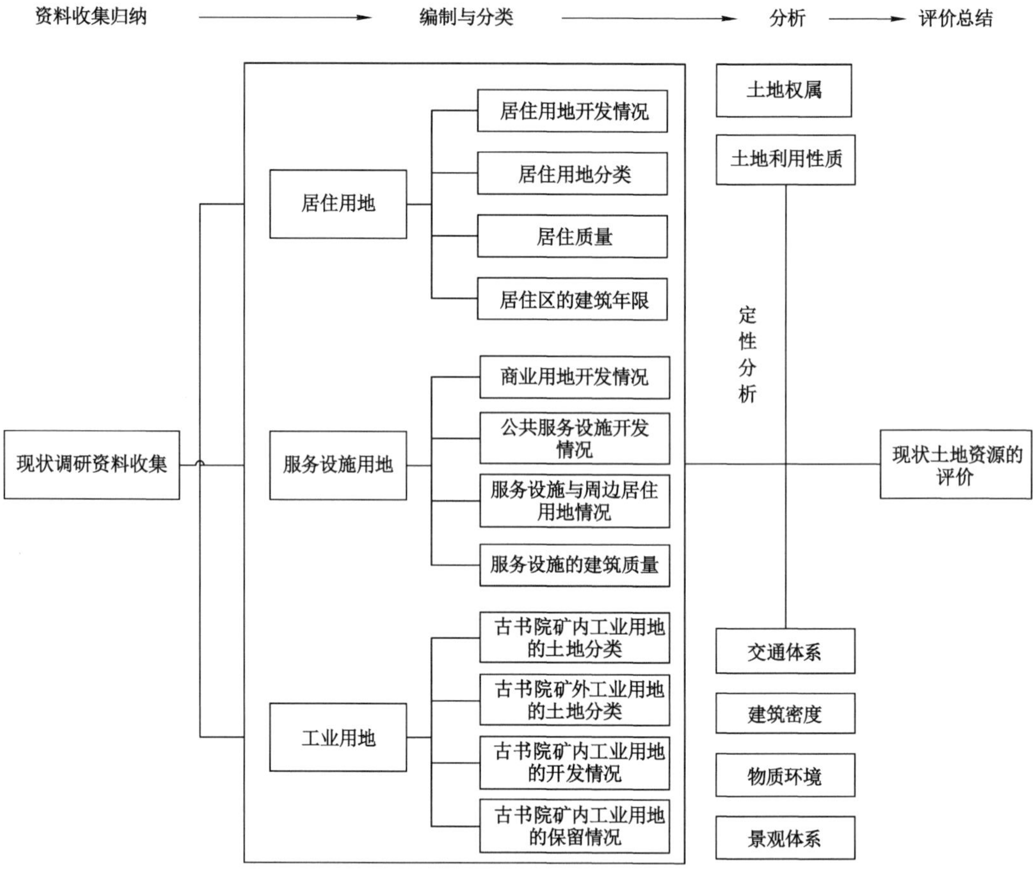

图 9-7 土地利用现状评价技术路线

重新开发(见图 9-10)。

③ 研究区域现状土地利用综合评价

在上述工作基础上,最终可以得出土地现状建设的综合评定。这项评定是以已经开发的用地、居住用地、公共服务设施用地、工业用地为基础,通过叠加分析法得到的。其中不可以考虑开发的土地包括已经开发或者规划好的土地和建议保留现状的土地;可考虑开发的土地包括闲置土地、建议更新功能的土地、建议置换功能的土地、建议搬迁并重新开发的土地(见图 9-11)。

(3) 关闭矿井工业广场土地开发策略综合评价

① 研究方法

研究区域为城市已建成区,需要对现有的建成用地进行充分细致的调研与评估,制定出相应的土地使用策略,从而得出在规划期限内对现有建成用地采取保留、拆除或者改造的建议。因此,该项评估要综合考虑用地性质、建筑质量、建筑强度、建设特征等现状,更要考虑用地的区位、交通条件等潜在的经济效益因素。

综上,对土地开发策略的评价,主要基于两大因素,一是对土地建设的现状评价,二是土地的经济潜力评价(见表 9-1)。

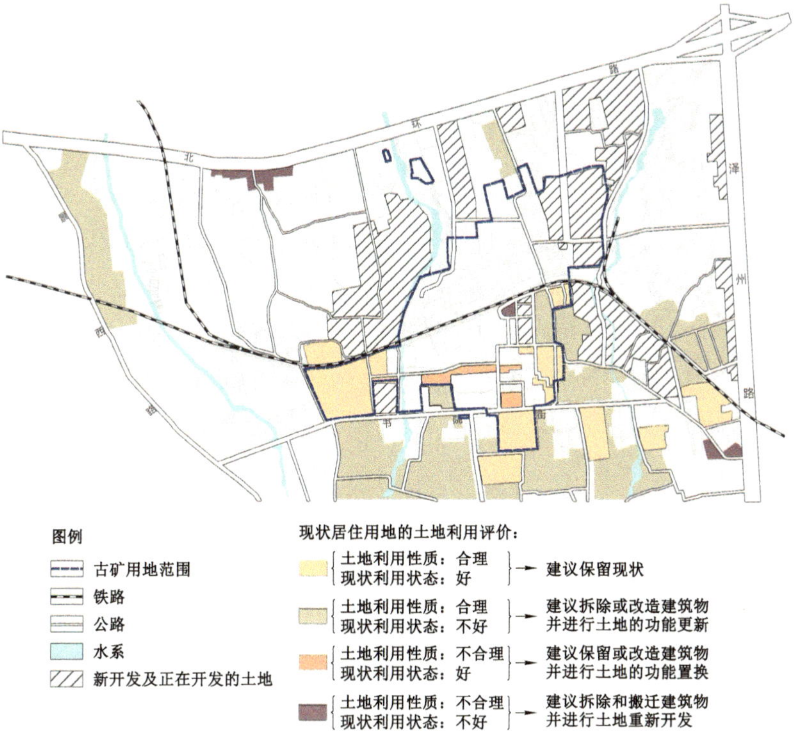

图 9-8　现状居住用地评价

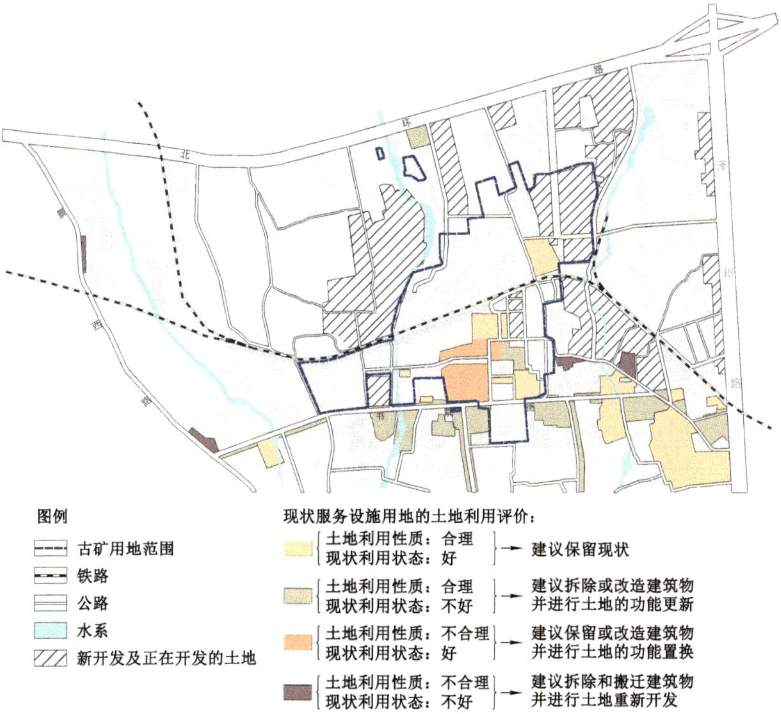

图 9-9　现状商业与公共服务设施用地评价

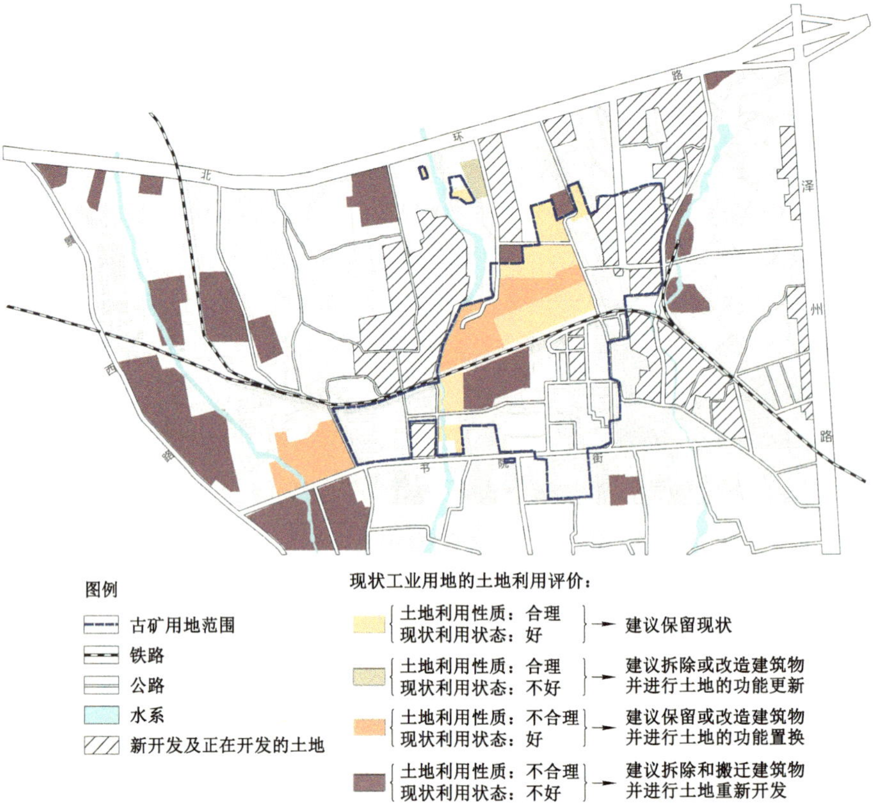

图 9-10　研究区域现状工业用地评价

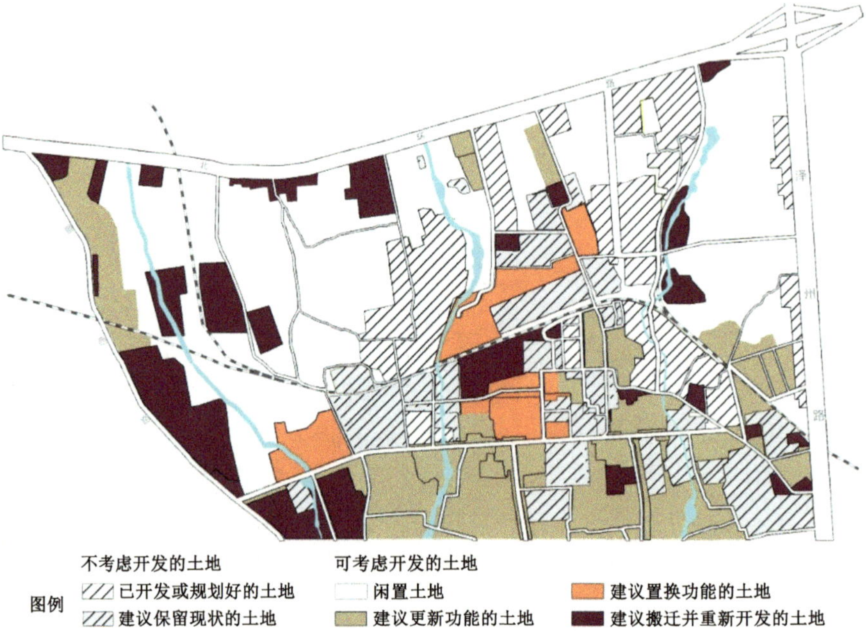

图 9-11　研究区域现状土地利用综合评价

表 9-1　土地开发策略评价

土地开发策略评价(S)	土地建设现状评价(M)	用地性质(A)	与未来功能相冲突的用地性质(5分)
			对未来主导功能无明显影响的用地(3分)
			对未来主导功能有积极意义的用地(1分)
		开发强度(B)	低开发强度(容积率0～0.5)(5分)
			中低开发强度(容积率0.5～1.0)(4分)
			中开发强度(容积率1.0～1.5)(3分)
			中高开发强度(容积率1.5～2.0)(2分)
			高开发强度(容积率2.0以上)(1分)
		建筑质量(C)	空地(5分)
			四类建筑质量(4分)
			三类建筑质量(3分)
			二类建筑质量(2分)
			一类建筑质量(1分)
			在建的建筑(0分)
	土地经济潜力评价(N)	用地区位(D)	最优区域区位(5分)
			次优区域区位(3分)
			一般区域区位(1分)
		交通条件(E)	邻重要城市道路地块(5分)
			邻一般城市道路地块(3分)
			不邻城市道路地块(1分)

土地建设的现状采用三个因子进行评价，即用地性质、开发强度、建筑质量。用地性质反映现状土地使用性质与城市未来发展的总体功能是否冲突。开发强度反映地块拆迁改造所需付出的经济代价。显然，开发强度越大，土地置换的难度也就越大。建筑质量反映现有建设的质量是否符合现代化城市环境的需要。建筑质量越高，越趋向于保留的策略，反之则趋向于置换的策略。

土地的经济潜力采用两个因子进行评价，即用地区位和交通条件。用地区位主要体现地块与城市核心区的距离。交通条件主要反映地块和城市道路的关系。显然，距离城市中心越近，距离城市主次干道越近的地块，土地的经济潜力越大。

② 技术路线

土地建设现状评价和土地经济潜力评价可以理解为对一块土地在城市开发中的外部条件和内部条件的评定，外部条件越好，内部条件越差，在城市开发中这块土地更新的必要性和可能性就越大。该项目中采用因子分析法对古书院矿内不同类型用地的条件进行逐块分析，并根据所确定的权重，计算出各地块的综合分值，再用图示语言进行表达，从而得出古书院矿土地开发的综合评价图，分值越高，开发价值越大，反之越小。

设定土地的建设现状评定为 M，该研究认为其三个因素对于土地置换所引起的影响是近似的。但现状开发强度由于涉及土地拆迁的经济成本，对土地置换的现实性有较大影响，权重较大。故三个因素的权重分别取为0.3、0.4、0.3。则：

$$M=0.3A+0.4B+0.3C$$

其中 M——土地的建设现状评价；

A——现状用地性质；

B——现状开发强度；

C——现状建筑质量。

设土地的经济潜力评定为 N，$N=pD+qE$。p、q 为两项因子的权重。该研究认为用地区位对于土地置换的影响更大，故 p、q 值分别取为0.6、0.4。则：

$$N=0.6D+0.4E$$

其中 N——土地的经济潜力评价；

D——用地区位；

E——交通条件。

设土地的开发策略评价为 S，则 $S=mM+nN$，该研究认为土地的建设现状对于土地置换的影响更大，故 m、n 分别取0.6和0.4。则：

$$S=0.6M+0.4N$$

其中 S——土地的开发策略评价；

M——土地的建设现状评价；

N——土地的经济潜力评价。

③ 土地的建设现状评价

在上述工作基础上，根据 $M=0.3A+0.4B+0.3C$，可以得出该区域土地建设现状的综合评价(图9-12)。这项评定以评价因子现状的用地性质(A)、开发强度(B)和建筑质量(C)为基础，通过叠加分析法得到五个评定等级：4～5分，3～4分，2～3分，1～2分，0～1分。

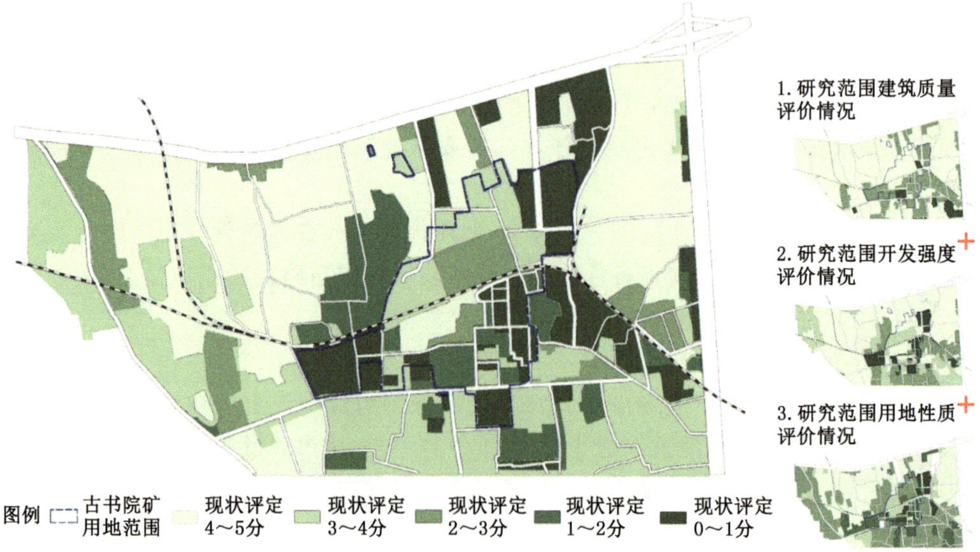

图9-12 研究区域土地建设现状评价

④ 土地的经济潜力评价

根据 $N=0.6D+0.4E$，可以得到土地的经济潜力综合评价（图 9-13），主要反映规划区每一地块的区位条件及与城市道路的关系。这项评定以评价因子现状用地区位（D）和现状交通条件（E）为基础，通过叠加分析法得到五个评定等级：4～5 分，3～4 分，2～3 分，1～2 分，0～1 分。

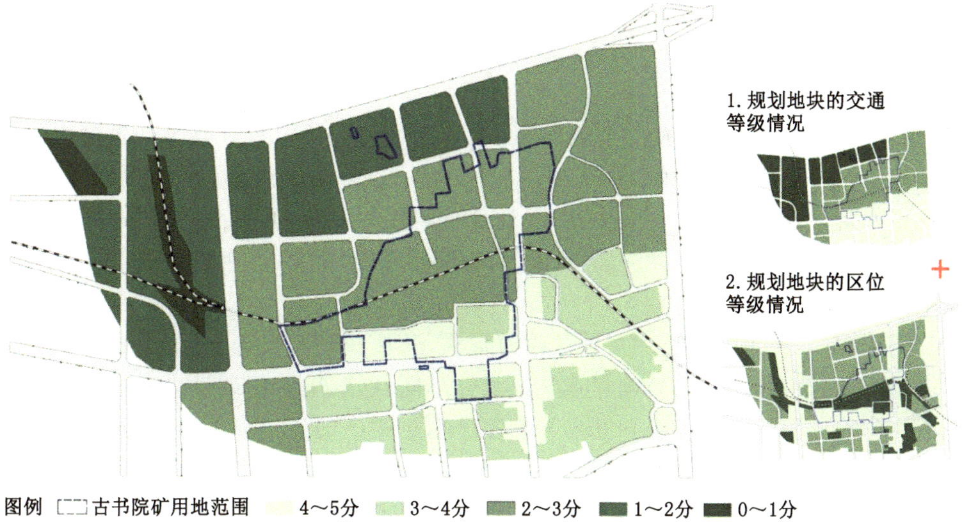

图 9-13 研究区域经济潜力综合评价

⑤ 现状土地开发策略综合评价

根据 $S=0.6M+0.4N$ 的计算方法，得到综合了每一块现状土地的用地性质、建筑质量、开发强度、区位条件、交通条件各项因子的综合评定图（图 9-14）。为了使评价的结果更加明确清晰，该研究最终将现状土地的开发策略综合评定值划分为 5 个评定等级：0～1 分、

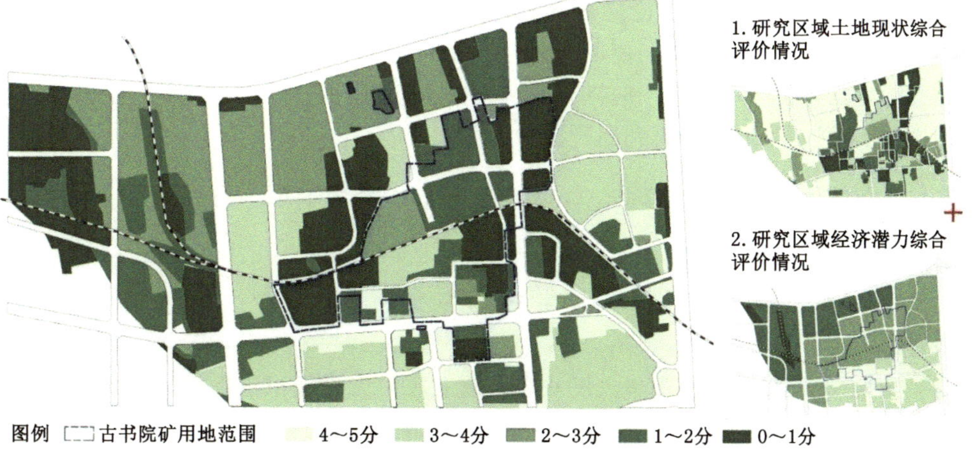

图 9-14 研究区域土地建设现状综合评价

1～2 分、2～3 分、3～4 分、4～5 分，分值越低越趋向于保留现状的开发策略，分值越高越趋向于置换的开发策略。

通过以上对土地建设现状评价、土地经济潜力评价和土地综合开发策略的评价，得出工业广场土地利用的综合潜力，再结合城市既有的详细规划，对城市详细规划的合理性进行分析，在此基础上规划工业广场的再利用，以增强片区内土地开发的经济性和功能配置的合理性，实现关闭矿井工业广场的再利用。

二、建筑资源

建筑物是矿区遗存中重要的物质元素，也是再利用资源中具有较大开发潜力的部分，其主要可以划分为工业建筑和民用建筑两类。工业建筑多用于煤矿采掘、加工及运输、储存等，民用建筑主要包含行政、办公、商业、教育与居住等建筑，用于满足矿工日常的生活起居功能。这些附属建筑是矿井工业广场所独有的矿业遗迹，具有较高的潜在开发利用价值。

工业建筑是矿井工业广场中主要的建筑形式，其形式种类呈现多元化的特征。煤炭开采工程的井塔井架，煤炭加工与储存系统的筛分车间及储煤仓，能源动力系统的变电所、水泵房、锅炉房等共同组成了煤炭在开采与加工分选过程中的生产载体。这类建筑一方面反映出其建筑年代的建筑技术和特征，另一方面具有规模大、体量大，内部空间开敞、建造风格简约实用等特征，为后续的再利用提供了多样化的选择。

民用建筑则以行政办公建筑为主，不同规模与类型的工业广场还会配备员工食堂、浴室、宿舍、职工医院及俱乐部等与矿工生活相关的建筑。行政办公建筑是矿区整体负责生产安排与协调工作的办公用房，其余类型用房则是为了满足矿工基本生活需求而建，对其再利用的方式应按照具体情况并结合规划进行安排设计。

此外，在工业广场内通常还有数量、类型众多的构筑物，这些构筑物虽不具备生活生产功能，但也是煤炭生产、加工、运输和存储流程中不可或缺的，如运煤廊道、水塔、烟囱、煤泥沉淀池、柱状储煤仓等。这类构筑物也是工业广场内重要的组成部分，相较建筑物而言具有更为浓厚的矿区特色，是矿业文化与时代特征的重要载体，具有较强景观文化独特性。

工业相关设备与设施是矿区经济发展的重要支柱，但随着大批矿井被关闭，原有的设备或因设备设施落后或因长时间使用出现损坏等情况而失去使用价值，成为再利用资源中的另一关注对象。由于矿业生产的特殊性，运输铁路遗存因其具有独特的工业特色与历史文化价值，成为矿井工业广场再利用资源中的典型代表。

三、历史文化资源

著名挪威城市建筑学家诺伯舒兹在其所出版的《场所精神——迈向建筑现象学》一书中提出了“场所精神”的概念。他指出，“精神”是抽象的，而为了使这种“场所精神”视觉化，便需要对场所进行营造。

煤炭作为“工业粮食”，在中华人民共和国成立之时就挑起了迅速恢复国民经济任务的大梁，全国煤矿工人向全国输送煤炭“工业粮食”的同时也向外界展示着煤炭“精神食粮”。关闭矿井工业广场作为矿区工业发展的承载地，见证着矿区数代人的生活与成长、科技的进步以及经济社会的发展。工业广场不只是工人们生活与谋生的场所，也承载着他们对人生的感悟与思考。邻里和谐的关系、工友间真挚淳朴的情感等也是工业广场潜在的力量，是强大的内在动力所在，也是场所精神的具体体现。

2012 年，作为煤炭大省的山西省向媒体公布了“山西煤炭精神”：忠厚吃苦、敬业奉献、开拓创新、卓越至上。朴实敦厚、甘于吃苦是煤矿工人的本色，他们以“追求第一、超越时代”作为目标，燃烧自己、照亮千家，体现出了攻坚克难、勇于进取的创业精神。

20 世纪 60 年代，“艰苦奋斗、勤俭办矿”的石圪节精神是中国煤炭战线、全国工人阶级宝贵的精神财富。

石圪节精神为推进我国煤炭工业改革创新和现代化建设提供了强大的动力，辐射和影响着中国工业的进步和发展。石圪节煤矿选煤厂作为中华人民共和国成立初期重点工业建设项目之一，见证了“一五”时期山西工业建设、科学进步、社会发展的历史进程，是中国与苏联友好交往的见证之一，体现了两国之间的深厚友谊。在科学技术价值方面，石圪节煤矿从 1953 年到 1978 年先后对矿井进行五次挖潜改造，由炮采改为普采，机械化水平逐年提高，开创世界先河，把国内采矿的技术及矿井建设带入了新的发展阶段。在艺术价值方面，石圪节煤矿的厂区建筑、职工集体宿舍和矿工俱乐部均是典型的苏联建筑，其工厂生产的车间、设备等对现代工业设计具有很大的参考价值，对了解过去的工业发展史和机械设计等内容具有重要意义，各种矿山景观以及旧址，具有工业发展的艺术特征。

随着城市的发展，未来应该充分发挥石圪节煤矿工业遗产在历史文化、城市风貌、人居环境方面的潜力，促使这些工业遗产“枯木回春”。石圪节煤矿本身的文化内涵以及在行业内的影响力和认知度，具备了文化品牌的基因基础，在工业遗产的保护和发展方面具有典型性和代表性。

第四节　关闭矿井工业广场再利用模式

一、以“工业升级”为导向的再利用模式

学者李寿生认为，制造业始终是人类社会的“首席产业”，先进制造业的发展是人类社会的永恒课题，也是大国的经济基石。但自 20 世纪 70 年代起，以美国为首的发达国家及一些发展中国家却将目光转向金融、房地产等行业，经济服务化的进程逐步加快，这种不合理的经济体系引发了许多国家的担忧，并催生出了 2008 年席卷全球的金融危机。为此，基于这种巨变的国内外形势，美国前总统奥巴马于 2009 年提出“再工业化战略”，强调重新重视发展工业，回归实体经济，实现工业结构转型升级的最终目标。

实际上，早在 1968 年“再工业化”一词便出现在《韦伯斯特词典》中，是指一种刺激经济增长的政策，尤其是指在政府的帮助下，实现旧工业部门的复兴与现代化，并支持新兴工业部门的增长。Roy Rothwell 和 Waiter Zegveld 将“再工业化”看作一国政府通过制定一系列政策使产业向具有更高附加值、更加知识密集型的部门和产品组合并服务于新市场的产业和产品转型的过程。通过研究发达国家“再工业化”的相关措施可看出，恢复传统的制造业并不是“再工业化”所倡导的，以高新技术为依托来推动制造业重振和经济发展方式的转变，发展高附加值的制造业从而达到产业升级才是“再工业化”的核心目标，也是工业结构转型升级至关重要的一环。重新认识制造业价值、大力扶持战略新兴产业、加大教育和研

发投入、积极解决资源环境问题等均为其手段，其中大力发展先进制造技术、新能源、环保、信息等新兴产业为主要手段。发达国家对制造业价值的重新认识使我国深刻认识到转变经济发展方式、升级工业结构的重要性，只有坚定不移地走好中国特色新型工业化道路才能够提升我国硬实力。故此，国家连续出台了多部相关规划，以《"十二五"国家战略性新兴产业发展规划》为代表，着重强调科技创新，通过改造传统产业并重点发展节能环保、新能源和新材料等战略新兴产业，以新的产业革命引领其他产业发展，升级产业结构。在"十四五"规划中，国家要求"加快发展现代产业体系，巩固壮大实体经济根基"，强调要"构筑产业体系新支柱，前瞻谋划未来产业"，聚焦新一代战略性新兴产业，构建一批各具特色、优势互补、结构合理的战略性新兴产业增长引擎。采矿行业作为我国基础工业，具有附加值较低的特征，在去产能、调结构背景下，将会出现新的发展态势。而通过对关闭矿井工业广场以"工业升级"为导向进行再开发，发展能够支撑未来经济增长的高端产业，将会更好地促进煤炭行业的转型升级，加速新型工业化的进展。

1. 以绿色能源开发的再利用模式

当前，实现碳中和的目标已成为全球国家共同的愿望，而采用可再生能源代替传统的化石能源则是实现目标的关键一环，同时进行可再生能源的开发对于改善能源结构、保护生态环境、实现经济社会可持续发展等均具有重要意义。

2016 年 2 月 1 日，国务院印发《关于煤炭行业化解过剩产能实现脱困发展的意见》，明确为促进行业调整转型，鼓励利用废弃的煤矿工业广场及其周边地区，发展风电、光伏发电和现代农业，并且全国两会通过的"十四五"规划和 2035 年远景目标纲要中也对可再生能源发展提出了明确任务。故此，在国家"碳达峰、碳中和"和发展新能源的政策背景下，关闭矿井工业广场纷纷进行"绿色发展"道路的探索。

始建于 1976 年的安徽省皖北煤电集团前岭煤矿(以下简称前岭煤矿)便是较为典型的转型案例。前岭煤矿坐落在安徽省淮北市烈山区古饶镇，是一座年生产能力为 30 万 t 的矿井。为了贯彻落实相关文件精神，皖北煤电集团公司按照国家规定的关闭煤矿程序和标准对前岭煤矿实施了永久性关闭，并在通过详细地调查研究后决定成立淮北市锦辉新能源有限责任公司，利用由于资源枯竭已经关闭的煤矿废弃工业广场 18 hm^2 土地进行光伏电站的建设。通过对场地内的废弃建筑进行拆除、对相关管线进行修整维护、对场地进行填充整平等措施，废弃矿区建筑屋顶、废弃的工业广场资源以及矿井原有的供电系统与道路等被盘活再利用，达到光伏电站的建设要求。同时根据场地特征进行相关发电设备与配套系统的统筹安排，将清洁的太阳能转换为源源不断的电流，输送到国家电网，为原煤矿工人村以及周边地区提供优质的清洁能源，在促进企业绿色转型发展的同时，为资源节约型、环境友好型城市建设贡献出了自己的力量。不仅如此，对部分质量较好的土地进行深度开发，恢复其原有的耕地功能，在每两排太阳能光伏电池板间的空地种植喜阴作物，同时饲养部分家畜，进行高产高效种养业的开发，实现土地开发的二次增值，从而提高光伏电站的经济社会与环保等综合效益(图 9-15)。

类似的案例还有许多。作为世界老工业区转型的典型案例德国鲁尔工业区，其北部黑尔腾市的厄瓦尔德矿区，在其内的矿业广场建设氢能源中心，吸引氢能源公司入驻；淮南矿业集团的李一矿、孔集矿废弃工业广场也经建筑拆除与场地修整后建立了光伏发电项目。风电作为深入贯彻绿色低碳战略的另一手段，也被用于矿区闲置资源的转型升级中。在淮

图 9-15　前岭煤矿光伏电站

北矿业集团的桃园矿、芦岭矿与朱仙庄矿区的工业广场内，安徽金色能源科技发展有限公司利用其内的可利用空地，进行了风电机组的建设，拟利用自发自用分散式装置进行发电，该装置具有在运行期不产生废水、废气、粉尘等污染物的特征，并对地下水和地表水不产生污染，能够保证农业的正常生产。风电项目能够在保护环境的基础上有效利用闲置资源，同时能够缓解矿区内的用电紧张情况。山东盛泉矿业有限公司身为矿井被关闭的企业，也将地面的工业广场综合整治作为矿区转型发展的重要抓手，通过对房屋与闲置土地的梳理，以"规划科学，环境优美，管理有序"为目标，充分利用场地中的闲置土地发展经济作物的种植项目。

2. 以承接高新技术落地的再利用模式

第四次工业革命的到来驱使社会生产方式发生了巨大的变革，以物联网、大数据、机器人及人工智能为代表的数字技术之间相辅相成，推动产业逐步与网络化、信息化和智能化深度融合，信息化技术在此过程中起到了极大的作用。而数据作为信息化技术中最重要的基础要素，其存储与处理极为重要，高效快速地对数据进行处理与利用是快速提升城市竞争力的重要手段之一。以数据生成、采集、存储、加工、分析、服务为主的战略性新兴产业——大数据产业便随之诞生。大数据产业园是众多大数据企业的聚集地，能够在最短时间内聚集企业发展所需要的多种资源，吸引互补企业与产业链的上下游企业，从而吸引更多高新技术企业的投资并拉动园区内其余配套设施的建设，使得地区经济得到快速发展，同时还能解决当地部分失业人员的就业问题。

近年来在信息化浪潮的席卷之下，我国信息产业发展迅猛，与数据相关的新一代信息技术及与互联网创新应用的关键性基础设施得到了大力发展，为我国经济转型升级提供了重要支撑。早在 2009 年，国家便出台相关政策文件推进"国家新型工业化产业示范基地"的建设。2017 年，《工业和信息化部办公厅关于组织申报 2017 年度国家新型工业化产业示范基地的通知》，首次将数据中心、云计算、大数据、工业互联网等新兴产业纳入国家新型工业化产业示范基地创建的范畴，强调应大力支持数据中心等新兴产业示范基地的创建。国务院于 2017 年发布《国务院关于徐州市城市总体规划的批复》，其中明确徐州为淮海经济区中心城市。"徐州之于淮海经济区如同上海之于长江三角洲"，如何把徐州的发展放在全国大格局、全球大背景中审视考量，更好地推进淮海经济区的建设是徐州发展腾飞的关键。徐矿集团作为徐州经济的支柱之一，通过自身资源的利用与转型为淮海经济区中心城市的建设作出贡献。庞庄矿井关闭之后，徐矿集团便利用其闲置的庞庄煤矿张小楼井原工业广场土地进行淮海经济区规模最大、等级最高的大数据中心——淮海大数据产业园项目的建设，为其配套了极高品质的宽带及光纤链路资源。该项目拥有能够通达全国的高速光纤传输骨干网络，可以为徐州及淮海经济区乃至全国提供数据的储存、计算、分析等信息化服务，已与华为、中国移动、中国电信等多家企业签订合作协议。

二、以“服务业升级”为导向的再利用模式

改革开放以来，我国经济发展取得了巨大的成就，但以往高投入低产出、高能耗低收益、高污染低环保的粗放型发展方式为城市带来了较大的伤害，转变发展方式并促使城市进行转型升级已成为共识。党的十八大以来，国家处于转型发展的浪潮之中。习近平总书记作出我国经济发展进入新常态的重大判断，我国经济发展也由高速增长阶段转向高质量发展阶段，经济结构正在发生由以工业为主导向以服务业为主导转变的深刻变化。而服务业被赋予“推进结构转型升级，为经济高质量发展提供重要的动力和支撑”的重任，被认作“国民经济的重要组成部分”和“全面建成小康社会的重要保障”，这便表明服务业在国家的发展与转型中具有极为重大的战略意义。

传统服务业具有劳动密集型的特征，以满足消费者基本需求为主，具体以仓储、批发、零售、住宿、餐饮等生活服务业为主，在我国发展初期的国民经济中占据着重要的地位。但是，全球化与信息化的浪潮席卷全球后，传统服务业占我国 GDP 的比重逐年下降，同时基于较低技术含量的特性，其整体竞争力提高具有一定的困难，对产业结构的转型升级和消费结构升级形成了一定的制约。与此同时，社会的进步与经济的发展使得人们对更专业化的服务的需求上涨。面对现实的困境与需求的增加，国家充分吸取国外服务业更新升级的成功经验，以国际先进城市为标杆，在 1997 年 9 月党的十五大报告中提出“现代服务业”这一概念，逐步开始推动传统服务业在现代化的新技术、新业态和新服务方式的基础上进行升级改造，形成具有高产出、高附加值与高智力要素密集度的现代服务业。

现代服务业的快速发展得益于后工业社会的到来，国内外学者对大城市现代服务业的发展进行了跟踪研究，结果均表明现代服务业对城市转型与城市的可持续发展具有系统的促进作用，服务业结构的优化升级与经济高质量发展存在内在联动性。在现代城市“在线化”的趋势下，城市的转型与能级水平的提升逐渐依靠经济体的服务化，其服务产品“非竞争、互利”的特点所产生的“外溢效应”能够扩大城市就业，改善城市资源并美化城市环境，推动城市基础设施的完善，提高社会综合承载力。随着全球性的生产组织由“生产化”向“服务化”的转变，各大服务型跨国公司飞速成长，其极强的产业融合性能够带动城市产业链的延伸，使得城市产业发展空间得到拓展，城市的产业与经济结构得到优化。现代服务业的“空间落点”也在一定程度上促进相关要素在空间上的集约化，推动了城市和区域空间的重组。

新增长理论认为，知识、人力资本与相关技术的进步是一个国家或一个城市经济增长的“发动机”，而城市现代服务业在空间上的集约化将会促使高精尖人才间的交流互动，促使产业进一步创新化发展，从而提升城市整体活力，同时，各企业间的竞争压力还会加快新产品的开发与科技创新和技术进步。对服务业进行更新升级，是优化结构、打造中国经济升级版的战略选择。

基于上述讨论，对关闭矿井工业广场进行以“服务业（生产性服务业和生活性服务业）升级”为导向的再利用，不仅能够高效利用城市闲置土地资源，而且能充当上游先进制造业与下游市场间的桥梁，承担起制造业发展推进器的角色，助力“工业升级”的顺利推进。

1. 以发展物流业为目标的再利用模式

物流自现代文明伊始便已存在，是一种将物质实体进行空间转移的活动，从而实现将原材料、半成品与制成品等从原产地转移到消费空间中并产生相应经济效益。政府基于城市规模经济理论，以缓解城市交通拥挤、减小环境压力、调整城市功能为目标在城市郊区或城乡接合部的主要交通干道附近开辟专用场地，逐渐配套各种基础设施与服务设施，并出台多项保障政策，吸引各大物流中心聚集于此，形成物流园区，提供具有一定规模、涵盖不同品类服务的物流集结点。物流园区的出现，实现了不同运输形式之间的有效衔接，扩大了交易的范围；改善了城市空间结构，缩短了物流时间。物流园区以资源整合的方式极大地提高了生产的效率，促进财富的创造。物流业属于生活性服务业，在国民经济中发挥着极为重要的基础作用，是国内与国际循环顺利运行的保障，也是构建新发展格局的一项重要的战略任务。徐州作为江苏省唯一的煤炭资源型城市，其在煤炭资源逐渐枯竭后，不断进行产业结构与能源结构的调整，并重点关注对相关资源的再开发利用工作。徐矿集团拥有悠久的采矿历史，是江苏省和华东地区重要的煤炭生产基地。2001 年以来，因资源枯竭和去产能等政策调控，矿井陆续关停，形成了大量的土地和地上房产、铁路和电网等存量资源。在“满眼都是资源”的再开发理念引导下，2010 年 7 月，徐矿集团以促进存量土地开发利用工作的开展为目标，成立新美土地开发分公司，以徐州振兴老工业基地相关政策为基础，将废弃矿区用地、退城入园腾空等存量土地交由政府收储上市后统筹利用，显化土地资源价值。而关闭矿井工业广场所具有的大量废弃土地资源与特色的铁路专业线路是其升级为物流园的天然优势。

徐州市大黄山煤矿关停较早，但留有大量存量资源，徐矿集团便在 2010 年对其进行再利用开发构思。最初，徐矿集团在服务集团公司内部供应链的需求上，利用大黄山矿废弃的工业广场建设了宝通物流园。物流园距离徐州市区 16 km，是徐矿集团融入地方发展、打造现代物流平台的重要载体，并吸引了海尔集团、伊利集团、徐工集团等国内知名企业入驻，院内配送货物的车辆日夜不停，并先后获评全国 3A 级物流企业、江苏省重点物流企业、江苏省重点培育企业。同样地，自 2008 年徐矿集团韩桥煤矿关闭，在其工业广场闲置长达十余年后，徐矿集团在 2019 年年底成功引进“一汽大众汽车物流园”落户“徐矿贾汪合作共建产业园”，成为徐州东部矿区存量资产成功开发落地的第一个项目。2021 年年初，为推进区域经济的崛起腾飞，徐矿集团将原有九里山矿存量土地进行整治改造，用以支持徐州淮海国际陆港的建设。以“优势互补、资源共享、合作共赢、共同发展”为原则，徐矿集团与徐州淮海国际港务区携手对垞城矿、垞城电厂、东城井和张小楼井工业广场等存量土地进行盘活，利用煤矿工业广场的铁路专用线路，建立“多式联运”货物集散基地，为临港产业园提供运输服务，促进港务区又好又快地发展。

2. 以发展文化艺术服务为目标的再利用模式

文化软实力是国家文明程度的重要体现，人民群众是国家建设的参与者与成果共享者，是我国开展文化建设的主要对象，对群众进行文化科普教育是满足人民日益增长的物质文化需求与精神文化需求的重要举措，有利于社会主义精神文明事业的建设。国家在

2022 年 8 月印发的《"十四五"文化发展规划》中强调，文化是国家和民族之魂，也是国家治理之魂。要重塑文化生产传播方式，抢占文化创新发展的制高点，从而实现中华民族伟大复兴。《"十三五"国家科普与创新文化建设规划》中提出，要推动科技馆、博物馆、基层综合性文化服务中心、公园、动植物园、自然风景区等面向公众开展贴近生产、生活的经常性科普活动，并强调要加强科普相关基础设施的建设，以国家科普基地与科普场馆的建设为主要手段，提升科普基本服务能力。

煤炭行业作为国家经济发展的"压舱石"之一，在国民经济的发展中发挥着极为重要的作用，但民众对其相关知识却知之甚少，绝大多数人都未曾接触过煤矿工作者在矿井下的真实面貌，对于矿工的"特别能吃苦、特别能战斗、特别讲奉献"的精神文化也不甚了解。故此，可以利用关闭矿井工业广场中保存良好的设备及建筑等资源，结合国家相关政策支持与当地政府对于实践教育的政策和相关历史背景，对其进行综合开发利用，从而形成以实践及文化科普教育为主要功能的开发模式，在对民众进行科普教育的同时提升废弃资源的附加值。

山西晋城无烟煤矿业集团有限责任公司凤凰山矿（以下简称凤凰山煤矿）教学学习基地便是较为典型的案例。作为具有近 60 年历史的、在全国煤炭行业享有盛誉的现代化矿井，凤凰山煤矿也因资源枯竭，步入了衰老矿井的行列。面对产量不佳、效益不好、负担加重等无法回避的现实问题，建设高标准、多功能、综合性的矿业类教学实习培训基地，是实现衰老矿井转型升值的重要途径之一。教育基地由井下和地面两部分组成。利用水文地质简单、煤层赋存稳定的凤凰山煤矿 3 号煤层建立了综合性的井下实训基地，利用地面工业广场建立了教学基地、实习公寓与就餐空间。凤凰山煤矿教育基地不仅盘活了国有资产，实现了国有资产的保值与增效，同时还探索了一条职工培训的产业化经营之路，不仅可以使得大众充分了解煤矿生产作业的流程，也为煤炭院校实习生提供了拓展训练的实训场地。

而焦作煤业集团有限责任公司王封矿（以下简称王封矿）则是采用建设红色教育基地的模式进行资源的再开发利用。西大井 1919 文旅景区便是借由煤炭资源枯竭的废弃矿井所改造而成的红色教育基地，通过对焦作煤矿工业的发展史与奋斗史的展示，弘扬"特别能战斗、特别敢创新、特别重落实"的焦作新风，使得民众在一件件展品中了解中国共产党带领全国人民取得民族独立并建立中华人民共和国的光荣历史。

作为"共和国煤炭工业的长子"及陕西煤炭经济建设"台柱子"的铜川矿务局王石凹煤矿，在其关闭后依托铜川深厚的煤炭历史文化底蕴，将矿井地面工业广场的闲置空间打造成陕西省首个开放式的工业博物馆，集中对外展示煤矿工业文化与工业遗存，利用主井、副井、选煤楼、矿车轨道、火车道等设施，形成工业遗址群，进行工业文化展示，同时建设煤炭科技博物馆与煤炭历史博物馆等博物馆。同样，四川嘉阳集团有限责任公司嘉阳煤矿也利用闲置矿井资源建立了煤炭科普教育体验基地，真实的煤炭开采场景使游客真实感受到矿工开采的艰辛。

在国外，许多煤矿工业广场纷纷被改造为博物馆、展览馆等，德国鲁尔区煤矿以矿井生态系统、采矿机械设备及相关工人用品等作为展品建设了矿业博物馆。芬兰的奥陶克恩普煤矿利用废弃的矿井空间开发出了矿井乐园与博物馆，通过对采矿过程的再现及对采矿工具使用方法的演示，带领民众体验煤炭开采的流程。英国南威尔士布莱纳文镇附近的煤矿，也由英国政府进行再利用规划，进行地面矿业展览馆的扩建，并重建了当年的地下矿井。

3. 以发展旅游游览服务为目标的再利用模式

工业革命使得城市迅猛发展，人们的职业与生活纷纷发生了改变，工业设施随处可见，城市与乡村的景观也在不断发生变化。在过去的近50年内，工业文明在“工业考古”的视角下变得越来越重要。工业遗产是历史长河的最佳见证者，它突破了时间与空间的限制，见证着历史，诉说着企业文化与工人精神。对其进行合理的再开发利用能够最大限度激发其经济价值，同时也能带来相应的社会价值。

煤炭工业旅游在我国已有近十年的发展历程，是推动城市旅游业发展的主要动力。基于关闭矿井工业广场的工业遗产属性与极高的历史人文价值，将对其的保护与利用融入城市的旅游体系规划中是目前广泛采用的一种手段，具体以改造为创意园区及旅游综合体为主。

改造为创意园区的开发模式是以较为低廉的价格吸引艺术、绘画、摄影等创意产业，同时提供小型办公室供新兴产业使用，向“旧”场所注入“新”血液，带给废弃矿井工业广场以全新的活力的一种方式。“西大井 1919”城市更新项目是此类开发模式较为典型的案例，见图 9-16。2018 年 2 月，依托焦作市“大力发展全域旅游，建设精致城市”的建设理念，王封矿进行改造提升，利用百年老矿工业的遗存与厚重的历史沉淀，开启了集发展工业旅游、促进创新创业、重塑城市生活、展览红色记忆为一体的转型发展之路，成功实现了从“工业锈带”到“生活秀带”的转变。将原有建筑改造，并新建部分建筑，将其打造为集“文化休闲＋旅游餐饮＋红色教育”多重功能为一体的多功能城市综合体。利用原有老矿地面遗存，改造翻新“焦作煤矿工人大罢工纪念馆”“西大井井架”“矿区办公楼”等，将其打造成为红色旅游与党史教育基地；将街区改造升级为“大井小巷风情街”，建立创客码头、咖啡馆、文化舞台等双创基地，为创客群体提供高品质、低成本、便利化、全要素、多元开放的创新创业空间，从而形成文创集群。在未来拟建设二期特色街区项目与三期康养项目。整个项目基于“以人为本”的理念，重点打造公共空间，多方比选即将引入的业态，以加快推进商业服务“优质化”、养老医疗“一体化”、社区建设“标准化”为目标，进行城市能级的提升，使“西大井”从无人问津的旧矿区飞跃蜕变为“城市会客厅”。

图 9-16　“西大井 1919”城市更新项目

徐矿集团权台煤矿（以下简称权台煤矿）的转型也选择了创意产业园的模式。权台煤矿矿井关闭后还存留部分生产、仓储与运输区，如何在保护历史文化的同时立足现代，并对未来进行展望，是摆在设计者面前最大的问题。在前期详细调查与分析的基础上，中国矿业大学的项目团队与政府和企业进行了多轮讨论，形成了以“时间叙事性”作为场地空间组织的主线、以“功能复合型”理念进行空间布局的改造方案。通过对场地原有建筑进行梳理，保留工业广场内原有的完整生产线，新建文创街坊、演艺广场等设施，架起沟通历史与当代的桥梁，使其从工业走向信息，成为集工业历史景观、科技博览、文创商业、运动休闲为一体的煤矿遗址创意园，完成了基地的华丽转身，也创造了资源枯竭型城市转型的“贾汪样板”。同样地，2022年，陕西中能煤田有限公司与榆林文旅集团对该公司榆阳煤矿斜井工业广场进行改造，建设了以“工业遗存体验＋文化”为运营模式的中能文化创意园，现已成为榆林城市文化建筑新地标和网红打卡地，并在未来计划建设以“工业＋文旅＋大健康＋奥特莱斯”为理念的六大特色文旅项目，包含主题公园、科技博物馆、康养基地、空港奥特莱斯、温泉小镇等，是文旅与现代服务业的深度融合，也是国有煤矿多元化发展的探索实践。旅游开发是废弃矿井产业转型的重要渠道之一，而矿井工业广场则经常作为其组成部分被加以统筹改造。国内外将废弃矿井开发成为旅游综合体的案例比比皆是，可归为矿山公园、特色文旅小镇、矿业生态农庄几种模式。

2004年，国土资源部门便下发了《关于申报国家矿山公园的通知》，要求启动国家矿山公园的申报与建设工作。矿山公园的主体为矿业遗迹景观，体现矿业发展历程，具有研究意义及教育功能，可供浏览者进行游览观赏或科学考察。以矿山公园的形式进行再开发，是矿山遗址环境保护工作与城市规划工作相结合的创新举措，既能使废弃矿区遗迹得到适当的保护和永续使用，又可以对外展示拥有数千年历史的中国矿业文化，从而促进废弃矿区的转型发展，推动矿业企业的可持续发展。截至2020年，已有87个国家矿山公园获批建设，以开滦国家矿山公园、晋华宫国家矿山公园等为代表。开滦煤矿始建于1878年，是洋务运动最为成功的产物之一，被称为中国近代工业的活化石，在百年工业史上具有里程碑式的意义。在跨越三个世纪的嬗变中，开滦煤矿从未搬迁，它见证着民族屈辱与抗争的历史，伴随着中华人民共和国的建设与发展，印证着工人阶级艰苦创业的历程，也留下了许多极具典型性、稀有性的矿业遗迹与历史文物。为了保留这座具有“中国第一佳矿”美誉的工业文明记忆殿堂，自2007年起便开始组织筹建集现代建筑、历史遗迹、自然风光于一体的新型休闲旅游场所——开滦国家矿山公园，并于2009年正式对外开放。公园涵盖“中国近代工业博览园”“老唐山风情小镇”“开滦现代矿山工业示范园”三大园区，由“龙号机车游览线”串联组成。唐山矿关闭的矿井工业广场作为公园的主体场地。广场A区因原有生产设施遗存而被改造为“中国近代工业博览园”，包含“中国第一台蒸汽机车”龙号、“中国第一条准轨铁路”唐胥铁路等矿业遗迹，为游客展示了西方工业文明对中国工业在初始阶段的影响与熏染。广场B区则被规划为文化广场办公区（开滦文化广场）、职工生活区、观光餐饮休闲娱乐区（即工业遗迹会馆区）和生产区四个功能区。文化广场办公区以办公楼、文化长廊与景观大道等为主，辅助以具有纪念意义的特殊标志物（开滦双菱形标、龙号机车、龙旗等）进行开滦文化的展示；将咖啡厅、酒吧、创意体验等项目合理安排在工业遗址会馆内，形成观光餐饮休闲娱乐区；职工生活区和生产区是矿井生产活动的主要场所，包含食堂、宿舍、相关加工设备等，生产区是一个现代化煤矿工业生产的大型工业园区，是我国现代化矿山工业园区与循环经济的示范园。晋华宫国家矿山公园是将旅游观光、煤炭科普教育、工业忆旧、探险体验、休闲度假、环境保护等集于一体而建设的大型工业旅游公园，由井上井下两部分组成，通过体验、观光等项目，将工业遗迹完整保存。

特色小镇是近年城镇发展的重要抓手之一，是一个具有明确产业定位和文化内涵、生产、生活、旅游、居住等功能的空间载体平台，可按资源禀赋特征划分为产业特色小镇与生活特色小镇。在国家相关文件政策的保障与推动下，全国各地纷纷进行特色小镇的试点建设。在宁夏的石炭井，有一座崛起于废弃矿区的“光影梦工厂”——石炭井工业文旅影视小镇逐渐走入大众视野。石炭井位于贺兰山北段腹地，素有贺兰山“百里矿区”之称。2002年，矿区因资源枯竭等多重因素被关停，随后相关部门便开始了对废弃的工业遗存再利用的工作。矿区厂房被保留下来用以承接文化产业，民居与原有设施得以改造使其变“废”为宝，废弃的工业广场也搭建起不同的场景，用以拍摄历史与军事等题材的影视剧，矿区被打造为集影视拍摄、影视旅游等为一体的“全产业链式”影视基地，达到以游带影、以影促游，实现旅游产业与影视产业互为依托、共同发展。原有居民的生活也得到了一定的改善，部分居民选择成为群演，也有部分居民开起了农家乐，不少人都享受到了影视文化产业迅速发展带来的“红利”。现已有多部影视剧在石炭井取景，从废旧矿区到电影小镇，通过以“旧”换“新”的方式，石炭井演绎着工矿遗存开发利用的生动故事，蝶变重生的石炭井让珍贵的工业遗存定格。

在英国，布莱纳片区则对工业遗址的矿场、采石场、铁路运输系统、熔炉及工人生活区进行整体再利用，再现了19世纪南威尔士工业革命场景，还原了承担工人生活及工会组织功能的建筑群，成为游客喜爱的旅游胜地；德国鲁尔区作为欧洲最大的工业区，曾在20世纪60年代爆发了严重的能源危机，重化工经济结构的弊端逐步暴露，煤矿、冶炼厂等就此关停。但德国相关部门并没有对这些工业遗迹采取拆毁的处理办法，而是制定系统的“工业文化之路”区域性旅游规划，进行区域战略振兴。其对原废弃厂房与采矿设备进行出资收购，保留了完整的工业区空间结构，并以此为基础进行文化、旅游、餐饮、商业等功能的重新植入。基于以上手段完成了关税同盟煤矿的重生改造，原有生产建筑改为大学、餐厅、大型影视剧场等，工业广场范围内可以举办大型展览及艺术交流活动，在吸引游客前来参观的同时引入众多艺术创意设计公司，为基地增添文化气息。

对于乡村型的废弃矿井工业广场而言，其因地理区位、交通条件等因素制约，发展前景不如城市型或城郊型关闭矿井工业广场，但其得天独厚的自然生态资源与较为独立的服务体系则是此类矿井转型的关键。独特的景致与环境优美的乡村生产生活空间，为农业与养殖业及生态旅游产业提供了发展空间。位于福建省龙岩市永定区龙潭镇的枫林村是龙潭镇煤炭产量最大的村庄，昔日人称“山上小香港”，繁盛的煤炭产业使得枫林村很早就迈入“亿元村”行列，但随着煤炭资源的枯竭，枫林村的采矿产业被叫停，围绕其开展的运输、修理等经济生态链就此中断，村落经济状况急转直下，百姓纷纷外出打工，仅有老人与孩童留守村内，“贫困村”取代“亿元村”成为枫林村的新头衔，如此场面使得镇委班子重新思考枫林村的发展模式。2017年10月，党中央指出，现阶段的发展必须坚持人与自然和谐共生的基本原则，必须树立与践行绿水青山就是金山银山的理念，坚持节约资源就是保护环境的基本国策。故此，枫林村便开启了全村经济业态转型，建设矿业生态农庄。经过多次探讨，枫林村开启了“福建省矿区修复转型生态旅游示范镇暨推进老区矿区修复转型首个示范村”项目，秉承“绿水青山就是金山银山”的理念为其他矿区村镇提供了可供复制推广的示范性矿区修复转型及生态旅游发展新路径。利用复垦后的土地开展生态花卉、瓜果蔬菜等种植产业，并将产业兴村的理念与乡村旅游的模式相结合，以花卉产业园为依托，发展现代农业与休闲农业，结合采摘、农业互动、餐饮农家乐等形式发展创意农业，将枫林村打造成为集旅游观光、互动、科普为一体的观光农业科技产业园区。同时，将原有的工业广场打造成为集党建、文化、祖训家规为一体的综合教育基地——红枫书，充分体现枫林村的红色文化、民俗文化及客家文化。在提升整体村民素质与促进民风建设的同时，为村中孩童提供交流读书的场所，为其传授生态环保、红色文化、民风民俗与农耕文化等知识。生态修复、生态产业、生态旅游三管齐发，矿区枫林村的全面绿色转型发展之路将越走越宽，这不但可以改变村民的经济业态理念，也可以带动村民参与生态产业的发展，打造矿区转型的全国模板。

4. 以发展体育服务为目标的再利用模式

健康是人类全面发展的必然要求，也是社会经济发展的基础条件，国民健康长寿是国家富强与民族振兴的重要标志。但随着社会发展，工业化、城镇化、人口老龄化及高强度的工作等问题给维护与促进居民健康带来一系列全新的挑战，人民群众对体育健身的需求日益提高，健身休闲产业正在成为带动消费升级、促进体育产业及相关产业发展增长的重要动力。2014 年，国务院发布《国务院关于加快发展体育产业促进体育消费的若干意见》，将全民健身上升为国家战略。2016 年 6 月，国务院在《全民健身计划（2016—2020 年）》中指出，要统筹建设全民健身的生态圈与产业链，使得全民健身成为拉动内需、形成全新经济增长点的动力源泉，同年 10 月出台的文件中也强调，各地应打造各具特色的健身休闲产业。《“健康中国 2030”规划纲要》则将发展健身休闲运动产业视作健康中国建设的重要手段之一。将废弃矿区的再开发与发展健身休闲产业相结合，构建一种全新的发展体育服务业的开发模式，既能实现矿业废弃地的再利用，也能够拉动健身休闲产业的发展。

北京能源集团有限责任公司（以下简称“京能集团”）京西煤矿曾是北京市重要的煤炭供应基地，从这里采掘出的煤炭为国家的建设贡献了巨大的光与热，2020 年，最后一个煤矿——大台煤矿停产，京西地区长达千年的采煤史宣告终结。木城涧煤矿曾是京西最大的煤矿，按照北京市化解煤炭过剩产能的要求，木城涧煤矿也面临着关停的命运，矿区的遗存何去何从成为矿工们最为关注的问题。2018 年，国家体育总局冬季运动管理中心与京能集团签订合作协约，拟将木城涧矿区转型为国家冰雪运动训练基地及大众冰雪运动休闲公园，以产业“黑转白”的方式服务冬奥会盛会及国民。根据相关规划，在设备回收完成后，木城涧矿区将依托现有土地资源建设冬奥会雪上项目训练基地，如“全年候”跳台滑雪跳台群、室内越野滑雪场地等训练比赛场地，这样我国奥运健儿不用再前往芬兰、德国等地进行训练，在家门口便可以备战冬奥会。同时，利用工业广场建设雪上项目科学运动实验室、体能训练中心、运动员公寓等配套设施，全力保障国家队备战北京冬奥会，并在后奥运时代向公众开放，成为国内知名滑雪胜地，借由竞技体育带动全民体育，从而带动周边旅游发展。

5. 以发展教育培训服务为目标的再利用模式

陶行知先生曾说，教育是立国之本。重视教育是各个国家发展的先决条件，是科教兴国战略与人才强国战略的基础。在我国走新型工业化道路的过程中，产业结构的升级、经济增长方式的转变与自主创新能力的提高都对我国人力资源的结构与素质提出了更高的要求。科学家与工程师等高知人才虽是技术攻关的核心力量，但也需要有一支由高技能人才与高素质劳动者所组成的专业化劳动大军，才能够更好地推动国民经济各行各业的发展。但是，目前许多行业却面临着技能型人才紧缺的现状，这成为我国制造业转型升级的制约因素之一。故此，党中央与国务院高度重视职业教育的发展，并在2021年出台《关于推动现代职业教育高质量发展的意见》，强调职业教育是国民教育体系和人力资源开发的重要组成部分，其肩负着培养多样化人才、传承技术技能、促进就业创业的重要职责。在全面建设社会主义现代化国家新征程中，职业教育前途广阔、大有可为。

基于此，徐州市结合自身的特点与城市整体的规划，妥善利用原关闭矿井夹河煤矿工业广场的土地资源，成功引进九州职业技术学院、徐州城市职业培训学校、徐州中健科技职业技术学校等职业技术学校，建成"文化教育产业园"，承担起徐州市职业技术教育培训的重任。同属于徐州市的旗山矿，其工业广场位置优越，在其转型发展中积极与办学机构、物流公司进行接触交流，洽谈闲置土地的租赁办学事宜，并最终与海纳计算机职业培训学校达成合作意向，成功签订工业广场的租赁办学合同，实现了存量资源的有效利用。

6. 以发展房地产服务为目标的再利用模式

随着我国经济与社会的发展，城镇化的进程在不断加深，流动人口的比例也逐年上升，人口的聚集与迁徙势必会增加对居住空间的需求。为了促进农业转移人口有序有效融入城市，国家发展和改革委员会在2021年印发《2021年新型城镇化和城乡融合发展重点任务》，其中强调要对大城市突出的住房问题提出具体要求，要通过因地制宜、多措并举的方式稳定地价、房价，使得房地产行业能够健康地发展，可通过积极对存量住房资源进行盘活、扩大租赁住房与保障性住房的供给、利用农村集体建设用地和企事业单位自有闲置土地建设租赁住房等方式解决城市住房问题。同时，在经历长时间的粗放发展后，我国城市土地资源紧缺的现象日益明显，城市的发展也由最初的增量开发转向存量空间的挖潜，而废弃矿井在关闭后所腾退出的大量土地资源便成为存量挖潜最佳的对象。

淮北矿业(集团)有限责任公司采用房地产开发的方式进行朱庄煤矿工业广场的再利用改造。位于淮北市人民路东段建设的温哥华一期工程便是利用经过安全评估后的废弃煤矿工业广场而建的住宅区，沿街面为两层商铺，其余为五层住宅楼。同样地，通过对唐山市古冶区规划的分析，唐家庄矿的工业广场也以房地产开发为抓手进行升级改造。

第五节　关闭矿井工业广场适宜性再利用规划

一、宏观层面的关闭矿井工业广场转型总体规划

1. 矿区转型的背景和定位

国土空间规划作为各类开发保护建设活动的基本依据，具有统筹性、科学性、协调性、可操作性的特征。通过"开发与保护"两个导向，指导城乡开发建设活动、形成"山水林田湖草"生态系统的全要素管控机制；通过推进绿色生产和生活方式，实现"三生"空间的科学布局。以"一张图"为基础，明晰规划约束性指标和刚性管控要求，同时点明指导性要求，为国土空间用途的统一管制、建设项目实施的规划许可、规划实施监管的强化提供支撑，因地制宜、便于实施，在国土空间合理利用和有效保护、城镇化快速发展等方面发挥了重要作用。

矿区发展战略定位是矿区转型发展首先要解决的问题，是对矿区未来发展方向的全局性、长远性和纲领性的指引。基于矿区经济、社会、区位、交通、文化及现有煤炭资源等优势条件，在综合效益导向下进行产业定位。促进产业集聚，提高产业关联度；挖掘矿区主导优

势、特色产业，发挥其引领作用；补充完善产业链网，提高矿区自我循环能力；在区域范围内考虑矿区发展方向及布局，实现区域协同发展。

循环经济集资源综合利用、环境保护、经济发展为一体，是指在倡导经济发展过程中，以环境友好的方式利用资源，将保护环境和发展经济有机结合，实现“资源—产品—再生资源”的闭环式循环过程，最终实现“最佳生产、最适消费、最少废弃”的目标。而低碳作为一种全新的发展模式，以可持续发展和清洁生产理论为指导，顺应经济、社会和自然发展规律，力求社会经济增长的同时节约资源、能源，减少环境污染，与可持续发展、循环经济是一脉相承的。这正是老矿区摒弃传统的“拼资源、拼投入、拼环境”的粗放型经济增长方式，缓解经济发展与资源环境之间的矛盾，实现可持续发展的关键理论支撑。老矿区要综合考虑矿区对经济发展、文化传承、社会稳定等带来的影响，在可持续发展、循环经济以及低碳生态理念的指导下进行转型发展。

2. 矿区转型发展总体思路

(1) 构建产业链网，兼顾综合效益

产业链的延伸和产业链网的构建是矿区转型发展的核心内容，有资源储量的老矿区产业链网以煤炭、电力核心产业为基础，通过增加煤炭分选加工，提高煤炭附加值，达到清洁生产和减量化目标。通过煤层气、矿井水、粉煤灰、煤矸石的综合利用，实现废弃物资源化再利用目标；通过清洁能源示范及矿山生态修复，达到生态补偿和可持续发展目标。调整、补充产业循环网络，提升产业关联度，增强矿区循环能力，将矿区建设成为“煤、电、化、建、绿、文”为一体的绿色煤炭型循环经济园区。发展过程中兼顾矿区各个企业之间的利益，实现平衡发展，并按照区域利益最优的原则，改善区域发展不平衡现象。资源枯竭的矿区应积极发展第一、第三产业，实现矿区绿色发展。

(2) 完善基础设施，为发展提供坚实后盾

基础设施的完善对提高矿区的承载能力和吸引带动能力起着关键作用。具体措施有：改善矿区道路状况，拓宽道路，增加洒水设施，减少运煤扬尘对空气的污染；增强信息网路与通信传输系统，实现矿区现代化管理；整顿和治理棚户区和采煤塌陷区，改善矿区居民生活环境；配置废气、废水和固体废弃物的回收再利用和安全处置系统；构建矿区商业、金融、生活、娱乐休闲、各类防灾减灾系统；推动矿区文化建设，促进产业发展的同时保留自身良好传统。基础设施共享可减少能源和资源消耗，提高设备利用效率，避免基础设施建设的重复投资，为矿区物质流、能量流、信息流、价值流和人员流提供支持，减少矿区在运行过程中的资源损耗和环境污染。

(3) 统筹空间规划，实现区域协调发展

由于矿区土地资源稀缺，产业的合理布局极为重要，它是矿区可持续发展的重要保障。老矿区空间规划应遵循因地制宜原则，协同产业结构的调整，将各产业规划落实。在空间规划过程中，考虑小区域到大区域的循环和综合发展，实现资源的集约利用，避免产业布局零散、多余而造成资源浪费。区域协调发展能使区域在经济、社会、环境之间取得平衡，维持地区的持续竞争力和魅力。老矿区转型发展应坚持以人为本，尊重自然规律，突破按行政区制定区域政策和绩效评价方法的思想。认识矿区和地方经济发展相协调的重要性，实现区域产业的一体化，形成结构合理、优势互补、分工协作的产业体系或产业群。同时，做到区域内基础设施共建、生态环境共保和经济利益共享，实现企业与区域的协调可持续发展。

二、中观层面的项目规划

1. 鲁尔区的项目规划

(1) 规划目标

随着鲁尔区工厂的接连倒闭，污染严重的工业废弃地逐年增加，鲁尔区的区域总体规划不能应对如此剧烈的形态变迁，鲁尔工业废弃地需要有更具体的规划来推进其更新。

为此，北莱茵-威斯特法伦州于 1989 年在人口最为密集的埃姆舍地区发起了一项为期 10 年的埃姆舍公园国际建筑展（IBA Emscher Park）项目，旨在改变鲁尔区的物质环境形象，推进鲁尔区工业废弃地更新再利用。埃姆舍公园涵盖 17 个城市，面积 300 km^2，占鲁尔区总面积的 6.7%，区内人口 200 万人，占整个鲁尔区人口的 37%。在埃姆舍公园国际建筑展项目催化下，埃姆舍地区做了大量的项目规划，在中观层面上为鲁尔区工业废弃地再利用开辟了实践路径，埃姆舍公园国际建筑展项目使鲁尔区的工业废弃地得到充分转型再利用。

埃姆舍公园国际建筑展的规划目标是：解决工业发展所带来的生态环境问题；关注社会底层人民，提供新的就业机会；建设城市文化，提升地区活力。埃姆舍公园国际建筑展试图针对旧工业社会遗留的生态、社会、文化、建设等问题寻求解决办法，为此，埃姆舍公园国际建筑展规划确立了 7 个主题，分别为：通过建立埃姆舍景观公园这一覆盖 300 km^2 的区域公园系统，恢复自然景观系统；埃姆舍河流系统回归自然；工业遗产保护及再利用；在公园里工作，在工业废弃地上发展工业科技园；开发现代化住宅和创新住宅；弘扬文化、发展文化产业和进行文化交流；发展旅游产业。

(2) 项目开展

埃姆舍公园国际建筑展项目开展之初，埃姆舍地区内的城市根据城市发展规划，在满足城市发展规划提出的经济、文化和社会发展目标和城市物质形态以及城市及周边地区景观维护要求的前提下，向埃姆舍公园国际建筑展组织机构提出项目申请。而埃姆舍公园国际建筑展的焦点在于通过工业废弃地再利用来创造鲁尔区新形象，改变被污染了的天空和被破坏了的生态环境。因此埃姆舍公园国际建筑展项目的指导者——德国环境部部长 Karl Ganser 提出了可持续发展的规划理念，基于此理念，围绕上述 7 个主题，组织机构做的最主要的一件事是根据生态、社会、文化和建设等要求来筛选各个城市申请的项目。国际建筑展股份有限公司雇用了 30 位资深的来自不同领域的专家，相互协同工作。项目的确定采取自下而上的征集和自上而下的筛选两种形式。1989 年，在发出了“征集项目”的公告之后，收到了大概 400 个与 IBA 整体观念相符的项目申请。随后埃姆舍公园国际建筑展组织机构和地方有关人员一起筛选可实施的项目。筛选标准如下：项目应尽可能建在工业废弃地上；每个项目必须通过多领域的竞争来进行选择；任何项目必须得到所有利益相关者的一致同意，即项目必须要有公众参与；每一个项目必须符合预定的目标和标准，包括建筑质量、节约能源、创新景观、低维护成本等；每个项目都由一个工作组来监督它的质量和程序；项目的资金获得以项目创新性和目标导向性为前提；项目必须具备跨机构和行政界限纵横合作因素；项目的实施应与创新就业相结合；每个项目应在某一个文化层面上吸引公众；每个项目必须实现生态可持续、经济可持续、文化可持续。

(3) 管理运营

1988 年北莱茵-威斯特法伦州政府成立了私人企业形式的国际建筑展股份有限公司(IBA-GmbH)，并提供了每年约 500 万欧元、十年共计 5 000 万欧元的资金作为运营资本。国际建筑展股份有限公司的组织除了公司本身外，还包括一个董事会、一个监事会、一个专业顾问指导委员会以及一个计划挑选委员会。基于合作精神，董事会由鲁尔区内 17 个城市的市长担任，并由州长担任董事会主席；监事会的成员由州政府内各厅处的主任秘书担任，且由市发展局的主任秘书担任主席；计划挑选委员会的委员由州政府代表、每一个参加城市的参与企业与工会等组成。所有 IBA 大小策划项目均由专业顾问指导委员会提供思路，由计划挑选委员会来挑选。IBA 公司的权利由州长授予，整个组织的计划内容则经过州议会通过执行。IBA 公司对于计划执行的内容有全部的自主权，但经费使用的程序需接受监事会的监督。

(4) 项目推进

传统的大型项目规划过程通常要用 8 年时间，但由于国际建筑展股份有限公司想在 5 年之内完成尽可能多的成果，因而该公司采用了一种新的规划程序。即项目在确定可开发时，必须拥有获得土地规划许可的土地且资金筹集到位。国际建筑展股份有限公司不直接资助项目资金，但如果能获得国际建筑展股份有限公司的批准，就标志着项目可以通过正常途径优先得到 36 个基金的资助。在 1989—1999 年的 10 年间，在国际建筑展股份有限公司的主导下，埃姆舍地区内完成了 120 多个项目，投资约 25 亿欧元，其中 2/3 的资金来源于政府，1/3 来源于私人投资。埃姆舍公园国际建筑展还设立了负责项目规划和开发的项目部。项目部由参与该项目的政府官员、建筑师、建筑企业、教会和社区服务中心、其他咨询人员等构成。项目部的任务是根据实际情况来解决问题，当遇到技术和其他难题时，项目部还可以邀请其他领域的专家给予帮助，项目部的成立有助于决策过程的合理化。

2. 贾汪区的项目规划

(1) 概述

贾汪城区煤炭资源丰富，煤田开采历史悠久，早在 1897 年就成立了贾汪煤炭公司，即为现在徐矿集团的前身。徐矿集团先后在贾汪城区开发了夏桥井、韩桥井，并且开办了与煤炭行业相关的水泥厂、机械厂、化工厂、矿务局第二职工医院等，贾汪城区逐渐发展成为以煤炭行业以及煤炭相关行业为主要产业的矿业城区。

随着煤炭资源的大量开采，煤炭资源逐渐枯竭，大量矿井逐渐关闭，夏桥井于 2001 年年底实施政策性关停，韩桥井也于 2008 年年底实施政策性关停。矿务局水泥厂也因效益不好于 2007 年年底停产关闭。随着煤炭资源的枯竭，贾汪城区内的煤炭及煤炭相关行业逐渐萎缩，矿部人员逐渐撤离，矿区的大量土地资源逐渐闲置下来，形成大量的工业废弃地，且数量不断增加(贾汪城区工业废弃地主要归徐矿集团所属)。

(2) 土地管理

贾汪城区目前查明的矿区工业废弃地中，多为国有企业用地，土地权属以划拨、授权经营为主。这些土地的处置权归企业，而在煤炭生产和经营关停后，企业并没有意识到闲置多年的存量土地的潜力和价值，部分土地则被廉价出租，部分任其荒芜，土地没有进入正规的市场运作。而政府在进行城市总体规划时，碍于权属问题，难以对闲置土地进行功能上的统一规划和合理开发，导致城市空间格局破碎和土地资源的不合理配置。

(3) 潘安湖项目发展

潘安湖生态经济区位于徐州市东北郊、贾汪区西南部，距离徐州主城区、贾汪城区均约为 18 km。东侧是徐贾快速通道，直达高铁徐州东站，距离仅 10 km；南侧紧邻 310 国道，沿 310 国道东行 2 km 驶入 206 国道、西行 9 km 入 104 国道；西侧是京福高速，区位和交通优势明显。潘安湖往南接京杭大运河，北部与屯头河相连，屯头河又自西向东环绕湖区先后入不牢河和京杭大运河，湖区区域水系能与外部永久性水源保持联系，能有效提升水质，形成生态湿地天然水环境优势。

潘安湖生态经济区原址为徐矿集团权台煤矿等采煤塌陷区，是徐州市最大的集中采煤塌陷区，面积达 1 160 hm^2，区内积水面积为 240 hm^2，平均深度为 4 m 以上，是采煤塌陷严重、面积最集中的地区。长期以来，该区域坑塘遍布，荒草丛生，生态环境恶劣，又因村庄塌陷，当地群众相继搬迁，绝大部分片区是无人居住区。

潘安湖生态经济区建设始于 2010 年 2 月。潘安湖采煤塌陷区综合整治项目从申报到正式批准，首次引进以政府为法人、以专家和设计企业为依托的“政府＋企业”项目申报模式。项目前期勘测、设计、申报、论证等各个环节均有企业参与，前期一切费用和风险由申报企业独自承担，项目申报成功后再按资金批复文件和预算文本规定支付相关费用，减轻了政府申报项目的压力，提高了参与企业的积极性和工作效率。2010 年，实施潘安湖采煤塌陷地综合整治项目，整治面积为 1 160 hm^2；2011 年，实施潘安湖采煤塌陷地湿地公园建设一期项目。2012 年 9 月 29 日，一期 500 hm^2 的湿地公园建成开园，形成了 353 hm^2 湖面湿地的生态格局。2013 年，二期 255 hm^2 的南湖园区开始建设。

经过两期工程建设，目前的潘安湖采煤塌陷地湿地公园形成了湿地科普展示景观区入口及湿地主题景观区、湿地娱乐景观区、潘安文化形象展示区、乡居度假区等功能区，拥有水域面积 473 hm^2，成功构造哈尼岛、琵琶岛、蝴蝶岛等大小 19 个湿地岛屿。园内栽植乔木 16 万棵，花卉、水生植物 300 多种。有栖息着数十种珍贵鸟类的鸟岛，有以种植枇杷、柿子树为主的琵琶岛，有集合垂钓、大锅灶农家乐的蝴蝶岛等。湖区水域平均水深 4 m，水质达到国家二级饮用水标准，是徐州市乃至黄淮海平原低湿地区的重要水质净化器，是国际濒危鸟类重要的繁殖地及越冬地，对实现区域生态功能恢复、改善区域生态环境质量发挥着重要的作用。

曾经的采煤塌陷地如今变身国家湿地公园、4A 级旅游景区，在生态、经济和社会等方面均取得显著的成效，初步形成了潘安湖特色的“湿地保护、生态修复、科普宣教、合理利用”的发展模式。

潘安湖周边总体规划为潘安新城，包括恒大潘安湖生态小镇（规划常住人口 10 万人）、潘安湖科教创新区（规划常住人口 10 万人）、权台煤矿、马村，整个潘安湖区域，规划总人口将达到 30 万人以上。

三、微观层面的建筑物、构筑物和地下空间再利用

微观层面的再利用设计从工业遗存本身出发，通过对工业遗存现状研究及价值评价以及对国内现有遗存更新进行梳理研究，对其既有建筑资源、构筑物资源、设备设施资源、固体废弃物资源、地下空间资源、集体记忆资源等进行改造再利用。

1. 既有工业建筑改造的基本原则

(1) 历史性

从中国近代史来讲，工业建筑所代表的正是无数先辈的传承与努力，其中所蕴含的历史文化是无法被磨灭的。历史性强调的是历史文脉的延续性，主要包括地域特色、矿冶文化的连续性。通过矿业遗存的更新，挖掘保留建筑的特有记忆要素，塑造建筑空间的场所感和归属感，引发矿工与居民的思索、记忆和共鸣，使之成为“集体记忆的场所”。在既有工业建筑再利用设计过程中，将历史视作一个不断叠加的流程，通过对矿区传统习俗、矿冶文化的继承或扬弃实现当代性的转译，使建筑承载历史流变信息的同时呈现当今时代的特色。

(2) 经济性

随着科技的发展，人们对既有建筑改造效果的要求越来越高，改造耗资也随之增长。从经济的角度考虑，既有工业建筑改造中对社会劳动时间和经济资源的节约越多越好，因而对于既有工业建筑改造的一个重要原则就是确保经济性。目前对建筑主体结构的改造成本在改造总成本中占比比较大，所以就要依托具有一定承载能力的建筑现有结构来进行改造，这样不仅能够提高建筑改造的经济效益，还能保留既有工业建筑的结构价值。但是在提高经济性时必须要首先确保整个建筑的安全性、舒适性与美观性，不能够只专注于经济而忽略其他原则。

(3) 生态性

“十四五”新发展阶段对我国的生态文明建设提出了更高要求，统筹山水林田湖草沙系统治理、推进碳达峰碳中和刻不容缓。生态性是对自然和周边整体环境的尊重，主要体现建筑与自然的亲和，以人为本，使自然对接城市，连接周边自然环境与建筑的对话关系。改造不仅是对其文化价值的延续，更是对建筑资源的整合、保护和再利用。既有工业建筑遍布各地，其功能随生产需求的不同而不同，建筑的空间和结构也不尽相同，所以改造的策略也大相径庭。但是改造设计必须遵循生态性原则，避免盲目随意的改造。

生态性原则的目的在于生态环境的整体保护，通过建筑空间与周边环境的整体规划，实现建筑与生态环境的和谐共生，坚持保护与利用共同进行，在实现功能更新的同时，重视对原有建筑真实性的保护。改造本意就是对建筑生态的尊重，如果因为改造而造成资源的浪费、环境的污染、经济的下滑或是有失真实，那改造也失去了其自身的意义。

(4) 安全性

安全性是既有工业建筑改造设计过程中的必要原则，是经济性和生态性的先决条件。在对既有工业建筑改造前，应进行前期调研，了解建筑的结构状况、空间条件等基本状况，并对其进行详细的评估分析，预先判断改造中的技术难题，充分制定建筑改造方案预案，以避免技术性失误。首先应针对结构形式、材料、使用年限以及周边环境进行调查统计，其次对结构的承载能力(包括结构设计承载能力、实际承载能力和结构损坏程度等)进行可行性研究分析，通过这两点判断既有工业建筑改造的可行性。满足结构安全性的改造策略主要包括对原有结构的加固修复、对构造节点的更新修缮以及新结构、新材料的添加。一般情况下，需要对设计的工业建筑改造方案事先开展模拟计算，对整个结构技术的可行性进行论证，得出合理的改造方案。

(5) 合理性

工业建筑遗产改造的合理性是为了其能够更好地再利用，而非盲目的拆、改。所以改造再利用工业遗产的过程中，首先应对工业建筑遗产进行准确、合理的调查和分类；然后在改造再利用过程中，有针对性地对不同门类的遗产进行方案规划设计；最后，采取再利用手段时，应该尽可能地减少对工业遗产造成的不必要的损害。现代社会人们对于工业遗产的保护和再利用不是简单的修复、重建以达到一步到位的视觉效果，而是在研究过程中不断探索新的方式方法的逐渐成长的过程。在工业建筑遗产改造再利用过程中，应注意识别和保护工业生产过程中相关的生产主体、辅助设备以及周围生产生活环境。

2. 既有建筑再利用

在关闭矿井工业广场里散落着的工业遗存，包含物质和非物质双重遗存，微观层面的建筑是最为重要和外显的遗存。矿区内的建筑物可划分为工业建筑和民用建筑两类，工业建筑以采掘、加工、运输、存储等功能为主，民用建筑则主要包含行政办公功能和日常生活居住功能。

（1）工业建筑

工业建筑是矿业废弃地的主要建筑形式，也是物质属性要素的重要组成部分。矿区工业建筑种类多种多样，如煤矿开采工程的井塔或井架、提升机房等；加工、储存系统的井口房、选矸楼、筛分楼、储煤仓和尾矿库等；动力供应系统的变电所、机房；用于排水及供热的水泵房、锅炉房；等等。这些建筑是煤矿在开采、分选、储运过程中鲜明的生产载体，是矿业废弃地的核心工业建筑群。矿区工业建筑都是以满足矿区特定的功能需求为前提建造的，建筑物体量规模较大，内部空间宽敞开阔，具有强烈的纵深感，整体建造风格以简约实用为主，几乎没有多余的装饰。

从再利用的角度来看，工业建筑的特殊风格和煤矿生产的文化内涵是改造再利用的先决特征，此外，宽阔明朗的内部空间为关闭矿井建筑空间及相关功能创新提供了多元化的选择。三炭艺术矿位于韩国江原道旌善郡地区，拥有清丽的风景和开敞的空间，总占地面积约为 49 500 m^2，如图 9-17 所示。在其改造与再利用设计中，将原先的矿区工业建筑修缮成美术馆，同时还划分出餐厅、酒窖、铁道博物馆、艺术中心等功能区。改造后的场地最大限度地保留了原有的设备与场地特性，作为进行展示的空间。将矿区内废旧的工业建筑改造利用，重新赋予新的主题功能，在弘扬采矿文化的同时创造了巨大的经济效益。

图 9-17 韩国三炭艺术矿

（2）民用建筑

关闭矿井的民用建筑主要以行政办公建筑为主，同时不同规模和类型的厂区也配备食堂、浴室、宿舍、职工医院和俱乐部等与矿工日常生活相关的建筑。行政办公楼是负责矿区生产安排和协调工作的办公用房；职工宿舍等生活区基本位于距离矿井 2～3 km 的区域内，具有一定的公共生活附属设施。对此类建筑的再利用选择应视具体规划需求而定，如果建筑质量良好并同时具备矿区文化代表性，可考虑将这类建筑保留设计改造。联合国教科文组织将法国北部-加莱海峡(Nord-Pas-de-Calais)的矿场列入世界文化遗产名录"现存文化景观的进化"中,矿场附加功能建筑被重新设计改造成文化旅游基地。通过改造场地内工业建筑的空间形式,在满足文化旅游产业相关功能需求的基础上,保留工业建筑自身的文化特色,并将其打造为重要的物质要素,进而弘扬独特的矿业文化,同时强化场地内场所精神的营造。对原有民用建筑的升级,不仅有利于实现文化旅游的基础功能,同时还能够将区域内建筑设计的特点及文化内涵进行继承与发扬,使其承载矿业文化精神。

3. 构筑物再利用

矿区构筑物一般指不具备人们直接在其内部进行生产和生活的附属建筑设施,如水塔、烟囱、桥涵、货物站台、带式输送机走廊等,多为砖混和钢筋混凝土结构,一般没有建筑面积。工业构筑物和工业建筑物都是关闭矿井工业广场的重要组成部分,可以体现时代特征和区域特色,承载着矿区特有的历史文化。但通过对两者的比较分析,可以发现矿区构筑物的特殊性质:矿区构筑物的造型奇特,与规整常见的厂区建筑不同;不同的煤矿开采工艺流程,使得构筑物的复杂程度存在差异,而独特的建筑形态却鲜明地反映出矿业生产中的个性特征及内涵;煤炭加工流程的连续性使得其构建的建筑空间常以互相连接的群组形态出现,对其的改造与再利用设计也应更加严谨。

北戈尔帕是德国著名的露天煤矿产区(图 9-18)。一百多年来,由于过度地开采,该地生态环境遭到严重破坏,原有的地貌村落已荡然无存,留下一片碎石及大面积深坑群,生态环境极端恶劣。包豪斯参与该地区景观及生态重建,他们将遗留下来的地貌、大型机械作为景观特色,展现了大型机械在人类生活中曾经起到的重要作用,并记录这一地区的工业化历史,提出"工业化的花园王国"概念。现有的矿区被改造成了休闲的场所,让人们了解煤炭产业的同时体验自然与技术的关系。将挖掘机围合起来的空间改造成巨大的露天剧场。将该地区的火车、轨道等交通设施串联起来,形成露天博物馆,供人们观赏游览。由巨大的钢铁设备围合在一起而形成的"铁城"是欧洲最大的金属雕塑群,因它而大大地提高了这一地区的知名度。对矿区内的构筑物,通过理性的分析,挖掘出已存在的景观特质,不必耗费过多财力,即可形成具有鲜明特征的工业景观。

(a) 挖掘机围合露天广场

(b) 金属雕塑

图 9-18 北戈尔帕露天煤矿产区

工业设备和设施是矿区生产不可或缺的物质基础,随着矿业企业的关停,大量设备设施由于工艺落后或维护不当失去了使用价值,高昂的清理和运输费用使废弃的生产设备成为可以被利用的物质属性触媒要素。由于矿业生产的特殊性,矿区内铁路遗存成为矿业废弃地设备设施再利用的典型代表,铁路遗存具有强烈的工业特色和历史文化价值,是重要的触媒要素，线性火车轨道以“线”触媒的形式出现，与周边环境产生联系，并能引起人们的空间联想，触媒潜力不容小觑。四川嘉阳国家矿山公园（图 9-19）位于四川省南部，隶属乐山市犍为县，位于石溪镇和芭沟镇之间。矿区内的火车轨道和矿井得到了保留，并作为文化展品的一部分继续运作。嘉阳小火车是现今唯一还在运作的客运蒸汽小火车，带领游客穿越旧工业时代。场地保留着英式阁楼、苏氏建筑群，蒸汽小火车、生产机械设备等做成的雕塑，小火车铁路沿线展示着一些工业生产象征的图画、口号、标语等。矿区内的黄村井是国内唯一专门用于观光体验的真实矿井。近些年来，四川嘉阳国家矿山公园共接待游客 80 万人次，景区及环线旅游解决就业人口 500 多人，实现了社会效益和经济效益双丰收，也奠定了嘉阳煤矿老企业转型发展的基础，对保护嘉阳矿业文物资源、加快乐山市旅游开发步伐、夯实企业长远发展基础具有重要的现实意义和深远的历史意义。

图 9-19　嘉阳国家矿山公园

4. 地下空间再利用

资源禀赋条件好且巷道、井底车场等空间较大、交通通达度较好、距市区较近、采矿遗迹丰富、地质环境较安全的井下空间，根据不同环境需求有多种再利用模式，主要集中于存储、科教和蓄能等。德国利用废弃矿井处置了低中放射性废物 $1.988\times10^{4}\ m^{3}$（约 12.5 万桶）；美国利用关闭矿井地下空间建立了第一个地下文件存储中心，是废弃矿井地下空间资源利用的典型案例；英国对关闭的 300 座地下煤矿中的 30 座进行废弃煤矿瓦斯开发利用，其中，以凯灵利废弃煤矿和曼斯菲尔德废弃煤矿（皇冠农场煤矿）瓦斯开发利用项目为代表。我国神东矿区建成煤矿地下水库 35 座，储水总量约为 $3.1\times10^{7}\ m^{3}$，化解了矿井水处理成本高的难题。

第十章　煤矿废弃工业广场改造与再利用案例分析

第一节　晋煤集团凤凰山矿更新改造

随着全球气候的逐步恶化，人类及社会的健康发展已成为全球共识，人类开始通过控制碳排放的形式缓解全球气候的变化进程。我国作为煤炭消耗大国身负减排重任，接连推出多项去产能政策积极应对这一全球问题；与此同时，随着煤炭资源的逐渐枯竭，每年有大量的煤矿因产能化解或能源安全问题被关闭。据统计，在“十三五”期间全国累计退出煤矿约 5 500 处，预计到 2030 年，我国被关闭或被废弃的煤矿数量将高达 1.5 万处。煤矿关闭后会带来一系列现实问题：赋存能源未能得到最大限度的利用，地上与地下的空间资源被浪费，煤矿周边的生态环境亟待治理，开采后土地面临塌陷，等等。矿区中留存的、具有较高历史价值的建筑与设施面临被废弃的命运，矿业文化也将随着整体环境的衰败而消失。

随着社会经济的转型与存量规划时代的到来，对低效利用空间的再开发利用成为促进城市可持续发展建设的重要手段之一。废弃矿区所蕴含的丰富资源使得国家高度重视对其的治理与再开发，这样不仅能够使工业用地转变为产业发展空间进而推动城镇化进程，还能够充分发掘废弃矿区的发展潜力，促进城市经济的发展，同时使矿业文化留存并传承下去。山西作为我国煤炭大省，是国内较早探索废弃矿区再开发利用的省份，其内拥有极多优秀案例可被视作范本推广，晋煤集团凤凰山矿的转型发展便是其中之一。

一、山西煤炭概况

山西省素有“煤海之乡”之称，是国内极为重要的煤炭基地。根据 2022 年 7 月自然资源部所发布的《2021 年全国矿产资源储量统计表》，山西省资源丰富，尤以煤炭资源为主，具有分布广、品种全、埋藏浅、易开采等特征。截至 2021 年，山西省已探明煤炭储量为 494.17 亿 t，位列全国第一，占全国总储量的 23.8%。山西省含煤面积为 6.2×10^4 km^2，约占全省国土总面积的 40%，有大同、宁武、河东、霍西、西山、沁水六大煤田及数十个产煤基地，朔州、大同、长治、晋城等城市被列为我国十大产煤城市。山西省以能源排头兵的身份为祖国煤炭行业发展及经济建设作出了巨大的贡献。

二、晋煤集团凤凰山矿转型发展规划

1. 凤凰山矿简介

凤凰山矿位于山西省东南部的晋城市，晋城市煤炭资源丰富，自隋唐起便是一座典型的“以煤成矿、因矿兴城”的煤炭资源型城市，含煤面积约占全市总面积的 49.40%，以拥有全国 25%的无烟煤和全国 1/3 的煤层气成为国家重要的无烟煤基地及最大的煤层气抽采利用基地，并在中华人民共和国成立后被列入全国重点采煤地区进行重点勘查开采。丰富

的矿产资源使得能源及重化工行业在全市的经济发展中占据着重要的地位，也为国家的经济发展作出了巨大贡献，诞生了我国煤炭企业前十强的晋煤集团。随着煤炭开采强度的加大，部分矿井的储量已不能满足长远发展的需要，凤凰山矿便是其中之一。凤凰山矿位于城区北石店镇，距离市中心约 5 km，地理位置优越，是一座年设计生产、分选能力为 400 万 t 的特大型现代化矿井，其南接古书院矿，东邻王台铺矿，为晋煤集团建矿历史最悠久的“老三矿”之一。图 10-1 为凤凰山矿区位图。

图 10-1　凤凰山矿区位图

经过近 50 年的开采后，凤凰山矿逐渐陷入煤层资源枯竭、经济增长缓慢的困境中，同时，山西省在 2010 年被确立为资源型经济转型综合配套改革试验区。为积极响应《山西省国家资源型经济转型综合配套改革试验实施方案(2016—2020 年)》、晋城市加快推进采煤沉陷区和工矿废弃地等生态修复治理工作、“十四五”规划中的实施城市更新以推进城市品质和城市管理效率提升等政策，全力推进城市“退二进三”战略，晋城加快淘汰落后产能，有序关闭资源枯竭的矿井。在多重战略背景下，凤凰山矿于 2020 年正式关停所有矿井，晋煤集团希望对矿区内现存的闲置办公、娱乐、教育、产业等资源进行整合，探寻面向“后矿业时代”的更为多元化的资源枯竭矿区转型发展路径。

在此背景下，2020 年凤凰山矿委托中国矿业大学规划团队通过研究凤凰山矿的基础条件、发展现状和发展目标，结合城市产业发展及空间拓展的需要，编制出适合晋城城市及矿区本身发展需要的凤凰山矿转型发展规划项目。

2. 再开发方式简介

(1) 项目特色、问题与发展机遇

通过实地调研并分析后可得，凤凰山矿的转型发展可抓住历史、人文及生态三个关键词。作为记录晋煤集团煤炭开采史的活化石，凤凰山矿拥有丰厚的历史底蕴和深刻的工业记忆。矿区内建筑大多质量较好且功能丰富，场地内采掘、生产、加工、运输等生产线也被完整保存，矿业建筑与开采场景拥有深厚的煤矿文化底蕴，塑造了其历史价值。同时，基地目前拥有晋煤大学及凤凰山矿科教中心等教育产业，并承担着对企业员工开展定期培训的任务，教育产业基础较为扎实。矿区内部配套设施也十分完备，有医院、敬老院、文体活动中心等，能够为居民提供便利的生活及丰富的文体活动，是一个充满活力的区域，具有较高的人文价值。而航拍显示，场地南区具有较高的绿化覆盖率，葱郁的林地和清澈的湖面相辉映，形成连续的生态景观带，构成优越的绿色生态环境本底，其生态潜力在山西同类型矿区城镇中十分突出，是一座具有生态潜力的城镇。

但是，在地形条件方面，基地周边与内部地形条件复杂，增加了再开发利用的工程难度；在道路交通方面，基地内部道路连通度较低，南北区域间被铁路线隔断，内外交通均存在交通不畅的情况；在景观条件方面，场地南部的景观条件虽然较好，但是场地内部缺少相应的绿化，景观空间的延续性较弱；在场地内部基础设施方面，内部现存的商业配套规模较小，无法满足更新后矿区的需求；在开发运营方面，基地周围多为村庄，要平衡开发利益与居民利益之间的关系，增加了协调统筹的难度。通过分析，选用现有教育产业作为开发核心，但该类型的矿区转型案例较少，创新模式难度较大，如何在开发后进行后续的运营发展也是项目面临的难题。

为破除发展瓶颈，项目组对凤凰山矿的现状条件与晋城市的发展战略及突破口进行了全面分析，发现晋城市教育康养市场仍有较大的发展空间。凤凰山矿基地内部的教育康养服务呈现杂散凌乱的状态，资源亟待进行整合。同时，基地因与古书院矿和王台铺矿相邻，能够在功能上联动互补发展。故此，在资源枯竭型城市转型的有利政策环境下，项目团队基于上述分析与发展机遇，借鉴国内外相关开发和运营的案例，以“寓旧于新·涅磐重生”为规划理念，对凤凰山矿现存资产及设施进行改造。在对原有产业进行优化的基础上培养接续产业，打造以教育培训为引擎，餐饮物管、康养产业为抓手，研学旅游为辅助的产业体系，使得凤凰山矿成为面向山西并辐射中原地区的，具有晋煤特色的，集教育培训、康养、餐饮物管、研学旅游于一体的教育特色小镇，将“自然”与“工业”、“过去”与“未来”、“教育”与“生活”通过系统化呈现的手段，实现“经济、社会、生态”综合效益最大化和区域经济和谐发展的目标，为凤凰山矿转型发展提供新动能，打造晋城市新的经济增长点，争做教育类矿区转型发展的典范。

(2) 项目规划及再利用策略

经过调研可得，场地内部现有三类要素可供更新利用，分别为生产型要素、生活型要素和生态型要素。生产型要素由地面生产系统中的建(构)筑物与外部设施构成，规模较为庞大且形式多样，主要承担着煤炭开采后的分选运输等工序，并辅助附属工业的加工制造，其中选煤厂、沉淀池、设备车间、运煤廊、铁路等是较有代表性的单元。生活型要素由煤矿工人社区内的办公与生活服务类设施组成，其承载着矿区生活、体育活动、养老教育、交通游憩等功能，如办公楼、科教中心、学校、工人俱乐部、医院、商店等，另有中心广场、操场等大型户外活动场地及停车设施。生态型要素则包括开敞的水域空间及矿区内散点式分布的景观树木，如滨水生态岸线与绿地公园，生态型要素构建起区域内的绿地框架结构。

这些现有要素在长久的发展中形成了矿区内特征最鲜明、信息最丰富的空间，在未来具有极高的再利用价值。

① 重构场地空间秩序

原有的矿区各空间之间功能独立且相互割裂，不利于未来的再开发与建设。因此，重构场地的空间秩序成为首要工作。依据场地现状空间分布条件并结合未来产业愿景、场所工业记忆的接续与生活服务需求，构建场地基本格局，通过构建风景轴线、打造历史核心区域和改造原有工业设施等手段，形成“三脉、两轴、一核心、多片区”的总体空间结构，在最大限度保存场地工业文化及原有空间秩序特征的同时营造特色工业景观。

基于上述规划结构，秉承生态建设先行、工业遗存再利用优先的建设理念，对场地进行教育培训区、博览陈展区、商业服务区、办公生活区、生态康养区、生态防护林区、滨水休闲区及仓储物流区等8大功能区的划分，分别构成培训教育中心、办公中心、商业配套区、生活服务区、康养中心五个核心组团。图10-2为凤凰山矿区各种项目示意图。

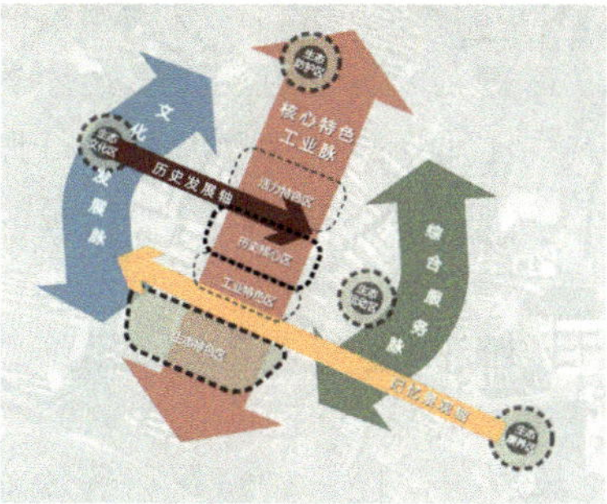

(a) 凤凰山矿工业广场城市设计空间结构

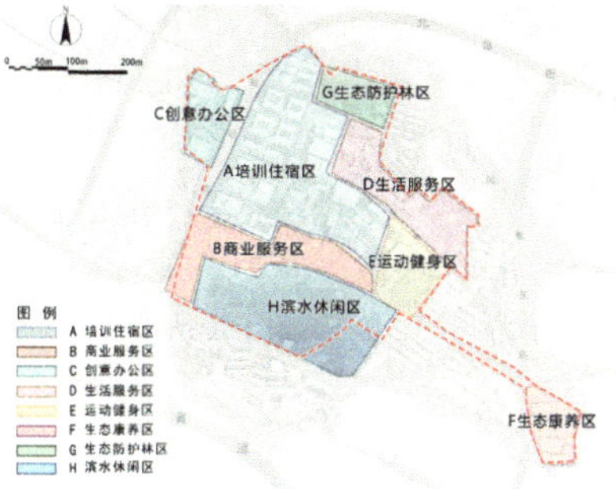

(b) 工业广场功能分区设计

(c) 总平面图

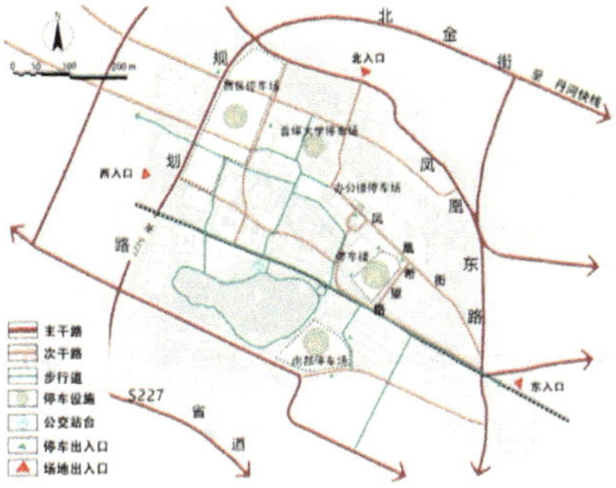

(d) 工业广场交通系统优化设计

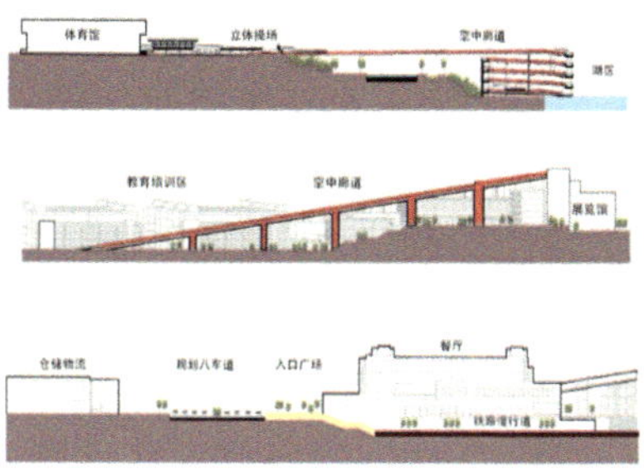

(e) 高架设施、廊道空间改造、土方处理高差设计

图10-2　凤凰山矿区各种项目示意图

此后，立足晋城市未来发展规划，构建矿区由封闭走向开放的交通体系。在基地外部规划高等级道路一条，用以加强矿区与城市核心区的联系。在矿区内部疏通东西、南北方向的"断头路"，构建场地内的车行网络，串联工作、居住等区域；同时植入慢行系统，串联起观展、购物、休闲公共服务场所与广场等开放空间，在工业核心展示区打造一条南北向的阶梯步道，用以打通面向湖泊的视线通廊，为游客与居民提供多样的游览、休憩和观景体验。此外，依托铁路线将原本萧条破败的"工业锈带"打造成宜人舒适的"公共生活秀带"，并以此为骨干，在遗产景观与滨湖地带构造绿色步行公共网络，并以新建交通设施、原有空间改造和土方再利用三种基本

方式构建竖向交通体系，在化解高差问题的同时营造立体出行方式。

② 留存原有文化脉络

废弃矿区宝贵的矿业遗存资源展现了地区或城市的历史发展进程，通过挖掘矿业遗存资源的特点，继承地域文化内涵，进而创造出与其他城市不同的景观，塑造城市空间的场所感和归属感，同时体现城市特色。对文化脉络加以保护与传承能够唤醒“集体的记忆”，有利于矿区工业文脉的延续。故此，项目组提炼现有的工业元素与符号，重点打造矿业遗存重要景观节点，通过工业场景符号再现的方式强化工业文化体验，让当地居民和外来游客可以感受到矿区特有的文化底蕴。

对场地内留存的选煤厂、设备库大院、沉淀池三类建筑进行改造设计后形成历史核心区内的“三馆”，即发展历程展览馆、社区图书馆、城市文化馆，打造特色鲜明的工业历史景观，在激发公共活力的同时最大限度保留当地居民的场所记忆。而筒仓和沉淀池是场地内具有极高景观识别度的建筑，是凤凰山矿地标性的构筑物。通过保留沉淀池的结构特征及廊道、楼梯等构件，并将其更新为兼有娱乐和商业属性的户外公共活动空间，延续观瞻性文脉的特色。将多个筒仓通过加建楼梯的方式进行串联，改造为商业综合体，可用以承担直播、咖啡馆、市集等文化娱乐功能，使其成为文化、旅游、艺术与创意融汇的平台，形成凤凰山矿新的地标性建筑，激发城市活力的辐射效应。

矿区最具特色的工业设施便是空中交错的运煤廊道与地面沿湖的运输铁轨，保留并通过设计对其进行强化，对保留场地的工业记忆具有重要意义。运煤廊道通过色彩的改变被更新为工业景观的观赏构件，地面铁轨通过适当的翻修处理并结合沿湖绿化成为休憩的开放空间，增加了空间的观赏价值。

③ 建筑单体适宜性更新改造

工业遗存具有极高的再利用价值，因此项目组制定了不同的适宜性改造策略，以提升建筑内外空间品质。其相关功能创新则以本体特征为导向，达到为不同群体服务的目标，将工业化生产导向空间更新为教育型生活导向空间。对工业遗存进行价值评价后确立“保、留、改、拆”四种处理方式，并根据空间操作手法的不同，提出遗存综合整治、加建扩建、拆旧建新三个维度的更新改造策略。

在综合整治改造类型中，凤凰实业酒店的改造设计最为典型。其前身为建筑质量良好的场地原有办公楼，在经过细致分析后，以综合整治的方式将其改建成四星级酒店，主要承接住宿、餐饮、休闲娱乐等业务，服务行政办公人员、教育培训人员以及游客。将外立面的色彩和装饰进行更新，塑造适合于酒店空间的活泼界面；修葺外部空间环境，打造良好的内院景观；对场地进行重新梳理规划，形成小型停车场。

原有选煤厂跳汰车间则以加建扩建的方式进行更新改造。基于总体更新规划，将其改造为展览序列中的核心空间——历史博物馆。在分析现状后保留原有建筑结构，将现有选煤设备作为展品，原建筑空间作为实景展示资源，并通过加建隔墙、外部扩建的形式进行空间重组，以钢结构连廊的形式连接现存 4 栋生产建筑，实现对空间功能的置换。

文体活动中心的建设则是采取拆旧建新的改造策略。场地内原有的储煤场因缺少室外空间、空间压迫感过强、建筑结构无法满足未来使用等多重原因计划拆除，并在该处新建采用退台形式和大面积玻璃的文体中心。

凤凰山矿工业遗存区更新改造分布及效果示意图如图 10-3 所示。

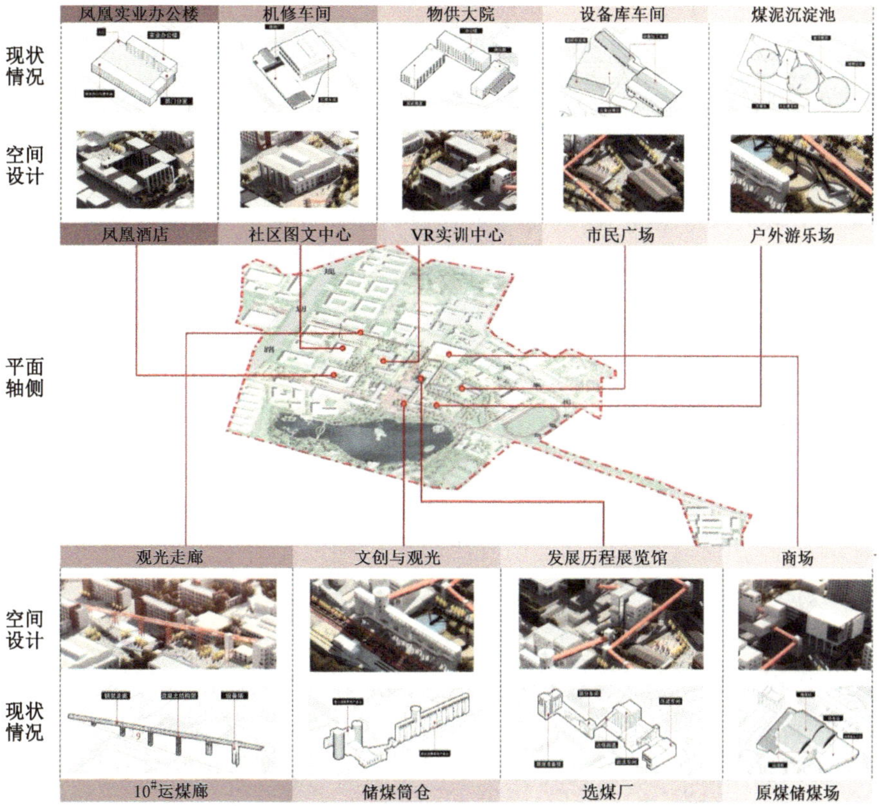

(a) 工业遗存更新改造分布图

(b) 原有办公区改造示意图

(c) 跳汰车间更新设计效果图

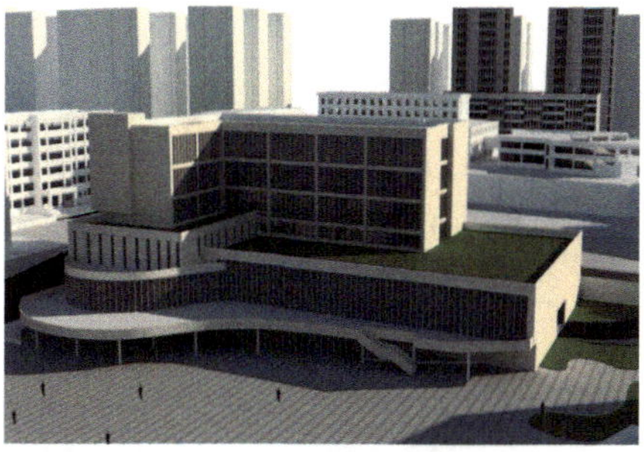

(d) 文体活动中心效果图

图 10-3 凤凰山矿工业遗存区更新改造分布及效果示意图

第二节 阜新新邱露天煤矿更新改造

新邱区是辽宁省阜新市5个城区之一，其于1897年开始采煤，是阜新市第一锹煤开采的地方。经过近百年的开采后，新邱区的煤炭资源在20世纪80年代开始萎缩。2001年，国有大矿新邱露天矿破产重组，国家将剩余资源划归新邱区属地管理，资源进入残采期。2018年年底，为落实国家和辽宁省去产能要求，新邱区剩余的10家小煤矿关闭退出，全区121年的煤炭采掘史画上句号。作为阜新经济转型先导区，新邱区从此踏上了转型发展之路。

百年煤炭开采给新邱区留下了1座长5 km、宽3 km、平均深100 m的露天矿坑；还有2座高达40 m，占地700 hm^2的煤矸石山。煤矸石存量为5亿m^3，超过全阜新矸石存量的四分之一。废弃露天矿坑及无序堆放的煤矸石不但占用了当地大量的农业用地和工业用地，而且对当地的生态环境造成了严重的破坏。当地的地表水、地下水、大气、土壤均遭到了严重污染。地区路面扬尘严重影响着居民的身体健康，雨季时泥石流、滑坡随处可见，严重影响了居民的生命财产安全。矿区修复前如图10-4所示，矸石山和采坑分布如图10-5所示。

图10-4 阜新新邱废弃露天矿修复前

一、规划策略

根据国家出台的《"一带一路"体育旅游发展行动方案》《全民健身计划(2016—2020年)》《中共中央国务院关于加快推进生态文明建设的意见》《全国资源型城市可持续发展规划(2013—2020年)》等有利方针政策，阜新市新邱区根据当地现状，制定了《阜新市新邱区环境治理修复规划方案》，确立了生态与环境修复综合治理项目，决定走生态恢复加废弃资源综合利用之路。阜新市新邱区在生态修复的基础上，对废弃矿坑进行综合开发利用。因挖矿而遗留的内部作业道路，露天矿坑沟壑纵横的独特地貌和高低起伏的地形，加之原有的盘旋而下、坑洼不平的作业路，场地内高差大、土质松软，适合做越野比赛道路，因此，在矿区规划阜新百年赛道城项目。

阜新百年赛道城项目定位为打造集汽车竞技、体验、娱乐、科技于一体的阜新旅游新名片，以城市双修、城市中的赛道、赛道中的城市、多元主体的赛道集群为规划理念。从立项、

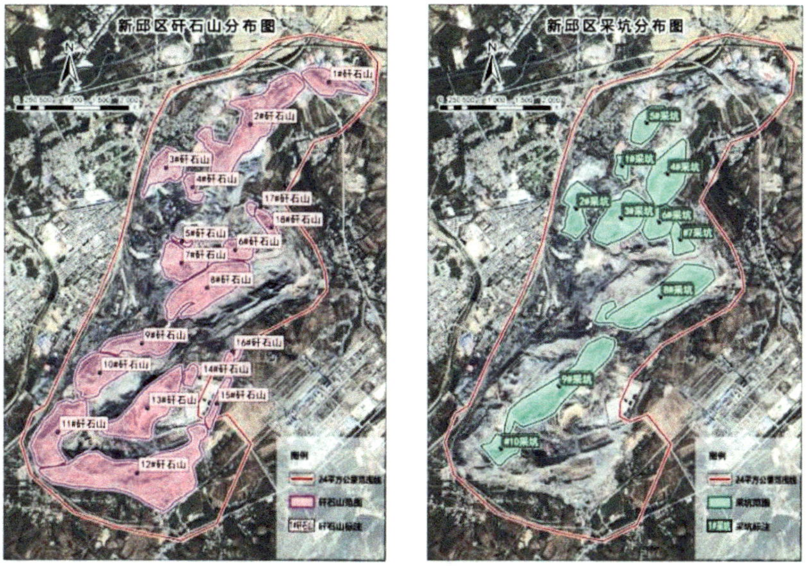

图 10-5　阜新新邱区矸石山和采坑分布

规划、设计、施工，到后续运营，将以生态修复治理和城市功能修复并举的“双修”为首要任务，“辅”以将治理对象产业化研究落地，促进产业转型，即“双修一辅”。依托赛道城主题特征发展“文体、文旅、文娱”相关产业，利用各类赛事、旅游、演艺业态的聚集优势，促使汽车后市场、旅游周边、新型消费电子、矿山修复治理等产业快速落地，带动教育培训、餐饮住宿等传统产业增量发展，形成以赛事为触媒，新型产业发展为核心，集文化教育、旅游康养、社会服务等多功能于一体的绿色发展生态示范区。

因地制宜、生态渗透、一轴一带、多元组合为阜新百年赛道城项目的规划策略。阜新新邱废弃露天矿规划分区如图 10-6 所示。

① 因地制宜：利用现有地形，将开采形成的深坑作为特色赛道使用，平坦的中心区域植入新的功能。

② 生态渗透：对整个片区进行生态修复，修复后的景观渗透整个片区。

③ 一轴一带：设计了一条活力动线，动线作为片区活动轴，沿着轴线布置各类功能组团。

④ 多元组合：以赛事赛车作为产业核心，配合完善的旅游、文化、商业、服务等产业，多元化混合形成完整的社区结构。

规划建设赛道项目可形成 12 条各种不同类型的主题赛道（图 10-7），包括汽车场地越野赛道、卡丁车赛道、汽车拉力赛道、摩托车越野赛道、漂移赛道等，打造全国地形最复杂、赛道种类最多样、赛事类型最齐全的“百年赛道城”。同时赛道城还将完善周边配套设施，建成集装箱酒店、古罗马式露天剧场、酒吧一条街等。在冬季赛事休停期，把赛道改建成滑雪场，既增加了地区税收，也使矿坑得到合理利用，满足周边民众娱乐需求。另外，赛道城周边建成了一条围绕赛道 3 大赛区的小火车项目，满足观众观看不同类型的比赛。百年赛道城项目全部完成时，在 30 km^2 的土地上将有一个集赛场核心区、文化旅游区、商业服务区、科技创新区等为一体的新型休闲娱乐区。同时，阜新百年赛道城项目全力推进矿山环

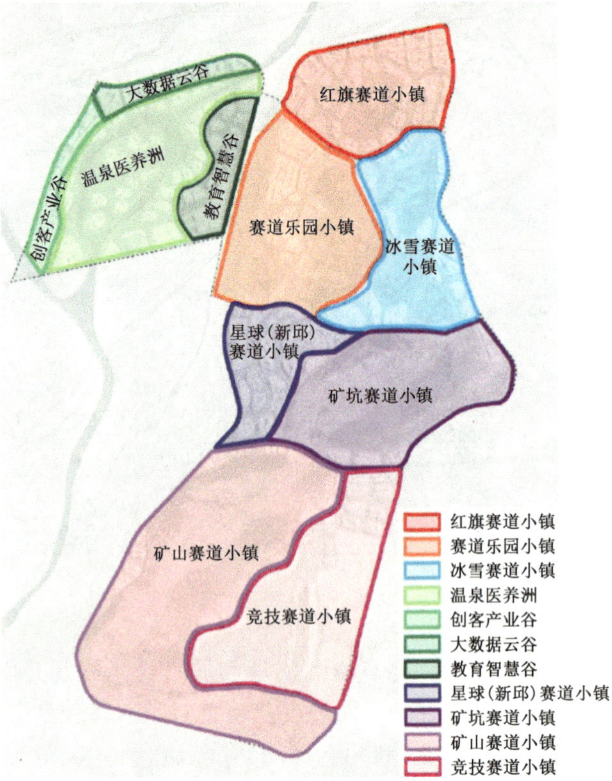

图 10-6　阜新新邱废弃露天矿规划分区

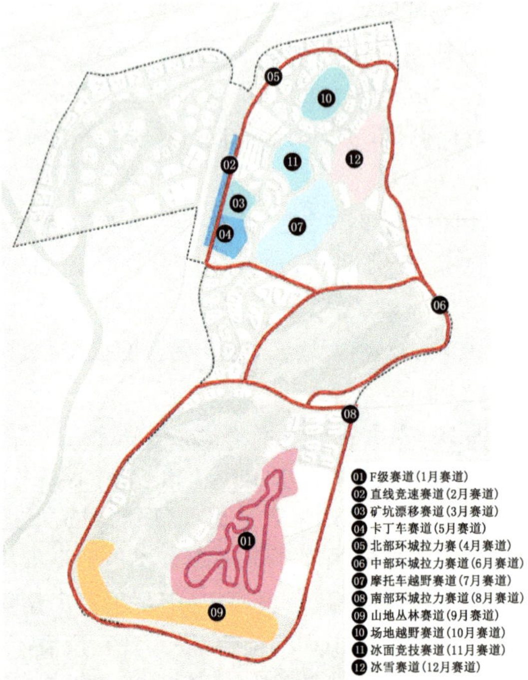

图 10-7　阜新新邱废弃露天矿规划赛道

境与生态修复综合治理方案实施落地，边治理、边开发，将废弃矿山变成绿水青山，变成金山银山，为资源枯竭型城市探索出一条创新转型发展的道路。阜新新邱废弃露天矿矿坑治理效果如图 10-8 所示。

(a) 一号矿坑修复治理前　(b) 二号矿坑修复治理前　(c) 五号矿坑修复治理前

(d) 一号矿坑修复治理后　(e) 二号矿坑修复治理后　(f) 五号矿坑修复治理后

图 10-8　阜新新邱废弃露天矿矿坑治理效果

未来，阜新百年赛道城将具备承办全类型、全车种、全季节赛事的能力，打造中国赛道产业第一城，构建赛车主题文旅新目的地，成为中国赛车运动高地及一站式体验圣地，同时也是环境优美的生态新城。

二、改造效益

(1) 再开发效益模式

新邱区政府为推进赛道城建设，经过论证，决定以政企合作为主旨，PPP(公共私营合作制)项目模式(图 10-9)为具体合作方式开展阜新百年赛道城项目，政府做好基础设施建设、土地规划、地方政策出台等工作，企业进行投资并实施项目具体内容。2018 年 9 月，新邱区政府与阜新中科盛联环境治理工程有限公司(以下简称"中科盛联")联合成立国有控股企业——阜新百年赛道小镇运营管理有限公司。阜新新邱废弃露天矿产业导入如图 10-10 所示。

废弃矿山土地治理项目的特点是：具有一定的公益性，工作复杂但是收益较少；地方政府财政资金紧张，而且精力有限；社会私有部门不愿参加收益低的项目；涉及专业化的环保和废弃矿山治理领域的企业较少。因此，为了利用市场化方式推进矿山生态修复，吸引社会资本投入，国家近年来相继出台了多项激励政策。

在土地指标方面，主要涉及社会资本投入历史遗留矿山修复的情况。历史遗留矿山废弃建设用地或未利用地修复为耕地的，按有关规定验收合格后，可纳入补充耕地储备库，在省域内流转。社会资本可按有关规定或合同约定取得各类指标流转收益。

在历史遗留资源方面，主要涉及历史遗留露天开采类矿山的情况。因削坡减荷、消除地质灾害隐患等修复工程而产生的土石料，修复主体可以无偿用于本修复工程。确有剩余矿产资源的可对外进行销售，销售收益全部用于本地区生态修复。涉及社会投资主体承担修复工程的，应保障其合理收益。

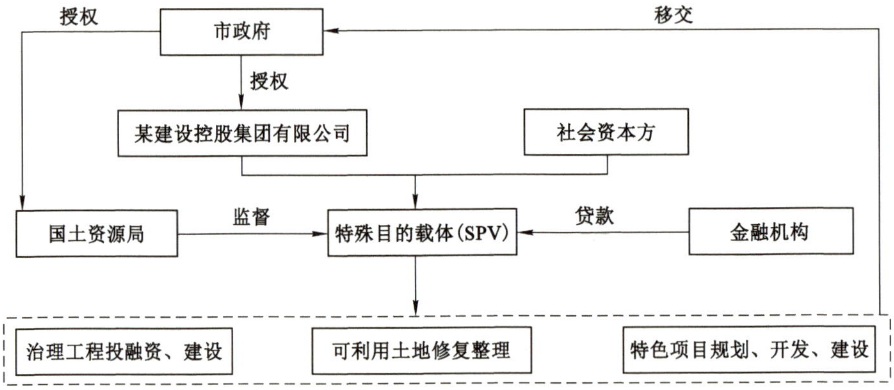

图 10-9 矿山治理 PPP 项目模式结构

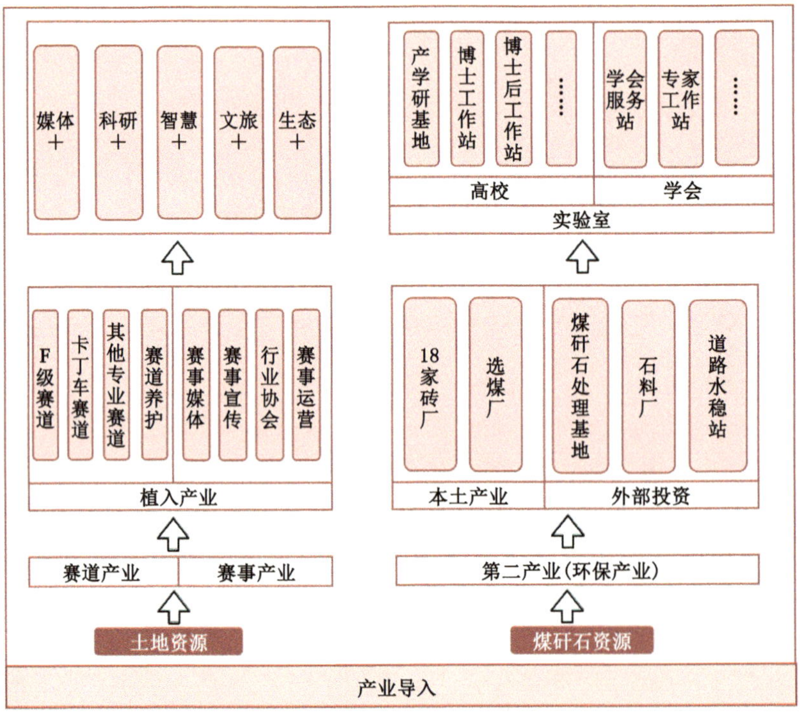

图 10-10 阜新新邱废弃露天矿产业导入

在财税补贴方面，历史遗留矿山废弃国有建设用地修复后拟改为经营性建设用地的，可允许社会资本投入，并赋予其一定期限、一定比例的经营性建设用地使用权，分别签订生态修复协议与土地出让合同。修复后拟发展特许经营项目的，按照特许经营有关管理规定，修复主体可优先获得经营权，由修复主体获得经营收入。此外，政府还给予社会资本一定比例的税收补贴。

在以往政企合作的废弃矿区生态修复项目中，大多是“为修复而修复，为治理而治理”的输血式治理模式，较少有为废弃矿区植入产业的。同时，政府对社会资本这一参与主体的经济潜在诉求支持不足，导致社会资本投入的积极性不高，使得废弃矿区的修复始终难以吸引社会资本参与。阜新新邱废弃露天矿治理过程中引入 PPP 项目模式，通过多方参与、多方合作，共同解决城市建设发展面临的资金、社会和环境问题。

在新邱区废弃矿区生态修复中，当地以政企合作为主导，以产业为引领，重新诠释“社会-生态”系统，做到生态修复与城市修补并举，确立阜新百年赛道城项目，引入赛车赛事，在利用原有地形地势打造赛车赛道的同时，完成对周边被破坏环境的治理，形成了以赛车赛事为核心，以旅游、文化、商业、服务等为延伸的产业链条，该项目产业发展系统如图 10-11 所示。通过赛事的举办，吸引人流，助推当地基础设施改善工作，积极推进城区绿化、亮化、净化等各项工程建设，促使现有商贸、住宿、餐饮等服务水平提升，周边经济得以联动发展，实现自身造血生长。

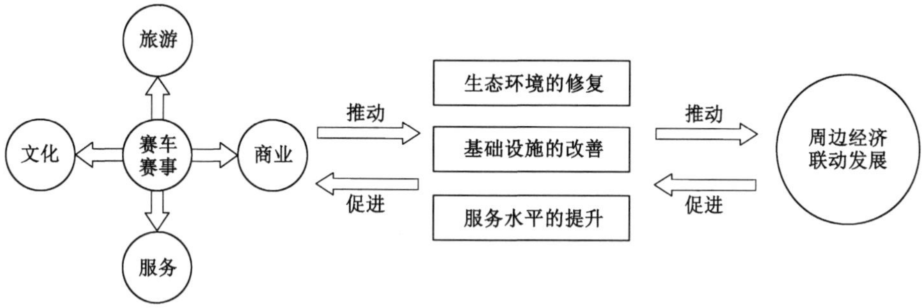

图 10-11　阜新百年赛道城项目产业发展系统

在阜新百年赛道城项目运作过程中，为了充分激励社会资本的积极性，以中科盛联为主导的社会资本进行阜新百年赛道小镇开发与周边基础设施建设。作为对社会资本投资的回报，阜新百年赛道小镇及周边配套服务项目的经营收入归社会资本，同时政府将给予社会资本一定比例的园区企业的税收补贴，实现废弃矿区的生长式发展。阜新市新邱区这一生长式的政企合作治理模式，引进产业，变废为宝，充分激活废弃矿区的潜在动力，实现生态修复和产业转型的同步发展，破解了当地经济社会环境可持续发展的困境，同时使企业看到发展前景，坚定了企业的信心，为推进废弃矿山生态修复市场化运作提供了经验。

(2) 再利用效益分析

阜新市新邱区坚持产业先行、政企合作的矿山治理新模式，以混合所有制形式与中科盛联共同建设阜新百年赛道城项目，把政府的资源优势与企业的市场主体优势有机结合起来，在尊重市场规律的前提下，实现了废弃矿山的生态修复和开发利用。以赛事产业引领矿山治理，有效解决了废弃矿山治理“开头难”的问题；依靠政企合作，使资源项目化、项目产业化，吸引更多的社会资本来参与矿山治理。赛道城建设以及赛事开展所带来的赛事影响主要集中在以下五个方面。

① 生态效益

利用煤矿废弃矿坑建设赛道，不仅有效地消除了矿坑治理区内堆矿崩塌、地裂缝和地面塌陷等地灾隐患，还使新邱区的 2 个街道、5 个村远离地质灾害的威胁。同时，赛道城建设中所采用的环保科技土壤固化剂和抑尘剂，既不影响观赛效果，还有效地控制了矿区路面扬尘问题。

② 经济效益

赛事带动了阜新地区多项服务业和旅游业的发展，也改变了以往单靠政府“投钱”的生态治理方式，摆脱了“为治理而治理”的惯性思维，因地制宜，治废为宝，以产业为引领，通过政企合作，激发废弃矿山的内生动力，实现生态修复和产业转型的良性循环。

③ 媒体效益

赛事期间，人民日报、新华社、中央电视台等中央媒体及各大网站分别对赛事和阜新新邱矿山治理模式进行了集中报道。中央电视台体育频道直播收看人数达到1.26亿，所有媒体点击量在5 000万以上，使得阜新和新邱一战成名，这也让阜新市新邱区广大干部群众看到了转型振兴的新希望。

④ 产业效益

建设赛道城，由传统煤炭采掘业向现代文旅产业发展，实现了产业转型的无缝对接。随着各类汽车赛事的成功举办，城市“双修”理念落地，从而拉动产业聚集。

⑤ 民生效益

以赛事为契机，结合“五城联创”，对新邱区进行全面改造。新邱区新增绿化面积7万 m^2，新建和改造文化主题公园10个，对全区城乡环境进行综合整治，矿山生态修复治理成效显著。

通过对废弃矿坑科学的生态治理以及因地制宜的再利用，根据其原有地貌特征，建造国内深具特色的矿坑赛道，其独特的地形与环境为赛车手们营造出激情澎湃的比赛氛围，阜新新邱赛道小镇逐渐成为阜新新邱的新名片。百年赛道小镇项目借助并助力国家“全民体育热潮”，打造更大型、更多样的国家级、国际级赛事，使得沉寂已久的废弃矿坑重新沸腾起来，促进了生态效益、经济效益、媒体效益、产业效益、民生效益等的发展，带动了阜新能源枯竭型城市转型新经济增长点，成为推动阜新升级发展的动力源、引领资源型城市转型的示范点、繁荣中国赛车事业的新高地。阜新新邱废弃露天矿修复后场景如图10-12所示。

(a)

图10-12 阜新新邱废弃露天矿修复后场景

（注：图片文件及资料均来自沈阳建筑大学团队）

(b)

(c)

(d)

图 10-12(续)

第三节　波兰西里西亚地区煤矿群落更新改造

自中世纪早期以来，采矿业的兴起与衰落的各个阶段便深刻塑造着欧洲的城镇空间格局。随着工业化的推进与技术的进步，采矿业逐渐走向鼎盛，拥有煤炭资源的国家纷纷开始进行大规模高强度的煤炭开采，出现大量矿井、矿山以及采矿技术设备，矿工聚居点在此基础上发展起来，并形成与之相关的矿业精神与文化艺术等元素，矿业在各地区与当地居民的经济、社会文化及生态发展之间产生着频繁的互动，进而产生具有特定面貌的、多样化的采矿迹地。但这种大规模的开采活动却使当地的环境受到严重破坏，大量的空气与水源被污染，由采矿而产生的土地塌陷危害着当地居民的生命安全。随着全球气候的日益恶化，各国纷纷开始以绿色低碳为发展理念，能源转型成为全球可持续发展、应对气候变化的核心任务，德国鲁尔区、波兰西里西亚及法国北部加莱海峡地区等著名的矿业地区均面临着“后矿业时代”的煤矿转型难题：如何在采矿业退出的同时还能够恰当地保留当地的矿业遗迹以及其中所蕴含的丰富文化，在社会、经济和空间环境上都实现可持续的、整合的且平衡的转型。波兰作为欧洲最大的煤矿产区给出了属于自己的独特答案。

一、波兰采矿业基本情况

波兰拥有丰富的矿业资源，煤、硫黄、铜、银的产量和出口量居世界前列，是全球重要的煤炭基地。据2021年及2022年版《BP世界能源统计年鉴》数据可得，截至2020年年底，波兰煤炭探明储量位居全球第八位，占全球煤炭总量的2.60%，2021年年底的煤炭产量位居全球第九位，是继俄罗斯之后欧洲第二大硬煤生产国，也是褐煤的重要生产国。波兰的煤矿主要集中在上西里西亚煤盆、卢布林煤盆及下西里西亚煤盆（已在2000年停止开采）三处。据2019年统计数据，波兰硬煤储量约为643.3亿t，主要分布于上西里西亚煤盆和卢布林煤盆地区，已开采量占据总储量的38.7%；褐煤探明储量约为232.6亿t，分布在波兰中部和西南部，已开采量占总储量的6.3%。

上西里西亚煤田是波兰最老、硬煤资源最丰富的煤炭基地，位于波兰南部卡兹委托省与克拉科夫省西部，其煤炭开掘始于200多年之前，在19—20世纪时，成为欧洲仅次于德国鲁尔区的第二大重工业中心。在采矿辉煌的时代，西里西亚建造了一系列工业设施，它们均是波兰工业桂冠上的粒粒明珠，成千上万的采矿家庭依靠它们为生。然而，随着传统工业时代的落幕与后矿业时代的到来，这些设施及采矿场地逐渐被废弃，变成无人问津的荒地。为了保留这独特的矿业遗迹并提醒人们时刻铭记矿工们在地下的辛勤付出，政府对这些旧工业设施进行再利用规划，赋予其第二次生命。而位于卡托维兹的西里西亚博物馆和位于扎布热市、由圭多煤矿及路易斯女王矿井组成的扎布热煤矿博物馆群落便是西里西亚诸多具有创新意义的后工业改造群落中的典型代表，并由此构成了西里西亚省的工业遗产旅游线路。

二、扎布热煤矿博物馆群落再开发规划

(1) 圭多煤矿简介

圭多煤矿位于波兰著名工业城市扎布热的上西里西亚地区，距离卡托维兹约18 km，距离克拉科夫96 km。19世纪是上西里西亚地区工业化快速发展的时期，铁路的通达使得原材料与成品的运输更为便捷，这便增加了蒸汽机的需求量，煤炭作为蒸汽机燃料而被广泛开发，圭多煤矿便在1855年被发掘并命名，承担着为周边工厂供应煤炭与抽取矿井水的功能。与诸多煤矿一样，圭多煤矿也难逃矿产资源枯竭的命运，于1960年正式被关停，并在7年后被作为新的采煤设备与机器的试验矿而出现短暂的复兴。1982年，在圭多煤矿旧址上建造起一座露天采煤博物馆，并于1987年成为西里西亚省登记在册的、受保护的建筑文化遗产，但遗憾的是，该博物馆在1996年被关闭。在此之后，扎布热及其周边地区的许多人们不断作出努力，期望能够保护该地区这一见证人类工业文明发展的、极为重要的工矿产

业纪念碑，以铭记这段历史及致敬那些为地区发展作出巨大贡献的相关人士。终于，承载着政府及无数支持者的共同希望，圭多煤矿在 2007 年以“欧洲向公众开放的最深矿山博物馆”的身份重新向世人开放，并被指定为西里西亚省和扎布热市的独立文化机构，作为“欧洲工业遗产之路”采矿主题中的景点之一。如今博物馆不断发展壮大，每年接待超过万名游客，独一无二的资源与充满创意的再开发方式使其成为波兰重要旅行景点之一，旅游开发收入占全年总收入的 30％～50％，并于 2023 年获得欧洲最负盛名的奖项——欧洲博物馆年度奖的提名。

（2）再开发方式简介

工业遗产见证着各国工业化不同阶段中的历史风貌及时代特征，承载着城市记忆，印刻着发展足迹，是各国工业文化的载体，具有极为深厚的历史、社会、经济价值和审美价值。经过各国的不断探索与实践，大量的工业遗产沿着文化创意、旅游观光、绿色环保等路径进行转型，成为创意社区、艺术中心、博物馆、公园等城市新的活力增长点，带动了地区的复兴和发展，成为新的时尚地标。基于其自身资源禀赋与优势，圭多煤矿通过多重手段对其价值进行再利用，因地制宜地探索其独特的发展路径和模式。

① 发掘观光价值

每当人们路过 Maja 这条街时，都会被眼前巨大的蓝色采矿塔所吸引，这座高耸在扎布热市中心的塔名为 Kolejowy[图 10-13(a)]，是历史悠久的圭多煤矿的地标，这座塔能够带领游客踏上深入了解西里西亚采矿史的旅程。

在圭多煤矿，旅游观光区域位于地下 170 m、320 m 及 355 m 三个保存完好的采矿层中，故而拥有 2 小时、3 小时及 4 小时等多条旅行线路供游客选择。三个矿层间的交通由建造于 1927 年的金属质地矿井升降梯[图 10-13(b)]承担，仅用几十秒的时间便能将游客带入神秘莫测的地下空间。

(a) Kolejowy采矿塔　　(b) 矿井升降梯

图 10-13　Kolejowy 采矿塔和矿井升降梯

地下 170 m 及 320 m 两处空间承担着观光旅行的任务，其项目被称作“圭多煤矿观光行”。地下 170 m 处的游览空间开凿于 1885—1887 年间，现今被改造成为 19 世纪和 20 世纪的矿工生活场景的再现场所，是圭多煤矿现今对外开放参观的最为古老的区域，可被称作小型采矿场景记录馆。在该层的展览中，原始的煤矿开采方法以及矿工们艰苦劳作的场景在灯光与声音效果的帮助下被完整立体地呈现出来，使得游客被瞬间带回 20 世纪的地下世界。你能够看到被重新利用的 20 世纪的采矿机器，亦能看到巨大的排水泵及煤罐，还能通过陈列的各种钻井设备等设施听到采矿时的轰鸣声以及矿工们的谈话片段，脚下所踩的地板有时还会发出吱吱的响声，低矮的天花板能够很好地展现出井下工作空间的恶劣环境……这些设计复原了真实的开采场景，使游客们身临其境地感受到真实的矿工日常工作与生活。地下 170 m 的采矿装备如图 10-14 所示。此外，该层还有一个饲养马匹的地下马厩[图 10-15(a)]对外展览，通过将协作人们工作的马匹的嘶鸣声与马匹劳作场景相结合，充分表现矿山工作的艰辛。同时，该层还有一个最为重要的空间——圣芭芭拉教堂[图 10-15(b)]。相传，芭芭拉是教会中的女护士，矿工们十分感激其细致的医疗照顾，在芭芭拉去世后教会追其"圣"字，圣芭芭拉就此成为矿工的守护神。在以其名命名的教堂中，所有的玻璃窗花都讲述着矿工的故事，库特纳霍拉城中心的圣芭芭拉大教堂是最为典型的代表。圭多煤矿中的圣芭芭拉教堂则采用砖块与钢结构进行修建，使其成为一座新哥特式的砖砌教堂，其内有彩色的玻璃装饰并供奉着圣芭芭拉的雕像，向人们展示着矿工对圣芭芭拉强烈的崇拜之情，同时也被用作礼拜堂对外开放，供游客祈求个人的平安顺遂。

图 10-14　地下 170 m 的采矿装备展览

(a) 地下马厩

(b) 圣芭芭拉教堂

图 10-15　地下马厩和圣芭芭拉教堂

地下 320 m 处的观光是欧洲最深的矿井游览项目，是在被开采的 620 号煤层的基础上修整而成的，能够通过矿井内的高速升降梯到达，且在行程中能够看到许多隧道与采煤竖井。在这里,集中展览着自19世纪末到现今的采煤技术发展历程,一台仍在运行中的大型Alpina隧道掘进机,250 t重的煤炭集装箱和长壁采煤机,等等。最为独特的便是其中所修建的悬挂式电动轨道,圭多煤矿是世界上唯一为游客提供此类轨道的煤矿,它能够以观光工具的角色带游客游历所展出的各类采矿设备,使游客能够近距离地观察到被开采的黝黑煤层及采矿机器的工作现场。在该层中还存留有4个厚度约为2 m的尚未完全开采的煤层,游客只能独身一人弯腰穿过,足以体验矿工艰苦的工作环境。地下320 m的采矿装备如图10-16所示。

图10-16　地下320 m的采矿装备展览

② 矿工生活体验

地下355 m的废弃煤层是圭多煤矿中现存最深且最为原始的部分,圭多煤矿最后一次的长壁开采便在这里进行,一切都是矿工离开时的状态,故而被改造成为矿工生活体验区(图10-17),并以“矿井之黑”命名,象征着该项目的危险与刺激。在深入这一煤层之前,游客必须装扮成为一名专业的煤矿工人,穿戴全套厚实的安全服及舒适的步行靴,头戴头盔及带有保护罩的探照灯,并且配备齐全的采矿工具。陡峭的斜坡、狭窄的通道以及因布满用于泵送填充物的管道而变得低矮的穿行空间使得这段只有1.5 km的游览项目难度剧增。前来体验矿工生活的游客将在传输机的协助下在指定区域内完成指定任务,如在十分倾斜且狭窄的通道内移动重型管道、组装传送带、切割木头、安装通风管道等。在此过程中，游客要时刻关注头顶的落石与矿井的实时状态以防发生不测，周遭的环境寂静且黑暗，唯一的光源则是矿工头顶的那束探照灯。游客在该层能够更深切地体会矿工恶劣的工作环境及艰辛的工作。

图 10-17 矿工生活体验

③ 引入文化艺术活动

除了旅行观光体验外，开发者还巧妙地利用地下空间引入大量文化艺术活动，形成圭多煤矿地下艺术中心（图 10-18），期望为前来参观的游客提供更为多元化的体验。在地下 320 m 的空间中，建设有欧洲最深的地下酒吧——泵房酒吧，每个前来参观的游客都能够在这里品尝到西里西亚当地啤酒厂生产的美味圭多啤酒，还能够在这里聚餐并购买旅游伴手礼。此外，另有四个配备多媒体及网络的采矿室被改造成为巨大的会议厅，组成了名为“K8”的商务文化休闲区并开放给公众租赁使用，公司和团队可在这些空间召开会议或组织培训，矿工音乐会、戏剧表演以及电影放映活动也会不定期在此区域开展，独特的矿业元素也为充满创意的后工业风格矿山婚礼提供了绝佳场地。在多元化的文化活动的介入下，圭多煤矿已然变成了一个能够组织文化艺术活动的地下艺术中心。这一现代化的区域自 2013 年正式投入运营以来，为圭多煤矿增添了不少人气。

④ 地面广场高效利用

圭多煤矿的地面空间也被很好地利用起来。漫步园区，游客能够看到被精心建造与设计的绿化区域，多以采矿设备零件形式出现的采矿主题雕塑，这些精心的设计使游客能够全方位地感受当地的采矿文化。在夜幕降临之后，场地内部所布置的灯光又将矿区塑造成另一番模样，采矿塔下方的开敞空间也被用于举办国际艺术节与演唱会等活动，吸引着区域内不少年轻人前来游玩。圭多煤矿地面艺术广场如图 10-19 所示。

三、路易斯女王煤矿综合体再开发

1. 路易斯女王煤矿综合体简介

路易斯女王煤矿综合体是扎布热地区三个与硬煤开采相关的文化古迹的组合——路

(a) 矿工文化讲堂　　(b) 公司培训场景

(c) 地下320 m的泵房酒吧　　(d) 矿工主题婚礼

图 10-18　圭多煤矿地下艺术中心

(a) 园区采矿主题雕塑1　　(b) 园区采矿主题雕塑2

(c) 园区采矿主题雕塑3　　(d) 园区内举行音乐会

图 10-19　圭多煤矿地面艺术广场

易斯女王煤矿、链式浴场以及一条欧洲煤矿开采历史中最长的水系坑道。今天，这座综合体被誉为工业遗产纪念碑，是上西里西亚地区最为重要的文化遗产群落之一。

路易斯女王煤矿是综合体的主体部分，这座煤矿是上西里西亚最古老的国有硬煤煤矿之一，也是该地区煤矿开采史上最大、最现代化的矿山，在 200 多年的开采历史中一直是西里西亚煤炭行业的领导者，于 1998 年正式停止开采。现今仍有许多建筑留存在地面，如带有蒸汽机的起重机房、电源室、压缩机站、配电站及带有竖井塔的 Carnall 竖井等。

在矿山运营的前几年，矿坑不断地被渗入地下的水所侵扰，有时还会阻碍采矿工作的进行，这成为最令人头疼的问题。在人们尝试用水桶和蒸汽机进行排水无果后，设计师在 1799 年最终决定参照英国与匈牙利的经验，建造一个用于排水的坑道，这条长度为 25.5 km、平均深度为 177 m 的欧洲最长水利工程就此诞生。该条耗时 64 年才建造完成的通道不仅帮助 20 多座煤矿进行地下排水，还在多座国有矿山及贸易港之间架起了煤炭贸易与物资运送的桥梁，成为煤炭开采历史上最长的地下通道，但该通道因道路的修建及泥沙沉积等原因于 1956 年被关闭。随着扎布热煤矿博物馆的兴建，这条水道的重建计划也被提出，并于 2009 年正式动工整修。2018 年，该通道尚可利用的部分成功地被改造成为长达 1.1 km 的旅游水道，持续发挥着它的作用，游客能够有机会乘船游览这一波兰最为伟大的地下水路。

链式浴场的产生得益于政府的高额补贴。这座始建于 1890 年的砖砌建筑是上西里西亚采矿区域内首个该类型的设施，该建筑的修建水平远远领先于当时的标准，是当时社会福利设施水平最好的证明。

与圭多煤矿一样，这三处设施在为城市发展作出贡献后被接连废弃与关停，留下了无数见证历史发展的物品。政府看到了其非凡的再开发潜力，期望通过改造和振兴的方式打造一个综合体，在满足文化、教育和旅游需求的同时保护该地区的采矿遗产。因此，2009 年正式启动对该区域的改造，在 2018 年随着旅游观光水道的贯通而结束，以多元的手段最大限度地活化了这一系列分布于地上及地下的采矿遗迹。

2. 再开发方式简介

(1) 地下观光游览

路易斯女王煤矿的地下游览项目分为两个部分：乘船探险与观看工业展览（图 10-20）。乘船探险项目是该矿旅游观光的王牌项目，游客需要乘坐船只近距离地接触这一欧洲最长的地下矿道，参观 20 世纪留下的采矿巷道、港口遗迹，同时沿路设置的多媒体设施在游览过程中为游客讲述与矿山相关的历史文化故事，那些源自古西里西亚神话中的恶魔则躲藏在角落中等待吓唬那些毫无戒备心的游客，这些独特的设计能够为游客留下难忘经历。在水路冒险结束之后，游客能够在其余空间中看到 20 世纪真实的煤炭开采过程：整个场景用从淤泥以及遗迹中提取的采矿工具进行布置，如切割机、长壁采煤机与采掘机等采矿相关机器，以及传送带、铁铲、手推车等。伴随着机器的轰鸣声，这些真实的重型工业设备展示着煤炭是如何被开采、破碎并运输至工厂之中的。还能在此层看到动物与植物的身影，马匹能够帮助矿工劳作，而金丝雀以其感觉敏锐的特征扮演着活体空气检测仪的角色，用来协助矿工们躲开井下的危险事件。结束观光后，游客再搭乘采矿专用铁路回到地面。

(2) 引入家庭游乐活动

路易斯女王煤矿是一个多样化的体验基地，其不仅能吸引成年游客，还能够为儿童与青少年提供多种多样的游乐体验。设计师对地下 510 号煤层进行改造，为开展 5 岁以上游客均可参加的矿工扮演活动提供了空间。在该项目中，孩子们将在专业人士及家长的陪同下穿过地下迷宫般的采矿走廊，看采煤机如何运作，并在多媒体影片中深入了解矿工真实的工作场景。不同于圭多煤矿高难度的采煤体验，路易斯女王煤矿的游戏环境则安全得

图 10-20　路易斯女王煤矿地下观光游览

多，其能够让全家人共同体验煤炭的开采过程，共度愉快的时光。该层还提供了专门针对青少年群体的多种教育课程，寓教于乐，使青少年在玩乐中学习知识。亲子体验活动如图 10-21 所示。

(3) 地面空间综合利用

路易斯女王煤矿综合体的地上部分也在设计师的巧思之下进行了改造，包括园区的地面广场和保留的建筑群落。地面广场被改造为 Park 12C 及军事技术两个不同的主题公园。在 Park 12C 中，孩子们能够通过四大主题游乐设施了解煤矿开采技术与自然资源相关的知识，公园内有由硬煤搭建而成的迷宫、太阳能喷泉、带有暗室的相机原型等，还设置了儿童也能够操作的采矿设备，这些巧思能够让孩子们了解过去如何输送水源、记录影像，从而达到寓教于乐的效果。周边城市的居民也将此处作为散步、娱乐和社交的地方，在公园内部还为游客提供餐饮及遮阳伞，随处可见的栅栏与监控保障着园区的安全，吸引更多携带孩

图 10-21 亲子体验活动

子的家庭前来体验。在该公园旁边则是由军队与矿区协作设计的军事技术公园，前来观赏的游客能够在其内欣赏军事用品，包括履带式坦克、装甲运兵车、军用卡车等，20 世纪波兰军队曾经使用过的坦克也能够在这里看到，这里就此成为整个城市的军事教育基地。在园区内的其余区域，散落着一些真实的采矿机器模型，诉说着这座矿区的悠久历史。这两处公园也经常被用于举行各类艺术节、音乐会以及戏剧表演等，各大展览也纷纷选定此处作为场地，这些文化活动为园区增添了艺术气息。地面空间活动展示如图 10-22 所示。

(4) 旧有建筑更新改造

地面建筑及构筑物群落是路易斯女王矿区的另一重要组成部分，目前由链式浴场(图 10-23)、Carnell 竖井(图 10-24)、高达 30 m 的吊车及若干辅助建筑组成。链式浴场是该区域内改造最为成功的建筑，其前身为上西里西亚矿区内的首座矿工浴室，现今则具有游客接待、餐饮休闲及文化艺术等多重功能。

为了更好地适应全新的功能，又不失去原有建筑的特色，设计师在改造的过程中保留了其独特的砖砌外立面与主要结构，并进行了墙身的修复及防潮保温处理，对受损的房屋结构也进行了修复与加固处理；门窗框架也由破损的木质结构更换为铝板及玻璃面板。为了更好地服务于展览与文化艺术的功能，设计师在房屋东西两侧进行了扩建，并将展览、戏剧表演、音乐会及餐厅的功能安排入内，其内部的空间也进行了全新的划分，美食区域甚至还设置了夹层空间；原有浴室及更衣室等淋浴空间中的淋浴系统在经过清理后，也被完好地保存了下来，通过装饰还原旧时矿工洗浴的场景。该建筑通过保留外立面并在保证其墙体热工要求的情况下，对内部空间进行重新划分与陈设更新，从而使得这座纪念碑式的建筑重获新生，并成为矿区内旧建筑更新改造的范本。

对于园区内的其余辅助建筑，设计师同样采用保留砖砌外表并进行功能置换的方式，使其成为讲述采煤电气化历程的博物馆群落。在前身为电源室的建筑物中，游客能够看到矿工所使用的光源与通信设备；在电气车间内则展出了众多藏品，其中最值得参观的是双马力蒸汽机，其于 1915 年产自德国，时至今日还能够运行，足以见得当时优秀的生产技术；

图 10-22　地面空间活动展示

波兰唯一一个矿难救援展览被布置在竖井旁的机房中，游客还能够通过 VR 切身体验矿难现场；高达 30 m 的吊车顶部可供游客一览城市美景，或通过此设施深入地下进行更多的探索。煤炭历史博物馆内部陈列如图 10-25 所示。

四、西里西亚博物馆再开发规划

卡托维兹市是波兰的工业中心，重工业与采矿业曾经为这座城市带来了无限的繁荣，并由此产生了专属于该城市的、独特的历史文化资源与城市精神。但随着时间的推移，这些昔日的明星产业逐渐衰败，那些独特的人工景观、工业厂房及相关建筑物也接连被荒废。幸运的是，政府看到了这些衰败背后的新生。

西里西亚博物馆于 2015 年修建于前卡托维兹煤矿遗址之上，是矿业遗产更新改造的经

图 10-23 链式浴场

图 10-24 Carnell 竖井

图 10-25 煤炭历史博物馆内部陈列

典案例之一，并与其周围的诸多文化设施一齐构成了卡托维兹市的文化中心。设计者为了最大限度保护西里西亚的工业历史及矿区的原始功能，选择以“最少的介入”为设计概念，将博物馆建筑的主体功能隐藏于地下空间之内，使得新建部分对原始空间产生极小程度的干扰。而地上部分则使用了 6 个轻体量的玻璃方盒子融入现存的矿业建筑序列中，构成了一幅和谐的景象，并通过对绿化、道路及广场的合理规划设计，创造了一个极具吸引力的公共空间。西里西亚博物馆全貌如图 10-26 所示。

图 10-26　西里西亚博物馆全貌

当游客步入西里西亚博物馆时，映入眼帘的便是高达 40 m 的华沙二号采煤竖井，如今已被改造成为一座能够俯瞰卡托维兹全市景致的观景塔，塔下的餐厅建筑前身是华沙竖井原有的机房；矿区原有的仓库则被改造成一座能够容纳 300 人的演艺中心，是波兰电影布景设计的基地，常年展出自 1800 年以来的波兰艺术与戏剧史。博物馆中的教育空间改建自矿区中的木工店，展览空间则改建自矿工浴室，同时被用作博物馆的学术研究，承担着城市考古、民族研究及城市历史研究的重任，数字化博物馆工作室也被安排在内。6 个新建方盒子则分别用作主题展览，其内容涵盖宗教、文化、音乐等。

而博物馆主体空间被设计师安排在地下，其中包括高 12.5 m 且能够容纳 350 辆汽车的停车场、可供 320 位游客使用的礼堂、面积为 400 m^2 的图书馆及多间教室和会议室等，这些展陈空间均改建自卡托维兹煤矿原有的隧道及采矿车间。

整个项目通过将现代与传统相结合的手段，以文化功能置换工业功能的形式将煤矿区更新为文化区，提升了城市空间的品质，也使得该地区的投资潜力得到充分的激发。此项目建成后，曾获得诸多奖项，如 2018 年西里西亚省最佳公共空间奖等。

五、再开发效益

扎布热市市长曾在采访中说道，如果你想了解扎布热，应当从地上地下两个角度去观察：目光所及之处的地面城市是其现在的面貌，而深入地下的圭多煤矿以及路易斯女王煤矿则是其另一副面孔。扎布热的后矿业时代煤矿旅游和文化改造项目充分尊重了工业遗产的历史价值和文化价值，在完整保留煤矿开采全部工艺流程的基础上，挖掘专属于自身的功能与空间特色，并以此为基础植入现代的生活与沉浸式的游览模式，使得游客能够亲身体验旧时矿业生产中的点点滴滴。同时，这些项目不约而同地引入大型节庆活动以吸引游客前来游览参观，如国际设计周、音乐节、旅游文化节等，同时也能够使得当地居民对矿业遗迹产生全新的认知，将文化特色与经济效益重新整合进入整个城市的发展中。

这一系列再开发项目屡获波兰旅游组织颁发的“最佳旅游产品”奖，路易丝女王煤矿综合体还在 2020 年被授予波兰历史纪念碑的称号，成为西里西亚省工业纪念碑路线上参观人数最多的项目之一，每年为城市带来不菲的收入。

第四节 比利时亨克 C-mine 矿区更新改造

一、比利时采矿业概况

比利时是世界上工业极为发达的国家之一，是欧洲大陆上率先开展工业革命的国家中的一员。丰富的煤炭资源使得采矿与重工业成为比利时在工业时代的主要经济来源，其南部的瓦隆大区自 19 世纪开始大规模开采以来，煤炭产量一度位居欧洲前列，成为欧洲大陆第一个整体实现工业化的区域。截至 2016 年的数据统计，比利时煤炭储量约为 37 亿 t，其中约一半具有开采价值，大多分布在桑布尔-默兹河谷地。

自工业革命以来，各大煤矿采区纷纷进行大规模的工业建设以支撑国家的经济发展。但是，随着煤炭资源的逐渐枯竭与煤炭工业时代的逐渐落幕，各矿区纷纷进行发展重心的转移，原有的矿业设施被废弃。而这些采矿遗迹却体现着工业革命时代的建筑风格，具有极高的历史文化价值。为了纪念这段光辉的采矿历史，比利时政府一直致力于为这些曾经使得城镇繁荣的工业基础设施寻找新的用途，将这些衰败的场地变成可利用的空间。位于比利时弗拉芒大区的亨克 C-mine 煤矿再开发项目则表现出了该地政府对工业历史的尊重，成为比利时回答如何处理大规模废弃工业遗产这一问题的答案之一。

二、亨克 C-mine 矿区再开发项目

1. 亨克 C-mine 矿区简介

亨克位于比利时与荷兰的边界林堡省东北部，处于延伸至鲁尔河谷的肯彭煤田的中心区域。肯彭煤田自第一次世界大战开始被探明后持续进行大规模的工业开采，并一直持续到 20 世纪末，亨克的发展便得益于这处煤田。亨克 Winterslag 煤矿地理区位及现状场地卫星图如图 10-27 所示。

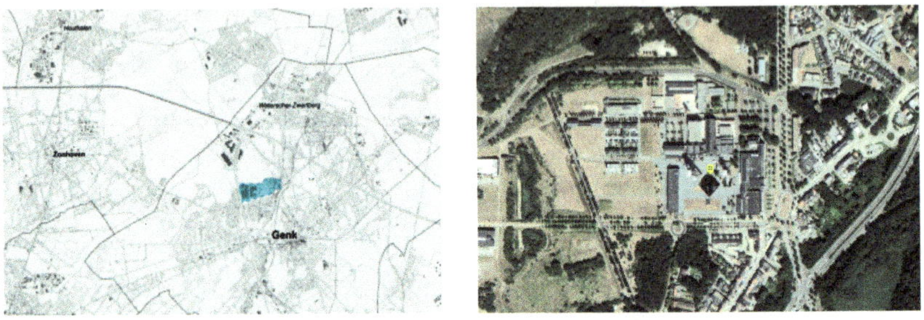

图 10-27 亨克 Winterslag 煤矿地理区位及现状场地卫星图

1900 年的亨克是一个仅有 3 000 余人的村庄，其旖旎的风光吸引了无数艺术家前来寻求艺术灵感。1901 年，亨克附近发现了煤炭，随后多家工业集团纷纷申请采矿权限，最终开发了 Winterslag、Zwartberg 与 Waterschei 3 处煤矿，亨克从一处以秀丽风光闻名的安静村庄一跃成为比利时最为重要的工业中心之一，C-mine 的前身便是这三处煤矿之一的 Winterslag 煤矿。该煤矿自 1912 年正式开掘，1914 年开采出肯彭盆地的第一块煤。20 世纪 60 年代开始，该地煤炭资源开始枯竭，在经历 70 多年的运营后于 1988 年 3 月正式被关

停。亨克 Winterslag 煤矿历史照片如图 10-28 所示。

图 10-28 亨克 Winterslag 煤矿历史照片

如同许多其他城市一样，亨克政府也通过植入教育、文化、创意经济及旅游业等多元产业的方式来努力克服工业衰退所带来的损失。政府认为，Winterslag 煤矿及其所遗留的许多采矿设施及采矿场景能够很好地反映欧洲工业革命的发展历程，不能将其放置至衰败，应当寻找合适的再利用途径进行复兴。为了将此处塑造为一个充满活力的区域，政府于 2001 年收购了该处煤矿，并提出在该遗址基础上修建创意中心。复兴改造的项目于 2005 年正式开始并逐渐向公众开放，并以 C-mine 命名，代表着能够被看到的创造力。如今，这座亨克地区最后一个被关停的矿区已经被改造成为文化创意中心，为该地区提供艺术与商业产品，成为当地的文化、创业、教育及娱乐中心。亨克 C-mine 矿区现状如图 10-29 所示。

图 10-29 亨克 C-mine 矿区现状

2. 再更新方式

(1) 建筑改造与功能置换

矿井被关闭时，大量反映煤炭开采场景的设施和修建于 1917 年的旧矿区建筑被留存，其中包括装满采矿机械的中央仓库、仍可运作的采煤机及压缩机、冷却塔、能源大楼、马厩及诸多竖井、工人住宅群落等，这些具有新古典主义建筑风格的古迹自煤矿关闭之后就被良好地保存着，如今则全部被赋予全新角色，承担着文化艺术等功能。

修建于 1920 年的中央仓库是典型的砖砌建筑，2018 年被列为比利时的受保护的建筑遗产，如今被改造成为陶瓷艺术家彼得·斯托克曼斯(Pieter Stockmans)的私人工作室及生活空间。以前的马厩被改造成为商业空间，而创意企业的孵化器则是利用了原有的采矿办公室，浴室则承担了电影院、创意公司与餐饮等多重功能。

由前身为矿山综合体发电机房的砖砌建筑改造而成的能源大楼是整个项目的“心脏”。在尽可能保留其原始空间结构的情况下，通过对其内部空间进行重新规划，延伸出多功能礼堂、会议室、餐厅及展览厅等空间，使其成为文化艺术中心，同时还提供接待游客服务。这座大楼在保留外立面的同时对建筑两侧的空间进行了扩建，使其能够提供举办音乐会与影剧会的空间，充分发挥其文化艺术功能。设计师还将现有的地上地下空间进行联通，使得游客能够通过文化中心深入由原有煤矿坑道改造成的地下空间，并进行名为“C-tour”的矿下探险活动。不同于传统的探险模式，设计师将地下矿道串联起来，并通过技术手段使矿道中充斥着采矿机器的轰鸣声和地下空间的潮湿气味，矿道的墙壁上展览着采矿历史，诉说着矿工间的友情与辛勤的劳动场景。与此同时，游客还能够通过 VR 装置进行采矿体验，以最真实的方式还原旧时矿工的生活场景，这也是世界上首个在博物馆中设置采矿 VR 体验的矿区。

在结束文化艺术中心的体验后，游客还能够通过巨大的双螺旋楼梯登上两座高耸的采矿竖井顶部，总览整个综合体及周围的壮丽城市景观。虽然该地区煤炭开采的故事结束了，但是这些装置却带领后人了解到更为广阔的世界。改造建筑内部如图 10-30 所示。

图 10-30 改造建筑内部

(2) 文化艺术机构引入

作为文化中心，除了举办展览、音乐会等活动外，开发商还创新性地将卢卡艺术学院(图 10-31)引入了综合体中，来自动画与电影、游戏设计、摄影及产品设计等专业的学生将在一座全新修建的建筑中开展他们的学业，并且将定期举办相关的艺术培训活动，该地区为艺术教育提供了一个极好的空间，激发学生们的创意与灵感。与此同时，艺术中心的主楼还设置了一些当代艺术和摄影的展览空间，由一群热爱艺术的市民所创建的当代艺术平台也在不久的将来入驻，为公众提供有关建筑文化遗产的教育，并将带来一系列文化艺术展览。与此同时，综合体中遍布的雕塑和工业建筑是摄影的绝佳对象。

图 10-31　卢卡艺术学院全貌

(3) 工业广场再规划

为了最大限度地激活原矿区的公共空间，并为新建的文化中心提供更多的户外场地，设计师在两个核心概念“一个生活化的广场”和“尊重遗址的历史风貌和感觉”的引领下，对原有的广场空间进行整合梳理，使其成为一个集文化、创意、设计和休闲功能于一体的、灵活且开放的城市广场(图 10-32)。为了使广场能够更好地为游客服务，并体现出矿区元素，广场由以前矿山建筑翻新而成的、具有文化功能的建筑围合而成，如剧院、电影院和餐厅等，使游客在游览时能够和周围建筑产生互动。同时，广场的黑色铺砖采用了采矿活动所产生的废料，以彰显矿区元素；广场上的座椅也采用了可拆卸的螺栓安装形式，这样可以使广场能够拥有充足且可变的空间来举办各类活动，如音乐表演、烟花和激光照明表演等，并且该广场在 2012 年后一直作为欧洲当代艺术双年展的举办场所。

该广场的改造也为城市居民提供了一个开展公共活动的空间。开发商会定期在此广场上为原有矿工举办各类庆典，参加庆祝活动的工人表示十分自豪，因为他们看到自己的工作场所被保存下来以供纪念，而不是以去除的方式进行房地产开发。

对艺术学院的学生而言，这也是大学校园的公共活动中心，他们能够在场地上举办各类与文化艺术相关的活动，并且邀请全世界各地的艺术家前来参加，不同文化在此处进行碰撞，为矿区的个性化更新带来灵感。

三、改造效益

随着改造与更新的逐步进行，越来越多的机构入驻 C-mine，众多国际展览与讲座、音乐会等均将此处作为举办场地。而其对旧有矿业建筑的改造也成功地以“文化”“电影”“创

图 10-32 工业广场再利用

造”“艺术”等作为黏结剂将矿区的历史与未来进行衔接，使得游客以一种充满创造力的方式回到那辉煌的采矿时代，吸引了来自世界各地的参观者，虽然它并不是城市工业历史最为典型的纪念者，但以自己独特的方式，通过多元化的娱乐方式展现煤矿开采的真实场景。

2013 年，C-mine 以其出色的改造获得了用以纪念在古迹保护领域作出突出贡献的佛兰德纪念碑奖，并于同年在综合体内举行了首届建筑之夜活动，吸引了全球各地的建筑设计师前来参与并体验这一出色的建筑改造案例。随着不断的优化更新，C-mine 于 2020 年 6 月被法兰德斯旅游局认定为 9 个新的“法兰德斯遗产场馆”之一，并成为比利时工业遗产旅行线路中的 15 个点位之一，在提供独特遗产体验的基础上还能够提供专业的文化与艺术服务。C-mine 成为亨克地区继 Thor Park 和 Bokrijk 之后第三个获此殊荣的地点。

第五节　德国钢铁之城露天煤矿更新改造

一、德国采矿业概况

德国是自然资源较为贫乏的国家，但是拥有极为丰富的硬煤、褐煤和盐资源。据 2021 年及 2022 年版《BP 世界能源统计年鉴》数据，截至 2020 年年底，德国的煤炭储量位居世界第六，占据世界总量的 3.3%，煤炭在德国的一次能源结构中占绝对的支柱地位，并为德国带来了极大的经济效益。德国政府发言人乌尔里克·德默尔(Ulrike Demmer)曾表示，“硬煤实现了鲁尔区的工业化，也促进了全德繁荣。我们应感到光荣，因为直到今日，我们都或直接或间接地从中受益。”

德国的煤炭资源生成于古生代、中生代和新生代，并且分为硬煤和褐煤两大类。硬煤以烟煤为主，具有煤质好、低灰、低硫等特征，但是开采条件较差，开采难度较高。而褐煤与硬煤矿井不同，其煤层厚、埋藏浅，具有十分有利的露天开采条件。古生代煤层多为烟煤，主要分布于西部北威州的广大地区及南方萨尔州的小型含煤区。中生代煤层储量则较少，多为次烟煤及无烟煤。而新生代多为次烟煤和褐煤，主要分布于西部莱茵河地区和东部地区。德国褐煤全部产自露天煤矿，主要分布于德国西部的莱茵地区、东部勃兰登堡州劳西茨地区及中部地区，在黑森州、巴伐利亚州、下萨克森州黑尔姆施泰特等地也有分布，但上述地区均已停止生产。硬煤生产以井工开采为主，主要集中于四大硬煤煤田内：鲁尔煤田、萨尔煤田、亚琛煤田和伊本比伦煤田。

二、钢铁之城再开发规划

1. 钢铁之城简介

北戈尔帕(Golpa Nord)是德国著名露天煤矿产区。该矿于1958年被发现，自1964年正式开始采掘的近30年内开采了7 000万t燃煤，因过度开采而造成的资源枯竭、生态环境严重破坏、原有地貌村落消失殆尽等问题于1991年被关停，留下了一个面积为1 915 hm^2、深度为24 m、三面皆是湖水的半岛和大片碎石。如何处理这一反映德国中部采矿业光辉历史的遗迹成为政府面临的最大问题，将其拆除还是选择在过去的基础上创造一个全新的奇迹？最终，在当地人民强烈的坚持下，1995年北戈尔帕露天煤矿改造工作在包豪斯基金会的赞助之下开展。作为当时风靡世界的包豪斯设计体系，其认为人们应当客观地认知与对待现实世界，设计也应当以认识活动为主并展现这个时代的特色。因此，他们以“工业花园王国”为设计概念，将矿业开采所留下来的地貌及大型采矿设施保留，利用场地现存的、见证采煤历史的五座长约130 m、高约30 m、重达7 000余t的废弃的巨型采煤设备(矿车)作为场地景观特质进行改造，并将这一露天煤矿博物馆命名为“钢铁之城”，向人们展示着露天煤矿的开采历史与这一地区的工业化历史。如今，这里不仅是一个工业纪念碑，还是一个钢铁雕塑群、一个市民活动区以及一个主题公园，具备体验昔日采矿生活及欣赏音乐会与举办其他活动的功能。“钢铁之城”鸟瞰图如图10-33所示。

图10-33　“钢铁之城”鸟瞰图

2. 再开发方式简介

(1) 煤矿开采历史展览

不同于地下矿井，“钢铁之城”前身是位于湖面之上的露天煤矿，因此在煤炭开采过程中，抽水、填坑及采煤三项工作须同时进行。当煤矿废弃后，原有的采煤深洞逐渐被湖水所淹没，仅留存相关建筑物与地面广场，设计师便利用这些地面遗存建筑物讲述此处辉煌的煤矿开采历史。

当人们踏入这片区域时，最引人注目的便是高耸的五座展示采矿工程不同环节的大型的采矿设施——吊具双子座和美杜莎、煤矿挖掘机蚊子、斗链式挖泥船疯狂的麦克斯以及此处最值得参观的、世界上最大且最古老的履带式摆动挖掘机大轮子。吊具用于展示露天煤矿的废弃土如何被倾倒并排出，如今则能够借助电梯实现无障碍通行，以其 40 m 的高度为游客提供能够俯瞰整个场地的观赏地点；挖泥船则是专属于露天矿与水下矿的独特开采工具，其所配备的巨大水桶是运输功能的最佳体现；而建造于 1941 年的履带式挖掘机大轮子是世界上最古老的挖掘机，同时其因具有直径 8.4 m 的传送轮而同时荣获“世界上最大的挖掘机”称号。如今，这五座大型机械以生动的形式展现着煤矿开采的场景，“钢铁之城”的名字也因此得来。

位于半岛后部的原 30 kV 电站则被改造成为采矿历史博物馆，其内良好地保存着作为露天矿电力中心的原电站的开关设备，还能够看到采矿时所使用的测量仪器与技术设备，部分露天矿的老照片与历史文件等也陈列其中。同时，在建筑的一层有一个样板间，其内展示有许多由矿工精心修复的大型露天采矿设备模型，并有采矿流程的展览。此外，博物馆也承担着教育的功能，一个校园实验室被设置在一层，学生在此可完成可再生能源领域的有趣实验并能够学习到许多物理学方面的知识。

煤矿中原有的运输工具与窄轨铁路也被保存下来，并成为历史展示的一部分。铁路如今依旧在运营中，为游客提供服务，使游客能够乘坐火车直接到达景区参加相关活动。

设计师巧妙地利用了矿区内原有的火车、轨道、运煤车厢及相关设施等物品，并辅助以挖煤工具及器械等，将其串联起来，形成了一座设施完备的露天博物馆，向人们诉说着该地区 150 余年的露天煤矿开发过程。露天煤矿博物馆如图 10-34 所示。

(2) 采矿广场改造利用

三面临水的半岛在五座巨型设施的包围之下形成了一个十分宽敞的公共空间，设计师赋予了采矿广场全新的身份——能够容纳 25 000 余人的大型公共活动中心，并且安装有音响、灯光等设备，吸引着来自全世界各地的人来此举办艺术活动。自 1995 年开始，此处便举办了很多活动。1998 年的夏天，来自世界不同地区的艺术家和建筑师汇集此地，举办了名为“夏日宣言”的活动，来探索这里废弃物的景观特质及观赏价值，并一齐为此处的复兴提出自己的意见。每年夏天，摇滚爱好者将会汇集于此举办露天音乐会，成千上万的乐迷在“钢铁巨人”间穿梭舞蹈；体育赛事以及“矿工日”或“工业文化日”等特别活动经常在此举办，艺术戏剧演出等活动也时常在此处上演。这个具有工业风格的钢铁遗迹以其独特的景观张力为各类艺术活动营造了一种特殊的氛围，为游客及艺术发烧友带来别样的体验。采矿广场音乐节盛况如图 10-35 所示。

广场空间不仅能够承担艺术活动，其未利用区域还被划分为多个主题空间进行多元化改造。首先，设计师专门为儿童开辟了一处游乐园[图 10-36(a)]。在这里，孩子们能够嬉戏，场中还设置一个小型机械挖掘机用以让孩童体验采矿流程。另有一条长达 16 km 的自行车骑行线路环绕采矿广场[图 10-36(b)]，游客能够在此线路上骑行观光，也能够顺着这条线路了解煤炭的运输方向。在园区西侧，游客还能够进行高尔夫球体验及电子寻宝等活动。

(a) 挖掘机蚊子

(b) 斗链式挖泥船疯狂的麦克斯

(c) 履带式摆动挖掘机大轮子

(d) 吊具美杜莎

(e) 运输机车

(f) 窄轨铁路

图 10-34　露天煤矿博物馆

图 10-35　采矿广场音乐节盛况

(3) 建筑功能置换

矿区停止煤炭开采后，原有辅助用房便被废弃，设计师则在保留其外观的基础上对这些建筑进行了功能的置换。现今的采矿历史博物馆便是原来矿区的电源中心。而原来的仓库现今被改造成了名为“桔园”的美食中心，该美食中心不仅含有一个能够容纳 400 余人的多功能活动厅及能够容纳 100 位客人的餐厅，还具有接待游客的功能，是游客前来进行探

(a) 儿童游乐园

(b) 自行车环道

图 10-36 儿童游乐园和自行车环道

索旅行的"起点"。

(4) 能源循环利用

在全球倡导可持续发展与绿色环保的议题下,设计师在保留原有建筑外观的同时,将太阳能光伏板铺设在建筑的顶部,利用太阳能为舞台及设备的运行提供能量,实现了能源的二次可再生利用。与此同时,2013 年钢铁之城与包豪斯、联邦环境部和其他合作伙伴一起建立了安哈尔特能源项目,并在此设立了合作中心,用以探讨未来的能源系统将如何使用等问题。

三、改造效益

如今,当人们踏入这一充满活力与生机的区域时,看到的是让人流连忘返的宁静水域和绿意盎然的生态景观,很难想象几十年前这里曾是德国中部褐煤工业的中心。该项目自启动之时便被作为 2000 年世博会的展览馆进行打造,通过出色的设计,这一欧洲目前最大的金属雕塑群于 2006 年获得"最杰出的活动场所"的荣誉;"钢铁之城"在 2009 年被纳入"欧洲工业遗产旅行线路"中并在欧洲享有盛誉,每年吸引许多明星来此举办国际音乐节。2023 年 8 月,"钢铁之城"还举办了一场盛大的赛车比赛,吸引 100 多位顶尖选手前来参加,在此场地上激发出别样的火花。

作为该采区最后一个被完全挖掘出来的露天矿,北戈尔帕露天矿选择不同于其他矿区再规划的方式,采取以尊重现有景观方式代替推倒重建的方式进行振兴;设计师在该项目中通过理性的分析,挖掘现存景观的特质并使其形成有鲜明地方特征的景观,通过对自然要素与工业元素进行改造、重组及再生,形成了具有全新功能的后工业景观,并带动了周边地区各行业的发展,真正做到了可持续性发展,社会效益、生态效益、经济效益并重,使其成为一个集博物馆、工业纪念碑、钢铁雕塑、活动场所和主题公园于一身的地方,为今后工业废弃地的重建开拓了崭新的思路,成为处理自然与人工关系的典范之一。

本书参考文献

陈荣寿,2007.“树枝状”采煤法在极薄煤层开采中的应用[J].煤炭技术,26(4):42-44.
代晓东,2003.永城矿区动态采煤沉陷区抗变形房示范工程分析[J].矿山测量(2):5-6.
邓高,杨珊,2017.基于组合预测与变精度粗糙模糊集的采空区稳定性评价[J].黄金科学技术,25(3):98-107.
邓喀中,谭志祥,姜岩,等,2014.变形监测及沉陷工程学[M].徐州:中国矿业大学出版社.
邓喀中,王刘宇,范洪冬,2015.基于 InSAR 技术的老采空区地表沉降监测与分析[J].采矿与安全工程学报,32(6):918-922.
段敬民,2005.矿山塌陷区房屋抗采动理论及加固技术研究[D].成都:西南交通大学.
佴磊,彭文,袁明哲,等,2011.基于经验模态分解和加权最小二乘支持向量机的采空区地面塌陷预测[J].吉林大学学报(地球科学版),41(3):799-804.
郭广礼,邓喀中,汪汉玉,等,2000.采空区上方地基失稳机理和处理措施研究[J].矿山压力与顶板管理,17(3):39-42.
郭广礼,2001.老采空区上方建筑地基变形机理及其控制[M].徐州:中国矿业大学出版社.
郭庆彪,郭广礼,吕鑫,等,2017.基于连续-离散介质耦合的密实充填开采地表沉陷预测模型[J].中南大学学报(自然科学版),48(9):2491-2497.
郭庆彪,2017.煤矿老采空区上方高速公路建设安全性评价及其关键技术研究[D].徐州:中国矿业大学.
郭庆彪,李英明,王亮,等,2019.废弃采空区地基稳定性极简评价指标体系构建[J].金属矿山(9):179-184.
国家安全生产监督管理总局,国家煤矿安全监察局,国家能源局,等,2000.建筑物、水体、铁路及主要井巷煤柱留设与压煤开采规范[M].北京:煤炭工业出版社.
国家质量技术监督局,1998.城市规划基本术语标准:GB / T 50280—98[S].北京:中国城市规划设计研究院:3.
何万龙,2003.山区开采沉陷与采动损害[M].北京:中国科学技术出版社.
贺跃光,2003.工程开挖引起的地表移动与变形模型及监测技术研究[D].长沙:中南大学.
黄岚,2021.德国煤炭工业发展趋势[J].中国煤炭,47(4):94-101.
江文武,徐国元,李国建,2013.高构造应力下充填采矿引起的地表变形规律[J].采矿与安全工程学报,30(3):396-400.
李随成,陈敬东,赵海刚,2001.定性决策指标体系评价研究[J].系统工程理论与实践,21(9):22-28.
梁为民,郭增长,2000.采动区建筑物保护研究现状及展望[J].焦作工学院学报(自然科学版),19(2):86-89.
刘仁华,倪善芹,于汶加,等,2017.波兰矿产资源及相关产业投资前景分析[J].中国矿业,26

(3):60-65.
刘盛东,刘静,岳建华,2014.中国矿井物探技术发展现状和关键问题[J].煤炭学报,39(1):19-25.
刘小蔚,2011.自伸长支座装置在钢结构抗地表变形中的设计应用研究与性能分析[D].徐州:中国矿业大学.
刘雨萌,李战江,尹伟,2018.非参数下贝叶斯判别与聚类分析的信用指标筛选模型[J].统计与决策,34(22):5-10.
娄云永,2009.电力通信网可靠性评价指标体系的研究[D].保定:华北电力大学(保定).
路云飞,李琳琳,张壮,2018.基于灰色粗糙集的指标筛选方法[J].火力与指挥控制,43(1):37-42.
钱鸣高,缪协兴,1995.采场上覆岩层结构的形态与受力分析[J].岩石力学与工程学报,14(2):97-106.
钱鸣高,缪协兴,许家林,1996.岩层控制中的关键层理论研究[J].煤炭学报,21(3):2-7.
钱鸣高,2003.岩层控制的关键层理论[M].徐州:中国矿业大学出版社.
乔志春,夏军武,郭广礼,等,1999.老采空区上方大型工业建筑抗变形措施研究[J].中国矿业大学学报,28(6):76-79.
秦杰,袁迎曙,杨舜臣,2000.砌体结构与地基共同作用的研究[J].工业建筑,30(12):22-25.
谭绩文,2008.矿山环境学[M].北京:地震出版社.
谭志祥,2004.采动区建筑物地基、基础和结构协同作用理论与应用研究[D].徐州:中国矿业大学.
唐晓祥,2014.采动区变形预计模块开发及结构土体共同作用研究[D].徐州:中国矿业大学.
童立元,刘松玉,邱钰,2006.高速公路下伏采空区危害性评价与处治技术[M].南京:东南大学出版社.
王磊,2012.固体密实充填开采岩层移动机理及变形预测研究[D].徐州:中国矿业大学.
王战权,杨东援,2001.物流园区规划初探[J].系统工程,19(1):79-83.
王正帅,邓喀中,2015.老采空区地表残余变形分析与建筑地基稳定性评价[J].煤炭科学技术,43(10):133-137.
王正帅,刘冰晶,邓喀中,2016.老采空区稳定性的模糊可拓评价模型[J].地下空间与工程学报,12(2):553-559.
吴侃,葛家新,王铃丁,等,1998.开采沉陷预计一体化方法[M].徐州:中国矿业大学出版社.
夏军武,郭广礼,刘家新,2001.老采空区地基变形与基础协同作用的研究[J].河海大学学报,29(B12):51-53.
夏军武,王守祥,王宽如,等,2004.位于老采空区上的门式刚架结构抗变形性能分析研究[J].建筑结构,34(5):30-32.
夏军武,2005.采动区地基-基础-钢框架结构共同作用机理及抗变形研究[D].徐州:中国矿业大学.
夏军武,袁迎曙,董正筑,2007a.采动区地基、独立基础与框架结构共同作用的力学模型[J].中国矿业大学学报,36(1):33-37.

夏军武，袁迎曙，董正筑，2007b. 采动区地基、条形基础与框架结构共同作用机理研究[J]. 岩土工程学报，29(4)：537-541.

夏军武，2015. 采动区框架结构建筑物稳定机理研究[M]. 徐州：中国矿业大学出版社.

夏翔，2016. 采动区半刚性门式刚架平面稳定性研究[D]. 徐州：中国矿业大学.

徐文全，2012. 采动空间围岩应力监测技术及应用研究[D]. 徐州：中国矿业大学.

杨双锁，2004. 回采巷道围岩控制理论及锚固结构支护原理[M]. 北京：煤炭工业出版社.

于洋，2018. 柱式开采煤柱长期稳定性评价方法研究[D]. 徐州：中国矿业大学.

余学义，张恩强，2004. 开采损害学[M]. 北京：煤炭工业出版社.

袁浩文，2014. 采动区门式刚架平面稳定性研究[D]. 徐州：中国矿业大学.

袁迎曙，秦杰，杨舜臣，1999. 村镇砖混住宅抗采动变形的结构保护体系研究[J]. 中国矿业大学学报，28(6)：530-534.

岳建平，田林亚，2014. 变形监测技术与应用[M]. 2 版. 北京：国防工业出版社.

翟国强，2007. 天津市中心城区边缘区的规划与建设[J]. 城市规划，31(10)：23-29.

张玮玮，2014. 矿业城市中城郊型矿区有机更新研究[D]. 徐州：中国矿业大学.

赵海军，马凤山，丁德民，等，2009. 急倾斜矿体开采岩体移动规律与变形机理[J]. 中南大学学报(自然科学版)，40(5)：1423-1429.

赵奎，王晓军，赖卫东，2013. 矿山地压测试技术[M]. 北京：化学工业出版社.

郑玉莹，2009. 自适应变形支座对建筑物抗变形性能影响规律的研究[D]. 徐州：中国矿业大学.

周大伟，2014. 煤矿开采沉陷中岩土体的协同机理及预测[D]. 徐州：中国矿业大学.

朱丽娟，2012. 带支撑钢框架抗地表变形性能研究[D]. 徐州：中国矿业大学.

邹友峰，邓喀中，马伟民，2003. 矿山开采沉陷工程[M]. 徐州：中国矿业大学出版社.

邹友峰，柴华彬，2014. 建筑荷载作用下采空区顶板岩梁稳定性分析[J]. 煤炭学报，39(8)：1473-1477.

ÁLVAREZ-FERNÁNDEZ M I, GONZÁLEZ-NICIEZA C, MENÉNDEZ-DÍAZ A, et al, 2005. Generalization of the n-k influence function to predict mining subsidence[J]. Engineering geology, 80(1/2): 1-36.

AGIOUTANTIS Z, KARMIS M, 1986. A study of roof caving in the eastern U. S. coalfields[C]//Proceedings of the Fifth Conference on Ground Control in Mining, Cardiff: 134-146.

BELL S E, 1978. Successful design for mining subsidence[M]// Large movements and structures. New York: Academic Press.

BROOKER G M, SCHEDING S, BISHOP M V, et al, 2005. Development and application of millimeter wave radar sensors for underground mining[J]. IEEE sensors journal, 5(6): 1270-1280.

CHENG L J, HU K F, WANG Y H, 2004. Research on detecting of underground mined-out areas by using GPR[J]. Rock and soil mechanics, 25: 79-82.

CUENCA M C, VAN LEIJEN F J, HANSSEN R F, 2010. Shallow subsidence in the Dutch wetlands estimated by satellite radar interferometry[C]//First International

Conference on Frontiers in Shallow Subsurface Technology. European Association of Geoscientists & Engineers.

CUI X M, WANG J C, LIU Y S, 2001. Prediction of progressive surface subsidence above longwall coal mining using a time function[J]. International journal of rock mechanics and mining sciences, 38(7): 1057-1063.

DECK O, HEIB M A, HOMAND F, 2003. Taking the soil-structure interaction into account in assessing the loading of a structure in a mining subsidence area [J]. Engineering structures, 25(4): 435-448.

DECK O, ANIRUDH H, 2010. Numerical study of the soil - structure interaction within mining subsidence areas[J]. Computers and geotechnics, 37(6): 802-816.

DONNELLY L J, DE LA CRUZ H, ASMAR I, et al, 2001. The monitoring and prediction of mining subsidence in the Amaga, Angelopolis, Venecia and Bolombolo Regions, Antioquia, Colombia[J]. Engineering geology, 59(1-2): 103-114.

GAO F Q, STEAD D, KANG H P, 2015. Numerical simulation of squeezing failure in a coal mine roadway due to mining-induced stresses [J]. Rock mechanics and rock engineering, 48(4): 1635-1645.

GUEGUEN Y, DEFFONTAINES B, FRUNEAU B, et al, 2009. Monitoring residual mining subsidence of Nord/Pas-de-Calais coal basin from differential and persistent scatterer interferometry(Northern France)[J]. Journal of applied geophysics, 69(1): 24-34.

HIRASAWA K, WANG X F, MURATA J, et al, 2000. Universal learning network and its application to chaos control[J]. Neural networks, 13(2): 239-253.

JUNG H C, KIM S W, JUNG H S, et al, 2007. Satellite observation of coal mining subsidence by persistent scatterer analysis[J]. Engineering geology, 92(1-2): 1-13.

KRATZSCH H, 1983. Mining Subsidence Engineering[M]. Berlin: Springer-Verlag.

LEGRAND J, 2002. Revisited analysis of pressure drop in flow through crushed rocks[J]. Journal of hydraulic engineering, 128(11): 1027-1031.

MARK C, BIENIAWSKI Z T, 1986. Field measurements of chain pillar response to long wall abutment loads[C]//Proceedings of the Fifth Conference on Ground Control in Mining: 114-122.

MAVKO G, MUKERJI T, 1998. Bounds on low-frequency seismic velocities in partially saturated rocks[J]. Geophysics, 63(3): 918-924.

MA Z G, GUO G L, TU M, et al, 2004. Numerical simulation of water seepage in over broken rock mass of gob [M]//Mining Science and Technology. Boca Raton: CRC Press.

PENG S S, 1992. Surface subsidence engineering [M]. Colorado: Society for Mining, Metallurgy and Eploration.

QIN S, JIAO J J, WANG S, 2001. A cusp catastrophe model of instability of slip-buckling slope[J]. Rock mechanics and rock engineering, 34(2): 119-134.

SALMI E F, NAZEM M, KARAKUS M, 2017. The effect of rock mass gradual deterioration on the mechanism of post-mining subsidence over shallow abandoned coal mines[J]. International journal of rock mechanics and mining sciences, 91: 59-71.

SIVAKUMAR B, 2004. Chaos theory in geophysics: past, present and future[J]. Chaos solitons and fractals, 19(2): 441-462.

SWIFT G, REDDISH D, 2002. Stability problems associated with an abandoned ironstone mine[J]. Bulletin of engineering geology and the environment, 61(3): 227-239.

TEJCHMAN J, WU W, 1995. Experimental and numerical study of sand-steel interfaces [J]. International journal for numerical and analytical methods in Geomechanics, 19(8): 513-536.

WALLACE J W, ELWOOD K J, MASSONE L M, 2008. Investigation of the axial load capacity for lightly reinforced wall piers[J]. Journal of structural engineering, 134(9): 1548-1557.

WU L X, HOU E K, TANG C A, 2001. Geological data organization for FEM based on 3D geoscience modeling[C]//Proc. 3rd Int. Symposium on DMGIS: 323-325.

YAO X L, REDDISH D J, 1994. Analysis of residual subsidence movements in the UK coalfields[J]. Quarterly journal of engineering geology and hydrogeology, 27(1): 15-23.